안토니오 그람시

옥중수고 이전

리처드 벨라미 엮음 / 김현우 · 장석준 옮김

갈무리
2001

 갈무리 신서 23

안토니오 그람시 옥중수고 이전 Gramsci : Pre-Prison Writings

지은이 안토니오 그람시
엮은이 리처드 벨라미
옮긴이 김현우·장석준

펴낸이 조정환
책임운영 신은주
편집 김정연
디자인 조문영
홍보 김하은

펴낸곳 도서출판 갈무리 등록일 1994. 3. 3. 등록번호 제17-0161호
초판 1쇄 2001년 3월 20일
초판 7쇄 2025년 10월 1일

종이 타라유통
인쇄·제본 영신사
라미네이팅 금성산업

주소 서울 마포구 동교로 18길 9-13 [서교동 464-56]
전화 02-325-1485 팩스 070-4275-0674
website http://galmuri.co.kr e-mail galmuri94@gmail.com

ISBN 978-89-86114-37-9 04340 / 978-89-86114-21-8(세트)
도서분류 1. 사회과학 2. 정치학 3. 사회학 4. 문화이론 5. 경제학 6. 역사학 7. 철학 8. 사회사상

값 25,000원

이 도서의 국립중앙도서관 출판시도서목록(CIP)은 e-CIP홈페이지(http://www.nl.go.kr/ecip)와 국가자료공동목록 시스템
(http://www.nl.go.kr/kolisnet)에서 이용하실 수 있습니다.(CIP제어번호: CIP2010004816)

일러두기

1. 이탈리아어 등 외국어 발음은 최대한 원어 발음에 가깝게 표기했으나, 이미 우리말 표기가 굳어진 낱말이나 인명은 관례를 따랐다.

    예) 듀린 → 토리노, 마르크스 → 맑스

2. 단행본, 전집의 경우 겹낫표(『 』), 논문이나 기사의 경우 홑낫표(「 」)로, 그리고 잡지나 신문명은 단꺾쇠(< >)로 묶어 표기했으며 괄호 속에 원어와 우리말 해석을 병기했다.

    예) <오르디네 누오보(*L'Ordine Nuovo*, 신질서)>

3. 조직명의 경우 별도의 부호를 달지 않고, 원문에서 표기된 그대로 약어를 사용하거나 풀어서 표기했다.

    예) 노동총동맹, CGL

4. 본문의 주석 중 별다른 표시가 없는 각주는 편집자(리처드 벨라미)의 것이고, '영역자주'로 되어 있는 것은 영역자(버지니아 콕스)의 것이며, '역주'로 표시되어 있거나 본문 중 소괄호([ ])로 묶여 있는 것은 국역자가 붙인 것이다.

차례

개요 10
문헌에 대하여 29
연표 34
용어해설 39
정치, 노동, 기타 조직들의 용어해설 44
약전 48

1부 우리의 맑스

능동적이고 효과적인 중립 (1914년 10월 31일) 63
사회주의와 문화 (1916년 1월 29일) 69
역사 (1916년 8월 29일) 74
사회주의와 협동조합 (1916년 10월 30일) 76
세 가지 원칙과 세 종류의 정치질서 (1917년 2월 11일) . 79
자유와 규율 (1917년 2월 11일) 86
사회주의와 이탈리아 (1917년 9월 22일) 87
러시아혁명에 관한 노트 (1917년 4월 29일) 91
우리에게 문화연합이 필요한 이유 (1917년 12월 18일) .. 95
『자본』에 반한 혁명 (1917년 12월 24일) 99
비판적 비판주의 (1918년 1월 12일) 103
사회주의와 경제 조직 (1918년 2월 9일) 107
사회주의와 행동주의 철학 (1918년 2월 9일) 110
도덕생활 클럽 (1918년 3월) 111
우리의 맑스 (1918년 5월 4일) 114
계급 비타협성과 이탈리아 역사 (1918년 5월 18일) 119
코카인 (1918년 5월 21일) 130
축구와 스코포네 (1918년 8월 27일) 133
문화적 시적 신비 (1918년 10월 19일) 135
인간들, 사상들, 신문들, 그리고 화폐 (1918년 10월 23일) .. 140

2부 신질서

- 법의 지배 (1919년 6월 1일) ········· 147
- 역사의 대가 (1919년 6월 7일) ········· 150
- 노동자 민주주의 (1919년 6월 21일) ········· 155
- 국가와 사회주의 (1919년 6월 28일~7월 5일) ········· 159
- 국가의 정복 (1919년 7월 12일) ········· 165
- 노동조합과 평의회 (1919년 10월 11일) ········· 171
- 노동조합과 프롤레타리아 독재 (1919년 10월 25일) ········· 176
- 생디칼리즘과 평의회 (1919년 11월 8일) ········· 182
- 딜레마에서 벗어나기 (1919년 11월 29일) ········· 187
- 도시의 역사적 역할 (1920년 1월 17일) ········· 190
- 이탈리아 국가 (1920년 2월 7일) ········· 194
- 술 취한 병사들 (1920년 2월 18일) ········· 199
- 공장 노동자 (1920년 2월 21일) ········· 204
- 사회당의 혁신을 위하여 (1920년 5월 8일) ········· 208
- 공장평의회 (1920년 6월 5일) ········· 214
- 두 개의 혁명 (1920년 7월 3일) ········· 219
- 공산주의 그룹들 (1920년 7월 17일) ········· 224
- <오르디네 누오보>의 계획 (1920년 8월 14일과 28일) ········· 228
- 공산당 (1920년 9월 4일과 10월 9일) ········· 237
- 붉은 일요일 (1920년 9월 5일) ········· 247

3부 사회주의와 파시즘

- 러시아와 인터내셔널 (1921년 1월 9일) ········· 253
- 리보르노 당 대회 (1921년 1월 13일) ········· 257
- 사회주의자들과 파시스트들 (1921년 6월 11일) ········· 260
- 왜 부르주아지는 더 이상 나라를 다스릴 수 없는가? (1921년 7월 2일) ········· 262
- <라 스탐파>와 파시스트들 (1921년 7월 24일) ········· 265

도덕적 문제들과 계급투쟁 (1921년 8월 7일) ·················· 269
두 개의 파시즘 (1921년 8월 25일) ····························· 273
합법성 (1921년 8월 28일) ·· 276
1920년 4월과 9월 (1921년 9월 7일) ··························· 280
국가의 대들보 (1921년 11월 13일) ····························· 283
위기의 본질 (1922년 2월 5일) ·································· 286
이탈리아 미래주의에 대해 트로츠키에게 보내는 편지 (1922년 9월 8일) ········ 289

4부 이탈리아 공산당의 건설

우리의 노조 정책 (1923년 10월 18일) ························ 295
비관주의에 반대하여 (1924년 3월 15일) ······················ 300
메조지오르노와 파시즘 (1924년 3월 15일) ···················· 305
당 학교 (1925년 4월 1일) ······································ 310
당은 반레닌주의적 편향과의 투쟁을 통해 강화된다 (1925년 7월 5일) ········· 313
세포 조직과 세계대회 (1925년 7월 28일) ····················· 320
당의 조직적 기반 (1925년 8월 15일) ·························· 324
이탈리아 상황에 대한 연구 (1926년 8월 2~3일) ············· 330
공산주의로 가고 있는 소비에트 연방 (1926년 9월 7일) ······ 344
소련 공산당 중앙위원회에 보내는 편지 (1926년 10월 14일) ········ 348
남부문제의 몇 가지 측면 (1926년 9월~11월) ················· 355

부록 / 이탈리아의 상황과 PCI의 과제 (리용테제) ························ 379

역자후기 ·· 416
찾아보기 ·· 420

편집자는 그람시의 산문을 복사하고 마감시간을 지키며 수정하는 데 보여준 **훌륭한 유머와 끈기**에 대해 버지니아 콕스에게 감사를 표하고 싶다. 또, 데이빗 포가치, 스티븐 건들, 퀸틴 호어 그리고 마리오 피치니니는 그람시의 생애와 시대, 또 때때로 불명료한 용어들에 대해 다양한 어려운 정보들을 제공해 주었다. 대로우 셰흐터는 글을 선별하는 데 있어서 가치를 따질 수 없을 도움을 주었고, 마틴 클락은 매우 관대하게도 그의 방대한 그람시 관련 서고를 일 년이 넘도록 두루 살펴볼 수 있게 해주었으며 당시 이탈리아 노동운동의 세세한 점들에 대한 끊임없는 질문들을 참아 주었다. 끝으로, 나는 이 시리즈의 편집자에게 소개와 편집 편의에 대해 감사한다. 두말할 나위도 없이, 모든 실수와 남아 있는 결함에 대한 책임은 나에게 있다.

리처드 벨라미

개 요

서구 맑스주의의 전통 내의 한 정전(正典)적 인물로서 그람시의 지위는 종종 그의 저작에 대한 지나치게 체계적인 독해를 낳곤 했다. 그람시는 발전한 서구국가 내에서 활동하는 혁명적이고 민주적인 공산주의 정당들을 위한 전략의 정식을 제공했다고 인정되어 왔다. 이와 마찬가지로 그의 사상들은 한편으로는 사회민주주의에 대한, 그리고 다른 한편으로는 '현존 사회주의' 국가들의 전제적(專制的) 당 관료주의에 대한 근본적 대안을 제시하는 것으로 보여졌다. 이러한 시각은 1970년대와 1980년대 초기의 유로코뮤니즘 운동으로부터, 특히 그 주역인 이탈리아 공산당(PCI)으로부터 지지받았고 이들에게 정당성을 제공하였다. 이 시기 내내 PCI는 자신의 주된 이데올로기적 영감으로 그람시와의 역사적 연계성을 고무하며, 소비에트 블록 외부의 최대 공산당으로서 유로-그람시주의 테제의 신뢰성과 위신을 크게 강화했다. 그러나 동구와 구(舊)소비에트 연방의 붕괴 이후 이 테제는 그 매력을 상실하였다. 대부분은 아니더라도 많은 유로코뮤니즘의 발의자들이 맑스주의 전체를 부인하게 되었고, PCI조차 공산주의의 과거를 버리고 스스로 민주좌익당으로 변신했다. 그람시의 적실성을 강조하려던 이러한 노력들이 이제는 역설적이게도 그에 대한 모든 현재적 관심을 박탈하는 것으로 끝나버린 듯하다.

다행스럽게도, 이러한 부정적인 판단은 그의 사상 해석에 있어 단지 한 학파(school)에만 해당되는 일일 뿐이다. 그람시에 대한 유로코뮤니즘적 해석이 어떤 핵심적인 진실을 포함하고 있기는 했지만, 이는 또한 그의 사상의 중요한 측면들을 왜곡하기도 했다. 이론과 실천의 통일에 대한 그람시의 깊은 신심에도 불구하고 그의 저작들에 대한 이러한 독해는 전자를 후자로부터 분리시켜서, 그의 사상을 그가 알지도 못했고 예견할 수도 없었던 사건과 운동들에 적용하는 것이었다. 1차 대전 종전 시기의 자유주의적 민주주의의 위기, 러시아혁명 그리고 파시즘의 흥기라는 원래의 맥락이 2차 대전 이후 나타난 전혀 다른 세계로 바뀌어 버렸다. 무엇보다도, 그의 사상을 특징짓는 이탈리아적 차원이 무시당하게 된 것이다. 서구의 선진 경제와 정치 체계에 부합하는 것으로 간주되는 교정된 맑스주의의 승리자가, 서구 주변부 지역의 가장 산업화되지 못한 나라와 가장 취약한 자유주의적 민주주의로부터 출현했다는 사실에는 항상 모종의 부조화가 존재해 왔다. 그람시를 『옥중수고』가 아닌 수고 이전의 저작들을 통하여 접근하는 것의 장점 중 하나는 그의 사상을 참조할 때 본래의 의도와 체계를 놓치지 않게 해줄 수 있다는 것이다. 이 선집이 풍부히 예증하듯, 『수고』의 주요 개념들은 대부분 이 초기 텍스트들에서도 발견될 수 있기 때문이다. 특히, 그람시 맑스주의의 가장 변별적인 특징을 구성하는 것으로 그가 '헤게모니' 또는 이데올로기적 권력으로 지칭한 것에 대한 강조는 이미 알려진 바와 같이, 당시 이탈리아 국가에 대한 그의 분석과 갓 태어난 이탈리아의 공산당(PCd'I) 조직에 대한 시각 전체에 걸쳐 암묵적으로 드러나고 있다. 그러나 이탈리아적 맥락에서 보자면, 경제투쟁으로부터 정치투쟁의 상대적 자율성이나 혁명적 의식을 형성하는 데 있어서의 의지와 교육의 역할과 같은 독특한 그람시적 테마들은 대부분의 전통적 연구가 기울였던 것과는 다소 다른 중요성을 갖는다. 선진 자본주의에 적합한 맑스주의 전략의 기반을 제공한다기보다는, 현대 국민국가 발전의 좀더 이른 단계에서 제기되는 다양한 문제들에 해당하는 것으로 보인다는 이야기이다.

1891년 1월 22일 사르디니아의 알레스에서 태어난 그람시는 이전 시대부터의 이탈리아 국가의 쇠퇴를 고찰할 수 있었다. 그 변방적 위치로 인해 사르디니아는 경제적, 정치적으로 주변화된 지역이라는 점에서 남부 이탈리아와 많은 것을 공유했다. 그람시의 저작 전체에는 그의 고향의 전통과 문화에 대한 깊은 애정과, 이 지역 거주자들 대다수의 생활을 특징짓는 부패와 대를 잇는 가난에 대한 분노가 혼합되어 드러나고 있다. 그러나 그람시는 지방주의적 민족주의로 곧잘 표상되는 감상주의에는 결코 빠지지 않았다. 필경 척추카리에스(Pott's disease)가 원인일 곱사등이가 된 탓에, 그는 유별난 사람이나 물건에 대한 지방적 미신으로 고통받았고, 그 때문에 종종 소외감을 느끼기도 했다. 그래서 처음에 그는 때때로 민속문화를 특징짓는 편협함에 민감했던 것이다. 그의 정치교육은 지방 공무원이었던 그의 아버지가 이탈리아 정치 사회에 고질적인 부패 사건의 희생양이 되었을 때 시작되었다. 1897년의 선거에서 패배한 당파와 제휴했던 탓에 프란체스코 그람시는 등기사무소의 직책에서 쫓겨났고 뒤이어 선거기금을 횡령한 혐의로 5년형을 선고받는다. 이로 인한 가족의 재정적 곤란으로 11살의 그람시는 잠시 학업을 중단하고 사환으로 일해야만 했고, 그의 부모는 3년 뒤에야 그를 사르디니아의 수도 칼리아리에 있는 중학교에 보낼 수 있게 되었다. 여기서 그는 그의 형인 젠나로와 같이 살게 되었는데, 젠나로는 이탈리아 사회당(PSI)의 열성당원이었고 안토니오에게 사회주의 문헌과 서클들을 접하게 해주었다. 그러나 이 시기에 그에게 중요한 것은 사회주의보다는 사르디니아주의였고 그에게 가장 큰 영향을 주었던 것은 피렌체의 저널 <라 보체(*La Voce*, 목소리)> 주변에 모인 문필가들이었다.

이 놀라운 평론지의 편집자인 지우세폐 프레졸리니는 당시의 이탈리아에 대한 공통의 불만을 매개로 일련의 매우 다양한 기고자들을 모아들였다. 그들은 이탈리아의 통일이 두 가지 점에서 불완전하다고 보았다. 첫째로, 반도의 상이한 두 지역, 특히 발전하는 북부와 저발전한 남부, 그리고 교육받은 계급과 무학(無學)의 대중 사이에 문화적, 경제적 분열이 존재했다. 둘째로, 그리고 대체로 이러한 차이들의 결과로서, 정치적 통일의 결과로 생겨난 자유주의적 제도들의 집합으로서의 '법적' 이탈리아와, 분리된 지역적 전통과 경제적 발전 정도, 그리고 양극화된 계급들의 파편화된 사회적 실체로서의 '실제적' 이탈리아간의 긴장이 존재했다. 이러한 두 가지 문제는 (그람시가 나중에 회고했듯이) <라 보체>가 1911년 3월 16일자로 발간한 특별호에 「남부문제」로 요약되어 있다. 통일은 북부의 필요에 따라 남부의 상대적 후진성을 심화시키고 차별성을 억압할 뿐인 방식으로, 남부의 정치적, 경제적, 문화적 종속을 가져 왔다. 특히, <라 보체>의 논자들은 새로운 국가의 중앙집권적인 정치체제가 지방 엘리트들과 피후견자들(clienteles) 사이의 후원과 타협에 기반한 '변형주의(tranformism)' 정치를 낳았다고 주장했다. 이 집단들은 그들 권력의 원천이 되는 사회적, 경제적 불평등의 어떠한 개선도 실질적으로 봉쇄했고 대중이 정치활동에 참여하는 것을 방해했으며, 대중은 그들의 욕구불만을 광범위한 탈법과 도적질로 배출하고 말 뿐이었다.

국민의 지역적 역량과 대중적 에너지를 질식시키는 것이 아니라 이에 기반하는 방식으로 이탈리아를 정치적으로뿐만 아니라 사회적, 문화적으로 통합하는 것이 <라 보체>파의 주요한 목표였다. 그러나 이러한 공통적 열망에 대한 그들의 시각은 매우 다양했다. 후기에 프레졸리니가, 저널을 재정적으로 돕기도 했던 이탈리아의 관념론적 철학자 베네데토 크로체의 영향력하에 들어가기는 했지만, 기고자들은 지오반니 파피니 같은 엘리트주의적 전(前)미래주의(proto-futurism)로부터 남부 전문가 가에타노 살베미니 같은 민주적 실증주의와 자유무역론자에 이르는 절충적 집합이었던 것이다. 이러한 절충주의의 많은 부분이 이후 그람시의 맑스주의에 스며들게 되었고 이는 특히 이 선집의 1부의 글들에도 드러나고 있다. 그는 프레졸리니로부터 문화의 정치적·교육적 역할에 대한 이해를, 크로체로부터 역사 창조에 있어서 인간 의지의 역할에 대한 관심을, 파피니로부터 반(反)교권주의(iconoclasm)를, 그리고 살베미니로부터 문제에 대한 세밀한 경험적 분석에 대한 존중과, 개량주의적 정치체제 및 특정한 지주적, 산업적 이해를 보호하는 수입관세와 남부의 사회적, 경제적 몰락 사이의 관계에 대한 깊이 있는 이해를 이어받았다. 이 운동 전체로부터 그는 이탈리아 사회의 전 영역에 능동적인 개입을 지향하는 새로운 국가를 건설하고자 하는 욕구를 갖게 되었다.

그람시가 사회주의에 우호적이었음에도 불구하고, 그가 이러한 <라 보체>적 요소들을 맑스주의적이고 사회주의에 특수한 시각에 결합시키는 데는 약간의 시간이 필요했다. 그는 1911년에 토리노대학에서 장학금을 받아 입학하게 되는데, 처음에 그는 전체적으로 [이탈리아의 통일을] 농업적인 남부에 대한 산업적인 북부의 정복으로 바라보면서, 이 프롤레타리아 도시[토리노]로부터 거리를 두었다. 그람시는 안젤로 타스카와 그의 사르디니아 친구 팔미로 톨리아티와 함께 토리노에서 학창생활을 보냈고 그들과의 교류를 통해 PSI에서 활동하게 되었는데, 이들은 모두 이 시기의 그람시는 사회주의자라기보다는 여전히 사르디니아 민족주의자였다고 묘사하였다. 그람시의 사르디니아주의는 그의 학업에까지 이어져서, 선구적 사회언어학자 마테오 바르톨리와 사르디니아 방언에 대한 연구의 전망에 관심을 갖게 되었다. 결정적으로, 1913년의 선거를 위해 사르디니아로 돌아와서 어떻게 사회주의 정치가 북부 노동자와 남부 농민의 이해를 연계시킬 수 있는가를 인식한 이후에야 그는 이러한 사회주의에 대한 가벼운 거부감을 극복하게 되었다. 보통선거에 가까운 조건 아래서 치러진 이 최초의 선거에서, 지방의 토지 소유자들은 본토의 유력한 브로커들과의 결합 없이는 선거의 승리를 장담할 수 없었다. 그람시는 사회주의자들이 이러한 전략에 가장 유력한 반격을 가할 수 있다는 것을 재빨리 이해하고 PSI의 선거운동에 적극적으로 참가하게 되었으며, 그들이 지지하고 이후 <라 보체>를 통해 출간된, 남부를 위한 보호주의 반대 청원을 선전했다. 토리노에 돌아오자마자 그는 당에 참여하게 된다.

그가 새로 획득한 사회주의적 원칙들은 이전의 <라 보체>적인 주요 관점을 대체했다기보다는 이와 혼합된 것이었다. 게다가 양자는 온전히 양립할 수 없는 것이었다. 예를 들면, 그가 지구당에서 최초로 개입한 사업은 북부 프롤레타리아트와 남부 농민들 간의 연대의 행동으로서, 토리노 선거구의 의회후보로 PSI를 종종 비판하곤 했던 가에타노 살베미니를 추천하고 후원한 것이었다. 살베미니는 이 제안을 거절했고 계획은 결코 실현될 수 없었지만, 그것이 이행되었더라면 아마도 당 전국조직 내에서 격렬한 논쟁을 불러일으켰을 것이다. 그람시의 <라 보체>주의와 사회주의 사이의 긴장은 그가 전국적 신문에 발표한 최초의 글인 「능동적이고 효과적인 중립」에서도 뚜렷이 나타난다. PSI는 제2인터내셔널의 '제국주의' 전쟁에 대한 노동자의 참전 반대 결의를 1914년의 적대행위가 시작된 이후까지도 성공적으로 견지한 몇 안 되는 사회주의 정당 중 하나였다. 그람시의 글은 당 저널 <아반티!(Avanti!, 전진)>에 실린 무솔리니의 한 사설의 논점을 발전시킨 것인데, 당시 무솔리니는 PSI 내 최대강령주의 분파의 지도자였으며 새로운 혁명적인 차원에서의 참전을 주창했다. 이 주장에 대한 동료 안젤로 타스카의 반박에 답하여 그람시는 '절대적 중립주의'는 단순한 수동성으로 전락할 위험이 있다고 주장했다. 그러한 태도는 "최후의 일격(혁명)을 위해 가능한 가장 바람직한 조건들을 창조하려는 하나의 시도 속에서 사회의 다른 능동적이고 적극적인 세력들에게 가하는 일련의 부단한 번개같은 일격으로 구성되는 자신들의 고유한 정신의 창조로서 역사를 인식하는 혁명가들"(p. 65)을 만족시킬 수 없는 것이었다. 이미 전쟁은 발발했고 당은 이 새로운 상황에서 그들에게 부여될지도 모르는 혁명적 가능성들을 기꺼이 이용해야만 했다. 무솔리니와 마찬가지로 그람시는 참전으로부터 유발될 수 있는 자유주의 국가의 약화와 대중 동원의 기회를 날카롭게 포착했던 것이다.

일찍이 그의 사상의 핵심적 테마들의 일부가 이미 드러나고 있다는 점에서 그의 분석의 많은 지점들은 주목할 만한 가치가 있다. 첫째, 이 기사는 그람시 사고의 독립성을 예증하고 있다. '참전주의'는 PSI 내에서, 특히 당의 좌파들 가운데에서는 대표적인 이단에 속하는 것이었고, 무솔리니는 결국 이 이유로 출당되었다. 비대중적 위치를 견지하는 것을 주저하지 않는 것은 그람시에게 특징적인 것이었다. 둘째, 사상과 인간 의지의 역할에 대한 그의 강조 또한 그만큼 이단적인 것이었다. 이 시각 때문에 그는 1917년 PSI의 피렌체 대회에서 '주의주의'(voluntarism)로 비난받게 된다. 당의 혁명적 분파는 자본주의의 내적 동학과 역사적 과정, 그리고 스스로의 모순에 의한 필연적 붕괴를 강조하는 보다 '정통적'인 맑스주의를 채택하는 전형적 입장을 취하고 있었다. 반면에 그람시는 역사유물론에 대한 그러한 천박한 해석은 지배적인 경제적, 정치적 체제에 굴복하는 자세를 낳을 것이라고 주장하며, 개량주의 역시 그러한 천박한 실증주의를 일반적으로 승인하고 있음을 지적했다. 셋째, 그리고 그의 보다 관념론적인 맑스주의의 당연한 결과로서, 그는 대중의 집합적 의지를 교육하고 조직할 필요성을 강조했는데, 이는 현재의 상황에 대한 비판적 인식을 제공할 새로운 가치들을 선전하고 이를 행동으로 고무시킴으로써 그들로 하여금 다가오는 혁명을 준비하게 하자는 것이었다. 넷째, 그는 혁명적 목표의 달성을 새로운 유형의 국가의 창출과 연관지었다. 실제로, 그는 당을 "점진적으로 성숙해 가는, 잠재적인(in potentia) 하나의 국가"로, "적들과의 일상적 투쟁을 통해서, 그리고 그 고유의 내적 변증법의 발전을 통해서 그 적대자를 무찌르고 흡수하기 위해 필요한 기관들을 창조하길 추구하"는 "부르주아 국가에 대한 일종의 라이벌"(p. 64)로 묘사했다. 이러한 초기 단계에 이미 그람시는 그의 가장 독창적인 교의 중 하나가 되는 생각— 당이 운영하는 기관들이 적혈구가 증식하듯 퍼져나가는 것을 통해 시민사회의 구조 내에 대항국가를 건설함으로써 권력의 혁명적 장악을 준비하는 전략—을 정식화하기 시작했던 것이다. 끝으로, 국제사회주의의 대의를 인정했음에도 불구하고, 그람시는 당시 PSI가 상대적으로 '자주적'으로 남아야 한다고 주장했다. 중기적으로 당은 "특수한, 국민적 성격들"을 결정하고, 당으로 하여금 "이탈리아의 생활 속에서 특수한 역할, 독특한 책임을" 맡게 하는 그러한 특수한 상황들에 집중해야만 한다 (p. 64). '사회주의로의 이탈리아적 길'에 대한 이러한 주장은 그의 비교조적 맑스주의로부터 비롯하는 것으로, 이러한 태도는 종종 그로 하여금 맑스주의의 체계적 일반화를 거부하고 이탈리아 국가의 특수성을 이해하게 만들었다. 그람시는 그의 사상이 성숙해 감에 따라 이러한 모든 지점들을 정교화하게 된다.

건강이 악화되고 정치적 개입이 많아지면서 그람시는 1915년에 학업을 중시하고, PSI 내에서 지위를 높이는 전통적인 경로 중 하나인 사회주의 언론을 위한 저널리즘에 모든 시간을 바치기 시작한다. 그의 저술은 연극으로부터 매일의 지방적, 전국적 그리고 국제적 사건들에 대한 논평 및 일반적인 문화 비평에 이르기까지 놀랄 만큼 다양한 영역에 걸쳐 있었다. 1917년 2월 러시아혁명의 발발은 그의 사고에 커다란 자극을 주었다. 그는 이를 "독일과 이탈리아의 관념론의 유산"을 잇고 맑스 자신의 저작을 종종 더럽혔던 "실증주의와 자연주의의 침투로" 오염되지 않은 "실제의, 불멸의 맑스주의적 사고"를 보여줌으로써 그의 반(反)결정론적 맑스주의 해석을 확증하는 것으로 간주했다. 그것은 "역사유물론이란 그러리라 여겨지거나 생각되어 온 것과 같은 철의 법칙이 아니라는 것"을 보여준, "칼 맑스의 『자본』에 반하는 혁명"이었기 때문이었다(p. 99).

그는 혁명은 실증주의적 맑스 해석이 이야기하듯 사회적 발전의 자연적 과정의 일부로 일어나기는커녕, 그것이 닥쳤을 때 혁명적 기회의 이점을 활용할 수 있는 충분한 수준의 민중의 의지와 사회적 의식의 조직으로부터 출현한 것이라고 주장했다. 이때의 그람시의 입장은 그것이 처음 형성되었을 때만큼 주의주의적이지는 않다는 것에 주목하는 것이 중요하다. 그는 혁명이 올바른 구조적 조건들 하에서만 일어날 수 있다는 것을 부인한 것은 아니지만, 단지 그 자체로는 사회적, 정치적 변혁을 가져오기에 불충분하다고 보았다. 혁명이 발생하기 위해서는, 이러한 조건들을 알고 그 잠재성을 이용하는 능력을 가지는 것 모두가 필요한 일이었다. 경제적 요소들은 정치를 강제하지만 기계적으로 결정하지는 않는다. 민중이 이들을 "이해하고 평가하게 되면서, 그리고 그것들을 그들의 의지에 따라 통제하게 되면서 … 결국 이 집합적 의지가 경제의 추진력이 되고, 이 힘이 현실 그 자체를 형성"하는 것이 필수적이다(p. 100).

프롤레타리아트에 대한 교육과 문화적 준비는 그람시의 사상에서 이에 조응하는 중요한 역할을 한다. 그가 「사회주의와 문화」라는 유명한 기사에 썼듯이, "모든 혁명을 선행하여 치열한 비판적 활동과 새로운 문화적 통찰의 장구한 과정이 존재"했다(p. 71). 국민 대중에게 제공되었던 국가교육은 매우 열악해서, 이탈리아는 유럽에서 가장 높은 문맹률을 기록하고 있었다. 심지어 남부 지방에서는 문맹률이 70퍼센트에 달했다. 그러나 그람시에게 민중대학과 같은 조직들을 통해서 이를 치유하려는 노동운동의 시도가 그다지 인상적이지는 않았다. 그는 이러한 조직체들은 그들이 전담하는 지식을 노동자들의 요구 및 정치적 관심과 연결하는 데 실패했다고 생각했다. 그람시가 보기에 문화는 단지 오묘한(esoteric) 정보를 획득하는 것 이상을 포함하는 것이었다. 그것은 자각과 함께 극기를, 즉 "역사 속에서의 우리의 가치와 위치, 생활 속에서의 우리의 바람직한 기능, 우리의 권리들과 의무들을 이해할 수 있"게 해주는 "보다 높은 수준의 자각의 획득"(p. 71)을 포함한다. 그람시는 교육을, 대중으로 하여금 그들의 생활을 구성하는 힘들을 의식적으로 통제하고 현존하는 물질적 조건들의 해방적 잠재성을 최대한 이용하게 하는 것이라고 보았는데, 이는 자신의 맑스주의 재해석에 조응하는 것이었다. 그러나 다시 한번, 이렇듯 얼핏 주의주의적이고 자유의지론적(libertarian)인 것처럼 보이는 이러한 주장은 조건부적 성격을 띤 것으로 이해될 필요가 있다. 왜냐하면 그람시는 개인의 해방은 자본주의의 전복과 공산주의 사회의 건설을 통한 프롤레타리아트와 인류 전체의 해방과 함께 성취될 수 있을 뿐이라는 맑스주의적 테제를 굳게 믿었기 때문이다. 결국 그는 혁명은 개인이 그 또는 그녀의 반항을 넘어서 프롤레타리아 대중운동의 집합적 의지에 참여할 때만 성취될 수 있다고 주장한다. 따라서 그는 자유의 필수적 구성요소로서 규율을 강조하였고, 이후 저작들에서는 당 노선을 모든 노동자들이 따라야 할 절대적인 의무가 있는 도덕적 정언명령으로까지 간주하게 된다.

이러한 권위주의적 함축들에도 불구하고, 그람시는 교육을 자기해방에 연결지음으로써 사회주의 지식인들이 곧잘 빠지곤 했던 지적, 정치적 엘리트주의를 견제하고자 했다. 지식인들은 '전통적인' 가부장적 태도를 갖는 것을 피하고 '유기적'으로 활동하여 스스로를 자기교육하도록 민중을 가르침으로써 그 또는 그녀의 상황에 대한 평범한 사람들의 자기인식을 도와야만 하는 것이었다. 그는 민중들에게 사상을 단순화된 형식으로 제시하려는 시도를 [그들에 대한] 폄하로 간주하기까지 했다. 「우리에게 문화 연합이 필요한 이유」라는 글과 롬바르도 라디체에게 그의 단명한 '도덕생활 클럽'에 대하여 보낸 편지에서 그람시는 자신이 염두에 두고 있는 교육 조직에 대하여 간략히 언급하고 있다. 그의 프로그램에서는 역사가 중요한 역할을 하고 있는데, 그것은 그가 우리를 구성하는 문화적, 사회적 영향들을 이해하는 것이 우리 생활에 대한 통제를 획득하기 위해 필수적인 자기인식 중에서도 핵심적이라고 생각했기 때문이었다. 크로체의 역사주의적 관념론과, 부분적으로 매우 발전된 교육학 이론을 포함하는 젠틸레의 '행동주의'적 교리는 이러한 측면에서 그람시에게 지대한 영향을 끼쳤고, 그는 그의 동료들에게 이들과 그 후계자들의 저작들을 연구하도록 제안했다. 그가 당시의 아방가르드의 특정한 측면에 관심을 가졌고 시칠리아 출신 작가 피란델로의 희곡과 소설들에 일찍이 열광했으며 소비에트의 프롤레트쿨트 운동의 몇몇 실험적 요소에 공감했음에도 불구하고, 그가 애독하던 작가들과 그의 견해의 적지 않은 부분 — '고전'과 문법에 '땀을 쏟는' 것의 이득에 관한 그의 강조에서처럼 — 은 전통주의적인 것으로 간주될 수 있을 것이다. 하지만 그가 존중했던 프란체스코 데 상티스(Francesco De Sanctis)와 베르트란도 스파벤타(Bertrando Spaventa)와 같은 19세기 말엽의 위대한 인문 역사가들과 철학자들, 그리고 그람시 당대에 그들의 추종자나 계승자였던 크로체와 젠틸레 같은 작가들은 기존의 정전을 보존하려고만 했다기보다는 문화적 전통을 건설해 나가는 과정에 속해 있었다는 것을 기억할 필요가 있다. 물론 이후에 크로체는 자유주의에, 그리고 젠틸레는 파시스트 체제에 가담하기는 하지만, 이 시기 그들은 당시 이탈리아의 문화적 생활 수준에 대한 유력한 비판자들이었고, <라 보체>주의자들과 마찬가지로 이를 이탈리아 정치 체제의 부패와 연관지었다. 그람시는 그들의 비판을 공유했으며, 단지 그들의 분석을 급진화시켰던 것이다.

전쟁과 러시아혁명 이후에도 그의 사회주의를 형성한 것은 <라 보체>적 테마들이었다. 예컨대 「코카인」과 「축구와 스코포네」 같은 글은 일상의 사건들과 실천들의 폭넓은 결과들을 그려내는 저널리스트로서의 솜씨뿐만 아니라, 그가 이탈리아 부르주아지와 그들이 창조한 사회의 퇴행성으로 간주한 것에 대한 거의 청교도적이다 싶은 혐오에서 뚜렷하게 드러나는, 부르주아를 깔아뭉개고자 하는(épater les bourgeois) <라 보체>적 욕구를 보여주기도 한다. 「계급적 비타협성과 이탈리아 역사」, 「세 가지 원칙과 세 종류의 정치 질서」, 「인간들, 사상들, 신문들 그리고 화폐」와 같은 이탈리아 정치에 관한 그의 보다 정교한 논의에서는 특히 살베미니의 영향이 보이는데, 그는 그람시와 함께, 보호주의를 충분히 성숙한 의회 민주주의로 성장하지 못하는 국민적 실패의 주요 원천으로 간주한 루이지 에이나우디(Luigi Einaudi)와 빌프레도 파레토(Vilfredo Pareto) 같은 자유시장 경제학자들의 주장에 지지를 보내기까지 하였다. 그들과 마찬가지로 그람시는, 이탈리아 국가는 자본주의와 유사 - 중세적 사회·경제 관계들의 혼합물이며, 그 비참한 결과가 북부에 대한 남부의 경제적 종속, 그리고 남부 피후견인들(clienteles)에 대한 북부 엘리트들의 정치적 종속으로 요약된다고 생각했다. 그래서 그람시는 사회·정치적 조건에 적합한 새로운 문화적 정체성을 통하여 이탈리아를 재부흥시킨다는 반 - 지올리티적 지식인들의 일반 기획에, 넓게 보아, 자신도 동참하는 것으로 생각했고, 이러한 기획을 노동계급의 이해와 열망을 촉진하는 데까지 확장하려 했다. 하지만 그들과 달리 그람시는 사회주의만이 이러한 새로운 문화를 제공할 수 있다고 보았는데, 왜냐하면 사회주의는 "이탈리아 민중을 통합해 주는 유일한 이상"이기 때문이었다. 더욱이 "이 통일체와 새로운 의식, 새로운 세계의 구체적인 대표자"로서 새로운 질서를 건설하는 임무는 사회당과 그 지지자들에게 부과되는 것이었다(p. 89).

그람시가 1919년 5월에 움베르토 테라치니, 타스카, 톨리아티와 함께 창간한 주간지 <오르디네 누오보(L'Ordine Nuovo, 신질서)>는 처음부터 이러한 정책과 문화정치의 계승이었으며, 스타일에서 보면, 한 차례 발행으로 끝난 <라 치타 푸투라(La Città Futura, 미래의 도시)>를 통해 사회주의적 <라 보체>를 만들려 했던 그람시의 이전 시도와 유사했다. 그러나 그람시의 눈에 이 저널은 이내 더욱 중요한 무엇으로 등장했는데, 말하자면 그것은 혁명적 운동 — 이후 몇 달에 걸쳐 토리노에서 성장하는 공장평의회 — 에서의 지식인의 목소리였던 것이다. 평의회는 1906년경 여러 기계 및 금속 공장에서 생겨난 '내부위원회'(internal commission)에서 발전한 것으로 전쟁 기간 중 널리 퍼지게 되었다. 그 기능과 구성은 다양했지만, 원래 이들은 일상적으로 발생하는 규율과 중재의 문제를 다루고 지방적 수준에서 전국적인 임금 협약을 이행하기 위해 고안된 노동자들의 소규모 선출 기구였다. 이 단계에서 이들은 전국적 노조기구의 일부분으로 보였고, 금속노조(FIOM)와 토리노의 경영자연합 간의 협약 내에 있었으며, 1919년 4월에는 공식적인 노사관계 메커니즘 속으로 편입되었다. 그러나 러시아혁명은 많은 사람들로 하여금 이들을 다른 각도에서, 즉 소비에트의 이탈리아적 등가물로 바라보게 만들었다. 소비에트에 대한 레닌의 태도는, 소비에트가 볼셰비키의 라이벌인 사회혁명당과 멘셰비키에 의해 장악되어 있기도 했음을 감안할 때, 실제로 다소 모호한 바가 없지 않았으나, 그는 『국가와 혁명』 등의 저작에서 이를 새로운 사회주의 정치의 모델로서, 그리고 맑스가 그의 파리코뮌 분석에서 찬양했던 민주적 기구 형태에 대한 현대적 등가물로서 환영했다. 결과적으로 그람시는 다른 대부분의 외국 동조자들과 마찬가지로, 소비에트를 러시아혁명의 가장 변별적인 특징으로 바라보았다. 소비에트는 볼셰비키가 단지 권력을 장악하는 데 그치지 않고 새로운 형식의 정치조직을 창출함으로써 그 성격을 변화시킬 수 있는 수단이었던 것이다. 그람시가 보기에 소비에트는, 또는 필시 그 태생적 배우자인 공장평의회는 이탈리아 국가 재건설의 하나의 모델을 제공하는 것이었다.

그가 「<오르디네 누오보>의 계획」에서 보여주었듯이 이 저널은 '추상적인 문화평론지'에서 1919년 6월에는 '공장평의회의 저널'로 전환되었고, 이에 앞서 톨리아티와 그람시가 타스카를 축출하는 '편집진의 쿠데타'가 있었다(p. 230). 쿠데타의 필요성은 원래 재정의 대부분을 담당했던 타스카와 노조 사이의 긴밀한 관계에서 비롯되었다. 아래에서 설명할 이유들 때문에 노조는 평의회가 반(半)자율적 기관으로 발전하는 것을 불안한 현상으로 보았다. 이와 대조적으로 그람시는 이 운동을, 노동자측에서 개량주의에 확고한 결별을 고하고 혁명적 행동으로 넘어감을 의미함으로써 전통적인 노동자 조직들과는 거리를 두는 것으로 보았다. 따라서 그는 이를 고무하고자 했다. 교육과 문화의 역할에 관한 그의 이론으로부터 그는 이제 저널의 교육적·문화적 임무는 "차가운 지적 가공물"을 제시하기보다는 "노동계급의 자기 표현이자 내적 해방의 계기"로서 그들이 참여하고 있는 극적인 사건을 보여줌으로써 노동자들을 결합시키고 자신들의 "느낌과 열정, 욕망" 위에서 일어서도록 도와주는 것이어야 한다고 주장했다(p. 231).

처음부터 그람시는 대단한 성공을 경험한다. 1차 대전 이후의 경제적 위기와 정치적 격변, 그리고 러시아혁명이 불러일으킨 기대들로부터 비롯된 1919~20년의 '붉은 2년'은 혁명이 거의 문턱에 와 있다고 느끼게 하였다. 1919년 말 그의 생각은 FIOM의 토리노 지부와 PSI 지부에 의해 채택되었고, <오르디네 누오보>의 발행 부수는 6천 부에 이르렀다. 공장평의회들의 형성에 놀란 고용주들은 1920년 3월 직장폐쇄를 단행했고, 이는 산업에 대한 정치적 통제를 명시적으로 겨냥한 4월의 총파업을 촉발시켰으며 20만이 넘는 노동자들이 참여하게 된다. 결국 고용주와 정부의 조직적 행동으로 인해 실패하게 되지만—— 이는 부분적으로는 PSI와 CGL이 파업에 대한 지지를 거부했기 때문이었다—— 그럼에도 불구하고 파업은 <오르디네 누오보> 그룹의 위상을 높여 주었다. 1920년 기계공업 부문에서 새로운 전국적 임금협상이 결렬되자 북부 이탈리아 전체에서 공장 점거가 벌어졌다. 수상 지올리티는 개입하지 않고 기다리는 전략을 취하기로 결정했다. 그 동안 공장에서는 노동자들이 평의회들을 중심으로 자주관리(self-management)의 실험을 시작하며 생산을 계속했다. 그람시의 「노동자 민주주의」 논의는 한편으로는 이러한 사건에 대한 대답이면서 또 한편으로는 이를 형성하기 위한 시도였다.

그람시는 평의회를, 산업에 대한 노동자 통제의 수단일 뿐만 아니라 경제적 부의 진정한 생산자인 프롤레타리아트의 이해와 활동을 반영하는 민주적 국가의 완전한 새로운 형태의 기본 단위로 바라보았다. 그는 토리노와 피에몬테의 산업 체계는 그것이 부르주아지의 리소르지멘토에서 그랬던 것과 유사한 방식으로 프롤레타리아 혁명의 모델과 주체(agent)로 기능할 것이라고 주장하면서, 독특하게 이탈리아적 맥락에서 설명을 제시했다. 그러나 궁극적으로 평의회는 전 인류를 통합하는 데 기여하게 될 것이다. 그람시는 평의회가 노동자들에게 단지 그들 자신만이 아닌 모두의 이익을 위해 공동으로 생산한다는 책임성과 자기규율을 부여함으로써 자본과 노동 사이에 벌어지는 부르주아 국가의 분할을 극복한다고 보았다. 그는 그들 내부에서의 참여가 생산 조직 전체에서 노동자들로 하여금 그 또는 그녀의 위치와 임무를 깨닫게 하는 교육적 기능을 갖는다고 생각했다. 그는 평의회가 모든 직능과 작업장으로부터 선출된 대표를 포함하고 농부 및 여타 지방 노동자들의 유사한 시스템과 결합하여 도시와 지방 평의회처럼 지리적 행정구역으로 자리잡는 유사한 조직체들의 전체 네트워크의 일부분을 구성할 수 있을 것으로 생각했다. 이런 방식으로 생산과정의 모든 단계는 하나의 전 지구적 정치·경제 체제 내에서 연결될 수 있을 것이다. "영국의 석탄은 러시아의 석유와, 시베리아의 곡물은 시칠리아의 유황과, 베르첼리의 쌀은 스티리아의 나무와 … 전 인류의 이름 아래 전 세계의 부를 감독하는 국제 행정부에 의해 운영될 것이다." 결국 그람시에게 공장평의회는 "더 이상 혁명적 프롤레타리아트의 정치조직이 아니라 일국적·국제적 수준 모두에서 세계 경제와 전 인류 공동체를 재조직화하는 것"으로서 "공산주의 인터내셔널을 낳을 역사 과정의 첫 한 걸음"을 이루는 것이었다(p. 217).

이러한 구상에서 당과 노조의 역할은 좀처럼 명확하지 않다. 그람시는 양자 모두 "부르주아 민주주의의 지형에서 성장"했으며 이들이 이러한 체제 내에서 노동계급을 지도하더라도 "부르주아 국가를 대체하지 않는다"고 주장했다(p. 214). 반면에 평의회는 계급투쟁이 치열하게 벌어지는, 그리고 이미 살펴보았듯이 프롤레타리아 국가의 새로운 형태가 형성되는 과정에 있는 공장의 혁명적 영역에서 발전한 것이다. 평의회는 아마도 당과 노조를 혁명화시킬 것이고, 따라서 이들은 평의회가 여전히 부르주아 체제 내에서 작동하는 이행적 국면에만 필요한 것이 된다. 결국 그는 당과 노조는 "이러한 새로운 기관에 그들 자신을 교사 또는 기성의 구조로 투사해서는 안 된다"고 주장한다. 대신에 "이들은 부르주아 국가에 집중된 강제력으로부터 스스로를 해방시키는 의식적인 주체로 자신을 투사해야만 한다. 이들은 혁명과정이 가능한 최대의 속도로 진행될 수 있으며 해방된 생산력이 스스로 최대한 확장될 수 있는 일반적인 (정치적) 경제적 조건들을 조직하는 임무에 착수해야만 한다"(p. 218). CGL의 개량주의자들은 물론이고 각각 보르디가와 세라티 주위에 모여 있던 PSI의 기권주의자나 최대강령주의자들이 그람시가 그들에게 할당한 부차적 위치를 달가워하지 않았다는 것은 두말할 나위도 없다. 다시 한번 그는, 혐의를 강력히 부인했음에도, 자신이 생디칼리즘으로 비난받고 있다는 것을 깨달았다.

새로운 질서에 대한 그람시의 다소 유토피아적인 전망은 많은 긴장들을 내포하고 있다. 급진적인 기층민주주의 모델만 하더라도, 그것은 그럼에도 불구하고 위계적으로 조직되었으며 상이한 수준간의 관계는 결코 충분히 밝혀지지 않았다. 예컨대 그람시는 평의회와 그 파생 기구들이 노동자 자주관리의 기관이자 통합된 경제 계획의 행정 메커니즘이라고 주장했으나 양자가 어떻게 동시에 효과적으로 작동할 수 있는지는 설명하지 않았다. 당과 평의회의 관계에 대한 그의 관점에서도 이와 유사한 난점이 발생한다. 한편으로 그는 평의회가 거의 자발적인 방식으로 당으로 흡수(feed into)되어야 한다고 생각했다. 그는 예를 들면 독일 사민당(SPD)은 '위로부터' 순종적인 평의회를 창출하려 했다고 비판했다. 다른 한편으로 그는, 당은 평의회를 직접 억제하려 하기보다는 '위신'으로서 통제해야 한다고 생각했지만, '프롤레타리아 독재'의 이행기 동안에는 강력한 규율을 갖는 공산당의 존재가 필수적이라고 생각했다. 최종적인 권력 장악에 필수적인 프롤레타리아 군대만 하더라도, 모든 공장이 "그만의 하사관, 그만의 연락 장교, 그만의 장교단과 총사령부를 갖는 … 하나 이상의 연대"를 제공함으로써 평의회로부터 충분히 형성되어 나올 수 있다는 것이다(p. 157). 그는 여기서도 역시 그의 이론에서 자유와 통제 간의 긴장이, 간부의 규율에서 비롯되는 권위주의적인 요소는 사상한 채 대표 파견이라는 사실만으로 해결될 수 있다고 생각한 것 같다.

그람시 입장의 커다란 일관성은 가장 크게는 국가에 대한 '유기적' 이론들에 깔려 있는 전체론적(holistic) 존재론에 기반한다. 말하자면 그는, 공산주의 사회에서는 그가 공동체의 전체 생활과 동일시하게 된 생산과정의 다양한 활동들이 태생적으로 상호보완적이고 조화로울 것이라고 생각했다. 그람시가 이러한 관점의 많은 부분을 맑스주의적 원천으로부터, 특히 레닌의 '이중권력'에 관한 생각이나 로자 룩셈부르크의 평의회 공산주의(conciliar communism)로부터 끌어오고 있지만, 그의 유기(체)주의는 결국에는 파시스트의 조합주의(corporatism) 교의에 흡수당하게 되었던 이탈리아 신헤겔주의자들의 '도덕적 국가' 전통, 특히 젠틸레와 이탈리아 생디칼리스트들로부터 영향을 받기도 했다. 그러나 그람시 교의의 주된 영감은 공장 조직의 새로운 형태였다. 피아트는 F. W. 테일러와 헨리 포드에 의해 미국에서 창안된 혁신적인 '과학적' 관리 기술과 어셈블리 라인 생산방식을 도입했다. 그람시가 결코 명시적으로 이러한 과정을 찬성한 것은 아니지만, 그는 확실히 이들에 매료되었고 <오르디네 누오보>에 '테일러리즘'을 지지하는 일련의 글을 발표했다. 당대의 다른 여러 맑스주의자들과 마찬가지로 그는 이들이 체계를 전체적으로 자기조절적으로 만들고 그럼으로써 산업에 대한 노동자 통제를 가능케 하는 방식으로 산업생산을 극대화하고 단순화하며 노동력을 규율하는 것으로 보았다. 청년 루카치나 이후의 헤겔주의적 맑스주의자들과 달리 그는 근대 기술의 소외와 물신화에 상대적으로 둔감했던 것이다. 그는 유사 - 뒤르케임적인 방식으로, 말하자면 산업생산의 통합적인 작업공정에 내재해 있다고 생각한 규범에 노동자들을 동화시킴으로써 아노미를 극복하는 데 더 관심을 기울였던 듯하다.

그람시가 『옥중수고』에서 주장했듯이 그의 유기주의는 파시스트적 해석과 같은 '퇴행적'인 것이라기보다는 개념상 '진보적'인 것이었는데, 왜냐하면 그는 이러한 질서를 무매개적으로 부과할 아무런 필요성도 느끼지 않았기 때문이다. 당과 지식인들은 그 출현을 촉진하기만 하면 되는 것이다. 그러나 우리가 새로운 질서는 그 자신의 객관적인 도덕을 산출하고 이러한 윤리가 상호 상승작용을 통해 개인의 자아실현을 합리적으로 조정할 수 있을 것이라는 그람시의 주장을 받아들이기만 한다면, 그의 이론에 대한 이러한 자유주의적 해석은 그럴듯해 보인다. 불운하게도 경험적 증거들은 전혀 그렇지 않다. 오케스트라에서 연주를 하거나 게임에서 팀을 이루는 것과 같은 몇몇 인간의 행동들이 이러한 특징들을 갖는 것은 사실이지만, 모두 다 그렇지는 않다. 그람시 이론의 경제적 강조점은 그로 하여금, 인간 생활의 다른 측면과의 관계에 대한 아무런 설명도 제공하지 않은 채 생산과정에서의 그 또는 그녀의 역할에 따라 개인을 비둘기집처럼 배치하게 만들었다. 그러나 배가된 노동 분할에 기반한 협동생산은 매우 제한된 의미가 아니라면 인간의 성취를 증진시키기보다는 삭감하게 될 공산이 크다. 그람시는 자유의 증진을 보다 큰 생산효율성과 연계시킴으로써 이러한 문제를 무시하는 경향이 있다. 그러나 집합적 생산성의 향상이 반드시 개별 노동자의 기회나 자율성의 향상을 의미하지는 않는다. 그러한 상황에서도 지루한 반복적 노동은 그대로 남아 있다. 경제 영역 바깥에서는 경쟁하는 목표들의 충돌이 보다 자주 일어나기 마련이며, 그람시의 유기적 테제들은 이러한 문제들과 보다 자주 부딪치게 된다. 개인의 다양성을 공정하게 보장하는 어느 정도 복잡한 사회에서라면, 모든 인간의 행동들이 자연스럽게 그리고 합리적으로 하나의 도덕적 체계에 융합될 것이라는 가정은 그만큼 가능성이 없는 것이다. 그러나 이러한 낙관적인 가정을 배제하더라도 그람시의 평의회 이론은 국가에 대한 유기적 개념들이 전통적으로 겪어 온 전체주의적 사회공학을 요구하는 위험을 갖는다.

레닌과 달리 그람시는 실행의 기회를 갖지 못함으로써 그의 체계의 이러한 이론적 한계들과 맞닥뜨리는 곤란을 피할 수 있었다. 지올리티는 점거가 가져온 긴장을, 문제를 연구할 위원회를 설치하고 산업민주주의에 대한 의회 법안을 약속함으로써 기꺼이 희석하려 하였다. 이러한 조치들은 개량주의자들의 지지를 가져 왔고, 반면 다양한 혁명적 분파들은 그들이 주도하지도, 통제하지도 않은 운동에 대해 어쨌든 양가적인 감정을 갖고 있었다. 9월 9일에서 11일 사이에 밀라노에서 열린 CGL과 PSI의 회합은 591,245 대 409,569, 기권 93,623의 결과로, 공장에 대한 노조의 통제력을 공식적으로 인정받는 것으로 행동을 제한할 것을 결정했다. 이 정책에 대한 FIOM과 <오르디네 누오보> 그룹의 반대에도 불구하고, 9월 23~30일에 마침내 노동자들은 공장에서 철수했고 10월 4일에는 고용주들을 위해 작업에 복귀하게 되었다. 그람시는 운동이 토리노와 북부에 제한된 것이 혁명을 성취하기에는 너무 고립적이라는 것을 깨닫게 되었지만, 패배를 쓰라리게 후회하는 것 외에는 달리 할 수 있는 일이 없었고, 주도력을 갖지 못한 당의 무능을 단호히 비난했다. 이제 그는 파시즘의 대두로 인해 창출된 점점 적대적으로 되어 가는 상황 속에서 혁명 세력을 조직하는 보다 시급한 과업 때문에 미래 사회에 대한 논의는 보류하게 된다.

돌이켜보면 1919~20년은 이탈리아에서 혁명적 상황이 정점에 이른 때였고, 곧이어 반동의 역습이 뒤를 이었으며, 이는 1922년 파시스트의 권력 장악으로 최고조에 달하게 된다. 이 후퇴를 설명함에 있어서, 그람시는 부르주아 국가의 성격에 대하여 다른 많은 맑시스트 동료에 비해 한결 복합적인 설명을 발전시켰다. 보르디가로 대표되는 정통적 입장은 파시즘을 지배적인 자본가계급의 직접적이며 노골적인 표현으로 보았다. 부르주아 민주주의는 단지 노동계급에 대한 자본가들의 억압을 가리는 무화과 나뭇잎에 불과하며, 그것의 억압과 파시스트 체제로의 대체는 자본주의의 임박한 붕괴가 초래하는 계급투쟁의 격화를 의미할 뿐이기 때문이라는 것이다. 이와는 대조적으로 그람시는 파시즘을 이탈리아의 계급구조, 경제·정치적 체제의 변별적인 특성과 연결시키고 있다. 이에 대한 가장 진전된 수준의 분석은 「이탈리아 상황에 대한 연구」에서 제시되는데, 여기서 파시즘은 스페인, 포르투갈, 이탈리아와 같이 자본주의의 주변부에 속하는 국가와 연관되는 것으로 나타난다. 이들 국가는 상대적으로 저발전되어 경제가 취약하며 따라서 전간기(戰間期) 불황의 영향을 훨씬 많이 받고 있었다. 이들은 또한 영국과 같은 선진 자본주의 국가들에 비해 훨씬 적은 정치적 자원을 갖고 있었다. 영국에서 "국가기구는 생각하는 것보다 훨씬 저항력이 있으며, 더욱이 위기의 순간에는 체제에 충성하는 세력을 조직하는 데 있어서 위기의 깊이가 예상케 하는 것보다 훨씬 더 큰 능력을 발휘한다"(p. 340). 그러나 전형적인 주변부 국가들에서는 정치 세력이 보다 취약하며, 따라서 경제적 위기는 곧 국가의 위기를 초래하는 경향이 있다. 끝으로 그는 이러한 주변부 국가 구조의 취약성을 화이트칼라 노동자와 소상인들, 소지주 등으로 구성되고 "프롤레타리아트와 자본주의 사이에"(p. 340) 위치하며, 그 자체로 산업발전의 낮은 수준의 결과인 "광범위한 중간계급 층위"의 존재와 연관지었다.

 이탈리아에서 이러한 요소들은 산업이 지역적으로 북부에 집중되어 있고 부르주아가 자유주의에 대한 대중적 지지를 동원하지도, 지방의 토지소유자들에 대해 주도권을 확보하지도 못했기 때문에 악화되었다. 그 결과 지올리티로 대표되는, 기득권을 가진 공업 및 농업 부문의 이해를 위한 협상과 경제적 보호주의의 정치는 점차 쁘띠부르주아지를 미몽에서 깨어나게 했다. 대규모 자본주의와 프롤레타리아트 사이에서 압박당함으로써 그들은 점차 자신들이 주변화되고 있다고 느끼게 되었다. 파시즘은 그들의 동요의 표현이었다. 따라서 이는 많은 맑스주의 분석가들이 생각했던 것처럼 부르주아지의 이해와 쉽게 융화되는 것이 아니었던 것이다.

 물론 프롤레타리아화에 대한 점증하는 공포가 파시스트 운동에 가담한 많은 이들로 하여금 노동자 조직들을 공격하게 만드는 한, 이는 대금융가, 산업가 및 토지소유 그룹들의 이해와 맞아떨어지는 것이었다. 그러나 파시스트 운동의 기반을 이루는 쁘띠부르주아 대중은 이들 거대 그룹들에 대해서도 마찬가지의 압박을 느꼈는데, 왜냐하면 자본주의의 안정화는 자본의 집중과 같은 정책에 의해서만 달성될 수 있는데 그것은 노동계급에게 만큼이나 그들에게도 위협이었기 때문이었다. 결국 파시즘은 몇몇 자유주의자들이 일찍이 희망했던 것처럼 부르주아 국가를 안정시키려 하기는커녕, 이를 전혀 다른 종류의 체제로 대체하고 기존의 지배계급을 추방하려 하게 된다. 그래서 '두 개의 파시즘'이, 즉 운동 자체로서의 파시즘과 자신들의 목적을 위해서 이를 이용하려 하는 대자본가와 토지소유자의 파시즘이 존재하게 되었다. 3부에 번역된 파시즘에 관한 글에서, 그람시는 무솔리니가 자신의 체제를 공고히 하기 위해서 자신의 원래 기간 요원에서 파시스트당을 숙청하고 이를 기존 부르주아 계급 권력의 구조 및 인원과 합병하지 않을 수 없었던 사실에서, 이러한 파시즘의 두 가지 측면간의 계속되는 긴장을 지적하고 있다. 그람시는 공산당의 가장 큰 임무는 비프롤레타리아 대중을 혁명으로 전취하기 위하여 이러한 긴장을 이용하는 것이 되어야 한다고 생각하게 되었다.

  공산당의 구성과 역할에 대한 그람시의 관점은 파시즘에 대한 자신의 이해를 따라 전개되었다. 이탈리아의 공산당은 1921년 1월 리보르노에서 열린 7차 대회에서 PSI와 분리된, 일부 좌익 최대강령파와 보르디가 주변의 분파 및 <오르디네 누오보> 그룹에 의해 창당됐다. 이 분리는 이들 그룹이 혁명적 행동에 대한 PSI의 미지근한 태도, 개량주의자 축출 거부 및 코민테른이 요구한 '21개조'의 시행 등으로 점차 PSI에 대한 환상을 버리게 됨에 따라 이루어진 것이었다. 그러나 이는 결정적인 시기에 이탈리아 노동운동을 양분시켰으며, 파시즘의 홍기에 대응할 능력을 크게 약화시켰다. 1921년 12월이 되자 코민테른은 PCd'I외 PSI가 차이를 봉합하고 노조와 성낭 수순에서 '통일전선'을 형성하도록 압력을 넣게 된다. 당 지도자였던 보르디가는 사회주의의 파계자(破戒者)와는 어떠한 협력도 하지 않으려 했고, 그람시를 포함한 대다수 당원들도 이러한 입장을 지지했다. 보르디가는 파시스트 운동은 자본주의 위기의 한 징후이며 이내 혁명적 대결국면이 도래할 것이라고 주장했다. 이러한 상황에서 노동계급은 혁명정당의 결정적인 지도를 필요로 한다는 것이다. 그는 개량주의적 PSI와의 협동은 필연적으로 PCd'I의 이러한 지도능력을 무디게 할 것이라고 생각했다. 보르디가의 입장은 1923년까지 PCd'I의 정책으로 지속되었고 그의 로마테제가 압도적 다수로 통과된 1922년 3월 로마의 2차 당 대회에서 공식적으로 승인된다.

  그러나 이미 살펴보았듯이, 그람시는 파시즘에 대해 보다 정교한 관점을 채택하고 있었고 코민테른의 통일전선 정책에 보다 개방적인 태도를 갖는 새로운 지도그룹이 그와 톨리아티를 중심으로 형성되기 시작했다. 그의 지위는 1922년 6월부터 1923년 12월 사이에 PCd'I의 모스크바 대표로 가 있는 동안 더욱 강화되었지만, 그는 각국의 특수한 상황에 대한 고려 없이 산하 정당들에 독재를 행하려는 코민테른의 경향에 반대했으며 보르디가를 대신하여 그를 총서기로 세우려는 움직임을 거절하였다. 그럼에도 불구하고 1924년 의원선거가 끝난 직후 귀국하자마자 그는 재빨리 당의 지도력을 장악하게 된다. 그는 6월에 발생한 사회당 의원 지아코모 마테오티 살해에 의해 촉발된 위기를 '두 개의 파시즘'간의 긴장의 정점으로 파악하고, 필요하다면 다른 야당들과 연합해서라도 이용해야 할 기회로 보았다. 그는 당이 농민 및 쁘띠부르주아지를 가톨릭 계열의 인민당(PPI) 및 파시스트들로부터 각각 분리해 내는 것이 결정적이라고 주장했다. '농민문제'에 대한 소비에트의 논의와, 세포를 건설함으로써 공산당을 '볼셰비키화'하라는 코민테른의 요청을 수용하여, 그람시는 미래에 평의회 네트워크의 기반을 형성할 '노동자 농민 위원회'를 건설하는 것을 계기로 PCd'I를 재구성하고자 하였다. 또한 그람시는 계속해서 교육의 중요성을 강조한다. 그는 당 학교의 건설을 옹호하며 지우세페 포르투나토와 크로체 같은 인물의 이데올로기적 장악력을 파열시킬 '민주적 지식인들'의 필요성을 주장하였다. 그는 중앙집권화된 당 구조를 계속 고수했지만, 대중적인 민주적 기관들을 통하여 당원들의 능동적 동의를 획득하는 것이 중요하다고 생각했다. 결국 그는 소련 내에서 점차 증대하는 당 지배[세력]의 관료주의적 행태에 경계심을 갖게 되었고, 1926년 10월 톨리아티에게 보낸 편지에서 그의 의구심을 전달하였다. 그는 꾸준히 PCd'I에 대한 그의 통제권을 안정화시키려 노력하여, 1926년 1월의 3차 당 대회에서는 톨리아티와 함께 기초한 「리용테제」가 90.8%의 찬성으로 승인됐고 보르디가 분파는 결정적으로 패배하게 되었다.

두 개의 파시즘과 정당에 관한 그람시의 논의에서 핵심적인 것은 경제적 구조에 대한 국가의 정치적·이데올로기적인 상대적 자율성에 대한 인식이다. 『옥중수고』의 '헤게모니' 개념의 정교화를 통해 이러한 테제에 대한 충분한 함의가 탐구될 수 있겠지만, 그 특징들의 많은 부분은 이미 이 초기의 저널리즘 문헌들에 존재하며 때때로 그는 이 용어를 실제 사용하기도 한다. 특히 그는 이미 발전한 산업적 서구 나라들의 국가에 요구되는 혁명전략과, 이탈리아 같이 주변적인 서구 나라들의 보다 덜 복잡한 국가에 적합한 것을 분별해 내기 시작하고 있다. 레닌은 이를 러시아라는 더욱 유약한 국가체제에 적용할 수 있었다.

이런 측면에서, 헤게모니 또는 *gegemoniya*라는 개념이 러시아 노동운동에서 플레하노프의 저작으로까지 거슬러 올라가는 긴 역사를 가지고 있음을 주목할 필요가 있다. 이러한 전통에서 이 개념은 프롤레타리아트 사이에서 자신의 협소한 조합적 이해를 넘어서는 혁명적 자각과 정치적 의지를 형성할 필요성을 언급하는 것이었지만, 이는 그람시가 선진 정치체제에서의 이데올로기적 동의 메커니즘을 묘사하면서 부여한 추가적인 의미는 갖고 있지 않았다. 레닌은 이 용어를 러시아 사회민주주의자들로부터 빌어 왔고 제3인터내셔널의 대외 문서에서 사용했는데, 그람시는 확실히 여기서 그 원천을 얻었다. 그러나 이 용어는 19세기 철학자 빈첸조 지오베르티(Vincenzo Gioberti)의 저작에서 이탈리아적 계보를 갖기도 하는데, 그는 이 용어를 피에몬테에 의한 이탈리아의 통일과 관련된 테제로, 국가적 총체에서 한 지방이 다른 지방에 대하여 행사하는 '도덕적 우월성'을 의미하는 풍유적 방식으로 사용하였다. 더욱이, 이 개념의 핵심적 특징들은 사회주의적 의식의 조직화에 있어서 교육과 문화의 역할에 대한 그람시의 초기 저작들에 뚜렷이 나타나고 있다. 그람시는 러시아 - 코민테른적 용법을 이탈리아에 독특하게 토착화시켰던 것이다. 그가 이탈리아의 부르주아지가 문화적, 헤게모니적 우월성을 갖출 때만 얻을 수 있는 민중의 동의적 지지 없이도 어떻게 이탈리아를 지배하는가를 묘사하기 위하여 아직 '수동혁명'이라는 빈첸조 쿠오코(Vincenzo Cuoco)의 개념을 채용하고는 있지만, 이 테제는 묵시적으로 당시 이탈리아 국가에 대한 그의 분석에 존재하고 있다. 그는 프롤레타리아트가 자유주의자의 실수를 되풀이하지 않아야 하는 것은 정언명령이라고 생각했다. 두 번째의, 그리고 진정으로 혁명적인 리소르지멘토를 일으키기 위해서는 공산당이 나라 안의 모든 반대 세력들을 끌어모으는 것이 필수적이었다. 이러한 목표를 성취하기 위하여 볼셰비키저 수단은 이탈리아 민중에 대하여 국민적인 도덕적 우월성을 얻기 위한 지오베르티적인 목적 내에 결합되어야만 한다. 「남부문제의 몇 가지 측면」에서 자신의 논의를 발전시키면서 그는 "프롤레타리아트가 지배하는(ruling) 계급, 지배적인(dominant) 계급이 되기 위해서는 노동인구 다수를 자본주의와 부르주아 국가에 대항하여 동원할 수 있는 계급연합의 체계를 창출하는 데 성공해야만 한다"고 말한다(p. 357~8). 이는 농민 및 쁘띠부르주아지와의 연합을 획득하고, 교회와 크로체 같은 자유주의 사상가들의 지적 영향력에 반작용하는 것을 의미하였다.

1926년 12월 8일 저녁 그람시는 선출직 의원으로서의 면책특권에도 불구하고 체포되었다. 1928년 5월 검사는 "우리는 이 두뇌의 활동을 20년 동안 중지시켜야 한다"는 논거로 그의 투옥을 요청했다. 이 구절은 아이러니가 되고 말았다. 그의 영웅인 마키아벨리를 보더라도 정치로부터의 퇴각은 그로 하여금 이에 대한 끊임없는 상념에 빠지게 했다. 그러나, 그는 마키아벨리 같은 추상적인 체계 건설자가 아니었으며, 『옥중수고』를 이루는 서른 세 권의 노트는 그가 국가와 사회주의 운동에서 정치적 활동의 한 주역으로 활동한 지난 10년간의 열매인 것이다. 결국 이 초기 저작 선집의 가장 큰 미덕은 그의 작업의 적절한 실천적, 이론적 맥락을 제시해 준다는 데 있다. 이 초기 저작들에서 드러나고 있는 것은 근대 국민국가의 건설에 대해 관심을 갖고 있는 만큼이나 이탈리아 부르주아 체제의 특별히 비자유주의적이고 유약한 본성을 설명하려는 데 유별난 관심을 갖고 있는 그람시다. 공산주의의 몰락 이후 동구가 스스로의 재건을 시도하고 있는 이때, 공산당을 건설하려는 그의 시도보다는 주변부 자본주의 국가에 대한 그의 분석이 더 우리의 관심을 끌어당길 듯 하다.

리처드 벨라미 (1994)

문헌에 대하여

1차 저작

그람시의 『옥중수고』 이전 저작의 이탈리아어 편집판들

이 저술들의 첫 편집판은 1954년에서 1971년 사이에 토리노의 에이나우디에 의해 다섯 권으로 출간되었다. 이는 다음의 순서로 선을 보였다. *L'Ordine Nuovo: 1919~20* (1954); *Scritti giovanili: 1914~18* (1958); *Sotto la Mole: 1916~20* (1960); *Socialismo e fascismo. L'Ordine Nuovo: 1921~22* (1966); *La costruzione del Partito communista: 1923~26* (1971).

이들 각 권은 이후 새로운 주해(attribution)와 발견으로 보충되었는데, 이들 중 다수는 중요한 선집인 *2000 pagine di Gramsci*, Vol. I *Nel tempo della lotta(1914~16)*, Vol. II *Lettere edite e inedite (1912~37)*, ed. G. Ferrata and Niccolo Gallo (Milan: Il Saggitore, 1964)에 포함되어 있다. 역시 에이나우디에 의해 출간되며, 새로운 자료들을 담고 있는 결정판이 모아지는 과정이다. 이어지는 다섯 권은 다음과 같은 날짜로 선을 보였다: *Cronache torinese: 1913~17*, ed. Sergio Caprioglio (1980); *La Città Futura: 1917~18*, ed. Sergio Captioglio (1982); *Il nostro Marx: 1918~20*, ed. Sergio Caprioglio (1984); *L'Oridine Nuovo: 1919~20*, ed. Valentino Gerratana and Antonio Santucci (1987); *Lettere: 1908~26*, ed. Antonio Santucci (1992).

그람시의 『옥중수고』 이전 저작의 영역판들

가장 중요한 선집은 런던의 Lawrence and Wishart이 출간한 두 권짜리 *Selections from Political Writings: 1919~20*, ed. Q. Hoare, trans. J. Mathews (1977) 그리고 *Selections from Political Writings: 1921~26*, ed. and trans. Q. Hoare (1978)에서 찾아볼 수 있다. 또 하나의 선집은 *History, Philosophy and Culture in the Young Gramsci*, ed. P. Calvalcanti and P. Piccone (St Louis: Telos Press, 1975)이다. *The Modern Prince and Other Writings*, ed. and trans. L. Marks (London: Lowrence and Wishart, 1988)과 *An Antonio Gramsci Reader*, ed. D. Forgacs (London: Lawrence and Wishart, 1988)에도 다수의 『옥중수고』 이전 저술들이 포함되어 있다. 본 선집은 이 모두와 일정 부분 겹치기는 하지만, 이들 중 어느 것에서도 찾아볼 수 없는 자료들도 담고 있다.

2차 저작

전기

영어로 구해 볼 수 있는 전기적 연구는 두 가지이다: G. Fiori, *Antonio Gramsci: Life of a Revolutionary*, trans. T. Nairn (London: New Left Books, 1977; 국역: 신지평 옮김, 『그람시, 한 혁명가의 생애와 사상』, 두레). 이 책은 그의 생애에 대하여 매우 볼 만한 설명을 제공한다. 그리고 A. Davidson, *Antonio Gramsci: Towards an Intellectual Bibliography* (London: Merlin Press, 1977). 이 책은 지적, 정치적 배경 속에서 그의 주요 저작들을 스케치하고 짤막한 설명들을 제공한다.

일반

대부분의 설명들이 『옥중수고』에 초점을 맞추고 있지만, 그 이전 저작들을 다루는 짧은 부분들도 담고 있다. J. Joll, *Gramsci* (London: Fontana, 1977; 국역: 이종은 역, 『그람시』, 까치)는 그의 사상과 정치활동에 대한 기본적 해설을 제공한다; W. Adamson, *Hegemony and Revolution: A Study of Antonio Gramsic's Political* and Cultural Theory (Berkeley: University of California Press, 1980; 국역: 권순홍역, 『헤게모니와 혁명』, 학민사)는 지적 맥락을 이해하는 데 좋다; A. S. Sassoon, Gramsci's Politics, 2nd edn (London: Hutchinson, 1987)은 무비판적이더라도, 특히 그람시의 당 개념에 대한 유용한 해석을 제공한다; D. Germino, Antonio Gramsci: Architect of a New Politics (Baton Rouge: Louisiana State University Press, 1990)은 때때로 성인의 전기로 흐르는 경향이 있지만, 『옥중수고』 이전 시기에 대한 세밀한 최신의 설명을 준다; J. Femia, Gramsci's Political Thought: Hegemony, Consciousness and the Revolutionary Process (Oxford: Clarendon Press, 1981)은, 『옥중수고』에 대한 분석에 관한 것이지만, 종종 일부 이전 시기의 저작들로 거슬러 올라가 서술하며, 특히 그람시 이론에서 의식의 역할에 대하여 유용하다; C. Buci-Glucksmann, Gramsci and State, trans. D. Fernbach (London: Lawrence and Wishart, 1980)은 때로는 난해한, 도발적이고 완벽스러운 연구이며, 이 책이 개입하고 있는 반알튀세리안 논쟁 부분들을 볼 수 있다.

전문적 연구들

1) 서적

다음의 세 논문집은 모두 초기 저작들과 관련한 몇 가지 글들을 담고 있다: J. A. Davis (ed.), Gramsci and Italy's Passive Revolution (London: Croom Helm, 1979)는 이탈리아 역사에 대한 그람시의 해석을 논의하는 역사적 논문 모음이다; C. Mouffe (ed.), Gramsci and Marxist Theory (London: Routledge, 1979; 국역: 장상철·이기웅 역, 『그람시와 마르크스주의 이론』, 녹두)는 1970년대 초반 이래의 프랑스와 이탈리아의 논문들을 선별한 것이다; A. S. Sassoon (ed.), Approach to Gramsci (London: Writers and Readers, 1982; 국역: 최우길 역, 『그람시의 혁명전략』, 녹두)는 그람시의 생애와 저작의 다양한 면모에 대한 포괄적이고 보다 전문적인 논문들을 모아 놓고 있다.

R. Bellamy, Modern Italian Social Theory: Ideology and Politics from Pareto to the Present (Cambridge: Polity, 1987)은 사회이론의 이탈리아적 전통을 추적하면서 (6장에서) 그람시의 저작들을 이 속에 위치짓고 있다; R. Bellamy and D. Schecter, Gramsci and Italian State (Manchester: Manchester University Press,

1993; 국역: 윤민재 역, 『그람시와 민족국가』, 사회문화연구소)는 그람시의 전체 저술과 그것이 이탈리아 정치 전통과 맺는 관계에 대한 세밀한 분석을 제공한다. J. M. Cammett, *Antonio Gramsci and the Origins of Italian Communism* (Stanford; Stanford University Press, 1967)은 1차 대전 이전과 중간, 그리고 이후 노동운동 속에서 그람시의 활동에 대한 훌륭한 역사적 해설이지만, 이제는 후속 연구들에 자리를 물려주는 경향이다; P. Spriano, *The Occupation of the Factories*, trans. G. Williams (London: Pluto Press, 1975)는 같은 사건들에 대한 보다 협소한 맑스주의적 분석이다; M. Clark, *Antonio Gramsci and the Revolution that Failed* (New Haven and London: Yale University Press, 1977)은 이 책이 기반하는 런던대학 학위논문[PhD]과 더불어, 노동자 통제라는 이슈를 논의하는 보다 최근의 사회학적 문헌들에서 특히 흥미롭게 언급되는 토리노의 붉은 2년에 대한 고전적인 역사 연구이다; D. Schecter, *Gramsci and the Theory of Industrial Democracy* (Aldershot: Averbury, 1991)은 그람시가 공장평의회로부터 발전시킨 이론적 논점들에 대한 상세한 분석을 제공한다.

2) 논문

A. Davidson, "The Varying Seasons of Gramsci Studies", *Political Studies*, XX (1972); J. Femia, "The Gramsci Phenomenon: Some Reflections", *Political Studies*, XXVII (1979); C. Mouffe and A. S. Sassoon, "Gramsci in France and Italy - A Review of the Literature", *Economy and Society*, VI (1977; 국역: 「프랑스와 이탈리아에서의 그람시」, 『안토니오 그람시의 단층들』, 갈무리); G. Eley, "Reading Gramsci in English: Observations on the Reflection of Gramsci in the English Speaking World 1957~82", *European History Quaterly*, 14 (1984)는 60년대 후반과 70년대의 논쟁들을 살펴보고 있다.

P. Anderson, "The Antinomies of Antonio Gramsci", *New Left Review*, 100 (1976~77; 국역: 「안토니오 그람시의 이율배반」, 『안토니오 그람시의 단층들』, 갈무리)는 그람시의 국가 권력과 정치 전략 관점에 대한 고전적 비판일 뿐만 아니라, 러시아에서 헤게모니 개념의 전사(前史)에 대한 유용한 정보도 담고 있다; B. Lumely, "Gramsci's Writings on the State and Hegemony", Occasional Paper No. 51, Center for Contemporary Cultural Studies, University of Bermingham, 1977은 앤

더슨에 대한 부분적인 응답이며, 전기와 후기 저작들 사이의 그람시 사상의 연속성을 잘 추적하고 있다; R. Bellamy, "Gramsci and Croce and the Italian Political Tradition", *History of Political Thought*, XI (1990)와 D. Schecter, "Gramsci, Gentile and the Theory of the Ethical State in Italy", *History of the Political Thought*, IX (1990)은 [이 책의] 개요에서 다루었던 주제들을 발전시킨다; A. Davidson, "Gramsci and Lenin 1917~22", *Socialist Register* 1974 (London: Melin Press) 그리고 D. Schecter, "Two Views of the Revolution: Gramsci and Sorel, 1916~20", *History of European Ideas*, XII (1990)은 그람시가 각각 레닌과 소렐에게 지고 있는 빚을 살펴본다.

연 표

1891년
1891년 1월 2일, 사르디니아의 알레스에서 태어나다. 일곱 남매 중의 넷째.

1911년
11월, 토리노대학에 장학금을 받아 입학하다.

1913년
사회당 내에서 활동을 시작하고 토리노의 사회당 언론을 위해 글을 쓰기 시작하다.

1914년
10월, 전쟁 개입을 지지하는 「능동적이고 효과적인 중립」을 발표하다.

1915~16년
건강상의 위기와 정치활동 참여의 증가로 인해 졸업을 못하고 학업을 중단하다. 그가 1916년부터 "Sotto la Mole(거탑 아래서)"란을 기고해 오던, 사회당 일간지 <아반티!>의 토리노판 편집위원회에 결합하고 사회당 지부 주간지 <일 그리도 델 포폴로(*Il Grido del Popolo*, 민중의 외침)>에 정기적으로 글을 쓰다.

1917년

2월, 피에몬테 사회주의 청년 연맹을 위해 <라 치타 푸투라(La Città Futura, 미래의 도시)>라 이름 붙여진 에세이집을 편찬하다.

9월, <일 그리도 델 포폴로>의 경영을 맡다.

12월, <아반티!>에 「『자본』에 반하는 혁명」을 발표하다. "도덕생활 클럽(the 'Club of Moral Life')"을 세우다.

1918년

1월, '주의주의'라는 명목으로 비난받고, '비판적 비판주의'에 대한 기고문에서 클라우디오 트레베스(Claudio Treves)와의 논쟁에 참여하다.

1919년

5월, 그람시, 타스카, 톨리아티와 움베르토 테라치니가 <오르디네 누오보(L'Ordine Nuovo)>를 '사회주의 문화 비평' 주간지로 창간하다.

6월, 공장내부위원회를 실험하면서 '노동자 민주주의'에 대한 글을 발표하다.

7월 26일, <오르디네 누오보>에 보르디가의 잡지 <일 소비에트>에 처음 실린 보르디가의 공산주의적 기권주의 그룹 형성의 선언문 「공산주의 분파의 프로그램」이 발표되다.

11월~12월, 토리노에서 공장평의회 운동이 발전하다.

1920년

4월 13일~24일, 토리노에서 총파업.

7월~8월, 노조에 대한 공장평의회의 자율성과 기능 문제를 두고 타스카와 절연. 공산주의 인터내셔널(코민테른)에 보낸 토리노 평의회 운동에 대한 보고서에서 '평의회 공산주의 그룹들'을 미래의 공산당의 기반으로서 옹호하다. 코민테른 2차 대회에서 가입 조건(21개조)을 정하고 이탈리아 사회당에 대해서는 개량주의자들을 출당시킬 것이 권고되다. 레닌이, 그람시가 [개량주의자 출당 권고에 대한] 이탈리아 대표의 반대에 대항해 "사회당의 혁신을 위하여"라 명명된 활동을 취한 데 대해 찬사를 표하다.

9월, 공장 점거 운동이 일어나다.

11월, 이몰라(Imola)에서의 사회당 당 대회에 참여하다. 그곳에서 공산주의 분파가 형성되다. 토리노판 <아반티!>가 <오르디네 누오보>의 판권을 갖게 되면서 <오르디네 누오보>지가 그람시의 지도하에 일간지로 전환하다.

1921년

1월, 그람시와 몇몇의 다른 사람들이 소비에트 프롤레트쿨트와 제휴하여 프롤레타리아 문화원을 세우다. 리보르노(Livorno)에서 개최된 사회당의 17차 당 대회에서 공산주의 분파가 탈당하고 1월 21일에 이탈리아의 공산당 (PCd'I)을 창당하다.
12월, 코민테른이 당과 노조 모두에서의 공산주의자들과 사회주의자들의 결집을 위한 '통일전선' 정책을 개진하다. 이 정책은 이탈리아 공산당에 의해 거부되다.

1922년

3월, 이탈리아 공산당 2차 당 대회에서 '통일전선'을 비판하는 "로마 테제"가 압도적 다수에 의해 채택되다. 그람시가 이탈리아 공산당의 코민테른 대의원으로 지명되어 소련으로 떠나다. 그는 이후 2년간 이탈리아에 돌아오지 않는다. 모스크바에서 병에 걸려 7개월간 요양소에서 지냈는데, 거기서 장차 그의 아내가 될 줄리아 슈흐트와 만나다.
10월 28일, 무솔리니가 '로마 행진'으로 정권을 장악하다.
11월~12월, 코민테른 4차 대회에서 '이탈리아 문제'를 다루고 이탈리아 공산당과 사회당의 재결합을 권유하다. 이탈리아 공산당의 다수는 이 결의에 반대했으나 규율상 받아들이다. 하지만, 재결합은 결코 실현되지 못했다.

1923년

2월, 이탈리아 경찰이 다수의 이탈리아 공산당 집행위원을 체포하다.
4월~6월, 옥중의 보르디가가 코민테른의 결정들을 비판하는 호소문을 당 동지들에게 보내다. 이 호소문은 처음부터 톨리아티와 다른 동지들에 의해 받아들여졌으나 그람시는 이에 서명하기를 거절하다. 코민테른에 의해서 이탈리아 공산당의 새로운 집행부가 선임되고 보르디가는 중앙위원회로부터 축출되다. 그람시가, 새로운 노동자 일간지를 창간하라는 코민테른의 결정을 이탈리아 공산당 집행부에 전달하다. 그람시가 신문 이름으로 "단결(*L'Unita*)"을 제안하다. 처음으로 북부 프롤레타리아와 남부 농민 사이의 동맹의 필요에 대한 그의 테제들을 발전시키다.

11월, 코민테른이 그를 비엔나로 보내 이탈리아 공산당 및 유럽의 다른 공산당들과 연결을 취하게 하다.

1924년

2월, <우니타>가 창간되고, <오르디네 누오보>가 격주간으로 혁신되다. 비엔나에서 부친 편지에서, 그람시는 톨리아티와 테라치니에게 코민테른의 입장과 가까운 새로운 당 지도부를 만들라는 지침을 내리다.

4월, 하원의원으로 당선되다.

5월, 의원 면책 특권에 의해 보호받게 됨에 따라 이탈리아에 돌아오다. 이탈리아 공산당 집행부에 결합하다.

6월, 파시스트들에 의한 마테오티 의원 암살사건이 일어나자 그람시는 아벤티네 [의회]탈퇴파들의 모임에 참여하다.

8월~9월, 이탈리아 공산당의 서기장직을 맡다. 아들 델리오 태어나다. 코민테른이 공산당들의 '볼셰비키화', '통일전선' 정책의 적용, [공장]세포에 기반한 당의 재구조화, '노동자와 농민' 정부 구호의 수용 등을 요구하다.

11월, 아벤티네 야당들의 '합법주의적' 입장에 실망하여, 그람시는 이탈리아 공산당을 이끌고 의회의 새로운 회기에 복귀하다.

1925년

3월, 코민테른 집행부 모임을 위해 모스크바에 돌아가다.

5월 16일, 의회에서 최초의, 그리고 유일한 연설을 행하다. 이 연설에서 비밀결사를 불법화하는 파시스트들의 입법안에 반대하다.

6월~8월, 코민테른에 의해 요구된 당의 '볼셰비키화'를 확정하고, 보르디가를 지지하여 모인 '좌익 구성원들간 협의회'(Committee of Agreement)의 해체에 대해 교섭하다.

1926년

1월, [프랑스] 리옹에서 이탈리아 공산당 제3차 당 대회가 개최되다. 새로운 지도부가 90.8%의 득표를 통해 압도적인 지지를 얻은 데 반해 보르디가의 분파는 9.2%의 표만을 얻는 데 그치다. 톨리아티와 함께 이탈리아의 정치 상황 전반을 요약하는 "리용테제"를 준비하다.

10월 14일, 이탈리아 공산당 정치국을 대표하여 소련 공산당 중앙위원회에 편지를 보내, 스탈린과 부하린을 한편으로 하고 트로츠키, 지노비에프, 카메네프를 다른 한편으로 하는 파벌적 논쟁에 대해 우려를 표시하다. 모스크바에 체류 중이던 톨리아티는 그 편지의 내용이 신중치 못하다고 판단하고 편지를 공개하지 않지만 부하린에게는 그 내용을 전하다.

11월, 파시스트 체제가 의원 면책 특권을 박탈하는 예외적 조치들을 통과시키다. 그람시가 다른 공산당 의원들과 함께 체포되어 같은 달 18일 공안 관련 법률에 따라 5년간 보호 감호를 선고받다.

1928년

5월 28일, 그람시가 다른 이탈리아 공산당 지도자들과 함께 국가보위 특별재판소에 의해 재판을 받다. 그는 20년 4개월 5일의 형을 선고받는다.

1937년

4월, 국제적 캠페인에 의해 출옥을 보장받게 되었으나, 같은 달 25일에 뇌출혈을 일으키고 27일에 사망하다.

용어 해설

조합주의(Corporatism)

지역적 단위보다는 직업 집단들에 주로 근거하는, 사회정치적 조직의 한 형태. 일반적 견해에 따르면 이는 개인주의적 경향에 의해 특징지워지는 것으로 추정되곤 하는 자유민주주의 의회 체제에 대한 제도적 대안을 제시하는 것으로 되어 있다. 이탈리아에서 이 이념은 가톨릭 사회 이론가들과 생디칼리스트들, 민족주의자들로부터 지지를 받았는데 그 강조점은 서로 매우 달랐다. 하지만 이는 1924년 이후 자유주의 국가에 대한 대안을 찾고 있던 무솔리니에 의해 파시즘에 수용되었다. 조합주의 국가를 창조하려는, 1926년과 1939년 사이의 수많은 개혁들에도 불구하고, 이는 언제나 현실이라기보다는 그저 이데올로기였고, 계속해서 파시스트 운동의 다양한 경향들에게 매우 다른 의미로 받아들여졌다.

헤게모니(Hegemony)

그람시는 아마도 이 용어를 1923년과 1926년 사이의 코민테른의 논쟁들과 이탈리아 철학자 빈첸조 지오베르티(Vincenzo Gioberti)의 저작들로부터 습득했을 것이다. 그는 이 용어를 두 가지 용도로 이용했다. 첫 번째 용법은 러시아 사회민주주의자들에게로 거슬러 올라간다. 이때 이 용어는, 프롤레타리아트가 속좁은 자기-이익 추구의 정책이 아니라 정치적, 이데올로기적 수단들을 통해 그들의 이익을 보장함으로써 농민들과 같은 여타의 잠재적 동맹 계급들을 획득하도록 분투하기 위해 추구해야만 하는 지도력과 관련된다. 두 번째 용법은, 보다 광범위하게, 학교, 교회, 정당 등과 같은 시민사회의 제도들을 통해 정치적, 경제적 체제를 확산시키기 위해 대중들의 문화적, 도덕적, 이데올로기적 동의를 조직화하는 것과 관련된다. 이 용법은 투옥 이전의 문헌들에서는 그리 잘 정의되어 있지 못하지만 『옥중수고』에서 베네데토 크로체(Benedetto Croce)의 '윤리적-정치적'인 것(the 'ethico-political')이라는 개념에 의존하여 그람시 자신에 의해 세련화되었다. 이는 경제 분야에 대해 상대적으로 자율적이면서 정치학의 영역에 관련되는 것이지만, 그람시는 진정한 헤게모니는 경제적으로 지배적인 계급에 의해서만 수행될 수 있다고 주장했다.

참전주의자(Interventionist)

1차 세계대전 기간 중 이탈리아가 중립을 고수한 1914~5년 기간 동안 이탈리아의 참전을 선전한 이들. 후에 사회주의자 서클들 내에서 주전론자 등을 의미하는 것으로 그 뜻이 확대되었다.

자코뱅주의(Jacobinism)

그의 투옥 이전 저작들에서 그람시는 이 용어를 좌익의 특정 분파들 일부에서 발견되는 분파적이고 신비적이며 추상적이거나 엘리트적인 태도를 암시하기 위해 경멸적인 용도로 사용했다. 베네데토 크로체도 이 용어를 유사한 방식으로 사용했으며 아마도 이런 면에서 그는 그람시에게 영향을 주었을 것이다. 하지만, 『옥중수고』에서 그람시는 이 용어를 '재평가'하고, 도시와 농촌, 농민들과 노동자들을 결집시키는 국민적-민중적(national-popular) 연합의 지도력을 뜻하는 적극적 의미를 이 용어에 부여했다. 이 새 용법은 얼마간 레닌의 「사회민주주의의 두 가지 전술」에 대한 그의 독서에서 비롯된 것이다.

노동당주의자(Labourite)

부르주아 의회 제도들을 통해 활동하면서 노조 활동을 고용주들과 더 나은 임금 및 노동조건을 협상하는 데 제한시키는 본질적으로 개량주의적인 태도, 즉 영국 노동당의 입장과 연결된 입장을 받아들이는 이들에 대해 혁명적 좌파가 쓰는 경멸적 용어.

최대강령주의자(Maximalist)

원래는 개량주의자들이나 여타의 편향들에 대항해 최대 혁명 강령을 확고히 한, 이탈리아 사회당의 급진적 분파들을 가리키기 위해 쓰였던 용어. 1차 세계대전 이후, 이 용어는, 사회주의 혁명, 제3인터내셔널, 소비에트 체제에의 충성, 그리고 어떤 형태나 방식으로든 부르주아 의회 정치와 협력하려 하지 않는 태도 등을 뜻하는 보다 엄밀한 의미를 획득하게 되었다. 이러한 의미에서 이는 흔히 '다수파'나 '최대강령적'이라고 번역되었던 볼셰비키와 자주 동일시되었다. 하지만 실제로 이탈리아 사회당과 노조 지도부의 많은 분파들은 결코 최대강령주의의 수사학을 넘어서지 못했으며, 그래서 많은 공산주의자들에게서 이 용어는 점차 당내의 세라티(Serrati) 통합주의 분파와 관련되어 경멸적인 의미를 띠게 되었다. 세라티 분파는 형식적으로는 제3인터내셔널을 지지했으나 개량주의자들을 출당시키거나 이탈리아 사회당의 이름을 이탈리아 공산당으로 바꾸는 데 대해서는 반대했다.

리소르지멘토(Risorgimento)

'부흥'을 의미하는 이 용어는 국민 통일을 목표로 한 19세기 [이탈리아의] 운동을 칭하는 데 쓰인다. 이 운동은 다음과 같은 네 가지 국면으로 구성된다.

1. 1815~47, 지식인들의 준비 기간
2. 1848~9, 수많은 공화파 혁명이 실패하고 자유주의 교황에 대한 환상이 탈각된 시기.
3. 1850~61, 카부르와, 피에몬테 및 사보이(Savoy) 왕가가 주도하는 정치적 통일, 가리발디에 의한 남부 해방의 시기
4. 1861~70, 1866년의 베네치아 획득과 1870년의 로마 점령을 포함하는, 통일의 마지막 국면

민족주의자들은 이탈리아가 1919년에 트렌티노(Trentino)를 얻기 전까지 이 운동을 미완성된 것으로 간주했다. 최초 국면에서의 모든 희망과 열망이 실현되지 않은 채로 남았기 때문에, 파시스트들과 저항 투사들 양자 모두 자주, 1차 리소르지멘토 운동에 의해 획득된 정치적 해결을 완성시킬 도덕적 갱생의 '2차 리소르지멘토'에 대해 이야기했다.

남부문제(Southern Question)

1860년과 1861년 사이에 시칠리아 양왕국을 새로운 이탈리아 국가에 병합하는 과정에서 이것이 위험천만한 것임이 증명되었다. 북부에서 오스트리아인들을 몰아내는 중에 죽은 병사들보다 더 많은 수의 병사들이 병합에 뒤따라 일어난 산적들의 봉기를 진압하다 죽어갔던 것이다. 그 지역을 끊임없이 위협하는 사회적, 경제적, 정치적 문제들의 정도는 1870년대의 레오폴드 프란체티(Leopold Franchetti)와 시드네이 손니노(Sidney Sonnino)의 선구적인 사회학적 조사에 의해 밝혀졌다. 그들의 작업은 *meridionalisti*[남부주의자들]로 알려진 지우스티노 포르투나토(Giustano Fortunato), 가에타노 살베미니(Gaetano Salvemini), 파스쿠알레 빌라리(Pasquale Villari) 같은 이후의 남부 투사들에 의해 계승되었다. 그들은 1860년 이후의 정부 정책들이 이 지역의 사회적, 경제적 쇠퇴와 부패를 줄이기보다는 증가시켰다고 주장했다. 그리고 나서, 1900년 이래, 말라리아와 싸우고 공공 사업을 제공하며 산업을 진흥시키고 세금을 줄이는 등등의 특별 입법안들이 통과되어 다양한 정도의 효과를 낳았다. 문제들도, 그 해결책도 계속 다양화되고 있다.

생디칼리즘(Syndicalism)

생디칼리스트 운동은 지역 노동조합들이나 생디카들(*syndicats*)에 근거하는 자치적 지역공동체 연방이라는 이상을 고무했다. 이 운동은 프랑스의 조르쥬 소렐(Georges Sorel)과 페르디난드 펠루티에(Ferdinand Pelloutier)의 무정부주의적 공산주의 이념과 연결되어 있으며, 그 중요한 이탈리아인 대표자들은 자신들의 이념을 이탈리아 남부문제의 교정과 연관시켰던 나폴리 사람들인 아르투로 라브리올라(Arturo Labriola)와 엔리코 레오네(Enrico Leone)였다. 생디칼리스트들은 처음에는 사회당의 한 부분을 이루었으나 1908년에 이탈리아 사회당으로부터 갈라져 나왔다. 생디칼리스트들은 국가와 여타의 중앙집권화된 조직 형태들에 반대했으며, 노동자들로 하여금 정당들을 무시하고 대신 작업 현장에서의 투쟁에 집중하라고 선동했다. 그들은 혁명적 행동을 자극할 필수적 '신화'로서 '총파업'이라는 이념을 내세웠다. 하지만 1917년까지 이탈리아 생디칼리즘은 그 혁명적 열의를 대부분 상실해 버렸으며, 대신 생산자들이 경제적 기능에 근거한 조직들을 통해 공적 삶에 직접 참여하는 사회라는 반(反)정치적 영감에 열중했다. 그 지도자들의 다수는 무솔리니의 편을 들었고 그의 조합주의 교리의 발전에 한몫을 했다. 참고적으로(N.B.), 이탈리아어에서는 *syndacato*와 그 파생어 *syndicalismo, syndicalista*가 노동조합, 노동조합주의, 노동조합주의자와 생디칼리즘, 생디칼리스트 양자 모두에 혼용된다는 문제가 있다. 따라서 편집자와 [영어]번역자는 주어진 맥락에서 어떤 번역이 가장 적절할지를 [그때그때] 결정해야만 했다.

변형주의(Transformism)

이 용어는 처음에는 1876년 이후의 후기-리소르지멘토 기간 동안의 역사적 좌우 정당 분파들 사이의 제휴[야합]를 묘사하는 데 쓰였다. 이후에 이 용어는, 자유주의 정치인들이 행정상의 후원, 입법상의 양보와 타협을 활용하여 왕년의 적들을 연합의 대상으로 '변형'함을 통해 자신의 권좌를 유지하는 보다 일반적인 과정을 묘사하는 것으로 확대되기에 이르렀다.

정치, 노동, 기타 조직들의 용어 해설

<아반티!>(*Avanti!*, 전진)

이탈리아 사회당의 공식 기관지. 종종 이 잡지의 편집권이 당 그 자체의 형식적 지도력보다 더 중요하곤 했다. 이 잡지는 1896년의 창간 이후 1903년까지 레오니다 비솔라티(Leonida Bissolati)에 의해 편집되다가 1차 세계대전 때까지 엔리코 페리(Enrico Ferri), 오디니 모르가리(Oddini Morgari), 다시 비솔라티, 클라우디오 트레베스(Claudio Treves), 지오반니 바치(Giovanni Bacci), 그리고 마지막으로 무솔리니 등의 순으로 여섯 번의 편집자 교체를 경험했다. 전후에 이 잡지는 파시스트들의 계획적인 공격에 시달렸는데, 파시스트 행동대원들은 1919년에 이 잡지의 밀라노 본부를, 1920년에는 로마의 사무실을 태워 버렸다. 공산주의자들과의 분리 이후 편집통제권은 처음으로 지아친토 세라티(Giacinto Serrati)에게 넘어갔고 다음으로는, 후에 이탈리아 공산당과의 어떠한 교류도 완강히 거부한 피에트로 넨니(Pietro Nenni)에게 이전되었다. 이 잡지는 1926년에 파시스트들에 의해 불법화되었지만 1943년에 복간되었고, 이탈리아 사회당의 공식적 일간지로 계속 발행되고 있다.

노동회관(Camere del Lavoro)

글자 그대로 노동회관(Cambers of Labour)이라는 뜻. 해당 코뮌이나 행정구획 내의,

지역 노조와, 협동조합, 저축 금고 같은 여타의 노동자 조직들의 집결지였다.

CGL(Confederazione Generale del Lavoro)

노동총동맹. 이 조직은 노조들과 노동회관들로 구성되어 있었다. 사회당과 연합해 있는 동안, 이 조직의 지도자들은 전반적으로, '정치적' 선동과 진전에 반대하고 '경제적인 것'에 주로 관여하는 개량주의자들이었다.

CIL(Confederazione Italiana del Lavoro)

이탈리아 노동동맹. 가톨릭 노조 연맹으로서 1918년의 교황의 승인 이후 급격히 성장해서 조직원이 백만 이상에까지 이르렀다.

<코리에레 델라 세라>(Corriere della Sera, 저녁통신)

1876년에 창간된 밀라노의 신문. 1896년에 경영진에 결합한 루이지 알베르티니(Luigi Albertini)의 주도 아래, 이 신문은, 지올리티의 개혁들에 반대하고 제국주의와 1차 세계대전에의 개입을 위해 민족주의 주장을 지지하는 등 보수적 자유주의 견해의 강력한 기관지가 되었다. 1923년까지 대체로 파시즘을 지지했고, 그 이후로는 야당지로 바뀌었으나, 1925년 무솔리니가 알베르티니 형제로 하여금 경영권을 포기하게 만들어서 체제 옹호지로 전환시켰다.

FIOM(Federazione Italiana Operai Metallurgici)

이탈리아 금속-기계 노동자 연맹. 1901년에 창립되었고 토리노에 근거지를 두고 있었다. CGL과 제휴한 개량주의적 사회주의 노조였다.

PCd'I(Partito Communista d'Italia)

이탈리아의 공산당(후에 Partito Communista Itaiano, 이탈리아 공산당[PCI]으로 개칭되었다). 리보르노에서 1921년 1월에 창당되었다.

PPI(Partito Popolare Italiano)

이탈리아 인민당. 가톨릭이지만 '비(非)정교일치적인' 계급연합 정당으로서 시칠리아인 사제인 루이지 돈 스투르조(Luigi Don Sturzo)와 그 밖의 사람들에 의해 1919년에 창당되었다. 그 강령의 핵심 요소는 비례 대표제, 조합주의, 농지 개혁, 여성 참정권, 정치적 탈중앙집권화, 교회의 독립, 사회개혁 등이었다. CIL과 연합하면서 이 당은 1919년 선거에서 100석을 확보했는데, 특히 농촌 지역에서 성공을 거두었다. 몇몇의 인민당원들이 무솔리니를 길들이겠다는 희망을 품고 그의 최초의 내각에 결합했지만, 파시스트들은 1922년에 빈번히 당 건물들을 공격했다. 당에 대한 폭력행위는 계속되었고, 결국 이 당은 1924~6년 사이에 반파시스트 의회 보이콧, 즉 아벤티네 탈퇴파(the Aventine Secession)에 결합했다. 이때 무솔리니는 다른 반대당들과 함께 이 당을 활동정지시켜 버렸다. 이 당은 1943년 이후 기독민주당(the Christian Democratic Party)로 재탄생했다.

PSI(Partito Socialista Italiano)

이탈리아 사회당. 1891년에 창당된 이탈리아 노동자의 당(the Party of Italian Workers)에서 비롯되었으며, "사회주의"라는 명칭은 1893년에 받아들였다. 복잡한 연방제적 구조를 지녔었기 때문에 조직적이고 이데올로기적인 통일성을 유지하기가 어려웠으며 서로 경합하는 다양한 분파들을 포함하고 있었다. 1919년 선거에서 156석을 확보하여 최대 정당이 되었으나, 얼마 안 되어 처음에는 공산주의자들, 그리고 다음에는 개량주의자들이 독자적 당을 건설하기 위해 분열되어 나가면서 수많은 균열이 뒤따랐다.

<라 스탐파>(*La Stampa*)

*Gazzetta Piemontese*라는 이름으로 1867년에 창간된 토리노의 신문이며 1895년에 명칭을 바꿨다. 1900년 이후, 처음에는 루이지 루(Luigi Loux), 다음에는 알프레도 프라사티(Alfredo Frassati)에 의해 지올리티에게 충성하는, 온건한 전국 일간지로 전환되었다. 1920년에 FIAT의 소유주인 지오반니 아넬리(Giovanni Agnelli)가 주식의 1/3을 확보하면서 경영진에 결합했다. 1926년 10월 프라싸티가 자기 몫을 팔면서 아

넬리가 지배권을 획득하여 신문은 파시스트의 대의에 투항했다.

UIL(Unione Italiana del Lavoro)

이탈리아 노동연합. 부분적으로는 USI와의 절연을 통해 형성된 작은 '참전주의적' '생디칼리스트' 조직체. 파르마와 그보다 작은 도시들에 기반하면서 파시즘에 요원을 충당시켜 주었다.

USI(Unione Sindicale Italiana)

이탈리아 생디칼리스트 연합. 1912년에 전투적인 아나코-생디칼리스트들에 의해 창립되었으며 리구리아(Liguria), 에밀리아(Emilia)와 마르셰(the Marches) 같은 지역들에서 강력했다. 정당들을 얕보면서, 혁명적 '총파업'을 통해 지배권을 확보할, 산업 노조들 내 반(反)국가를 건설하기 위하여 노력했다. [1차 대전] 전후 급속히 성장하여 1920년에는 80만의 조직원을 확보하고 있다고 주장했다.

<우니타>(L'Unita, 단결)

이 제호는 가에타노 살베미니(Gaetano Salvemini)가 창간하고 1911년부터 1920년 사이에 편집한 주간 신문에 처음 쓰였다. 이 신문은, 살베미니의 속내와 가까운 대의들, 특히 남부의 개혁, 정당과 정치인들, 특히 지올리티와 정치체제 전반의 부패 및 보호무역주의에 대한 공격 등에 헌신하는, 급진적이고 독립적인 목소리를 지향했다. 이 신문은 이탈리아 사회주의자의 젊은 세대에게 엄청난 호소력을 지니고 있었으며, 특히 안토니오 그람시는 그로부터 강한 영향을 받아 1924년 그 제호를 이탈리아 공산당의 공식 기관지 제호로 받아들였다. 이 신문은 개명(改名)한 이전 공산당의 후신인 민주좌익당(Partito Democratico della Sinistra, PDS)의 일간 신문으로 계속 발간되고 있다.

약 전

아멘돌라, 지오반니(Amendola, Giovanni, 1882~1926)

철학자이며 정치가. 그는 1923~6년 사이에 파시즘에 대한 입헌적 반대의 지도자가 되었고, 1924년에는 국민민주연합(the Unione Democratica Nazionale)을 건설했으며, 1925년에는 자유민주세력 국민연합(the National Union of Liberal Democratic Forces)을 세웠다. 파시즘을 공공연히 비난했기 때문에 두 번에 걸친 잔인한 폭행을 당했고 1925년 7월 20일에 입은 두 번째 습격으로 인해 다음해 칸느에서 요절했다.

발데시, 지노(Baldesi, Gino, 1879~1934)

생디칼리스트 지도자이며 이탈리아 사회당 당원. 1918년에 CGL의 부서기로 임명되었다. 1921년에 하원의원으로 당선되었고, 리보르노 당 대회에 참석해서는 개량주의자들을 지지하였으며 뒤이어 통일사회당(the Partito Socialista Unitario)에 결합했다. 파시스트들과 함께 비정치적인 생디칼리스트 운동을 만들려다가 실패한 뒤에는, 1922년 평화협정에 서명했다. 1924년 무렵 반파시스트 야당으로 전환하여 1926년 의회에서 추방당할 때까지 아벤티네 탈퇴파에 결합했다. 그 이후 정치적으로 은퇴했다.

보노미, 이바노에(Bonomi, Ivanoe, 1873~1951)

처음에는 이탈리아 사회당의 개량주의 분파의 지도적 성원이었는데, 1912년에 리비아 침공을 지지했기 때문에 당에서 축출되었고, 그 이후로는 다른 변절한 사회주의 하원 의원들과 함께 개혁사회주의당(the Reformist Socialist Party)을 창당했다. 1916년과 1921년 사이의 자유주의 정부에서 연속으로 장관직을 맡았으며 1921년 6월에는 지올리티의 뒤를 이어 수상이 되었고 1922년 2월까지 그 자리에 있었다. 자유주의적 정치계급의 다른 많은 이들이 그렇듯이 파시즘에 대한 그의 태도는 양가적이었으며 공산주의와 기타 다른 급진 좌파 분파에 대한 보다 큰 적대감에 의해 조율되었다. 파시스트의 집권 기간 동안은 공적 삶에서 은퇴해 있었고, 무솔리니의 몰락 이후 1944년 로마 해방에 뒤이어 급조된 단명의 연합조직을 주도하면서 다시 모습을 드러냈다.

보르디가, 아마데오(Bordiga, Amadeo, 1889~1970)

1910년 이탈리아 사회주의 청년 연맹(the Italian Socialist Youth Federation, FGSI)의 순전히 '문화적인' 역할에 반대하여 논쟁하면서 전국적으로 유명인사가 되었다. 1차 세계대전에 격렬히 반대하면서 이탈리아 사회당의 '비타협적' 분파 내에서 이름을 날리게 되었다. 전후 기권주의적 공산주의 분파를 건설하고 지도했는데, 이 분파는 부르주아 제도들에 대한 참여 일체로부터 '기권'할 것을 제안했다. 그의 잡지 <일 소비에트(Il Soviet)> 주위에 모인 이 그룹은 개량주의자들과 그람시 및 <오르디네 누오보> 그룹 양자 모두 엘리트 정당의 역할을 충분히 강조하지 않고 있다는 이유로 반대했다. 그의 추종자들은 초창기 이탈리아 공산당의 중핵을 형성했고 그는 1921년과 1923년 사이에 이 당의 최초의 지도자였다. 1922년 이후 그는 이탈리아 사회당과의 재통합이나 반파시스트 연합에 참여하길 거부함으로써 코민테른의 노선으로부터 점점 더 벗어나게 되었다. 그의 이러한 관점은 1922년 3월에 이탈리아 공산당 제2차 당 대회에서 통과된 "로마 테제"에 성문화되어 있다. 1923년 2월과 10월 사이에 체포, 구금되었기 때문에 1924년 이탈리아 공산당 지도부에서 교체되어 그람시가 이를 맡게 되었다. 1925년 [당 내] 좌익의 '협의회(committee of agreement)'를 지지했기 때문에 당내에서 많은 공격을 받고 점점 더 고립되어 1926년의 리용 대회에서는 고작 10%의 지지만을 얻어냈다. 파시스트들에 의해 투옥되어 고통받고 1926년과 1930년 사이에는 국외추방되었으며 1930년에는 공산당에서마저 출당되었으나, [전후] 국제

공산당(the International Communist Party)을 건설하기에 이르는 작은 보르디가주의 그룹에서 정치활동을 계속했다.

코라디니, 엔리코(Corradini, Enrico, 1865~1931)

민족주의 잡지인 <일 레뇨 (*Il Regno*, 1903~6년)>를 창간했으며, 1910년의 창립 당시부터 1923년의 파시스트와의 결합 때까지 이탈리아 민족주의 연합(the Italian Nationalist Association)의 지도자였다. 인민주의적 보수주의자로서 그는 이탈리아인들의 해외이민에 대한 대안으로 아프리카에서의 식민지 확장과, 생산자들의 조합 사회에 기반한 일종의 '프롤레타리아 국가'의 창건을 옹호했다.

크로체, 베네데토(Croce, Bedetto, 1866~1952)

아풀리아(Apulia)의 페카쎄로리(Peccasseroli)에서 태어났으며, 당대 이탈리아의 중요한 철학자였다. 젠틸레와 함께 고래의 관념론 전통의 재생을 선도했다. 미학, 문학, 역사, 윤리학에 대한 그의 풍부한 저술들은 완벽한 인문주의적 철학을 구성하려는 데 집중되어 있었으며, 이는 그의 문화 잡지 <라 크리티카(*La Critica*)>와 그가 영향력을 발휘한 출판사 라테르자(the Laterza)를 통해서도 옹호되었다. 그는 1910년에 상원의원이 되었으며 1920년과 1921년 사이에는 지올리티 내각에서 교육부 장관을 맡았다. 보수주의적 자유주의자로서 그는 무솔리니에게 즉각적으로 반대하지는 않았다. 하지만, 결국 자유주의적 반대파의 우두머리로서 파시스트 체제에 대한 중요한 지식인 비판가들 중 한 명이 되었다. 명성과 개인적 행운에 의해 보호받았던 탓에 연합군이 침공하고 나서야 나폴리의 집에 가택연금되고 저작활동을 금지당했다.

다눈치오, 가브리엘레(D'Annunzio, Gabriele, 1863~1938)

이탈리아의 시인, 소설가, 모험가, 그리고 급진적 민족주의자. 다눈치오는 이탈리아의 제1차 세계대전 참전을 열렬히 지지했으며, 1915년과 1918년 사이에 육군에서 근무했다. 1919년에 전역 군인들, 아나코-생디칼리스트들, 민족주의자들로 이루어진 혼성 군단을 이끌고 피우메(Fiume)를 점령해 이 도시가 유고슬라비아로 넘어가는 것을 막았다. 그가 그곳에 세운 체제는 파시즘의 보다 바로크적인[기괴한] 요소들을 예시하는 것이었는데, 가령 로마제국식 경례 등이 그 예이다. 그 자신의 신조는 니체, 생디칼리즘, 인민주의적 민족주의, 그리고 새도-매저키즘의 기괴한 혼합이었다.

페리, 엔리코(Ferri, Enrico, 1856~1929)

페리는, 범죄를 경제적 조건과 유전형질에 연관시켰던 체자레 롬브로소(Cesare Lombroso)의 실증주의 학파 범죄학자였다. 그의 가장 유명한 저서는 『사회주의와 실증과학, 다윈-스펜서-맑스(Socialismo e scienza positiva. Darwin-Spencer-Marx, 1894)』였다. 처음에는 사회주의자로서 1900년과 1905년 사이에 <아반티!>를 편집했으나, 1922년에 파시즘으로 전향했다.

포르투나토, 지우스티노(Fortunato, Giustino, 1848~1932)

바실리카타(Basilicata)에서 태어났으며, 이탈리아 남부지역, 즉 메조지오르노(the Mezzogiorno)의 지도적 투사였다. 1880년에 하원의원으로 당선되고 나서는 손니노의 추종자들과 함께 우익에 가담했고 1909년에 상원의원이 되었다. 그는 남부문제를 사회적이고 정치적인 문제일 뿐만 아니라 경제적이고 지리학적인 문제라고 주장함으로써 천연의 비옥 지역이라는 '남부의 신화'를 뒤엎는 데 나름의 역할을 했다. 그의 가장 중요한 저작은 『메조지오르노와 이탈리아 국가(Il Mezzogiorno e lo stato italiano, 1911)』인데, 여기서 그는 남부의 병폐에 대한 그의 진단뿐만 아니라 그 자신의 비극도 상술하고 있다.

젠틸레, 지오반니(Gentile, Giovanni, 1874~1944)

시칠리아 출신 철학자로서 베네데토 크로체와 함께 이탈리아 관념론 사상의 재생에 중요한 역할을 했으며, 1924년까지 크로체의 잡지인 <라 크리티카>와 긴밀히 협조했다. 무솔리니의 첫 번째 행정부에서 교육부 장관으로 내정되자 1923년에 파시스트 당에 합류했고, 결국에는 파시스트 체제에 봉사하기 위해 그의 '행동주의적' 교리를 제출했고 파시즘의 공식적 철학자가 되었다. 파시스트 살로(Salo) 공화국의 지지자로서 1944년 4월 5일 피렌체에서 빨치산에 의해 암살되었다.

지오베르티, 빈첸조(Gioberti, Vincenzo, 1801~52)

토리노에서 태어났으며, 1852년에 사제로 서품되었다. 철학자로서 그는 교황청을 민족주의적 대의에 결집시켰다. 1843년에 그는 『이탈리아인들의 도덕적이고 시민적인 우월성에 대하여(Del primato morale e civile degli italiani)』를 썼는데, 이 책은 피우스 9세(Pius IX)를 지지하는 자유주의적 가톨릭파, 신겔프주의자들에게 커다란 영향을 끼쳤다. 하지만 교회가 적극적인 정치적 입장을 취하리라는 그의 희망은 공상적인 것으로 드러났다. 그는 1848년 12월과 1849년 3월 사이에 피에몬테 정부를 이끌었고, 은퇴한 뒤에는 그의 정치학과 철학으로 인해 교황청의 비난을 받았다.

지올리티, 지오반니(Giolitti, Giovanni, 1842~1928)

당대 이탈리아의 중요한 정치인. 그는 1884년에 좌익이라고 알려진 의회 정파의 성원으로서 정치에 입문했다. 그는 1889년에 재무부 장관으로 봉직했고, 1892년에 처음으로 자신의 내각을 조각했다. 1903년과 1921년 사이에 도합 11년간 네 개의 내각을 더 이끌었으며, 이는 선거로 임명된 다른 어떠한 이탈리아 수상의 재임기간보다 더 긴 것이었다. 그는 다수의 선거 개혁, 사회 개혁들을 통해 사회주의자들의 지지 기반을 허묾으로써 "맑스를 고미다락방에 가두려"고 시도했다. 그럼에도 불구하고 그는 이러한 조치들을 단지 권좌유지용 술책들로서만 운용하는 보수주의적 자유주의자, 냉소주의자에 머물렀다. 그러나 이런 평가는 약간은 불공평한데, 왜냐하면 그는 식민지 확장과 제1차 세계대전 참전에 반대할 만큼은 지각이 있었고 이로 인해 실각하기에 이르렀기 때문이다. 파시즘에 대한 그의 반응은 반대라기보다는 일종의 퇴각이었으며, 이는 그가 전체 이탈리아 자유주의자들과 공유하고 있던 허약함을 드러내 주는 것이었다.

고베티, 피에로(Gobetti, Piero, 1901~26)

토리노에서 식품상의 아들로 태어났다. 비상하게 조숙한 지식인으로서 1918년에 17살의 나이로 그의 최초의 비평지 <에네르지 누오보(Energie Nuovo, 새로운 에너지)>를 창간했다. 그람시와 <오르디네 누오보> 그룹으로부터 많은 영향을 받긴 했지만 공산주의로서보다는 사회주의적 자유주의자로 남았다. 1922년에 그는 주간지 <라 레

볼루찌오네 리베랄레(*La Revoluzione Liberale*, 자유주의 혁명)>를 창간했는데, 이 잡지는 사회적, 문화적 비평을 위한 절충주의적 접촉점으로서 <라 보체>를 계승했다. 1925년에 그는 망명을 강요받았고, 파리에서 기관지염과 심장마비로 죽었다.

레닌, 블라디미르 일리치(Lenin, Vladimir Ilyich, 1870~1924)

맑스주의 이론가, 당 조직가, 소비에트 국가의 최초의 지도자. 맑스주의 이론과 실천에 대한 그의 중요한 공헌은 혁명적 당의 적합한 조직 형태, 계급 체계에 대한 당의 관계와, 정치적 동원에 대한 당의 역할 등에 대한 고려 — 가장 중요하게는 『무엇을 할 것인가?』(1902)에 전개되어 있는 — 에 있다. 그는 1917년 10월의 러시아혁명 직전에 그의 저작 『국가와 혁명』을 통해 파리코뮌에 대한 맑스의 가르침과 소비에트에 대한 그 자신의 이해를 통합하는 공산주의적 미래의 유토피아적 영감을 발전시켰지만, 일단 권력을 잡게 되자 일련의 위기들로 인해 자신의 관점을 바꾸어서 예전의 영감 대신 프롤레타리아 독재의 이행기적 중요성을 주장해야만 하게 되었다. 공산주의 인터내셔널(코민테른)의 지도자로서 그는 다른 나라의 소속 정당들로 하여금 볼셰비키의 조직론적 관념들을 받아들이도록 강요했고, 이로 인해 개량주의적 사회주의 운동과의 분열이 초래되었다.

마리네티, 필립포 토마소(Marinetti, Filippo Tommaso, 1876~1944)

이탈리아 미래주의(Futurism)의 창건자이며 지도자로서, 1909년에 미래주의 운동을 위해 그 첫 번째 선언서를 집필했다. 미래주의는, 처음에는, 특히 자동차와 비행기의 속도 등에서 발견되는 것과 같은, 산업 세계에 내재적인 창조성과 역동성을 찬양하는 광범한 문화 운동이었지만, 점차 민족주의적인 부수적 함축을 띠어갔다. 마리네티는 제1차 세계대전 전야에 참전주의 캠페인에 활발히 참가했으며, 전쟁에도 참전했다. 이로 인해 그는 무솔리니와 연계를 맺게 되었으며, 무솔리니는 비록 마리네티가 희망했던 것과는 달리 미래주의를 파시즘의 공식적 예술로 만들지는 않았지만 마리네티에게 경의를 표했다. 그는 독일의 꼭두각시인, 무솔리니의 살로 공화국을 지지했으며, 그가 죽자 대규모의 국장이 치뤄졌다.

무솔리니, 베니토(Mussolini, Benito, 1883~1945)

파시즘의 창건자이며 이탈리아의 독재자. 로마냐(Romagna)의 평범한 가정에서 태어났다. 처음에는 이탈리아 사회당의 행동적 당원이었으며, 혁명적 분파의 주도적 논쟁가로 두드러지기 시작하였고 1912년과 1915년 사이에는 당 신문 <아반티!>를 편집했다. 처음에는 제1차 세계대전에 대한 국제주의적 반대의 견결한 지지자였지만, 일종의 혁명적 행동으로서 참전을 선호하게 되었고 1915년에 당에서 축출되었다. 종전시기에 그는 참전주의자들의 연합을 건설하려 시도했고 1919년에 전투적 파쇼단(the *Fasci di Combattimento*)을 창설했다. 비록 파쇼단의 강령이 좌익적 요소를 포함하고 있긴 했지만, 폭력적인 반(反)사회주의 — 특히 농촌 지역에서의 — 가 그들의 가장 뚜렷한 면모였다. 자유주의 정치인들의 약점 — 대중적 토대의 결여, 사회주의에 대한 공포, 의회내 제휴 대상의 요구 — 에 대한 솜씨 있는 조작술을 통해 그는 1922년의 로마 행진에서 권좌에 오를 수 있었으며 다수의 자유주의적 기구들로부터 정당성을 확보했다. 하지만, 1924년 선거와 마테오티 위기 — 이때 그는 PSU 하원의원인 마테오티의 암살에 연루되었다 — 로부터 가까스로 살아난 이후로는 순전히 자기 방식대로 나아가기 시작했다. 1929년 무렵에는, 라테란 협정(the Lateran Pacts)을 통해 바티칸과의 화합을 이루어 내고 전국적 국민투표를 통해 파시즘에 대한 대중적 합의를 확인함으로써 [파시즘] 체제가 확립되었다. 1935~6년의 이디오피아 점령 이후, 그는 임박한 국제적 위기를 뒤따를 새로운 문명의 건설 과정에서 이탈리아가 담당할 사명과 역할에 점점 더 열중하게 되었다. 무솔리니 자신은 얼마간 비껴서 있으려 노력했지만, 1938년의 강철 협정으로 인해 굳어진 히틀러 독일과의 점증하는 연관으로 말미암아 이탈리아는 위험스럽게도 1940년 6월 10일 제2차 세계대전에 참전하고 말았다. 1943년 7월 25일의 궁정 쿠데타에 의해 권좌에서 쫓겨난 뒤 나치에 의해 감옥에서 구출되어 이탈리아 북부의 살로 이탈리아 사회공화국(the Italian Scial Republic of Salo)의 꼭두각시 지도자로서 옹립되었다. 1945년 4월 27일 코모(Como) 근처에서 빨치산에 의해 총살되었다.

니티, 프란체스코(Nitti, Francesco, 1868~1953)

바실리카타에서 태어났으며, 남부의 지지자로서 그 경력을 시작했다. 그는 1904년에 의회에 진출하였고, 1911년과 1914년 사이에 지올리티의 제4차 내각에서 농무 장관직을 얻었다. 전시 동안에는 재무부 장관으로 봉직했지만, 강화에 반대하여 사직했으며 베르사이유 조약에 대한 초기의 비판가가 되었다. 1919년 6월과 1920년 6월 사이에 수상이 되어 비례대표제를 실행하고 피우메 위기를 해결하기 위해 노력했다. 파시즘의 반대자였기 때문에 1924년에 망명을 강요당했고 1943년에 프랑스에서 독일에 의해 체포되었다. 전후 국민민주연합당(the National Democratic Union Party)의 명망가 당원이 되어 1948년에 상원의원으로 올랐다.

파피니, 지오반니(Papini, Giiovanni, 1881~1956)

프레졸리니처럼 그도, 주로 그 자신의 문화비평지 <레오나르도(Leonardo, 1903~8)>에 의해 도래한 거대한 물결의 독학자 출신 대변인이었다. 처음에는 니체적 경향을 띤 실용주의자였는데, 그의 사상은 엘리트주의, 민족주의, 신비주의, 현실주의의 불안한 혼합으로 구성되어 있었다. 이런 혼합을 견지하려 노력했던 탓에, 처음에는 미래주의에 이끌렸다가 이후 1908년 무렵에는 가톨릭주의에 경도되었고, 종국에는 극단적인 파시스트가 되어 거의 체제의 상징적 인물이 되었다. 그의 작품『그리스도의 생애』(1921)는 대중적 베스트셀러가 되었다.

프레졸리니, 지우세페(Prezzolini, Giuseppe, 1882~1982)

독학자인 그는 제1차 세계대전 이전 이탈리아 문화에 심원한 영향을 끼쳤다. 그는 비평지 <레오나르도>를 지오반니 파피니와 공동편집했고(1903~5), 이후에는 영향력 있는 잡지 <라 보체(La Voce)>를 창간했다(1908~14). 생디갈리스트에 공명하는 크로체주의자로서 그는 모든 관점의 다양하고 엄청난 수의 기고문들을 한데 모으는 데 성공했다. 뼈대있는 비타협주의자이며 비평가였기에 파시즘에 대한 그의 공감은 오래 지속되지 못했으며 결국에는 미국으로 가서 교육과 회상기 집필에 전념했다. 그는 스위스의 루가노(Lugano)에 있는 자신의 집에서 논쟁적인 단편들을 집필하면서 자칭 볼테르주의자의 면모를 보이며 그 긴 삶을 마쳤다.

로코, 알프레도(Rocco, Alfredo, 1875~1935)

가장 저명한 민족주의자이며 우익 파시스트 이론가. 그는 국가를 유사 생물학적 유기체로 보았으며, 이러한 국가를 통해 개인은 거의 완전히 동일화될 수 있다고 생각했다. 그는 위계적으로 조직화된 사회경제적 그룹 형성이라는 조악한 조합주의 체계를 통해 이탈리아 국가를 변형시킬 것을 제안했는데, 그에 따르면 이 체계는 정치 엘리트로 하여금 근로 대중들을 통제하고 전국적 생산과 국제적 경제 경쟁, 제국주의 전쟁을 조직할 수 있게 해 준다. 1923년 민족주의 연합(the Nationalist Association)이 파시스트 당으로 합병되자 그는 재빨리 명망가로 떠올랐으며 1925년 1월과 1932년 7월 사이에 법무부 장관으로서 파시스트 국가의 중요한 건축가가 되었다.

살베미니, 가에타노(Salvemini, Gaetano, 1873~1957)

급진적 정치가이면서 역사가. 그는 의회의 개혁과 남부의 구제를 위해 맹렬한 캠페인을 벌였다. 그의 잡지 <우니타(L'Unita)>는 남부와 북부 사이의 전반적 평등은 여전히 투쟁의 목표로 남아 있다고 주장했다. 정치적 부패의 공공연한 비판가였던 그는 자신의 팜플렛 <일 고베르노 델라 말라비타(Il governo della malavita, 악당국가, 1913)>를 통해 지올리티의 체제를 비난했다. 1919년과 1921년 사이에 하원의원으로 일했고 1925년 망명했으며 종국에는 하버드대학의 역사학 교수가 되었다.

세라티, 지아친토 메노티(Serrati, Giacinto Menotti, 1876~1926)

1912년과 1914년 사이, 이탈리아 사회당 내 비타협주의적 반(反)개량주의 분파의 저명한 성원. 무솔리니의 변절 이후 <아반티!>의 편집자가 되었고 당의 실질적인 지도자가 되었다. 제3인터내셔널을 지지했으나 개량주의자들을 출당시키거나 당명을 바꾸길 거부했고 그래서 레닌, 그람시, 보르디가와 논쟁하게 되었다. 1921년의 분열 이후에도 이탈리아 사회당의 지도자로 남았으며 [코민테른 및 이탈리아 공산당과의] 화해를 달성하기 위해 노력했고 결국에는 1922년 10월 개량주의자들을 축출했다. 그럼에도 불구하고 두 당[이탈리아 공산당과 이탈리아 사회당]을 재통합하려는 시도는 실패했고 그와 그의 분파는 1924년 이탈리아 공산당에 합류했다.

손니노, 시드네이(Sonnino, Sidney, 1847~1922)

피렌체 출신 정치가이면서 금융가. 레오폴드 프란체티와 함께, 1877년에 공간된, 이탈리아 남부에 대한 포괄적 연구를 지휘했다. 1880년에 하원의원으로 당선되었고 1893년에는 재무부 장관이었으며 1906년과 1909년 사이에는 수상, 1914년과 1919년 사이에는 외무부 장관이었다. 1920년에 상원의원이 되었고 죽기 전까지 대체로 정치로부터 은퇴해 있었다.

타스카, 안젤로(Tasca, Angelo, 1892~1960)

토리노 노동자의 자제로서 노조 운동에 깊이 연루되어 있었으며, 그람시를 이탈리아 사회당으로 인도했다. 1919년에 <오르디네 누오보>에 창간 동인으로 참여했고, 1920년에 그람시와 절연했다. 1920년 7, 8월에 선거개입 지지 공산주의 분파 편에 속했으며, 1921년에는 이탈리아 공산당의 창당을 도왔다. 보르디가와 그람시 사이를 중재하면서 그람시의 체포 이후 톨리아티와 함께 당 지도권을 공유했으나, 1929년에 [당 내] 우익이라는 이유로 출당되었다. 망명 기간 중 저명한 사회주의 역사가가 되었다.

테라치니, 움베르토(Terracini, Umberto, 1895~1983)

토리노의 법학생이었으며 그람시와 타스카의 동료였다. <오르디네 누오보>의 창간 동인이며, 1920년에 이탈리아 사회당의 간부진에 합류했다. 1920년 7, 8월에 선거개입 지지 공산주의 분파 편에 속했으며, 1921년에 이탈리아 공산당에 입당해 그 집행위원회에 결합했다. 처음에는 보르디가주의자였으나 그람시쪽에 합류했다. 1926년 체포되어 파시스트들에 의해 수년간 감옥에 갇혀 있었으며 1943년 저항 운동에서 중요한 역할을 했다. 1943년 한때 당에서 축출되었으나 1944년 재입당하여 전후 잠시 제헌의회의 의장을 맡았다. 그는 1948년부터 죽기까지 공산당의 상원의원이었으며 저명한 법률가였다.

톨리아티, 팔미로(Togliatti, Palmiro, 1893~1964)

그람시와 마찬가지로 사르디니아인이며 그람시의 토리노 동창생으로서, 1914년에 타스카가 주도하는 이탈리아 사회당 청년 분회에 가담했다. 참전 지지자였기 때문에 제1차 세계대전에 참전했고, 1919년에 당에 재결합했다. <오르디네 누오보>의 공동 창간인으로서 그람시와 함께 공장평의회 운동에 활동적인 역할을 했다. 1920년 7, 8월

선거개입지지 공산주의 분파의 주창자였고, 이탈리아 공산당의 창당에 참여했다. 그 람시의 투옥 이후 타스카와 지도권을 공유했으며 1930년에 지도자가 되었다. 스페인 내전에서 싸웠고 제2차 세계대전 중에는 소련에 망명해 있으면서 본질적으로 스탈린 주의 노선과 타협했다. 하지만, 1944년 이탈리아에 돌아와서는 "사회주의로의 이탈리아적 길"을 구상하기 시작했고, 이를 위해 그는 죽은 그람시가 『옥중수고』를 통해 자신의 노선을 지지한다고 주장했다.

트레베스, 클라우디오(Treves, Claudio, 1869~1933)

언론인이면서 법률가. 트레베스는 개량주의적 사회주의 노선의 중요한 대표자였다. 토리노에서 태어났으며, 밀라노로 이주해서 1896년과 1898년 사이에 이탈리아 사회당의 지방 잡지인 <일 그리도 델 포폴로(*Il Grido del Popolo*)>를 편집했고, 투라티의 잡지인 <크리티카 소치알레(*Critica Sociale*, 사회비평)>에 정기적으로 투고하면서 투라티의 가까운 협력자가 되었다. 1910년부터 이탈리아 사회당 일간지인 <아반티!>를 편집했으며, [당 내에서] 개량주의자들이 다양한 최대강령주의 분파들에 의해 최종적으로 압도된 1912년에 그만두었다. 이후에도 그는 투라티와 긴밀한 관계를 유지하였고, 이탈리아 사회당으로부터 개량주의자들이 축출된 1922년에 투라티가 통일사회당(the Partito Socialista Unitario, PSU)을 창당하는 것을 도왔다. 1926년에 파시스트들의 압력으로 프랑스로 도피하게 되었으며 결국 그곳에서 심장 발작으로 사망했다.

투라티, 필리포(Turati, Filippo, 1857~1932)

이탈리아 사회당의 창당 시절부터의 당원이며 당의 '점진주의' 혹은 '최소강령주의' 분파의 지도자, <크리티카 소치알레>의 편집자. 사회주의자들 사이의 단결에 대한 확고한 신봉자로서, 1904년까지 당에 대한 불안정한 지배를 유지했다. 그 이후로는, 보다 급진적인 '최대강령주의' 분파가 지배권을 쥐게 되었으며, 이는 이후에는 생디칼리스트들(1908), 그리고 공산주의자들(1921)과 같은 다양한 좌익 분파들의 분리로 나타났다. 파시즘에 반대하기 위해 기꺼이 다른 의회 정당들과 결합하려 했기 때문에 1922년 당에서 추방되어 통일사회당을 건설했다. 무솔리니에 의해 투옥되었다가 1926년에 프랑스로 잠행하였고 결국 그곳에서 죽었다.

비코, 지암바티스타(Vico, Giambattista, 1688~1744)

나폴리 출신의 철학자. 그의 위대한 저서 『새로운 과학(*La scienza nuova*)』은 우리는 우리가 만들어 놓은 것만을 온전히 이해할 수 있다는 주장을 그 핵심적 교의로서 담고 있다. 이러한 주장은 이탈리아 관념론자인 크로체와 젠틸레에게 받아들여졌고 그들의 특유한 역사주의 철학의 쐐기못을 구성하게 되었다.

1부
우리의 맑스

능동적이고 효과적인 중립[1]

구체적 문제

현재 유럽의 위기로 인해 개인들과 정당들이 마주치고 있는 비상한 혼란의 와중에서 조차 모든 이들이 동의하는 한 가지 지점이 있다. 현재의 역사적 국면은 형언할 수 없는 중요성을 지닌 국면 중의 하나이며, 그 결과는 극도로 중대한 것일 수도 있으리란 것. 그토록 많은 피가 흩뿌려졌고 그토록 많은 생명의 에너지가 소진되어 버렸기에 우린 과거로부터 물려받은 답해지지 않은 문제들 중 가능한 한 많은 수에 대해 답이 발견되도록 조처해야만 한다. 그래서 인간이, 그러한 엄청난 고통과 불의에 의해 방해받지 않고서, 머지 않은 장래에 이와 비슷한 또다른 파국에 의해 그 미래가 훼손되지 않고서, 인간의 생활과 활동의 현재와 같은 위협적 손상을 불러들이지 않고서 다시 한번 더 전진할 수 있도록 해야 한다.

이탈리아 사회주의자들로서 우리는 다음과 같은 문제를 직시해야 한다: "이탈리아 역사의 현재 국면에서 이탈리아 사회당의 역할(나는 프롤레타리아트나 사회주의 일반의 그것이 아니라는 점을 강조하고자 한다)은 무엇이어야만 하는가?"

왜냐하면 우리가 우리의 에너지를 바치고 있는 사회당은 이탈리아의 사회당, 즉 인터내셔널을 위해 이탈리아 국가를 장악해야 할 과제를 떠맡은 사회주의 인터내셔널의

---

[1] 제1차 세계대전의 발발 이후 PSI는 '절대적 중립'이라는 정책을 채택했다. 1914년 10월 18일에 PSI 공식 일간지 <아반티!>의 편집자인 무솔리니는 「절대적 중립에서 상대적이고 효과적인 중립으로」라는 편집자 논설을 통해 이 정책에 도전했다. 이 글에서 그는 특정한 조건들 하에서 이탈리아는 참전해야만 한다고 제안했다. 무솔리니는 곧 PSI 지도부 내에서 고립되었고, 강요에 의해 <아반티!>의 편집자 자리에서 물러나야 했다. 11월 15일에 그는 자신의 신문인 <일 포폴로 디탈리아(Il Popolo d'Italia, 이탈리아의 민중)>를 창간했고, 11월 24일에는 당에서 출당당했다.

그 지부이기 때문이다. 이 직접적 과제, 이 일상적 과제는 당에게 특수한, 국민적 성격들을 부여하며 이탈리아의 생활 속에서 특수한 역할, 독특한 책임을 떠맡도록 만든다. 당은 점진적으로 성숙해 가는, 잠재적인(*in potentia*) 하나의 국가다. 당은 부르주아 국가에 대한 일종의 라이벌로서 이러한 적들과의 일상적 투쟁을 통해서, 그리고 그 고유의 내적 변증법의 발전을 통해서 그 적대자를 무찌르고 흡수하기 위해 필요한 기관의 창조를 추구한다. 이러한 역할을 수행하는 과정에서 당은 자주적(autonomous)이다. 당은 단지 그 궁극적 목적에 대해서만, 그리고 계급들 사이의 투쟁이라는, 그 투쟁의 본질적 특성에 대해서만 인터내셔널에 의존한다.

투쟁이 그 다양한 우발성들 내에서 취해야 할 형태들과 최종적 혁명을 향한 그 전진의 시간 조절에 관련해서는, PSI 자신만이 유일하게 합당한 심판관이다. 당은 홀로 투쟁을 경험하고 있으며 그 변동하는 현실들을 알고 있는 유일한 실체이기 때문이다.

단지 이러한 고려만이 PSI가 그 '절대적 중립'이라는 정식을 출범시키면서 G. 에르베(G. Hervé)의 모욕과 독일 사회주의자들의 화해 시도 모두에 대해 퍼부은 그 조소와 경멸을 정당화할 수 있다.[2] 에르베와 독일인들 모두 자신들이 스스로 그 공식적 대변인이라고 믿고 있는 인터내셔널을 대신하여 발언하고 있었지만 말이다.

두 개의 중립

왜냐하면 분명히, 논란거리는 중립이라는 개념 그 자체가 아니라(물론, 이는 프롤레타리아트의 중립을 의미한다) 차라리 이러한 중립이 취해야 할 형식이기 때문이다.

우리가 사건들을 제대로 의식하지 못하고 그 규모의 거대함에 대해 상대적으로 무방비상태에 처해 있었던 위기의 초창기에 '절대적 중립' 정식은 참으로 유용했다. 왜냐하면 그 시점에서는 단지 교조적으로 비타협적이며 완고한 입장 선언만이 난공불락의 굳건한 방파제로서, [참전의] 열정이나 개인적 이익으로 밀려오는 최초의 격랑에 대항해 우릴 보호해 줄 수 있었기 때문이다. 그러나 이제는 혼란의 요소들이 저 최초의 카오스

---

2) [역주] 귀스타브 에르베(Gustave Hervé)는 프랑스의 혁명적 사회주의자이자 반군국주의 투사였으며, 전쟁 반대 선동으로 여러 차례 투옥되기도 했다. 그러나 1914년 세계대전 전야에 그는 전투적 민족주의자로 입장을 선회했다. 세계대전이 시작되자 각국의 사회주의 정당은 일부를 제외하고 종래의 슬로건에서 180도 전환하여 전쟁협력으로 내달았는데, 특히, 당시 유럽에서 가장 유력한 사회주의 정당이던 독일 사회민주당은 정부의 군사예산에 찬성하고, 정부와 '성내평화(城內平和)'를 맺어 전쟁협력을 약속했다. 이로써 제2인터내셔널은 사실상 붕괴하게 된다.

적 상황으로부터 탈각되어 버렸기 때문에, 그리고 스스로 책임을 떠맡아야만 하는 상태에 있기 때문에, 그 정식은 테르니 세키(terni secchi)3)를 하길 원치 않는다고 말하는 개량주의자들에게나 유용한 것일 뿐이다(그들은 다른 사람들에게는 그 내기를 하도록 부추긴다). 그들은 차라리 프롤레타리아트가 사건들의 불편부당한 관중으로서 그 사건들이 자신들을 위한 기회를 창조해 주길 기다리며 방관하길 원한다. 반면에, 바로 그 동안, 우리의 적대자들은 그들 자신의 기회를 창조하며 자신들을 위한 계급투쟁의 연단을 준비해 나가고 있다.

그러나 최후의 일격(혁명)을 위해 가능한 가장 바람직한 조건들을 창조하려는 하나의 시도 속에서 사회의 다른 능동적이고 적극적인 세력들에게 가하는 일련의 부단한 번개같은 일격으로 구성되는, 자신들의 고유한 정신의 창조로서 역사를 인식하는 혁명가들이라면, '절대적 중립'이라는 초기의 잠정적인 정식에 스스로 안주해선 안 되며 이를 다른 것, 즉 '능동적이고 효과적인 중립'으로 변형시켜야 한다. 이는 계급투쟁을 국민적 삶의 중심에 복귀시키는 것을 의미한다. 노동계급은, 권력을 쥐고 있는 계급으로 하여금 그 책임을 떠맡도록 강제함으로써, 그들로 하여금 그들이 자신들의 존재 이유를 끌어내는 전제들을 그 논리적 결론으로까지 밀고나가도록, 결국 그들만의 고유한 것이라고 주장해 온 목표를 위해 그들이 준비해 온 방식에 대한 시험에 복종하도록 강제함으로써 그들(우리의 경우, 이탈리아의 지배계급)로 하여금 그 목표에 대하여 철저히 실패하고 말았다는 사실을 받아들이지 않을 수 없게 만들 것이다. 왜냐하면 그들은 자신들이 스스로 그 유일한 대변자임을 자처한 이 국가를 막다른 골목길로 이끌어 버렸으며, 국가는 운명에 순응하여 현재의 비참한 상태에 대해 직접적인 책임이 있는 그 모든 제도들을 포기하지 않고서는 이 상황에서 빠져나갈 수가 없기 때문이다.

이런 방법을 통해서만 계급 이원론(dualism)4)은 회복될 것이며, 사회당은 전쟁의 공포가 자신에게 덮어씌운 부르주아의 외피를 벗겨 버릴 수 있을 것이다(사회주의는 지난 두 달 동안의 경우만큼 많은 동조자들 — 진지하든 혹은 그렇지 못하든 — 을 가져 본 적이 없다). 국가의 위임 통치권을 지니고 있다고 주장하는 자들이 그 어떤 형태로든 행동할 능력이 없음을 스스로 보여주었다는 것을 국민들(the nation, 이탈리아에서 이는 단지 프롤레타리아트만도 아니고 단지 부르주아지만도 아니다. 주어진 빈약한

---

3) [역주] 3배수를 중시하는 이탈리아의 전통적 제비뽑기. 요점은 개량주의자들은 모호한 일반화를 선호하면서 어떠한 행동도 스스로 감행하지 않는다는 것이다.
4) [역주] 부르주아지와 프롤레타리아트 사이의 대치 상태.

이익들 아래서 광범한 인민 대중이 늘상 정치적 투쟁에 모습을 드러내었다. 따라서 이탈리아 국가는, 스스로 그들이 밟고 있는 길에 대한 명쾌한 인식과 에너지를 어떻게 보여 줄지를 알고 있는 이러한 사람들로 인해 보다 쉽게 장악될 수 있다)에게 더 이상 명쾌할 수 없는 언어들로 분명히 하였기에, 당은 프롤레타리아트로 하여금 저들을 대체하도록 준비시킬 수 있으며, 문명이 불완전한 형태로부터 보다 완전한 형태로 자연스럽게 진행될 것임을 고지시킬 저 최후의 일격을 준비하게 할 수 있다.

무솔리니의 경우

따라서 나로서는 'a.t.'5)가 <일 그리도(*Il Grido del Popolo*, 민중의 외침)> 지난호에서 소위 무솔리니 파동에 대해 글을 썼을 때 좀더 주의를 기울였어야 했다고 생각한다. 그는 <아반티!> 편집자의 선언들 속에서 인간으로서, 로마냐 지방 사람(*the romagnolo*)으로서의 무솔리니로부터 기인하는 바(이는 이미 언급된 바 있다)와 이탈리아 사회주의자로서의 무솔리니로부터 기인하는 바를 구별했어야 했다. 즉 그는 무엇이 무솔리니의 태도에서 가장 독창적이며 가장 생동감 넘치는 것인지를 판별하고 나서, 그것을 제압하기 위해서든, 아니면 잔류한 당 지도부의 교조적 형식주의와 <아반티!> 편집자[무솔리니]의 구체적 실용주의(concrete pragmatism)를 타협시킬 수단을 찾으려 시도하기 위해서든, 그에 대한 비판의 방향을 잡았어야 했다.

전쟁의 신화

그러나 어쨌든 내게 중대한 오류인 것으로 보인 것은 바로 'a.t.'의 기고문의 중심 명제들이었다. 무솔리니가 이탈리아의 부르주아지에게 다음과 같이 말했을 때, 즉 "당신의 운명이 이끄는 대로 가라", 또는 "오스트리아와 전쟁을 하는 것이 당신들의 의무라고 믿는다면 프롤레타리아트는 당신들의 행동에 대해서 사보타지['묵인'의 의미]하지 않을 것이다"라고 말했을 때, 그는 'a.t.'가 '전쟁의 부정적 신화'6)라고 부르는 것으로

---

5) 안젤로 타스카(Angelo Tasca, 'a.t.')는 <일 그리도 델 포폴로> 1914년 10월 24일자에 실린, 「전쟁의 신화」라는 제목의 기고문에서 무솔리니의 개입 옹호를 비판한 적이 있다. 그는 프롤레타리아트는 사건들을 장악할 능력을 지니지 못하고 있으며 따라서 중립만이 그 유일한 행동 방침이라는 주장을 견지했다.
6) [역주] 이탈리아가 1912년의 리비아 침공에 뒤이어 에리트레아(Eritrea)와 소말리아(Somalia)에 대한 초기 제국주의적 확장을 감행했을 때, 무솔리니는 침공계획에 대한 공공연한 비난으로 두각을

발전했던, 리비아 전쟁에 대한 그의 과거의 태도를 철회한 것이 결코 아니다. 그가 부르주아지에 대고 말하면서 '당신들의 운명'이라고 했을 때 그는 [부르주아] 계급의 주어진 역사적 역할 아래서 필연적으로 전쟁으로 이끌려질 수밖에 없는 그 운명에 대해 말하고 있다. 따라서 전쟁은 프롤레타리아트 운명의 돌이킬 수 없는 반(反)명제로서의 그 성격, 프롤레타리아트가 이 사실에 대한 의식을 획득했을 때 더욱 확실해지는 그런 성격을 계속 유지하고 있다.

결국 무솔리니가 원하는 바는 전반적인 화해도 아니고 또 국민적 만장일치 속에서 모든 정당들을 결합하는 것도 아닌데, 왜냐하면 그때 그의 입장은 결국 반사회주의적인 것이 될 것이기 때문이다. 그가 희망하는 바는 프롤레타리아트가 계급으로서의 그 권능과 그 혁명적 잠재력에 대한 명쾌한 인식을 획득하긴 했지만 국가의 지배권을 장악할 준비가 되어 있지 않은 국면임을 인식하여 […]7)

[…] 이상적인 규율, 그리고 저들 세력의 작동에 고삐를 풀어놓아 프롤레타리아트로 하여금 가장 막강해짐을 느끼면서도 그들이 당장은 [지배계급을] 대체할 처지에 있지 못함을 알게 해줄 것이다. 그리고 기계를 사보타지하는 것이(왜냐하면 절대적 중립이란 사보타지 이외에 아무 것도 아니기 때문이다. 즉, 다른 무엇이 아니라 지배계급의 열렬한 환영만을 낳을 사보타지) 기계가 완전하지 못하다는 것을, 그것이 아무짝에도 쓸모 없다는 것을 반드시 함축하는 것은 아니다.

무솔리니의 입장은, 프롤레타리아트가 그 반대지상주의적(antagonistic) 태도를 단념할 수도 있다는, 그리고 지배계급 쪽에서 실패하거나 허약함을 입증한 뒤에 그 계급을 완전히 제거하고 정부의 통제권을 장악할 수도 있다는 가능성을 배제하는 것 역시 아니다(그와 반대로 이를 가정한다). 즉, 적어도 내가 그의 뒤죽박죽이기만 한 선언들을 정확히 해석했고 그것들을 그가 스스로 그렇게 했어야 했을 바로 그 방향으로 발전시켰다면 말이다.

프롤레타리아트는 뭐라고 말할 것인가?

나는 프롤레타리아트를, 절대적 중립이라는 스위치에 의해 7월에 작동되기 시작했다

나타냈다. 그는 정열적인 역할을 수행하여 PSI의 좌파, 특히 그람시, 타스카 등 미래의 <오르디네 누오보> 편집자들 같은 젊은 당원들로부터 폭넓은 지지를 얻었다.
7) [영역자주] 이 부분에서 원본에 한 문장이 누락되어 있어서, 이 문장의 주제를 분명히 하는 것은 불가능하다.

가 10월인 지금에 와서는 쉽게 정지될 수 없는 그런 류의 동력기라고는 상상할 수 없다.

반대로 우리가 여기에서 이야기하고 있는 것은, 특히 지난 몇 년간, 기민한 심성과 신선한 감수성을 지니고 있음을 스스로 보여주었던 사람들이다. 그에 비한다면 무정형의 열정 없는 부르주아 대중으로서는 그 빈약하디 빈약한 흔적조차 지니지 못한다. 우리는 재생된 새 사회당이 유통시켰던 새로운 가치들을 생활에 도입하여 **흡수할 능력을** 지니고 있음을 스스로 보여주었던 그런 대중을 이야기하고 있다. 그렇지 않다면 우리는 혹시 프롤레타리아트로 하여금 이 새로운 과제들을 떠맡게 하기 위해 감당해야 할, 어쩌면 부르주아지의 피후견자 지위의 종식의 시작일 수도 있을 그 과업에 대해 머리를 굴리면서 두려워하고 있는 것은 아닌가?

아무튼, 절대적 중립이라는 태평한 입장으로 인해 우리가 현재 상황의 중대성을 잊게 되거나 잠시라도 우리 스스로를 방기하여 수동적 관조라는, 우리의 임무들에 대한 불교적 은둔이라는 과도하게 순진한 선택에 이르게 되어선 안 된다.

<일 그리도 델 포폴로>, 1914년 10월 31일

사회주의와 문화

엔리코 레오네(Enrico Leone)[8]의 논설이 최근 우리의 주목을 받았는데, 이 글에서 그는 너무도 자주 그의 글을 특징짓는 그 흐리멍덩하고 뒤죽박죽인 양식으로 문화와 지식인주의, 그리고 프롤레타리아트와 그것들 사이의 관계에 대한 약간의 진부한 문구들을 다시 제기하면서 문화와 실천, 즉 그 자신의 손으로 그 미래를 준비하는 이 계급의 역사적 사실 사이의 대조점을 이끌어 내었다. 우리의 판단으로는, <일 그리도>에서 이미 한번 다룬 적이 있으며 더구나 특히 청년 동맹의 <아방구아르디아(Avanguardia, 전위)>에서 나폴리의 보르디가와 우리의 타스카 사이의 논쟁을 통해 더욱 경직되게 교조적으로 다루어진 적이 있는 이 문제로 돌아가 보는 것도 쓸데없는 반복연습만은 아닐 것이다.

두 개의 글월을 회상하는 것으로 시작해 보자. 처음 것은 독일 낭만주의 작가인 노발리스(Novalis, 1771~1801)의 것인데, 그는 말하길, "문화의 궁극적 문제는 어떤 사람의 초월적 자기를 책임지는 것, 어떤 사람 자신이 되면서 동시에 어떤 사람 자신의 자기가 되는 것이다. 따라서 우리는 타인에 대한 감정이입과 철저한 이해의 결핍에 대해 별로 놀랄 것이 없다. 우리들 자신에 대한 완전한 이해가 없다면 우린 실제로 타인에 대해 이해불가능하게 되고 말 것이다."

우리가 요약할 두 번째 것은 지암바티스타 비코(Giambattista Vico)의 것인데, 그는 (그의 『새로운 과학(The New Science)』에 실려 있는 「최초의 국가들 사이에서의 시적 특성의 연설에 관한 첫 번째 추론("First Corollary concerning Speech by Poetic

---

[8] [역주] 1908년 사회당에서 축출된 '혁명적 생디칼리스트' 중 한 명인 엔리코 레오네는 이후 사회당에 재결합하게 되지만, 항상 혼란스런 행동주의 경향을 보였으며 때로는 폭력에 대한 변론을 펴기도 했다. 무솔리니는 그를 파시즘의 일종의 선구자로 간주했다.

Characters among the First Nations")」에서) 이후 소크라테스에 의해 철학에 전유된 솔론(Solon)의 유명한 격언 "너 자신을 알라"에 대해 일종의 정치적 해석을 제공한다. 비코는, 솔론이 이러한 문구를 통해 기원상 신성한 귀족들에 반해 자신들을 기원상 천한 것으로 믿고 있던 평민들을 일깨워 자신들에 대해 성찰하게 하고 자신들이 귀족들과 동일한 인간 본성을 지닌 것으로 인식하게 만들어 결국 시민권에 있어서 귀족들과 동등하게 되어야만 한다고 요구하게끔 했다고 주장한다. 그리고 나서 그는 평민들과 귀족들 사이의 인간성의 공유에 대한 이러한 의식이 고대 세계에서의 민주제들의 부상의 토대이면서 역사적 이유라고 확인한다.

우린 이들 단편들을 마구잡이로 끌어모아 놓은 것이 아니다. 우리는 이들 문구들이, 비록 완전히 발전되고 정련되지는 못했다 하더라도, 문화와, 그것의 사회주의와의 관계라는 개념의 진정한 이해로 이끄는 전망과 원칙들에 대해 일정한 통찰을 제공해 준다고 생각한다.

핵심적으로는, 문화를 백과사전적 지식이라고 인식하는 습관, 그리고 이에 따라, 마치 인간을 둘러싸고 있는 세계의 상이한 자극들에 대해 어느 경우에든 반응할 수 있기 위해 마련된 어떤 사전의 항목들처럼 인간의 두뇌에서 정리되어야만 하는, 정제되지 않고 연결되지 않은 사실들, 추상적 자료들이 주입되어야 할 일종의 그릇으로 문화를 인식하는 습관으로부터 벗어나야 한다. 문화의 이러한 형태는 실제로는 해로운 것이며 특히 프롤레타리아에게는 더욱 그렇다. 이는 다만 자신들이 인류의 나머지 부분들에 비해 우월한 것으로 믿고 있는 사람들, 결국 부적격자들을 창조하는 데 공헌할 뿐인데, 왜냐하면 그들은 자신들의 기억 속에 어느 정도의 사실들과 자료들을 쑤셔 넣고서는 기회가 있을 때마다 이를 꺼내 보여 자랑하고 자신들과 다른 이들 사이에 일종의 장벽을 세워 놓기 때문이다. 문화에 대한 이러한 그릇된 개념은 로망 롤랑에 의해서 그토록 무자비하게 혹평된 바 있는 허약하고 창백한 지식인주의를 창조하는 데 기여하는데, 이는 결핵균과 매독균이 인체의 건강과 미에 끼치는 해보다 더한 해를 한 사회의 생활에 끼치는 거만한 한 무더기 수다쟁이들을 탄생시키고 말았다. 라틴어와 역사를 조금 알고 있는 잘난 체하는 꼬마 학생, 닳아 헤질 정도로 논쟁을 즐기는 열정과 자기 선생의 게으름으로부터 한몫 본 허영심에 가득 찬 하찮은 변호사들, 이런 사람들은 숙련노동자들 중에서 가장 숙련된 노동자들보다 자신들이 더 우월하다고 생각한다. 이들 숙련노동자들이 자기 삶 속에서 모종의 적합하고 본질적인 과제를 수행하며 위의 무리들이 자신들의 영역에서 행하는 것보다 백 배나 더 훌륭하게 그들의 일을 행하는데도 말이다.

이는 문화가 아니다. 이는 현학취미다. 이는 지성이 아니라 단지 지식인주의다. 이에 대한 어떠한 공격도 충분히 정당하다.

문화는 전혀 다른 무엇이다. 그것은 조직이며, 한 인간의 내적 자기에 대한 훈련이고, 한 인간의 인격에 대한 통제이며, 보다 높은 수준의 자각의 획득이다. 이를 통해 우리는 역사 속에서의 우리의 가치와 위치, 생활 속에서의 우리의 바람직한 기능, 우리의 권리들과 의무들을 이해할 수 있다. 그러나 이 모든 것들은 모든 개체들이 피할 수 없는 법칙들에 복종하며 그 자체에 적응하고 자신의 기관들을 무의식적으로 발전시키는 저 식물과 짐승의 세계처럼 자생적 진화를 통해, 우리의 의지를 넘어선 행동들과 반응들을 통해 발생할 수는 없다. 인간은 무엇보다도 일종의 정신의 창조물(a creature of spirit)이다. 즉 자연의 창조물이라기보다는 역사의 창조물이다. 그렇지 않다면 왜 착취자들과 피착취자들, 부의 창조자들과 그것을 탐욕스럽게 소비하는 자들이 이미 존재해 왔음에도 불구하고 사회주의는 아직까지도 실현되지 못했는지를 설명하는 것은 불가능할 것이다. 사실 역사의 초기 국면에서 우발적으로 권력을 쥐게 된 저들 소수자들의 음모와 특권으로부터 독립하여 인간성이 그 고유의 가치들에 대한 자각을 획득하고 살아갈 권리를 확보한 것은 단지 한 걸음 한 걸음, 한 계단 한 계단 점진적으로 이루어졌을 뿐이다. 그리고 이러한 자각은 생리학적 필연성의 난폭한 자극 밑에서 발전한 것이 아니며, 오히려 왜 특정한 상황들이 존재하는지에 대해, 그리고 예속의 사실들을 반란과 사회 재건의 표식으로 전환시키기 위한 가장 훌륭한 수단들에 대해, 처음에는 몇 명의 소수만이, 다음에는 한 계급 전체가 지적으로 숙고하는 과정에서 발전한 것이다. 이는 모든 혁명을 선행하여 치열한 비판적 활동과 새로운 문화적 통찰의 장구한 과정이 존재했음을, 그리고 사상들이 처음에는 이 사상들을 밝혀내려 하는 입장에 있는 다른 이들과 어떠한 유대도 결여한 채로 자신들의 고유한 경제적, 정치적 당면 문제들을 해결하는 과정에 몰두하고 있었던 사람들의 집단들에 의해 확산되는 과정이 존재했음을 의미한다. 우리에게 시간상으로 가장 가깝고 따라서 우리에게 가장 낯설지 않게 보이는 최근의 사례는 프랑스혁명이다. 계몽주의로 알려진 문화상의 선행기, 신학적 이성의 경박한 비판에 의해 그토록 중상모략된 이 시기는 실제로는 —— 혹은 적어도 전반적으로는 —— 자족적인 무관심으로 그 무엇이든 담론화하며 단지 달랑베르(D'Alembert)와 디드로(Diderot)의 『백과전서(Encyclopédie)』를 읽을 때에만 자신들을 인간으로 믿었던 피상적인 호사취미 지식인들의 경량급 회합은 아니었다. 즉, 이는 우리가 현재 목도하고 있는, 저급한 민중대학들에 참으로 영광스럽게 진열돼 있는 것과 같은 현학적이고 무미건조한 주지주의의 현상만은 아니었다. 계몽주의는 그 자체로 위대한 혁명이었다. 그리고 데 상티스(De Sanctis)[9]가 그의 『이탈리아 문학사(History of Italian Literature)』에서 예리하게 관찰한 대로, 이는 일종의 범유럽적으로 통합된 의식, 일종의 정신의 부르주아 인터내셔널 ― 그 각 부분 모두가 전체의 고난과 불운에 민감했던 ― 을 창조했는데, 이는 이후 프랑스에서 일어날 유혈 혁명의 가장 훌륭한 준비였다.

이탈리아에서, 프랑스에서, 독일에서 동일한 것들, 동일한 제도들, 동일한 원리들이 담론화되고 있었다. 볼테르의 모든 새 연극이, 모든 새 팜플렛이 이미 한 국가에서 다른 국가로, 한 지역에서 다른 지역으로 뻗어 있던 망을 통하여 불꽃처럼 퍼져나가고 있었고, 이는 곳곳에서 동시에 동일한 지지자들과 동일한 적대자들을 발견했다. 나폴레옹 군대의 칼날은, 18세기 전반에 사람들과 제도들을 그들이 간절히 필요로 하던 혁신을 위해 준비시키며 파리로부터 확산되어 온 책들과 소책자들의 보이지 않는 군대에 의해 이미 훤히 뚫린 길들에서 그들의 행진로를 발견했다. 이후 프랑스의 사건들이 유럽 전역에 걸쳐 양심들을 보다 강고하게 결합시키면서 파리의 대중 봉기는 밀라노에서, 비엔나에서, 심지어는 가장 작은 소읍에서조차 다른 봉기들이 폭발하도록 만들 수 있었다. 부주의한 관찰자들에게는 이 모든 것들이 자연적이고 자생적인 현상으로 보일 수도 있을 테지만, 사실 이는 우리가, 이미 사람들의 심성을 준비시켜서 공통의 대의로 느껴지는 것을 위해 폭발할 채비를 갖추도록 만들었던 문화적 요인들을 고려하지 않을 경우 이해될 수 없을 것이다.

오늘날 동일한 현상이 사회주의를 통해 다시 벌어지고 있다. 통합된 프롤레타리아 의식이 형성되고 혹은 형성되는 과정 중에 있는 것은 바로 자본주의 문명에 대한 비판을 통해서이다. 그리고 이 비판은 문화적인 무엇이다. 즉 이는 자생적인 자연적 진화를 통해서는 생성되지 못한다. 이 비판은 노발리스가 문화의 목적이라고 규정한 바로 그 자기 발견을 함축한다. 자기 발견은, 그것이 자신을 다른 것들에 대항해 척도로 내세움에 따라, 그것이 다른 것들로부터 자신을 차별화함에 따라, 일단 대자적으로 한 목적을 창조하자마자, 사실들과 사건들을 그것들이 스스로 의미하는 바만이 아니라 그것들이 이 목적을 보다 분명히 실현시키는지 아닌지에 따라서도 평가하게 된다. 자기 자신을

---

9) [역주] 프란체스코 데 상티스(Francesco De Sanctis, 1817~83)는 19세기의 위대한 이탈리아 지식인이자 유럽 전역에 알려진 문학비평가였다. 정계에 뛰어들어 하원의원이 된 후에는 대학교수이자 저널리스트로 활약했다. 여러 편의 글에서 그에 대하여 논의하고 있는 그람시는, 크로체의 차갑고 형식주의적인 비평을 비판하면서 데 상티스를 높게 평가했다.

안다는 것은 자기 자신이 되는 것을, 자기 자신의 주인이 되는 것을, 자신만의 정체성을 주장하는 것을, 혼돈에서 벗어나 질서의, 하지만 자기 자신의 질서의, 어떤 이상에 대한 자기 자신의 단련된 헌신의 주체가 됨을 의미한다. 그리고 우린 다른 이들을 알지 못하고서는, 그들의 역사, 그들이 그들 자신이 되기 위해 창조한, 그리고 우리가 우리 자신의 것으로 대체하려 하고 있는 그 문명을 창조하기 위해 그들이 기울였던 노력의 연속을 알지 못하고서는 이에 도달할 수 없다. 이는 정신 생활을 지배하는 법칙들을 이해하기 위해 자연과 그 법칙들에 대한 일정한 관념을 획득하는 것을 의미한다. 그리고 이는 다른 이들에 대한 학습을 통해 자기 자신을 알게 된다는, 자기 자신에 대한 학습을 통해 다른 이들을 알게 된다는 궁극적 목적을 시야에서 놓치지 않은 채 이 모든 것들을 학습하는 것을 의미한다.

만약 역사가 인간들이 자신을 특권들, 편견들, 그리고 우상숭배로부터 해방시키기 위해 기울여 온 노력들의 사슬이라면, 프롤레타리아트가 이 사슬에 한 고리를 더하려 하면서 어떻게, 그리고 왜, 그리고 누구를 통해 이것이 선행돼 왔는지를, 그리고 이 지식이 어떻게 하면 유용하게 자신을 드러낼 수 있는지를 알지 말아야 할 이유란 존재하지 않는다.

<일 그리도 델 포폴로>, 1916년 1월 29일

역사

당신의 모든 활동을, 당신의 신념 모두를 삶에 바쳐라. 당신의 모든 최상의 에너지들을, 진실되게 그리고 사심 없이, 삶에 던져라. 당신 자신을, 살아 있는 피조물인 당신을, 살아 있음에, 맥박치는 인간 존재의 흐름에 몰입시켜라. 당신이 그것과 하나임을 느낄 때까지, 그것이 당신을 덮쳐 넘쳐흐르고, 당신이 당신의 개인성(individual personality)을 하나의 몸체 안의 한 원자로서, 하나의 전체 안의 진동하는 한 티끌로서, 역사의 모든 교향악에 응답해 반향하는 바이올린 현으로서 느낄 때까지. 그 역사의 창조에 당신은 이렇게 일조하고 있다. 자신을 둘러싸고 있는 현실을 향해 이렇게 궁극적으로 자기(the self)를 포기함에도 불구하고, 당신의 개체성(individuality)을 보편적 대의와 성과의 복잡한 무대에 밀어넣으려는 시도에도 불구하고, 당신은 여전히, 문득, 뭔가가 빠져 있다는 느낌을 받을지도 모른다. 당신은 모호하고 불명료한 필요들, 쇼펜하우어가 형이상학적으로 명명한 그 필요들을 의식하게 될지도 모른다.

당신은 세계 안에 있지만, 왜 여기에 있는 것인지는 알지 못한다. 당신은 행동하지만, 왜 그러는 것인지는 알지 못한다. 당신은 당신 삶 속의 허무를 의식하고 있다. 당신은 당신 존재의, 당신 행동의, 어떤 정당화를 욕망하고 있다. 그리고 당신에게는 마치 인간 이성만으로는 불충분한 듯이 느껴질 것이다. 우발적 사슬들을 더듬어 올라가다 보면 당신은, 조화를 이루기 위해서, 운동을 조절하기 위해서 어떤 궁극의 이성이, 알려진 것들, 알려질 수 있는 것들 너머에 존재하는 어떤 이성이 필요한 지점에 이르게 된다. 당신은 마치, 별을 쳐다보면서 과학이 우릴 위해 그 지도를 그려 준 우주 공간을 거슬러 올라가다가 [결국] 허무에 이르러서는, 이 절대적 허무를 인식하지 못하는 탓에, 무의식적으로 그것을 신성한 존재와, 초자연적 실체와 화합시켜 우주의 그 망망하면서도 논리적인 운동에 조화를 마련하지 않고서는 무한대 속에서의 자신의 환상적 방랑으로부터 크나큰 어려움을 느끼지 않을 수 없는 한 명의 인간과 같다. 종교적 감상은 전적으로 이러한 모호한 열망들, 이러한 본능, 내적 추론들로부터 구성되며, 여기에는 출구가 없다. 그리고 이러한 감상의 어떤 흔적, 어떤 여진은 우리들 각자의 피 속에, 심지어는 이러한 열등한 자기(the self) 현시 — 순전히 본능적이고 통제 안 된 충동일 뿐이기에 열등하다는 것이다 — 를 정복하는 데 가장 성공했던 이들의 피 속에조차 숨어 있다.

그러나 그것들을 이겨낼 수 있는 것은 삶 그 자체의 힘이다. 역사적 활동은 그것들을 무력화시킬 수 있다. 그것들은 다만 우릴 둘러싸고 있는 현실에 대한 수천 년간의 무지와 공포에서 연유하는 본능상의 흔적들일 뿐이다. 그것들의 기원은 추적될 수 있다. 그것들을 설명한다면 그것들을 극복할 수도 있다. 그것들을 역사의 객체로 만든다면 그것들의 공허함도 알아챌 수 있다. 그리고 나서 우리는 활동적 삶으로 돌아올 수 있고 더욱 확실하게 역사의 실재를 경험할 수 있다. 역사의 영역 안에 사실뿐만 아니라 감정 또한 도입함으로써 우리는 우리의 존재에 대한 설명이 존재하는 곳은 오직 역사일 뿐이라는 것을 마침내 확인할 수 있다. 역사화될 수 있는 것은 기원상 초자연적일 수 없으며 어떤 신성한 계시의 흔적일 수 없다. 만약 어떤 것들이 아직 불가해한 것으로 남아 있다면 이는 단지 우리의 인식상의 결함에, 우리의 지성에 대한 여전히 불완전한 파악에 기인하는 것이다. 이를 인정한다면 우리는 더욱 더 겸손하고 온화하게 될지언정 종교의 품 안에 던져지게 되지는 않을 것이다. 우리의 종교는, 다시 한번 더, 역사일 것이다. 우리의 신앙은, 다시 한번 더, 인간일 것이며, 인간의 의지일 것이고, 활동을 지향하는 그 능력일 것이다.

우리는 우리 인류의 과거로부터 어떤 엄청난 저항할 수 없는 힘을 느낀다. 이제까지 가능했던 것은 다시 가능할 것이라는, 더 나아가서는, 다른 이들의 경험을 통해 우리가 현명하게 되어 왔다는 데 대한 정려저인 학신과 같이 그것이 우리에게 선해 주는 좋은 것들을 우린 인정한다. 그러나 심성의 초월적인 상태의 이러한 비유기적 흔적과 같은 나쁜 것들[즉, 종교적 심성] 또한 우린 알고 있다. 이것이야말로 우리가 필연적으로 가톨릭주의와의 갈등에 들어서게 되는 이유이다. 그리고 이것이야말로 우리가 우리 스스로를 근대적(modern)이라고 부르는 이유이다. 왜냐하면, 비록 우리는 과거(the past)[역사화된 과거]가 우리의 투쟁을 북돋는 것을 느끼지만, 우리가, 우리의 주인이 아닌 종으로서, 우리에게 그림자를 지우지 않으며 오히려 우릴 계몽하는 그러한 과거로서 길들여 온 것은 바로 어떤 종류의 과거(a past)[종교적 미망의 과거]이기 때문이다.

<아반티!>, 1916년 8월 29일

사회주의와 협동조합

이탈리아 민족주의의 주제넘은 경제학자 알프레도 로코(Alfredo Rocco) 교수는 다음과 같은 위협적인 반대 근거를 제시하면서 사회주의의 집산주의적 강령이 종국적으로 파멸 상태에 이르렀다고 확신한다. 이탈리아의 국부는 8백억 리라에서 천억 리라 사이를 왔다갔다 한다. 그런데, 임금소득자들이 자본가들에 비해 엄청난 다수를 이루고 있기 때문에, 생산된 이윤이 만인에게 집단적으로 공유될 경우, 소박한 노동자들의 개인적 복지 증대는 최소 수준에 그칠 것이며 따라서 한 체제로부터 다른 체제로의 이행이 야기할 위기는 결국 정당화되지 못할 것임에 분명하다는 것이다.

사회주의의 목적이 단지 이미 생산된 것들의 분배 문제를 해결하려는 것만은 아니기 때문에 이러한 이의제기는 유치한 것에 불과하다. 우리의 투쟁과, 이러한 투쟁이 불러일으킬 혁명에 대한 정당화는 집산주의가 생산성을 방해하는 저 모든 인위적 요인들을 제거함으로써 생산의 리듬을 고양시키는 데 기여하리라는 확신으로부터 비롯되며, 이러한 확신은 프롤레타리아트가 현존 생산수단을 비판하는 가운데 획득된다.

개인들 사이의 부의 분배에서 나타나는 요행적 성격은 이러한 요인들 가운데에서 결코 무시될 수 있는 것은 아니다. 기업가(industrialists)가 되는 것은 거의 언제나 자본가들이며, 이는 이들이 자신들에게 요구되는 사회적 과업에 필요한 지적, 기술적 역량을 가지고 있든 그렇지 못하든 상관없이 그렇다. 진실로, 부르주아 체제 자체도 이러한 운명의 부도덕성과 싸우기 위해 이미 일정하게 진전한 바 있다. 은행과 주택금융조합(building society)은 상대적으로 자활 능력이 없는 사회 구성원들을 위해 자본을 축적하는 데 공헌했으며 이를 보다 대담하고 능동적인 요소들에 의해 장악되도록 만들었다. 보다 근대적인 발전단계 속에서, 흔히 말하는 공적 기업들은 산업 협동조합에 다름 아니었다. 즉, 이들 기업은 자본을 보다 수익성 높게 추출해 내고 이를 보다 효율적으로 사용하려는 목적으로 형성되었으며, 더 나아가서는 부르주아 체제가 자본가라는 단자(單子)를 제거하는 방향으로, 자본 공급으로부터 생산상의 기술적 요소들을 분리하는 방향으로 나아갈 수 있음을 보여준다. 이러한 이유 때문에 공기업들은 사회주의에 참으로 커다란 이득을 던져 주는 사회적 실험이다. 왜냐하면 이들 기업은 자본가들의 존재가 결코 필연적이지 않다는 진실을 보다 분명히 보여주는 데 기여하기 때문이다. 이들 기업은 즉, 회사의 경영자와 기술 간부들이 이윤에 대해 땡전 한푼도 개인적인 이해가 없는 단순한 봉급 노동자라는 사실이 경제의 생기넘치는 동력인 이니셔티브 정신을 빛바래게 하는 것이 아니라는 진실을 보여주는 것이다.

만약 이러한 자본주의적 형태의 협동조합이 사회주의 선전의 주장들을 확신케 하도록 할 수 있다면, 그럼 전혀 다른 계급적 기원을 지니며 프롤레타리아트의 발전에 긴밀히 연관되어 있는 토리노동맹(Alleanza Torinese) 같은 소비자 협동조합은 어떻겠는가.

소비는 사회 활동에서 상대적으로 중립적인 영역이다. 인구가 두 개의 계급으로 나뉘는 것은 소비가 아니라 생산에 기반해서 이뤄진다. 소비는, 자본주의 부르주아지의 행정 및 집행 위원회인 국가가 소비를 국내 생산에 맞추기 위해 보호주의와 관세 장벽을 사용한다는 점에서, 경제적 이유라기보다는 정치적 이유의 전장(戰場)을 이룬다. 그러나 모든 사람은 다 소비자다. 그리고 영리 목적에서 소매 행위를 벌이는 얼마 안 되는 사람들을 제외한 전 인구는, 개별 집단들이 저항의 수단과 그 저항의 상이한 정치적 목적이라는 점에서 차이를 보인다 하더라도, 가혹한 조처들과 물가 인상에 대한 저항에서 단결하기 마련이다. 이러한 이유에서 — 왜냐하면 소비에서 계급간 경계는 다소 희미하기 때문에 — 협동조합 운동은 본질적으로는 사회주의적이라 할 수 없음이 분명하며, 이 운동이 전저으로 사회주의적 강령을 이룬나고 주상하는 것은 순진하며 지극히 해악적인 것이다.

그러나, 협동조합 운동이 모든 소비자들에게 제공하는 엄청난 이득(전 호에서 'o.p.'가 잘 묘사한 그 이득10))은 논외로 한다 하더라도, 토리노동맹의 모델에 입각한 협동조합은 사회적 책임의 사회주의적 의미를 정제·제련하는 거대하고 인상적인 실험실이다. 과거에 조르쥬 소렐이 노동조합이 맡아 해낼 수 있었던 재건 과업을 찬양하기 위해 사용하곤 했던 열정적 어휘들은 오늘날 한층 더한 정당성을 갖고 협동조합에 적용될

---

10) Ottavio Pastore, "Il valore socialista della cooperazione[협동조합의 사회주의적 가치]" in *L'Alleanza Cooperativa*, no. 112, 2 June 1916. 파스토레는 토리노 협동조합 연합의 지도적 인물이다.

수 있다. 왜냐하면 이와 같은 협동조합들은 사회주의의 경제적 이상을 현실로 만드는 한 시도이기 때문이다. 불행히도, 이들은 자신들이 접붙여진 이질적인 나무 줄기[자본주의라는 환경]로 말미암아 필연적으로 야기되는 불이익으로 인해 고통받고 있다. 이 이질적인 환경에서 살아남아 발전하기 위해서 이들은 얼마간 이에 적응해야 하며, 결국 이로 인해 필연적으로 이러한 환경에 따라 조건지어진다. 그러나, 그럼에도 불구하고 이들은 여전히 거의 억제불가능한 자신들만의 생명으로 작렬하고 있으며, 여전히 체제에 치유불가능한 파열을 초래할 수 있다.

게다가, 그 역사적 본질이라는 측면에서 자본주의 자체는 부르주아적 현상(phenomenon)이 아니다. 차라리 이는 부르주아적 상부구조(superstructure)이다. 즉, 새로운 계급이 정치 권력으로 부상하고 난 이후에 세상에 보다 강고하게 뿌리내리기 위한 이들의 투쟁으로부터 비롯된 경제적 발전의 구체적 형태인 것이다. 봉건 체제에 최초의 파열을 낸 것이 1789년 이전에 출현한— 이미 잠재적으로는 자본주의적이었으나 봉건적 잔재들로 인해 숨막혀 있던— 경제적 핵들(nuclei)이었던 것처럼, 부르주아 사회의 바로 그 심장부 안에서 프롤레타리아트가 자신들의 계급적 목표를 위해 창조하고 양육한 경제적 중핵들은 이 부르주아 사회를 갈가리 찢어 놓는 데 강력한 지렛대가 될 수 있다.

이러한 관점에서 소비자 협동조합도, 우리가 그렇게 되길 바라기만 한다면, 혁명적 역할을 수행할 수 있다. 현재의 형태 아래서도 이들은 현재와 미래를 접합하는 일종의 연결고리다. 발전·강화되고 다양화될 경우 이들은 부르주아 체제에 직접적으로 겨누어진 대량의 무기가 될 것이다. 현대전이 전 국민의 활동을 모두 흡수한다는 점에서 과거의 전쟁과 다른 것처럼, 이와 꼭 마찬가지로 프롤레타리아트 혁명은 국제적 활동에 끼치게 될 즉각적이고 비상하게 원대한 영향이라는 점에서 부르주아 혁명과 차이가 있다. 따라서, 프롤레타리아트가 이런 종류의 소비자 조직을 더욱 더 많이 창출하면 할수록, 프롤레타리아트는 자신들의 해방이 성취되고 나서 야기될 심각한 위기를 보다 쉽게 극복할 수 있게 된다.

<알레안자 쿠페라티바(*L'Alleanza Cooperativa*, 협동조합동맹)>,
1916년 10월 30일

세 가지 원칙과 세 종류의 정치 질서

'질서'와 '무질서'는 정치적 논쟁에서 가장 자주 되풀이되는 두 단어이다. '질서 정당', '질서 유지자', '공공 질서' … 이 세 어구들은 모두 질서라는 동일한 축에 의존하고 있다: [질서는] 역사의 다양한 시기에 개인들, 정당들, 그리고 국가가 취하는 특수한 형태에 따라 다소 팽팽하게 정치적 어법이 그 주위를 선회하는 고정점이다. '질서'라는 단어는 치유력을 지니고 있으며 정치제도의 유지는 상당 부분 이 힘에 맡겨진다. 현존하는 질서는 조화롭고 안정적인 것으로서 제시되며, 시민 대중은 어떤 상황을 야기할지 불확실한 급격한 변화를 사고하는 것을 주저하고 두려워한다. 상식은 대체로 어리석은 것으로서, 내일의 병아리를 희망하기보다는 오늘 달걀을 즐기는 것이 더 낫다고 가르치며, 정신을 노예화하여 감독하는 지독한 존재이다. 그런 때일수록 더욱 더, 당신은 병아리를 얻기 위해 달걀을 깨뜨릴 필요가 있다. 변화는 갈기갈기 찢어진 어떤 것이라는 이미지를 상기시킨다. 이중성을 통일성으로, 그리고 정적으로 고정되어 있는 무기력함을 삶의 역동성과 에너지로 대체할 것이라는 점에서 낡은 질서보다 활력 있고, 그보다 더 잘 조직되어 있으며 그것을 대체할 새로운 질서를 아무도 상상하지 않는다. 어느 누구도 낡은 질서의 폭력적 파괴 이후를 생각하지 않으며, 두려움에 사로잡힌 마음은 모든 것을 상실하고 혼란과 불가피한 무질서에 직면할 것을 두려워하며 주저하고 있다.

유토피안들의 예언들은 변화에 대한 이러한 두려움을 극복하려는 시도라고 할 수 있다. 유토피아는 이미 질서가 확립되고 정돈되어 있는 현 상태를 미래의 모습으로 그리며, 이를 통해 암흑 상태로의 도약이라는 [변화에 대한] 인상을 어떠한 것이라도 없애고자 한다. 하지만 너무 정리 정돈되어 있다는 바로 그 점 때문에 유토피아적인 사회구조물은 항상 붕괴되어 왔다. 세부적인 사안이 단 하나라도 잘못되었다는 점이 드러나면, 전체 체계는 붕괴되었다. 이런 종류의 구조물은 기반이 없었으며, 하나의 도덕적 원칙

보다는 무한대의 세목(細目)들에 기반했다는 점에서 지나치게 분석적이었다. 그리하여 한 체계의 구체적인 세목들이 너무나 많은 근거들에 의존하게 됨에 따라, 그것은 더 이상 어떠한 현실적인 근거들을 갖지 못하게 되고 완전히 예측할 수 없게 되어 버린다. 그런데 어떠한 행동을 취하기 위해서 인간은 적어도 부분적으로라도 상황을 예측할 수 있어야 한다. 구체적인 목적 이외의 다른 어떤 것을 지향하는 의지를 상상한다는 것은 불가능하다. 구체적이며 보편적인 목적을 갖지 않는 집합의지를 상상한다는 것 또한 불가능하다. 그러나 이러한 목적이 하나의 실제적 세목 혹은 일련의 세목들일 수는 없다. 오로지 하나의 사상 혹은 도덕적 원칙만이 그러한 목적이 될 수 있다. 유토피아의 고유한 결함은 바로 이것이다: 즉 [유토피안들은] 실제적 세목들에 대한 비전이 미래의 비전이 될 수 있다고 믿지만, 그와는 반대로 단지 원칙들에 대한 비전 혹은 법적 원리(maxim)에 대한 비전만이 그럴 수 있다. 법적 원리(법률과 재판은 실제로 작동하는 도덕이다)는 인간 의지의 산물이다. 만약 당신이 인간의 의지에 어떠한 방향성을 부여하고자 한다면, 당신은 그들에게 그들 자신의 목적이 될 수 있는 유일무이한 것을 그들의 목적으로서 부여해야 한다. 그렇지 않으면, 당신은 열정의 최초의 분출 이후 그것이 수그러들고 사라지는 모습을 보게 될 것이다.

현존하는 다양한 정치 질서들은 법적 원칙을 가능한 한 완전하게 실행으로 옮기려는 욕구로부터 창출되었다. 1789년의 혁명가들은 자신들의 행동의 결과로 도래할 자본주의 질서를 예견하지 못했다. 그들은 인간의 권리라는 원칙을 실행으로 옮기고 싶어했다. 그들은 공동체의 구성원 모두가 특정한 권리들을 향유할 수 있도록 보장하고 싶어했다. 낡은 껍질이 최초로 부서진 이후 이러한 권리들은 점차 더 강력해지고 더 구체화되어, 현실에 영향을 미칠 수 있는 힘으로 변형되었으며 상황을 구체화하고 결정할 수 있게 되었다. 그 결과 탄생한 것이 부르주아 문명이었다. 이는 부르주아가 유일하게 유력한 사회 세력이자 역사의 틀을 형성할 능력을 지닌 유일한 세력이었기 때문에 발생할 수 있었던 단 하나의 문명 형태였다. 유토피아적인 이상주의자들은 여느 때와 마찬가지로 그 당시에도 패배했다. 왜냐하면 그들의 비전에서 세부적인 사항 중 어느 것도 실현되지 않았기 때문이다. 그러나 그 원칙은 실현되어, 오늘날 우리가 알고 있는 구조와 정치 질서는 그러한 원칙으로부터 생겨났다.

부르주아 혁명이 역사적으로 실행한 원칙은 보편적인 것이었는가? 의문의 여지 없이, 그렇다. 그러나 만약 장 자크 루소가 자신의 주장이 어떤 결과를 낳았는지를 볼 수 있다면 그는 아마도 그 결과와 자신의 관계를 부인할 것이라고 종종 이야기된다. 이러한 역설적인 주장은 자유주의에 대한 암묵적인 비판을 내포하고 있다. 그러나 바로 그 점에서 그것은 하나의 역설이다. 즉 이는 정당한 무언가를 부당한 방식으로 말하는 것이다. 보편적이라는 것은 절대적인 것을 의미하지 않는다. 역사에서 절대적이고 고정된 것은 결코 존재하지 않는다. 자유주의의 교의는 '이상적인 기준'이지만, 이성적으로 필요한 것으로 일단 인정되면 그것은 '실제로 작동하는 이상'으로 변화되었다. 이것은 부르주아 국가에서 실제로 실현되어, 프롤레타리아트의 형태로 부르주아 국가에 대한 반대를 불러일으키는 목적으로 활용되었으며 [그 과정에서] 그 가치가 다 소모되어 이제는 남아 있지 않다. 이러한 이상은 부르주아에게는 보편적일 수도 있지만, 프롤레타리아트에게도 충분히 보편적이지는 않다. 부르주아에게 있어 이는 지향해야 할 이상이었지만, 프롤레타리아트에게 이는 그 이상의 발전을 위한 출발점일 뿐이다. 그리고 실제로 완전한 자유주의적 강령은 사회주의 정당의 최소 강령, 즉 [⋯] 적절한 시기가 왔다는 판단이 설 때까지 우리가 기다리는 동안 우리의 일상 생활의 지침이 되는 강령이 되었다.11)

하나의 이상적 기준으로서 자유주의적 강령은 윤리적 국가, 즉 국가의 전통적·경제적 실체를 구성하는 상이한 집단들 사이의 계급 갈등과 끊임없는 재편성 및 충돌을 초월하여 존재하는 국가를 창조한다. 이러한 국가는 정치적 실체라기보다는 유토피아적 모델로서만 존재하는 하나의 정치적 열망이다. 그러나 이러한 열망을 강화시키고 그것을 보수적 힘으로 만드는 것은, 이것이 환상이라는 바로 그 사실이다. 이러한 국가가 언젠가 궁극적으로는 완벽하게 실현될 것이라는 바로 그 희망이 여전히 사람들로 하여금 부르주아 국가를 거부하지 못하게 하며 따라서 그것을 대체할 시도를 하지 못하게 만든다.

이제 이러한 '모델이 되는' 두 '국가', 모든 정치 이론가들에게 비교의 척도가 되는 두 전형적인 사례에 대해 살펴보자. 영국 국가와 독일 국가가 바로 그것이다. 둘 모두 매우 강력해졌으며, 스스로를 견고한 정치적·경제적 유기체로 확립하는 데 각기 상이한 방법으로 성공했다. 하지만 이 두 국가를 혼동하는 것은 전적으로 불가능해졌다. 각각은 혼동을 불식시킬 수 있는 그만의 특성, 현재 국면에서 서로 경합하고 있는 특성을 지니고 있다.

두 국가 내에서 내재적이며 서로 필적하는 에너지를 위한 추동력으로 작용한 사상은

---

11) [영역자주] 검열로 몇 단어가 삭제되었다.

영국의 경우 '자유방임(laissez-faire)'이라는 말로, 그리고 독일의 경우 '이성의 발현으로서의 권위(authority informed by reason)'라는 말로 요약될 수 있다.

'자유방임'은 투쟁의 전 역사, 특정한 자유를 획득하기 위한 혁명적 봉기의 전 역사를 포함하고 있는 공식이다. 이는 이러한 수많은 봉기를 거치면서 점진적으로 발전되어 온 사고 형태(forma mentis)이다. 사람들 자신의 믿음의 자유로운 표현에, 그리고 국가의 생산력과 입법적 힘의 자유로운 발전에 있는 것은 이러한 투쟁들에 의해 공적 생활에 참여할 수 있게 된 훨씬 더 많은 시민들의 정신에서 점차 구체화된 바로 이러한 신념이며, 행복의 비밀은 바로 여기에 있다. 이는 물론 특정한 의미에서 이해되는 행복이다. 즉 이는 실패한 일이 무엇이든간에 그에 대한 비난을 개인에게 돌릴 수는 없으며, 어떤 계획이 실행되지 않을 경우 주창자들이 여전히 그 계획을 관철시켜 성공적인 결말을 맺을 수 있을 정도로 강력한 위치에 있지 않았다는 사실로 이를 설명할 수 있다는 생각에서 비롯되는 행복이다.

사례를 인용하자면, 영국에 관한 한 자유방임의 이론과 실천은 1차 대전 이전에 로이드 조지(Lloyd George)라는 옹호자를 발견했다. 수상으로서 자신의 말이 정부의 정책을 나타내는 것으로 받아들여질 것임을 알고 있던 그는 공개적인 연설에서 얼마간 노동자들을 염두에 두고 이렇게 말했다. "우리는 사회주의자가 아닙니다. 다시 말해 우리는 생산의 즉각적인 집산화를 목표로 하지 않습니다. 하지만 우리는 사회주의에 대해 이론적으로는 결코 반대하지 않습니다. 사회주의 자체의 과업 각각에 대해서도 마찬가지입니다. [그러나] 우리 사회가 여전히 자본주의 사회라면, 이는 자본주의가 여전히 고려해야 할 역사적 힘으로 남아 있다는 것을 의미합니다. 당신들 사회주의자들은 사회주의를 실행할 시간이 무르익었다고 말합니다. 그 말을 증명해 보시오. 당신들이 다수라는 것을 입증해 보시오. 당신들이 잠재적으로뿐만 아니라 실질적으로도 국가의 운명을 관장할 능력을 지닌 세력이라는 것을 입증해 보시오. 그러면 우리는 행복한 마음으로 우리의 자리를 당신들에게 내어 줄 것입니다." 우리는 이탈리아에서 정부를 스핑크스 같은 어떤 것, 국가로부터 완전히 분리된 어떤 것, 사상과 사건들에 대한 어떠한 현실적 논쟁으로부터도 분리된 어떤 것으로 간주하는 데 익숙해져 있다. 로이드 조지 식의 말은 우리에게 그다지 신뢰를 주지 못한다. 그러나 영국에서 지난 200년 동안 사회적인 주목을 받으며 정치투쟁이 수행되었으며, 모든 정치 세력들이 자유롭게 표현할 수 있는 권리가 별 생각 없이 그 자체로 인정된 자연권이 아니라 투쟁을 통해 획득된 것이라는 점을 생각한다면, 이런 말도 그렇게 신뢰할 수 없는 것만은 아니다. 그리고 단지 공허한 수사인 것만도 아니다. 영국에서 급진적인 정부가 아일랜드 독립을 추진하기 위해 [그 사안에 대한] 거부권(right of veto)[12]을 상원으로부터 박탈했던 것을 상기하라. 그리고 1차 대전 이전에 로이드 조지가, 토지의 소유자가 누구이건간에 그 토지를 경작하지 않으면 그에 대한 권리를 당연히 상실한다는 전제에서 출발하여, 수많은 사유지를 소유자에게서 그 토지를 경작해 온 사람들에게로 이전시킬 수도 있었을 농업법안 (Agriculture Bill)을 제출했다는 것을 상기하라. 이런 종류의 부르주아 국가 사회주의 — 비사회주의적 사회주의 — 의 존재는 프롤레타리아트가 정부로서의 국가에 대해 그렇게 적대적으로 대하지만은 않았음을 의미했다. 자신들의 이해관계가 보호받고 있다고 옳건 그르건 확신한 후, 프롤레타리아트는 노동자운동을 특징짓는 도덕적 분노 없이 계급투쟁을 조심스레 수행했다.

독일의 국가 개념은 영국의 그것과 별개의 것이지만 그 효과는 동일하다. 독일 국가에 대한 사고 형태는 본질적으로 보호주의적이다. 피히테는 폐쇄적인 국가, 즉 이성에 의해 통치되는 국가, 인간의 힘의 자유롭고 자발적인 활동의 희생물이 되도록 방치되어서는 안 되지만, 모든 것에서 그리고 모든 행위에서 미리 결정되고 이성에 의해 예정된 계획 및 통일된 의지의 징후를 나타내야 하는 국가를 성문화했다. 이런 이유로 인해 독일에서 의회는 다른 나라의 의회와 같은 정도의 권력을 지니지 못한다. 의회는 단순한 자문기관이며, 국가의 행정부의 권력이 전적으로 무오류라고 주장하는 것은 비이성적이며 의회와 토론 또한 진리에 도움이 될 수도 있다는 단지 그 이유 때문에 유지된다. 하지만 다수는 진리에 대해 어떠한 권리도 인정받지 못한다. 최종 지시는 수상[혹은] 황제)에게 달려 있는데, 이것은 사안을 조정하고 결정하며 제국법령에 의해서만 대체될 수 있다. 그러나 다양한 계급들은 자신들의 기본권이 보호되고 있으며, 자신들의 행동이 사회주의자들의 경우 다수가 되려는 노력으로, 혹은 보수주의자들의 경우 다수를 유지하고 그를 통해 자신들의 영속적인 역사적 정당성을 입증하려는 노력으로 이루어져 있어야 한다는 신념 — 공허하거나 내용 없는 것이 아니라 유능한 행정의 오랜 경험과 입증된 분배 정의를 통해 형성된 신념 — 을 지니고 있다. 한 가지 사례를 살펴보자. 1913년에 군비지출을 10억 마르크 증액하는 법안이 통과되었는데 이때 사회주의자들도 그 법안에 찬성했다. 다수의 사회주의자들이 찬성표를 던진 이유는, 일반 납세자들에게서가 아니라 다름 아닌 부유층으로부터의 특별 징수를 통해 10억 마르크를 조달한다는

---

12) [영역자주] 이탈리아어 원본에는 'Voto'(vote)로 되어 있지만, 아마도 잘못 인쇄일 것이다.

점 때문이었다(적어도, 상황은 [사회주의자들에게] 그렇게 비춰졌다). 이것은 국가 사회주의 실험처럼 보였다. 군비부담을 자본가들에게 부과하는 것은 그 자체로는 정당한 원칙으로 보였던 것이다. 그런 이유로 [군비] 지출은 승인되었다. [그러나] 이후에 밝혀진 것처럼, [이러한 결정은] 부르주아와 프러시아 군사 정당을 제외한 어느 누구에게도 득이 되지 않았다.

이러한 두 가지 유형의 구성된 질서가 이탈리아의 '공공질서 정당들'의 기본 모델이다. 이탈리아 자유당과 국민당은 각기, 영국 국가 및 독일 국가와 유사한 어떤 것을 이탈리아에서 보고 싶다고 말한다, 혹은 말하곤 했다. 반(反)사회주의 논쟁의 구도는 모두 이탈리아에서의 잠재적인 윤리적 국가에 대한 이러한 열망을 둘러싸고 형성되었다. 하지만 이탈리아는 오늘날의 영국과 독일을 있을 수 있게 한 점진적 발전기를 전혀 경험하지 못했다. 그러므로 만약 당신이 자유당과 국민당의 추론을 그 논리적 결론까지 밀어붙인다면, 당신이 직접적으로 제기할 공식은 프롤레타리아트의 희생이다. 프롤레타리아트 자신의 필요, 인격, 투쟁의지의 희생, 그리고 현존질서(things)가 그 자체의 자연적인 경로를 따라 국부를 축적할 수 있도록 하며 국가 행정을 통해 국부의 수치를 증진시킬 수 있도록 하기 위한 모든 희생[을 프롤레타리아트에게 요구할 것이다].13) 국민당과 자유당은, 그러한 질서가 이탈리아에 존재하고 있다고까지 주장하지는 않는다. 그들이 주장하는 것은, 사회주의자들이 이러한 필연적인 진보를 방해하지만 않는다면 질서는 확립될 수 있고 확립될 것이라는 점이다.

이탈리아의 이러한 상황이 우리에게는 더 큰 에너지와 투쟁 정신의 원천이다. 어떤 일을 해야 할 직접적인 이유가 없는 사람 하나를 설득하여 그 일을 하게 만드는 것이 얼마나 어려운지를 생각해 보라. 인민 대중을 설득하여 행동하게 하는 것이 그보다도 훨씬 더 어렵다는 것을 생각해 보라; 특히 이탈리아에서와 달리, 그러한 인민들의 열망을 억누르고 가능한 모든 방법으로 그들의 인내심과 생산성을 가혹하게 요구하는 정부의 일관된 정책이 없는 곳에서는 더욱 더 그러하다. 거리에서의 투쟁이 없고, 국가의 가장 근본적인 법률이 무참히 짓밟히는 모습이 보이지도 않으며, 소수의 의지가 성공하지도 못하는 나라들에서 계급투쟁은 격렬함을 잃게 되며 혁명 정신은 절박함을 상실하고 쇠약해진다. 이른바 최소노력의 법칙(law of least effort)이 보편화된다. 이 법칙은 단지 아무 일도 하지 않는 것을 종종 의미하는 게으름뱅이들을 대상으로 한다. 이러한

---

13) [영역자주] 검열로 세 줄이 삭제되었다.

나라들에서 혁명은 거의 불가능하다. 그러한 질서가 존재하는 곳에서는, [⋯] 기존의 질서를 새로운 질서로 대체하고자 하는 의지를 거의 발견할 수 없을 것이다.14)

사회주의자의 임무는 [단지] 하나의 질서를 다른 질서로 대체하는 것이 아니다. 사회주의자들은 이제까지 존재하지 않았던 질서를 수립해야 한다. 사회주의자들이 실행에 옮기고자 하는 법적 원리는 이런 것이다. "모든 시민들은 각자의 고유한 인격을 최대한 도야할 수 있어야 한다." 이러한 원리가 실제로 실현될 때, 모든 특권은 폐지될 것이다. 그리고 최소한의 강제와 최대한의 자유가 있게 될 것이다. 각 개인의 삶과 그들의 사회적 역할은, 모든 전통적 유형을 배제한 채, 오로지 각각의 능력과 생산성에 따라 결정될 것이다. 부는 노예제의 도구가 되지 않고, 특정 개인의 소유가 아니라 만인의 소유가 되어 가능한 가장 높은 생활 수준을 향유할 수 있는 수단을 모든 사람에게 부여할 것이다. 교육은 사람들의 배경이 어떠하든간에 총명한 이들 모두를 위한 것이 될 것이며, [⋯]에 대한 포상이 되지는 않을 것이다.15) 완전한 사회주의적 강령의 여타의 모든 원칙들은 이 하나의 격언에서 비롯된다. 그리고 반복해서 말하건대, 사회주의적 강령은 유토피아가 아니다. 그것은 구체적 보편이며, 의지에 의해 실현될 수 있다. 그것은 질서, 즉 사회주의적 질서의 원칙이다. 다른 곳에서 실현되기 전에 이탈리아에서 실현될 것이라고 내가 믿는 그러한 질서에서 [⋯].16)

<라 치타 푸투라>, 1917년 2월 11일

---

14) [영역자주] 검열로 몇 단어가 삭제되었다.
15) [영역자주] 검열로 네 줄이 삭제되었다.
16) [영역자주] 검열로 다섯 줄이 삭제되었다.

자유와 규율

운동에 결합한다는 것은 진행 중인 사건들에 대해 책임의 한몫을 지겠다는 것을 의미한다. 즉 이러한 사건들을 주조하고 있는 사람들 중의 한 명이 되겠다는 것을 의미한다. 사회주의 청년 운동에 결합하는 젊은이는 독립과 자유를 향해 한 발을 내딛고 있다. 스스로를 자발적으로 어떤 규율에 맡김으로써 우린 독립적이고 자유롭게 된다. 물은 지저분하게 바닥에 흩뿌려질 때나 대기에 뿜어 흩어질 때가 아니라 시내나 강의 두 둑 사이를 흐르고 있을 때 순수하고 자유로우며 그 본질을 실현한다. 어떤 정치적 규율도 따르지 않는 이가 있다면 그는 정확히 기체 상태이거나 이물질에 의해 오염된 물체다. 즉 쓸모없고 해롭다. 정치의 규율은 이러한 쓰레기를 벗겨 버리며 정신의 순수한 합금을 정제한다. 그것은 삶에 어떤 목적을 부여한다. 그리고 어떤 목적도 없다면 삶은 살 만한 가치가 없는 것이다. 계급노예 상태의 짐이 얼마나 무겁게 그의 두 어깨를 짓누르고 있는지를 의식하고 있는 젊은 프롤레타리아라면 그가 사는 지역의 사회주의 청년 그룹에 결합함으로써 자유를 향한 그 첫 발자국을 내디뎌야 할 것이다.

<라 치타 푸투라>, 1917년 2월 11일

사회주의와 이탈리아

사냥이 진행 중이다. 저들이 우리를 잡으려고 뛰쳐나왔다. 사회주의와 사회주의자를 잡으러. 배신자 유다의 면전에 침뱉기를 원하는 자 그 누구인가? 그리스도에 반대하는 자들을 위해 대못을 들고 함께 할 자 누구인가?

자유주의자, 보수주의자, 성직자, 급진주의자, 공화주의자, 민족주의자, 개혁주의자, 이들이 나서서 사냥이 한창이다. 이리 와서 우리를 잡아 보라. 두려워할 것 없다. 국가와 정부, 지휘봉을 든 군의 수장들이 너희의 편이다. [게다가] 너희들은 목소리도 가지고 있다. 너희17)의 신문은 최후의 승전보를 써내려간다. 신문은 너희의 책임을 면제해 주고 너희의 행위를 찬양하도록 여론을 형성한다. 궁극적으로 너희가 원하는 것은 바로 이 승리의 감흥에 취하는 것이다. 한 순간일지라도 구속하고 있음을 느끼고 싶어하는 너희는 3천5백만 민중을 쥐고 흔든다는 느낌, 그들의 운명의 주인이 된 느낌, 그들의 삶을 주재하는 온전하고 궁극적인 존재자가 되는 느낌을 원하는 것이다.

승리의 시간이 찾아올 것이다. 너희는 승리에 대해 절저히 생각해 보시도 않았나. 너희는 혁명가라 자칭한다. 너희는 혁명을 자코뱅주의와 동일시한다. 어제까지만 해도 너희는 국왕(Authority), 국가에 비하면 아무 것도 아니었다. [그러나] 지금 너희는 중요한 무언가이다. 너희는 고립된 짧은 시간 동안 국왕이 가지고 있던 명령권을 접수했다. 그리고 이로 인해 너희는 혁명을 일으킨 것으로 확신해 왔다. 너희는 스스로를 국왕, 국가와 동일하다고 여기고 이를 확신해 왔다. [그러나] 사실 너희는 국왕과 국가를 강화시켰을 뿐이다. 국가는 동일한 확신과 동일한 프로그램을 가진 채 정확히 그대로 존재

---

17) [역주] 리소르지멘토를 주도했으나 이탈리아에서 사회주의를 저지하고자 안간힘을 쓰는 당대의 지배계급을 지칭한다. 그람시는 진장한 이탈리아의 통합(제 2의 리소르지멘토)은 사회주의(세력)만이 할 수 있다고 이야기하려는 것이다.

해 왔다. 변한 것은 하나도 없이 강화되기만 했을 뿐이다. 국가는 스스로 이탈리아 민중들과의 거리를 멀리하고 있으며 심지어는 국민(nation)으로부터, 국민의 진정한 에너지로부터 스스로를 소외시키고 있다. 국민은 천천히 그렇지만 거대한 노력으로 스스로 존재하고 조직하며 변형시켜 나가고 또한 자신의 존재와 자신의 전화에 대한 의식을 획득한다.

이탈리아 민중의 역사, 그 비밀스럽고 정신적인 역사는 아직 쓰여지지 않았다.

50년 전만 해도 '이탈리아인'과 같은 것은 존재하지도 않았다. 그것은 단순한 수사일 뿐이었다. 따라서 이탈리아라는 사회적 통일체 역시 존재하지 않았다. 거기에는 단지 이탈리아 영토 전역에 흩어져 살던 수백만의 개인들이 있을 뿐이었다. 자신의 땅에서 생활을 하고 이탈리아에 대해서는 알지 못하며 자신의 지방 방언을 사용하였고 그가 속한 교구의 영역이 세계 전체인 양 믿고 살던 개인만이 존재했다. 그들은 세금징수원과 경찰, 순회법정(the Court of Assizes)의 재판관을 알고 있었고 그것이 그들에게는 곧 이탈리아였다. 그러나 이 개인들, 수백만의 개인들이 그 발전단계에 있어서 교구의 단계를 넘어서 진보했다. 그들은 단일한 사회적 통일체를 형성했다. 그들은 자신들이 시민임을 알아차렸고 지역적 사고를 넘어섰고 더 너른 세계를 향해 뻗어 나갔으며 전 세계를 누비며 삶을 누리기 시작했다. 그들은 타인과의 연대를 느끼기 시작했다; 타인에 대해 사고하는 법을 배우기 시작했고 방언을 사용하지만 동시에 이탈리아어의 사용법을 깨닫게 되었다. 이 모든 것은 새로운 사회적 유기체가 이탈리아에 등장했기 때문이다. 이들 스스로 자신이 창조한 유기체의 부분을 이루며 그 유기체를 통해 세계의 삶과 역사에 관여하게 되었다.

마침내 그들은 인간이라는 존재가 무엇인가를 깨닫게 되었다. 그들은 자신들의 비참하고 낙후된 [삶의] 조건들을 극복해 왔다. 그들은 삶의 창조자로서의 인간 존엄성을 자신들 안에서 발견하기 시작했다. 20세기의 시작과 더불어 이탈리아에는 새로운 르네상스의 종이 울리기 시작했다. 대중의 르네상스, 변변치 않은 수준의 이탈리아인에게 인간애의 르네상스가 찾아온 것이다. 그것은 바로 문명화된 삶, 정치투쟁, 새로운 수백만의 시민의 세계에서의 삶이 시작됨을 알리는 종소리다. 이 시민들은 고된 노동 속에서도 진지하며 자신의 능력에 대해 확신하는 사람들이다. 이탈리아인들은 그들의 심성과 정신 속에 떠오른 새로운 감정과 사상으로 인해 스스로 조직하고 훈련받았다. 대중들이 하나의 사상과 단일한 프로그램 아래로 뭉쳐 들었기 때문에 이탈리아는 정치적 통일체로 변모하게 되었다. 사회주의는 풀리아(Puglia)의 농부와 비엘라(Biella)의 노동자가 서로 같은 언어로 대화하게 됨을 의미한다. 즉, 그들을 갈라놓은 [물리적] 거리에도 불구하고 그들이 동일한 문제에 직면했을 때 같은 방식으로 자신들을 표현할 수 있게 됨을 의미하며 사람들과 사건들에 대해서 같은 평가를 내릴 수 있게 됨을 의미하는 것이다. 이탈리아에서 어떤 사상이 이와 같은 일을 달성할 수 있었는가? 자유당이 이탈리아의 두 도시에서 같은 사상을 제시한 적이 있는가? 또한 두 도시에서 같은 프로그램을 제시하여 선거에서 승리한 적이 있는가? 자유당은 이탈리아를 분열시킬 뿐이다. 그들은 관세를 입법함으로써 상반되는 이해관계를 가진 여러 개의 구역으로 이탈리아를 분할해 버린 일종의 산업봉건제를 창조했고 [결국] 남부와 북부의 골을 더욱 깊이지게 했을 뿐이다.

사회주의는 이탈리아 민중을 통합해 주는 유일한 이상이었다. 사회주의는 이탈리아인을 통합해 주는 관념으로 자리잡아 왔다. 수백만의 이탈리아인을 인간으로, 시민으로 자리잡게 됐으니, 그들을 흔들어 깨워 사고하게 하고 자신들의 비참하고 낙후된 [삶의] 조건들을 극복하도록 가르친 사상 즉, 사회주의 사상이 있었기 때문이다. 사회당은 이 통일체와 새로운 의식, 새로운 세계의 구체적인 대표자이다. 그리고 지금 저들은 우리를 잡기 위해 뛰쳐나왔다. 사회당과 사회주의자를 사냥하러 다닌다. 현 시기의 피상적이고 자코뱅적인 승리의 이름으로 저들은 역사 전체를 파괴하려 하는 것이요 모든 의식을 취소해 버리려는 것이며 사상과 감정들을 흩어 버리려는 것이다. 저들은 우리를 잡으려는 이 과업을 위해 서약을 했다. 저들은 모두가 [한가지 목표를 향해] 단결했다. 저들은 승리의 시간을 기대한다. 저들은 3천5백만 민중의 운명을 그들의 손아귀에 쥐고 흔들려는 망상에 빠져 있다. 저들은 여론의 지배자(dictators)가 되는 가학적 즐거움을 누리고 싶어한다. 그리고 그들의 복속을 달성하기 위해 이탈리아인의 역사를 파괴하고 어지럽히며 분쇄해 버릴 준비가 되어 있다.

사냥이 진행되고 있다. 어서 와서 우리를 잡아 보라. 우리를 잡기 위해 국가의 모든 권력을 이용해 보라. 너희는 사회주의를 뿌리뽑지 못할 것이다. 할 수 있는 것은 천 명 혹은 이삼천 명의 개인을 뿔뿔이 흩어 놓는 것뿐이다. 너희는 인간애를 어둠 속으로 던져 버리고, 이제 겨우 고개를 들고 자신들의 존엄성을 자각하기 시작한 수천 명의 개인을 이전의 질 낮은 삶의 조건으로 되돌릴 뿐이다. 너희는 이탈리아 프롤레타리아의 사회적 통일체를 흩어 놓을 것이다. 그러나 또한 그렇게 함으로써 스스로를 속박할 것이다. 왜냐하면 시민으로서 너희의 자유를 존중하는 국가를 제약하는 유일한 방해물은 국가에 적대적인 세력이다. 이탈리아의 자유는 강력하고 통일된 이탈리아 프롤레타리아의 존재에 힘입고 있기 때문에 타인을 억압하면 스스로 억압당하게 될 것이다.

이리 와서 우리를 잡아 보라. 억압하고 흩어 놓고 혼란스럽게 해 보라. 너희가 하려는 것은 모두 스스로 이탈리아 민중으로부터 자신들을 분리하는 일이다. 민중을 억압하는 것은 민중으로 하여금 거대하고 타협불가능한 권위(authority)에 대해 자각하게 하며 그들의 감정과 그들의 마음에 호소하는 것일 뿐이다.

너희는 스스로에게 족쇄를 채우고 있다. 너희는 스스로를 노예로 전락시키고 있다. 또한 너희는 스스로를 이탈리아 역사로부터 소외시키고 있다. 역사책에 적힌 그런 역사가 아니라 더 거대하고 더욱 풍부한, 책에는 쓰여지지 않은 그런 역사 말이다. 그 이유는 너희가 스스로 너희와 이탈리아 민중의 연대의 끈, 사람을 서로 연결해 주는 공통된 인간애의 끈을 자르려고 하기 때문이며 수백만의 이탈리아 민중이 [세계를] 볼 수 있도록 만들어 주는 빛을 차단하려고 하기 때문이다. 단지 그들이 스스로 인간답게 살려는 감정을 가지고 있고 좀더 가치 있는 삶에 대한 믿음을 지니고 있다는 이유만으로 그들을 위해 세계를 비추어 보이는 그 빛을.

<일 그리도 델 포폴로>, 1917년 9월 22일

러시아혁명에 관한 노트

러시아혁명이 프롤레타리아 혁명인 이유는 무엇인가?
신문을 읽어보거나 검열관들이 출판을 허락한 혼란스러운 기사들을 모아서 읽어보아도 사건이 어떻게 진행되어 가는지 알기란 쉽지 않다. 우리는 혁명이 프롤레타리아트에 의해(노동자들과 군인들에 의해) 수행된 혁명임을 알고 있다. 우리는 일상의 업무를 관장해 오던 행정조직의 기능을 통솔하고 있는 노동자 대표의 위원회가 구성되어 있음을 알고 있다. 그러나 프롤레타리아트의 힘으로 혁명이 일어났다는 사실만으로 그 혁명이 프롤레타리아 혁명이라고 할 수 있는가? 전쟁 역시 프롤레타리아트에 의해서 수행되지만 그 사실만으로 전쟁이 프롤레타리아적 사건이라고 할 수는 없다. 거기에는 무언가 다른, 정신적인 요소가 반드시 작용하고 있어야 한다. 혁명은 단순히 권력의 문제가 아니다. 인간 행동의 혁명이 있어야 하고 도덕적인 혁명이 수반되어야만 한다. 부르주아들의 신문은 권력의 문제를 강조해 왔다. 그들은 우리에게 전제 권력이 다른 한 권력에 의해 대체되었다고 보도하고 있다. 새로운 권력은 그 성격이 불분명하지만 신문은 그것이 부르주아지의 권력이기를 바라고 있다. 그리고 그들은 즉시 러시아혁명과 프랑스혁명을 비교해 보고는 두 사건이 서로 비슷하다는 것을 발견했다. 그러나 그 둘이 서로 닮아 보이는 것은 피상적이며, 폭력적이라는 것과 파괴적이라는 점이 닮은 것뿐이다.
그리고 나는 러시아혁명이 프롤레타리아트의 정신을 담은 행위이며 또한 역사적 사건임을 확신하며 사회주의 체제로 나아갈 것이 필연적임을 확신한다. 정보가 부족하기 때문에 강력하고 확고한 증명은 불가능하다. 하지만 러시아혁명이 프롤레타리아 혁명이라는 주장을 정당화시킬 수 있는 몇 가지 요소가 분명 존재한다.
러시아혁명은 자코뱅주의의 흐름과 무관하다. 혁명의 핵심은 전제 권력의 타도에 있지, 폭력을 이용한 권력의 쟁취에 있는 것이 아니다. 자코뱅주의는 순전히 부르주아적 현상인데 부르주아 혁명의 성격은 프랑스혁명에서 잘 드러난다. 부르주아지는 혁명이 일어난 후 작동시킬 보편적인 프로그램이 없다. 부르주아 혁명은 자신들의 특정한 이해, 즉, 부르주아 계급의 이해를 위해 봉사한다. 그리고 자신의 특정한 목적을 추구하는 모든 사람들에게 공통적으로 적용되는 야비하고 천한 정신을 가지고 혁명을 일으키는 것이다. 부르주아 혁명의 폭력은 이중적이다: 구질서의 파괴와 더불어 새로운 질서를 부여하는 폭력이다. 부르주아지는 자신들의 세력과 사상을 이전의 피지배계급 및 그와 동시에 지배를 위해 준비된 계급에게 공통적으로 부과한다. 부르주아 혁명은 권위주의적 체제를 또다른 체제로 대체한 것에 불과하다.

러시아혁명은 권위주의 정부를 파괴하고 보편적인 참정권을 쟁취하였으며 심지어 여성에게까지 그것을 확대하였다. 권위주의는 자유에 의해서, 헌법은 보편의식을 대변하는 양심의 자유로운 표현에 의해서 대체되었다. 어떻게 러시아혁명이 자코뱅주의의 궤적을 따르지 않을 수 있었던가? 다른 말로 하면 한 사람에 의한 독재를, 목적달성을 위해서라면 어디까지든 가는, 부주의한 소수의 독재로 대체하지 않은 이유는 무엇인가? 왜냐하면 그들은 본질적으로 소수에 의해서 제한될 수 없는 이상을 추구했기 때문이다. 전 러시아의 프롤레타리아트가 스스로의 선택을 요구받았을 때 그 대답은 의문의 여지가 없음을 확신했기 때문이다. 그 대답은 민중의 마음 속에 이미 주어져 있으며, 경찰의 방해와 교수형이나 추방의 위협이 더 이상 투표를 무산시킬 수 없는 상황에 이르면, 절대적인 정신의 자유로운 분위기 속에서 표현될 수 있는 돌이킬 수 없는 결정이 될 것이다. 산업 노동자들은 이미 이 단계에 들어서 있으며 심지어 문화적으로도 준비되어 있다. 그리고 이미 전통적 형태의 집산적 공산주의(collective communism)에 익숙한 농업 노동자들 역시 새로운 형태의 사회로의 이전을 위한 준비가 잘 되어 있다. 사회주의 혁명가들은 자코뱅일 수 없다. 이 시기의 러시아에서 혁명가들의 유일한 과업은 부르주아의 조직체(두마, 젬스트보들)가 투표를 조작하여 결론이 나지 않게 하는 자코뱅적 트릭을 쓰거나 그들의 이해를 전복시키는 폭력을 뒤틀어 놓는 일을 포기하지 않을 것임을 분명히 인식하는 것이다.

더불어 부르주아 신문이 중요한 점을 지적하지 못하고 있음을 드러내는 사건이 있다. 러시아혁명가들은 정치범뿐 아니라 일반 형사범죄사범 역시 석방했다. 한 보호감호소에서는 자신들이 자유롭게 되었다는 소식을 들은 일반 형사범죄사범들이 자신들의 범죄에 대한 값을 치러야 하기 때문에 자유를 받아들일 권리가 있다고는 생각하지 않는다고 답했다. 오데사(Odessa)에서는 죄수들이 감옥 마당에 모여 정직한 사람이 되겠다고 자발적으로 서약했으며 노동하는 삶을 살겠다고 결심했다. 사회주의 혁명의 관점에서는 짜르와 대공(大公)이 타도되었다는 뉴스보다 [사면과 관련된] 이 뉴스가 훨씬 더 중요성을 지니는 것으로 보인다. 짜르는 부르주아지에 의해서도 타도될 수 있다. 그러나 부르주아지의 눈에는 이 죄수들이 여전히 그들의 질서를 파괴하는 적으로 보인다. 그들의 부와 마음의 평안을 위협하는 파괴분자로 보이는 것이다. 러시아에서의 혁명은 새로운 삶의 방식을 창출해 냈다. 단순히 하나의 권력을 다른 권력으로 대체한 것이 아니다. 혁명은 삶의 한 방식을 다른 삶의 방식으로 대체한 것이며 새로운 도덕적 분위기를 창출했다. 또한 육체적 자유를 넘어선 새로운 정신의 자유를 가져다주었다. 혁명가들은 부르주아의 정의가 부끄러운 범죄의 기록으로 낙인찍은 사람들 — 부르주아의 과학이 분류한 다양한 범죄자들 — 이 [삶의] 흐름 속으로 복귀하는 것을 두려워하지 않았다. 전체적인 삶의 방식과 전반적인 심성이 변화했을 때, 그리고 실질적이고 열정적인 사회적 갱신의 분위기 속에서만 이와 같은 일들이 가능하다. 자유(liberty)는 인간을 자유롭게(free) 한다. 자유는 그들의 도덕적 지평을 넓혀 준다. 권위주의 체제하에서 가장 악독한 범죄자였던 사람들이 책임감으로 인해 순교자로 변하고 권리로 인해 영웅이 되는 것이다. 이들 '범죄자'가 자유롭게 되기를 거부하고 스스로의 감시인을 선택했다고 한 신문은 보도하고 있다. 이러한 일이 그 전에는 왜 벌어지지 않았을까? 왜 그들의 감옥은 거대한 벽으로 둘러싸여 있고 창문 위에 쇠창살을 박아야만 했을까? 그들에게 자유를 전해 주러 가는 사람들은 치안판사나 형무소의 간수들이 해 왔던 것과는 매우 다르게 행동해야 한다. 그리고 이들 '일반 형사범죄사범' 역시 그들이 들어 왔던 것과는 다른 말늘을 들어야만 한다. 예를 들면 그들의 양심에서 전환이 일어나야 한다는 그런 말들을 들어야만 한다. 그들에게 있어서 갑자기 자유롭게 된다는 것은 자유와 격리 사이에서 선택할 수 있다는 것이며 스스로에게 마땅한 벌을 자발적으로 부과할 수 있음을 의미한다. 그들은 세계가 변하고 있음을 느껴야만 한다. 즉, 심지어는 사회의 쓰레기인 그들도 의미 있는 한 사람으로 취급받게 되었으며 세계가 거부했던 그들이지만 이제는 선택할 자유를 얻게 된 것이다.

이것이야말로 인간의 행위를 통해 이제껏 성취한 가장 영광스러운 결과이다. 러시아 혁명은 가장 저열한 수준의 인간 — '일반 형사범죄사범' — 조차도 순수이성의 철학자 칸트가 예견했던 인간으로 변화시켰다. 칸트는 "내 머리 위에는 광대한 하늘, 내 마음속에는 양심의 도덕률"이라고 말할 수 있었던 사람이다. 이 작은 뉴스가 우리에게 드러내 준 것은 인간 정신의 해방이며 새로운 도덕관의 도래이다. 즉, 우리의 운동의 예언자가 예언한 모든 것이 동시에 발생하는 새로운 도덕질서의 도래이다. 다시금 동방으로부터 빛이 찾아와 노회한 서방세계를 비추고 있다. 그리고 서방세계는 그 빛에 눈이 부신 나머지 진부하고 어리석은 지껄임으로 응답하고 있을 뿐이다.

<일 그리도 델 포폴로>, 1917년 4월 29일

우리에게 문화연합이 필요한 이유

나 자신과 그 외 많은 사람들을 대신해서 나는, 이 곳 토리노에서 이 지역 출신이든 타지 출신이든 이 도시에 거주하는 모든 우리 동지들을 위해 일종의 문화연합(a Cultural Association)이 건설되어야 한다는 펠레리노(Pellegrino) 동지의 제안에 대해 동의를 표한다.

아무리 적절한 시기가 아니라고 하더라도 이는 성공적으로 이루어질 수 있다고 나는 믿는다. 신념이 흔들리고 매일 이뤄져야 하는 일상의 작업에 지쳐 가던 많은 동지들은 단순한 오락거리에 유혹되어 우리의 정치조직으로부터 떠나갔다. 문화연합은 이러한 사람들의 기분전환(diversion)에 대한 본능적인 욕구를 만족시켜 줄 것이며, 사람들은 그 안에서 정치운동과 우리의 이상에 대한 그들의 연계를 새로이 할 휴식과 교육을 제공받을 것이다.

그리고, 모든 동지들이 기꺼이 지지하고자 할 이런 발의는, 적극적으로 활동할 공통적인 관심의 영역을 찾는 데 어려움을 느꼈기 때문에 결코 해결되지 못했던 전국 곳곳의 지부 당원들의 문제들에 대해서도 해답을 제공할 수 있을 것이다.

- 바르톨로메오 보토(Bartolomeo Botto)

<아반티!>는 펠레리노의 제안과 그 제안에 대한 지지 발언들을 싣게 되어 기쁘다. 이 편지에서 보토는 매우 흥미로운 지적을 했는데, 그 지적들은 모든 동지들의 주목을 끌만한 체계적인 형태로 발전시켜 제시되어야 마땅하다고 생각된다.

토리노에는 대중문화 조직의 형태를 취한 것이 아무 것도 없었다. 민중대학(Popular University)은 무시되었던 가장 좋은 예이다. 그것은 한번도 실제적이고 생동하는 존재

가 되지 못했으며, 어떤 실제적 필요에 부응하는 기능을 전혀 갖지 못했다. 그것의 기원은 부르주아적이며, 고상한 인본주의라는 모호하고 혼란스러운 규준에 부응할 따름이다. 이는 빈민들 — 자신의 힘으로는 먹고 살 수 없어서 주인의 동정에 호소하는 불쌍한 자들 — 의 육체적 필요를 위해 한 그릇의 수프를 제공하는 자선 기관 정도의 효과를 갖고 있을 뿐이다.

사회주의가 추구해야 하는 문화연합은 그 전망과 목적이 계급에 의해 규정되는 것이어야만 한다. 이는 정확한 목표를 지향하는, 프롤레타리아트의 기구여야 한다. 프롤레타리아트는 자신의 발전과 역사의 특정 시점에서 자신의 기관이 그 복잡한 구조 속에서 생명력을 상실해 가고 있음을 자각하게 되는데, 이때 그들은 자신들의 목표를 위하여 스스로의 힘과 의지로써 새로운 기관을 만들어 낸다.

토리노에서 프롤레타리아트는 이탈리아에서 최고는 아니지만 가장 높은 수준에 들 수 있을 정도의 발전단계에 도달했다. 정치활동 영역에서 사회당 토리노 지부는 뚜렷한 계급 정체성을 획득했다. 경제적 조직은 강고하고, 이는 협동을 통해 협동조합동맹(Alleanza Cooperativa) 같은 강력한 기구를 창출하는 데 성공할 수 있었다. 따라서 정치·경제적 활동을 문화적 활동의 기관과 통합시켜야 할 필요성이 토리노에서부터 제기되고 또한 토리노에서 가장 민감하게 인식되고 있는 이유는 쉽게 이해될 수 있다. 또한 이러한 통합의 필요성은 이탈리아 어디에서나 떠오르고 주창될 것이다. 그리고 이를 통해서 프롤레타리아 운동은 더욱 강력하고 보다 통일적이며 결의에 찬 모습으로 투쟁에 임하게 될 것이다.

우리의 활동에서 가장 심각하게 부족한 것은, 상황에 의해 강제되지 않고서는, 문제를 토론하고 우리의 정책을 수립하는 데 이르지 못한다는 점이다. 결국 상황의 급박함에 짓눌려 우리는 미숙한 해결책만을 내놓게 된다. 여기서 미숙하다는 것은 운동에 참여하는 사람들 모두 당면한 쟁점의 정확한 본질을 이해하지 못한다는 의미인데, 결국 이로 인해 사람들이 이미 수립된 정책을 따른다 해도 이는 주체적인 확신과 자발적이고 논리적인 합의에 의해서라기보다는 규율에 대한 복종 정신이나 그들의 지도자들에 대한 신뢰에서 비롯되는 것이다. 이것이 우리가 모든 중요한 역사적 국면마다 운동의 분열, 약화의 조짐, 내부의 말다툼과 개인들 사이의 논쟁에 봉착하기 시작하는 이유이다. 또한 이러한 진정한 논쟁의 부족으로 인해 우리 운동 내부의 모순인 지도자 숭배 현상이 야기되고, 우리가 끌어내린 권위주의가 뒷문으로 슬그머니 다시 들어오는 결과가 나타나는 것이다.

운동에 부족한 것은 풀뿌리 수준에서의 확고한 신념의 기반이다. 우리 운동은 장기적인 교육과, 구성원들을 정신적으로 무장시키는 과제에 소홀했다. 이러한 과제들은 어떤 수준에서든 민첩하면서도 진지한 의사결정이 이뤄지도록 하는 데, 그리고 행동의 굳건한 기반을 제공하는 직접적이고 효과적이며 가슴 속 깊은 곳으로부터 우러나오는 합의를 보장하는 데 필요한 것이다.

문화연합이야말로 교육의 과정을 담당하고 신념들을 창출하기 위해 나서야 한다. 연합은 프롤레타리아 운동와 관련된 혹은 미래에 이와 관련될 모든 것을 토론할 수 있다. 그리고 연합은 상황의 압박에 내몰리지 않고서도 이들을 사심 없이 토론할 수 있다.

게다가 철학적, 종교적, 도덕적 문제들이 있다. 이것들은 정치적, 경제적 활동의 기반이 되지만, 경제적, 정치적 기관들은 그 해결책을 토론하고 촉진할 채비가 되어 있지 않다. 이는 매우 중요한 문제. 소위 운동의 '정신적 위기'를 불러일으키는 원인이 되는 것이 바로 이 문제로서, 이러한 위기들은 가끔 운동의 장애물로 기능하는 논쟁적 상황을 초래하곤 한다. 사회주의는 삶의 총체적 비전이다. 즉, 사회주의는 자신만의 철학과 신념, 도덕을 지닌다. 연합은 이러한 문제들을 토론하고 명료화시키며 논쟁을 불러일으키는 데 적절한 토론의 장이 될 것이다.

또한 연합은 '지식인' 문제를 상당 부분 해결할 수 있다. 지식인들은 우리의 운동에서 죽어 있는 부분이었는데, 이는 그들이 운동 속에서 자신들의 능력에 적합한 특수한 과제를 찾아내지 못하고 있기 때문이다. 그들은 연합 속에서 이러한 과제들을 찾을 것이다. 그리고 이들의 지적 역량(intellectualism) ― 그들의 실제적인 지적 자질 ― 은 시험을 거칠 것이다.

이러한 문학적 조직을 구성함으로써 사회주의자들은 기톨릭과 예수회의 가르침이 이탈리아인들에게 주입한 교조적이고 불관용적인 심성에 치명타를 가해야 한다. 이탈리아인들에게는 사심 없는 연대의 정신, 자유로운 토론에 대한 애정, 지성과 논리가 제공하는 순수한 인간적 방법을 통해 진리를 획득하려는 욕망이 부족하다. 사회주의자는 자유로운 탐구 정신에 대한 생생히 살아 있는 예를 제공할 것이고, 그렇게 함으로써 그들은 지금보다 더 자유롭고 더 단호하며 사회주의의 원칙과 목적을 수용하는 데 보다 적극적인 새로운 정신적 습성(a new habit of mind)을 진작하는 긴 여정을 시작하게 될 것이다. 영국과 독일에서는 프롤레타리아적, 사회주의적 문화의 매우 강력한 기관이 존재했고 아직도 존재하고 있다. 특히 잘 알려진 예로 영국에는 사회주의 인터내셔널(제2인터내셔널)의 가입 조직인 페이비언 협회(Fabian Society)가 있다. 이 협회의 과업은 프롤레타리아트가 삶의 과정에서 마주치거나 마주칠 수 있는 모든 경제적, 도덕적 문제들을 끝까지 논구하는 것이다. 그리고 이 협회는 영국 지식인과 학계의 중요한 부분들을 이러한 문명과 의식 해방의 과제로 끌어모으는 데 성공했다.

   토리노라는 환경의 성격과 토리노 프롤레타리아트의 성숙도를 고려해 볼 때, 사회주의와 프롤레타리아 계급의 정체성을 뚜렷이 지닌 문화적 조직의 첫 번째 중핵이 등장할 수 있는—그리고 등장해야 할—곳은 바로 여기 토리노다. 이 조직은 당, 노동총동맹과 함께 이탈리아 노동계급이 자신의 권리를 주장하는 데 기반이 되는 세 번째 조직체가 될 것이다.

<아반티!>, 1917년 12월 18일

『자본』에 반한 혁명

볼셰비키 혁명은 현재 러시아 민중의 전반적 혁명과정의 명백한 일부이다. 지난 두 달 전까지, 최대강령파[볼셰비키]는 촉매로서 역할하여 사건들이 지체되지 않도록, 미래로의 행진이 느려지지 않도록, 그리고 일종의 제한적인 해결, 필경 부르주아적인 것일 터인 해법에 길을 내어 주지 않도록 했다. 그러나 이제 최대강령파는 권력을 장악했고 그들의 독재를 수립했다. 이제 그들은 이미 이루어진 위대한 승리에 기반하여 조화롭게 그리고 추가적인 고투 없이 계속 발전해 나가기 위해서, 혁명이 종국에 자리잡아야 할 사회주의적 골격을 조심스레 만들어 내고 있다.

볼셰비키 혁명은 사건들 이상으로 이데올로기들로 이루어진 것이다(그리고 이 대목에 이르러서는, 우리가 아는 것 이상으로 무엇이 벌어지는지에 관하여 아는지 어떤지는 문제가 아니다). 이것은 칼 맑스의 『자본』에 반하는 혁명이다. 러시아에서 맑스의 『자본』은 프롤레타리아트의 것이라기보다는 부르주아지의 책이었다. 그것은 러시아에서 사건들이 특정한 경로를 취해야 할 필연성에 대한 중대한 논증이었다. 즉 프롤레타리아트가 자기 자신의 반란을, 자신의 계급적 요구들을, 그리고 자기 스스로의 혁명을 생각이라도 할 수 있기 위해서는 부르주아지가 발전해야 했고, 자본주의 시대가 진행 중이어야 했으며, 서구 모델에 따른 문명이 도입되어야 했다는 것이다. 하지만 사건들은 이데올로기를 추월했다. 사건들은 러시아의 역사가 역사유물론의 정전에 따라 발전하게 되어 있다는 중대한 도식을 폭파시켜 버렸다. 볼셰비키들은 칼 맑스를 폐기하고는 현실의 행동들과 실제적 성취를 가지고 뒷받침하면서, 역사유물론이란 그러리라 여겨지거나 생각되어 온 것과 같은 철의 법칙이 아니라는 것을 보여주었다.

하지만 이러한 해프닝들에서조차 일종의 숙명적 필연성이 존재하며, 볼셰비키들이 맑스가 『자본』에서 행한 언급들을 폐기했다고 하더라도 그것이 그 저작의 정수라 할

보다 깊은 메시지를 폐기함을 의미하지는 않는다. 그것이 의미하는 것은 그들이 '맑스주의자들'이 아니라는 것뿐이다. 그들은 교조적이고 의심될 수 없는 주장들로 가득 찬 엄격한 교의들을 번역하느라 거장의 저작을 사용하지 않았다. 그들은 맑스주의적 사고 — 독일과 이탈리아의 관념론의 유산으로부터 이어지는, 그러나 맑스에게서는 실증주의와 자연주의의 침투로 오염되었던, 실제의 불멸의 맑스주의적 사고 — 를 체화하고 있는(living out) 것이다. 그리고 이러한 진정한 맑스주의적 사고는 언제나 역사 속에서 조잡한 경제적 요소들보다는 인간 그 자신들, 그리고 그들이 서로 같이 생활하며 서로 이해하는 것을 배우면서 창조하는 사회들을 가장 중요한 요소로 간주해 왔다. 그것은 그들이 교역하면서(문명들), 그리고 사회적 집단적 의지를 형성하면서 창조되는 것이다. 또한 그것은 그들이 경제적 요소들을 이해하고 평가하게 되면서, 그리고 그것들을 그들의 의지에 따라 통제하게 되면서 창조되는 것이며, 결국 이 집합적 의지가 경제의 추진력이 되고, 이 힘은 현실 그 자체를 형성하여 객관적 현실은 어느 방향으로든 또 어떤 방향으로든 길을 낼 수 있는 녹아 흐르는 용암 줄기와 같이 살아 있는, 숨쉬는 힘이 되는 것이다.

맑스는 그가 예견할 수 있을 만한 것을 예견했다. 그는 유럽의 전쟁을 예견할 수 없었고, 그것이 얼마나 오래 지속될지 또는 어떠한 영향을 끼칠지는 더더군다나 예견할 수 없었다. 그는 말할 수 없는 고통과 말할 수 없는 고난의 지난 삼 년 동안 이 전쟁이 러시아에서 민중적 집합의지를 일으키게 했음을 예견할 수 없었다. 사건의 정상적 경로에서, 그러한 집합 의지가 형성되기 위해서는 사회 전반을 통한 점진적 확산의 긴 과정이 필요했을 것이다. 광범위한 계급 경험이 필요하기 때문이다. 인간은 게으른 존재다. 그들은 먼저 외부적으로, 조합과 동맹들로 조직되어야 한다. 그리고 내부적으로, 그들의 생각 속에서, 의지 속에서, 중단 없는 연속과 다양한 외부적 자극 속에서 조직되어야 한다. 그리고 이것이, 사건의 정상적인 경로에서, 맑스주의의 역사적 비판주의의 정전들이 현실을 파악하고, 이를 붙들어 분석에 열어 놓는 데 성공적인 이유이다. 사건의 정상적인 경로에서, 자본주의 세계의 두 계급이 역사를 창조하는 것은 점진적으로 강화되는 계급투쟁을 통해서이다. 프롤레타리아트는 자신의 비천한 영락, 감내해야 하는 영속적인 박탈을 잘 알고 있고, 부르주아지가 그 조건들을 개선하도록 압력을 가한다. 프롤레타리아트는 투쟁에 돌입한다. 부르주아지가 생산 기술을 향상시키도록, 프롤레타리아트의 적어도 가장 긴급한 요구들을 충족시킬 수 있을 정도로 생산 효율성을 극대화하도록 강제한다. 그 결과는 생산 리듬을 가속화하는, 향상을 위한 인정사정 없는 경주, 그리고 사회에 유용한 재화 생산의 끊임없는 상승이다. 그것은 많은 이들을 뒤로 제치면서 경쟁주자로서 남기 위한 욕망이 무엇보다 중요해지는 경주이며, 여기서 대중은 계속해서 아귀다툼의 상태에 처하게 된다. 그리고 이러한 혼돈으로부터, 그들은 사고 속에서 일정한 질서를 발전시키게 되고, 그들 자신의 잠재력, 스스로 사회적 책임을 떠맡을 수 있는 고유한 능력을 점점 더 인식하게 되며, 그들 자신 운명의 결정자가 된다.

이 모든 것이 사건의 정상적 경로에서이다. 사건들이 일정한 리듬으로 반복될 때이다. 역사가 일련의 계기들을 통해서 발전하고 있을 때, 각 계기들이 그 전의 것과 비슷한 게 아니라 보다 더 복잡하고, 의미와 가치에 있어 더 풍부할 때이다. 하지만 러시아에서는 전쟁이 민중의 의지에 전기적 자극을 일으켰다. 그들이 최근 삼 년간 겪어 온 거대한 고통들의 결과로, 그들의 의지는 매우 급속히 하나가 되었다. 기근이 창궐했다. 배고픔, 기아가 모든 이들을 위협하고, 수백만의 인간을 일거에 짓뭉갤 것 같았다. 이러한 상황에서, 처음에는 순전히 기계적으로, 그리고 이어서 첫 번째 혁명 이후에는 역동적이고 의식적으로 민중의 의지는 하나가 되었다.

사회주의적 선전은 러시아 민중이 다른 프롤레타리아트들의 경험과 이어지도록 만들었다. 사회주의적 선전은 프롤레타리아트의 전체 역사를 드라마틱한 순간으로 살려내었다. 자본주의에 대항하는 프롤레타리아트의 투쟁, 그들을 그토록 비천하게 만들었던 노예의 사슬로부터 스스로를 완전히 해방시키기 위해, 그리고 세계의 새로운 양심이자 머지 않아 도래할 세계에 대한 오늘날의 증거가 되기 위해 벌여야 했던 장구한 일련의 노력들. 사회주의적 선전은 러시아 민중의 집합 의지를 주조해 냈다. 그렇다면 러시아 민중이 영국의 역사가 그대로 러시아에서 반복되기를, [다시 말해] 부르주아지가 형성되고 계급투쟁이 자동하기를── 그때야 계급의식이 생겨나고 자본주의 세계의 마지막 붕괴가 일어날 수 있을 테니까 ── 기다려야 할 이유가 도대체 무엇이란 말인가? 러시아 민중은 머리 속에서, 단지 몇몇 이들의 머리 속에서라도 이 모든 경험들을 거쳐왔다. 러시아는 이러한 경험들을 넘어 나아갔다. 러시아는 이제, 서구 세계의 생산력 수준을 짧은 시간에 따라잡기 위하여 서구 자본주의의 기술적 경험들을 활용할 것이듯이, 마찬가지로 이러한 경험들을 활용하여 자신 있게 나아가고 있다. 북아메리카는 자본주의 사회로서 영국보다 앞서 있다. 그것은 북아메리카의 앵글로색슨 정착자들이 영국이 장구한 진화를 통해 도달한 단계로부터 출발을 시작한 것과 마찬가지이다. 러시아 프롤레타리아트는 자신의 사회주의적 교육을 통해, 오늘날 영국이 도달해 있는 생산력의 최고 수준을 그 출발점으로 삼을 것이다. 왜냐하면 러시아 프롤레타리아트는 대등한 출발점으로부터, 즉 다른 곳에서 이미 완수된 것으로부터 그리고 그러한 이점을 갖는 출발점으로부터 시작해야만 하며, 그리하여 맑스가 집산주의의 필수적 전제조건이라 지칭한 경제적 성숙 수준에 도달하기 위한 추동력을 갖게 될 것이기 때문이다. 혁명가들은 그들의 이상을 온전히 그리고 완전히 실현하는 데 필수적인 조건을 스스로 창출할 것이다. 그리고 그들은 자본주의 체제가 들여야 하는 시간보다 훨씬 적은 시간에 그것들을 창출할 것이다. 사회주의자들이 부르주아 체제를 향해 가했던, 자원의 결핍과 낭비를 강조하는 비판들은 혁명가들이 그러한 종류의 낭비를 막고 똑같은 덫에 빠지지 않으면서 보다 잘해 나갈 수 있도록 해줄 것이다. 그 처음 단계에, 그것은 빈곤과 고통의 집산주의가 될 것이다. 그러나 부르주아 체제는 빈곤과 고통이라는 똑같은 조건을 물려주게 될 것이다. 자본주의는 러시아에서 집산주의가, 지금 당장의 시기에 할 수 있는 것 이상을 성취할 수 없을 것이다. 자본주의는 지금 당장의 시기에 훨씬 적은 성취밖에 할 수 없을 것이다. 불만스럽고 분노에 차 있는 프롤레타리아트에게, 타인을 위한 경제적 곤란이라는 그 모든 고통과 아픔을 겪어나가게 할 수 없을 터이기 때문이다. 절대적 관점, 즉 인간성이라는 관점에서 보더라도, 지금 시기 러시아에서 사회주의는 정당성을 갖는다. 평화로 인해 밀려들 고통은 프롤레타리아들이 이 고통이 가능한 짧은 시간에 끝낼 수 있는 권력이 그들의 의지 그리고 그들 작업에 대한 헌신에 있다고 느낄 때에만 참을 만한 것이기 때문이다.

혹자는 지금 시기 최대강령파가 거의 생물학적 필연성의 자생적 표현처럼 행동했다는 인상을 갖는다. 말하자면 그들은 거기 있어야 했다. 러시아 민중이 끔찍스러운 참화에 빠지지 않도록, 현재 자력 갱생이라는 엄청난 과업에 착수하고 있는 러시아 민중을 울부짖는 외부세계의 늑대들로부터 보호하도록, 그리고 러시아가 서로 갈가리 물어뜯는 야수들의 광대한 사지(死地)가 되지 않도록.

<아반티!>, 1917년 12월 24일

비판적 비판주의

클라우디오 트레베스(Claudio Treves)는 레온 마르토프(Leon Martov)[18]의 편지를 후대에 전하고 이탈리아 사회주의의 신세대들의 무지를 '경고'하려는 두 가지 목적에서 <크리티카 소치알레>[19] 최근호에 글 한 편을 발표했다.

" '신세대'는 '결정론을 주의주의(voluntarism)로 대체하고 노동자 세력의 변혁적 능력을 개인이나 집단의 영웅적인 혹은 히스테리적인 폭력으로 대체하는 방식으로 맑스의 교의를 받아들였다. 여기에는 열정적 주관주의의 분위기가 존재하며, 참주선동에 의한 최악의 왜곡이 아첨과 박수갈채를 받는 판이다."

'신세대'가 한탄스러우리만치 무지하다는 것은 확실하다. 그러나 그들이 '구세대(old guard)'에 비해 특히 무지하지는 않으며, 더구나 그들의 무지가 트레베스가 지적한 것과 같은 그런 무지는 결코 아니다. 예를 들어 '신세대'는 『공산당 선언』과 더불어 '비판적 비판주의(critical criticism)'에 대한 맑스와 엥겔스의 팜플렛[20]을 읽었고, 이 세상의 수많은 바우어들이 개념과 사실들을 환상적인 의사 - 철학적 혼합물이라는 잡동사니로 만들어 버리는 성향을 고치지 못했다는 것을 인상적으로 받아들였다. 또한 이들은 실증주의가 성행한 이후 유럽에서 출판된 서적들을 읽고 공부했으며, (대단한 발견은 아니지만) 맑스의 교의가 실증주의적 사회주의자들에 의해 불모화된 것이 결코 굉장한 문화적 발전은 아니었으며 어떤 실천적 발전 역시 아니었음을 발견했다.

그렇다면 사회 비판주의(Social Criticism)는 어떻게 비판적 비판주의의 최근판으로

---

18) [역주] 러시아 멘셰비키의 지도자.
19) [역주] PSI의 최소강령주의 분파의 지도자이던 필리포 투라티가 편집자로 있던 잡지. 개량적 사회주의자 트레베스는 이 잡지에 정기적으로 기고하면서 투라티의 가까운 협력자가 되었다.
20) [역주] 『신성가족 혹은 비판적 비판에 대한 비판 - 브루노 바우어와 그 일파에 반대하여』를 말함.

변하였는가? 그 이유는 이 문필가들이 <알게마이네 리터라투어차이퉁(*Allgemeine Literaturzeitung*, 종합문예신문)>의 기고자들인 브루노 바우어(Bruno Bauer), 파우셔(Faucher) 그리고 첼리가(Szeliga) 등의 글에서 맑스가 발견한 것과 똑같은 어리석은 짓을 저지르고 있다는 점이다. 즉, 브루노 바우어의 '자기의식'과 마찬가지로 트레베스는 현실적이고 살아 있으며 개별적인 인간 존재를 '결정론' 혹은 '변혁적 능력'과 같은 추상으로 대체하기 때문이다. 그리고, 트레베스는 자신의 고급 문화를 발휘하여, 인간의 의지, 집합적 행동, 그리고 이러한 행동에 의해 전개되는 사회 세력의 영역 완전히 바깥에서 결정론적으로 작동하는 추상적 도식, 일종의 자연법칙으로 맑스의 교의를 환원시켰기 때문이다. 트레베스에게는 이 법칙이 그 자체로, 역사의 이미 결정된 진보를 초래하는 것이며, 새로운 생산양식을 낳는 원동력이다.

이런 식으로 맑스의 교의는 프롤레타리아의 관성(慣性)의 교의로 변해 갔다. 주의주의가 실천(의미를 풍부하게 전달하지 못함에도 불구하고 우리 언어 능력의 제약 때문에 이 단어를 사용할 수밖에 없다)을 통해 부정된 것은 더 말할 필요도 없다. 주의주의는 단지 개량주의자들의 하찮은 교전(交戰)을 위해서나 존재할 뿐이었다. 그것은 속류적인 무엇으로 돼버렸다. 의지의 힘은 행정상의 타협, 조그만 승리를 의도하려는 힘으로 돼버렸다. 루타(Ruta)가 지적했듯이, 내일의 닭을 기다리는 대신 오늘의 달걀을 취하는 것이 더 낫다는 것이다. 문제의 알이 사실은 벼룩의 알이라 할지라도 말이다.

개종 작업은 포기되었다('개별적 인간'이란 말이 무슨 소용이던가?). 프롤레타리아트의 역사적 행동은 그것이 얼마나 효과적이었든간에 자본주의 경제의 발전 과정을 침해할 수 없었다. 개량주의자들의 관점에서조차 비판적 비판주의의 역할은 부정적인 것이었다. 관습적인 '벼룩알' 접근법을 통해 이는 이탈리아 프롤레타리아트 전체와 연관된 거대한 국민적 문제를 완전히 무시했다. 사회당이 자유무역에 입각한 강령을 들고 선거에 나섰던 1913년에 비판적 비판주의가 보호주의를 옹호하는 트레베스와 투라티의 두 편의 글을 실었다는 것이 망각돼선 안 된다.

가에타노 살베미니의 <우니타(*Unità*, 단결)>가 아니었다면, 트레베스는 아마 '신세대' 사회주의자들의 '세련됨의 부족'에 대해 말할 수 있었을런지도 모른다. 그러나 살베미니와 몬돌포21)(그리고 우리는 여기서 트레베스와 같은 경향에 속한 사람들에 대해서

---

21) [역주] 로돌포 몬돌포(Rodolfo Mondolfo)는 '철학적' 맑스와 보다 경험주의적 엥겔스를 연결하려 했던 이탈리아 사회주의 철학자이다. 몬돌포 역시 안토니오 라브리올라의 '실천철학'이라는 개념을 활용했지만, 관념론적 해석에 경도되었다는 점에서 그람시는 그에 대해 비판적이었다.

도 말하고 있다)는 무엇이 곧잘 비판적 비판주의의 소위 '세련됨'에 기반을 마련해 줌으로써 젊디젊은 사회주의자들조차도 'Very Well'[22]의 비난에 코웃음치게 만드는지를 폭로했다.

이에 따라, '신세대'는 '구세대' 전체가 아니라 비판적 비판주의의 칼럼들에 둥지를 튼 그 세대 일부를 받아들이는 것을 거부했던 것이다.

'신세대' 사회주의자들은 맑스의 본래 교의로 돌아가길 원하는 것으로 보인다. 맑스의 교의에서 개별 인간과 현실, 노동 수단과 의지는 서로 분리되는 것이 아니라 역사 활동 속에서 서로 융합되는 것이다. 따라서, 이들은 역사유물론의 규준들(canons)은 과거 사건들에 대한 연구와 이해의 수단으로서 사후적으로만 적용되어야지 현재와 미래에 짐으로 작용해서는 안 된다고 믿는다. 이들은 전쟁을 통해 역사유물론이 파괴된 것은 아니며 단지 역사적 행동의 정상적 환경이 변경되고 그런 정상적 환경 아래서라면 존재할 수 없었을 인간의 집합적 의지에 새로이 중요성이 부여된 것임에 틀림없다고 믿는다. 이러한 새로운 조건은 과거와 마찬가지로 경제적 요인이며, 생산 체계의 얼굴을 완전히 바꿔 놓았다. 프롤레타리아트를 교육하는 과정은 반드시 이러한 새로운 상황에 맞게 조정돼야 하며, 러시아에서 이러한 조정은 결국 독재에 이르렀다.

(트레베스의 경박한 아이러니의 표적인 레닌의 포고령은 실제로는 결코 임의적이지도 반(反)역사적이지도 않다. 이것들은, 서서히 부상하다가 이제 와서는 공고화되고 있는 새로운 입법 환경의 필연적 결과들이다. 이것들은 트레베스와 그의 의원단이 로마에서의 20년간의 의정 활동을 통해 이탈리아의 장관들에게 통과를 구걸하던 쓸모 없는 법률 및 포고령보다 훨씬 더 가치 있는 것들임에 틀림없다. 트레베스의 비판적 비판주의 — 경박한 아이러니 속에서 희열을 느끼며 브루노 바우어의 해남 출발불에서 보이는 철학적 위엄의 수준에는 결코 도달하지 못한 — 는 레닌의 포고령들이 가치 없는 것들이라고 천명했다. 이들 포고령이 [트레베스에게] 가치 있는 것들이 되기 위해서는 물론 지오반니 지올리티의 추인을 받아야 하며, 프롤레타리아트의 계급 행동, 계급 조직의 영향력이라기보다는 권력의 회랑에서의 타협과 책략의 결과물이어야 한다.)

인간의 의지에 관한 한 트레베스에게도 의지는 존재한다. 그러나 이는 공세적이기보다는 방어적인 것이며, 공개된 것이라기보다는 잠복해 숨어 있는 것이다. 트레베스에게

---

22) [역주] 'Very Well', 즉 프랑스어로 'trés bien'이 Treves와 발음이 비슷한 것에 착안한 말장난으로 보인다.

조차도 문화는 결코 진공 상태로 존재할 수 없다. 그에게도 귀가 있다면 그는 그 '문화'라는 말을 통해, 이미 맑스 이전에, 지오반니 바티스타 비코가 신의 섭리에 대한 믿음이 역사의 적극적인 힘이었으며 의식적 행동을 자극해 왔다고 말한 것을 상기하게 될 것이다. 신적 섭리에 대한 믿음조차 이런 방식으로 작동할 수 있다면, '결정론'에 대한 믿음 역시 러시아의 레닌에게나 세계 곳곳의 다른 이들에게나 동일한 효과를 낳을 수 있을 것이다.

<일 그리도 델 포폴로>, 1918년 1월 12일

사회주의와 경제 조직[23]

우리는 한 젊은 동지가 쓴 이 단편을 게재하려 하는데, 이는 이 글이 토리노 사회주의 운동의 한 주요 분파의 사고를 대변함을 그가 우리에게 설득력 있게 보여주었기 때문이다. 우리는 처음부터 우리가 이 글을 사상사 안에 혹은 사상 표현의 역사 안에 위치지으려는 어떤 시도를 행하고 있는 게 아니라는 점을 분명히 해야겠다. 우리는 이 글을 그 자체로서, 그리고 바로 그것의 문구들을 통해, 실제로 널리 공유되고 있을지도 모르며 특수한 태도를 결정하는 것일 수도 있을 신념들의 발현으로서 검토해야 한다.

일반적인 수준에서 우리는 R. F. 동지의 단언들 중 매우 많은 부분에 동의하지만, 우린 그가 자신의 특수한 관점이라는 측면에서, 그리고 그가 이로부터 추출한 결론들의 측면에서 오류를 저질렀다고 믿는다. 생디칼리스트 비평가들이 정치와 경제 사이에서, 유기체와 그것의 사회적 환경 사이에서 발견하는 분열은 우리에게는 역동적인 사회적 통일체를 보다 잘 연구하고 보다 잘 이해하기 위해 이를 잠정적으로 분할해야 한다는 적절으로 경험적이며 실천적인 필요성을 이론적으로 추상화한 것으로밖에는 여겨지지 않는다. 우리가 어떤 현상을 분석할 경우, 우리는 이 현상을 우리가 이 현상의 요소들이라고 부를 수 있는 무엇으로 환원할 필요가 있다. 이러한 요소들 각자는, 다른 국면들과는 구분되는 어느 한 국면에서 바라본, 다른 특수한 목적과는 구분되는 어느 한 특수한 목적에 맞추어진 시선으로 바라본 동일한 현상 외에는 진정 아무 것도 아니지만 말이다. 그러나 인간 그 자신과 마찬가지로 사회는 항상 환원될 수 없는 역사적, 관념적 실체로 남아 있으며, 이는 끊임없이 그 자신과 모순을 일으키며 그 자신을 지양하는 가운데

---

23) 그람시의 이 글은 R. F. 서명하의 한 단편에 덧붙여져 있는데, 이 글에서 저자는 '사회 유기체'와 '사회 환경'은 서로 구별되는 힘이며 '환경의 변혁을 통해 유기체를 교체하려는 시도는 괴물과 같은 모습으로 자신을 드러낸 바 있다'고 주장했다.

발전해 간다. 정치와 경제, 인간 환경과 사회 유기체는 동일한 무엇이며 항상 그러할 것이다. 그리고 이는 맑스주의의 위대한 장점들 중 하나로서 맑스주의는 이를 변증법적 통일로서 구체화해 왔다. 지금 우리가 마주하고 있는 것은 생디칼리스트들과 개량주의자들이 동일한 종류의 사고상의 오류를 통해 사회주의의 경험적 언어의 서로 다른 가지들을 특수화했다는 사실이다. 전자는 사회 활동의 통일된 전체로부터 한 차원 — 즉, '경제'라는 차원 — 을 독단적으로 추출했다. 또다른 자들은 똑같이 독단적으로 '정치'라는 차원을 뽑아 냈다. 생디칼리스트들은 자신들의 동업조합적 조직(professional organization)을 통해 화석화되어 버렸다. 사고상의 이러한 본래적 왜곡으로 인해 이들은 그릇된 정치와 이보다 더 그릇된 경제를 실천하게 되었다. 반면, 개량주의자들은 추상적인 의회적, 입법적 역할로 화석화되었고, 생디칼리스트들과 동일한 이유로, 그릇된 정치와 형편없는 경제를 실천하고 있다.

이러한 편향들을 벗어나서 혁명적 사회주의를 위한 기회와 필요가 태동하고 있다. 일체의 사회적 활동의 본래적 통일성을 회복시킬 수 있는 그런 사회주의; [불필요한] 수식어들 없이 정치와 경제를 실천할 수 있는 그런 사회주의; 그리고 자본주의와 프롤레타리아트 양자 모두의 자발적이고 속박되지 않으며 역사적으로 필연적인 에너지들의 자기의식이 발전하고 점차 성장하도록 도우며, 이를 통해 자본주의와 프롤레타리아트의 적대로부터 특권과 착취의 흔적도 남기지 않은 채 최후의 행동, 최후의 결전 가운데 이 모든 것들을 포괄할, 단순히 종결되고 완성된 수준을 넘어서는, 잠정적 합명제(syntheses)가 부상할 수 있게 될 그런 사회주의. 이러한 갈등적 사회 활동은 생디칼리스트들이 꿈꾸는 것과 같은 동업조합적 국가(a professional State)를 낳지는 않을 것이며, 개량주의자들이 꿈꾸는 것과 같이 생산과 분배를 독점하는 그런 국가를 낳지도 않을 것이다. 대신, 만인의, 만인을 위한 자유를 반영하는 그런 조직(an organization)이 존재하게 될 것이다. 이는 고정되고 미리 운명지어진 성격을 지니지는 않을 것이며, 오히려 그 어느 때보다도 더 개인들과 집단들의 필요들에 맞게 조율된 채 끊임없이 새로운 형태들, 새로운 관계들을 추구하여, 이에 따라 모든 이니셔티브들은 그것들이 유용한 것인 한 존중될 것이며 모든 자유들은 그것들이 특권에 의해 부여된 자유가 아닌 한 기꺼이 수호될 것이다. 이러한 이론적 숙고들은 현재 [실제] 체험의 열기를 통해, 즉 러시아혁명을 통해 시험을 겪고 있다. 지금까지 러시아혁명의 의의는, 자기 자신을 결정적인 것으로 세우고 혁명 과정을 폐색하며 이를 일종의 부르주아 체제로 치명적으로 후퇴시키는 것을 피하여, 사회주의에 대한 어떠한 정적인 인식도 종식시키려는 장대한 노력에 있었다. 만약 혁명이 일종의 부르주아 체제로 후퇴하고 이것이 자유주의적이고 자유방임주의적인 것에 공감을 보여 그런 성격을 지닌 것으로 판명될 경우, 이는 동업조합적 체제나 중앙집권화되고 국가숭배적인 체제에 역사주의적(historicist) 자격을 빌려주는 것으로 끝나 버릴 것이다.

따라서, 사회주의적 정치 활동이 사회주의자라고 자칭하는 사람들에 의해 실천된다고 해서 쉽게 방어될 수 있다고 단언하는 것은 옳지 못하다. 이는 그것을 실천하는 사람들에게 동일한 수식어가 부여되어 있다는 이유만으로 또다른 어떤 [사회적] 활동을 사람들에 의해 지칭되는 바로 그것이라고 하는 것과 똑같은 짓일 것이다.

우리는 그릇된 정치를 그것의 진짜 이름 — 협잡 — 으로 부르고, 협잡꾼들이 우릴 그럴듯하게 속여 우리로 하여금 우리 운동의 통합적이고 필수적인 일부를 이루는 그런 활동을 포기하도록 허용치 않는 것이 훨씬 나을 것이다. 더 나아가, 카우츠키가 예리하게 관찰한 대로, 정치 및 의회 혐오증은 쁘띠부르주아적 허약성일 뿐이다. 자신들의 바로 그 대표들(representatives)을 통제하려고 노력하길 원치 않는, 그리고 자신들이 그 대의원들(deputies)과 함께 하거나 혹은 그들 대의원들이 자신들과 확실히 함께 하도록 노력하길 원치 않는 게으른 이들의 허약성 말이다.

<일 그리도 델 포폴로>, 1918년 2월 9일

사회주의와 행동주의 철학

사상가들은, 다른 모든 이들과 마찬가지로, 사건들에 의해 유발된 열정들에 너무도 자주 넋을 빼앗긴다. 그리고, 당분간은, 그들이 사회주의와 노동자 운동에 대해 말해야만 했던 유일한 것은 자신들이 이론적으로 공허하고 역사적으로 병약하다는 것뿐이다. 하지만 한 젊은 철학자, 지우세페 사이타(Giuseppe Saitta) 교수는 「위대한 승리자("The Great Victor")」라는 제목의 그의 한 논설[24]에서 이러한 태도를 취하지 않는다. 사이타는 과거 몇 년간 사상 영역에서 그 어떤 이들보다도 많은 것을 생산해 낸 이탈리아 철학자인 지오반니 젠틸레(Giovanni Gentile)의 가장 뛰어난 제자들 중 한 명이다. 그의 철학 체계는 칼 맑스의 스승, 게오르그 헤겔에게서 그 최고 정점에 도달한 독일 관념론 전통의 가장 최근의 발전물이다. 이는 모든 초월론의 거부와, 역사와 함께 하는, 사고의 행동 —— 진리와 역사적 사실이 어떤 변증법적 전개를 통해 결합되는 장이 되고 따라서 결코 명확하고 완전할 수 없는 어떤 행동 —— 과 함께 하는 철학의 자기 확인으로 구성된다. 젠틸레는 맑스 철학에 대해 한 권의 책을 쓴 적이 있으며, 불과 며칠 전에는 국제연맹에 대한 견해를 제출하면서 명백히 맑스주의적인 개념들을 사용했다. 다음에 이어지는 내용은 사이타 교수가 사회주의에 대해 쓴 것이다. 이 기민한 언급들은 '행동주의' 철학 체계에 따라 이루어진 한 견해로서 파악될 수 있을 것이며, 이들 사상가들이 훌륭한 간행물들을 통해 사회주의 문헌을 풍요롭게 만들기로 결심할지도 모른다는 희망을 북돋는다. 이는 우리의 사고를 활성화시키고 더욱 명쾌하고 정확한 것으로 만드는 데 공헌할 것이다.

<일 그리도 델 포폴로>, 1918년 2월 9일

---

[24] <일 레스토 델 코를리노(*Il Resto del Corlino*)>, 1918년 2월 5일자.

도덕생활 클럽

1918년 3월 토리노

친애하는 선생님,[25]

저는 제 동료인 안드레아 빌롱고(Andrea Viglongo)가 당신의 팜플렛『교육의 개념(*The Concept of Education*)』[26]에 대해 <일 그리도 델 포폴로>에 투고한 글과 함께 이 편지를 띄웁니다. 그 단편의 우발적인 비일관성이나 부정확성은 그 젊은이가 독학자라는 사실에 의해 설명될 수 있을 것입니다. 저는 이탈리아 젊은이들의 정신적 향상을 위해 당신이 이룩한 공헌을 잘 알며 이를 존경합니다. 그것이 바로 제가, 우리 사회주의자들이 토리노에서 — 그렇습니다, 프롤레타리아적이고 패배주의적인 조야함과 어리석음으로 비난의 대상이 되고 있는 이 도시에서 말입니다 — 이루어 내려 시도하고 있는 대단치 않은 작업에 대해 당신께 말하기 위해 이 편지를 쓰는 이유입니다. 저는 당신이 그 선함과 온화한 마음 덕분에, 이미 풍토병이 되어 버린 부패의 전염병으로부터 벗어나 있을 줄로 믿습니다. 사회주의 프롤레타리아트가 전시에 수행해야 할 역할에 대한 우리의 의견 차이가 우리 사이의 존경을 지워 버릴 수는 없습니다.

토리노의 우리는 새로운 사회주의 문명의 출현에 반드시 동반되어야 할 원칙들과 도덕적 행동 원리들을 받아들이라고 민중에게 입으로만 권하는 것은 충분치 않다고 믿습니다. 우리는 우리의 권고를 조직화하고, 그러는 가운데, 결사체(association)의 새로운(이탈리아에게는) 모델들을 제공하려고 시도했습니다. 그리고 이에 따라 일종의 도덕생활 클럽[27]이 최근에 설립되었습니다. 이 클럽을 통해서 우리는 사회주의 정치, 경제

---

25) 이 편지는 지오반니 젠틸레의 추종자인 G. 롬바르도 라디체(G. Lombardo Radice)에게 보내는 것이다.
26) 이 팜플렛은 1916년 3월 16일에 발간되었다.

운동에 참여하는 젊은이들을 윤리적, 사회적 문제들에 대한 재미없는 토론에 참여하는 데 익숙하도록 만들려 했습니다. 우리는 이들이 연구하는 데, 즉 잘 짜여진 체계적 독서를 행하고 자신들의 신념을 선명하고 객관적인 방식으로 다지는 데 익숙해지도록 만들려 했습니다. 작업은 다음과 같이 나뉘어졌습니다. 저(연합[Association]의 창립자로서 산파의 역할이 제 몫이라 여기)는 젊은 사람들에게 숙제를 하나씩 내줍니다. 이는 교육에 대한 당신의 팜플렛일 수도 있고, 크로체의 『문화와 도덕 생활(Culture and Moral Life)』 혹은 살베미니의 『사회적, 교육적 문제들(Social and Educational Problems)』 혹은 역시 살베미니의 저작인 『프랑스혁명(The French Revolution)』이나 『문화와 세속성(Culture and Laicality)』의 한 장일 수도 있으며, 『공산당 선언』의 한 장 혹은 <라 크리티카(La Critica)>에 실린 크로체의 단편일 수도 있습니다. 최근의 관념론(Idealism) 운동의 영향을 반영하는 것이면 무엇이든 좋습니다. 학생들은 읽고 필기한 뒤, 그의 연구와 성찰의 결과들을 모임에서 발표합니다. 그런 다음에는, 누군가 — 청중들 중 준비된 누군가 혹은 그 자신 — 가 반대 견해를 표명하기 위해 개입하거나 다른 해결책을 제시하며 혹은 주어진 생각이나 주장의 보다 광범한 함의를 탐구합니다. 이런 방식으로 토론이 시작되고 이는 원칙적으로는 모든 참석자들이 이 집단 작업의 가장 중요한 결과들을 이해하고 흡수할 수 있을 때까지 계속됩니다. 이외에도 클럽은 각자의 일상 활동 — 가족 생활, 일 그리고 사회적 상호작용 — 에 대해 성원들이 서로 통제하는 것의 완전한 수락을 그 목표들 중 하나로 가집니다. 우린 각 성원들이 공개 고해(confession)를 행하고 그의 벗들의 충고와 인도를 받아들일 수 있는 용기와 도덕적 에너지를 지니길 바랍니다. 우리는 신뢰의 상호적 유대, 즉 우리를 단결시키는 지적, 도덕적 친교를 이루어 내길 원합니다.

빌롱고의 글은 클럽 모임의 성과물입니다. 빌롱고는 17살이며 점원으로 일합니다. 그는 기술 훈련을 통해 낮은 수준의 학력만을 획득했습니다. <일 그리도 델 포폴로>는 그의 다른 단편들, 크로체의 『신앙과 강령들(Faith and Programmes)』에 대한 연구와 크로체의 『세속적 민족주의(Sensual Nationalism)』에 대한 또다른 연구를 실은 바 있습니다. 빌롱고는 최근 살베미니의 저작들을 다루는 첫 기회로서 남부문제(Southern

---

27) 도덕생활클럽(Club di vita morale)은 그람시와 카를로 보카르도(Carlo Boccardo), 아틸리오 카베나(Attilio Cavena), 안드레아 빌롱고에 의해 1917년이 끝나갈 무렵 창립되었으며, 주로 빌롱고의 집에서 개최되었다. 이는 1918년 3월에, 보카르도, 카베나, 빌롱고가 소집영장을 받게 되자 해산되었다.

Question)에 대한 또다른 연구 작업을 행하고 있습니다.

　저는 당신이 모든 새로운 교육학적(pedagogic) 발전에 두루 관심을 기울인다는 것을 잘 알고 있으며, 만약 당신이 우리가 엄청난 적들에 대항하여 수립하고 발전시키려 투쟁하고 있는 우리의 이러한 계획에 대하여 당신의 의견을 보내 주신다면 이것이 저에게는 큰 기쁨이 되리라는 것 역시 분명합니다. 참여하고 있는 젊은이들은 모두 노동자들입니다. 토리노의 사회주의는 성격상 뚜렷이 노동계급적이며, 우리의 얼마 안 되는 학생들은 군복무의 압박을 받고 있지 않습니다. 우리와 함께 작업하는 젊은이들이 비록 지적이고 의지에 넘친다고는 하나, 우리는 가장 단순하고 가장 초보적인 것부터, 즉 언어 그 자체로부터 시작해야만 하는 상태입니다. 저의 제안들 중의 간극들을 채울 계획을 스케치해 주는 것과 같은 약간의 충고로 제게 도움을 주실 수 있겠습니까? 아니면 제가 빠져들어가 있을지도 모를 오류들을 지적해 주시든지요, 저는 매우 감사할 것이며, 당신의 도움의 말들은 저의 젊은 벗들에게 그들의 노력을 유지하고 배가할 새로운 에너지를 줄 것입니다.

당신의 충직한 벗, 안토니오 그람시
코르소 시카르디(*Corso Siccardi*), 12 - 토리노

우리의 맑스

우리는 맑스주의자인가? 맑스주의 같은 게 존재하긴 하는 것인가? 어리석음이여, 불멸하는 것은 그대뿐일진저. 맑스 탄생 100주년이 가까워 오면서 앞으로 며칠 동안 아마도 위와 같은 질문들이 다시 제기될 것이고, 이에 대한 대답 가운데 잉크와 시시한 짓거리의 강물도 넘쳐 날 것이다. 공허한 수다와 논점 없는 딴죽 걸기는 인류의 뗄래야 뗄 수 없는 유산의 일부다. 맑스는 몇 가지의 세련된 작은 교의를 썼댔던 것이 아니다. 그는, 정언명령들과 도전받을 수 없는 절대적 규범들의 무게로 축 늘어진, 시간과 공간이라는 범주 바깥에 존재하는 일련의 도덕적 설교들을 우리에게 남겨 준 어떤 메시아가 아니다. 그의 유일한 정언명령, 유일한 규범은 "세계의 노동자들이여, 단결하라!"뿐이다. 따라서, 이 의무를 조직화하고 선전함으로써 세력들을 조직화하고 결합시킨다는 의무에 대한 인정이 바로 맑스주의자들을 비맑스주의자들과 구별지어 주는 무엇이다. 이는 너무 무거운 규정이면서 또한 너무 가벼운 규정이다. 가령, 이런 식이라면, 어느 누가 맑스주의자가 아니겠는가?

하지만 이게 바로 맑스주의자를 정의하는 방식이다. 누구든 얼마간은 자신이 맑스주의자인지 알지 못하는 맑스주의자이다. 맑스는 한 명의 위대한 인간이었고 세상에서의 그의 활동은 성과들을 낳았는데, 이는 그가 무에서 유를 창조했다거나 아니면 역사의 어떤 독창적(original) 비전을 불러냈기 때문이 아니라 이전에 파편화되고 불완전하며 미성숙한 상태로 존재했던 것을 뭔가 성숙하고 체계적이며 자기의식적인 것으로 전환시켰기 때문이다. 게다가, 그의 고유한 개인적 의식은 만인의 의식이 될 가능성을 지니고 있으며, 이미 많은 이들의 의식이 되어 있다. 이 때문에, 맑스는 한 명의 학자일 뿐 아니라 행동의 인간이기도 하다. 그는 그의 사상만큼이나 그 행동의 측면에서도 위대하며 생산적이다. 그의 책들은 그것들이 우리의 사고방식을 변혁시킨 꼭 그만큼 세계를 변혁시켜 왔다.

맑스는 인류 역사로, 의식의 왕국으로 나아가는 지성의 출현을 의미한다.

그의 저작들이 나타난 때는 토마스 칼라일(Thomas Carlyle)과 허버트 스펜서(Herbert Spencer) 사이에서 역사 속에서의 인간의 역할을 놓고 대논쟁이 벌어지던 바로 그때였다.

칼라일 : 완전함과 신성함이라는 황당무계한 세상에서 미지의 무상(無常)한 목표를 향해 인류의 운명을 이끄는 영웅, 위대한 개인, 정신적인 종교공동체(communion)의 신비로운 합명제.
스펜서 : 자연, 진화, 기계적이고 정적인 추상. 인간은 즉자적으로 추상화된 어떤 법칙에 복종하는, 자연 유기체 내의 한 원자에 불과하지만, 개인들, 즉 즉자적인 효용의 견지에서는 역사적으로 구체화된다.

맑스는 거인의 굳건한 자세로 역사 안에 자신을 분명히 세워 둔다. 즉, 신비론자도, 실증주의적 형이상학자도 아닌 역사가, 과거 문헌들 — 그것들의 선택적 일부가 아니라 그것들 모두 — 의 해석자로서 말이다.

활용가능한 일부 선택적 문헌들만을 검토하고 숙고하는 것, 이는 인간 사건들에 다가가는 모든 역사가들, 모든 연구자들의 본질적인 결함이었다. 그리고 이러한 선택은 역사의 의지에 의해서가 아니라 당파적 편견의 결과로서 이루어졌는데, 이러한 당파적 편견은 그것이 이미 무의식적이며 어떠한 그릇된 신념(bad faith)도 함축하지 않게 된 때에조차 여전히 편견일 뿐이었다. 역사 연구는 진실, 정확성, 과거에 대한 안전한 비전 등이 아니라 특수한 활동의 부각이나 미리 전제된 명제의 확인을 그 목표로 삼았다. 역사는 관념들만이 지배하는 영역이었다. 인간은 순전한 정신, 순전한 의식으로만 간주되었다. 이러한 인식으로부터 두 가지 잘못된 결론들이 추출되었다. 즉, 역사 연구가 예증의 대상으로 삼은 명제들은 빈번히 단지 독단적이고 허구적이기만 한 것들이었고, 역사 연구를 통해 중요성을 부여받은 사실들은 역사가 아니라 일화였다. 만약 역사 — 세계라는 의미를 진정으로 살린 역사 — 가 쓰여진 적이 있다면, 이는 그 어떤 체계적, 의식적 과학 활동 덕분이 아니라 고립된 개인들의 천재적 직관 덕분이었다.

맑스에게도 역사는 관념들의, 정신의, 개인들의 의식적 활동의 — 이들 중 하나로든 아니면 이 모두의 화합으로든 — 영역으로 남았다. 그러나 관념들, 정신은 실체

(substance)를 갖추고 독단적 성격을 탈각한다. 즉, 이것들은 더 이상 허구적이거나 종교적, 혹은 사회학적인 추상들이 아니다. 이것들의 실체는 경제에, 실천 활동에, 생산 및 교환의 체계들, 관계들에 자리한다. 사건으로서의 역사는 전반적으로 실천 활동(경제적이고 도덕적인)으로 이루어진다. 어떤 관념도 그 순수한 형태를 통해 진리와 논리적 일치를 이룬다고 해서, 그 순수한 형태를 통해 인간성과 그런 일치를 이룬다고 해서 실현되는 것은 아니다(관념은 하나의 기획으로서만, 인간의 일반적인 윤리적 목적으로서만 존재한다). 관념들은 이것들이 경제적 현실에서 정당화될 때 — 그리고 자신을 주장할 수단들을 지니게 될 때 — 에 실현되는 것이다. 한 민족, 한 사회, 한 사회적 집단의 역사적 목표들을 정확히 확립하기 위해서 알아야 할 가장 중요한 것은 그 민족, 그 사회에 만연한 생산 및 교환의 체계들, 관계들이 무엇인가 하는 점이다. 이러한 지식이 없을지라도 우린 문화사에 유용할 수도 있을 협애한 특수 전공 논문들, 박사학위 논문들은 쓸 수 있겠지만, 역사를 쓸 수는 없을 것이며, 실천 활동은 간결하면서도 견실하게 자신의 모습을 드러내지 않을 것이다.

우상들은 제단에서 끌어내려지고 있고 신들을 둘러싼 향의 연기는 엷어지고 있다. 인간은 객관 현실에 대한 새로운 자각을 획득해 가는 중이다. 그는 세상 만사를 지배하는 비밀들에 통달해 가는 중이다. 인간은 자기 자신을 인식하는 과정에 있다. 즉, 만약 필연성에 대한 복종을 통해, 필연성에 대한 복종에 자신을 길들임을 통해, 필연성을 자신의 고유한 목표들과 동일시함을 통해 인간이 필연성 자체를 지배할 수 있게 될 경우 그의 개별적 의지가 어느 정도의 가치를 지니게 될 수 있을지를, 얼마나 강력하게 될 수 있을지를 인식하는 과정에 있는 것이다. 자신이 누구인지를 진정으로 아는 이는 누구인가? 그것은 인간 일반이 아니라 필연성의 멍에에 종속되어 있는 인간이다. 역사의 실체에 대한 추구를 통해, 생산 및 교환 체계들과 관계들에 내재한 실체를 식별하는 과정을 통해 우린 사회가 두 개의 계급으로 나뉘어져 있음을 발견할 수 있게 된다. 생산 수단을 소유한 계급은 이미 필연적으로 자기 자신을 인식하며 자신의 권력과 사명에 대해 일정한 자각 — 비록 혼란되고 파편화된 것이라 할지라도 — 을 지니고 있다. 이 계급은 자신만의 독자적 목표들을 지니고 있으며, 자신의 앞길이 기근으로 쓰러져 간 시체들로 차 있는지 아니면 전사자들로 차 있는지 상관하지도 않은 채 냉정하고 객관적으로 그 고유한 능력을 조직화함을 통해 자신을 실현한다.

역사적 우발성 속의 현실 법칙의 입증은 오직 또다른 계급에게만 하나의 계시로서의 성격을 띤다. 이는 목자 없는 이 커다란 양떼에게 질서의 원칙으로 다가온다. 양떼는 자기 자신에 대한 의식, 자신이 수행해야 할 과제에 대한 의식을 획득하게 되고, 일단 그렇게 되면 이 또다른 계급은 자신을 주장하게 될 수도 있다. 행동 수단을 소유하기 전에는, 변덕이 의지로 전환되기 전에는, 자신의 독자적 목표들이 순전히 독단적이며 그저 말뿐인 공허하고 허황된 변덕으로 남게 되리란 걸 이 계급은 자각하게 된다.

주의주의(voluntarism)? 이 말은 아무 것도 의미하지 않거나, 그렇지 않으면 독단적 의지라는 뜻으로 사용된다. 의지는, 맑스주의적 의미에서는 목표들에 대한 의식을 뜻하며, 역으로 이는 자신만의 힘에 대한 정확한 개념과 이를 행동으로 표현할 수단을 지니는 것을 내포한다. 따라서 이는 무엇보다도 이 계급이 독특하며 독자적인 존재가 되어야 함을 의미한다. 즉, 이 계급은 다른 계급으로부터 독립된 자주적 정치 생활을 획득해야 하며, 편향이나 주저 없이 규율 있는 견실한 방식으로 자신만의 특별한 목표들을 향해 그 활동을 조직화해야 한다는 것이다. 이는 신선한 푸른 풀밭과 상호 존중 및 사랑의 달콤한 선언들을 자랑하는 즐거운 형제애의 푸르른 목초지로의 우회로 없이 궁극적 목표를 향해 곧은 직행로로 나아가는 것을 의미한다.

그러나 '맑스주의적 의미에서'라는 문구는 쓸데없는 것이다. 사실 이는 오해와, 더 나아가 비현실적인 의미 유추를 초래할 수 있는 문구이다. '맑스주의자들', '맑스주의적 의미에서' … 이런 말들은 수많은 사람들의 손을 거쳐간 동전들만큼이나 닳아 헤진 것들이다.

우리에게 칼 맑스는 도덕적, 정신적 생활의 거장이지 지팡이를 휘두르는 목자는 아니다. 그는 정신적으로 게으른 자들을 때려 깨우는 이이며, 반쯤 잠들어 있기에 선의의 전투를 위해 자각돼야 할 훌륭한 에너지들을 깨워 일으키는 자이다. 그는, 관념들의 저 선명함과 통합성을 달성하기 위해, 그리고 만일 우리가 추상틀에 대해 헛되이 이야기를 늘어놓길 원치 않을 경우 필요한 저 건실한 문화를 달성하기 위해 필요로 하는 강렬하고 끈질긴 성격의 작업에 대한 한 사례이다. 그는 의식적이며 사색적인 인간[이라는 건축물]의 한 벽돌조각이다. 말하면서 자신의 혀를 살피거나 심장의 떨림을 느끼기 위해 가슴에 손을 얹거나 하지 않으며 현실을 그 본질에서부터 포괄함으로써 이를 지배하는, 즉 민중의 심성에 침투하여 편견의 생장을 분쇄하고 관념들을 일정하게 명징화하며 도덕적 성격을 강화하는, 견고한 논법(syllogism)을 건설하는 그런 사람인 것이다.

우리에게 칼 맑스는 자신의 요람에서 훌쩍대는 어린 아기도 아니고 신에 대한 두려움을 성소 관리인에게 맡기는 수염 난 어른도 아니다. 그는 그의 전기 속의 단편적 일화들을 통해서는, 또는 인간 동물이라는 그의 외적 자기 제스처 — 빛나는 것이든 거친

1부 우리의 맑스 117

것이든 — 를 통해서는 발견될 수 없다. 그는 거대하고 청명한, 사고하는 두뇌이다. 사물의 현상과 그 미래에 대한 자각을 획득하고자 하는, 역사의 신비한 리듬을 파악하고자 하며 자신을 둘러싼 신비를 일소하고자 하는, 우리의 생각과 우리의 행동들을 통해 더욱 강력해지고자 하는 인류의 오래되고 고된 투쟁 중의 한 개인적 국면이다. 그는, 만약 맑스 자신이 태어나고 사고하고 자신의 열정들과 관념들, 불운들과 이상들의 충돌로부터 불꽃을 점화하지 않았다면 지금의 모습으로는 되지 못했을, 우리 인간 정신의 필수적이고 통합적인 일부이다.

칼 맑스의 탄생일을 맞아 그를 예찬하면서, 국제 프롤레타리아트는 [실은] 자기 자신을 예찬하고 있는 것이다. 즉, 자신들의 모든 노고와 희생에 영광을 부여할 최후의 결전을 준비하면서, 이미 특권의 지배를 허물어뜨리고 있는 프롤레타리아트의 자기의식적 힘과 그 승리의 정신의 역동성을 예찬하고 있는 것이다.

<일 그리도 델 포폴로>, 1918년 5월 4일

계급 비타협성과 이탈리아 역사

<라 스탐파>는 '사회주의[운동]의 균열'에 관해 두 개의 글을 더 발표했다. <라 스탐파>는 이러한 측면들의 순전히 '문화적'이고 시사적인 특성을 주장하고 있다. 얼마나 대단한 무관심인가! 이탈리아 국민을 깨우치고 교육한다는 이 욕망은 얼마나 순진하고 세상물정 모르는 것인지! 그러나 이 점을 강조하지는 말자. 실질적인 쟁점들, 즉 우리 당내의 비타협파와 상대주의파 사이에서 벌어지고 있는 작금의 논란에 대해 관심을 보이는 각 정당들의 태도가 정치 정세와 이탈리아 역사에 초래할지도 모를 현실적 결과들에 집중하자.

어떠한 의도를 위해서든, 어떠한 목적을 위해서든 <라 스탐파>는 [사회당의] 원내 그룹을 지지하기에 이르렀다. 지올리티 추종자들을 특징짓는 저 모든 간교한 능란함을 통해 비타협파를 향한 공세가 솜씨좋게 실행되고 있다. <라 스탐파>의 글들은 한 '동조자'에 의해 쓰여졌는데, 이는 이 신문의 프롤레타리아 독자들로 하여금 그들의 비판적 [시야의] 보호막을 해체하게 만드는 데 매우 편리한 것이다. 이 글들은 맑스주의의 비판적 언어에 숙달한 재능 있는 인물, 즉 관념론 철학의 최신의 발전을 통해 개념들을 구별하고 면밀히 검토하는 고난도 기술에 능란한 고급 문화의 인물에 의해 쓰여졌다. 사물들과 가치들의 자연스러운 논리에 따라 이 '동조자'는 타협주의자들의 이론가가 되어 있다. 지금까지 발표된 세 개의 글들은, 앞으로 신문지상에도 나타날 테지만 보다 빈번히는 사적인 대화에서 상대주의 명제를 지지하는 방식으로 등장하곤 하는 논쟁상의 모티브들, 추론들, 논리적 공식들로 가득 찬 것이었다.

이 때문에 우린 전체 논의를 면밀한 비판적 탐구에 극도로 한정시키는 게 필요하리라 생각한다. 이는 불행히도 일정한 시간을 요구할 테지만, 마지막까지 우릴 좇아올 선의의 독자들이라면 이것이 가치 있는 방식임을 깨닫게 될 것이다. 그리고 <아반티!>의 편집자들과 협조주의자들 사이의 논쟁이 의회 전술과 당 규율에 대한 사소한 말다툼 훨씬 이상의 무엇임을, 사실 이는 이탈리아 국가의 형태와 앞으로 이십 년간의 이탈리아 역사가 달려 있는 강고한 투쟁의 서막임을 깨닫게 될 것이다.

논쟁의 핵심(<라 스탐파>가 상대주의자의 입을 빌려 제시한 언급에 따르면)은 다음과 같다.

참전주의 당들이 점차 국가기구의 모든 권력과 메커니즘들을 장악하면서 이들을 직, 간접적으로 조절, 통제하고 있다. 게다가 이들은 국가 권력에 대한 이러한 통제, 저희들 편으로의 국가 권력의 점진적 '병합(annexation)'으로부터 — 이들이 국가 조직을 자신들의 당 조직과 동일시하게 되는 정도로까지 — 이득을 챙기고 있는데, 이는 노동계급의 정치적 무기, 즉 사회당을 약화시키고 탈구시키며 결국에는 무력하게 만들기 위해서이다.

이것이 바로 타협주의자들이 주장하는 방식이고 <라 스탐파>가 이에 박수를 보내는 방식이다. 왜인가? '병합주의' 현상의 최초의, 그리고 유일한 희생자가 지올리티이기 때문이며, '병합주의' 현상이 새로운 형태의 이탈리아 정부, 즉 모든 부르주아 정당들이 동등하게 취급되며 어떤 당도 기득권을 누리지 못하는 상황하에서 한 계급 국가를 전제하는 그런 정부의 출범을 나타내기 때문이다. 이는 이러저러한 당의 선의의 결과가 아니라 사건들의 냉혹한 논리의 산물로서 태동한 민주적 시대의 개시를 나타낸다. 지올리티의 배타적인 집권의 권리는 침식되었다. 그는 다른 당이 기대했던 것보다 더 오래 권좌에서 버텼고 이제는 그 지위를 공고히 하길 추구하고 있다. 비슷한 경우에, 역사의 논리는 다음과 같은 최적의 결과를 낳은 바 있다(영국의 정당사는 이 지점에서 하나의 전례가 되어 준다). 즉, 두 개의 비슷하게 강력한 정당들 사이의 치열한 경쟁이라는 압박 하에서, 이들 두 정당은 상대방의 우세를 두려워하게 되고 이에 따라 국가는 거추장스러운 역할 부담을 떨쳐 버리며 행정은 탈집중화되고 관료 독재는 약화되며 권좌는 무소속의 차지가 된다. 국가는 그 봉건적, 전제적, 군국주의적 성격을 상실하고 당 지도자의 독재가 가능하게 되는 그런 방식으로 자신을 재구축하는데, 왜냐하면 권력 교체의 가능성이 항상 존재하기 때문이다. 나라의 정치적, 경제적 힘들에 가장 본질적인 것을 대변하는 자라면 누구나 권력을 차지할 수 있는 것이다. 이것이 이 나라에 초래하는 결과는, 자신들이 향유하는 비정상적 특권이 유일한 존재 이유이며 정치에서부터 경제

활동의 장에 이르기까지 자신들의 행로를 스스로 갉아먹고 있는 사회의 기생적 부문들의 병적인 확장이 아니라, 나라의 경제적 활동으로부터 비롯되는 자연적, 자생적 에너지들의 능동적인 고양이다.

계급, 국가, 정당들

사회주의적 관점에서 국가는 무엇을 의미하는가? 국가는 부르주아 계급의 경제적-정치적 조직이다. 국가는 부르주아 계급의 현실적, 구체적인 표현이다. 부르주아 계급은 국가 바깥에서는 결코 통일된 전체가 아니다. 자유 경쟁의 원칙과 실행의 결과로서, 새로운 자본주의 생산자 집단들이 끊임없이 형성되어 체제의 경제적 능력을 완수한다. 이들 각각의 집단은 독점의 강요를 통해 경쟁이라는 난폭한 전투에서 벗어나고 싶어한다. 국가의 기능은 부르주아 계급 내의 분쟁과 적대적인 이해들 사이의 마찰에 대해 사법적인 해결을 찾아내는 것이다. 서로 다른 집단들을 통일시키고 전체 부르주아 계급의 대외적 이미지를 투사하기 위해서 말이다. 정부, 국가 권력은 다양한 집단들 사이의 경합이 집중되는 장이다. 정부는 가장 강력한 부르주아 집단을 위한 포상이다. 그 힘의 미덕에 따라, 후자는 자신들의 경제적, 정치적 강령들에 따라서 국가 권력을 조절하고 이를 특수한 목표를 향해 돌리며 실제 제 마음대로 조작할 수 있는 권리를 획득한다.

부르주아 정당들과 사회당은 국가에 대해 완전히 다른 태도를 지닌다. 부르주아 정당들은 특정한 생산자 범주들을 위한 대변인이거나 아니면 국가의 실제 구조에는 미미한 영향도 미치지 못하면서 연설대 주변에서 윙윙거리거나 국가 발표문의 단 꿀을 핥아대는 한 떼의 '마부 등 위의 파리(coachman-flies)'[28]일 뿐이다.

사회당은 분파적 조직이 아니라 계급적 조직이다. 사회당의 지형학(morphology)은 다른 정당의 그것과는 전혀 다르다. 당이 대등한 적대자를 발견할 수 있는 것은 오직 국가, 즉 부르주아 계급 권력의 전체 복합체 안에서뿐이다. 사회당은 자기 자신을 파괴하지 않고는 직접적으로든 간접적으로든 국가 장악을 위한 경합에 참여할 수 없다. 즉, 당의 본성을 잃고 프롤레타리아트의 역사적 활동과는 소원한 순전한 정치 분파가 되지 않고서는, 블라망즈(blancmange)[29] 사발에 달려들었다가 결국 거기에 달라붙어 불명예

---

28) [영역자주] 이는 라 퐁텐느의 우화 "Le coche et la mouche"(*Fables*, VII, 8)를 언급하는 것이다. 한 마리 파리가 마부의 등에 앉아서는, 마차가 언덕을 오르는 것은 자신의 노고 덕분이라고 생각한다는 게 이 우화의 내용이다.
29) [역주] 럼주 등의 향료를 첨가한 푸딩.

스러운 죽음을 맞이하고 마는 한 떼의 '마부 등 위의 파리'로 변화하지 않고서는 말이다.

사회당은 국가를 장악하지 않는다. 당은 이를 대체한다. 당은 체제를 대체하고 정당 정부를 폐지하며 자유 경쟁을 생산 및 교육의 조직화로 교체한다.

이탈리아는 계급 국가를 지니고 있는가?

토론들과 논쟁들의 와중에서, 역사 현실은 그것에 내리먹여지는 말들에 의해 너무도 빈번히 애매하게 되어 버리곤 한다. 이탈리아에 대해 이야기할 때 우린 '자본가들', '프롤레타리아트', '국가' 혹은 '정당들' 같은 말들을 사용하면서 마치 이 말들이, 경제적 선진 국가들에서처럼, 그 역사적 성숙의 최정상, 혹은 적어도 고도의 성숙성에 이미 도달하거나 한 것처럼 생각한다. 그러나 이탈리아에서 자본주의는 유아 상태에 있고, 법률은 실제 상황에 결코 들어맞지 않는다. [이탈리아에서] 법률은 낡은 체제에 대한 현대적 이상 생성물[사마귀와 같은](excrescence)이다. 이는 경제 진보가 아니라 국제적인 정치적 모방 과정의 산물이다. 이는 노동 수단상의 진보가 아닌 법체계의 지적인 진보의 성과이다.

지우세페 프레졸리니는 최근 '민주주의'에 대한 논쟁과 관련하여 이에 주의를 기울였다. 민주적 제도라는 표피의 이면에서 이탈리아 국가는 독재적(despotic) 국가의 내용과 구조를 유지해 왔다(프랑스에 대해서도 이와 같이 이야기할 수 있다). 전제적인 나폴레옹적 체계에 기반하여 어떠한 자생적 충동이나 운동이든 분쇄, 억제하기 위해 설계된 관료적이고 중앙집권적인 체제가 존재하는 것이다. 외교 사안들은 최고의 비밀 상태에서 다루어진다. 단지 논의들이 공개되지 않는 것뿐만 아니라 조약의 실제 문구들조차 그것의 영향을 받는 이들에게 비밀로 남는 것이다. 군대는 경력에 기반해 작동된다(적어도 전쟁이 이 한물간 체계를 날려 버리기 전까지는 말이다). 즉, 이는 무장한 국민(the nation in arms)으로서의 군대가 아니었다. 또한 국가에 의해 재정 지원을 받고 후원되는 국교(國敎)가 존재한다. 교회와 국가의 분리, 모든 종교의 평등은 존재하지 않는다. 학교들은 교사가 아주 부족하거나 아니면 제한된 빈곤층에서 충원된 교사들(쥐꼬리만 한 봉급이라는 조건하에서)에 전적으로 의존하고 있으며, 이들 교사들은 국민을 교육한다는 과제를 수행할 능력이 없다. 보통선거권은 바로 지난 선거 때까지도 제한되어 있었고 지금도 국민으로 하여금 자신의 의지를 표현할 수 있도록 만든다는 것과는 거리가 멀다. 자본주의 부르주아지의 핵심 원리인 자유 경쟁은 아직도 국민 생활의 가장 중요한 활동들에 영향을 끼치지 못하고 있다. 이에 따라 우리는, 정치 형태들이 어떠한 실제적 영향력도 결여하고 아무런 성과도 낳지 못하는 가운데 단순히 독단적인 상부구조로만 나타나는 그런 지형을 지니게 된다. 권좌는 여전히 혼란에 빠져 있고 상호의존적이며, 농업 및 산업 부르주아지에 의해 조직화된 거대 정당들은 존재하지 않는다. (의회는 행정 권력에 실질적으로 종속되어 있다. 즉, 이는 실질적인 통제의 능력을 결여하고 있다. 의원들은, 법이라는 규칙을 제정하기 위해서라기보다는 마치 완전한 봉건 체제에서처럼 특수한 특권들을 청원하기 위해서 수도로 몰려드는 지역 농민 집단들 혹은 제 3신분의 사환에 불과하다.)

따라서 전체 생산자 범주들의 거대한 이해를 대변하는 대규모 정당들이 서로 권력을 교체하는 등 자유 기업의 원리가 그 효과 면에서 최정상에 도달한 그런 계급 국가는 이탈리아에 존재하지 않는다. 지금까지 존재해 온 것은 한 사람, 즉 이탈리아의 통일을 유지하기 위해 이 나라에 식민지 지배의 중앙집권적이고 독재적인 체계를 강요한, 피에몬테 지역의 제한된 정치적 이해의 대변자[지올리티]의 독재이다. 이 체계는 산산이 부서지고 있다. 새로운 부르주아 세력들이 등장하여 자신들을 공고히 했다. 이들은 자신들을 주장하고 발전시킬 가능성을 얻기 위해 자신들의 이해에 대한 인정을 요구하고 있다. 참전주의는 수동주의(passivism)와 마찬가지로 우발적인 현상일 뿐이다. 전쟁이 영원히 계속되지는 않을 것이기 때문이다. 미래의 붕괴를 위협받고 있는 것은 독재적인 지올리티적 국가와, 이 낡은 국가에 각인된 기생적 이해에 연루된 대중 전체이다. 정부 내에 자기 자리를 요구하며 정치적 경쟁이라는 자유로운 경기의 일부이길 요구하는 부르주아 신세대의 이러한 발효로 인해 자신들의 철옹성 같은 특권들이 위협받고 있다고 느끼는 것은 바로 부르주아지의 낡고 쇠퇴한 층인 것이다. 이러한 진보가 어떤 새로운 사건에 의해 간섭받지 않는다면, 이러한 새로운 부르주아 조류가 국가를 다시 젊어지게 하고 모든 전통의 부스러기들을 쓸어버리리라는 데는 의심의 여지가 없다. 왜냐하면, 민주적 국가란 친절한 마음이나 자유주의적 교육의 산물이 아니라 대규모 생산, 집약적 교환, 현대적, 자본주의적 도시로의 인구 집중의 세계 안에 존재하는 삶의 기본적 필요이기 때문이다.

공표되지 않은 약속[30]

---

30) [저자주] 오늘(5월 17일)자로 게재된 네 번째 글에서 <라 스탐파>는 평화를 위한 협력의 가능성

역사적 상황이 처해 있는 맥락은 다음과 같다. 지올리티 집단은 형식적 자유의 쇼를 공연하면서 실제로는 엠마누엘레 필리베르토(Emanuele Filiberto)31)의 기억을 흠모하는 독재적 국가를 공고히 했다. 이 집단의 지배 및 독재의 무기는 이제 적대적 집단의 수중에 넘어갔다(이들 모두 정치적 혹은 경제적 구조를 결여하고 있기 때문에 우린 둘 다 당이라고 부르지는 않는다). 이 후자는 기대했던 것보다 더 오래 이를 장악했고, 이제는 이를 활용, 자신들의 목적에 맞게 주형하여 이전의 주인들을 향해 칼날을 되돌리고 있다. 만약 이 투쟁이 분파적 이해를 지닌 부르주아 집단들간의 그것으로 남는다면, 새로운 자유주의적 국가가 두 진영 사이의 격렬한 충돌로부터 부상할 것이다. 정당 정부의 시대가 등장할 것이다. 즉, 거대 정당들이 형성될 것이고, 작은 불협화음들은 보다 고도의 이해에 흡수되어 사라질 것이다.

지올리티파는 이러한 충돌을 피하고 싶을 것이다. 이들은, 이 나라의 정치적 분위기를 불편하리만큼 높은 수준으로 격상시킬 수 있는 거대한 제도적 강령들을 놓고 투쟁하고 싶은 욕망을 지니고 있지 않다. 이 나라가 또다른 [정치적] 과열을 견딜 수 있는 여지가 얼마나 적은지, 그리고 이러한 충격이 프롤레타리아트에게 어떤 영향을 줄 수 있을지에 대해서 신(부르주아지의 신)[즉, 지올리티]은 잘 알고 있다. 지올리티파는 충돌을 피하고 싶어하며, 자신들을 몰아대고 있는 문제들에 대해 의회 내에서의 해결책을 발견하고 싶어한다. 달리 말하면, 이들은 모든 중요한 문제를 최소화하면서 이 나라에서 정치 사안들을 배제하고 여론에 대한 어떠한 참조도 회피하는 자신들의 전통을 견지하고 있는 것이다. 지올리티파는 소수파의 처지에 있다. 그리고 한번 보라! 사이렌들(sirens)32)은 이 나라를 관성으로부터 벗어나 행동하게 만들기 위해 자유, 의회의 통제, 협력

을 공공연히 거론했다. <라 스탐파>는 때가 무르익을 때까지는 이 논의가 유보되어야 한다는 견해다. 우린 반대로 우리 당의 민주적 당헌 하에서는 당 광역 지부들(federations)과 지역 지부들이 다른 쟁점들에 대해서와 마찬가지로 평화문제에 대해서도 즉각적이고 철저한 토론에 참여하고 비타협적 계급투쟁이라는 굳건하고 결의에 찬 정치노선을 당에 유포하는 것이 필수적이라고 믿는다. 우린 우리 자신이 부주의하고 분열된 상태에 머물도록 허용해선 안 되는데, 왜냐하면 이는 원내 그룹으로 하여금 당 안에 혼란의 씨를 뿌리고 그들 자신을 사이비-권력으로 격상시키도록 만들 것이기 때문이다. 가장 어마어마한 허수아비들의 행진(marché des dupes)이 벌어지게 될 것이고, 당은 앞으로 이십 년간 절멸하게 될 것인 데 반해 '현실주의적' 원내 세력들이 승리를 거두게 될 것이다. …

31) [역주] 16세기 후반, 피에몬테를 통치한 인물. 프랑스와 스페인이 이탈리아를 둘러싸고 격렬하게 대립하던 시기에 피에몬테의 주권을 유지하고, 황폐해진 국가를 재건하였다.

32) [역주] 아름다운 노래소리로 근처를 지나는 뱃사람을 유혹하여 파선시켰다는 바다의 요정. 여기서

의 필요에 대하여 감상적인 가락을 노래하고 있는데, 사회당 의원들은 나비를 좇아 사라져 버렸다.

그리고 또한 <라 스탐파>가 어떻게 하여, 원내의 프롤레타리아트 대표들이 불행하게도 결여하고 있는 바로 저 생기넘치는 새 문화를 그릇된 동기를 위해 자리매김하는 '동조자'의 글을 도와주게 되는지를 한번 보라. 이 글은 저들이 목도하면서도 인식조차 하지 못하는 어떤 '현실주의', 일종의 '맑스주의적 헤겔주의'를 저들에게 대여한다. 어떤 식으로 비타협파들이 신비주의적 몽상가로, 공허한 추상들로 — '강화조약 후에 노동자들이 참호에서 돌아오면 의식적 의지와 사회주의 쟁취의 정치적 능력으로 충만해 있을 것'이라는 단순하고 근거 없는 가정들에 순전히 의존하고 있는 듯이 보이는 이들의 생각을 근거로, 심지어는 어리석은 자들로서 — 표현되고 있는지를 한번 보라. 비타협파들은 정신적, 정치적 관성으로 표현되고 있다. 즉, 여기에 프롤레타리아트가 스스로 쟁취할 수 있는 진전된 입장에 대한 암시가 존재하는 것이다.

은폐된 주장이 이 주장 전체에 오만하면서도 유혹적으로 충만해 있다. 이는 겉으로 표현되지 않았고 그래서 더욱 매혹적이지만, 건조하고 신경질적인 문장들을 은폐된 확장적 함의로 채우고 있다. 원내의 합의를 짜깁기하여 전쟁도 해결할 수 있고 평화 문제도 해결할 수 있다는 주장이 교활하게 제기되고 있다. 이러한 감추어진 모티브가 바로 주요 주제이다. 이런 방식으로 — 다른 무엇보다도 바로 이런 방식으로 — 지적인 방향상실 상태가 프롤레타리아트 내에서 창출될 수 있으며 이러한 비판적 계급의식의 둔화가 결국 당 지도부를 압박하게 되리라는 것이, 그리고 이런 방식으로, 잘하면 연합에 대한 열정적인 혹은 최소한 체념적인 동의를, 아니면 최소한 의원단을 당 규율의 구속으로부터 잠정적으로 자유롭게 해주는 결과를 낳을 수 있으리라는 것이 이들의 희망이다. 중요한 것은 의회에서의 행동, 즉 지올리티파에게 권력을 안겨 줄 투표이다. 이런 방식으로 프롤레타리아트의 직접적 개입은 제거될 것이다. 러시아의 사례와, 민중의 분노의 거센 파도에 쓸려 버린 반(反)짜르주의 부르주아지의 비참한 운명은 이들 민주적 촌뜨기들, 국가의 보물 창고를 남몰래 갉아먹고 때투성이 걸인 무리에게 비누나 적선하는 수사들 마냥, 대수롭지 않은 법률과 선의를 나누어주는 데 익숙한 저들 기생충들의 소심한 영혼을 공포에 떨게 만들고 있다.

는 <라 스탐파>를 의미한다.

현실주의와 경험주의

<라 스탐파>가 상대주의자들에게 돌리는 관점은 그때마다 이론적 견지에서조차 유치하다. 협력주의자들은 우발적 이유들을 통해서든 논리적 난도질을 통해서든 정당화될 수 없다. 협력주의는 역사적이면서 또한 논리적인 오류이다.

협력주의자들의 현실주의란 순전한 경험주의일 뿐이다. 이것과 비타협성과의 관계는 외과의를 겸하는 이발사와 아우구스토 무리(Augusto Murri)[33]의 관계와 같다.

> "역사는", <라 스탐파>에 따르면, "어떻게 하여 두 사회적 명제들 — 계급적 반명제 — 사이의 모순이 항상 합명제를 통해, 즉 과거 상태의 일부가 항상 소외되고 미래의 상태가 점차 혼융되는 식으로 해결됨으로써, 점진적 변형을 통해 유토피아가 실현되며 그 계획을 통해 그에 상응하게 새로운 사회적 조건을 표출하는지를 예증한다."

역사가 이를 예증한다는 것은 충분히 진실이지만, 이는 '합명제', '미래의 상태'가 항상 어떤 계약을 통해 이미 예전에 결정되어 버린다는 것을 보여주는 것은 아니다. 역사적 합명제를 예견한다는 것은 유아적인 변덕일 뿐이다. 계급들 사이의 계약 체결을 통해 미래를 저당잡히는 것은 역사에 대한 날카로운 이해가 아니라 단지 경험주의일 뿐이다. 우린 지난주 <일 그리도 델 포폴로>에서 동일한 논점을 보다 단순하게 제기한 바 있다.

> 매일, 우리의 최대 요구들(유토피아)의 일부가 성취된다(미래의 상태). 그러나 역사는 수학적 계산이 아니기 때문에 이 일부는 선험적으로 결정될 수 없다. 성취되는 그 일부는 사회적 활동과 최대 목표들 사이의 지속적인 상호작용의 변증법적인 결과이다. 이러한 최대 목표들이 비타협적 수단들에 의해 추구될 경우에만 변증법은 유아적인 변덕의 변증법이 아닌 역사의 변증법이 될 수 있다. 즉, 이 경우에만, 파멸, 정정되어야 할 필요가 있는 오류가 아니라 견실한 성취가 될 수 있는 것이다.

이를 더욱 단순하게 표현한다면, 비타협파와 상대주의파 모두, 불꽃을 얻으려면 강철에 대고 부싯돌을 두들겨야 한다고 말하고 있다. 그러나 비타협파가 둘을 함께 부딪치는 데서 시작하는 것에 대해서만 말하고 있는 데 반해, 상대주의파는 "가만있어 봐, 내

---

[33] 아우구스토 무리는 당대의 저명한 외과의사이다.

주머니 안에 불꽃이 있어"라고 말한다. 그는 성냥을 켜고는 말한다. "자, 봐. 여기에 네가 돌을 부딪혀서 만들었어야 했을 불꽃이 있어. 그러니까 우린 더 이상 돌들을 부딪힐 필요가 없는 거야." 그리고 그는 담뱃불을 붙인다. 그러나 누가 이런 측은한 속임수 마술을 역사에 대한 헤겔주의적 이해나 맑스주의 사상이라고 받아들이겠는가?

프롤레타리아트의 역할

프롤레타리아 계급의 조직인 사회당이 그 본래적 가치를 상실하고 한 떼의 '마부 등위의 파리'가 되지 않고서는 정권 경쟁에 뛰어들 수 없는 것처럼, 이는 장난질을 치지 않고서는 —— 파멸되고 정정되어야 할 필요가 있을 사이비 발전들을 낳지 않고서는 —— 어떠한 조직된 부르주아 원내 그룹들과도 협력할 수 없는 것이다. 계급협력이 불러들이는 정치적 혼돈은, 단순히 국가 자체에 버티고 서 있는 것만으로는 만족하지 않으며 국가에 적대적인 정당조차 활용하길 원하는 부르주아 정당의 단속적 확장에 기인한다. 이런 식으로 정당은 송장같은 잡종, 의지도 독특한 목적도 상실한 역사적 괴물이 되고, 국가의 점유에만 관심을 기울이며 그 국가의 녹이 되어 버린다. 국가에 대한 행동은 그 실체는 결코 건드려지지 않은 채 단순한 합법성들로만, 분쟁들을 형식적 수준에 자리매김하는 것으로만 제한된다. 국가는 네 개의 작은 바퀴 위에 맘모스처럼 흔들거리는 낡은 나무 더미를 실은 집시 포장마차가 된다.

만약 프롤레타리아트의 집행 기관이라는 지위를 유지하고 공고히 하길 바란다면 사회당은 가장 격렬한 비타협성의 수단을 스스로 자각하고는 만인으로 하여금 이를 존중하도록 만들어야 한다. 그리고 부르주아 정당들은, 만일 그들이 외부의 어떠한 도움 없이도 정부를 구성하길 바란다면, 국민들과 집촉하여 이들을 발전시키고 사신들의 분파적 말다툼을 때려치우며 스스로를 독특한 정치적, 경제적 구조로 벼려 내야 할 것이다. 만약 이들이 그러길 원치 않는다면, 어떠한 정당도 자신의 두 발로 설 능력이 없기 때문에 영속적이고 위험천만한 위기가 초래될 것이며, 굳건하게 단결한 프롤레타리아트가 이 와중에 자신의 부상과 진보를 촉진할 수 있게 될 것이다.

비타협성은 타인들로 하여금 움직이고 행동하도록 만들기 때문에 결코 관성이 아니다. 이는 <라 스탐파>가 영악하게 암시하는 것처럼, 어리석은 가정들에 기반하지는 않는다. 이는 원칙 있는 정책, 즉 사회의 자본주의적 진보의 촉진자로서 —— 부르주아 생산 및 정치의 혼돈을 분명히 하고, 현대 국가로 하여금 낡은 사회들이라는 모태의 파멸 이후에도 잔존하면서 역사의 행로를 여전히 가로막고 있는 봉건적 제도들의 해체자라는 그 국민적 사명을 추구하도록 강제하는 대자적 행위자(a reagent)로서—그 혁명적 사명을 의식하고 있는 프롤레타리아트의 정책이다.

비타협성은 계급투쟁이 표출될 수 있는 유일한 방식이다. 우리가 지닌 유일한 증거가 말해 주는 바는, 역사가 창출, 발전시키고 있는 것은 견실하고 내용 있는 가치들이지 속담 속의 물과 기름처럼 서로 운명을 함께 하는 명제 측과 반명제 측의 상호합의에 의해 요리되는 '특권적이며' 독단적인 '합명제'는 아니라는 것이다.

자본주의 사회의 최고의 법칙은 모든 사회 세력들 사이의 자유 경쟁이다. 장사꾼들은 시장을 놓고 경합하고, 부르주아 집단들은 정권을 놓고 경합하며, 두 계급은 국가를 놓고 경합한다. 장사꾼들은 보호주의적 법률이라는 수단을 통해 독점을 이루려 한다. 각각의 부르주아 집단들은 정권을 독점하고 정권 경쟁의 바깥에 속박되어 있는 계급의 에너지들을 바로 자신들의 이해를 위해 전유하고자 한다. 비타협파는 자유무역주의자들이다. 이들은—설탕산업에서든 철강산업에서든 혹은 정부 안에서든—세습의원직을 바라지 않는다. 자유의 법칙은 구속 없이 작동되어야 한다. 이는 부르주아 활동에 내재한 본성이다. 자신들의 기간 활동가들을 끊임없이 용해하면서 그들 자신을 향상시키고 완벽하게 만들도록 이들 활동가들을 벼리는 것은 화학적인 수준에서의 대자적 행위자(reagent)이다. 위대한 앵글로-색슨 부르주아지는 자유 경쟁의 이러한 무자비한 수행을 통해 작금의 그들의 생산 능력을 획득했다. 영국 국가는, 종국에는 위대한 역사적 정당, 즉 자유당과 보수당을 구성한 부르주아 사회 세력들의 자유로운 충돌을 통해 발전을 이루어 왔고 그 불건전한 요소들을 축출해 왔다. 프롤레타리아트는 이러한 갈등으로부터 간접적인 이득을 얻어 값싼 빵, 법률과 관습에 의한 일련의 내용 있는 권리 보장—집회의 권리, 파업의 권리, 그리고 이탈리아에서는 황당무계한 신화로 남아 있는 개인의 안전—을 획득했다.

계급투쟁은 유아적인 변덕이나 주의주의적인 행동이 아니다. 이는 체제의 기본적 필연성이다. 니코틴 중독의 몽상가들이 꿈꾸는 미리 세워진 합명제를 통해 너무나 독단적으로 그 분명한 행로를 방해하는 것은 유아적 오류이며 역사적 견지에서 치명적인 손실이다. 현재 정권을 잡고 있는 비지올리티파 정당들은 (약소국 지배계급들의 정치적 능력에 대해서 이미 많은 것을 폭로한, 우발적인 현상인 전쟁이라는 사실은 논외로 하고) 지오반니 지올리티가 독재의 도구로 써먹기 위해 영속화시킨 봉건적, 군국주의적, 독재적 국가를 해체한다는 과제를 무의식적으로 수행하고 있다. 지올리티파는 자신들의 독점이 손아귀에서 빠져나가는 것을 느낄 수 있을 것이다. 그렇다면, 그들이 신[즉, 지올리티]을 위해 계속 나아가도록 놔두자, 그들이 투쟁하도록 놔두자, 그들이 심판을 위해 국민들을 소집하도록 놔두자. 그러나, 이들은 결코 프롤레타리아트로 하여금 자신들을 위해 움직이도록 만들고 싶어하지 않으며, 그보다는 사회당 의원들의 표에 의지하는 것을 더욱 선호한다.

그러니까 비타협성은 관성이다, 이 말인가? 그러나 운동은 단순히 물질적인 움직임만은 아니다. 이는 또한 지적인 것이다. 실제로, 물질적일 수 있기 이전에, 운동은 항상 지적이어야만 한다. 인형들의 경우를 제외한다면 말이다. 프롤레타리아트로부터 계급의식을 떼어내 보라, 그러면 무엇이 남는가? 한 짐의 인형들! 이제 저들이 움직이는 지 한번 보라!

<일 그리도 델 포폴로>, 1918년 5월 18일

코카인

모골 클럽(Mogol club)이 다시 문을 열고 손님을 받도록 허가를 받았는가? 필자는 이를 확인할 기회도 없었고 그러고 싶은 호기심도 없었다. 그러나 암묵적인 양보가 이루어졌다 하더라도 이는 필자에겐 놀라운 일도 아니다.

모골 클럽은 경찰서장의 명령에 따라 폐쇄됐다. 젊은이들이 코카인에 취하기 위해 일과 후에 그곳에 모이곤 했던 것이다. 모골 클럽은 왜 폐쇄됐는가? 이 클럽이 영업허가 시간 외에도 손님을 받아들였기 때문인가, 아니면 손님들이 거기서 코카인에 취하곤 했기 때문인가? 경찰은 이들 가난하고 불쌍한 치들의 이름도, 이들에게 독극물을 팔곤 한 약사의 이름도 공개하지 않았다. 이는 위의 사실 그 자체는 당국의 눈으로 볼 때 범죄를 구성하지는 않는다는 것을, 이들의 이름이 사회의 안녕을 위협하는 자들로서 공개적으로 거명될 만큼 중요한 범죄자의 그것도 아니란 것을 의미한다.

제대로 된 신문들은 일말의 도덕주의를 보여주었다. 이들 중 하나는 이탈리아에서는 코카인 중독이 불법이 아님을 곧 깨달았고, 그 사실에 우려를 나타냈다. 또다른 신문은 문제의 무뢰한들에게 조국이 전시 상태이며 이들의 형제들이 참호에서 고통받고 있음을 상기시키면서 약간 즉흥적인 설교를 요리해 냈고, 그 밖의 유사한 도덕적 선동은 이들이 표현하는 허풍과 어리석음으로 인해 납 동전만큼이나 둔중하게 울어댔다.

토리노에서와 마찬가지로 로마와 볼로냐에서도 마약 상습자들이 '발견'되었다(!) 그리고 전국 곳곳에서 똑같은 격식 차린 문구들이 나타났다. 쯧쯧. 당신은 악덕에 대항하는 법을 만들어 이를 제거할 수는 없다. 분명히, 악덕은 현대 문명의 필수적인 부산물이다! …

그리고 이것이 문명을 자신의 토대로 삼고 있다면 사실 이는 다른 종류의 문명은 제외한 순전히 피상적인 문명의 경우에만 그러한 것이다. 이런 종류의 썩은 쓰레기, 즉 아무런 목적도, 도덕도, 역사도 없는 민중이 생산되는 것은 너무나 당연한 일이다. 대다수 민중에게 삶은 무엇으로 구성되는가? 순전한 동물성, 감각적 즐거움, 신경과 근육의 기계적 움직임. 왜 코카인에 취하지 않겠는가? 오히려 필자는 파괴적 즐거움의 비탈길에서 실족하는 사람들이 겨우 그만큼밖에 안 된다는 것이 오히려 놀랍다. 악덕이 더 이상 확산되지 않은 이유는 도덕적 의무감 때문이 아니라 무관심, 전적으로 동물적인 무관심 때문이다. 코카인 상습자들은 단지 더 참지 못해서 그럴 뿐이며, 이 현상은 단지 5백 명이 아닌 50만의 모르핀 중독자들이 존재하는 것이 문제라는 것과 같은 차원에서만 심각한 문제일 따름이다.

심층의 이유는 도덕적 목적의 결여임이 분명하다. 그러나 부르주아지 중 어느 누가 도덕적 목적을 지닐 수 있겠는가? 아마 그가 영웅이라면 모르겠지만, 평균적 부르주아지는 결코 영웅적이지 않다. 일, 활동이 부르주아지의 구성원들을 데카당스로부터 구해주지만, 이 계급의 상당한 수의 개인들은 일을 전혀 하지 않는다. 즉, 이들은 하루 24시간을 어떻게 하면 유용하게 채울 수 있을지를 알지 못하는 것이다. 베네데토 크로체는 하루 8시간을 그의 책상 앞에서 보내는 유일한 백만장자임에 틀림없다. 하지만 다른 이들은 경마장이나 해안가 휴양, 몬테카를로[도박장], 루치아노 주콜리(Luciano Zuccoli)34)의 소설들, 그리고 코카인을 더 선호한다. 이들을 구원해 줄 수 있는 유일한 것은 감각과 탐욕의 단조로움 — 다른 말로 하면, 인간의 동물성의 평균 수준 이하로 떨어지는 것 — 뿐이다.

도덕적 목적들을 구축하는 것이, 학교 벤치에서 이들에게 온화한 심성을 주입시키는 것이 가능한 일인가? 그러나 학교는 사회의 한 연속이며 사회 속에서의 삶은 선한 영감 시아네보가 피노키오에게 이야기해 주곤 한 소박한 도덕적 이야기들 속에서의 삶과는 다른 무엇이다. 일은 도덕적 충동들을 부여하는 유일한 것이다. 이는, 우리의 삶에 어떤 의미를 부여할 수 있는 정신적 본질들이 녹아드는 도가니이다. 대부분의 도덕적 충동들은 즉자적이다. 이것들 중 그 무엇이 보다 일반적인 다른 무언가로 전화되는 것은 오직 이것들이 서로 연결되었을 때뿐이다. 조국, 가족, 인류, 선, 정의, 이런 것들이 실현되려면, 이들은 고된 일과 희생을 요구하면서도 만족과 기쁨을 주는 일상의 과정들, 지루한 활동들 속에서 거듭 되풀이하여 실천될 필요가 있다. 이러한 말들은 잉크로 채워져야 할 종이로, 어깨에 들어올려져야 할 짐으로, 작동시켜야 할 도구나 기계로 바뀌어야 한

---

34) [역주] 루치아노 주콜리(1868~1929). 이탈리아의 소설가로 *L'amore de Loredana* 등을 발표함.

다. 도덕성은 단지 가장 사소한 행동을 가장 위대한 목적에 연결짓는 데 있으며, 이를 통해서 이러한 작고 하찮은 행동들을 실천하는 것이, 이러한 행동들의 끝없는 말잔치를 매일 이야기하는 것이 절실히 필요한 것으로 된다. 그렇지 않다면 코카인에 취하거나 공허한 말들에 취하는 것 외에는, 즉 육체적 환각이나 머리 한 쪽을 콕콕 쪼는 말벌 같은 말들 — 조국, 인류, 민중, 정의 … 같은 말 — 의 정신적 환각 외에는 아무 것도 존재하지 않을 것이다.

대부분의 민중은 그것이 교회로 자칭하든 당으로 자칭하든 일정한 조직 바깥에 존재하지 않으며, 도덕성은 그것이 실현되는 장인 특수하고 자생적인 어떤 기관 없이 존재하지 못한다. 부르주아지는 생산과 관련된 영역에서뿐만 아니라 정신이 관련된 영역에서도 혼돈의 국면을 이룬다. 이들은 교회, 즉 권위적 도덕 생활의 조직을 파괴했지만, 우리 나라에서 이들은 청교도주의와 [정치] 클럽 열풍을 거치지 못했다. 자유주의적인 양식의 결사체는 댄스 클럽과 만돌린 동호회 이상의 것을 낳지 못했고, 이제 우리는 마약중독 친우들의 작은 모임들을 개시하고 있는 것이다. 부르주아 결사체들은 이들의 의무가 아니라 목적으로서 기쁨을 누린다. 이들의 목적은 일하고 난 뒤의 육체를 일정한 지적 활동과의 균형을 통해 회복하는 어떤 방식을 발견하려는 것이라기보다는 일을 통해 피로해지지 않은 신경을 흥분시키는 것이다.

코카인 복용은 부르주아적 진보, 즉 자본주의가 진보하고 있다는 것의 한 지표이다. 이는 전적으로 무책임하고 미래에 대한 아무런 걱정도, 어떠한 곤란과 가책도 지니지 않은 범주의 사람들을 만들어 낸다. 이러한 개인들은 해로운 것인가? 아니다. 사회 — 그 안에서 하나는 모두이고 모두는 하나인 — 는 부르주아의 것이 아니기 때문이다. 이들은 전혀 해롭지 않다. 이들의 이름은 공개되지 않을 것이고, 약사는 훈방조치될 것이며, 모골 클럽은 영업을 재개할 것이다. 운명을 거슬러 발길질을 해봐야 무슨 소용이 있겠는가?

<아반티!>, 1918년 5월 21일

축구와 스코포네

　이탈리아인들은 썩 멋진 스포츠맨들은 아니다. 이들은 스포츠보다는 스코포네(Scopone)35)를 더 좋아한다. 확 트인 대기 중에 있기보다는 카페의 도박굴 같은 곳에 파묻혀 있기를 더 좋아한다. 움직이는 것보다는 탁자 주위에 늘어서 있기를 더 좋아한다.
　축구 게임을 들여다보자. 이는 개인주의적 사회의 한 모델이다. 이는 이니셔티브[창의적 능력]를 요구하지만, 그것은 규칙의 틀 안에서 유지되는 것이다. 개인들은 위계적으로 차별화되어 있지만, 이러한 위계적 차별화는 그들의 이전 경력보다는 특별한 능력들에 기반한 것이다. 여기에는 운동, 경쟁, 갈등이 존재하지만, 이것들은 불문(不文)의 규칙 ─ 공정한 경기의 규칙, 심판의 현존이 그 존재를 끊임없이 일깨우는 그런 규칙 ─ 에 의해 조절된다. 트인 공간, 자유로이 순환하는 공기, 건강한 폐, 강한 근육, 이런 것들이 행동을 위해 준비되어 있다.
　스코포네 게임. 숨막힘, 담배 연기, 인공 조명. 아우성. 탁자와 그리고 빈번히 상대편의 … 혹은 같은 편이 얼굴을 내리치는 주먹들. 탈선한 두뇌노동(!) 상호 불신. 비밀 외교, 표시된 카드, 다리나 발가락을 사용한 떳떳치 못한 전략들. 규칙? 존중받아야 할 규칙이 어디에 있겠는가? 규칙은 장소에 따라 다르다. 이는 서로 다른 다양한 전통에 따른다. 즉, 이는 저항과 말다툼의 끊임없는 원천이다.
　스코포네 게임은 빈번히 바닥에 뻗은 시체들, 두개골 골절로 끝나기 마련이다. 아무도 축구 게임이 이런 식으로 끝난다는 것에 대해서는 들어본 적이 분명 없을 것이다.
　이런 주변적인 인간 활동들 속에서조차 우리는 서로 다른 국가들의 경제적-정치적 구조의 반영을 볼 수 있다. 스포츠는 자본주의 체제의 경제적 개인주의가 생활 양식

---

35) [영역자주] 이탈리아에서 널리 행해지는 카드 게임.

전반을 변형시킨 그런 사회에서의 대중 활동이며, 따라서 경제적, 정치적 자유가 정신의 자유 및 반대자에 대한 관용을 동반한다.

스코포네는 경제적으로, 정치적으로, 그리고 정신적으로 후진적인 나라들의 특징적인 스포츠 형태로서, 이러한 나라들에서는 경찰 밀정, 사복 경찰, 익명의 투서, 무능력과 경력 보따리상의 숭배(그에 걸맞게 정치인들에게 금전을 상납하고 특혜를 베푸는)가 시민 생활의 특징적 형태를 이룬다.

스포츠를 즐기는 나라들에서는 '페어 플레이'의 개념이 정치에도 이어진다.

스코포네는 자유 토론 석상에서 감히 자신에게 반박했다는 이유로 노동자들을 해고시키는 그런 종류의 신사들을 만들어 낸다.36)

<아반티!>, 1918년 8월 27일

---

36) [영역자주] 이는 이전의 글(「일하던 중에 벌어진 사건("Accident at Work")」 8월 24일자)에서 상술되었던 한 일화를 언급하는 것이다. 그 일화는 이렇다. 한 노동자가 한 고객의 초청으로 어떤 정치 토론에 참석했다. 그는 이 고객의 집에서 일하고 있었는데, 고객의 반(反)사회주의적 관점에 의문을 제기했다는 이유로 고객의 요청에 따라 해고되었던 것이다.

문화적 시적 신비

"… 그리고 저자가 과학과 영광스러운 학파에 대항하면서 자신의 알맹이를 챙기려는 것은 헛수고이다." 『노동자 방어(*Difesa delle Lavoratrici*)』에 수록된 시의 이 구절을 통해 크리스티나 바치(Cristina Bacci) 동지는 이 구절을 '실증주의 학파에 대한 반대운동을 벌이면서 인류를 반(反)계몽주의로 돌아가게 하려는 목적을 지닌 레옹 도데(Léon Daudet)를 지지하는 작가들 중 한 사람'에 대한 주석이라고 설명했다.

크리스티나 바치 동지가 '실증주의 학파'를 반대하는 그 많은 사람들 중에 지도자 격으로 레옹 도데를 지목하고 그들이 인류를 반계몽주의로 돌아가게 하려 한다고 본 이유는 무엇인가? 문화적 신비이다. 바치는 도데를 잘 알지도 못하며 도데가 공동 편집자(다른 편집자는 샤를 모라[Charles Maurras]이다)로 있는 <악시옹 프랑세즈(*Action Française*, 프랑스 행동)>의 사상에 대해서도 잘 알지 못한다.37)

도데는 가톨릭을 실천하고 있지만 동시에 실증주의자이기도 하다. 도데와 모라에 의해 제시된 민족주의적이고 군주제적 교의는 진적으로 <악시옹 프랑세즈>에 의해 해석된 철학 혹은 소위 철학이라 불리우는 실증주의에 기반을 둔 것이다. 물론 그들에게 있어 최후의 위대한 철학자는 프랑스의 '진정한' 민족정신이라 불리는 오귀스트 콩트이다(그들은 베르그송에 대한 냉혹한 적개심을 가지고 있고 신문의 다양한 칼럼에서 할

---

37) [역주] <악시옹 프랑세즈>는 1899년 드레퓌스 사건을 계기로 조직된 단체이자 같은 이름의 기관지로 1930년대를 절정으로 2차 대전 종전까지 프랑스의 정치와 문학에 많은 영향을 끼쳤다. 작가 알퐁스 도데의 아들이자 공화국과 민주주의에 대한 격렬한 비판가였던 레옹 도데(1867~1942)와 복고적 문학가인 샤를 모라(1868~1952)는 <악시옹 프랑세즈>의 공동편집자로 전통적 왕정, 가톨릭주의, 대독(對獨) 강경책을 핵심으로 하는 '통합적 민족주의(integral nationalism)'를 주창하고, 의회제 민주주의를 폭력(이성을 위한 폭력)으로 타도하라고 역설했다. 1932년부터는 파시즘을 지지했다.

수 있다면 꼭 비웃고 넘어간다). 반면 최후의 가장 위대한 역사가는 이폴리트 텐느 (Hyppolite Taine)[38]이다. 이 둘은 '실증주의 학파'의 창시자이다.

이러한 현상을 어떻게 설명할 수 있을까? 사실 하나도 이상할 게 없다. 실증적이고 실험적인 과학모델의 연속선이자 논리적 구조화를 유지해야만 하는 실증주의는 스스로를 존재와 지식의 교의로 바꾸기로 결정했다. 실증주의는 자신의 본질을 배반하면서 형이상학, 즉 신비적 교의가 되고 있다. 인간의 정신과 알려지지 않은 신—인간의 정신을 초월하고 있지만 인간 정신이 추구하는 신, 원죄가 없으며 그래서 천국과 창조주의 지식에 동참하는 기쁨으로 승화할 가치가 있게 되는 신—이라는 가톨릭의 이원론은 동일한 구조를 취하고 있는 실증주의에서 재탄생하게 되었다. 실증주의자들에게 이러한 이원론은 인간 의식과 자연 사이에 있다. 자연은 의식을 초월하지만 의식은 항상 자연을 지향한다. 자연은 편견과 민중대학(Popular University)과 값싼 대중과학을 통해 '반계몽주의'로부터 벗어나 있다. 가톨릭이 어떻게 존재할 수 있는가를 이해하는 것이 쉽듯이 동시에 실증주의 역시 그러하다, 전통적 교의에 대한 의사-과학을 일소하는 빛을 가지고 매우 의미심장한 방법으로 근원적이고 이상적인 개념을 방해하지 않은 채 신은 자연과 동일시된다.

<악시옹 프랑세즈>에 기고하는 사람들은 가톨릭신자이면서 실증주의자이다. 역사에 대한 그들의 개념은 본질적으로 실증주의적인 것이다; 우리는 그에 대한 윤곽을 그려봐야 하는데 은유를 사용하면 작업이 좀 쉬울 것이다. 도데와 모라에게 프랑스 사회는 일종의 식물, 즉 몇 백년 된 프랑스 왕조의 붓꽃(fleur-de-lys)[39] 같은 것이다. 이 식물은 그 뿌리를 프랑스 인종과 민족의 정신에 두고 있다; 그 가지들이 다양한 지역과 개인들의 정신으로 뻗어나가기는 하지만 민족정신은 여전히 심원한 동일성과 역사의 진화에 대한 동일한 믿음을 예비하고 있다. 문제는 혁명이 이 진화의 과정을 방해했다는 것이다; 혁명은 민족정신을 더럽히는 것이다. 프랑스혁명은 백합의 꽃을 마구 꺾고 그 가지에 붉은 카네이션을 접붙이는 무식하고 서투른 정원사처럼 이상을 혼란시키는 잡종이다. '혁명'은 그 기원을 진정 프랑스적인 것에 두고 있지 않다; 혁명은 종교개혁에 그 기원을 두고 있는 것으로 그 정치 이데올로기는 모든 혁명적 이데올로기의 기원이자

---

[38] [역주] 이폴리트 텐느(1828~93)는 『현대 프랑스의 기원』 등을 저술한 역사학자이자 실험심리학의 창시자이다. 그의 역사관은 그 지역의 환경과 시대 사회의 관습이 그 시대의 예술가를 대변한다는 것이다.

[39] [역주] 1147년 이래 프랑스 왕실의 문장.

사회주의의 직접적인 원천인 자유주의이다(그리고 이것이 회의적이고 무신론적인 프랑스 군주들도 친가톨릭적인 정치 프로그램들을 펼쳤던 이유이다). 프랑스의 근원적 구상은 '질서'이다; 하나의 최고 권위인 군주에게 궁극적으로 의존하는 질서이며 전(前)자본주의적 사회구조의 형태 속에서의 질서이다. 전자본주의적 사회구조의 위계질서는 직인들의 길드, 소지주, 성직자, 귀족, 전통적으로 세습되는 왕조로 구성되어 있다. <악시옹 프랑세즈>에 글을 쓰는 사람들은 자본주의에 대해서 어떠한 암시도 주지 않으며 자본주의가 태동해 온 사회구조의 특정하며 역사적인 조건에 대해 언급하지 않는다.

이 간단한 요약을 통해서 <악시옹 프랑세즈>에 글을 쓰는 사람들의 근본적인 실수가 무엇인지, 그들의 사회사상이 무엇인지, 그리고 가톨릭이 어떻게 그들과 동일한 민족주의자일 수 있는지를 분명히 알 수 있다.

프랑스 군주제주의자들에게는 역사란 발전하지는 않지만 자연적인 진화[과정]를 겪는 것이다: 그들의 관점에서는 인종, 출신(origin), 정신, 질서, 위계질서, 세습이라는 거짓개념들이 사건들의 원인이고 이를 통합시켜 주는 기본적인 요소이다. 그들에게 사회는 진화가 실험적이고 실증주의적 과학방법론에 의해 정확하고 엄정하게 정식화될 수 있고 규정될 수 있는 고정된 법칙에 의해 진행되는 자연적인 유기체이다. 임의적인 개념하에서 진행되는 실험에 그들의 감정과 열정으로서, 그들이 찬성하는 신의 명령인 정치적 정책으로서 이용되는 '원자료(raw data)'를 찾아내는 것을 제외하면 다 좋다고 하자. '실험적이고 실증적 방법'에 따르면 정치적 정책은 역사적 실재에 대한 '공평무사하고 감정에 치우치지 않은' 탐구과정에서 자연히 떠오르는 것이어야만 한다. 그러나 이들의 교의에서는 탐구과정은 정치적 열정과 개성 없는 정책에 종속되어 있다. 그리고 경험의 총체에서 멀리 떨어져 그들의 정책의 타당성을 보여 줄 만한 '사실들'을 찾아내는 방법을 취하고 있다.

공산주의의 비판적 교의는 철학적 실증주의와 아무런 상관이 없다. 진화와 자연이라는 형이상학, 그리고 신학과도 아무런 상관이 없다. 맑시즘은 철학적 관념론에 기초를 두고 있는데 이는 일반적으로 '관념론'이라고 이해되는 것 — 실제적인 삶의 필요와 욕구와는 전혀 관련이 없는 구름 속에 붕 떠 있는 꿈과 비축된 감정의 허상에 몰두하는 — 과는 아무런 상관이 없다. 철학적 관념론은 존재와 지식에 관한 교의이다. 그 안에서 이 둘은 통합되며 우리의 이론적 지식의 대상은 실재로, 우리 자신으로 된다. [그러나] 맑스가 실증주의적 요소를 그의 작업에 도입했던 데 놀랄 것은 없다. 그리고 그것은 쉽게 설명된다. 맑스는 직업적 철학자가 아니었으며 그렇다고 아마추어 철학자도 아니었다. 분명한 것은 본질상 그의 교의가 철학적 관념론에 기초하고 있으며 역사적으로 프롤레타리아 운동과 사회주의 운동이 흐르는 이상의 조류를 구성하는 철학적 전통 내에서 최근 더 발전해 나가고 있다는 것이다. 사회주의자가 '계급의식', '프롤레타리아와 사회주의자의 의식'을 이야기할 때 사용되는 '의식'이라는 단어의 용법만 생각해 봐도 알 수 있다. 이 단어의 함의는 한 사람이 '스스로의 존재를 알고 있고' 자신의 존재를 '의식하고' 있을 때만이 그가 '존재한다'는 철학적 관념이다. 노동자는 그가 스스로 자신이 한 사람임을 '알고 있고' 이 '지식'에 조화되도록 행동하고 사고할 때만이 프롤레타리아이다.

비판적으로 제시되는 공산주의는 인종, 출신, 세습, 지리적 기원과 무관하며 한정적인 '질서'와 같은 '자연적' 개념은 유치한 표현일 뿐이다. 거기에는 최소한의 정당화도 존재하지 않는다; 순전히 단어를 유포하는 행위이며 순전히 구절들을 만들어 내는 행위일 뿐이다. 역사는 인류의 산물이다. 그리고 인류는 계급들로 나뉘어져 있다. 한 계급은 어느 시점에서 자신의 목적에 부합하도록 사회를 지도해 나가는 지배적인 계급이고, 이들은 다른 계급의 도전을 받으며 스스로의 주장을 내세우고 그것을 실현하려 끊임없이 노력하는 계급이다. 이는 진화의 문제가 아니라 하나의 사회를 다른 사회로 대체하는 문제이다. 이는 자기의식과 훈련된 강제력(force)을 사용함으로써만이 실현가능하다.

공평무사하고 감정에 치우치지 않은 과학연구의 방법으로서 실험적이고 실증적인 방법론은 또한 역사유물론의 방법이기도 하다(유물론으로부터 독립적임에도 불구하고 역사유물론은 과학에 적절한 방법이고, 논리적으로 이 방법론을 주장한 사람은 갈릴레오 갈릴레이이다). 역사유물론은 역사 연구가 다른 요소들과 마찬가지로 경제 현상에 대해서도 체계적인 설명을 할 수 있어야 함을 제시해 준다. 이러한 현상에 대한 연구에 각별해야 함은 물론이다. 그렇지 않으면 역사는 수박 겉핥기처럼 내용도 없고 역동적인 진동도 없으며 발전과 진보의 가능성도 없는 껍데기일 뿐이다. 과학적인 연구라기보다는 의미도 연결되지 않는 구절만들기의 혼란일 뿐인 것이다. 그러므로 실험적이고 실증적인 방법과 결부된 역사유물론은 인간사와 사회 현상의 연구에 적용되어야 한다. 이는 철학적 실증주의와 혼동되면 안 되는 것처럼 과학적 실증주의와 혼동되어서도 안 된다.

자, 크리스티나 바치 동지가 그러한 실수를 한 이유는 무엇인가? 심지어 그녀는 '실증주의'와 '반계몽주의'와 싸우는 사람들을 칭찬하기도 하지만, '실증주의', '관념론' 그리고 <악시옹 프랑세즈>와 레옹 도데에 의해 제시된 군주제의 정치-종교적 교의에 대해 그녀가 가진 정보는 모호하고 혼란스럽고 틀린 것이다. 당파적인 이해와 열정에 의해 비틀려진 개인의 판단에 의존하지 않도록 자신이 아는 것만을 써야 하고, 자신이 쓰는 주제에 대해 가능한 모든 자료에 익숙해져야 함에 의거한다면, 그녀가 실험적이고 실증적인 방법의 규범을 자신의 지적 생활에 적용하지 않는다는 것을 말할 수 있다. 확실히 레옹 도데는 이류 작가이다. 지적인 일관성도 없고 양심의 가책도 느끼지 못하는 논객이며 결국은 그의 적은 모든 사람의 적수이고 '그들에게 마땅한 것은 교수형'이라는 식의 독단적인 결론에 이르는 두 명의 호텔 짐꾼 사이에나 있을 법한 단편적인 대화나 이용해 먹을 줄 아는 그런 이류일 뿐이다. 그는 존경할 만한 정치가가 아니라 비열한 데마고그이다. <악시옹 프랑세즈>에서 그는 적들에 대한 대중의 존경을 파괴하고 사형집행인에게 끌고 가려고 적진으로 돌진하는 사나운 사냥개의 역할을 한다. 혹은 그를 독창적으로 표현한 파올로 발레라처럼 치사한 하이에나라고 해 두자. (이 신문에서 프랑스 군주제의 유기적이고 제도적인 개념은 샤를 모라의 영역이다; 국제적인 조화의 개념은 자크 봉비에(Jacques Baunville)의 개념이며; 종교적이고 예술적인 교의는 루이 디미에(Louis Dimier)에 의해 다루어진다; 그리고 미시적 수준에서 일상적인 정치적 논쟁은 로베르 아바르(Robert Havard)의 몫이다. <악시옹 프랑세즈>의 글은 거의 이 다섯 명의 편집인에 의해서 쓰여진다. 이들은 매일 고정 칼럼을 맡고 있다. 신문은 정치적 행동주의를 위해 매우 기술적으로 조직되어 있다. 그러나 이들이 대변하는 프랑스 사회의 유일한 구성요소는 전자본주의 시대의 이데올로기적 잔당들과 개인들이다. 대토지귀족, 고위 성직자, 군대의 장성들이다. 경제적으로 이들은 쁘띠부르주아지와 거대 공장이 덜 발달하고 소규모의 생산이 지배적인 프랑스에서는 아직도 광범위하게 존재하는 조합주의적(corporatist) 사상가를 대변하려고 노력한다.)

레옹 도데는 이 모두를 체화하면서도 동시에 한 명의 실증주의자다. 만일 바치가 진정으로 '경험적 방법론'의 우월성을 확신하고 있었다면, 진심으로 '반계몽주의'에 반대한다면, 그에 대한 글을 쓸 때 이러한 사실을 알아야만 하는 의무를 다했어야 한다. '반계몽주의'는 교육의 부족일 수도 있고 또는 민중대학류의 교육의 결과일 수도 있는 것이다.

<일 그리도 델 포폴로>, 1918년 10월 19일

인간들, 사상들, 신문들 그리고 화폐

이탈로 미누니(Italo Minnuni) 씨가 <가제타 디 토리노(*Gazzetta di Torino*)>의 편집장 자리를 떠났고 <일 레스토 델 카를리노(*Il resto del Carlino*)>와 <일 템포(*Il Tempo*)>의 이전 편집자였던 토마소 보렐리(Tomaso Borelli) 씨가 그의 후임으로 예정되어 있다. 만약 우리가 다른 나라들의 경제적, 정치적 역사로부터, 그리고 이 나라의 특정한 전시 에피소드들로부터 배운 바 있는 교훈들이, 우리로 하여금 현재 성숙하고 있는 사회적 추세들을 적시하는 데 일조한다는 점에서, 미래에 무엇이 벌어질 것인지를 논리상으로 예시한다는 점에서 어떤 가치를 지니고 있는 것이라면, 이탈로 미누니 씨의 교체는 단지 무능한 피고용인의 해고 이상의 무엇이다.

우리 나라의 산업, 토지소유 부르주아지는 혼란의 상태에 있다. 전후 시기를 위한 관세 정책을 계획하는 문제로 인해 부르주아지는 사분오열되었다. 이는 이들의 가슴에 치유될 수 없는 갈등을 낳았다. 관세 정책에 관한 한, 우리의 지배계급은 세 분파로 분열되었다. 즉, 자신들의 사업을 보호하기 위해 극히 높은 보호 관세를 필요로 하는 철강 거물들. 반대로 무역의 자유가 생존에 필수적인 중부, 남부, 그리고 도서 지역의 농장주들(farmers). 어느 편에 붙을까 혼란에 빠져 있는 토리노의 기계산업 지도자들. 한편으로는, 이탈리아 국내에서의 자유 교역이 이들[기계산업 자본가들]에게 이로운 것일 텐데, 이는 이들이 국제 시장에서 경쟁하도록 도울 것이며 임금에 대해 보다 많은 유연성을 허용할 것이다. 다른 한편으로, 철강산업가들과의 격한 충돌은 이들에게 적절하지 않은데, 왜냐하면 철강산업가들은 아직까지 정치적 지배의 위치를 점하고 있으며 전국을 제 마음대로 요리해 왔기 때문이다.

남부의 농장주들은 전쟁 전에는 정치적 활력을 결여했었다. 이들이 자신들의 활동에 유리한 사상들을 제기하던 유일한 기관은 가에타노 살베미니(Gaetano Salvemini)가

운영하던 <우니타(L'Unità)>라 불리는 주간지였다. 남부 농장주들에게는 어떤 자본주의 체제에서든 숙명적인 한 약점이 존재했다. 즉, 이들은 마음껏 사용할 수 있는 현금을 별로 지니지 못했고, 조직화되어 있지 못했으며, 이들의 행동은 구닥다리였고 별로 수익성 있는 것이 아니었다. 전쟁은 이러한 조건들을 일정하게 변화시켰다. 전쟁은 많은 주머니에 돈을 쏟아 부었고, 더 나아가, 이니셔티브의 정신과 부유해지려는 자본주의적 욕망을 자극했다. 젊은이들과 지식인들 사이에서 이 잡지의 격렬하며 끈덕진 선전이 불러일으킨 공감으로 인해 이 나라의 삶에 그 어느 때보다도 더 중요해진 <우니타>에 더하여, 농장주들은 이제 모두 작년에 창간된 두 개의 대형 일간지, 로마의 <일 템포>와 나폴리의 <일 메조지오르노(Il Mezzogiorno)>를 자신들의 손아귀에 쥐고 있다. 남부 농장주들은 전투를 감행하려고 결의했고 게다가 막는 이들조차 없었다. 이들의 상공회의소(Chambers of Commerce)의 성명서들은 이에 대해 꽤 노골적이었고 바리와 칼리아리의 상공회의소 성명서들은 이탈리아의 경제사에 길이 남을 것이다. 데 툴리오(De Tullio)가 의장을 맡고 있던 바리 코뮌[지방자치 단위]의 농장주들은 필요한 경우 나라의 통일을 위태롭게 하는 한이 있어도 투쟁을 추구할 것이라는 정도로까지 격하게 나갔다.

그리고 실제로 남부의 농장주들은 이런 류의 태도를 취할 충분한 이유를 지니고 있다. 최근 몇 년간의 기억은 이들에게는 끔찍한 참상이다. 남부 이탈리아와 도서지역이 프랑스와 이탈리아간의 관세 전쟁 동안 인정사정 없이 빨려들어간 위기는 끔찍한 것이었다. 이들은 농업 생산물과 가축의 수출 교역에서 이들의 가장 천혜의, 수익성 높은 시장이 폐쇄되는 것을 목도했다. 그후에 생산력이 이미 약화되었고 동요하고 있었기 때문에 더욱 해로웠던 활농상의 위축이 뒤따랐다. 농업 신용을 관리하던 거대 은행들은 엄청난 손해를 맛보았고, 수천 수만 소지주들의 피와 희생 —— 바로 그들의 자녀들의 희생, 하지만 특히 농촌 프롤레타리아트의 희생 —— 으로 모아진 저축은 모두 쓸모 없이 되어버렸다. 예를 들어 사르디니아에서는 이 참혹한 세월이, 사람들이 기아로 길거리에서 죽어 나갔던 1812년과 같은 종류의 기억을 남겼으며, 대량의 곡식들이 경작지에 준하는 농토와 교환되었다. 파이스(Pais) 의원에 의해 이루어진 사르디니아에 대한 조사는 크리스피의 정책과 이를 지지한 경제적 이해들에 씻을 수 없는 악명의 자국을 남길 그런 보고서이다. 사르디니아 섬은 마치 야만인들의 침입을 겪기라도 한 것처럼 문자 그대로 철저히 파멸되었다. 뭔가 당장 팔 만한 물품들을 확보하기 위해, 얼마간의 신용을 끌어모으기 위해 삼림 —— 기후와 평균 강우량을 조절하는 그 삼림 —— 이 잘려 나갔다. 탐욕배들은 자신들의 자리를 차지하기 위해 부패한 정치적 관습 및 도덕적 생활을 향해 나아갔다. 누구나 칼리아리로 가기 위해 골포 델리 아란치(Golfo degli Aranci)를 지나다 보면 몇몇 늙은 목자들이 뜨거운 태양빛에 작열하는 벌거벗은 화강암 산들을 가리키는 것을 볼 것이고 한때 이 산들이 삼림과 양떼로 뒤덮여 있었음을 상기하게 될 것이다. 그러나 삼림벌채 이후 억수같은 비들이 비옥한 토양층을 모두 평야와 바다로 쓸고 내려갔다. 칼리아리 상공회의소가 이러한 일들이 다시 벌어지는 것을 막기 위해 끝까지 싸우겠다고 한 것은 꽤 옳은 일이다. 농장주들이 금속 거물들에 대항하려 싸워 지키고 있는 것은 이들의 삶 외에 다른 어떤 것도 아니다. 즉 이는 보다 많은 이윤을 위한 경쟁과 같은 것은 아니다.

작년 7월에 로마에서는 부르주아지의 모든 분파들에게 이로울 그런 계획에 대해 합의를 이루려는 시도로 산업과 농업의 지도자들을 한 곳에 모은 회의가 있었다. 회의 개최를 성사시키기 위해서만도, 풀어야 할 참으로 엄청난 문제들이 있었다. 철강 산업의 지도자들은 이중 관세 체계로 이루어진 관세 정책 — 최대 관세(어떠한 제한도 없는)와 최소 관세(상품 가치의 30%의 보호를 제공하는) — 부과를 통해 자신들만의 목적을 위하여 국가를 활용한다는 그들의 결의에 대해 무척이나 확고했다. 이들은 또한 특정한 시장(특히 중앙유럽 제국[帝國]들)에서 이탈리아 생산품목의 국내 생산 보호책을 완화함을 통해, 농업 생산품의 수출을 촉진해 왔던 조약 체계들을 깨 버리길 바랬다. 철강계는 자신들이 농장주들의 머리 위에 서길 원한다는 사실에 대해 꽤 노골적이었다. 이들이 나라의 산업을 위태롭게 하기 전에 이들 촌뜨기들, 각지의 굶주리는 농민들을 억제하는 것은 지방 주지사들과 경찰들의 몫이었다. 토리노 기계공업 지도자들이 중재자로 나섰고(단테 페라리스[Dante Ferraris]가 바로 이 작은 거래를 요리한 인물이었다) 그래서 대회는 시작될 수 있었지만, 주최자는 관계에 결정적인 금이 가기 전에 이를 중단시켜야만 했고 결국 이는 9월까지 연기되었다. 그 동안 <일 템포>는 농장주들의 수중으로 넘어갔고 <일 메조지오르노>가 창간되었다. 단테 페라리스는 <일 템포>에 농장주들의 이해를 옹호하고 반대편을 향해 작별을 고하는 자신의 인터뷰를 게재했다. 그러나 대회는 결코 개최되지 못했고 합의는 무효화되었다.

기억해 보자. 이탈로 미누니 씨는 마르퀴스 리돌피(the Marcus Ridolfi; 회사명)의, 즉 제철 및 제강산업의 기관인 <페르세베란자(*Perseveranza*, 인내)>의 뒤를 이어 <이데아 나지오날레(*L'Idea Nazionale*, 민족정신)>에서 일한 뒤 토리노로 왔다. 10월에 피상적 저술가이면서 광적인 보호주의자인 미누니 씨는 젊은 자유주의자이며 <일 템포>

의 전 편집자인 토마소 보렐리 씨에 의해 <가제타 디 토리노>의 편집자 자리에서 교체되었다. 그리고 미누니 씨가 마르퀴스 리돌피의 길잡이였던 것처럼 오늘날 보렐리 씨는 바리 상공회의소의 데 툴리오 의장의 길잡이이다. 이에 따라 기계 기술자들은 용기를 발휘하고 있는 것처럼, 그리고 이들이 많은 이해를 공유하고 있는 남부 농장주들과 보다 긴밀히 동맹하고 있는 것처럼 보인다. 철강산업의 지도자들은 정치적으로도 실지(失地)했다. 이들의 대변자인 지올리티가 권좌로 돌아오는 일은 별로 없을 것으로 보이며, 만약 그렇게 된다 하더라도 그는 이전과는 매우 다른 방식으로 권력을 행사하지 않을 수 없을 조건들 아래 놓이게 될 것이다. 살란드라 의원이 이탈리아 남부가 이제까지 배출한 최초의 수상이었다는 것(권좌에 오른 시칠리아인은 피에몬테인보다 더 피에몬테적이었다 ─ 크리스피만 생각해 봐도 분명하다), 그리고 살란드라 의원은 보렐리를 이러한 웃지 못할 소극에 떠밀어 놓고 오를란드-니티 내각 ─ 한 시칠리아인과 한 마리의 바실리스크(Basilisk)[40]의 내각 ─ 을 불가결한 것으로 만들기 위해 풀리아와 같은 환경을 창출하는 데 성공했다는 것을 생각해 보는 것만으로 충분하다.

<가제타 디 토리노> 편집권의 변화는 이 모든 것의 징후일 수 있다. 이탈리아의 전후 시대에 우리는 영국에서 있었던 산업 이해와 농업 이해 사이의 대투쟁을 연상시키는 이탈리아 내 대부르주아 이해 사이의 ─ 한편의 철강산업과, 다른 한편의 농장주들과 [기계] 기술자들 ─ 강고한 투쟁을 목도하게 될 것이다. 하지만 우리의 경우 지역간 통일이 이루어진 특별한 조건들의 결과로, 역할들이 [영국의 경우와는] 뒤바뀌어 있다. 이탈리아에서는 농장주들이 자유방임주의 정책을 지지하는 데 반해, 산업가들이 보호주의적인 것이다. 그러나 이는 완전히 합리적이다. 영국에서는 철과 석탄의 엄청난 풍부함 때문에, 확장을 위해 자유무역을 필요로 한 것은 비로 산업 측이었다. 이탈리아에는 철도, 석탄도 없다. 따라서 확장을 필요로 하는 것은 기계화된 농업이고, 반(半)가공 상태의 금속을 이용하는 것은 기계 기술자들이다. 피에몬테가 이탈리아의 자국 내 '식민지'에 대해 행사해 온 정치적 독재는 인위적 행운, 미래 없는 행운을 만들어 냈다. 그리고 현재 보호주의 체제의 일체의 곤궁 속에서 자라난 신선하고 새로운 자본주의적 에너지들은, 전시 생산과 전시 가격의 경험으로부터 고무받은 채, 전투를 수행할, 강철 소귀족들의 지긋지긋하고 낡아빠진 협잡으로부터 국가 권력의 지배를 인수할 준비를 하고

---

[40] [영역자주] Basilisco는 한 마리의 바실리스크[눈을 멀게 하는 독기를 내뿜는다는 전설상의 도마뱀]를 의미하지만 이 말은 또한 니티의 출신에 대한 말장난이기도 하다(그는 바실리카타[Basilicata] 지역에서 태어났다).

있다. 만약 이 동안 더 이상의 근본적 진전이 개입되지 않는다면, 이탈리아는 —— 이탈리아의 정치 생활이 가부장주의적이고 쁘띠부르주아적인, 즉 과장되고 수사적이며 허풍스러운 것과 꼭 마찬가지로 —— 농업에 관한 한 여전히 본질적으로 가부장주의적이고 제조업과 공업기술에 관한 한 쁘띠부르주아적인 경제 구조 전반에, 어떤 혁명을 맞게 될 것이다.

<아반티!>, 1918년 10월 23일

2부
신질서

법의 지배

오늘, 이탈리아 민중은 법의 지배(the sovereignty of law)가 수립된 지 71주년이 되는 해의 기념식을 가져야 한다. 지난 71년간 이탈리아는 국가의 무책임한 권력에 더 이상 좌우지되지 않게 되었다. 자의적 포고나 변덕에 의한 지배는 사회라는 무대로부터 사라져 버렸다. 우리 사회는 왕국 기본 헌장(the founding Chart of the realm)에 의해 공평하게 보장되고 동등한 권리와 의무를 가진 '시민들'의 사회가 되었다. 오늘은 민중의 날, 즉 자유와 진보에 바쳐져야 하는 날임에 틀림없다.

5년간의 전쟁, 5년간의 포고에 의한 지배가 지나간 후, 이러한 생각은 흉악한 조롱거리인 것처럼만 보인다. 자유에 대한 모든 보장은 억압받았고, 우리는 법의 지배하에서의 정상적 삶과 안전에 대한 모든 의식을 잊어 버렸다. '국가'는 다시 한번 우리 운명, 기본적인 의·식·주 생활 그리고 우수한 영혼의 삶에 대한 최후의 심판자가 되었다. '국가'는 지금 이 순간 행정부 인사들에 다름 아니다. 그것은 각료회의 의장이며, 그에 딸린 행정 체계이다. 그것은 장관, 차관, 재판관(questors), 부재판관, 의원, 경찰들로 이루어진 위계제이다. 오늘날 경찰은 의원보다 상위에 '배겨'신다. 왜냐하면, 경찰은 권력에 관여하지만, 의원은 단지 법률적 허구에만 관여하기 때문이다.

우리 사회는 무책임에 의해 지배받고 무질서와 혼돈 속에서 몸부림치는 하나의 거대한 병영이다. 모든 시민적 활동은 정부에 의해 통제되고, 검열당하며, 편제되고, 결국 황폐하게 되었다. '병영국가'라는 반사회주의적 신화는 소름끼치고 숨막히는 부르주아의 현실이 되었다. 그것은 사회를 무질서, 광란, 살인적인 혼란의 심연으로 밀어 넣었다. 우리는 우리를 광기와 자포자기로 몰고 가는 구속복에 갇힌 것이다.

이 모든 것은 역사적 사건들의 정해진 운명이었다. 실제로 헌법 — 민중의 대표들이 제정한 공평무사한 최상급 법의 지배라는 법률적 허구 — 은 유산계급 독재, 즉 최상의 국가 권력에 대한 그들의 '법적' 지배의 시작이었다. 사유재산은 통치권자의 자의적 결정과, 토지를 몰수당한 가난한 농부의 공격 모두로부터 보호되고 보장되어야 할 국가의 근본 제도가 되었다. 헌법으로 인해, 어떠한 왕이라도 사유재산에 관련된 질문에 관여할 모든 권력을 박탈당한다. 반면에, 왕조는 개인들의 재산이라는 운명의 여신에 묶이게 된다. 사회는 어떠한 종류의 집합적 결속으로부터도 벗어나 시민-개인이라는 근본 요소로 축소된다. 사회는 경쟁이라는 강산(强酸)에 의해 부식되어 용해되기 시작한다. 인간들 사이에는 분쟁의 씨가 뿌려졌고, 미친 듯한 열정과 억누를 수 없는 증오, 그리고 화해할 수 없는 적의가 그들 사이에 거대하게 솟구친다. 모든 시민들은 검투사이며, 타인에게 이들은 자신들의 이해를 위해 정복하거나 복종시켜야 할 적이다. 사랑과 연대의 보다 높은 결속은 녹아 버린다. 장인 길드나 사회적 카스트에서 가족이나 종교적 결속까지 모두 다 말이다. 경쟁은 인간 상호작용의 실제적 토대로 추앙받는다. 시민-개인은 사회라는 성운을 만드는 원자들이다. 이 원자들은 불안정하고, 생명력 없는 요소로서 어떠한 유기체 안에서도 고착될 수 없다. 법의 지배라는 개념은 전적으로 응집력의 결여와 사회적 불안정성에 기반을 두고 있다. 이것은 단순히 추상적 개념일 뿐이며, 민중의 무결함과 성실에 대해 행해지는 은밀한 속임수일 뿐이다. 이것은 '시민'을 국가와 영원한 전쟁에 처해 있는 존재로 보기 때문에, 반사회적인 개념이다. 이것은 인간을 살아 있는 생물체이며 사회의 탄력적 형태인 국가와 영원히 화해불가능한 적으로 간주한다. 이것이 의미하는 바는 인간을 그들 자신의 적으로 간주한다는 것이다. 헌법은 반인간적 혼란과 무질서의 성문화(成文化)이다.

그러나 부르주아 사회의 원칙이 법적으로 영원한 것으로 추앙받는다 할지라도, 프롤레타리아트의 시대는 이미 시작되고 있다. 프롤레타리아는 사회발전의 역동성을 묶어 두거나 수렁에 빠뜨리려는 어떠한 시도에 대해서도 반대하는 역사과정의 항변 속에서 태어난다. 자유경제에 대한 맑스주의의 비판은 인간의 경제적·정치적 제도가 영원하다는 개념에 대한 비판이다. 그것은 지구상의 모든 사건을 역사성과 우발성의 상태로 환원하는 것이다. 그것은 사이비-과학적 추상 개념의 납품업자와 금고지기들에 대한 현실주의적 교훈이다.

부르주아간의 경쟁은 프롤레타리아에게 그들의 노동에 대한 더 나은 대가와, 거주 이전의 권리를 부여한다는 점에서 처음에는 프롤레타리아에게 득이 된다. 그러나 이 '자유'는 곧 프롤레타리아에게 해가 된다. 노동자는 시장의 모든 유동성의 영향에 종속되는 상품이 된다. 그들에게는 자신의 미래와 삶에 대한 아무런 보장이 주어지지 않는다. 임금노동자의 상태는 노예나 농노의 상태보다 더욱 나빠진다. 기아, 실업, 굶어 죽을 수 있는 권리는 단지 부르주아간의 경쟁이라는 도박판에 존재하는 숱한 판돈에 불과하다. 금고는 노동자의 피로 흘러넘치고, 자본주의가 창출해 낸 문명의 광채는 고통받는 희생양, 잔인함, 그리고 억제되지 않는 사악함이라는 현실을 은폐할 뿐이다.

노동운동은 자본주의라는 피도 눈물도 없는 새로운 봉건영주에 대항하는 인간성의 숭고한 반역이다. 그것은 사랑과 연민에 의해 지배되고, 연대 속에서 생활하고, 조화로운 유기체로서 자신을 새롭게 만들어 내기 위한 사회의 반역이다. '시민'의 자리에 '동지'가 대신하고 있으며, 사회적 조직이 사회적 원자론(social atomism)을 대체할 것이다. 새로운 질서의 세포들은 자생적으로 자라나고 있고, 그들은 서로 의지하여 훨씬 두터운 연대감의 기초를 놓고 있다. '자유'의 파멸적 권력은 제한되고 통제되며, 작업장에서 자본의 지배는 제한된다. 노동자들은 스스로 일정한 자율성을, 즉 일정 정도 실제적이고 유효한 자유를 획득한다. 그는 더 이상 세상에 대항해 홀로 서 있는 한 개인이 아니며, 서로를 함께 엮어 주는, 전 세계에 촘촘한 망을 치고 있는 보다 위대하고 더욱 강력한 집합체의 성원이다. 경쟁은 새로운 토대로부터 거대한 스케일로 다시 시작된다. 즉, 개인과 계급들간의 경쟁 대신에 전 세계로 확장된 전체 계급이, 각국의 모든 부르주아 계급들이 자행하는 착취에 대항하여, 그들로부터 생산수단과 무역수단을, 그리고 사유화 혹은 국유화된 토지와 그 밖의 것들 — 항구, 강, 바다 등등 — 을 몰수하기 위해 대항하고 있다. 이 무시무시한 공격이 자본주의의 법적 상부구조 전체를 뿌리부터 뒤흔들고 있으며, 무질서와 소멸의 과정을 가속화시키고 있다. 모든 법적 허구들은 붕괴하고 있으며, 자유는 억압받고, 의회는 봉쇄됐으며, 개인의 권리는 땅에 떨어지고 있다. 모든 것이 혼란이고 대소동이며, 끝간데 없는 혼돈이다. 사회를 페스트가 만연한 격리 수용소로 만드는 이 견고한 규율의 훌친 이면에는, 다름 아닌 독단적인 변덕과 가장 부끄러운 잘못된 신앙이 군림하고 있다.

그리고 모든 헌법의 범법자들 — 즉 '왕의 미덕과 불가분인 국가를 위해 충심으로 헌법과 국가의 여타 법들을 준수'하겠다고 맹세한, 그리고 날마다 개인의 자유를 갈기갈기 찢어 버리는 '시민들' — 은 오늘날 법의 지배의 출현, '시민'의 탄생, 자유의 강림을 축하하고 있다. 이 소름끼치는 광대극은 그리 오래 가지 않을 것이다. 왜냐하면 '시민들'은 '동지들'로, 개인적 자유는 사회적 자유로 대체될 것이기 때문이다. 다시 말하면 조직이 무질서를, 연대와 노동의 사회적 국가가 거짓과 배신의 국가를 대신할 것이기 때문이다.

<아반티!>, 1919년 6월 1일

역사의 대가

 러시아 프롤레타리아트가 자신의 정복을 합법화하고 영속화하기 전에 여전히 역사가 이들에게 요구하는 것은 무엇인가? 인간의 운명에 대한 이 절대적 지배자[즉, 역사]는 얼마나 더 많은 피와 희생양을 요구하고 있는가?

 프롤레타리아 혁명이 극복해야만 했던 어려움과 저항은 그들 스스로가 과거의 여타 다른 혁명의 수행자보다 훨씬 우위에 있음을 드러냈다. 과거의 혁명은 단순히 생산수단과 교환수단의 사적 소유와 국가적 소유의 형태를 수정하기만 하면 되었다. 그것들은 인간공동체에 대해 제한된 영향만을 미쳤다. [반면에] 프롤레타리아 혁명은 궁극적 혁명이다. 사적 소유와 국가적 소유를 폐지하고 계급을 폐지하는 것을 혁명의 목적으로 삼고 있기 때문에, 이 혁명은 단지 소수자만을 대변하는 것이 아니라 인류 전체를 대변하는 혁명이다. 이는 전 인류를 결집시키고, 투쟁에 개입시키며, 스스로 누구의 편인가를 명백히 선언하게 만든다. 이는 매우 근본적인 수준에서 사회를 변형시킨다. 말하자면, 단세포 유기체(시민-개인들로 구성된)에서 다세포 동물로 변형시키는 것이다. 이는 이미 사회의 유기적 부분으로 존재하고 있는 중핵을 사회의 토대로 만든다. 이는 전체 사회로 하여금 스스로를 국가와 동일시하게 만든다. 이는 전 인류를 정신적이고 역사적인 의식으로 변형시킨다. 프롤레타리아 혁명이 진정한 사회혁명인 것은 바로 이러한 이유 때문이며, 전례 없는 어려움과 전례 없는 저항을 극복해야 하는 까닭도 바로 이러한 이유 때문이다. 성공의 대가로 역사가 러시아 민중에게 지불을 강요하고 있는 터무니없는 배상금 역시 이러한 이유 때문이다.

 러시아혁명은 지금까지 역사가 그 앞길에 뿌려 놓은 모든 장애물들에 대해 승리를 거둬왔다. 혁명은 러시아 민중에게 다른 나라에는 없었던 훌륭한 정치인들을 발굴해 주었다. 정치와 경제에 대한 (과학적) 연구에 일생을 헌신했던 수천 명의 사람들, 수십 년간의 망명생활 동안 혁명의 제반 문제를 세밀히 해부하고 분석했던 사람들, 짜리즘에 대항한 힘에 부치는 투쟁의 과정을 거치면서 스스로를 강철같이 단련시켰던 사람들, 유럽, 아시아, 미국 등지에서 모든 형태의 자본주의 문명과 접촉한 생활을 통해 그들의 책임의식을 명확히 함으로써 제국을 점령한 자의 칼처럼 자신의 의식을 벼렸던 사람들을.

러시아 공산주의자들은 최상의 통치 엘리트들이다. 레닌에 대해 다루었던 모든 사람들이 증명했듯이, 그는 자신이 동시대 유럽에서 가장 훌륭한 정치인임을 보여주었다. 그는 신망을 내뿜는 사람이며, 전 국민을 단련시키고 열망으로 타오르게 만들 수 있는 사람이다. 그는 사회의 모든 정열을 혁명을 위한 것으로 만들 수 있는 굉장한 두뇌를 소유하고 있다. 그는 일상적인 부르주아 정치의 교활하고 세련된 정치인에게 한 수 먹이고, 심지어 외통으로 몰아 넣을 수도 있는 사람이다.

그러나 공산주의 교의 — 그리고 그것을 선전하는 정당과 그것을 의식적으로 체현하고 있는 노동계급 — 와 거대한 러시아 민중의 상태는 전혀 다른 것이다. 그들은 장기간의 비참한 전쟁으로 인해 분열과 무정부 상태, 야만, 그리고 극빈의 심연에 빠져 있는 무질서하고 천성이 파괴된 사람들이다. 볼셰비키의 정치적 위업과 그들의 역사적 걸작은 무엇보다도 이러한 맥락에서 이루어진 것이다. 즉 그들은 쓰러진 거인을 다시 일으켜 세웠으며, 이 무질서와 혼란 속에서 구체적이고 역동적인 형태를 재창조(혹은 창조)해 냈다. 그들은 공산주의의 원칙과 러시아 민중의 집합적 의식을 융합시키는 데 성공하였다. 그들은 공산주의 사회가 역사발전의 장정을 시작할 굳건한 토대를 구축해 냈다. 한마디로, 그들은 프롤레타리아 독재에 관한 맑스주의의 공식을 생생한 경험적 현실로 전환시켜 내는 역사적 업적을 남겼다. 하나의 혁명이 단지 공허하고 과장된 수사적 선동이 아니라 진정한 혁명이 되는 것은, 오직 그것이 어떤 유형의 국가에 체현되었을 때, 그것이 조직화된 권력체계가 되었을 때뿐이다. 사회는 모든 권리와 의무의 근원이며 결과인, 그리고 모든 사회적 행위의 수행과 성공의 보증인인 국가의 형태로만 존재할 수 있다. 프롤레타리아 혁명은, 전형적으로 프롤레타리아적 성격을 지닌 국가형태를 낳고 그 안에서 체현될 때에만, 그 이름을 부여받을 수 있다. 그리고 이 국가는 프롤레타리아 권리의 보증인으로 행동하고, 프롤레타리아트의 권력과 삶의 표현으로서 근본적 기능을 수행한다.

볼셰비키는 다른 지역의 노동자·농민 계급의 경험과 똑같은 러시아 프롤레타리아트의 역사적·사회적 경험으로부터 국가를 창조해 냈다. 볼셰비키는 프롤레타리아의 가장 사적인 생활, 전통, 그리고 그들이 진정으로 느끼고 가장 사랑했던 역사적·사회적 경험을 명확히 포착하고, 복합적이고 유기적인 총체로 접합·형성시켰다. 그들은 과거와 단절하면서, 동시에 과거와의 연속성을 유지하였다. 즉 그들은 하나의 전통을 단절시켰지만, 다른 전통을 발전시키고 풍부하게 만들었다. 그들은 유산계급이 지배하던 과거의 역사와 단절하였으며, 노동자·농민 계급의, 프롤레타리아 계급의 살아 있는 전통을 비옥하게 만들었다. 그 속에서, 그들은 새로운 질서, 새로운 원칙을 설립해 냈기 때문에 혁명적이 되었다. 이 단절은 역사 속에서 가장 근본적인 것으로부터 이루어졌기 때문에 돌이킬 수 없는 것이다. 역사를 되돌려 놓으려는 어떠한 시도도 러시아 사회에 드리워진 헤아릴 수 없는 재앙을 불러낼 것이기 때문에, 어떠한 복고도 불가능하다. 따라서 역사의 모든 급박한 사태 — 가장 기초적인 것에서부터 가장 복잡한 것에 이르기까지, 새로운 프롤레타리아 국가에 체현되어야 하고, 새로운 국가에 의해 지배되어야 하며, 그것의 테두리 안에 들어와야 할 이 모든 것들 — 에 대처하는 만만치 않은 싸움이 요구된다.

러시아 민중의 충성스러운 다수를 새로운 국가로 끌어들여야만 한다. 러시아 민중에게 새로운 국가가 그들의 국가라고 인지시켜야만 한다. 즉 그들이 가지고 있는 그들의 삶, 그들의 정신, 그들의 전통, 그리고 가장 소중한 그들의 유산으로서 말이다. 소비에트에 의해 형성된 국가에는 지도적 엘리트인 볼셰비키 공산당이 있으며, 이는 전체 계급의 의식 — 그 계급의 생생하고 영속적인 이해(利害)에 대한 의식 — 을 대변하는 사회적 소수 — 산업 노동자들 — 의 지지를 받고 있다. 소비에트에 의해 형성된 국가는 전체 러시아 민중의 국가가 되었다. 이는 공산당의 불굴의 인내력에 의해, 노동자들의 열정적인 신념과 충성심에 의해, 끝을 모르는 끈질긴 선전작업에 의해, 명석함과 지칠 줄 모르는 의지를 가진 지도자이자 러시아 공산주의 운동의 뛰어난 활동가인 니콜라이 레닌(Nikolai Lenin)1)이 주도한 교육과 해명에 의해 이루어졌다. 이는 거대한 러시아 민중의 수많은 다양한 모든 요구 — 정치적, 혹은 경제적인 그들의 생생하고 영속적인 요구 — 에 적절히 대응할 수 있었던 유일한 조직화된 사회형태인 것이다. 그것은 전 세계의 모든 억압받는 민족들의 열망과 희망을 현실화시키고 만족시킬 수 있는 유일한 사회형태이다.

오랫동안 지속되었던 잔인한 전쟁은 빈곤과 야만, 무정부상태라는 비참한 유산만을

---

1) [역주] 레닌 이름의 오기 혹은 별명인 듯.

남겼다. 사회 업무 조직은 갈가리 부서졌으며, 인간공동체 그 자체는 노동도, 원칙도 결정권도 갖지 못한 유목민 무리로 전락되었다. 거대한 해체 과정에서 무언의 파편들이 되어버렸다. 새로운 국가는 이 폐허로부터 남루해진 사회의 조각들을 구해 내고, 그들을 다시 결집시키고 있다. 그것은 신념과 원칙, 영혼, 그리고 노동과 진보를 향한 돌진을 재창조해 내고 있다. 그것은 모든 세대의 영광이 될 과업이다.

아직 충분한 것은 아니다. 역사는 이 정도의 고된 과업에도 만족하지 않는다. 새로운 국가는 피해 갈 수 없는 만만치 않은 적대 세력의 공격에 직면해 있다. 그들의 굶주린 위장을 유혹하며 농민들을 현혹시키는 그릇된 흐름이 조장되고 있다. 바다로 가는 러시아의 모든 출구는 차단당하고 있으며, 모든 무역의 고리도, 모든 연대도 마찬가지다. 우크라이나에서, 도네츠 분지에서, 식료품과 원료가 거래되는 모든 시장에서 약탈이 자행되고 있다. 10,000마일 국경을 따라 무장한 집단들이 침략하겠다고 위협하고 있다. 봉기는 물론, 배신, 반달인의 풍습2), 테러리즘과 사보타지 역시 늘어나고 있다. 심지어 가장 찬란했던 승리조차 배신에 의해 갑작스런 패배로 변질되고 있다.

[하지만] 이것이 중요한 것은 아니다. 소비에트 권력은 지속되고 있다. 그것은 패배의 혼돈으로부터 프롤레타리아 국가의 척추가 될 강력한 군대를 창조해 내는 중이다.

거대한 적대 세력으로부터 사방팔방 압박당하고 있지만, 소비에트 권력은 그 성격을 변화시키지 않고서도, 공산주의로 향한 편안한 발전 과정과 타협하지 않고서도, 변화하는 환경에 적응할 수 있는 역사적 유연성과 지적인 열정을 자신의 내부로부터 찾아내고 있는 중이다.

그러므로 소비에트 국가는 인류 문명이라는 운명적인 과정에서 하나의 운명적이고 되돌릴 수 없는 계기를 보여주었다. 그것은 새로운 사회의 첫 번째 핵이다.

다른 국가들은 프롤레타리아 러시아와 함께 살아갈 수도 없지만, 그것을 파괴할 힘도 없다. 전 세계 자본이 끌어모은 모든 거대한 수단들 —— 정보의 독점, 비방의 능력, 매수, 대륙과 해양의 봉쇄, 보이코트, 사보타지, 뻔뻔스러운 배신행위(Prinkipo)3), (선전포고 없이 시작된 전쟁과 같은) 국제법상의 폭력, 군사적 압력, 우월한 기술적 자원을 이용한 착취 —— 은 전체 민중의 신념 앞에서 무력한 것으로 증명될 것이다. 따라서 다

---

2) [역주] 반달족은 5세기에 서유럽을 침공하여, 로마 문화를 약탈한 게르만의 한 종족이다. 이들은 야만적 행위의 대명사로 언급되며, 따라서 '반달인의 행위'란 야만적 행위를 의미한다.
3) [역주] 1919년 1월, 1차 세계대전 종전 처리를 위해 프린키포 섬에서 열린 열강들의 정상회담에 러시아를 배제시킨 클레망소의 행위를 이르는 것.

른 국가들이 소멸하거나, 그렇지 않으면 [또다른] 러시아가 되거나 러시아와 함께 사는 것, 이것은 역사적 필연이다.

인류에게 이러한 분열은 오래 지속될 수 없다. 인간의 속성은 본래 내외적 통합을 지향한다. 그것은 평화와 관용의 질서를 지향하고, 이는 세계의 재건설을 허용한다. 러시아는 참담한 전쟁 이후에도, 봉쇄된 채 아무런 외적 도움 없이 자신의 힘에만 의존한 채로 2년을 살아남았다. 반면에, 자본주의 국가는, 자신들의 진영에 전 세계를 가지고 있음에도, 그리고 그들의 삶을 연명하기 위해 식민지 착취를 가속화시키고 있음에도 불구하고, 여전히 몰락해 가고 있으며, 끊임없이 계속되는 재앙과 파괴에 직면해 있다.

그러므로 역사가 존재하는 곳, 삶이 존재하는 곳은 러시아이다. 오직 평의회 체제에서만 전 세계에 걸친 삶과 죽음의 문제가 적당한 해결책을 구할 수 있다. 러시아혁명은 역사에 대한 자신의 책임을 다하였다. 죽음과 빈곤과 굶주림, 희생 그리고 꺾이지 않는 의지를. 오늘, 그 싸움은 절정에 치달았다. 러시아 민중은 자신의 무한한 가능성 속에서 드디어 일어섰다. 맹렬히 공격하는 난쟁이떼 위로 우뚝 솟은, 고행의 수척함이 뚜렷한 거인으로서.

러시아 민중은 발미(Valmy)4)를 위해 스스로를 빈틈없이 무장하였다. 그들은 패배하지 않는다. 그들은 이미 자신의 책임을 다하였다. 그들의 풋풋이 살아 있는 심장을 물어뜯고자 하는 무법자와 협잡꾼, 술 취한 용병으로 이루어진 약탈자의 무리에 맞서 그들은 방어되어야 한다. 러시아 민중의 태생적 동맹군인 전 세계 동지들은 그들이 자신의 추진력을 지침 없이 밀고 나갈 수 있도록, 그들이 일상의 삶으로 되돌아 올 길을 열 수 있도록, 지지의 함성을 드높여야만 한다.

<오르디네 누오보>, 1919년 6월 7일

---

4) [역주] 1792년 프랑스 민중이 독일군을 중심으로 한 유럽 봉건 연합군을 무찌름으로써 대혁명을 지켜낸 역사적 전투. 이는 새로운 문명이 유럽의 구체제에 대해 돌이킬 수 없는 사건임을 당대 인물들(가령, 괴테)에게 각인시켰다.

노동자 민주주의

노동계급과, 이 계급의 비판적·능동적 의식을 대변하는 당에 가로놓여 있는 역사적 책임을 날카롭게 인식하고 있는 모든 사회주의자 앞에 한 가지 절박한 문제가 야단스럽게 제기되고 있다.

어떻게 하면 전쟁이 풀어놓은 거대한 사회적 힘에 다시 고삐를 채울 수 있을까? 어떻게 하면 이 힘에 규율을 부여하고, 프롤레타리아 독재가 체현될 사회주의 국가의 골격으로 자연스럽게 발전해 갈 잠재력을 가진 그런 정치적 형태를 부과할 수 있을까? 어떻게 하면 현재의 긴급한 필요들을 충족시키면서 동시에 미래를 창조하고 '예기'하도록 유용하게 작동하는 그런 방식으로, 현재와 미래가 서로 융합될 수 있을까?

이 글의 목적은 사고와 행동을 자극하는 것이다. 이 글의 목적은 가장 의식 있는 최상의 노동자들로 하여금 문제를 고찰하고 ── 각자 자신의 능력과 행동의 영역에서 ── 해결책을 향해 힘을 모으는 데 착수하도록 만듦으로써, 이 문제를 이들의 동지들과 소속 단체들에도 제기하게 하려는 것이다. 미래를 선설한다는 구체적 과업은 결코 설명, 설득, 그리고 상호교육을 통한 집합적이고 협동적인 노력 없이 수행될 수 없다.

사회주의 국가는 피착취 노동계급을 특징짓는 사회 제도들 속에 이미, 잠재적으로, 존재한다. 이러한 제도들은 서로 연결·조정되고, 능력과 권력의 위계 ── 고도로 집중되었지만 각 개별 제도의 자율성과 접합(articulations)을 존중하는 ── 속에 편제되어야 한다. 이러한 방식으로 진정한 노동자 민주주의는 지금 당장, 부르주아 국가에 대해 능동적이고 효과적으로 대항하면서 창출될 수 있다. 즉, 지금 당장, 국가의 자산을 통제하고 운영하는 모든 본질적인 기능의 영역에서 부르주아 국가를 인계할 준비가 되어 있는 것이다.

오늘날 노동자운동은 사회당과 노동총동맹에 의해 주도되고 있는데, 대다수 노동 대중에 관한 한 이 두 기구의 사회적 권력은 간접적인 수단에 의해, 위신과 열광에 의해, 권위적 압력에 의해, 심지어는 관성에 의해 집행되고 있다. 당의 영향력은 날로 증대하고 있으며, 전에는 기대하지 못했던 인구층에게까지 뻗어나가 이제까지는 정치투쟁에 참여하지 않았던 집단과 개인들로 하여금 공산주의에 대한 확신과, 이것의 도래를 위해 효과적으로 활동하고픈 욕망을 불러일으키고 있다. 이런 혼란스럽고 무질서한 에너지는 항구적인 형태와 규율을 부여받아야만 한다. 이들은 행동을 위해 흡수·조정·준비돼야 한다. 프롤레타리아 계급과 반(半)프롤레타리아 계급은 질서 있는 사회로 변용되어, 스스로를 교육하며, 경험을 습득하고, 국가 권력을 획득하려는 모든 계급이 짊어져야 하는 의무에 대한 책임 있는 자각을 발전시켜야 한다.

사회당과 노조가 노동계급 전체를 흡수하는 데는 수년, 심지어는 수십 년의 세월이 걸릴 것이다. 이 기구들은 직접적으로 프롤레타리아 국가와 일치되지는 않는다. 사실 공산주의 공화국에서 두 기구는 국가로부터 독립된 채로 존속할 것이다. 당은 추동력으로 작용할 것이고, 노조는 제한된 개혁을 달성하는 수단, 통제의 수단으로 작동할 것이다. 당은 공산주의 교육 기관, 신념의 용광로, 교의의 보물창고, 노동자·농민 계급의 조직화되고 규율잡힌 힘과 조화를 이루며 이들을 그 목적 지점으로 이끄는 최상의 권력 등등의 역할을 지속해야만 한다. 당이 아직 책임과 규율에 익숙치 못한 새로운 지지자들에게 문호를 개방할 수 없는 것은 바로 당이 이러한 역할을 엄밀하게 수행해야만 하기 때문이다.

그러나 노동계급의 사회생활은 서로 상이한 기구와 활동들을 풍부하고 다양하게 지니고 있다. 우리가 전체 노동계급을 흡수하고 이들에게 규율을 부여할 수 있을 거대하고 유연한 체제를 향해, 발전시키고 조정하며 서로 연결해 가야 할 것이 바로 이러한 기구와 활동들이다.

작업장의 내부위원회(internal commission), 사회주의 클럽, 농민공동체, 이들에는 우리가 직접적으로 작업해야 할 프롤레타리아 생활의 중심들이 존재한다.

작업장위원회(workshop commission)는 사장들이 부과한 구속에서 벗어나 새로운 삶, 새로운 에너지와 연결되어야 할 노동자 민주주의의 기관이다. 오늘날, 이들 위원회는 자본가들이 공장에서 집행하는 권력을 제한하는 역할을 하고, 중재 및 규율 기능을 수행한다. 미래에 이들 위원회는 발전과 개선을 거쳐 프롤레타리아 권력의 기관이 되어야 하며, 자본가들로부터 모든 유용한 경영 및 행정 기능을 접수해야 한다.

노동자들은 지금 당장, "작업장의 모든 권력을 작업장위원회로!"라는 구호를, 그와

쌍을 이루는 다른 구호인 "모든 국가 권력을 노동자·농민 평의회로!"와 함께 외치면서, 정치적으로 가장 각성된 최상의 동지들을 뽑아 대규모의 대표자 회합들(assemblies of delegates)을 추진해야 한다.

이런 방식으로, 당 안에 조직화된 공산주의자들과 지역 위원회들(local committees)은 구체적인 혁명 선전의 광활한 마당을 부여받아야 한다. 도시 당 지부들과 조응하여 움직이는 클럽들은 이 장(場)에서 노동계급의 힘을 조사해야 하며, 작업장 대의원들의 지역 수준 평의회에 멍석을 깔아 줘야 한다. 즉, 이 장의 모든 프롤레타리아 에너지를 모아내고 조정하는 신경중추가 되어야 한다. 선출 체제는 작업장의 규모에 따라 다양할 수 있지만, 각 직업 범주로 나뉜(영국의 공장에서 그런 것처럼) 매 15명의 노동자마다 한 명의 대의원을 뽑아 일련의 선거를 통해 결국 작업의 모든 측면(육체노동자, 사무직원, 기술자)에 걸쳐 대표자들을 포괄하는 작업장 대표자 위원회를 구성하는 것을 목적으로 해야 한다. 지역 위원회는 또한 해당 지역에 거주하는 다른 범주의 노동자들 — 웨이터, 택시 운전사, 전차 운전사, 철도 노동자, 청소부, 개인 피고용인[집사, 식모 등 등], 상점 노동자 등등 — 을 통합하는 것을 목적으로 해야 한다.

지역 위원회는 해당 지역에 사는 노동계급 전체를 표현해야만 한다. 즉, 이는 자신에게 자연스럽게 위임된 권력에 기반하여 규율을 강화할 수 있고 해당 지역 내에서 즉각적이고 완전한 작업 중단을 명령할 수 있는 정당하고 권위 있는 표현이 되어야만 한다.

지역 위원회는 사회당과 노동조합연맹의 통제와 규율에 종속된 도시 인민위원회(urban commissariats)로 발전할 것이다.

이런 종류의 노동자 민주주의 체제(그에 상응하는 농민 조직과 통합된)는 대중에게 항구적인 구조와 규율을 부여힐 깃이다. 이는 정치와 행성의 영역에서 중대한 교육의 장이 될 것이며, 대중을 그 마지막 한 사람까지 포괄하여, 인내와 결의를 학습하게 하고, 자신들이 힘을 합쳐 싸우지 않으면 파멸당하거나 노예로 전락할 수밖에 없는 전장의 군대라는 것을 배우도록 만들 것이다.

모든 공장은 이러한 군대의 연대를 하나 이상 건설하게 될 것이며, 이 연대는 권위주의적인 방식의 명령이 아니라 자유선거를 통해 권력을 위임받은 그만의 하사관, 그만의 연락장교, 그만의 간부단과 총사령부를 지닐 것이다. 작업장 회의와, 가장 정치적으로 각성된 요소들에 의한 부단한 선전 및 설득을 통해, 노동자의 심리에 급진적인 변혁을 초래하는 것이 가능하게 될 것이다. 대중은 권력을 집행하는 데 보다 나은 자질과 준비를 갖추게 될 것이다. 동지들과 노동자들의 권리와 의무에 대한 자각 — 살아 있는 역사적 경험에서 발원한다는 바로 그 점에서 참으로 조화롭고 효과적일 자각 — 이 발전할 것이다.

이미 언급했듯이 이러한 급박하고 간단한 제안은 오직 사상과 행동을 자극하기 위한 것일 뿐이다. 문제의 각각의 단면들은 광범하고 깊이 있는 숙고, 그리고 상세한 설명 및 다른 부수적이고 지엽적인 쟁점들에 대한 적절한 숙고를 거쳐야만 한다. 그러나 사회주의 생활의 문제들에 대한 충분히 구체적인 해결책은 공산주의적 실천, 즉 사람들의 의식을 바꾸고 이들을 단결시키며 행동으로 나아가는 압도적인 열정으로 충만케 하는 집합적이고 우호적인 토론을 통해서만 제공될 수 있다. 진실을 말하고 진실에 함께 이르는 것은 혁명적이고 공산주의적인 행위다. '프롤레타리아트 독재'라는 정식은 이제 단순한 정식이나 혁명적 수사학에 머물러서는 안 된다. 목적에 도달하고자 하는 사람은 누구나 그 수단도 함께 가져야 한다. 프롤레타리아트 독재는 새로운 국가, 즉 피억압계급의 제도적 경험과 노동계급의 사회 생활을 포괄적이고 고도로 조직화된 체제로 인도하고 전환시킬 그런 전형적 프롤레타리아 국가의 수립을 의미한다. 이러한 국가는 짧은 시간 안에 이뤄질 수 없다. 러시아 볼셰비키는 "모든 권력을 소비에트로!"라는 자신들의 구호를 퍼뜨리는 데 8개월이나 분투했으며 결국 실현시켰다. 그리고 러시아 노동자들에게 소비에트는 1905년부터 낯익은 것이었다. 이탈리아 공산주의자들은 시간과 노고를 절약하기 위해 러시아의 경험을 적극 활용해야 한다. 재건의 과제는 그 자체 상당한 시간과 노고를 요구하므로 매일매일의 가능한 모든 행동은 그 목적을 향해 맞춰져야 한다.

<오르디네 누오보>, 1919년 6월 21일(팔미로 톨리아티와 공저)

국가와 사회주의[5]

비록 '영원(For Ever)'의 글이 터무니없는 헛소리와 무의미한 횡설수설의 뒤범벅뿐이긴 하지만, 우리가 이 글을 출간하는 것은 바로 그 때문이다. 바이마르 국가는 맑스주의 국가이며, 우리 <오르디네 누오보>는 국가가 영원히 존재하길 바라는 국가숭배자들이다('영원'은 확실히 '영원히'를 의미했다). 사회주의 국가는 국가사회주의와 동일한 것이고, '기독교 국가'와 '카이우스 그라쿠스(Caius Gracchus)[6] 하의 평민국가' 같은 것이 존재했었다. 사라토프(Saratov)[7]의 소비에트는 자신의 생산과 혁명적 방어 활동을 러시아 소비에트의 일반적 체제와 결합시켜 내지 않고서도 생존할 수 있었다. 기타 등등, '영원'에 따르면 그렇다는 것이다. 이 모든 단언들, 이 모든 터무니없는 헛소리들— 이 모두가 무정부 상태의 옹호란 명목으로 제시된 것들이다.

여전히 우리는 '영원'의 글을 출판하고 있다. '영원'은 단순한 일 개인이 아니다. 그는 하나의 사회적 유형이다. 이러한 관점에서 보면, 그는 결코 무시되어서는 안 된다. 그는 규명·연구·토론되고, 그런 연후에 거부되어야 한다. 중의와 우정의 성심으로(우정은 결코 진실로부터, 진실이 동반하는 고통으로부터 떨어질 수 없는 것이다). '영원'은 사이비 혁명가다. 과장된 수사와 격앙된 호언장담, 그리고 낭만적 열정에 전적으로 의존하고 있는 자들은 선동가일 뿐이지, 혁명가가 아니다. 혁명은 냉철한 정신의 소유자를 필

---

5) 마시모 포벨(Massimo Fovel['For Ever'])의 논설 「무정부 상태를 옹호하며」에 대한 답변.
6) [역주] Caius Gracchus는 Tiberious Gracchus와 형제인 Gaius Gracchus의 오기로 보인다. 그라쿠스 형제는 로마의 호민관을 지낸 개혁성향의 정치가들로 평민에 우호적인 정책을 주장했으나 기득권층의 반발로 좌절했다.
7) [역주] 볼가 강변의 요새 도시로, 20세기 초반에는 러시아에서 네 번째로 많은 인구를 가진 도시로 번성했다.

요로 한다. 그는 상점에 빵이 놓여 있도록 세심하게 주의를 기울이는 사람이며, 기차가 정각에 도착하고 원자재가 공장에 도착할 수 있도록 신경쓰는 사람이며, 산업생산물과 농업생산물의 교환을 조정할 사람이며, 범죄에 맞서 민중의 안전과 개인적 자유를 보장할 사람이며, 사회 업무 복합체 전체의 효율적 운영을 확보하고, 민중이 자포자기와 광란의 대량학살의 상태로 빠지는 것을 방지해 줄 사람이다. 백 명쯤 거주하는 한 마을에서 이 모든 문제 중 단지 하나를 해결하더라도, 말뿐인 열정과 고삐 풀린 호언장담은 단지 조소(혹은 통곡)를 자아낼 뿐이다.

하지만, '영원'이 하나의 유형일지라도, 그가 모든 자유주의자들을 대표하는 것은 아니다. <오르디네 누오보>의 편집진에는 공산주의적 자유의지론자(libertarian)인 카를로 페트리(Carlo Petri)가 있다. 페트리 덕분에 이 논쟁의 수준이 보다 높아졌다. 페트리 같은 공산주의적 자유의지론자들이 있는 곳에서는 그들과 함께 하지 않을 수 없다. 이들은 하나의 혁명 세력이다. 지난호의 페트리의 글과 이번 호에 실린 '영원'의 글(자유의지론 사상의 변증법적 화해, 즉 존재와 비존재를 목적으로)을 검토하면서, 우리는 아래의 글을 작성하게 되었다. 당연히, 페트리가 직접 언급한 엠페도클레스(Empedocles) 동지와 케사르(Caesar) 동지가 [이 글에 대해] 직접 답변을 하는 것은 자유다.

I

공산주의는 프롤레타리아 인터내셔널에 구현되어 있다. 공산주의는 오직 국제적일 때만, 오직 국제적인 한에서만 가능하다. 이러한 의미에서, 사회주의 프롤레타리아 운동은 국가에 반대되는 것이다. 왜냐하면 그것은 자본주의 국민국가에 반대하고, 국민국가로부터 파생되고 그에 의해 조건지어진 국민경제에 반대하기 때문이다.

하지만 국민국가가 공산주의 인터내셔널에서 철폐된다는 것이 국가 그 자체 — 즉 사회의 구체적 '형태'로서 이해되는 국가 — 의 철폐를 말하는 것은 아니다. 사회는 이런 맥락에서 순수한 추상이다. 역사 속에서, 역사가 발전시킨 인간 문명의 살아 있는 피와 살의 현실 속에서, 사회는 언제나 국가들의 체제였으며, 일종의 국가들간 균형이었다. 그것은 하나의 체제(a system)이며, 구체적 제도들간의 균형이며, 그 속에서 사회는 자신의 존재와 발전에 대한 의식을 발전시키고, 그것[국가] 없이 사회는 단 한 순간도 존재할 수 없으며, 결코 발전할 수 없다.

인간 문명의 정복들은 제도로 구현되고, 국가 안에서 그 형태를 찾을 때에만 — 단지 피상적이고 일시적인 에피소드로서가 아니라 실제 역사로—— 지속될 수 있다. 사회주의 이념이 사회주의 프롤레타리아 운동에, 조직화된 프롤레타리아의 방어·공격 조직에 구현되기 전에는, 그것은 여전히 하나의 신화로, 덧없는 망상으로, 개인적 환상의 단순한 일시적 생각으로 남을 뿐이다. 사회주의 이념이 역사적 형태를 획득하고 진보하는 것은 바로 이 제도들 안에서, 이 제도에 의해서다. 사회주의 국민국가가 탄생하는 것도 이러한 제도로부터이며, 그것이 다른 사회주의 국가와 통합될 수 있는 방식으로 갖추어지고 조직되는 것도 바로 이러한 제도에서 시작된다. 아니 차라리, 모든 개별 국가, 모든 제도, 모든 개인들이 그들의 삶과 자유를 향한 완전한 잠재력을 성취할 수 있는 공산주의 인터내셔널을 수립하기 위해 다른 사회주의 국가들과 함께 노력함으로써만 생존하고 발전할 수 있는 그런 방식으로, 그것[사회주의 국가]은 수립되는 것이다.

이러한 의미에서 공산주의는 '국가에 반대'되는 것이 아니다. 도리어, 그것은 국가의 반대자들—— 무정부주의자들 및 노동조합 무정부주의자들[8] —— 과 화해할 수 없는 적대에 놓여 있는 것이다. 공산주의는 그들의 선전이 공상적이며, 프롤레타리아 혁명에 해악적인 것이라고 비판한다.

기성의 도식이 제시되고, 그 안에서 사회주의는 무정부 상태로 가는 건널목이 된다. [하지만] 이는 어리석은 편견이며, 미래에 대한 불확실한 저당증서다. 이념의 변증법 속에서 무정부 상태는 사회주의라기보다는 자유주의의 연장이며, 역사의 변증법 속에서 무정부 상태는 자유주의와 함께 사회 현실의 영역에서 추방될 것이다. 물질적 재화의 생산이 점점 더 산업화되고 자본의 집중이 노동 대중의 집중과 동시에 진행됨에 따라, 자유주의 이념은 점점 더 고수하기 어렵게 되었다. 장인 경제와 봉건적 토지소유 체제가 여전히 지배적인 지역에서는 사유의지본적 운동이 아직도 광범위하게 퍼져 있다. 산업화된 도시와 농업이 기계화된 농촌에서는, 무정부주의자들이 비록 이데올로기적 효소로 살아 있다고는 하지만, 정치적 운동으로서의 생명을 다해 가는 경향이 있다. 이러한 점에서 자유의지론적 이념은 종종 여전히 자신의 역할을 하고 있다. 자유주의 전통이, 자본주의와 함께 죽을 운명은 아닌 인류를 위한 정복을 성취하고 장악하는 한 그것은 계속될 것이다.

---

[8] [역주] trade-union anarchists. 결국 아나코-생디칼리즘(anarcho-syndicalism)을 의미하는 것으로, 이는 프랑스 노조의 경험으로부터 생겨난 생디칼리즘(자본주의에 대항하는 운동은 노동조합, 혹은 배타적 노동자 조직체에 의해 주도되어야 한다는 입장)이 무정부주의로 경도되면서 발생한 것이다.

지금 이 순간, 전쟁[1차 대전]이 남기고 간 사회적 혼란의 순간에, 자유주의 이념의 신도들의 수는 증가하고 있는 것처럼 보인다. 우리가 보기에 이는 그 이념 자체의 장점에 의한 것이 아니다. 그 현상은 일종의 퇴행적인 것이다. 새로운 요소들이 도시로 인입되고 있고, 정치문화는 결여돼 있으며, 전반적인 투쟁의 양상은 산업의 발전에 따라 계급투쟁이 보이게 될 것이라고 생각되었던 것과 일치하지 않고 있다. 전염성 강한 매문가인 무정부주의 선동가들은 이러한 직관적이고 원초적인 의식을 쉽게 사로잡을 수 있다. 하지만 사이비-혁명가의 헛소리는 근본적이고 영원한 것을 절대 창조해 낼 수 없다. 또한 진보의 리듬을 역사에 각인시키고, 흔들림 없고 확고한 공산주의 문명의 전진을 결정할 사람들, 그리고 이러한 길을 지도할 사람들은 결코 '거리의 소년들', 혹은 룸펜프롤레타리아들이 아니다. 보헤미안, 혹은 딜레탕트, 혹은 장발의 열정적 낭만주의자들 역시 아니다. 그들은 결속력 있는 노동계급의 대오이며, 정치적 명확성과 훈련으로 무장한 군대다.

II

완전한 자유주의 전통은 반국가적이다.

자유주의 전통은 국가에 반대하는 오래된 논객이다. 자본주의의 정치적 역사는 시민과 국가 간의 격렬하고 끝없는 투쟁으로 특징지어진다. 의회는 이 투쟁의 기관이다. 그리고 전적으로 이 때문에, 의회는 국가의 모든 기능을 흡수하려는 경향이 있다. 즉, 대중적인 합법화란 중앙권력에 의한 종속이나 통제로부터 지역의 제도와 개인들을 자유롭게 하는 것이 목적이기 때문에, 국가로부터 모든 효과적 권력을 인수함으로써 국가를 폐지하려는 경향이 있다.

자유주의적 활동은 가능한 한 확실하고 믿을 만한 경쟁의 조건을 보장하는 것이 목적인 자본주의의 일반적 운동의 한 부분이다. 경쟁은 국가의 가장 맹렬한 적이다. 인터내셔널이라는 이념 그 자체는 원래 자유주의 사상이었다. 맑스는, 비판적인 방식이긴 하지만, 콥든(Cobden)[9] 학파와 자유무역의 선전단체로부터 이 이념을 받아들였다. [하지만] 자유주의자는 평화와 인터내셔널을 만들어 낼 능력이 없다. 왜냐하면, 사적 소유

---

9) [역주] 영국의 리처드 콥든은 14세에 섬유산업 직원으로 출발하여 19세기 초엽 목화무역으로 큰 돈을 벌게 된다. 이후 자유무역의 강력한 옹호자로서 저술활동을 펼치며 반곡물법(Anti-Corn Law) 입법활동에 참여했다.

와 국가적 소유는 분열과 국경, 전쟁을, 그리고 다른 국가와 끊임없는 갈등에 빠질 수밖에 없는 국민국가를 초래하기 때문이다.

국민국가는 경쟁 기관이다. 그것은 경쟁이 폐지되고 새로운 경제적 실천이 사회주의 국가의 구체적 경험 속에서 건설될 때 사라질 것이다.

[물론] 프롤레타리아 독재는 여전히 국민국가이며 계급국가다. 경쟁의 기준과 계급투쟁은 변했지만, 경쟁과 계급은 여전히 존재한다. 프롤레타리아 독재는 부르주아 국가와 마찬가지로 국내외적 방어라는 똑같은 문제를 해결해야 한다. 이는 우리가 고려해야만 하는 구체적이고 객관적인 조건이다. 마치 공산주의 인터내셔널이 이미 존재하는 양, 사회주의 국가와 부르주아 국가의 경쟁단계 또는 공산주의 국민경제와 자본주의 국민경제의 무자비한 경쟁 단계가 이미 우리 뒤로 지나간 것인 양 행동하고 말한다면 프롤레타리아 혁명에 치명적인 오류가 될 것이다.

인간 사회는 부르주아 국가의 소멸과정에 조응하여 급격한 해체를 겪고 있다. 프롤레타리아 독재가 수행될 구체적인 객관적 상황은 지독한 무질서와 공포스러운 규율결여라는 상황일 것이다. 이러한 해체와 무질서를 가능한 한 빨리 저지하고, 사회체를 응집력 있는 형태로 재형성하며, 외부의 공격과 국내의 모반으로부터 혁명을 보호할 수 있도록 사회주의 국가를 굳건하게 만들어야만 한다.

프롤레타리아 독재가 만약 살아서 발전한다면, 그것은 매우 군사적인 성격을 가질 것이 틀림없다. 이 때문에 사회주의 군대의 문제가 가장 중요한 것 중 하나가 된다. 그리고 지금 혁명 전야의 시점에서 모든 부르주아 지배형태에 반대하여 과거의 사회주의 선전이 남긴 편견의 앙금을 제거하도록 노력하고 실제로 제거하는 것은 매우 시급한 과제이다.

인터내셔널 내부에서 국가를 폐지하기 위해서는 이러한 목적을 성취하도록 고안된 국가가 필요하며, 군국주의를 제거하기 위해서는 새로운 종류의 군대가 필요하다는 생각에 프롤레타리아가 익숙해지도록 그들을 재교육시킬 필요가 있다. 즉, 프롤레타리아에게 독재의 실천을, 자치(self-government)를 훈련시켜야 한다는 것이다. 극복해야 할 난제가 매우 많을 것이며, 이 문제들이 짧은 시간에 사라지거나 위험성이 사라질 것이라고 확신을 가지고 예측하기는 불가능하다. 하지만 프롤레타리아 국가가 단 하루 동안만 존재한다 할지라도, 우리가 맞닥뜨릴 상황이 자신의 과제 —— 사적 소유와 계급의 철폐 —— 를 수행하는 데 있어 용이하게 작용할 수 있도록, 지금부터 작업을 해 나가야 한다.

프롤레타리아는 통치기술 및 지배기술을 배우지 못했으며, 부르주아지는 공개적이든 비밀스럽든, 폭력적이든 수동적이든 간에, 사회주의 국가에 대해 만만치 않은 반대를 지속할 것이다. 오직 정치적으로 교육된 프롤레타리아만이, 사회주의 국가가 필연적으로 직면할 역행으로 인해 자포자기하고 사기가 저하되는 것을 용인하지 않을 것이며, 구체적 생산조건에 의해 필연적으로 나타날 후퇴와 개개인들의 실수에도 불구하고 국가에 대한 신념과 충성을 유지할 것이다. 이러한 프롤레타리아만이 독재를 현실화시킬 수 있으며, 자본주의와 전쟁의 더러운 유산을 일소하고, 공산주의 인터내셔널을 실현할 것이다. 그리고 사회주의 국가는 그 속성상, 부르주아 국가와는 다른, 혹은 반대되는 충성과 원칙을 요구한다. 국가의 국내외 권력이 강력해질수록 시민들은 자신들의 권력행사에 대한 통제권을 더욱 상실하는 부르주아 국가와는 달리, 사회주의 국가는 그 제도 속에 살고 있는 모든 동지들에게 영구적이고 활동적인 참여를 요구한다. 사회주의 국가가 근본적 변화의 수단이라는 사실을 잊지 말아야 한다. 또한 하나의 정부를 변화시키는 것처럼 쉽게 국가를 바꿀 수는 없다는 것도 기억해야 한다. 과거 제도로의 복귀는 대량학살, 즉 무참한 참사를 야기하는 백색테러의 고삐를 풀어 주는 것과 마찬가지일 것이다. 식료품 시장에서의 유연성을 회복시키기 위해, 그리고 과거에 익숙했던 편안한 삶을 위한 투쟁에서 강력한 위치를 재탈환하기 위해, 전쟁이라는 상황을 통해 노동 대중의 3/4을 쓸어버리는 것이 부르주아의 이해(利害)이다. 어떠한 이유로든, 어떠한 종류든, 주저함은 있을 수 없다.

이 순간부터, 우리는 우리 자신의, 그리고 타인의 내부에서, 사형 집행인의 칼처럼 예리하고 준엄한 책임감을 깨워 일으켜야 한다. 혁명은 위대하고 공포스러운 것이지, 딜레탕트나 낭만적 탈선의 게임이 아니다.

계급투쟁에서 패배했을 때, 자본주의는 반국가[주의] 효소라는 유해한 잔해를 남길 것이다. 혹은 몇몇의 개인들과 집단들이 혁명의 성공에 필수적인 원칙과 노동으로부터 벗어나기를 원하기 때문에, 그러한 이름[반국가주의]의 감정이 진행될 것이다.

친애하는 페트리 동지, 우리는 분파간의 파괴적인 유혈충돌을 피하기 위해, 타락과 부패로부터 사회체를 구해 내기 위해 그 일부분을 제거하고 무장세력에게 규율과 충성을 부과하는 잔인한 필요성으로부터 국가를 방어하기 위해 함께 일해야 하오 사회주의 국가의 생존이 프롤레타리아트가 자신의 해방, 자신의 자유라는 이름으로 수행해야만 할 과업의 사슬들 중 한 고리임을 보여주는 우리의 문화적 과업을 위해 힘을 합칩시다.

<오르디네 누오보>, 1919년 6월 28일~7월 5일

국가의 정복

생산방식에 의해 결정되는 자본의 집중 경향은 그에 상응하는 인간 노동력의 집중을 낳는다. 이러한 사실이 맑스주의의 혁명적 테제의 근저에 놓여 있다. 말하자면, 이는 자유경쟁과 계급투쟁으로부터 비롯되는 부르주아 생활 양식, 자본주의적 무질서를 대체할 운명인 새로운 프롤레타리아트 생활 양식, 새로운 공산주의 질서의 근저에 자리잡고 있다.

일반적인 자본주의적 행동 영역 안에서 노동자 역시 자유경쟁의 차원에서 한 명의 시민-개인으로 활동한다. 그러나, 투쟁의 출발 조건은 항상 불공평하다. 사적 소유의 존재로 인해 사회적 소수만이 특권을 누리며, 따라서 투쟁은 불공평하지 않을 수 없다. 노동자는 가장 치명적인 위험에 지속적으로 노출되며, 그의 생존 자체, 그의 문화, 그의 가족의 생활과 미래는 노동시장 변동의 급작스러운 결과에 노출된다. 따라서 노동자는 경쟁과 개인주의의 영역에서 탈출하려 한다. 이러한 원리들을 체현한 제도와 기관들이 등장하게 되며, 이것들은 생산 및 교환 수단에 공산주의를 야기한 역사 발전 과정의 기초를 형성한다.

결사[association, 노동조합, 정당 등]의 원리는 프롤레타리아트 혁명에 결정적인 요소로서 받아들여질 수 있으며, 그래야만 한다. 바로 이 역사적 경향이 멀지 않은 과거(제1인터내셔널과 제2인터내셔널의 시기 혹은 충원의 시기라고 부를 수 있는)에 사회당과 노동조합의 출현과 최초의 발전을 결정했다.

하지만, 이러한 프롤레타리아 제도, 그리고 프롤레타리아 운동 전반의 발전은 자율적이지 않다. 즉, 이는 피착취 노동계급의 생활과 역사적 경험에 내재한 법칙을 벗어나지 못한다. 역사 법칙은 국가로 조직된 유산계급에 의해 강요된다. 국가는 항상 역사의 주역이었는데, 왜냐하면 유산계급의 힘이 이 기관에 집중되었기 때문이다. 유산계급이 경쟁의 최종 국면 — 즉, 사회를 주도하고 질서를 부여할 우위와 권력을 놓고 벌이는 계급들 사이의 투쟁 — 에서 자신들의 특권적 위치를 지키기 위해 자기 자신에게 규율을 부여하고 경쟁의 충돌을 견뎌낼 수 있는 통일체로 자기 형성하는 것은 바로 국가 안에 서다.

문제의 시기에 프롤레타리아 운동은 자본주의 자유경쟁의 한 기능에 불과했다. 프롤레타리아 제도들은 어떤 내적 필요 때문이 아니라 외적 구속 때문에, 자본주의 경쟁으로부터 비롯된 상황과 구속의 강고한 압박 때문에 특정한 형태를 취했다. 바로 이 때문에 우리는 바로 앞의 과거(제2인터내셔널의 붕괴로 결산된 시기) 동안 프롤레타리아 운동의 존재를 특징지어 온 내적 갈등, 편향, 동요, 타협들을 목도해야만 했던 것이다.

사회주의 운동과 프롤레타리아 운동 내의 특정 경향들은 혁명의 결정적 요소로서 노동자들이 수행하는 직종에 따라 이들을 조직할 필요를 강조해 왔다. 잠시나마 생디칼리즘 운동이 맑스주의의 진정한 해석, 진실의 진정한 해석을 대변하는 것으로 보였다.

생디칼리즘 운동의 오류는 다음과 같다. 이는 노동조합이 현재의 형태, 현재의 기능 그대로 계속될 것이라고 전제한다. 노동조합이 사실은 내적인 요인이 아니라 외적인 요인에 의해 형태와 역할이 결정되며 이런 이유로 지속적이고 예측가능한 발전의 길을 걸을 수 없음에도 불구하고, 마치 결사의 영구한 형태를 이루는 것처럼 전제되는 것이다. '자생적'이고 자유의지론적인 전통의 시초로 자처하는 생디칼리즘은 사실은 자코뱅주의라는 추상적 정신의 숱한 위장들 중 하나에 불과하다.

이것이 생디칼리즘 경향의 오류의 뿌리이며, 이 때문에 생디칼리즘은 혁명을 위해 노동계급을 교육한다는 사회당의 과제를 대신할 수 없는 것으로 드러난다. 노동자·농민은 유산계급과 의회민주제 국가가 역사 법칙을 좌지우지하는 한 이러한 법칙의 역장(力場)으로부터 탈출하려는 어떠한 시도도 바보 같고 어리석은 것이라고 생각한다. 사회가 산업 생산의 결과물로 나타나는 전반적인 지형 내에서, 우리가 생활에 능동적으로 참여하고 우리의 환경을 바꾸기 위해 행동할 수 있는 유일한 길은 시민-개인, 의회민주제 국가의 국민이라는 자격에 있다는 것을 받아들여야만 한다. 자유주의의 경험은 쓸모없는 것이 아니며, 우선 이를 경험할 때에만 이 경험을 넘어 전진하는 것도 가능하다. 정치에 무관심한 자들의 비정치주의는 단지 정치의 퇴보일 뿐이다. 국가의 대중적 제도인 의회와 지방의회로 모아지는 일반적인 역사적 활동에 참여하는 것과 마찬가지로, 국가를 거부하고 그것에 반대하는 태도를 취하는 것도 정치적 행동인 것이다. 변하는 것은 관련된 정치적 행동의 질일 뿐이다. 생디칼리스트들은 현실 바깥에서 활동하며,

따라서 이들의 정치는 근본적으로 잘못된 것이다. 의회사회주의자들은 사물의 핵심에서 활동했다. 즉, 이들은 잘못을 저지를 수도 있었지만(사실 참으로 많은 심각한 오류를 저질렀다) 이들의 활동이 취한 일반적 지향은 잘못된 것이 아니었다. 이 때문에 '경주'에서 이긴 것은 바로 이들이었다. 개입을 통해 사회 관계를 객관적으로 교정할 수 있는 능력을 지닌 대다수 대중은 사회당을 중심으로 모였다. 최종적으로 그 모든 오류와 결점에도 불구하고 당은 그 임무를 성공적으로 수행했다. 당은 프롤레타리아트에게 이전에는 없었던 뭔가를 만들어 주었고, 해방운동에 어떤 지향을, 전반적으로 인간 사회의 역사 발전 과정에 부합하는 단호한 지향을 부여했다.

사회주의 운동의 엄청난 오류는 생디칼리스트들의 그것과 유사하다. 인간 사회의 일반적 활동에 참여하는 경우, 사회당 내에서 당원들은 본질적으로 비판가의 입장을, 반명제의 입장을 취해야 한다는 것을 망각했다. 이들은 현실을 지배하기보다는 그것에 흡수되는 것을 허용했다.

맑스주의적 공산주의자들은 우리가 '산파술적인' 심성이라 부를 수 있는 특성을 지녀야 한다. 부르주아적 경쟁 법칙에 의해 결정되는 상황 전개 속에서 길을 잃는 것은 이들의 몫이 아니다. 반대로 이들은 비판적 거리를 유지해야 한다. 역사는 생성의 부단한 과정이며, 따라서 이는 본질적으로 예측불가능하다. 그러나 그것이 역사적 생성 과정에서 '모든 것'이 다 예측불가능하다는 것을, 즉 역사는 우연과 무책임한 변덕의 영역이기만 하다는 것을 의미하지는 않는다. 역사는 자유이면서 동시에 필연이다. 그 발전과 활동을 통해 역사를 체현한다고 할 수 있는 제도들이 출현하여 존속하는데, 왜냐하면 이것들은 달성해야 할 과제와 사명을 지니기 때문이다. 물질적 재화의 생산을 위한, 그리고 인간의 영적 의식을 위한 특정한 객관적 조건들이 등장해 발전한다. 이러한 조건들—그 기계적 성질 때문에 거의 수학적으로 계산가능한—이 변화하면, 인간 사회를 규제하고 인도하는 관계의 복합체 전체가 이와 함께 변화하며, 인간 의식의 수준 또한 마찬가지다. 사회의 전체 지형이 변형되고 전통적 제도들이 퇴락하는데, 왜냐하면 이들은 더 이상 자신들의 과제에 적합하지 않고 이제는 장애물이나 위험물로 전락하기 때문이다.

만약 인간의 지성이 역사적 생성 과정에 일정한 패턴을 낳는 일정한 리듬을 파악할 수 없다면, 문명은 불가능할 것이다. 정치적 천재는 발전 과정을 규명하는 데 필요충분한 구체적 맥락들을 가능한 한 많이 제어하는 능력에 따라 인정될 수 있다. 달리 말하면, 바로 이 능력이 우리 바로 앞의, 혹은 먼 훗날의 미래를 예측하고 이러한 직관에 따라

전 민중의 미래를 좌우지하는 국가의 행동을 규정하는 것이다. 이런 점에서 칼 맑스는 우리 시대의 가장 위대한 정치적 천재임을 증명해 보였다.

종종 무기력하게 사회주의자들은 자본주의가 주도하여 낳은 역사적 현실을 수용해 왔다. 이들은 자유주의 경제학자들에게도 영향을 미치고 있는 잘못된 사고방식, 즉 민주제 국가의 영속성에 대한, 그 기능적 완벽성에 대한 믿음에 의존해 왔다. 이들의 관점에서 민주주의 제도의 형태는 정정되고 여기저기 땜질될 수는 있지만 근본적으로는 존중되어야만 하는 것이다. 이런 종류의 자기만족적이고 협애한 사고의 사례는 의회와 소비에트의 관계는 도시와 유목민의 관계와 같다는 필립포 투라티(Filippo Turati)의 미노스(Minos)식[10] 언명이다.

'국가의 정복'이라는 현재의 대혼돈은 역사 과정의 본성에 대한 잘못된 이해에서, 그리고 타협의 관습에 매몰되고 '백치병적인' 의회주의 전술에 갇힘으로써 비롯된다.

반대로 우리는, 러시아, 헝가리, 독일의 혁명 경험을 통해, 사회주의 국가가 자본주의 국가의 제도들 속에 구현될 수 없음을 확신한다. 제도들에 관한 한 사회주의 국가는, 비록 프롤레타리아트의 역사 안에서만 완벽히 이해될 수 있겠지만, 하나의 급격한 새 출발점을 의미한다. 자본주의 국가의 제도들은 자유경쟁을 촉진하려는 목적에 따라 조직되어 있다. 단순히 책임자를 바꾸는 것은 이들 제도의 활동을 다른 목적에 맞추는 것과는 아무 상관도 없다. 사회주의 국가는 아직 공산주의를 의미하지는 않는다. 이는 코뮌적인(communal) 경제 실천과 생활 방식의 수립을 의미하지 않는 것이다. 이는 이행기적 국가이며, 그 과업은 사적 소유, 계급, 일국 경제를 지양함으로써 경쟁을 지양하는 것이다. 이 과업은 의회민주주의를 통해서는 수행될 수 없다. '국가의 정복'이라는 정식은 이런 맥락에서 이해되어야 한다. 즉, 프롤레타리아 계급의 연합의 경험에서 탄생해 의회민주제 국가를 대체할 새로운 유형의 국가의 창출이라는 맥락에서 말이다.

그리고 이는 우리를 우리가 출발한 지점으로 되돌려 놓는다. 위에서 언급한 대로, 얼마 전 과거의 사회주의 운동·프롤레타리아 운동의 제도들은 자율적으로가 아니라 자본주의 지배 법칙에 의해 움직이는 인간 사회의 일반적 지형의 결과로 발전했다. 전쟁은 계급투쟁의 전략적 상황을 전면에 제기했다. 자본가들은 우위를 상실했으며, 이들의 자유는 제한됐고, 이들의 권력은 무로 전락했다. 자원의 집중이라는 자본주의의 경

---

10) [영역자주] *minossimo*라는 형용사(여기서는 분명히 아이러니컬한)는 완고한 옹고집의 판단을 함축한다. 고대 크레테의 신화 속 왕인 미노스는 버질의 『아에네이드』와 단테의 『신곡』에서 죽은 자를 심판하는 임무를 맡았다.

향은 가능한 최고 한계로까지 치달아서 생산 및 교역에 대한 전 세계적 독점이 이뤄졌다. 그에 상응하는 노동 대중의 집중은 혁명적 프롤레타리아 계급에게 전대미문의 힘을 부여했다.

운동의 전통적 제도들은 이러한 혁명적 삶의 대개화(大開花)를 담아낼 수 없게 됐다. 이들의 바로 그 구조 때문에 이들은 의식적인 역사 과정의 일부가 되어 가는 힘들을 길들이는 과제에 부적합하다. [물론] 이러한 제도들이 죽지는 않았다. 자유경쟁에 대응하여 창조되었기 때문에 이들은, 경쟁의 마지막 잔존물이 지양될 때까지, 계급 자체와 정당들이 지양되고 프롤레타리아트의 일국적 독재가 공산주의 인터내셔널로 융합될 때까지 존속될 것이다. 그러나, 이런 제도들과 나란히, 새로운 유형의 제도, 즉 바로 의회 민주제 국가의 사적·공적 제도들을 대체하기 위해 고안된 국가 비슷한 제도들이 창조되고 발전되기 시작해야만 한다. 행정과 공장 경영이라는 측면에서 자본가들의 역할을 인수하고 공장에서의, 작업장에서의 생산자의 자율성을 보장하기 위해 고안된 제도들. 생산 및 교환의 복합 체제에 내재한 상이한 기능들, 공장의 다양한 부분을 연결하고 기본적 경제 단위를 형성하는 그 기능들, 농업의 다기한 활동들 또한 한 곳에 연결하며 숨막히고 기생적인 사적 소유의 전제(專制)가 제거된 채로 일국 경제와 국제 경제라는 조화로운 조형물 안에서 수평적이고 수직적인 계획을 통해 조정되어야만 할 그 기능들에 대한 경영을 인수할 수 있을 제도들.

동유럽 프롤레타리아트의 혁명적 추동력이 지금보다 더 강력했던 적은 없었으며, 그 열정이 지금보다 더 강렬했던 적도 없었다. 그러나, 우리 생각에는 목표에 대한 명쾌하고 정확한 인식에도 불구하고 이것이, 지금 상황이 보여주고 있는 바, 그러한 목표를 달성하는 데 필요한 수단에 대한 명쾌하고 정확한 인식과 함께 하지는 못하는 것 같다. 지금까지 우리의 확신은 노동자·농민·병사 평의회 체제가 체현하고 있는 저 대중에 기반해 왔다. 그러나 이러한 국가의 실질적 창조를 보장하는 데 필요한 전술에 관해서는 아직 어떤 분명한 사상도 발전하지 못하고 있다. 따라서, 지체 없이 프롤레타리아 제도들 사이의 네트워크를 구축하는 게 필수적이다. 대다수 대중의 의식에 뿌리박고 이들 대중의 항구적인 규율과 충성에 의존할 수 있게 될 제도들, 이런 제도들은 역동성과 잠재력으로 충만하고 노동자·농민 계급이 총체적으로 발전할 수 있을 틀거리를 제공할 것이다. 만약 오늘날 프롤레타리아 조직의 현재적 조건 속에서 혁명적 성격을 지닌 대중운동이 출현하게 된다면, 그 결과 의회제 국가의 순전히 형식적인 정정에 그치고 말리라는 것은 분명하다. 예상가능한 것은 (제헌의회를 통해) 하원의 권한이 강화되고 일련의 실책들이 뒤따른 뒤 반공주의적 사회주의자들이 주도권을 장악하게 되리라는 것이다. 독일과 오스트리아의 경험은 우리에게 말해 주는 바가 있다. 의회제 국가와 자본가계급의 힘은 여전히 엄청나다. 우리는 자본주의가 특히 그 아첨꾼과 추종자들의 작업을 통해 계속 유지되고 있다는 사실, 그리고 이런 꼴사나운 족속들이 여전히 사멸하지 않고 남아 있다는 사실에 눈감으려 해선 안 된다.

요약하자면, 프롤레타리아 국가의 창조는 마술사의 행위가 아니다. 이는 또한 생성의 과정이며, 발전의 과정이다. 이는 조직화와 선전이라는 사전 작업을 전제한다. 공장 내에 이미 존재하는 프롤레타리아 제도들에 더 많은 지지와 더 많은 권력이 부여되어야만 하며, 비슷한 것들이 거주지에도 창출되어야 한다. 그리고 공산주의자들은 이들 제도가 완수해야만 하는 혁명적 임무를 자각한 채 그 속에서 적극적으로 활동해야만 한다. 그렇지 않으면, 우리의 어떠한 열정도, 노동계급의 어떠한 신념도 혁명이 사기꾼, 바보, 저능아들의 새로운 의회로 비참하게 퇴보하는 것을 막아낼 수 없을 것이며, 그렇게 되면 미래에 참다운 프롤레타리아 국가를 낳기 위해 새롭고 더 끔찍한 희생을 요구받게 될 것이다.

<오르디네 누오보>, 1919년 6월 12일

노동조합과 평의회

　노동자와 농민 대중의 열망을 표현하는 것을 자신의 역할로 삼고 있는 프롤레타리아 조직은, 노동연맹(Confederation of Labour)의 지도부로부터, 민주적 의회 국가가 헛되이 헤매고 있는 위기와 그 특성이 비슷한 입헌적(constitutional) 위기를 겪고 있다. 두 경우 모두, 위기는 권력과 지배의 문제이다. 하나의 위기에 대한 해결책은 다른 하나에 대한 해결책이 될 것인데, 왜냐하면 일단 자신의 계급조직의 영역에서 권력의지에 대한 문제를 해결하게 되면, 노동 대중은 자기 자신의 국가의 유기적인 골격을 창조하고 의회 국가에 성공적으로 도전하여 이를 전복할 수 있는 입장에 있을 것이기 때문이다.

　노동자들은 '자신들의' 조직이 결국 자체의 법칙, 즉 혁명적 계급으로서의 역사적 임무에 대한 의식을 획득한 대중에게는 매우 낯선 조직 구조와 복잡한 작동 메카니즘에 의해 지배되는 법칙에 복종해야 하는 그런 거대한 기구가 되었음을 깨닫는다. 그들은 현존하는 제도적 관료제에 의해서는 결코 그들의 권력의지가 어떤 명확하고 확실한 방식으로도 발현되지 않음을 깨닫는다. 심지어 자신의 영역, 그토록 고통스런 노력과 끈기를 가지고 피와 눈물로 굳혀 왔던 자신의 본거지에서조차 이들은 기술에 의해 인간성이 말살되고, 관료제가 창조적 정신을 고사시키며, 진부하고 입바른 딜레탕티즘이 산업 생산의 필요에 대한 정확한 관점의 완벽한 부재와 프롤레타리아 대중의 심성에 대한 완벽한 이해 결여를 은폐하려고 헛되이 노력하고 있음을 깨닫고 있다. 노동자들은 지금 벌어지고 있는 일들에 분노하고 있다. 하지만 개인적으로 그들은 아무 것도 바꿀 수 없다. 개인의 언어와 의지는 노동조합 기구의 관료제 구조에 내재한 철칙에 비교하면 정말 보잘것없는 것이다.

　조직의 리더11)는 널리 인지되고 있는 이 근본적인 위기를 인식하지 못하고 있다. 노동계급이 근본적이고 진정한 역사적 구조와 양립하는 형태로 조직되지 않고, 계급의 실제 역사발전 과정을 지배하는 내적 법칙에 따라 항상 수정되는 배열(configuration) 속에 통합되지 않는다는 것이 점점 더 명확해질수록, 지도자들은 점점 더 자신들의 맹목을 완고하게 고집하고, 점점 더 순수한 '법적' 방식으로 갈등과 불만을 해결하려 든다. 구제불가능한 관료들인 이들은, 단지 공허한 수사학적 호소와 왁자지껄한 야단법석에 의해 집회에서 만장일치로 통과된 슬로건과 고무적인 연설이, 작업장의 실제 경험에서 발전한 심리학에 뿌리를 둔 현실적이고 객관적인 조건을 바꿀 것이라고 믿고 있다. 지금 이들은 '시대의 도전에 대처'하려 하고 있으며, '거침없는 사고'를 할 수 있다는 것을 보여주려 하고 있고, 노동조합과 소비에트가 얼마나 유사하며, 현존하는 노동조합 조직체제가 공산주의 사회의 틀, 즉 프롤레타리아 독재가 구체적 형태를 취할 배경이 되는 세력간 체제를 이미 얼마나 구성하고 있는지를 반복하면서 이미 낡아빠진 생디칼리즘의 모든 이데올로기적 상투어를 다시 꺼내 먼지를 털고 있다.

현재 서유럽 국가에 존재하는 형태의 노동조합은 소비에트와는 매우 다른 종류의 조직이다. 소비에트는 러시아 공산주의 공화국 안에서 유례없는 거대한 기세로 발전하고 있는 노동조합과도 매우 다르다.

직업별 조합, 노동회관(Camere del Lavoro), 산업별 연맹, 그리고 노동총연맹(Confederazione Generale del Lavoro), 이 모두는 자본에 의해 지배받는 역사적 시기에 존재하는 특수한 프롤레타리아 조직 유형을 대표한다. 어떤 의미에서, 이런 류의 제도들은 자본주의 사회의 구성요소이며, 사적 소유 체제 안에서만 의미 있는 역할을 수행한다고 주장할 수도 있다. 개인들이 재화의 소유 정도와 재산을 교환하는 정도에 의해 가치평가되는 현재의 자본주의가 지속되는 동안, 노동자들 역시 일반적인 필연성의 철칙을 따르도록 강요받아 왔으며, 그들은 자신들이 가지고 있는 유일한 상품, 즉 그들의 노동력과 직업적 숙련의 거래자가 되어 왔다. 그들이 경쟁의 위험에 노출됨에 따라, 노동자들은 그들의 상품을 보다 크고 포괄적인 '기업'에 집중시키고 이 거대한 우시장(牛市場), 즉 노동 집중을 위한 기구를 창조해 냈다. 그들은 임금과 노동시간을 부여하고, 시장을 훈육시켰다. 그들은 시장 상황에 숙달되고 계약서를 작성하며 상업적 위험을 평가하는, 그리고 경제적으로 이익이 될 만한 계획을 발의할 수 있는 그런 종류의 사고방식을 훈련받은 충성스러운 행정요원들을 외부로부터 고용하거나 혹은 내부로부터 만들어 냈다. 노동조합의 본질적 속성은 경쟁적인 것이지 공산주의적인 것은 아니다. 그

---

11) [영역자주] 그람시는 여기서 'leader'라는 영어를 사용하였다.

것은 사회의 급진적 혁신을 위한 도구가 아니다. 그것이 할 수 있는 일이란 전반적인 산업문제에 관한 기술적 전문가나 숙련된 관료를 프롤레타리아 운동에 제공해 주는 것뿐이다. 그것은 프롤레타리아 권력의 토대를 형성하지 못한다. 그것은 사회를 지도할 수 있고 그럴 만한 자격을 지닌 프롤레타리아 개인들을 선발할 시야를 제공하지 못한다. 공산주의 사회에서의 진보의 리듬, 생명의 약동(élan vital)12)을 체현할 간부는 노동조합 운동에서 배출되지 않을 것이다.

프롤레타리아 독재는 임금노동자의 조직, 자본의 노예의 조직이 아니라 생산자의 활동과 맞물려 돌아가는 조직 유형에서만 가능하다. 공장평의회는 이런 종류의 조직의 핵이다. 집단을 위해 공장에서 만들어지는 생산물에 대해 각각의 개인과 각각의 노동이 기여한 정도에 따라, 모든 종류의 노동은 평의회 안에서 대표성을 부여받는다. 이것은 평의회가 계급 제도이며, 사회 제도임을 의미한다. 그것의 존재이유(raison d'être)는 노동과 산업 생산—노동분업과 임금같이 일시적이고 결국 우리가 극복하기 위해 분투해야 하는 그런 것들이 아닌 영원한 것—에 있다.

이러한 이유로 평의회는 노동계급의 통일을 가져올 수 있다. 이는 전체 사회조직 속에서 대중이 취하고 있는 응집력과 형태를 반영하는 어떤 응집력과 형태를 대중에게 부여할 수 있다.

공장평의회는 프롤레타리아 국가를 위한 모델이다. 프롤레타리아 국가조직에 고유한 모든 문제는 또한 평의회 조직에도 고유한 것이다. 평의회와 국가 모두에서, 시민의 개념은 동지의 개념으로 대체된다. 효율적이고 유용한 생산을 위한 협동의 경험은 노동자들간의 연대를 발전시키고 현존하는 동지애와 애정의 관계를 강화시킨다. 모든 사람은 필수불가결한 존재이며, 모든 사람은 적당한 자리를 차지하고, 모든 사람은 지위와 역할을 갖는다. 가장 무시당하고, 가장 소박한 노동자라 할지라도, 가장 자만심이 강하고 가장 '시민적인' 기술자라 할지라도, 공장조직의 경험을 통해 결국 이 진실을 깨달을 것이다. 모든 사람은 결국 공산주의 의식을 획득하여, 자본주의 경제에 비하여 공산주의 경제가 얼마나 거대한 전진을 보여주었는지를 이해할 수 있게 될 것이다. 평의회는, 프롤레타리아가 노동 공동체 속에서 경험한 생생하고 풍부한 경험으로부터 추출해 낸

---

12) [역주] 엘랑비탈(élan vital)이라는 프랑스어는 베르그송의 철학 용어이다. 베르그송은 프랑스 유심론(唯心論)의 전통을 계승하면서도, 다윈과 스펜서 등의 진화론의 영향을 받아, 진화(지성적 인간으로의)는 기계론적도 아니고 목적론적도 아닌, 동적이며 예견불가능한 내적 충동력인 엘랑비탈, 즉 생명의 비약에 의하여 행해지는 창조적 진화라고 주장했다.

새로운 사회 정신의 촉진에, 그리고 상호 교육에 가장 적절한 기관이다. 노동조합에서 노동자 연대의 정신은 자본주의에 대항하는, 고통과 희생에 대항하는 투쟁 속에서 발전된다. 평의회에서 연대는 긍정적이고 지속적인 것이 된다. 그것은 산업생산의 가장 하찮은 계기 속에서조차 명백하다. 그것은 유기적 총체, 즉 사회적 부의 사심 없는 생산과 유용한 노동을 통해 주권을 확인하고 역사를 주조해 나갈 자유와 힘을 실현하는 동질적이고 탄탄한 체제를 형성한다는 것에 대한 즐거운 깨달음 속에서 표현된다.

그러한 조직 — 노동계급이 통일적이고 생산적인 계급으로 구조화되는 조직, 덕망 있는 간부와 개인들이 저절로 자연스럽게 싹트는 조직 — 의 존재는 노동조합의 구성에서, 그리고 노동조합 활동에 생기를 불어넣는 정신과 관련하여 근본적이고 중요한 비중을 차지할 것이다.

노동조합과 마찬가지로, 공장평의회는 노동자들이 종사하는 서로 분리된 직업에 따라 조직된다. 각 작업장 부분(section)마다 노동자들은 작업조(crew)로 나뉘어지고, 각 작업조는 (직무에 따라 나뉘어진) 하나의 작업 단위(職場, work unit)를 구성한다. 평의회는 현장에서 직업별, 작업조별로 노동자들이 선출한 대의원들로 구성된다. 그러나 노동조합이 개인들에 기반하고 있는 데 반해, 평의회는 산업 과정의 규율 속에 실현돼 있는, 직업 전반의 유기적이고 구체적인 단위에 기반한다. 작업조(개별 직종)는 자기 자신이 동질적인 노동계급 속에서 독특한 실체가 될 것이라는 것을 깨닫는다. 동시에, 그것은 자신이 생산을 발전시킬 수 있는 엄밀하고 정확한 역할을 수행하는 규율과 질서의 체제로 통합됨을 깨닫는다. 경제적이고 정치적인 이해와 관련되는 한, 하나의 직업은 계급의 구성 부분이며, 그것과 함께 존재한다. 계급의 여타 부분과 구별되는 지점은 기술적 이해(利害), 즉 그 직업이 작업하면서 사용하는 특수한 도구의 발전이라는 문제에 있다. 이러한 방식으로, 생산의 완성, 부의 사회적 획득과 분배라는 그 일반적 목적이라는 측면에서 모든 다양한 산업들은 동질적이고 통일적이다. 하지만 기술 조직과 특수한 활동이라는 지점에서는 각각의 산업이 자신만의 특수한 이해를 가지고 있다.

평의회의 존재는 노동자들에게 생산에 대한 직접적 책임감을 부여한다. 이는 그들로 하여금 노동하는 방식을 개선하도록 고무한다. 이는 의식적이고 자발적인 원칙을 도입시키고, 역사의 생산자, 역사의 창조자라는 심성을 만들어 낸다. 그런 연후에 노동자들은 이 새로운 의식을 노동조합에 이식시키고, 이에 따라 노동조합은 계급투쟁의 단순한 활동을 넘어, 경제적 삶과 노동의 기술적 현실을 재구성하는, 그리고 공산주의 사회에 어울리는 경제적 삶의 형태와 노동의 실천을 창조해 내는 근본적인 임무에 자신을 헌신할 수 있게 된다. 이러한 맥락에서 최상의 노동자들로 이루어진 노동조합과 최고의 의식을 가지고 있는 노동자들은 계급투쟁의 최상의 순간을 만들어 낼 수 있으며, 프롤레타리아 독재를 성립시킬 수 있다. 이들은 계급이 더 이상 존재하지 않게 되는, 그리고 결코 다시 태어나지 않게 되는 객관적 조건을 만들어 낼 수 있다.

이것이 러시아에서 지금 산업별 노동조합이 하고 있는 것이다. 이들은 하나의 기관이 되었는데, 그 속에서 해당 산업의 모든 개별 기업은 서로 함께 연결·접합되어 하나의 위대한 산업이라는 실체를 형성한다. 소모적인 경쟁은 철폐되고 행정과 공급, 분배 그리고 저장의 주된 업무는 거대한 센터들로 통합되고 있다. 작업 시스템과 제조 비결, 새로운 응용은 즉각적으로 산업의 모든 개인들의 공동의 재산이 된다. 개별기업과 사적 소유 관계의 특징인 훈육적 기능과 다양한 관료제는 엄격하게 산업적인 필요에 의해 요구되는 수준으로 감소된다. 러시아 섬유산업에 적용된 이러한 노조 원리는 관료진을 10만에서 3천5백으로 감소시킬 수 있었다.

공장을 기본 단위로 삼는 조직은 계급(전체 계급)을, 전적으로 산업과정에 적합하며 그 과정을 지배하고 일단 지배하면 영원히 지배할 수 있는 응집되고 동질적인 실체로 통일시킬 것이다. 프롤레타리아 독재, 즉 전 사회구조에 걸쳐, 그리고 정치적 상부구조 내에 존재하는 계급지배를 타파할 공산주의 국가가 실현될 수 있는 것은 바로 이러한 공장 조직 내부에서다.

직업별 노조(trade unions)와 산업별 노조(industrial unions)는 위대한 프롤레타리아의 육중한 몸뚱아리에서 척추를 이룬다. 이것들은 개인적이고 지역적인 경험을 주조하고, 그 경험을 보다 광범위한 총체로 모아 내며, 노동조건과 생산조건의 전국적 향상이라는 이상을 실현한다. 이는 앞으로 건설되어야만 할 공산주의적 평등의 기초가 된다.

하지만 노동조합이 이런 식의 긍정적인 계급 지향과 공산주의 지향 속에서 운동을 시작하는 것을 가능하게 만들기 위해서라도 노동자들은 평의회 체제의 공고화와 확장을 위해, 그리고 노동계급을 하나의 유기적 통일체로 만들기 위해 자신의 정력과 헌신을 투여해야 한다. 공산주의 독재의 모든 상부구조와 공산주의 경제가 솟아나고 발전하는 것은 바로 이러한 동질적이고 통일된 토대 위에서다.

<오르디네 누오보>, 1919년 10월 11일

노동조합과 프롤레타리아 독재

국제적 계급투쟁은 지금까지 두 개의 프롤레타리아 국가에서 이루어진 노동자와 농민의 승리 속에서 절정에 이르렀다. 러시아와 헝가리에서 노동자와 농민은 프롤레타리아 독재를 수립하였다. 그리고 러시아와 헝가리 두 나라 모두 [프롤레타리아] 독재는 부르주아에 대항한 투쟁뿐만 아니라 노동조합에 반대하여 쓰라린 투쟁을 치루었다. 사실 [프롤레타리아] 독재와 노조간의 갈등은 헝가리 소비에트 붕괴의 원인 중 하나였다. 왜냐하면 결코 공개적으로 [프롤레타리아] 독재를 전복하기 위한 시도를 하지는 않았다 할지라도, 노조는 시종일관 혁명의 '패배주의자' 역할을 하였고, 붉은 군대와 노동자 사이에 비겁과 사기저하라는 씨를 흩뿌리길 멈추지 않았기 때문이다. 이러한 일이 일어나게 된 갈등과 조건에 대한 연구는, 그것이 아무리 간략한 것이라도, 대중의 혁명적 교육에 결코 쓸모 없는 것이 아니다. 노동조합이 공산주의 혁명에 있어 아마도 가장 중요한 프롤레타리아 기관이라는 것 ― 왜냐하면 산업의 사회화는 노조에 달려 있으며, 노조는 사적 기업이 소멸하여 결코 다시 부활하지 않을 조건을 창출할 책임이 있기 때문이다 ― 이 대중들에게 설득되어야 할지라도, 혁명에 앞서 반공산주의 계급투쟁을 포함하는 다양한 기관간의 갈등과 권력의 양분화가 출현하지 못하도록 심리적, 물적 조건의 창출이 필요하다는 것 또한 대중에게 확신시켜야 한다.

유럽과 세계의 여타 모든 지역에서 계급투쟁은 혁명적 특성을 취해 왔다. 제3인터내셔널에서 채택된, 계급투쟁은 프롤레타리아 독재의 수립을 지향해야 한다는 사상은 민주주의 이데올로기를 제치고 대중 속에 불가항력적으로 광범위하게 퍼져 나갔다. 사회주의 정당들은 제3인터내셔널에 가입하고 있으며, 최소한 모스크바 대회에서 합의된 기본적 원칙에 입각해 행동하고 있다. 반면에 노동조합은 여전히 '진정한 민주주의'를 믿고 있으며, 노동자들로 하여금 [프롤레타리아] 독재에 반대를 천명하거나 소비에트 러시아와의 연대를 거절하도록 권유하거나 강제할 기회를 결코 놓치지 않는다. 러시아에서는 노조 일부의 이러한 태도가 재빨리 극복되었다. 왜냐하면 직업별 노조와 산별 노조의 발전이 작업장 평의회의 발전과 함께 이루어졌기 때문에, 아니 평의회의 발전이 보다 가속화되었기 때문이다. 반면에, 헝가리에서는 노조가 프롤레타리아 권력의 토대를 갉아먹었다. 독일의 경우, 그것은 공산주의 노동자들의 대량학살로 이어졌으며, 노스케(Noske) 현상의 출현을 가져왔다.13) 프랑스의 경우, 그것은 7월 20~21일의 총파업의 패배로 귀결되었고, 클레망소(Clemenceau)14) 정권의 강화로 이어졌다. 그것은 영국 노동자들로 하여금 정치투쟁에 대해 어떤 직접적 개입도 하지 못하도록 만들었으며, 모든 지역의 프롤레타리아 세력에게 근본적이고 위험한 분열을 만들어 내는 위협을 가하고 있다.

사회주의 정당들은 점점 더 뚜렷이 혁명적이고 국제적인 성격을 띠어가고 있다. 반면에 노동조합은 개량주의적 기회주의 전술을 구체화하는 경향을 보여주고 있으며, 완전히 일국적인 조직체가 되고 있다. 이것은 더욱 더 견딜 수 없는 상황을 만들고 있으며, 노동계급에게 지속적 혼란과 만성적 허약함을 불러일으키고 있다. 그리고 이것은 사회의 총체적 불안정성을 휘저어, 도덕적 해체와 타락으로 야만주의를 발효시키고 있다.

노동조합은 계급투쟁의 원칙에 따라 노동자들을 조직해 왔으며, 그들은 이 투쟁이 만들어 낸 첫 번째 조직 형태이다. 노동조합 운동의 조직가는 계급투쟁만이 프롤레타리아를 자유롭게 만들며, 노동조합의 목적은 전적으로 개별적 이윤을 압박하고 인간에 의한 인간의 착취를 막아내는 것이라고 늘상 말해 왔다. 왜냐하면 노동조합이 목적하는 바가 산업 생산과정으로부터 자본가(사적 소유자)를 제거하는 것이며, 그러한 방식으로 계급을 절폐하는 것이기 때문이라는 것이다. 하지만 노동조합은 이러한 목적을 단 한번도 이뤄 낼 수 없었으며, 따라서 자신의 모든 정력을 프롤레타리아의 물적 조건의 향상, 즉 고임금의 요구, 노동시간 단축, 결사의 사회적 합법화라는 직접적인 목적에 맞추었다. 운동이 연이어 일어나고, 파업이 꼬리를 물었으며, 노동자들의 삶의 조건은 객관적

---

13) [역주] 1919년 1월 다수파 사회민주당의 노스케 국방장관이 이끄는 독일 국방군이 로자 룩셈부르크, 칼 리프크네히트 등이 이끄는 스파르타쿠스단을 학살했다. 이는 독일혁명의 실패와 파시즘의 등장의 전조였다.
14) [역주] 1871년, 급진 공화당원으로 의회에 진출한 클레망소는 반진주의자, 사회주의자 및 과격한 노동운동에 비난을 퍼부었며 1917년부터는 대통령이던 레이몽 포앵카레의 요청으로 전시내각(1917~20)을 이끌었다.

으로 향상됐다. 하지만 노조 활동의 모든 결과, 그것의 모든 승리는 여전히 과거의 토대 위에 서 있었다. 사적 소유의 원칙은 여전히 손상되지 않은 채 강력하게 존재하였다. 자본주의적 생산질서와 인간에 의한 인간의 착취는 고스란히 존재하고 있다. 사실, 이 것들은 새로운 방향으로 확대되고 있다. 8시간 노동, 임금상승, 사회적 합법화 등의 성취는 이윤에 영향을 주지 않는다. 노조 활동이 야기한 이윤율의 혼란은 즉각적인 수준에서 정정되고, 영국이나 독일처럼 전 지구적 경제 활동을 하는 나라들에서는 자유경쟁이라는 방책으로, 반면에 프랑스와 이탈리아처럼 보다 제한적 경제를 가지고 있는 나라들에서는 보호무역이라는 방책으로 새로운 [균형]수준을 찾아낸다. 쉽게 말하자면, 자본주의는 단지 무정형의 자국 대중 혹은 식민지 대중을 희생시켜 산업 생산의 전체적 비용의 상승을 만회하는 것이다.

따라서 노동조합은, 자신의 고유한 영역에서 자신의 고유한 수단을 가지고 활동하면서, 독자적으로는 자본주의 사회를 전복시킬 수 없음을 보여주었다. 노동조합은 프롤레타리아 해방을 가져올 수 없으며, 프롤레타리아를 애초에 그들이 제안한 숭고하고 보편적인 목적으로 이끌 수도 없다.

생디칼리즘 교의에 따르면, 노동조합이 수행했어야 했던 것은 노동자들이 생산을 담당하도록 교육하는 것이었다. 산별 노조는 기존 산업의 완벽한 반영이기 때문에, 이들 노조가 그 특정 산업을 운영할 준비가 된 노동자 간부가 될 것이라고 주장되어 왔다. 노동조합의 지명은 최상의 노동자들 — 가장 사명감에 차고 가장 지적인, 생산과 교환의 복잡한 메커니즘에 통달할 자질을 지닌 — 을 선택할 수단으로 작용할 것이다. 가죽 산업의 노동자 지도자는 그 산업을 가장 잘 운영하는 사람이 될 것이며, 금속 산업에서도, 출판 산업에서도, 여타 산업에서도 그럴 것이다.

얼마나 한심한 환상인가! 노동조합 지도자들은 결코 산업적 능력에 의해 선택된 것이 아니라, 오히려 그들의 법적이고 관료적인 기술, 혹은 대중연설 기술에 의해 선택된 것이다. [원칙적으로] 이 조직이 확장될수록 계급투쟁에의 참여는 더욱 빈번해지고, 그들의 활동이 더욱 광범위해지고 근본적이 될수록 지도자의 임무는 단순히 행정적이고 재정적인 것으로 축소되어야만 한다. [그러나 실제로는] 기술적이고 산업적인 기술은 점점 더 무관한 것이 되었으며, 관료적이고 상업적인 기술이 중요한 모든 것이 되었다. 이런 식으로 노동 관료들과 저널리스트들의 진정한 카스트가 그들만의 집단적 심성을 가지고, 노동자들의 심성과는 전적으로 상반되는 가운데 성장하였다. 그리고 이 카스트는 국가에 대해 공무원이 갖는 것과 마찬가지의 입장을 노동 대중에 대해 취함으로써 완결되었다. 두 경우[국가와 공무원, 노동조합과 조합 간부] 모두 실제로 지배하고 통치하는 것은 다름 아닌 관료이다.

프롤레타리아 독재는 자본주의 생산 체제와 사적 소유의 철폐를 목적으로 한다. 왜냐하면 오직 이러한 방법만이 인간에 의한 인간의 착취를 철폐할 수 있기 때문이다. 프롤레타리아 독재는 계급의 구분과 계급투쟁의 철폐를 목적으로 한다. 왜냐하면 오직 이러한 방법만이 노동계급의 사회적 해방을 실현시킬 수 있기 때문이다. 이러한 목적을 성취하기 위해서, 공산당은 프롤레타리아에게 하나의 계급으로서 자신의 권력을 어떻게 이끌어 갈 것인지, 부르주아지를 극복하기 위해 이 무장된 권력을 어떻게 사용할 것인지, 그리고 어떻게 하면 계급 착취를 제거하고 다시는 부활하지 못하도록 환경을 만들어 갈 것인지 등에 대해 가르치고 있다. 그렇다면 [프롤레타리아] 독재에서 공산당의 임무는 다음과 같다. 노동계급과 농민계급을 강력하고 결정적인 지배계급으로 조직하는 것, 새로운 국가의 모든 기관이 실제로 혁명을 심화시키고 있는지 여부에 대해 점검하는 것, 사적 소유의 원칙에 내재한 과거의 권리와 관계를 파괴하는 것. 그러나 이러한 파괴와 감독은 반드시 창조와 생산이라는 적극적 작업을 수반해야만 한다. 만약 이러한 적극적 작업이 열매를 맺지 못한다면, 정치 권력은 쓸모 없는 것이 되며 [프롤레타리아] 독재는 작동하지 않을 것이다. 생산하지 않고서는 어떠한 사회도 존속할 수 없다. 실제로 특별한 생산 리듬을 요구하는 [프롤레타리아] 독재는 더욱 그렇다. 왜냐하면 그것은 5년간의 전면전과 매달 거듭되는 일부 부르주아지의 테러리즘이 가져오는 경제적 혼돈의 조건에 처하게 될 것이기 때문이다.

그리고 이것이 바로 노동조합이 직면하게 될 영광스럽고 막중한 임무이다. 기업이 금전에 대한 사적 욕망 대신에 사회 공동체의 심합석 이해관계 ── 가 산업 부문의 경우, 그들의 애매하고 일반적인 성격을 잃어 버리고 각 노동조합에 적당한 구체적 형태를 띠는 이해관계 ── 를 기반으로 하는 새로운 생산 질서를 건설하고 사회화의 강령을 실천하도록 만드는 것은 다름 아닌 바로 그들이다.

헝가리 소비에트에서 노동조합은 아무런 창조적 활동도 시도하지 않았다. 정치와 관련해서는, 노동조합 간부는 스스로를 국가 속의 국가로 상정하면서 [프롤레타리아] 독재에 대해 끊임없이 문제제기하였다. 경제와 관련해서는, 그들은 여전히 둔감한 상태였다. 사회화가 그들의 최선의(par excellence) 의무임에도 불구하고, 수차례나 공장은 노동조합의 소망을 거슬러서 사회화되야만 했다. 하지만 헝가리 조직의 지도자들은 평범한 인물들이었다. 그들의 심성은 관료적-개량주의적인 것이었고, 이들은 당시까지 자신들이 노동자들에 대해 가지고 있던 권력을 잃을지도 모른다는 항상적인 두려움 속에서 살았다. 단순히 노동조합이 [프롤레타리아] 독재에 앞서 발전시켜야 할 역할이 부르주아 계급의 지배를 전제한다는 그 이유만으로, 단순히 노동조합 관료가 아무런 기술적, 산업적 역량을 가지지 못했다는 이유만으로, 노조는 프롤레타리아가 너무 미성숙해서 생산에 대해 직접적 책임을 맡을 수 없다고 주장했고, '진정한' 민주주의 이념이란 것을 선양했다. 다른 말로 하면, 부르주아지를 지배계급이라는 중요한 지위에 계속 놔두자는 것이었다. 그들은 오직 자신들의 기술이 팔리는 시장을 보장받기 위해, 협약, 노동계약, 사회적 법률의 시대를 연장하고 고취하고 싶어했다. 그들은 국제 혁명이 헝가리에서는 헝가리혁명이라는 형태로, 러시아에서는 러시아혁명이라는 형태로, 유럽 전역에서는 총파업, 군사봉기, 그리고 전후의 여파로 견딜 수 없는 상태가 된 노동계급의 생활 조건이라는 형태로 나타난다는 사실을 이해할 수 없었기 때문에, [막연히] 국제 혁명을 기다리라고 호소할 뿐이었다.

부다페스트 소비에트의 최종 회합에서, 헝가리 노동조합의 가장 영향력 있는 지도자들 중 한 명은 다음과 같이 혁명의 패배주의적 입장을 제출하였다. "헝가리 프롤레타리아가 권력을 획득하고, 소비에트 공화국임을 선포했을 때, 이는 세 가지 희망에 기대고 있었다. 1) 임박한 세계혁명의 발발, 2) 러시아 붉은 군대의 도움, 3) 헝가리 프롤레타리아트의 희생 정신. 하지만 세계혁명은 매우 천천히 진행되고 있었으며, 붉은 군대는 헝가리까지 도달하지 못했고, 헝가리 프롤레타리아트의 희생정신은 서유럽 프롤레타리아트의 희생정신보다 우월한 것이 아님이 증명되었다. 현재의 역사적 시점에서, 소비에트 정부는 헝가리 국가에게 연합국(Entente)과 협상에 들어갈 기회를 주기 위해 물러서고 있다. 소비에트 정부는 헝가리 프롤레타리아트를 유혈참사로 몰아넣지 않기 위해, 헝가리 민중을 세계 혁명의 이해 속에서 보존하고 유지하기 위해, 후퇴하고 있다. 왜냐하면, 언젠가, 지금 무슨 일이 일어나고 있든간에, 세계 사회주의 혁명의 영광의 시간이 반드시 도래할 것이기 때문이다."

공산주의 신문 <푀뢰스 유자그(Vörös Ujsàg)>(8월 2일)의 마지막 기사에서, 전통적 기관[노조]이 헝가리 프롤레타리아트에게 만들어 준 상황은 다음과 같이 묘사되어 있다.

"헝가리 프롤레타리아트는 자신들이 피난처를 제공해 주고 있는 저격수를 즉각 제거하지 않으면 무슨 일이 기다리고 있는지 알고 있는가? 부다페스트 프롤레타리아트는, 프롤레타리아 국가로 진입할 방도를 알아낸 이 약탈자 무리와 절연할 힘을 찾지 못하면 어떤 운명이 기다리고 있는지 알고 있는가? 백색 테러와 루마니아 군의 공격은 헝가리 프롤레타리아트를 지배하기 위해 세력을 규합하고 있다. 굶주림의 고통은 오직 채찍에 의해서만 달랠 수 있을 것이며, 우리의 산업생산은 우리의 기계를 약탈하고 우리의 공장을 파괴함으로써 고무될 것이다.

노동계급의 '귀족들', 프롤레타리아 독재의 과정에서 단 한번이라도 프롤레타리아에게 연설했던 모든 이들은 루마니아 보병과 자동소총에 행동으로 답변해야 할 것이다. '진정한' 민주주의가 헝가리에 수립될 것이다. 할 말이 있는 모든 이들은 평등하게 무덤 속에서 영면을 취할 것이며, 다른 이들은 모두 보야르(Boyar)15)의 채찍질이라는 똑같은 권리를 즐길 것이기 때문이다. 정당과 노조간의 논쟁은 중단될 것이다. 오랜 시간이 지나면, 헝가리에서 공산당과 노동조합은 사라질 것이기 때문이다. [프롤레타리아] 독재가 폭력을 사용해야 하는지 아니면 설득해야 하는지에 대한 논쟁도 사라질 것이다. 부르주아지와 보야르가 이미 자신들의 독재가 어떤 방법을 채택할지 결정했을 것이기 때문이다. 프롤레타리아트의 취약함으로 인해, 논쟁이 부르주아지들에게 유리하게 결정되었다는 사실을 수백의 교수대가 알려 줄 것이다."

<오르디네 누오보>, 1919년 10월 25일

---

15) [역주] 옛 루마니아의 특권계층.

생디칼리즘과 평의회

우리가 생디칼리스트라고? 작업장 대표자(workshop delelgates) 운동이 토리노에서 시작된 생리칼리스트 이론의 끝없는 변종 중 가장 최신판의 대리자라고? 이를, 다가올 태풍의 참상을 예고하는 작은 소동, 즉 우리들 자신이 만들어 낸 생디칼리즘의 이탈리아판 —— 과거에 가끔 대중의 의지에 그들의 탐욕스런 손을 내밀었던 몇몇의 한정된 지능을 가진 개인들(머리는 작고 입만 컸던)의 광적인 선동과 뻔뻔스러운 사이비-혁명의 매문가, 무책임한 무원칙, 그리고 대중선동의 결합 —— 이라고? 이것이 이탈리아 노동자운동의 연감에서 '이탈리아 생디칼리즘'을 대체할 것이라고?

프롤레타리아 혁명의 구체적 경험이 관련된 곳에서 생디칼리즘 이론은 완전히 패배해 왔다. 노동조합은 본래부터 독자적으로 프롤레타리아트 혁명을 일으키는 데 무능함을 보여줬다. 노동조합의 일반적인 발전 양상은 혁명적 대중 정신의 항상적인 저하로 특징지어진다. 노조가 자신의 물질적 힘을 향상시키고, 따라서 정복에 대한 욕구가 축소되거나 사라짐에 따라, 이들의 활력 있는 에너지는 점차 약화되고 영웅적인 비타협 태도는 '빵과 버터'의 요구라는 기회주의적 실천에 자리를 빼앗긴다. [노조의] 양적인 진전은 질적인 빈곤을 낳고, 자본주의에 의해 결정되는 손쉬운 사회개혁의 약속만을 가져온다. 그것은 노동자들 사이에 새로운 심성, 즉 중·하류층 부르주아지의 인색하고 협소한 심성을 도입한다. 게다가 아직도 노조의 기본적 임무는 노동 대중을 '전체 대오 안에' 충원하는 것이며, 모든 산업 노동자와 농업 노동자를 대오 안에 흡수하는 것이다. 따라서 이 경우, 수단은 목적에 적합하지 않다. 그리고 수단은 어느 경우에나 형성 중인 목적의 한 계기에 다름 아니다. 따라서 노동조합은 혁명의 수단이 아니며, 프롤레타리아 혁명의 계기도 아니며, 형성 중인 혁명도 아니라고 결론내려야 한다. 노동조합은 두 개의 단어를 하나로 묶을 수 있는 문법적 가능성으로 존재하는 한에서만 혁명적인 것이다.

노동조합은 자본주의 사회의 가능성 있는 계승재[즉 사회주의]로서가 아니라 단지 자본주의 사회의 한 형태임을 드러내 왔다. 노동조합은 노동자들을 생산자로서가 아니라 임금 생활자로서 조직한다. 즉 자본주의 사적 소유 체제의 창조자로서, 노동이라는 상품의 행상으로서 조직한다. 노동조합은 노동자들을 그들이 노동에서 사용하는 연장 또는 그들이 취급하는 재료에 따라 분할한다. 다른 말로 하면, 경제적 개인주의 체제인 자본주의가 그들에게 낙인찍는 형태에 따라 분할한다. 특정한 연장을 사용하고 특정한 재료를 가지고 노동하는 것은 노동과 수입에 대한 상이한 태도와 능력을 만들어 낸다. 그렇게 되면, 노동자들은 이 특정한 능력과 태도에 고정되며 자신의 노동을 생산과정의 한 계기로 파악하지 않고 단순히 생활을 연명하는 수단으로 파악하게 된다.

노동자들을 같은 연장을 사용하거나 같은 재료를 사용하는 업종 혹은 산업 내부에서 그의 동료들과 함께 묶음으로써, 노동조합 혹은 산별노조는 이러한 심성을 강화하고, [결과적으로] 노동자들이 자신을 하나의 생산자로서 인식하는 것을 어렵게 만들며, 대신에 스스로를 경쟁력의 게임을 통해 그에게 가격과 가치를 부여하는 국내 시장 혹은 국제 시장에서의 '상품'으로 인식하도록 이끈다.

노동자는 오직 스스로를 완성된 생산품에서 최종적으로 나타나는 전체 노동체계의 불가피한 한 부분으로 이해할 때만, 오직 그가 산업과정의 통일체 — 육체노동자, 숙련노동자, 관리인, 기술자, 기술관리자 간의 협동을 포함하는 과정 — 속에서 살고 있을 때만, 자신을 생산자로서 이해할 수 있게 된다. 노동자가 스스로를 생산자로 이해하기 위해서, 먼저 그는 특정 공장(예를 들어, 토리노에 있는 자동차 공장)의 생산과정 내에서 자신의 위치를 알아야만 한다. 그리고 자신이 이 과정에 필수적이고 본질적인 계기임을 알아야만 한다. 그런 연후에, 그는 이 단계에서 더 나아가 토리노의 자동차 산업의 전체 활동을 고찰하고, 자동차로 특징지어지는 하나의 생산 단위로서 토리노를 이해하는 데까지 나아가야 한다. 그는 자동차 산업이 존재하고 지금까지 발전해 왔기 때문에 토리노의 총체적인 노동 활동의 거대한 부분이 존재하고 발전해 왔음을 이해해야만 한다. 그는 이 다양한 산업별 활동에 속해 있는 노동자들을 자동차 산업의 부분으로 이해하는 것뿐만 아니라, 그 속에서 그들이 이 산업의 존재에 필요·충분 조건을 창출하고 있음을 이해하기 시작해야 한다. 주어진 생산품을 만들어 내는 하나의 활동, 하나의 단위인 공장의 핵(nucleus)에서 출발하여 노동자는 더욱 거대한 단위들을 이해하는 데까지, 더 나아가 세계 방방곡곡, 즉 세상을 이루고 있는 여타의 모든 거대 생산기구로부터 유입되는 부의 양과 똑같은 양을 교환함으로써 생긴 부의 양, 즉 수출에 의해 특징지어지는, 그 자체 하나의 주어진 전체로서 거대한 생산기구인 전체 국가에 대해서까지 이해할 수 있어야 한다. 노동자가 생산자가 되는 것은 바로 이 순간이다. 왜냐하면 그는 모든 다양한 단계, 즉 단일한 공장으로부터 국가와 세계에 이르는 단계들 속에서, 자신이 생산과정 내에서 맡는 역할에 대한 의식을 획득하기 때문이다. 그가 한 계급의 성원이라는 것이 무엇인가에 대해 느끼기 시작하는 것도 바로 이 순간이다. 그는 공산주의자가 되지 않을 수 없는데, 왜냐하면 생산성이란 사적 소유가 갖는 기능이 아니기 때문이다. 다시 말하면, 그는 자본가, 즉 회사의 사적 소유자들이 제거되어야만 하는 장애물, 부담스러운 짐이라는 것을 이해하기 때문에 혁명가가 된다. 그가 '국가'의 개념 — 사회의 복합적 조직, 사회의 구체적 형태로서의 — 을 발전시키는 것도 바로 이 지점이다. 왜냐하면 이 복합적 형태는 — 그 거대한 크기에 필수적인 다양한 연계와 상호관계, 그리고 새롭고 보다 상위의 기능들에도 불구하고 — 여전히 개별 작업장 생활을 반영하는 하나의 거대한 생산 메커니즘의 형태에 지나지 않기 때문이다. 국가는 조화로운 위계로 질서를 이루면서, 노동자 자신의 산업, 그의 공장, 생산자로서의 자기 정체성 등의 생존과 발전에 필수적인 모든 조건의 복합성을 나타낸다.

이탈리아의 사이비-혁명적 노동조합주의 실천은 개량주의적 노동조합주의 실천과 더불어 토리노의 작업장 대표자 운동에서 거부당하고 있다. 사실 전자는 두 번 거부당하는데, 왜냐하면 개량주의적 노동조합주의는 사이비-혁명적 노동조합주의에 대한 거부를 대표하기 때문이다. 사실, 노동조합이 할 수 있는 최상의 것이 노동자의 '빵과 버터' 요구를 충족시키는 것이라면, 부르주아 체제하에서 그것이 할 수 있는 최상의 것이 안정된 임금시장을 보장하는 것이라면, 그리고 노동자의 육체적·도덕적 안녕에 가장 위험한 불안정성의 일부를 제거하는 것이라면, 개량주의적 노동조합 실천은 이러한 목적을 성취하기 위해 사이비 혁명적 실천보다는 훨씬 더 많은 것을 수행해 왔다고 할 수 있다. 하나의 기구가 할 수 있는 것보다 더욱 많은 것을 바라는 사람, 혹은 하나의 기구가 그 본질이 허용하는 것보다 더 많은 것을 할 수 있도록 만들려는 사람은 단지 비웃음만 살 뿐이며, 선동 이상의 아무 것도 이루어 내지 못할 것이다. 이탈리아의 사이비-혁명적 노동조합주의자들은 종종 '혁명가들' — 뒤로 처진 냉담하고 무관심한 대중을 끌고 가는 뱃심좋은 소수 — 에게 노동조합 자격을 제한하는 것(철도 노동조합같이)이 좋은 발상인가 아닌가하는 논의에 휘말려 든다. 이렇게 제안하면서, 그들은 전체 대중의 조직화라는 노동조합의 가장 기본적인 원칙을 기각한다. 왜냐하면 그들도 잠재의식 속에는 '자신들의' 선전이라고 가정된 것이 얼마나 어리석은지에 대해, 그리고 노동자들의 의식에 진정으로 혁명적 형태를 부여하지 못하는 자신들의 무능에 대해 직감하기 때문이다. 왜냐하면 그들은 결코 프롤레타리아 혁명의 문제를 그들 스스로에게 명확하고 정확하게 제시하지 못하기 때문이다. 그들은 '생산자' 이론을 지지하지만, 결코 생산자의 심성을 실제로 발전시키지는 않았다. 그들은 참주선동가(demagogues)일 뿐이지 혁명가는 아니다. 그들은 노동자 의식의 형성자, 즉 교육자라기보다는 선동가이다. 연설의 불꽃놀이로 이미 들끓은 피를 자극하는 정도의 …

[작업장] 대표자 운동이 부오치(Buozzi)나 다라고나(D'Aragona) 대신에 보르기(Borghi)를 대신한다는16) 목적을 가지고 단순하게 성장해 왔다는 것은 과연 사실인가? 대표자 운동은 모든 종류의 개인주의와 개인숭배의 부정이다. 이는 거대한 역사 과정의 시작이며, 그 과정에서 노동 대중은 파괴될 수 없는 그들의 통일체 — 생산에 기반을 둔, 구체적인 노동 활동에 근거를 둔 통일체 — 에 대한 의식을 획득할 것이다. 지도력이 출현함에 따라 이러한 의식은 유기적 형태를 띠게 될 것이다. 지도력은 대중의 심장부에서 출현할 것이며, 그러므로 도달해야 할 바로 그 목적인 거대한 역사적 과정의 의식적 표현으로 활동할 것이고, 개인이 범할 수도 있는 오류에도 불구하고, 일국적·국제적 환경에 의해 야기될 위기에도 불구하고, 진정 그럼에도 불구하고, 거역할 수 없는 과정으로 프롤레타리아 독재, 공산주의 인터내셔널로 인도할 것이다.

생디칼리즘 이론은 결코 이러한 종류의 생산자라는 개념과, 생산자에 의해 만들어지는 역사적 발전 과정이라는 개념을 표현하지 못한다. 이는 결코 노동자 조직이 이러한 방향과 이러한 의미를 염두에 두고 건설되어야 한다는 암시를 주지 못한다. 이는 단지 특정한 조직 형태 — 노동조합 혹은 산별노조 — 만을 이론화한다. 이는 물론 하나의 현실 위에서 건설되지만, 그 현실이란 자유경쟁과 노동력의 사적 소유라는 자본주의 체제가 낙인을 간직한 현실이다. 따라서 그것이 마침내 건설한 것은 하나의 유토피아, 사상누각(砂上樓閣)에 지나지 않는다.

노동 대중에 기반을 두며, 작업장으로, 생산의 단위로 조직화되는 노동자 평의회 체제라는 개념은, 러시아혁명의 구체적인 역사적 경험으로부터 자신의 기원을 갖는다. 그

---

16) [역주] 부오치와 다라고나는 각각 FIOM과 CGL의 지도자였고, 이들은 전문적 노조와 의회가 자본주의 사회 내의 제도적 존재로서 점진적 개혁을 추진하는 영국 노동당을 바람직한 모델로 간주했다. 반면 보르기(Armando Borghi)는 무정부주의적 USI의 총서기였다. 결국 공장평의회 운동이 단지 노동조합의 개량적 관료 지도부를 아나코-생디칼리스트 세력으로 대체하고자 하는 운동이라는 세간의 평가를 의미한다.

것은 우리 러시아 공산주의 동지들의 이론적 작업의 결과이다. 생디칼리스트가 아니라 혁명적 사회주의자들 말이다.

<오르디네 누오보>, 1919년 11월 8일

딜레마에서 벗어나기

　<라 스탐파>가 이탈리아 혁명가들을 당혹스럽게 만든 딜레마가 우리에게 말해 줄 수 있는 유일한 것은 <라 스탐파>의 저널리스트들이 이탈리아 현실에 대해 얼마나 무지한가 하는 것뿐이다. 혹은 그들이 얼마나 모른 척하고 있는가 하는 것뿐이다. 오늘날 이탈리아 현실을 구성하고 있는 것은 은밀하고 통제되지 않은, 하지만 전통적 정당들의 현 상태에서는 아직 드러나지 않은 — 그리고 지금 이 시점에서 보자면 결코 드러나지 않을 — 세력들의 운동이다. 이탈리아인의 삶을 정당의 권력놀음으로 축소하는 것, 모종의 의회정치 활동으로써 이탈리아 민중이 무시무시한 역사의 족쇄로부터 벗어날 수 있을 것이라고 믿는 것, 혹은 그런 척하는 것은 이미 처음부터 야바위에 지나지 않으며, 내일 이는 비극적인 소극으로 나타날 것이다. 즉, 외세의 침략과 함께 이탈리아 민중을 경제적 재앙으로 몰아넣는 최종적이고 결정적인 붕괴가 이루어져, 이탈리아 노동자들이 한 줌의 빵을 위해서 세네갈인 혹은 파푸아인 주인이 강제하는 하루 12~14시간의 중노동에 시달리다가 결국 기계나 밭고랑 옆에서 낙진해 죽어 갈 것이라는 소극.

　정치 국가의 실체를 이루는 산업 생산기구와 농업 생산기구가 더 이상 작동하지 않는 한 이탈리아 국가는 더 이상 하나의 독립적 정치체로서 기능하지 못한다. 전쟁의 긴박함으로 인해 전쟁 기간 동안 경제기구들이 서로 다른 동맹으로 엮어지도록 강제됨으로써 이탈리아 경제기구들은 조각조각 분쇄되었다. 이탈리아 경제기구는 중핵을 상실했으며 추동력을 잃었다. 이탈리아 경제기구는 순전히 회계상의 현상으로 전락했다. 즉, 극대한의 산업 발전 이후 — 논리적으로도, 연대기적으로도 — 뒤따르는 하나의 변증법적 국면으로서, 예측가능한 붕괴와 해체의 국면에 다달았다는 말이다. 현학적 맑스주의자는 이러한 현실을 내동댕이쳐 버린다. 그는 현실이 반(反)역사적이라는 생각에 사로잡힌다. 그는 프롤레타리아 혁명에 도달하기 전에 진보의 사슬을 꿰어 맞추는 것이

역사발전 과정에 필수적이라고 생각한다. 이것이 바로 러시아 멘셰비키, 쩨레텔리(Zeretelli), 단(Dan), 치에디쩨(Ciedidze), 그리고 <라 스탐파> 저널리스트들의 입장이다. 그러나, 올바른 것으로 밝혀질 수도 있을 그런 방향으로 우리의 정치 행동을 인도해줄지 모르는, 가정만은 아닌 지표들이 상황의 전개에 의해 저절로 밝혀질 것이라는 탁상물림 도식이나 가정에게 실제 역사는 아무런 쓸모가 없는 것이다. 반면에 혁명가들은 정당 정치의 연극이 아닌 실제 역사에, 경건한 희망이나 자만심에 가득 찬 당나귀들의 당혹스러움이 아니라 실제 경제 세력들의 변증법에 집착한다.17)

의회에 기반한 정부 권력은 결코 자본가들(기업가, 은행가, 투기꾼, 대지주, 고위관료)이 생산에서 취한 몫을 포기하도록 만들지 못한다. 이러한 정부가 사회당과 협력한다고 해도 마찬가지다. 의회에 기반한 정부 권력은 개별 자본가들이 산업동맹을 결성하거나 자신들의 신용을 주요 은행에 집중하는 것을 금지하지 못한다. 또한 생산 도구를 장악하고 있는 이 현실 세력들이 굶주림으로 깡마른 노동자와 농민들을 제멋대로 지배하고자 생산을 멈추는 것을 막을 수 없다. 어떠한 의회 정부도 졸부들이 공무 기능을 퇴화시키는 것을, 군대와 교회가 언론인을 부패하게 만들어 그들의 입맛에 맞는 여론만을 '창조'하게 만드는 것을, '역사의 부름을 거스르지 않고자 하는' '개량주의' 국가에 반하는 선동을 결코 막을 수 없다. 어떠한 의회 정부도 부패와 쇠퇴의 길에 들어선 생산 체제를 제대로 작동시킬 능력을 가지지 못한다. 우리는 설교와 프란체스코회 수도사의 언행을 제압할 수도 있다. 이러한 목적을 성취할 수 있는 유일한 길은 아마도 모종의 테러 체제이든지 혹은 거대한 관료제적 통제기구(이른바 국유화)가 될 것이며, 그럴 경우 보다 심각한 생산 '삭감'이 필연적이고 생산 질서가 더욱 쇠퇴에 빠질 것이기 때문에 노동자와 농민들에게 특히 치명적이 될 것이다. 계급합작은 부패와 영원한 무질서를 가져올 것이다. 즉 야만적이고 잔인한 열정에 사로잡혀 무섭게 들끓는 무정형의 대중 말이다. 이것은 자본가와의 타협정책을 취한 멘셰비키와 인민주의자들에 의해 러시아가 빠져들어 간 바로 그 상황이다. 이 정책으로는 자본가들이 공장을 폐쇄하고 노동자들을 질식시키는 것을 막을 수 없을 것이다. 이 정책으로는 가난에 찌든 농민들을 그들의 땅에서 내쫓기 위해 대지주들이 용병을 고용하는 것을 저지할 수 없을 것이다. 이 정책으로는 코르닐로프18)파 장군들이 군부 독재정권을 수립하기 위해 쿠데타를 단행

---

17) p. 121 각주 28을 보라.
18) [역주] 코르닐로프는 1917년 6월 공세 실패 후 러시아군 총사령관에 임명되었으나 케렌스키와 대립, 파면되었다. 이에도 불구하고 8월말 페트로그라드 진격을 개시하였으나 실패하고 체포되었

하는 것을 막아낼 수 없을 것이다.

국내외 반동 세력들의 맹공에 의해 빠져들고 있는 이러한 심연에서 이탈리아 사회를 구해 내기 위해서는 직접적인 산업기구 통제에 권력을 두고 있는 정부가 필요하다. 이 통제는 산업 및 농업 복구에 가장 예민한 이해관계를 가진 이들, 즉 노동자와 농민 자신에 의해 수행되는 통제여야만 한다. 그렇다면 우리에게 필요한 정부란 노동자와 농민을 대변하고, 그들의 사활이 걸린 이해를, 오직 그 이해만을 대변하는 정부여야 한다. 또 이 정부는 노동자와 농민의 뜻을 따르는 잘 작동하는 국가 기계여야 한다. 즉 [이 두 집단보다] 수가 적긴 하지만 결코 없어서는 안 될 여타 그룹 — 산업, 행정의 숙련노동자와 지식노동자들 — 의 명령과 노동계급의 최대 성원인 이 두 그룹의 명령으로 이루어진 국가 기계여야 한다는 말이다. 국가라는 이 기계는 이미 형성되고 있으며, 역사적 필연성이 이 발전을 앞당기고 있다. 4백만에 달하는 사람들이 병든 닭처럼 그렇게 죽어가고만 있지는 않을 것이다. 선진 노동자와 농민들로 하여금 이 역사적 각성의 길을 따라가게 만드는 것, 그리고 거스를 수 없는 진실을 말하는 것이 혁명가의 임무이다. 노동자, 농민이 자본가보다 뛰어난가? 그들은 질서와 생산성, 저축에 대해 비법이라도 가지고 있는가? 그렇지 않다, 결코 그렇지 않다. 그들이 가진 것이라고는 다수의 힘, 그리고 질서와 생산성, 효율성에 대한 실제적 이해(利害)다. 생산이 멈춘다는 것은 자본가에게는 단순히 지중해 여행 … 을 의미하지만 노동자들에게는 시장 바닥에서 수천 명이 죽어나가는 것을 의미한다. 따라서 이들의 이해는 단순히 이윤에 대한 것이 아니라 현실의 존재론적(existential)인 것이다. 이탈리아 민중은 삶과 죽음의 딜레마에 처해 있기 때문에, 다른 딜레마는 단순한 협잡에 지나지 않는다. 이는 떳떳치 못한 저들의 이기적인 정치, 저들의 음습하고 잔혹한 개인적 반목의 정치를 위해 성무에 들어가고자 하는 열망에서 나오는 세 치 혀의 말장난이며, 이기적 목적으로 권력 탐욕에 눈먼 분파주의자들의 입발림에 지나지 않는다.

<아반티!>, 1919년 11월 29일

다. 10월 혁명 이후에는 남부 러시아에서 반혁명군을 지휘한다.

2부 신질서 189

도시의 역사적 역할

　공산주의 혁명은 노동계급에 의해서 수행될 것이며, 이 노동계급은 맑스주의적 의미에서 공장과 자본주의 산업체계에 의해 통일되고 형성된 도시노동자들로 이루어진 사회계층으로 이해된다. 도시는 공업과 시민생활의 기관으로서 자본주의 경제력과 부르주아 독재의 도구인 것과 마찬가지로 공산주의 경제력과 프롤레타리아 독재의 도구가 될 것이다. 프롤레타리아 독재는 이러한 거대한 공업적·지적 생산의 도구, 시민생활의 원동력을, 훨씬 더 위협적으로 나타나는 파멸로부터 보호할 것이다. 제국주의 전쟁과 그 경제적 귀결에 의해 부패되고 황폐화된 부르주아 권력은 도시에서 자신의 점진적 쇠퇴를 숨길 수 없고, 이는 농촌에 비해 확실히 그러하다. 도시주민은 굶주리고 있으며, 오직 농촌에 의해서만 충족될 수 있는 이러한 기본적 욕구 앞에서 도시가 성취했던 모든 역사적·지적 성과는 값어치를 잃고 붕괴한다. 프롤레타리아 독재는 도시를 황폐화로부터 구할 것이다. 이는 농촌에 내전을 불러일으킬 것이며, 거대한 빈농층을 도시와 연결시킬 것이다. 이런 방식으로, 프롤레타리아 독재는, 천박하게도 현대 산업 문명을 혐오·경멸하는 지주와 고리대금업자들에 의해 오늘날의 도시가 보여주는 삶의 활기찬 동력과 시민적 진보가 갈기갈기 찢기고 파괴되는 것을 막을 것이다.

　이탈리아에서 리소르지멘토에 적용되었던 것과 같은 상황이 오늘날 공산주의 혁명의 발전에도 재생산되고 있다. 즉 당시와 마찬가지로 지금도 효과적인 역사적 세력은 특히 토리노와 밀라노 두 도시이다. 이 두 도시는 수많은 관계로 연결되어 있다. 리소르지멘토는 밀라노를 지렛대로 삼았다. 확대를 갈망하는 부르주아 세력들은 밀라노와 롬바르디아 지역에 가득 차 있었다. 그들에게는 통일된 체제로 이탈리아를 조직하는 것이 계급으로서 존재하기 위해 필수적인 것이었다. 이들은 관세, 도량형, 통화, 운송, 해양 운송로, 조세, 민법의 통일된 체계를 필요로 했다. 그러나 밀라노 부르주아지는 결코 부르주아 국가를 세울 수도 없었고 오스트리아의 족쇄로부터 해방될 수도 없었을 것이다. 이러한 목표를 위해서는 바리케이드, 개인적 영웅주의, 5일간의 투쟁으로는 충분치 않았다. 그러나 자유도시 밀라노는 비록 오스트리아에 우호적인 농촌에 의해 분쇄되기는 했지만 혼자 힘으로 일어섰다.19) 결정적인 세력, 이탈리아 국가를 세우고 확고한 전국적 기초 위에 부르주아 계급을 통일시킬 수 있었던 역사적 세력은 토리노였다.

피에몬테의 부르주아 주민은 롬바르디아의 상대만큼 부유하거나 단호하지 않았으나, 자신의 국가 권력으로 강고하게 통일되었다. 또 그들은 강철같은 군사와 행정 전통을 지녔으며, 그곳 정치가들의 지혜로 인해 유럽 정치체제의 일부가 되는 데 성공했다. 피에몬테 국가는 견고한 정복기구였으며 자신의 영향력을 통해 이탈리아의 새로운 구성을 촉진시킬 수 있었다. 그것은 새로운 국가에게 강력한 군사적·행정적 핵심을 제공할 수 있었고, 이탈리아인들에게 유기적 형태, 즉 자신의 형태를 부여할 수 있었다. 토리노는 이러한 강력한 피에몬테 체제의 신경중추였다. 토리노는 피에몬테 주민들을 통일시킨 세력이었다. 그것은 이탈리아 자본주의 혁명의 용광로였다.

오늘날 토리노는 한층 뛰어난 자본주의적 도시가 아니라 한층 뛰어난 산업 도시, 프롤레타리아 도시이다. 토리노 노동계급은 세계 어느 도시보다 강고하고 훈련되었으며 독특한 존재이다. 토리노는 하나의 거대한 공장과 같다. 그곳의 노동자들은 하나의 패턴을 따르며 산업생산에 의해 강력하게 통일되어 있다.

토리노 프롤레타리아트는 바로 이러한 도시 산업의 강력한 통일성 때문에, 그리고 계급투쟁의 경험을 통해 자신의 동질성과 연대를 생생하게 각성했기 때문에 소비에트 유형의 대중조직의 길을 따라 전진할 수 있었다. 또한 유사한 각성이 피에몬테의 노동 대중 전체에 의해 급속히 획득될 수 있을 것이다. 노동에 대한 안내심 있고 끈질긴 접근의 전통 속에서, 수세기의 정치적 독립과 자치를 거치면서 축적된 물질적·문화적 부의 유산 속에서, 피에몬테는 고도로 개별적이고 독특한 경제단위, 즉 자율적인 종류의 경제단위를 구성하고 있기 때문이다. 이 경제 단위는 자신이 소비하는 거의 모든 부를 생산하며 많은 양을 수출하여, 이탈리아뿐만 아니라 유럽 자체에도 없어서는 안 될 존재이다.

전국을 포괄하고 프롤레타리아 독재를 체현할 국가조직의 모델은 이러한 단단하고

---

19) [역주] 1838년 5월 밀라노인들은 5일 동안 봉기했으며 오스트리아인들을 도시 밖으로 몰아냈다. 『옥중수고』에 실린 그람시의 리소르지멘토에 대한 분석을 참조하라.

규율잡힌 공업·농업 생산체계 —— 자본주의에 의해 전국을 정치적으로 지배할 수 있는 훌륭한 채비를 갖춘 —— 로부터만 나올 수 있다. (지올리티 현상[20])은 기본적으로 이탈리아 자본주의가 정부 및 피에몬테 부르주아지의 지도 전통에 대해 가지고 있는 맹신의 결과에 다름 아니다.) 이탈리아의 경제적인 파멸 상황과 천연자원의 빈곤으로 인해 프롤레타리아트는 일단 권력을 장악하면 거대한 생산적 노력을 요구받을 것이다. 따라서 노동자와 농민계급이 전국적인 생산·교환 체계를 인수하는 꽉 짜여진 노동자·농민 평의회의 체계를 수립하는 데 성공하고, 자신들의 경제적 책임을 예리하게 지각하며, 노동자들에게 생산자로서의 강력하고 주의 깊은 자각을 주는 한에서만, 이탈리아에서 노동자 독재는 공산주의의 수립까지 통치하고 발전을 이룰 수 있는 것으로 간주될 수 있다.

노동계급은 피에몬테의 지역경제 체제 위에서 전국적인 프롤레타리아 경제국가를 세울 수 있다. 왜냐하면 피에몬테는 중요 식량(곡물, 쌀, 감자, 밤, 포도)의 생산자이고, 천연 전력이 풍부하며, 다양한 산업(식량, 직물과 의류, 기계, 건축, 목재, 고무, 가죽, 화학공업 등)을 자랑하고, 자신이 지역 내에서 소비하는 것 이상을 생산하며, 토리노의 거대한 산업기구에 의해 집중화되어 있기 때문이다.

자본주의 생산양식이 만들어 낸 특수한 구조 및 프롤레타리아트의 명확성과 응집성 덕택에, 토리노와 피에몬테는 자본주의 혁명과 부르주아 국가의 창조에서 했던 것과 동일한 역할을 공산주의 혁명과 노동자 국가의 창조에서도 수행하도록 요청받고 있다.

그러나 공산주의 혁명에서도 밀라노는 운동의 지렛대가 될 것이다. 부르주아지의 가장 중요하고 강력한 금융 세력은 밀라노에 자리잡고 있으며 프롤레타리아트는 거기에서 가장 어려운 전쟁을 치뤄야 할 것이다. 이러한 거대한 자본주의 이윤 공장의 신경중추인 부르주아 국가는 밀라노에 자리잡고 있다. 밀라노로부터 수천, 수백만의 실타래가 이탈리아 전국으로 뻗어나가 노동자와 농민의 노동을 자본가들의 안전에 종속시키고 있다. 프롤레타리아트는 밀라노에 본부를 둔 강력한 상업·금융 관련 기구를 인수하고 그것들을 프롤레타리아트의 경제·정치 권력의 도구로 전화시키는 것에 의해서만, 자본주의 독재를 파괴할 수 있을 것이다. 밀라노의 공산주의 혁명은 이탈리아 전체의 공산주의 혁명을 의미한다. 사실상 밀라노는 부르주아 독재의 수도이기 때문이다.

---

[20] [역주] 1882년 의원이 된 이래 죽을 때까지 다섯 차례나 수상을 역임한 지오반니 지올리티는 사르디니아 왕국의 피에몬테 출신이며, 토리노대학을 나왔다. 지올리티 현상은 피에몬테 출신의 장기 집권을 의미하는 것이다.

반혁명에 대한 봉사로서 레지오 에밀리아 주간지인 <라 지우스티지아(*La Giustizia*, 정의)>는 <오르디네 누오보> 12월 6~13일자에 실린 와닌(J. Wanin)의 기사로부터 한 구절을 다시 싣고 논평하였다. 그 대목은 "거의 예외 없이(이러한 관점에서 그것은 흥미로운 예외이다) 오늘날 자본주의 국가들은 매우 집중화된 국가를 보유하여, 정치혁명이란 이 기구의 참수(斬首)로서 인식될 수 있을 뿐이다. 즉 혁명은 발아래 짓밟히지 않으려면 수도에서 수행되어야 한다." <라 지우스티지아>는 로마의 예외성에 관심을 가지고 있다. 그러나 그것은 노동자에게 문제의 해답을 주기 위해서가 아니라, 그들을 실망시키고 수도가 "산업 도시가 아니고 프롤레타리아 공동체로 포위되지 않았기" 때문에 이탈리아에서 혁명은 불가능하다는 것을 확신시키기 위해서이다. 그러나 사실은 이탈리아 국가는 로마가 아닌 밀라노에 의해 대표되고 있음에 틀림없다. 왜냐하면 이 나라의 진정한 자본주의 통치기구는 로마가 아닌 밀라노에 자리잡고 있기 때문이다. 로마는 관료적 수도이다. 로마에서는 프롤레타리아 독재가 만만찮은 부르주아지의 경제 권력에 대항해서 싸울 필요가 없을 것이고, 단지 관료들의 사보타지에 대항해서 싸울 필요만이 있을 것이다. [식량배급과 로마의 무장 노동자들의 견고한 군대는 관료적 수도를 경제적 수도로 이전시키는 긴요한 과제를 수행하는 데 불가결할 정상적인 행정과 안정을 이탈리아 소비에트 정부에게 보장할 것이다.]21) 도시로서의 로마는 이탈리아 사회의 교류에 아무런 역할도 하지 않는다. 이 도시는 아무 것도 대표하지 않는다. 로마는 기생충에 반대하여 노동자 국가가 입법할 강고한 법률에 종속될 것이다.

<오르디네 누오보>, 1920년 1월 17일

---

21) [영역자주] 괄호 안의 문장은 <오르디네 누오보>의 일부 호에는 삭제되었다.

이탈리아 국가

대학 형법교수이자 몇 차례 국회의원을 지낸 바 있는 엔리코 페리(Enrico Ferri)는 최근 <레스토 델 카를리노(*Resto del Carlino*)>의 한 논설을 통해 '왜 법무성이 아니라 내무성이 감옥 체제의 운영 전반을 맡고 있는지 전혀 이해할 수 없다'는 의견을 개진하였다. 글에서 드러나는 바대로, 엔리코 페리 교수는 이 문제를 단순히 하나의 우발적 문제로, 즉 예외적 사건이라는 식으로 의견을 개진하고 있으며, 따라서 그는 이 결정이 장관 포고령으로 번복될 수 있다고 믿고 있다. 엔리코 페리 교수가 수년 동안 이탈리아 노동운동의 지도자였다는 사실에 비춰볼 때, 하나의 역사적 발전으로서의 국가 개념, 유산계급의 최고 조직으로서의 국가 개념, 노동계급이 장악해야 하는 도구 — 공산주의 출현의 토대를 준비하기 위해, 공산주의 사회를 향한 발전의 거침없는 자유를 보장하기 위해, 부르주아지를 정치적, 경제적으로 억압하는 기구 — 로서의 국가 개념을 이탈리아 노동자·농민들이 획득하기 힘들었다는 것은 놀라운 일도 아니다. 게다가 5년간의 전쟁과 1,500만 명의 대량학살 이후에, 또 한 명의 지도자(교리상의 차이와 맑스에 대한 이해 차이 때문에 페리와 대립하는) 필립포 투라티 의원이 매춘부의 투표권에 관한 품위 있는 연설('애정산업의 여성 피고용인'이라는 사회적 범주의 정의와 규정에서 필립포 투라티 의원의 심오한 맑스주의 정신을 엿볼 수도 있겠다)로 이탈리아 국민의 대표들을 즐겁게 함으로써 의회에서 상당한 성공을 이룰 수 있었다는 점을 생각해 본다면, 이는 결코 놀랄 일도 아니며, 이탈리아 민중의 무정부주의적 경향을 충분히 이해할 수 있을 것이다. 이탈리아 노동계급에게 칼 맑스는 단지 '기둥에 걸려 있는 성인상(聖人像)'에 지나지 않는다는 점이 이제는 확실히 이해될 것이다. 그 이름은 단지 메달이나 엽서, 술 이름 정도를 의미할 뿐이다.

이탈리아 국가는 무엇인가? 그리고 그것은 왜 지금의 형태로 존재하는가? 그것의 근저에는 어떤 경제 세력, 어떤 정치 세력이 놓여 있는가? 그것은 발전해 왔는가? 국가를 지금까지 유지시켰던 세력간 체제는 예나 지금이나 똑같은 것인가? 발전을 추동하는 국가 내부의 효소들은 무엇인가? 이탈리아는 자본주의 세계에서 정확히 어떤 지위에 종사하고 있으며 외부의 압력이 어떻게 내적 발전과정에 영향을 미치는가? 제국주의 전쟁을 촉발시키고 자극하는 신진 세력들은 무엇인가? 이탈리아 사회의 현 세력들에게 유망한 발전 방향은 무엇인가?

지금은 볼셰비키 혁명이 자극한 격앙된 열정과 새로운 세대 덕택에 노쇠한 회의주의로 비웃음을 사며 조롱거리로 판명되고 있지만, 수십 년간 이탈리아 사회당을 지배해 왔던 기회주의적이고 개량주의적인 허무주의는 당의 교육 기능을 이해하고 배워 나가고 실행해 나가지 못하는 자신의 무능력과 그에 대한 책임을 조금이라도 검토해 봐야 한다. 우리 젊은 세대들은 기성의 것들에 대해, 기성의 것임에도 불구하고, 거부해야 한다. 우리와 그들 사이에 어떤 관계라도 있는가? 그들이 만들어 온 것은 무엇인가? 그들이 우리를 거쳐 다음 세대에게 계승시키고자 하는 것은 무엇인가? 도약을 향해 진보할 수 있도록, 탐구와 학습의 길을 환히 비춰주고 열어제칠 수 있도록, 사랑과 은총에 대해 그들은 우리에게 어떤 기억을 남겼는가? 우리는 우리 자신의 안내와 우리 자신의 능력에 의존해 스스로 모든 것을 해야만 했다. 지금의 이탈리아 사회주의 세대가 사의를 표할 곳은 자기 자신밖에 없다. 노동하지 않고 아무 것도 생산하지 않은 사람에게는 결코 우리 세대의 실수와 노력에 대해 비아냥거릴 권리가 없다. 우리 세대에게 전해준 것이라곤 몇몇 허접쓰레기 같은 신문 기사들 더미밖에 없는 자들에게는 결코 그런 권리가 없다.

의회제라는 이유로, 마치 야만족 무리들과 문명국과의 관계처럼 소비에트 공회국과 비교되는 이탈리아 국가는[22] 결코 한번도 유산계급의 가차없는 독재를 숨기고자 한 적이 없다. 알베르티니 법령(Albertine Statute)[23]은 정확히 하나의 목적을 위한 것이라고 말할 수 있다. 그것은 국왕의 운명을 사적 소유의 운명에 밀접하게 엮어 놓고자 하는 것이었다. 사실 국왕의 각료로 이루어진 정부의 의지를 휘어잡을 수 있는 국가기계 내부의 유일한 감독기구는 자본의 사유재산에 관련된 것들뿐이다. 최소한 형식적

---

22) 투라티의 말을 이야기하는 것이다. p. 168을 보라.
23) [역주] 피에몬테의 국왕이었던 카를로 알베르토(Carlo Alberto)가 1848년 승인한 법령으로, 통일 후 이탈리아 왕국 전역으로 그 적용범위가 확대되었다. 이 법령으로 인해 각료들은 국왕이 아니라 의회에 책임을 지게 되었다.

으로나마, 시민 사회(citizen body)의 위대한 자유 — 개인의 자유, 의사표현의 자유와 출판의 자유, 결사 및 집회의 자유 — 를 보호할 수 있도록 헌법이 만들어 놓은 제도라고는 하나도 없다. 자칭 자유민주주의 국가인 자본주의 국가에서 민중의 자유를 보호하는 최고 기구는 사법권이다. [하지만] 이탈리아 국가에서 사법부는 하나의 권력이 아니라 훈령이다. 그것은 행정권의 도구에 지나지 않고, 왕과 유산계급의 수단에 지나지 않는다. 그렇다면 개별 감옥뿐만 아니라 감옥 체제의 전반적 운영, 그리고 경찰력과 모든 억압적 국가기구들이 내무성에 귀속되는 이유를 이제는 완전히 이해할 수 있을 것이다. 이탈리아에서는 왜 항상 수반[수상]이 내무성을 장악해야 하는지 — 즉, 왜 그가 국가의 전체 군사 기구를 장악하고자 하는지 — 를 완전히 이해할 수 있다. 수상은 바로 유산계급의 오른팔인 것이다. 즉 거대 은행, 거대 산업가, 대지주, 총사령부, 이 모두가 그를 수상으로 선택할 권한을 가지고 있으며, 그는 자신이 직접 기만적이고 부정한 방법으로 의회의 다수를 조작한다. 그는 실제에서뿐만 아니라 — 의심할 여지 없이 모든 자본주의 국가에서 나타나는 것과 마찬가지로 — 법적으로도 무소불위의 권력을 갖고 있다. 이탈리아 국가에서 유일한 실세는 바로 수상이다.

이탈리아 지배계급은 자신의 독재를 가릴 만한 위선조차 갖고 있지 않다. 그들은 노동하는 민중을, 아프리카 식민지와 마찬가지로 격식을 갖춘 통치는 결코 어울리지 않을 그런 열등한 인종인 것처럼 생각한다. 이 나라는 마치 영구 계엄상태인 것처럼 지배되고 있다. 밤이고 낮이고, 내무장관이 사령관에게 명령만 하면 경찰 행정이 집행될 수 있다. 경찰은 가정에, 사적인 집회장소에 마구잡이로 쳐들어간다. 정상적인 일상 행정 절차의 소극적 요구인 법원 영장조차 없이 개인의 자유와 가정생활이 침범되고, 시민들은 수갑에 채워진 채 일반 범죄자와 함께 불결하고 구역질나는 감방에 처넣어진다. 그들은 육체에 가해지는 만행에 대해 무방비로 당할 수밖에 없으며, 그들의 업무와 인간관계는 붕괴되고 파괴된다. 일개 경찰국장의 간단한 말 한 마디로 집회장소가 침탈, 수색당하고, 해산된다. 사령관의 말 한 마디면, 일반 포고령에 위배되지 않는 내용의 저술도 검열당할 수 있다. 사령관의 말 한 마디로 노조의 지도자가 체포될 수도 있다. 즉, 결사의 자유는 언제나 위협받고 있다.

전제 국가의 대명사로 짜르 러시아가 종종 인용되고 있지만, 실제로 짜르 국가와 이탈리아 국가 사이에는, 그리고 두마와 이탈리아 의회 사이에는 얄팍한 차이조차도 없었다. 러시아 민중과 이탈리아 민중 사이에 정치 문화와 인간적 감수성의 차이가 있을 뿐이었다. 자유주의자든 사회주의자든, 러시아인들은 권력 남용을 전 세계에 폭로하였다. 인간적 감수성이 다소 떨어지는 이탈리아인들은 가장 끔찍한 사건에 대해서만 불평하는 것이 고작이었다. 정치적 교육이 부족한 탓에, 그들은 다양한 개별적 사건들 속에서 국가의 정체(政體)를 추적할 수 있는 연속성을 찾아내지도 못했다. 이탈리아에서는 독립적으로 존재하는 사법부란 존재하지 않기 때문에, 이탈리아에서는 억압적 국가기구가 사법부의 손 밖에 있기 때문에, 의회 권력이란 건 존재하지도 않고 입법이란 단순히 사기에 지나지 않는다. 현실에서도, 법적으로도, 이탈리아에는 단지 하나의 권력, 즉 행정권만이 존재할 뿐이다. 국왕이 존재하고, 어떤 비용을 치르더라도 보호받기를 원하는 유산계급이 존재한다.

짜르 국가는 지주의 국가였다. 때문에 짜르의 각료들은 촌티가 줄줄 흘렀다. 이 시골 뜨기들은 너무 솔직한 나머지, 자신의 반대자는 곤봉으로 사정없이 때려눕혔다. 1917년 3월 혁명은 이 나라에 지주와 산업가의 균형을 맞추려는 시도였다. 이 두 사유재산 세력의 균형 속에서 자유주의 국가가 탄생한다. 권력의 분할 —— 이는 통치에 있어서 부르주아 정당의 정치적 평등을 보장하고 권력을 획득한 개별 정당이 자신의 권력을 영구화할 목적으로 국가기구를 악용하지 못하게 하는 의회와 사법권의 출현을 의미한다 —— 은 자유주의 국가의 특징이다. 1917년 3월에 이미 한 차례 격류에 휘말렸던 경험을 가진 러시아 노동 대중은 혁명이 부르주아 국면, 자유주의 국면의 절정에서 그쳐 버리는 것을 저지할 수 있었다. 산업 노동자들은 산업의 소유자들이 벌여 놓은 일을, 이들 모든 소유자들을 제거하고 프롤레타리아를 해방시킴으로써 끝까지 밀고 나갔다.

이탈리아의 통일적 국가[자유주의 국가의 삼권분립과는 다른]의 근저에 깔려 있는 추동력은 북부 이탈리아의 부르주아 산업 중핵에서 비롯된다. 농업을 희생시키면서, 농업을 산업의 이해에 난폭하게 종속시키면서 산업이 발전함에 따라, 국가는 스스로를 견고하게 만들었다. 이탈리아 국가는 균형 체제에서 나온 것이 아니기 때문에 자유주의 국가가 아니다. 하지만 영국의 자유주의 용어로 교육받은 이탈리아 국왕의 각료들은 산업의 적을 다루는 수단으로, 러시아 농민에게 가해진 곤봉보다는 런던 깡패들(apache)의 샌드백을 더 선호한다.

전쟁 이전에도 이탈리아 유산계급의 국내 관계는 변하고 있었다. 전쟁을 선포했던 살란드라(Salandra)는 남부 출신으로는 이탈리아 역사상 처음으로 수상이 된 인물이다. 니티(Nitti)가 두 번째가 되었다. 행정권은 낡은 자본주의 세력간 체제에서 빠져 나오고 있었다. 이탈리아 국가의 경제적 실체는 유동적인 것이 되었다. 즉, 그것은 이동하기 시작했다. 농촌 이탈리아가 국가를 넘겨받고 있었다. 이탈리아는 다수당을 갖게 되었는

데 그것은 인민당(Partito Popolare)이다. 혹자는 이 자본주의 세력 이동이 자유주의 국가, 부르주아 공화국을 가져오기를 기대할 수도 있을 것이다. 여전히 유산계급을 소멸시키고 노동자 민주주의를 일으켜 세운다는 역사적 임무를 완수하도록 결정되어 있으며 지금도 활동 중인 노동계급이 존재한다는 사실만 아니라면 말이다.

소비에트 공화국과 부르주아 공화국 사이의 선택에, 노동자 민주주의와 자유민주주의 사이의 선택에 직면한 개량주의자와 기회주의자들은 부르주아 공화국과 자유민주주의를 선택하였다. 이러한 기성 세대, 쁘띠부르주아 지식인들과 아무런 관련도 없는 새로운 이탈리아 사회주의 지식인 세대는 광란의 전쟁 한복판에서도 편견과 전통적 인습에서 벗어난 성숙함을 가질 것을, 볼셰비키 혁명에 대한 연구를 통해 그 혁명적 특성을 배울 것을, 이탈리아 소비에트 공화국의 토대를 건설하는 역사적 활동 —— 이념, 신화, 대담한 사고와 혁명적 활동 —— 에 고유한 생산 형태를 창조할 것을 요구받고 있다.

<오르디네 누오보>, 1920년 2월 7일

술 취한 병사들

<라 스탐파>의 필자들 속에서 16세기 희극에 등장하는 용병인 란쪼(lanzo)의 불멸의 모습이 재현되고 있다. "우리 란쪼들이 그것을 해냈다. 우리는 단지 우리가 원하는 것을 했을 뿐이고, 그래서 우리는 말한다. 그때 우리는 취해 있었다고!" <라 스탐파>의 필자들인 우리는 그것을 해냈다. 우리는 리비아가 남부 농민계급의 굶주린 유랑민들을 위한 약속된 땅이라고 주장했으며, 토리노 제 4선거구의 후보 지우세페 베비오네(Giuseppe Bevione)가 새롭게 되살아난 정치 전통의 수립자라고 주장했다. 우리는 인간성의 위대한 주자 월슨 대통령이 세상을 재조직하고, 따라서 정의가 군림하고, 양 대륙의 모든 프리메이슨과 제국주의들 그리고 공갈협박단으로 하여금 분수를 지키게 만들었다고 주장하였다. 우리는 쉽게 속아넘어가는 독자들을 바보로 만들었다, 그래서? 아무런 문제도 없다, 아무 것도 우리를 구속하지 못한다. <라 스탐파>는 "정치적 신문이며, 따라서 그것의 활력은 현안들이다."

그러면 <라 스탐파>의 '술 취한 병사들'에게 '정치와 현안들'은 무엇인가? 그것은 권력을 향한 의회정당의 천박한 다툼, 노동운동의 개별 성원과 개별 자본가 사이의 공모, 그리고 '헌병(Cavaliere) 지오반니 지올리티 같은 모든 악의 망치보다 권력을 장악한 살란드라나 니티가 더 나은가?'와 같은 급박하고 근본적인 문제의 해결 같은 것이다. 정부는 비공식적인 외교 음모를 수행토록 <코리에레>의 아멘돌라(Amendola)와 보르게제(Borghese)를 런던에 보내야 하는가, 혹은 마르첼로 프라티(Marcello Prati), 베네데토 치르메니(Benedetto Cirmeni), 그리고 체자레 소브레로(Cesare Sobrero)를 보내야 하는가? 국내적인 그리고 국제적인 은행 안전의 협력은 실비오 크레스피(Silvio Crespi)에게 맡겨져야 하는가 혹은 볼피(Volpi)에게 맡겨져야 하는가? 장관, 차관, 판사, 치안판사, 주지사, 그리고 총경은 지올리티의 부하들 중에서 뽑아야 하는가, 헌병들 중

에서, 혹은 살란드라나 니티의 믿음직스러운 똘마니 중에서 뽑아야 하는가?

<라 스탐파>의 '술 취한 병사들'이 <아반티!>와의 '철학적' 전장에 개입하기를 거부해야만 하는 것은 당연한 것이다. <아반티!>에게 정치란, 자본주의적으로 조직화된 국내적·국제적 경제기구의 발전과정에 의해 결정되는 것으로서 계급투쟁을, 노동 대중의 거대한 대중운동을 뜻한다. '현안들'은 50년간 부르주아의 지배에 의해 형성된 것으로서 사회와 국가의 분열과정을 따라가는 (그리고 촉진하는) 것을 의미한다. '현안들'은 이 과정 속에서 <아반티!>를 기관지로 지닌 사회당의 행동 강령을 인도하는 맑스주의 교의의 테제들을 확증하는 방식을 관찰·지적하는 것을 의미한다. '현안들'은, 다른 곳과 마찬가지로 이탈리아에서도, 어떻게 은행이 이전에는 갈등적이었던 두 개의 산업범주(철강노동자와 기계 부분)를 통일시켜 왔는지를 관찰·지적·설명하는 것을 의미한다. 즉 국가가 어떻게 주요 은행들의 카르텔을 진전시켜 왔으며, 국가가 어떻게 이 거대한 자본가 연합의 수중에 떨어졌는지, 그리고 분명치 않은(ill-defined) 농민계급이 존재하는 농촌 이탈리아가, 국가 통제를 목적으로 하고 그것을 기독-사회[주의]적(Christian-social), 귀족적, 참주선동적인 방식으로 조직하는 것을 자신의 목적으로 삼은 거대한 의회정당[인민당]을 만들어 낸 이후로, 어떻게 산업자본과 금융자본이 그들의 선거 블록에도 불구하고 더 이상 국가 권력에 대한 확고한 통제를 유지할 수 없는지에 대해 이해하고 설명하는 것이다. <아반티!>에게 정치와 '현안들'이란, 어떻게 노동계급이 맑스에 의해 예견되었던 역사적 임무를 점점 더 자각하게 되는지를 지적(하고 이러한 경험과 자극으로부터 행동으로 나아가는 선동적 결론을 도출)하는 것이다. 즉 어떻게 노동계급이 새로운 제도, 새로운 심리학, 그리고 새로운 삶의 방식을 생산해 내는 지속적인 내적 활동을 통해 스스로를 지배계급으로 조직해 낼 것인가를 지적해 내는 것이다. 즉 공산주의를 실현 — 즉, 피로스의 승리(Pyrrhic victory)[24]를 위해서 … 부르주아 국가가 전쟁을 위해 조직하고 아직도 유지되고 있는 집중화된 '계획' 경제의 정상적 발전 — 하기 위해 어떻게 새로운 유형의 국가, 소비에트 공화국의 기반을 확립할 능력을 지닌 계급이 될 것인가를 지적해 내는 것이다.

<아반티!>는 노동계급의 정당인 사회당, 즉 당 대회를 통해 수립된 원칙을 행동으로 실행함으로써 전진하는 하나의 강력한 사회 조직이자, 노동조합과 협동조합, 그리고 공

---

24) [역주] B.C. 279년에 에피루스의 왕 피로스는 큰 희생을 치르고 로마로부터 승리를 얻어냈다. '피로스의 승리'란 큰 희생을 치르고 얻은 승리를 의미한다.

장 내부에 조직됨을 통해, 당내 클럽과 지부에서 가장 활발한 전위 요소 안에 조직됨을 통해 수백만의 연계에 의해 이탈리아 노동 대중과 결합된 그 조직의 신문이다. <아반티!>의 필자들은 당의 충성스럽고 헌신적인 보병들이다. 그들은 조직적이고 책임감이 강하며, 노동계급의 수천 수백의 일국적·국제적 경험과 수천 수백의 논쟁을 통해 형성된 원칙에 종속되어 있다. <라 스탐파>의 술 취한 병사들 —— 부르주아 국가의 아첨꾼들이자 자본주의의 이데올로기적 대변인, 여타 상업적 기업과 마찬가지로 거대 신문사의 독재자들의 검은 손을 위해 물질적 이윤, 특히 정치적 이윤을 짜내고자 하는 언론사의 피고용인인 그들 —— 이 <아반티!>와의 철학적 싸움에 뛰어들기를 거부하는 것은 충분히 이해가 된다. 무책임한 용병들의 독기 어린 무기를 가지고 자본가를 위해 노동자들에 대항해 싸우려는 그 누구도, 피착취자들이 투쟁하고 있는 전장에, 노동계급이 투쟁하고 있는 전장에 뛰어들 수 없다. '술 취한 병사'는 노동계급의 느낌, 사상, 영감, 그리고 '철학'으로부터 완전히 소외되어 있다.

프롤레타리아 계급의식으로 충만한 전위들의 정치적 조직인 사회당은 빈곤한 노동자와 농민 계급을 지배계급으로 조직하는 역사적 과제를 갖고 있다. <아반티!>가 이러한 임무를 완전히 수행하는 한 —— 물론 순수한 저널 활동이라는 한계 내에서 —— <아반티!>에 투고하는 투사들은 부르주아 대행자들의 속임수를 벗겨내기 위해 <라 스탐파>의 [논의] 수준으로 뛰어드는 것을 결코 경멸하지 않을 것이다. <라 스탐파>의 캠페인은 그것 자체가 계급투쟁의 한 에피소드이다. 우리는 이 에피소드를 다음과 같은 방식으로 규정해야 할 것이다. 이탈리아 부르주아 국가는 생산관계 체제와 국내 시장의 교환관계 체제 —— 가지각색의 소지역과 주(州)로 나뉘어진 —— 를 통일하고자 하는 북부 이탈리아의 자본주의적 중핵의 충동 이래 형성되었다. 좌파25)가 권력을 장악하기 전까지, 이탈리아 국가는 유산계급에 한해서 투표권을 확장시켰다. 남부 이탈리아와 섬들을 —— 매문가들이 '도적'으로 낙인찍은 그 빈곤한 농민들을 산채로 불태우고, 사지를 찢어 죽이며, 십자가에 못박은 —— 살육으로 몰아넣었던 것은 다름 아닌 잔혹한 독재였다. 산업의 발전은 통합 국가를 강화한다. 좌파가 권력에 접근하고, 참정권이 확대되었으며, 조금씩 '민주주의'가 도입되었다. 그러나 산업 독재는 교회 자산에 만족하는 부르주아지와 지주의 독재보다 결코 덜 잔혹한 것이 아니다. 국가는 스스로 산업의 종복으로 나섰으며, 1898년에 처음으로 노동계급이 시칠리아와 사르디니아의 가난한 농민들과 동시

---

25) [역주] 여기서 '좌파'란, 북부 산업자본의 이해를 대변하는 지올리티의 부르주아 개혁파를 의미함.

에 봉기했던 운동을 억압하였다. 노동계급에 반하는 특정한 법들 속에서, 시칠리아와 사르디니아의 관료에게 주어진 헌법상의 보장을 일시 보류할 수 있는 권력 속에서(줄리오 베치[Giulio Bechi]의 책 『대사냥(*Caccia grosse*)』은 위기 상태임을 선언하고 무장한 채 노인과 여성, 아이들을 인질로 잡은 사르디니아의 한 변변찮은 국가 관료에 대한 '재치 있는' 이야기다. 결국 그는 군 당국에 의해 처벌을 받게 되는데, 왜냐하면 그가 하늘의 색깔에 대해, 풍경에 대해, 그리고 여자들의 순결에 대해 비비꼬이고 뒤틀린 글을 써 댐으로써 사르디니아 지식인들의 감수성을 공격했기 때문이다) 산업 '민주주의'는 자신의 진정한 속성을 드러내었다. 산업 발전의 궁극적인 성과는 <라 스탐파>에게는 '진정한' 민주주의의 절대적인 최고치인 지올리티주의(Giolittism)다. 이탈리아 국가의 민주적 본성은 다음과 같은 역사적 관찰에 의거해서 판단되어야 한다. 자유주의 체제는 두 개의 거대한 정당, 보수적인 것(지주를 대변하는)과 민주적인 것(산업 자본을 대변하는)간의 균형이라는 특징을 갖는다. 이 균형은 사법부에 의해 보장받는데, 사법부는 정부와 의회로부터 독립적이고, 부르주아 범주에 대한 어떠한 침해에도 반대할 임무를 가지며, 따라서 역사적으로 유산계급의 민주주의, 즉 각각의 계급들이나 소유권 개념 그 자체보다 상위에 있는 유산계급의 민주주의를 체현한다. 이탈리아에서는, 좌파가 권력에 접근한 이후로, 그러한 균형은 결코 존재하지 않았으며, 사법부는 헌법상 존재하지 않게 되었다. 이탈리아 국가는 결코 민주적이지 않았다. 그것은 전제적인 경찰국가(여기에는 오직 하나의 권력만이 존재한다. 즉 의회는 단지 하나의 자문기관에 지나지 않고 정부만이 유일 권력이다)이다. 그것은 언제나 산업 노동계급과 농민계급들 모두에 반대하는 산업가들에 의해 행사되는 독재였다. 전쟁은 정치적으로 산업 자본을 약화시켰다. 전쟁은 자본에 대한 혁명적 저항이라는 역사적 역할을 통해 노동계급을 강화시켰으며, 농민계급들의 거대한 정당, 즉, 인민당 — 체질적으로(constitutionally) 산업가들에 반대하는 정당 — 이 출현할 수 있는 조건을 만들어 주었다. 이런 식으로, 부르주아 국가는 자신을 산산조각낼 거대한 정치적 위기 속으로 빠져들었다. 사건의 정상적인 과정을 통해서라면, 그것은 산업가와 지주 간의 균형을 유지하는 자유주의 국가가 될 것이다. 그러나 그렇게 되기 위해서는 군대에 대한 통제가 제헌의회라는 수단을 통해서 정부(행정권력)의 손아귀로부터 정부로부터 독립된 권력과 의회로, 실제적 권력으로 성장해 온 사법적 질서 속으로 이양되어야 할 것이다. 자본가계급은 이러한 위기를 회피하려 한다. 그들은 '자신의' 정부가 단 한 순간이라도 군대에 대한 통제권을 잃지 않기를 원한다. 노동계급은 그러한 방어의 틈새를 넓히기 위해 격렬하게 일어설 것이며, 혁명적 수단으로 국가 권력을 장악할 것이다. 바로 이 순간에 살아 있는 민주주의가 다시 한번 갑작스럽게 출현할 것이다. 헌병 지올리티와 그를 추종하는 한 무더기의 쁘띠부르주아 경찰견들. 즉 <라 스탐파>의 '술 취한 병사들'은 노동계급이 제 정신을 차리고 지각없는 '철학자'들에게 놀아나지 않으려면, 부르주아 국가를 공고히 하기 위해, 즉 자본의 위치를 공고히 하기 위해 '진정한' 민주주의와 협력해야만 한다고 이야기한다. 노동계급은 인민당에 의해 단련된 농민계급과의 연합에 반대하는 영국식 모델의 '산업'연합을 만들어야만 한다는 것이다. 사회당은 혁명적 입장에서 슬그머니 빠져나와 전쟁 전의 영국 노동당의 입장으로 돌아가야 한다는 것이다.

노동계급은 쁘띠부르주아 '친구들', 즉 자본의 지적 대행자들을 의심하는 법을 배워왔다. 이탈리아 국가가 경찰국가가 아닐지라도, 그것이 자유민주주의 공화국일지라도, 노동계급이 갖게 될, 그리고 가지고 있는 유일한 책무는 하나이다. 즉, 그것을 전복하는 것이다.

<아반티!>, 1920년 2월 18일

공장 노동자

하나의 사회가 존속하고 발전하려면 반드시 역사적으로 결정된 특정한 생산 형태를 유지해야 한다. 생산이 이루어지지 않고 조직된 노동이 (매우 낮은 수준일지라도) 존재하지 않는다면, 사회도 역사적 삶도 존재하지 않는다. 현대 사회는 어떤 생산 체제를 유지해 왔기 때문에 지금까지 존속하고 발전해 올 수 있었다. 그 생산 체제란 두 개의 계급 — 생산수단을 소유하고 있는 자본가계급과 굶어 죽을지도 모른다는 위협감과 월급봉투라는 족쇄에 의해 다른 계급에게 멍에를 지고 종속된 노동계급 — 에 의해 역사적으로 결정된 생산 체제다.

현재의 발전단계에서, 자본가계급은 진보의 최전선에 서 있는 하나의 계급 … 즉 금권계급(plutocracy)으로 표현될 수 있을 것이다. 자본가계급이 그리고 있는 역사적 궤적은 부패와 퇴보의 과정이다. 생산에서의 자본가계급의 전통적 역할은 생산에 대해 재정적으로나 감정적으로 어떤 투자도 하지 않은 무책임한 중간계급에게 넘어갔다. 그들은 '국가 공무원'이라는 명찰을 달고 있는 관료들이다. 가장 저급한 욕망을 만족시키는 데 급급하고 자신들의 추잡한 심성에 딱 들어맞게끔 스스로의 이상을 만들어 가면서 하루하루를 연명하고 있는 주식 중개인, 운수가 다한 삼류 정치인, 인간 쓰레기들. 이들은 돈에 눈먼 탐욕스러우며 부패한 자들이다. 가능한 한 많은 여자를 거느리고, 고급 매춘부에게, 그리고 가면무도회(*bals tabarin*) 같은 조잡하고 가식적인 사치에 돈을 뿌려대는 것이 이들이다. 눈꼽만한 권력이라도 있을라치면 그 권력을 남용해 자신을 이롭게 하고, [결국] 스스로를 병들게 만들 수 있는 자들이 바로 이들이다.

반면에 노동계급은 완전히 새롭고 전례가 없는 인간형을 만들어 왔다. 공장 노동자, 이들은 자신들의 농업적, 혹은 장인적 기원에서 비롯한 모든 심리적 흔적을 말끔히 지워 버린 프롤레타리아이며, 공장의 삶, 생산의 삶 — 열정적이고 질서정연한 삶 — 을 살아가는 프롤레타리아이다. 공장 밖의 사회적 관계에 관한 한, 그리고 부의 분배 체계에서 이뤄지는 정치적 관계에 관한 한, 그의 삶은 무질서하고 혼란스러울 수도 있다. 하지만, 공장 안에서의 그는 질서잡히고 정확하며 규율을 존중하는 삶을 산다.

자본소유 계급은 노동과 생산에서 분리됐다. 최초의 통일이 가졌던 모든 의미를 잃어 버리고 그로부터 멀어져 가는 것이 바로 일종의 변증법적 통일, 즉 이윤을 향해 경쟁하는 개별적 투쟁 속에서 이루어지는 통일이다. 자본가계급의 통일은 국가 제도, 즉 정부와 동일한 것으로 인식돼 왔다. 개인은 경쟁과 투쟁이라는 자신의 역할을 모험가 무리와 돈에 팔려 다니는 일군의 삼류 정치인들에게 넘겨 버렸으며, 원시적이고 야수적인 국가 ─ 즉 저급하고 탐욕스러운 본능을 사육하는 공간 ─ 에 의존하게 되었다.

노동계급은 공장, 그리고 생산과 자신을 동일시하게 되었다. 프롤레타리아는 노동하지 않고서는, 규칙적이고 질서정연하게 노동하지 않고서는 단 하루도 살 수 없다. 분업은 프롤레타리아 계급을 심리적으로 통일시켰다. 느낌, 욕망, 사고, 관습, 습관, 애정의 육체가 '계급 연대(class solidarity)'라는 이름으로 종합될 수 있도록 조성되는 것은 바로 프롤레타리아 내부에서다. 공장 안에서 모든 프롤레타리아는 작업 동료와 자신을 분리할 수 없다는 것을 인식하게 된다. 산업생산 노동체제에서 단 하나의 연계라도 끊어진다면, 창고에 산더미처럼 쌓여 있는 원자재가 어떻게 사회 속에서 인간에게 유용한 물건이 되어 세상에 돌아다닐 수 있겠는가? 프롤레타리아가 더욱 전문적인 업무에 특화될수록, 그는 점점 더 그의 동료가 얼마가 필수불가결한가를 알게 된다. 자기 자신이 내적 통일과 응집에 결박되어 있는 응집된 몸뚱아리의 한 세포라고 생각하게 될수록, 그는 더욱 질서와 정연함, 정밀함의 필요성을 느끼게 된다. 전체 세계가 그가 노동하고 있는 공장에 없어서는 안 될 질서와 정언함, 정밀함과 똑같은 질시, 정언함, 정밀함으로 이루어진 거대한 공장처럼 되어야 한다는 것을 알게 될수록, 그는 공장의 생명줄이나 마찬가지인 질서, 정연함, 정밀함이 공장과 공장을 잇는, 도시와 도시를 잇는, 국가와 국가를 잇는 그런 관계들의 체제에 투영되어야 한다고 생각하게 될 것이다.

이런 새로운 심성과 독창적인 세계관을 가진 공장 노동자, 즉 도시 산업 프롤레타리아트가 공산주의의 원형이다. 그가 바로 인간 사회를 혁신할 임무를 체현하고 있는 혁명가다. 그가 바로 새로운 국가의 설립자다. (<라 스탐파> 저널리스트들의 얼간이 같은 곡해에도 불구하고) 토리노가 공산주의 혁명의 도가니라고 우리가 단언할 수 있는 것은 바로 이런 의미에서다. 그것은 토리노의 노동계급이 칼 맑스가 그리고 있던 유형의 ─ 민주주의자와 무정부주의 말썽꾸러기들이 마음속 깊이 품고 있는 혁명가 유형이 아닌,

즉 리소르지멘토로 회귀하고자 하는 쁘띠부르주아 혁명가들이 아닌—혁명가들, 즉 다수의 프롤레타리아, 다수의 공장 노동자로 이루어져 있기 때문이다. 마찬가지로 우리가 노동총동맹을 이탈리아 생디칼리스트 연합(USI)보다 더 '혁명적'이게 만드는 것은 바로 노동 대중이라는 생각을 유지하는 것도 이러한 맥락에서다. 왜냐하면 USI가 뚜렷이 분화되지 않은 무정형의 단계—이 단계는 아직 프롤레타리아가 되지 않은 장인과 농민의 특성과, 결코 자본가가 될 수 없는 쁘띠부르주아의 특성을 반영하는 세계관에 의해 규정되는 단계다—를 넘어서기 힘든 조직체인 반면에, 총동맹은 가장 전문화되고 가장 조직화된 산업, 가장 '혁명적'이고 전위적인 산업의 노동자들로 충원되어 있기 때문이다.

하나의 사회가 존속하고 발전하려면 반드시 생산해야 하며, 생산품의 분배가 부정한 방식으로 소비되고 축적되도록 사회가 조직되어 있건 아니건 간에, 소비되는 것 이상으로 생산해야 한다. 사회는 부정부패의 한가운데에서도 존속하고 번영할 수는 있지만, 생산하지 않으면 살아남지 못한다. 이는 심지어 정의가 지배한다고 해도 마찬가지다. 부르주아 사회는 생산하지 않기 때문에, 전쟁이 만들어 낸 새로운 분배 관계와, 그 결과 나타난 자본주의의 금권주의적 국면 덕에 생산자의 노동은 더 이상 축적은 고사하고 소비자의 요구조차 따라잡기 어렵게 되었기 때문에, 사멸해 가고 있다. 물질적 부는 점차 소멸해 가고 있는 반면에, 물질적 부의 전유를 약속하는 주식증서—즉 지폐—의 축적은 늘어만 가고 있다. 자본주의 분배 체제는 일종의 무장 강탈, 그것도 정부 내부의 무리들이 저지르는 무장 강탈이다. 자본주의는 생산의 영역에서 분리되고 있으며, 산업 경영은 무책임하고 부적절한 이들의 손아귀에 들어갔다. 이제 노동과 기계에 대해 진정한 애정을 갖고 있는 이들은 오직 노동계급밖에 없다. 이제 노동계급이 생산을 지배하고 있다. 그들이 사회의 주인인데, 왜냐하면 그들이 단지 팔짱끼고 한 걸음 물러서기만 해도 숨을 헐떡이는 이 사회의 마지막 신경을 끊어 놓을 수 있기 때문이다. 마찬가지로, 단지 한번의 진정으로 웅대한 생산성 추동만으로도 새로운 활력과 발전 가능성을 사회에 불어넣을 수 있기 때문이다. 자본주의의 호위병이자 [동시에] 부르주아의 부엌이나 기웃거리는 탐욕스러운 거지나 다름없으면서, 편안하게 월급이나 받고 있는 전도사들은 그들이 프롤레타리아트에게 전쟁 영웅주의를 불어넣어 주었던 것과 마찬가지로 그들의 인간주의적 혹은 애국주의적 호소—삼류 소설에나 어울릴—가 대다수의 프롤레타리아트에게 생산적 영웅주의를 불러일으킬 수 있을 것이라고 생각하고 있다. 하지만 그런 속임수는 한번으로 족하다. 게다가 이번에는 경찰에게 도움을 청할 수도 없다! 이들은 프롤레타리아트가 화폐 소유자에게 더 많은 사치나 여가를 제공하기 위해서가 아니라 자신들의 세계관을 현실로 전화시키기 위해서, 자신들의 '철학'을 역사로 바꿔 놓기 위해서, 즉 공산주의를 위해서만 생산을 증대시킬 것이라는 사실에 —— 자발적으로든 혹은 붉은 전위의 약간의 도움을 받아서든 —— 익숙해져야만 할 것이다. 프롤레타리아트가 자신의 국가 권력으로 생명의 나무에서 모든 죽은 가지들을 쳐 낼 때, 그들은 생산을 증대시킬 것이다. 이 가지치기는 그 자체로 생산의 증대를 결정하게 될 것이다. 그것은 즉, 더 나은 분배와 축적의 가능성이기도 하다.

<오르디네 누오보>, 1920년 2월 21일

사회당의 혁신을 위하여[26]

1. 현 시기 이탈리아에서 계급투쟁의 성격은 이탈리아 전국의 산업·농업 노동자들이 생산수단의 소유 문제를 분명하고 격렬한 형태로 제기하고 있다는 사실에 의해 규정된다. 점차 화폐가치를 떨어뜨리고 있는 국내적·국제적 위기의 심화는 자본주의가 종말에 처해 있음을 보여준다. 현재의 생산·분배 질서는 더 이상 인간 생활의 기본 필수품조차 충족시킬 수 없으며, 이는 부르주아 국가의 무장력에 의해 잔인한 보호를 받는다는 이유만으로 살아남는다. 장기적으로 이러한 이탈리아 노동 대중의 모든 운동은 새로운 생산양식과 생산·분배 과정의 새로운 질서를 도입할 거대한 경제혁명, 자본가와 지주의 수중으로부터 권력을 장악함으로써 산업·농업 노동자들에게 생산의 발의권을 줄 거대한 경제혁명을 낳을 것이다.

2. 기업가와 지주는 최대한의 계급 규율과 권력의 집중을 달성했다. 산업총연맹(Confindustria)이 내린 명령은 이 땅의 모든 공장에서 동시에 수행된다. 부르주아 국가는 이 새롭고 강력한 유산계급 조직의 의지에 따라 움직이는 집행도구로 작용할 용의가 있는 무장 용병부대[왕실 근위대]를 창설했다. 그것의 목표는 노동자·농민이 부불노동의 착취 증대에 굴복하도록 강요하면서, 공장폐쇄와 테러의 광범한 사용을 통해 생산수단에 대한 자본가의 권력을 회복시키는 것이다. 최근 토리노 기계제작 공장의 폐쇄는

---

26) [영역자주] 이 보고서는 그람시가 1920년 4월의 금속노동자 파업 준비를 배경으로 토리노 사회당 그룹을 위해 작성한 것이다. 이는 5월에 밀라노의 전국 집행부에 제출된 뒤 <오르디네 누오보>에 의해 공간되었다. 이는 그후 그해 여름 제3인터내셔널 대회에서 레닌의 승인을 얻었고, 이에 따라 PSI 내에서 <오르디네 누오보> 그룹의 위상은 제고되었다. 비록 그람시의 생각이 주된 내용을 이루고 있지만, 당 문서이기 때문에 다른 이들의 관점도 고려한 것이라는 점을 염두에 두어야 한다.

노동계급을 발 아래 진압하겠다는 기업가들의 결의에 의해 발생한 에피소드였다. 그들은 토리노 프롤레타리아트의 연대를 분쇄하고 노동자통제 투쟁을 개시했던 공장제도(평의회와 작업장 대의원)의 위신과 권위를 노동자들의 마음에서 지우려고 시도하면서, 이탈리아 노동자 세력 사이의 혁명적 조정과 집중이 결여된 것을 이용했다. 노바라(Novara)와 로멜리나(Lomellina) 지역의 장기 농업파업은 농업 프롤레타리아트를 절망과 기아에 빠뜨리고 그들을 무자비하게 가장 혹독하고 굴욕적인 생활·작업 조건에 굴복시키기 위해 지주들이 생산을 일체 중단할 용의가 어느 정도인지를 보여준다.

3. 이탈리아 계급투쟁의 현 단계는 다음의 경우에 선행하는 단계다. 즉 혁명적 프롤레타리아트의 정치 권력 장악 및 생산성의 회복을 가능케 할 새로운 생산·분배 양식으로의 이행이나 혹은 유산계급과 집권층의 무시무시한 반동에 선행하는 단계인 것이다. 산업·농업 프롤레타리아트를 노예적 노동에 굴복시키는 데에는 아낌없이 폭력이 사용될 것이다. 노동계급의 정치투쟁 기관(사회당)을 영원히 분쇄하고 경제적 저항 기관(노동조합과 협동조합)을 부르주아 국가의 기제 안으로 포섭하려는 시도가 있을 것이다.

4. 노동자·농민 세력은 혁명적 조정과 집중을 결여하고 있다. 그 이유는 사회당의 지도기관이 국내·국제적 역사가 현재 경과하고 있는 발전단계에 대한 이해와 혁명적인 프롤레타리아 투쟁기관의 의무인 사명에 대한 이해를 전혀 보여주지 않기 때문이다. 사회당은 사태의 진행을 방관자처럼 지켜본다. 사회당은 맑스주의와 공산주의 인터내셔널의 혁명적 테제에 기초한 자기 자신의 견해를 전혀 가지고 있지 않다. 사회당은 대중이 받아들이고 총노선을 정립하여 혁명적 행동을 통일·집중시킬 수 있는 슬로건을 제기하지도 않는다. 노동계급 전위 부문의 정치적 표현으로서 사회당은 노동계급 전체를 혁명에서 승리하고 영원히 승리할 수 있는 위치에 놓기 위해 포괄적인 행동을 발전시켜야 한다. 사회당은 자본주의 체제의 육체적·정신적 억압에 의해 사기가 떨어지거나 굴복하지 않고 자신들의 자율성과 의식적이고 규율잡힌 이니셔티브의 정신을 유지하는 데 성공한 노동계급의 성원들로 이루어져 있기 때문에, 피착취계급 전체의 깨어 있는 혁명적 의식을 체현해야 한다. 사회당의 과제는 모든 대중의 주의를 자신에게 집중시켜, 당의 지령이 대중의 지령이 되고 그들의 영원한 신뢰를 얻으며 그들의 안내자이자 지식인이 되도록 하는 것이다. 따라서 당이 산업·농업 프롤레타리아트에 의해 수행되는 계급투쟁의 현실에 몰두하여, 계급투쟁의 상이한 단계와 에피소드, 다양한 형태를 이해하고 이러한 갖가지 다양성으로부터 통일성을 이끌어 낼 수 있는 위치에 있게 되는 것이 핵심적이다. 사회당은 운동 전체에 진정한 지도력을 부여하고, 현재의

무시무시한 무질서 속에 질서 — 체계화된다면 사회를 재탄생시키고 생활의 기본적 필요와 시민적 진보를 충족시키도록 노동도구를 개조할 질서 — 가 있다는 확신을 대중에게 심어 줄 수 있는 위치에 설 필요가 있다. 그러나 볼로냐대회27) 이후에도 사회당은 단순한 의회정당에 머물러 있었으며, 부르주아 민주주의의 협소한 한계에 묶여 집권층의 피상적인 정치선언에만 관심을 가졌다. 사회당은 혁명적 프롤레타리아트의, 그리고 혁명적 프롤레타리아트만의 전형적 정당으로서 자율적 자세를 취하지 않았다.

5. 볼로냐대회 이후 당의 중앙기관지는 혁명적 당원에게 단일성과 일관성을 부여하고 제3인터내셔널에 속한 공산주의 정당의 특수성과 차별성을 사회당에 제공하는 정력적 캠페인을 즉각 개시하고 수행해야 했다. 그러나 개량주의자 및 기회주의자와의 논쟁은 시작조차 되지 않았다. 당 지도부나 <아반티!> 어느 누구도 개량주의자와 기회주의자들이 의회와 노동조합 기관에 퍼뜨리고 있는 끊임없는 선전과 순수한 혁명적 인식을 대비시키지 않았다. 당 중앙기관지는 대중에게 공산주의 정치교육을 제공하고, 대중이 개량주의자와 기회주의자를 노동조합과 협동조합 제도의 지도부로부터 제거하도록 유도하거나 개별 지부와 가장 활동적인 동지들의 그룹에게 통일된 노선과 전술을 제공하기 위해 아무런 일도 하지 않았다. 그래서 당의 혁명적 다수가 당 지도부나 신문 속에서 사고의 대변자나 의도의 집행자를 발견하지 못하는 반면, 기회주의적 분자들은 강력하게 조직되었고 의회와 노동조합에서 그들의 지위를 강화하는 데 당의 위신과 권위를 이용했다. 지도부는 개량주의자들이 힘을 집중하고, 제3인터내셔널의 원칙 및 전술과 모순되며 당의 노선에 적대적인 결의를 지지하도록 허용했다. 지도부는 하급기관이 제3인터내셔널의 원칙과 전술에 대립하는 사상을 자유로이 선전하고 행동하도록 방치했다. 당 지도부는 지부, 조직, 동지 개인의 생활 및 활동과 전혀 접촉을 갖지 않았다. 볼로냐대회 이전에 당에 존재했고 전시라는 상황에 의해 설명될 수 있었던 혼란은 사라지지 않았다. 오히려 그것은 놀라울 정도로 증가했다. 이러한 상태에서 당에 대한 대중의 신뢰가 약화되고 많은 곳에서 무정부주의적 경향이 우위를 점하려 시도하는 것은 너무나 쉽게 이해될 수 있다. 노동계급의 정당은 프롤레타리아적 행동을 강력하게 집중하고 조정함으로써 부르주아 국가의 합법적 권력과 사실상의 혁명적 권력을 대비시키고 부르주아 국가의 이니셔티브와 책동의 자유를 제한하는 범위 안에서만 존재 의의를 지닌

---

27) [영역자주] 볼로냐대회는 1919년 10월 5~8일에 개최되었다. 이 대회는 개량주의자들의 패배로 끝났으며, 다른 내용도 있지만 특히 이탈리아 사회당의 제3인터내셔널 지지를 요구하였던 세라티의 동의를 압도적 다수로 채택하였다. 소수파는 보르디가의 기권주의 입장을 지지하였다.

다. 당이 노력을 통일시키고 조정하는 데 실패하고 영혼도 의지도 없는 단순한 관료적 제도임을 드러낸다면, 노동계급은 본능적으로 다른 정당의 건설로 나아갈 것이며, 무정부주의적 경향으로 충성을 옮길 것이다. 왜냐하면 무정부주의자들은 정당의 집중성과 관료제를 신랄하고 끊임없이 비판하기 때문이다.

6. 당은 국제운동에 아무런 역할도 하지 않았다. 전 세계에 걸쳐 계급투쟁은 거대한 몫을 차지해 왔다. 모든 곳에서 노동자들은 투쟁 방법을 갱신하도록 강요받고 있으며, 군국주의 쿠데타 이후의 독일처럼 손에 무기를 들도록 강요받는 경우도 빈번하다. 당은 이러한 사태를 이탈리아 노동 대중에게 설명하거나 공산주의 인터내셔널의 사상에 비추어 그 사태를 정당화하려는 아무런 노력도 하지 않았다. 당은 프롤레타리아 혁명이 범세계적인 현상이며 하나의 사건도 세계적인 맥락에서 고려되고 판단되어야 한다는 것을 이탈리아 노동 대중이 알도록 하기 위한 포괄적 교육캠페인을 전개하려는 아무런 노력도 하지 않았다. 제3인터내셔널은 서유럽에서 1919년 12월 독일의 도시와 1920년 2월 암스테르담에서 이미 두 차례 모임을 가졌다. 이탈리아 사회당은 이 두 모임의 어느 것에도 대표를 파견하지 않았다. 당의 전사들은 그곳에서 이루어진 논의와, 그곳에서 내려진 결정을 중앙기관지로부터 통보조차 받지 못했다. 공산주의 인터내셔널의 교의와 전술을 둘러싸고 제3인터내셔널 내에서는 논쟁이 격심하게 벌어졌다. 이러한 논쟁은 심지어 내부분열(예를 들어 독일)을 가져오기도 했다. 이탈리아 사회당은 혁명적 의식을 적절히 조절하고 만국 프롤레타리아트의 정신과 행동의 통일을 형성하는 이러한 정력적인 사상의 대화에서 완전히 차단되었다. 당의 중앙기관지는 프랑스, 영국, 독일, 심지어 스위스에조차 자신의 통신원을 가지고 있지 않다. 이는 이탈리아 안에 있는 국제적 프롤레타리아트의 이익을 대표하는 사회당 신문에게는 이상한 상태이며, 부르주아 신문과 뉴스 기관이 제공하는 왜곡되고 비뚤어진 보고로부터 정보를 얻어야만 하는 이탈리아 노동계급에게도 그러하다. 당 기관지로서 <아반티!>는 또한 제3인터내셔널의 기관지여야 한다. <아반티!>에는 제3인터내셔널이 관심을 갖는 프롤레타리아적 문제의 모든 보고, 논쟁, 토론이 실릴 공간이 있어야 한다. <아반티!>에는 모든 기회주의적 편향과 타협에 반대하는 지속적인 논쟁이 통일의 정신 속에서 실행되어야 한다. 이와 반대로, <아반티!>는 기회주의적 사고의 표현을 부각시키고 있는데, 일례로 최근 클라우디오 트레베스(Claudio Treves) 의원이 의회에서 행한 연설은 국제관계에 대한 쁘띠 부르주아적 관념으로 얽혀 있고 프롤레타리아적 열망에 대해 반혁명적이고 패배주의적인 이론을 주장하고 있다.[28] 프롤레타리아트가 제3인터내셔널 내에서 일어나는 사건과

이론적 논의를 따라잡지 못하게 하는 중앙기관지의 이러한 관심 부족은 당 출판국의 활동에서도 관찰될 수 있다. 당 출판국은 제2인터내셔널의 사상과 견해를 선전하는 사소한 팜플렛이나 저작들을 계속 출판하는 반면, 제3인터내셔널의 출판은 무시한다. 볼셰비키 혁명을 이해하는 데 필수불가결한 러시아 동지들의 저작들은 스위스, 영국, 독일에서는 번역되었으나 이탈리아에는 알려져 있지 않다. 레닌의『국가와 혁명』은 많은 사례 중의 하나일 뿐이다. 게다가 번역된 팜플렛들이 너무 형편없어서 이해할 수 없는 경우가 많고 문법적 오류나 상식 위반도 보인다.

7. 위의 분석은 우리가 불가결하다고 주장하는, 그리고 당원 자신에 의해 수행되어야 하는 갱신과 조직화 노력이 어떤 종류의 것들인지 이미 보여주었다. 당은 자신만의 정확하고 독자적인 성격을 지녀야 한다. 당은 쁘띠부르주아 의회 정당으로부터 노동자 국가를 통해 공산주의 사회를 달성하기 위해 투쟁하는 혁명적 프롤레타리아트의 정당, 즉 자신의 교의와 전술 및 엄격하고 단호한 규율을 가진 균질적이고 일관성 있는 정당이 되어야 한다. 비공산주의 혁명가들은 당에서 배제되어야 하며, 당 지도부는 다양한 경향들과 리더들[29] 간의 통일과 균형의 유지에 대한 몰두에서 벗어나 노동자 세력을 전투 기반 위에 세우는 데 모든 노력을 기울여야 한다. 프롤레타리아적 생활에서 일어나는 모든 국내·국제적 사건들은 지도부의 성명과 회람을 통해 즉각 분석되어야 하며, 공산주의 선전과 혁명적 의식의 형성을 위해 거기에서 교훈을 이끌어 내어야 한다. 지도부는 지부와의 항상적인 접촉을 통해 다양하게 표현되는 프롤레타리아적 행동의 추동 중심이 되어야 한다. 지부는 모든 공장, 노조, 협동조합, 병영에서 당의 사상과 전술을 대중 속에 끊임없이 선전할 공산주의 그룹의 형성을 촉진시켜야 하며, 공업·농업 생산에 대한 통제를 행사할 공장평의회의 수립을 조직해야 한다. 이 그룹은 노조, 노동 회관, 노동총동맹을 유기적으로 장악하는 데 필요한 선전을 개발할 것이며, 그리하여 정치적 소비에트를 형성하고 프롤레타리아독재를 행사하기 위해 대중이 파견할 신뢰받는 분자가 될 것이다. 중앙집행위원회 내에 프롤레타리아트의 혁명적 활동 전체를 조정하고 집중시킬 수 있는 당, 공장·노동조합·협동조합 세포를 가진 일관성 있고 고도로 규율잡힌 공산주의 정당의 존재는 소비에트를 건설하려는 어떤 실험에나 기본적이고

---

28) [역주] 1920년 3월 30일의 이 연설은 '속죄연설'이라는 이름으로 유명해졌다. 그 주제는 부르주아지가 더 이상 지배할 능력이 없으나 프롤레타리아트도 아직 권력을 장악할 준비가 되지 않았다는 것, 따라서 지배계급의 비극과 프롤레타리아 계급의 '속죄'인 것이다.

29) [영역자주] 원문에 영어 단어 'leader'로 쓰였다.

불가결한 조건이다. 그러한 조건이 없는 상태에서는, 위에 제안된 모든 실험은 불합리한 것으로 거부되어야 하며, 이는 소비에트 사상을 중상하려는 자들에게만 유용할 것이다. 마찬가지로 우리는 사회당 소의회(Socialist mini-parliament)라는 제안[30]을 거부해야 한다. 그것은 민주주의적 환상과 반혁명적 계획을 유포하기 위한 의회그룹 내 개량주의자와 기회주의 다수파의 도구로 급속히 전락할 것이기 때문이다.

8. 지도부는 사회당의 혁명정부 강령을 즉각 준비하고 기초하며 배포해야 한다. 이 강령은 프롤레타리아트가 지배계급이 될 때 이탈리아 노동 인구의 다양한 부문에 수반할 모든 본질적 문제들 — 경제·정치·종교·교육적인 — 에 제시할 구체적 해결책을 정식화한다. 당의 권력과 활동이 아무런 사적 소유도 갖지 않은 산업·농업 노동자에 전적으로 기반한다는 사상, 당이 노동 대중의 다른 층들을 엄격히 프롤레타리아 계급의 보조세력으로 간주한다는 사상에 기초하여, 당은 혁명적 정권 장악이 명백하게 제기되고, 산업·농업 프롤레타리아트가 스스로를 준비시키고 무장하며, 현재 문제들에 대한 공산주의적 해결의 요소들 — 생산·분배에 대한 프롤레타리아 통제, 무장용병기관의 무장해제, 노동계급 조직에 의한 지방정부의 통제 — 이 기술되는 성명을 발표해야 한다.

9. 이러한 고려에 기초하여 토리노 사회당 지부는 이 제안들을 토의하고 승인하기 위해 함께 모임을 갖는 데 관심을 가진 다른 지부에서 온 모든 동지들의 그룹들의 이해(理解)를 구할 것을 결정했다. 이러한 조직된 이해는 프롤레타리아의 전술 및 조직 문제들을 토의하는 대회가 짧은 시간 내에 개최되도록 만들 것이며, 그 동안 당 집행기관의 활동을 감시하도록 만들 것이다.

<오르디네 누오보>, 1920년 5월 8일

---

30) [역주] 이것은 입법안을 작성하고 정부에 압력을 넣기 위해 총회에서 사회당 대의원 및 정치조직, 노동조합, 협동조합 조직의 대표들을 결합시키자는 제안이었다. 그러한 총회에서는(당 지도부나 전국평의회[PSI의 중앙위원회]와는 대조적으로) 개량주의자들이 다수를 차지했을 것이다.

공장평의회

프롤레타리아 혁명은 혁명적이라고 자임하는 조직, 혹은 그러한 조직들의 합의 독단적 행위가 아니다. 프롤레타리아 혁명은 특정한 역사적 맥락(이것은 '사적 소유, 자본주의 생산양식, 공장 시스템, 의회민주제 국가의 사회 조직 등의 체제[regime]'로 요약될 수 있다) 안에서 특정한 생산력('프롤레타리아트'라는 말로 요약될 수 있다)이 출현하고 발전하면서 자신을 드러내는 참으로 장기적인 역사 과정이다. 이 과정의 특정 시점에 새로운 생산력은 당대 인간 공동체의 공식적인 틀거리 안에서 더 이상 자율적으로 자신을 발전시키거나 조직할 수 없다. 바로 이 시점에서 혁명 행위가 발생한다. 이는 이러한 현존하는 틀거리를 분쇄하고 혁명적 생산력이 발목잡혀 온 전체 경제·정치 권력기구를 파괴하려는 폭력적 시도이다. [또한] 이는 부르주아 국가 기계를 분쇄하고 새로이 해방된 생산력이 발전·확장될 수 있는 틀거리 안에서 새로운 종류의 국가를 건설하려는 폭력적 시도이다. 그리고 이러한 조직은 적들을 제거할 강력한 방어책과 필요충분한 무기를 제공한다.

프롤레타리아 혁명의 실제 과정은 정당, 노동조합 같은 자발적이고 계약적인 본성을 지닌 혁명 조직 — 부르주아 민주주의와 정치적 자유의 지형 내에서 정치적 자유의 긍정과 발전으로서 성장해 온 조직들 — 의 발전 및 활동과 동일시될 수 없다. 이들 조직이 혁명 과정을 해석하고 (특정한 역사적 가능성의 한계 안에서) 그것의 발전을 예견하는 한, 이들이 대다수 대중에게 바로 자신들의 표현이며 맹아적 정부 기구인 것으로 인정받는 한, 이들 조직은 현재적이며, 전체 노동계급이 혁명 과정에서 시도하게 될 이후의 해방 행위의 직접적이고 책임있는 담지자라는 성격을 띠어가게 될 것이다. 그러나, 그래도 역시, 이들 조직은 이러한 과정을 체현하지는 않으며, 부르주아 국가를 대체하지도 않고, 자본주의가 착취와 억압의 기계로 무자비하게 발전해 가는 과정에서 고삐를 풀어놓은 혁명적 생산력의 모든 풍부한 차원을 포용하지 않으며 그럴 수도 없다.

자본가계급이 정치·경제적으로 지배적인 시기 동안, 혁명 과정의 실제적 발전은 공장의 은밀한 곳에서, 자본주의가 자신의 법칙 아래 종속시킨 수없이 많은 대중의 마음 깊숙한 곳에서 은밀하게 이뤄진다. 이 단계에서 이 과정은 통제되거나 보고될 수 있는 성질의 것이 아니다. 미래에, 이 과정을 구성해 가는 요소들(감정, 욕망, 관습, 이니셔티브의 고양, 새로운 생활 방식)이 사회 내에서, 그리고 노동계급이 생산 영역에서 점하는 위치 내에서 발전한 결과, 순수한 모습을 갖추게 되면, 그때는 그럴 수 있을 것이다. 혁명 조직들(정당과 노동조합)은 일반적인 차원의 자유와 민주주의의 긍정과 발전으로서 정치적 자유와 부르주아 민주주의의 지형 안에서, 즉 이러한 것들이 시민과 시민 사이의 관계로 나타나는 영역에서 성장한다. [반면] 혁명 과정은, 억압자와 피억압자, 착취자와 피착취자의 관계가 전부이며 노동자를 위한 자유란 것은, 민주주의란 것은 존재하지 않는 생산의 영역, 즉 공장에서 발생한다. 혁명 과정은 노동자가 아무 것도 아니며 그래서 모든 것이 되길 원하는 곳에서, 소유경영자의 권력이 무제한적인 곳에서, 소유경영자가 노동자에 대해, 그의 아내와 자식들에 대해 생사여탈권을 지니는 곳에서 발생한다.

어느 시점에 우리는, 자본주의 사회 체제에 내재하고 자체의 고유한 법칙을 지니며 따라서 필연적으로 다양한 행동의 합류를 통해 전개되고 — 노동자가 선택하지도 않았고 그 결과를 예상할 수도 없는 상황에서 비롯되었기 때문에 — 그 어떤 부분도 통제불가능한 이 노동자혁명의 역사 과정에 대해 말할 수 있는가? 즉, 어느 시점에나 우리는 이 노동자혁명의 역사 과정이 한낮의 햇빛 속에 활짝 꽃피었다고, 그래서 통제하고 보고할 수 있는 뭔가가 됐다고 말할 수 있는가?

우리는 노동계급 전체가 혁명적이 됐을 때만 그렇게 말할 수 있다. 즉, 더 이상 부르주아 계급 통치제도와의 협력을 전반적으로 거부하고 민주주의의 틀거리 안에서 야당 역할을 한다는 그런 의미에서가 아니라, 필연적으로 노동자 국가를 창건하고야 말, 전 세계 노동자의 인터내셔널, 따라서 인류 전체를 포용하는 절대적으로 독창적이고 보편적인 형태로 인간 사회를 재조직하고야 말 운동에 착수한다는 그런 의미에서 혁명적이 됐을 때만 말이다. 이런 견지에서, 우리는 현 시기가 혁명적이라고 말할 수 있는데, 왜냐하면 전 세계 노동자들이 그 성격상 산업적 기반으로부터 대표되고 이로부터 건설된 새로운 유형의 노동계급 제도들을 창조하기 시작하고 있고, 그 모든 정력을 기울여 (다름 아니라, 아무런 역사적 경험도 배경으로 지니고 있지 못하고 그래서 처음부터 모든 것을 자기 힘으로 해 나가야 하는 피억압계급 고유의 특성으로 인한 오류, 주저, 후퇴 등에도 불구하고) 이를 탄생시키고 있기 때문이다. 우리는 현 시기가 혁명적이라고 말하는데, 왜냐하면 노동계급이 바로 자신들의 국가를 세우려는 모든 역량과 의지를 실행에 옮기기 시작하고 있기 때문이다. 이것이 바로 우리가 공장평의회(Factory Councils)의 탄생이 중대한 역사적 사건, 즉 인류 역사의 새로운 시대의 시작이라고 말하는 이유다. 왜냐하면 지금 혁명 과정은 한낮의 광명을 향해 타오르고 있고, 보고되고 통제될 수 있는 국면으로 진입하고 있기 때문이다.

부르주아 계급의 역사적 진보와, 부르주아지가 지배하는 사회의 자유주의적 국면에서, 국가의 기본 단위는 공장에서 이윤을 짜내기 위해 노동계급을 복종시키는 소유경영자다. 자유주의적 국면에서 소유경영자는 기업가이자 산업가이기도 하다. 산업 권력, [특히] 산업 권력의 원천은 공장에 있으며, 따라서 소유경영자의 인격체가 산업가로부터, 생산에 책임을 지니며 따라서 노동자의 봉급, 그의 빵, 그의 옷, 그의 비 막아 줄 지붕에도 책임을 지니는 경영자로부터 분리될 수 없기 때문에 노동자는 소유경영자가 반드시 필요하다는 확신으로부터 벗어날 수 없었다.

부르주아 계급의 제국주의적 국면에서 산업 권력은 공장에서 떨어져나와, 트러스트, 독점, 은행, 국가관료제에 집중된다. 산업 권력은 자신이 무엇을 하는지에 대해 답할 필요가 없으며, 따라서 보다 더 전제적이고 무자비하며 독단적으로 되어 간다. 그러나, 노동자는 '사장'에 대한 굴종으로부터, 그 노예상태와 위계적 심성으로부터 벗어나며 또한 새로운 역사 국면으로부터 비롯된 사회의 새로운 조건들에 따라 움직이게 된다. 이제 노동자들은 자율성과 이니셔티브라는 측면에서 귀중한 진보를 이뤄 낸다.

공장에서 노동계급은 주어진 유기적 체제 안에서의 주어진 '생산 도구'가 된다. 각각의 개별 노동자는 '우발적으로' 체제 내에서 자신의 역할을 맡게 된다. 그런데, 이는 자신의 의지에 관한 한에서만 우발적이며, 그의 정해진 과업이라는 점에서는 그렇지 않다. 왜냐하면 각각의 노동자는 노동 및 생산 과정 안에서, 주어진 필연성을 대변하기 때문이다. 이것이 바로 그가 고용되는 유일한 이유이며, 그가 생계를 유지하는 유일한 방법이다. 즉, 그는 분업 기계 안에서, 그리고 '생산 도구'로 조직된 바 그 노동계급 안에서 하나의 톱니바퀴다. 하지만, 만약 노동자가 자신이 대변하는 이러한 '주어진 필연성'에 대해 명확한 의식을 획득하고 이를 국가의 검증을 거친 대의 기구(즉, 회원증 소지자만을 위한 자발적이고 계약적인 기구가 아니라, 의·식·주와 산업 생산이 보장되기 위해 꼭 필요한 현실을 향해 벼려진, 절대적이고 유기적인 기구)의 기반으로 활용한다면, 만약 노동자가, 노동계급이 이렇게 할 수만 있다면, 이는 참으로 심오한 의미를 획득하게 될 것이다. 이는 역사를 새로이 시작하고, 공산주의 사회의 형성으로 모아져야 할 노동자 국가의 시대를 열어제치는 것이다. 이는 대규모 공업 모델에 따라 조직된 사회이며, 이 안에서 모든 민중, 인류의 모든 부분은 더 이상 주어진 국경 안의 국가에 조직됨을 통해서가 아니라 특수한 형태의 생산을 수행함으로써 정체성을 획득한다.

이러한 대의 기구를 건설함으로써 노동계급은 기초 기계와 가장 중요한 생산 도구를 장악(expropriate)한다. 자기 자신을 재발견한 노동계급 스스로 자신의 유기적 통일성에 대한 자각을 발전시키고, 통일된 실체로서 이를 자본주의에 대치시키는 것이다. 노동계급은 이런 방식으로 산업 권력, 그리고 산업 권력의 원천이 공장으로 되돌려져야 함을 확인한다. 공장은 다시 한번, 이번에는 노동자의 관점에서, 노동계급이 자신을 특수한 유기체로, 새로운 국가 — 노동자 국가 — 의 핵으로, 새로운 대의 체제 — 평의회 체제 — 의 기반으로 구성하는 틀거리로서 제시된다. 주어진 생산 패턴에 조응하여 발생한 노동자 국가는 자신의 내부에 고유한 발전의 씨앗, 국가로서의 그 사멸, 전 지구적 체제 — 공산주의 인터내셔널 — 로의 그 유기적인 통합의 씨앗을 지닌다.

오늘날과 마찬가지로, 대규모 공업 현장의 평의회에서는 모든 작업조(수행하는 직무에 따라 규정되는)가 프롤레타리아적 관점에 따라 같은 작업 현장의 다른 작업조와 결합된다. 마치 산업 과정의 모든 단계가 프롤레타리아적 관점에 따라 다른 단계와 융합돼 전 생산 과정을 부각시키는 것처럼 말이다. 가령, 영국의 석탄은 러시아의 석유와, 시베리아의 곡물은 시칠리아의 유황과, 베르첼리(Vecelli)의 쌀은 스티리아(Styria)의 목재와 … 단일한 유기체로 결합될 것이다. 그리고 이는 전 인류의 이름 아래 전 세계의 부를 감독하는 국제 행정부에 의해 운영될 것이다. 이러한 맥락에서 공장평의회는 공산주의 인터내셔널을 낳을 역사 과정의 첫 한 걸음이며, 이 공산주의 인터내셔널은 더 이상 혁명적 프롤레타리아트의 정치조직이 아니라 일국적·국제적 수준 모두에서 세계 경제와 전 인류 공동체를 재조직화하는 것이 될 것이다. 지금 벌어지는 모든 혁명 활동의 가치와 역사적 현실은 이것이 이러한 과정의 일부로 인식될지 여부에, 이것이 이러한 과정을 제한하고 방해하는 부르주아 상부구조로부터 이 과정을 해방시키는 데 일조할지 여부에 달려 있다.

정당과 공장평의회, 노동조합과 공장평의회 사이에 존재해야만 할 관계는 위의 주장 속에 이미 함축되어 있다. 당과 노조는, 혁명의 역사 과정이 통제가능한 역사적 형태를 취하고 있는 이 새로운 기관에 그들 자신을 교사 또는 기성의 구조로 투사해서는 안

된다. 이들은 부르주아 국가에 집중된 강제력으로부터 스스로를 해방시키는 의식적인 주체로 자신을 투사해야만 한다. 이들은 혁명과정이 가능한 최대의 속도로 진행될 수 있으며 해방된 생산력이 스스로 최대한 확장될 수 있는 일반적인 (정치적) 경제적 조건들을 조직하는 임무에 착수해야만 한다.

<오르디네 누오보>, 1920년 6월 5일

두 개의 혁명

어떠한 정치 권력 형태도 현실 경제 권력의 사법 기구로서만, 즉 부의 생산·분배 관계에 존재하는 주어진 질서의 발전을 위한 방어 조직이자 조건으로서만 역사적으로 인식될 수 있고 정당화될 수 있다. 이러한 역사유물론의 근본적인 (그리고 초보적인) 규범은 우리가 공장평의회 문제에 대해 유기적으로 발전시키려 했던 테제들의 복합적 총체를 요약해 준다. 이는 우리가 프롤레타리아트 계급의 현실 문제를 논의하는 과정에서 왜 평의회를 건설·발전·조정하는 노동 대중의 광범한 운동으로부터 비롯된 긍정적 경험에 영광스런 지위를 부여했는지 하는 이유를 요약해 준다. 이에 따라 우리는 다음과 같이 주장한다. 1) 혁명은 단지 그것이 부르주아 국가를 전복하는 데 착수하고 그러한 전복에 성공한다고 해서 반드시 프롤레타리아적인 것은 아니다. 2) 또한 혁명은 단지 그것이 대의 제도와, 중앙 정부가 부르주아지 정치 권력을 집행하는 수단이 되는 행정 기계를 제거하는 데 착수하고 실제로 그렇게 한다고 해서 프롤레타리아적이고 공산주의적인 것도 아니다. 3) 대중 봉기를 통해 공산주의자라고 자임하는 사람들(그리고 실제로 공산주의자인 사람들)의 수중에 권력이 장악된다고 해서 그것이 프롤레타리아적이고 공산주의적인 것도 아니다. 혁명은 그것이 자본가계급이 지배하는 사회의 바로 그 핵심에서 발전해 온 프롤레타리아적이고 공산주의적인 생산력을 해방시키는 정도만큼만 프롤레타리아적이고 공산주의적이다. 이는 그것이 프롤레타리아적이고 공산주의적인 힘의 확장과 조직화를 통해 생산·분배 관계에서 새로운 질서를 건설하는 데 필요한 끈기 있고 정연한 작업에 착수하게 만들 수 있는 정도만큼만 프롤레타리아적이고 공산주의적이다. 계급분할 사회가 불가능하게 되고, 이에 따라 그 체계적 발전을 통해 국가 권력이 점진적으로 사멸하며 프롤레타리아 계급을 옹호하는 정치조직도 체계적으로 사멸하고, 이와 동시에 계급으로서의 프롤레타리아트가 사멸하여 인류 그 자체가 되는 그런 새로운 질서 말이다.

    부르주아 국가기구의 파괴와 새로운 국가기구의 건설이라는 형태를 취하는 혁명은 자본주의에 의해 억압받는 모든 계급들과 관련되며 이들을 포함한다. 이 혁명의 직접적인 원인은, 제국주의 전쟁이 남겨 놓은 기근이라는 조건 속에서 인구의 대다수(장인, 소소유자, 쁘띠부르주아 지식인, 불쌍한 빈농 대중, 그리고 후진적 프롤레타리아 대중으로 이뤄진)가 기본 생활필수품마저 보장받지 못하고 있다는 엄혹한 사실이다. 이 혁명은 그 성격상 주로 무정부적이고 파괴적인 성격을 띠는 경향이 있다. 즉, 분노의 맹목적 폭발, 방향 없는 엄청난 격노의 분출이라는 형태를 취하는 경향이 있으며, 이는 피로, 환멸, 궁핍을 통해서 결국 새로운 질서의 건설과, 이러한 질서를 존경할 만한 것으로 만들 수 있을 권력에 대한 필요를 인식하게 될 때에만 새로운 국가 권력의 기반으로 진정될 수 있다.

    이 혁명은 순전히, 그리고 단순히, 민중의 분노로 인해 입은 부르주아 국가기구의 상처를 땜질하려 하는 제헌 의회의 건설로 끝나 버릴 수도 있다. 이는 프롤레타리아트와 여타 피억압 계급들의 자율적 정치조직인 소비에트를 건설하는 수준으로까지 나아갈 수도 있다. 그러나 이후 이들 계급은 감히 이 조직을 넘어 나아가 경제관계를 변경하려 들지 않을 수 있으며, 이 경우 유산계급의 반동이 이들을 쓸어버릴 것이다. 혁명은 부르주아 국가기계 전반을 파괴하고 난 뒤 어떠한 종류의 자율적 조직도 만들어 내지 못한 탓에 분쇄되고 말 수도 있으며, 이때는 현존하는 국부와 전 인구가 해체되고 소멸하는 항구적 무질서 상태만을 낳게 될 것이다. 그렇지 않으면, 혁명은 프롤레타리아적이고 공산주의적인 권력을 수립했음에도 불구하고 법령을 통해 그 생존에 필요한 경제적 조건들을 창조하려는 절망적인 시도를 반복하다가 결국 스스로 소진하여 자본가들의 반동에 의해 날아가 버리고 말 수도 있다.

    우리는 이러한 역사 전개를 독일, 오스트리아, 바이에른, 우크라이나, 그리고 헝가리에서 목도해 왔다. 혁명은 파괴적 행위에 머물고 말았으며, 공산주의 노선에 따른 재건 과정으로서의 혁명은 뒤따르지 못했다. 올바른 외적 조건의 현존 — 공산당, 부르주아 국가의 파괴, 강력한 노조 조직, 프롤레타리아트의 무장 — 은 이러한 여타 조건의 부재를 벌충하는 데 충분치 못했다. 그 여타의 조건이란, 발전과 성장에 적합한 그런 종류의 생산력의 존재, 자신들의 정치 권력을 경제 권력으로 뒷받침하는 프롤레타리아 대중의 의식적인 운동, 프롤레타리아적 질서를 공장에 도입하고 공장을 새로운 국가의 기본 단위로 만들며 공장 체제의 산업 관계를 반영하는 방식으로 새로운 국가를 건설하려는 프롤레타리아 대중의 결의다.

이것이 바로 우리가 당내 공산주의 중핵(nucleus)들의 임무가 특수한 쟁점들(선거 기권이나 '실제' 공산주의 정당은 어떠한 형태를 취해야 하는지 같은)에 열중하는 데 앞장서는 것이 아니라 모든 특수한 문제들이 공산주의 혁명의 유기적 발전 안에서 제기되는 문제로서 해결될 수 있을 전반적 조건들을 창출하는 것이라고 줄곧 주장해 온 이유다. 만약 공산당이 반영하고 종합해야 할 역사적 이니셔티브의 정신과 경제적 자율성에 대한 열망이 대중에게 부재하다면, 실제로 공산주의 정당이 (공산주의와 관련된 문제에 대해 '올바르게' 사고하고 '올바른' 입장을 표명하는 순전한 공론가들과 정치꾼들의 아카데믹한 정당이 아니라 행동의 정당으로서) 존재하는 것이 가능하기나 하겠는가? 게다가 정당의 형성과, 정당이 표현해야 할 실제 역사적 세력의 출현이란 것은 무(無)로부터 일거에 이뤄질 수 있는 게 아니라 변증법적 과정의 결과로 이뤄지는 것이므로, 공산주의 세력의 주된 과제는, 이러한 생산력들—본질적으로 공산주의적인—에 의식과 형태를 부여하여 이들이 반드시 발전하도록 만들고 그 성장을 통해 프롤레타리아트의 정치 권력 장악의 안전하고 지속적인 경제적 토대를 창조하도록 만드는 바로 그것이 아니겠는가?

또한, 당의 과제가 모든 피억압 계급들을 공산주의적 프롤레타리아트를 중심으로 정치적으로 조직하는 것인데도, 당이 부르주아 민주주의의 대의 제도에 대한 선거 투쟁에 기권할 수 있겠는가? 이 과제의 달성을 통해 당은 이들 계급을 민주적 의미에서 대변하는 '집권'당이 되어야만 한다. 물론 혁명적 의미에서 당은 공산주의적 프롤레타리아트에게만 하나의 당일 수 있겠지만 말이다.

모든 피억압 계급으로부터 '민주적' 성낭으로 신뢰받게 됨으로써, 노동 대중외 모든 부분과 접촉을 계속함으로써, 공산당은 국민의 모든 부분이 공산주의적 프롤레타리아트를 자본가계급으로부터 국가 권력을 인수하고야 말 지배계급으로 인식하게 만들 수 있다. [그럼으로써] 당은 부르주아 국가의 파괴로서의 혁명이 프롤레타리아 혁명, 즉 수탈자를 수탈하고 생산·분배 관계에 새로운 질서의 발전을 개시할 혁명으로도 나타나는 조건을 창조할 수 있다.

따라서, 자신을 산업 프롤레타리아트의 당으로 투영함으로써, 자본주의가 의식적이고 정확한 지향을 갖고 발전하는 과정에서 펼쳐 놓은 생산력에 무기를 제공함으로써, 공산당은 공산주의적 프롤레타리아트가 국가 권력을 장악할 경제적 조건을 창조할 수 있다. [그럼으로써] 당은 프롤레타리아 혁명이 부르주아 국가에 대항한 민중 반란으로 나타나면서도 동시에 이러한 반란이 자본주의 사회의 핵심에서 구축된 진정한 생산력을 해방시키는 행위가 될 수 있는 조건을 창조할 수 있다.

역사적 사건의 이러한 다양한 계열(series)은 서로 분리되거나 따로 떨어질 수 없다. 즉, 이들은 같은 변증법적 발전 과정 속의, 인과관계가 서로 결합되고 뒤집어지며 얽히는 과정 속의 서로 상이한 국면들이다. 하지만, 우리는 경험을 통해 어떻게 하여 러시아 이후 다른 모든 2단계 혁명이 실패하고 두 번째 혁명의 실패로 인해 노동계급이 굴종과 사기저하의 상태로 내몰렸는지를 목격해 왔다. 그 결과, 부르주아 계급은 자신의 역량을 다시 발휘할 수 있었고, 막 다시 결집하려는 공산주의적 전위들을 체계적으로 제거하는 데 착수할 수 있었다.

공산주의와 역사유물론의 기초를 염불하는 데 만족하지 않으며 투쟁의 현실 속에 살고 현실을 현실 그대로 역사유물론과 공산주의의 관점에서 이해하는 공산주의자는, 프롤레타리아트의 입장에서 사회 권력을 장악하는 혁명을 정치 권력이 산업 권력을 낳고 산업 권력이 정치 권력을 낳는 변증법적 과정으로 인식해야만 한다. 소비에트는 혁명 투쟁의 도구로서, 공장평의회로부터 중앙경제평의회(Central Economic Council) —— 생산·분배 계획을 입안하고 이런 방식으로 자본주의적 경쟁을 주변적인 것으로 만드는 데 성공할—— 에 이르기까지 공산주의적 경제 조직의 자율적 발전을 가능케 한다. 산업 영역에서 생산자의 자율성의 표현이며 공산주의 경제 조직의 토대인 공장평의회는 자본주의 질서를 끝장낼 최종적 투쟁의 도구이다. 그리고 이는 그 과정에서 사회의 계급분할이 제거되고 어떠한 새로운 계급분할도 '물리적으로' 불가능하게 될 조건들을 창조한다.

그러나, 투쟁으로 생동하는 공산주의자들에게 이러한 개념은 추상적 사고로 머물지 않을 것이다. 이는 투쟁의 이유, 조직과 선전의 보다 커다란 노력의 자극이 될 것이다.

산업 발전은 대중들 사이에 일정한 지적 자율성을 낳았으며, 적극적인 역사적 이니셔티브라는 특정한 정신을 낳았다. 우리는 프롤레타리아 혁명의 이러한 요소들을 조직하고 틀지어야 하며, 생산 통제를 위한 투쟁을 통해 노동 대중 전반에 걸쳐 이러한 요소들이 발전되고 확장될 심리적 조건들을 창조해야 한다.

우리는, 교조주의자들이나 사이비-마키아벨리의 집합이 아니라 혁명적 공산주의 활동의 당, 프롤레타리아트의 역사적 사명을 정확히 자각하고 프롤레타리아트를 이러한 사명의 달성을 향해 인도할 수 있는 당이 될 공산주의 정당의 유기적 창조를 고무하기 위해 분투해야만 한다. 프랑스 자코뱅의 영웅적 모방을 위해 대중을 이용해 먹는 그런 정당이 아니라 스스로의 노력을 통해 자율적으로 사회적 경제를 조직함으로써 정치적·산업적 노예 상태로부터 벗어나고자 하는 대중을 대변할 그런 정당 말이다. 우리는 사태를 이렇게—당 활동을 통해 이것이 가능한 한—틀지음으로써, 두 개의 혁명이 존재하는 게 아니라, 부르주아 국가에 대항하는 민중 반란이 전국적 생산기구를 금권주의적 억압의 도구로부터 공산주의적 해방의 도구로 변용시키는 과정을 개시할 능력을 지닌 기성의 조직화된 세력을 발견하도록 만들어야 한다.

<오르디네 누오보> 1920년 7월 3일

공산주의 그룹들

우리는 종종 다음과 같은 일반적 테제를 주장하곤 했다. 부르주아 계급이 지배하는 역사적 시기에는, 모든 결사체들(노동계급의 투쟁을 심화시키기 위해 만들어진 조직까지 포함해서)이 자유민주주의의 태내에서 출현하고 발전하는 이상 반드시 자본주의 사회구조와 부르주아 체제의 일부분을 형성하게 된다. 따라서, 이 결사체들의 출현 및 발전이 자본주의의 출현 및 발전과 함께 하는 것과 마찬가지로 그들이 일부분을 이루고 있는 바로 그 체제가 쇠퇴, 붕괴함에 따라 이들도 쇠퇴, 붕괴한다. 현재의 역사적 국면(조직적 규율을 거부하는 군중과 무정부주의적, 생디칼리즘적 이론에 경도된 몇몇 공장의 선언들, 심각한 혼동과 좌절의 일화들, 다양한 마자니엘로들(Masaniellis)[31]가 거리와 광장을 점령한 한 순간의 덧없는 승리들)에서 전통적 정부 제도의 해체 없이는 노동계급의 다양한 삶의 발전은 불가능할 것이다. 그럼에도 불구하고, 이러한 투쟁은 피억압 계급이 예속의 굴레에서 스스로를 해방시키려 노력하고, 역사적 자율성을 실현할 새로운 질서의 토대를 마련하기 위해 고군분투하는 역사적 시기를 특징짓는 고통스러운 산고의 한 부분으로 설명되고 정당화될 수 있다. 노동계급의 독창적 조직이며 공산주의 혁명이 싹틀 자율적인 틀거리로 줄곧 인식되어 온 노조 조직에 대한 우리의 비판의 출발점은 바로 이러한 일반적 테제다. 우리는 대신에 공장평의회의 '독창성(originality)'을 주장한다. 공장평의회는 시민과 시민으로 이루어진 정치적 관계의 외부에서, 노동계급을 위한 자유와 민주주의는 존재하지 않고 속박과 잔혹함 속에서 존재하는 것이라고는 착취자와 피착취자, 억압자와 피억압자 사이의 경제적 관계뿐인 영역에

---

[31] [역주] 본명이 Tommaso Aniello인 마지네엘로는 나폴리의 어부 출신으로, 과도한 세금과 스페인의 나폴리 지배에 반대하여 1647년 하위계급의 봉기를 이끌었다.

서 싹튼 유일한 프롤레타리아 조직이다. 공무원이나 직업 정치인에게 권력을 위임하지 않고서도, 그 어떤 매개인 없이도, 바로 노동계급 자신의 목적을 위해 자신의 고유한 방법과 체계를 사용하고, 흐트러지지 않는 맥락을 유지하면서, 노동계급이 갈구하는 자유에 대한 끊임없는 투쟁을 대변하는 것이 바로 공장평의회다. 사회당 그 자체는 계급 분할 사회에서 전통적 정부 제도의 붕괴와 해체라는 이 일반적 과정에서 벗어날 수 없지만, 상당한 유연성(이는 이제까지의 이해관계의 축적이 당을 짓누르지 않기 때문이다) 덕분에 신속한 반응을 보일 수 있었으며, 특히 혁명적 긴장이 최고조에 이르렀을 경우에는(마치 토리노에서처럼) 더욱 그랬다. 이 정당은 유기적 변혁이라는 위기에 처해 있으며, 새로운 구조의 기초 요소는 공장 내의 공산주의 그룹들이다.

전통적인 사회당 구조는 자유민주주의에서 성장해 온 다른 여타 정당들과 결코 다르지 않다. 우선 당원 총회가 존재하며, 여기서 기층당원의 신임을 얻은 집행위원회와 당의 연장자들로 구성된 중재위원회를 임명한다. 민주적 정치결사체를 특징짓는 모든 실제 원칙들이 당의 구조 — 입법, 행정, 사법으로의 권력 분립과 '당파들(parties)'(당 내의 혁명적 경향과 개량적 경향, 이들은 기회주의라는 '저울'을 이리저리 움직이며 주도권을 획득하려 노력한다) … 사이의 내적 경쟁 — 에서 드러난다. 또한 민주주의의 주권 의지가 표현되는 모든 회의체에서 발견되는 기본적 특징들이 사회당에서도 나타난다. 사정이 이렇기 때문에, 책임방기, 무능력, 변덕스러움, 무질서라는 이 기본적 특징들은 물론 집행위원회의 관료적 의지와 관공주의(officialdom)에 의해 '수정'되어야 하는 것으로 나타난다. 부르주아 정치민주주의에서 자라난 모든 결사체의 특징인 이러한 구조는 이들 결사체들이 존재하게끔 만들어 준 역사적 실체를 표현하는 것이다. 그 실체란 대중 의회(지역 의회와 하원)에서 민주주의에 적절한 수단 — 유권자에게 혼란스럽고 모호한 성책을 장황하게 늘어놓는 것 — 으로 다수를 획득하고자 하는 욕망이다.

의회는 영토 경계를 기반으로 하는 국가에 부합하는 정치 결사체 형태이다. 이러한 형태는 땅에 창을 꽂고 울부짖음으로써 자신의 주권을 표현하는 원시인의 행태를 지속하는 것이다. 민주주의 체제로 주권을 표현하는 정치 의회의 심리는 '군중 심리'이며, 이 말은 이성과 지성을 압도하는 익명의 무책임성과 야수적 본능을 의미하는 것이다. 이 우아하지 못한 본능이 주도권을 잡는다면 결국 아귀다툼만이 남을 것이다. 반면에 서정적 감성이 고조되는 시기에 이 본능은 도취감에 잔뜩 빠진 사람들로 하여금 당대 최신 유행의 발레리나를 태운 말을 대신하려고 서로 싸우게 만든다. 이것이 아마도 왜 이탈리아 전국 의회의 가장 지적이고 열심히 일하는 하원의원이 이탈리아와 소비에트

를 문명과 야만인 부족으로 비유했는가 하는 이유가 될 것이다.32)

노동자 국가는 삶의 정치적 관계가 산업 생산의 기술적 관계와 동일시되는 인류의 사회 발전단계를 대변하기 때문에, 노동자 국가는 영토 경계에 기반하는 것이 아니라 유기적 생산 구조 — 공장, 작업장, 조선소, 광산, 농장 — 에 기반한다. 노동계급이 스스로를 작업장 내부에서 조직할 때, 사회당은 노동계급이 역사적 자율성을 실현하고 지배계급이 되기 위해 창조하는 새로운 제도 내부에 존재하는 노동계급 정부의 한 부분으로 자신을 투영한다. 단순히 부르주아 국가의 대중 의회에서 다수를 획득하는 것이 프롤레타리아 정치 결사체의 기초가 되는 역사적 실체의 결정인자가 될 수는 없다. 그것은 또한 노동계급의 발전이라는 고된 노동을 지원할 구체적 내용을 결정짓는 것이어야 한다. 당이 조직되는 방식의 급진적 변혁을 예견하는 것이 가능하게 됐다. 당원 총회 — 오직 자신의 양심에 준해서만 책임감을 지니며, 프롤레타리아적 원칙이 없음이 드러날까 두려워하는 탓에, 그리고 즉흥적 선동과 허장성세로 인해 흐트러지고 판단이 흐려지는 원자화된 개인들의 총회 — 는 신임받는 대의원들의 총회들로 대체될 것이다. 이들은 공장 내부에서 지속적으로 선전과 투쟁을 유지해야 한다는 긴요한 요청에 응해, 혼란스럽고 모호한 논쟁 대신에 공장 노동자들의 구체적 문제들에 관한 논쟁을 제기할 것이며, 결국 프롤레타리아 대중의 경제적·정치적 권력 장악을 위한 실질적 준비라는 방향으로 당 총회들을 전환시켜 나갈 것이다. 자유민주주의의 태내에서 출생하고 성장한 결사체로부터 프롤레타리아 문명에 고유한 새로운 조직 형태로의 사회당의 변혁을 점칠 수 있게 된 것이다.

토리노에 공산주의 그룹들을 창설하라는 한 마디 명령만으로도 즉시 스스로를 조직하고, 실질적이고 생기 있는 방식으로 기능하게 하기에 충분하다. 지난 4월의 거대한 운동이 일어나기 이전인 지역 금속노동자들의 파업 기간 동안, 작업장 위원회(Council of Workshop Commissars)의 부적합성 때문에 몇몇 공장에서 이제 막 창설된 공산주의 그룹들은 혁명적 규율의 붕괴와 무질서로 몰아가는 치명적인 흐름을 막는 노동자 통제를 맡게 되었다.33) 지금까지 지역 작업장을 통해 획득된 이러한 경험은 이미, 가까운 미래에 다양한 그룹 대표들의 모임에서 가치를 평가받고 각 부문의 모든 동지들에게 유용하게 활용될 수 있을 소중한 유산이 되고 있다. 이제는 없어서는 안 될 통일된 노동

---

32) [영역자주] 이는 투라티를 이야기하는 것이다. p. 168를 볼 것.
33) [영역자주] 3월 28일, 토리노의 금속산업 고용주들은 법정 노동시간을 둘러싼 갈등과 작업장 위원들의 행동을 이유로 공장평의회에 대항해 공장폐쇄를 선포하였다.

계획(programme)은 오직 이 모임을 통해서만 출현할 수 있다. 이 모임은 각각의 그룹들이 특별히 기여하는 구체적 경험 요소들의 유기적 질서로 구성될 것이다. 당장이라도 공산주의 그룹의 형성으로 사회당의 역사적 구성(configuration)이 변혁되고 있다는 것을 입증할 수 있으며, 러시아 공산당의 역사적 지형을 이해하는 것이 가능하게 되었다. 사회당이 혁명적 노동자로 구성되어 있는 한, 사회당은 대중과 함께 투쟁하고 혁명적 투쟁이라는 초미의 현실에 완전히 빠져들고 있다. 하지만 당이 맑스주의 교리를 체현하고 있는 한, 당내 노동자들에게 투쟁은 명확한 목적을 위한 의식적 투쟁이다. 그것은 투명한 행동 의지이자 이미 마음과 의지 속에서 벼려진 규율이다. 그러므로 노동자 당원들은 프롤레타리아 권력 수립을 위한 투쟁에서 혁명적 전위가 되는 것과 마찬가지로 노동자 국가에서 산업 전위가 된다. 혁명적 열정은 생산의 장으로 이어진다.

새로운 사회관계 체제인 공산주의는 오직 물질적 조건이 허락할 때에만 실현될 수 있다. 입법 수단이나 행정 수단으로 이러한 관계 체제를 이룰 수는 없다. 노동자 국가에서 공산당의 임무는 새로운 조건에서 가능해진 새로운 관계를 — 의식적으로, 의지의 실천을 통해 — 실현하도록 다수 대중에게 심리적 촉매로서 작용하는 것이다. 러시아 프롤레타리아 대중에게 새로운 '관습'으로 도입된 '공산주의적 토요일(Communist Saturdays)'이 새로운 관습으로 도입된 것은 외부의 도움 없이 자본주의를 단호하게 무너뜨리고, 따라서 노동과 생산에 대한 통제와 정치 권력을 장악하면서 시작된 혁명적 계급투쟁의 정점을 대변하는 새로운 노동양식과 생산양식을, 공장 내 그룹을 통해, 처음으로 실행에 옮길 수 있었던 공산당원 노동자들 덕분이다.

<오르디네 누오보>, 1920년 7월 17일

<오르디네 누오보>의 계획

I

1919년 4월 우리 — 우리들 중 셋, 넷, 다섯 — 가 함께 모여 <오르디네 누오보>라는 잡지를 발행하기로 결심했을 때, 우리들 중 누구도(혹은 단지 한 사람만은!) 세상을 바꾼다는, 즉 수많은 사람들의 마음과 정신을 개혁하고 역사의 새로운 장을 열어간다는 생각을 하지 못했다. 우리들 중 누구도 이 계획이 얼마나 성공할지에 대해 장미빛 환상을 품지 않았다(혹은 아마 우리들 중 한 사람은 한 달 내에 6,000명의 독자를 확보한 것에 대해 환상을 품었을지도 모르지만).

우리는 누구였던가? 우리가 대변하고자 했던 바는 무엇이었나? 우리가 새롭다고 말해야만 했던 것은 무엇이었나? 아! 이 모임에서 우리를 묶어 주었던 유일한 감정은 모호한 프롤레타리아 문화에 대한 막연한 열정이 불러일으킨 감정이었다. 우리는 뭐든 하기를 원했다. 우리는 이탈리아 사회가 임박한 파국을 향해 치닫고 있는 것처럼 보이던 때에, 정전이 가져온 몇 달간의 열기에 휩쓸려 방향감을 상실하고 절망에 사로잡혔다. 아! 이 모임에서 이야기되었던 진정 독창적인 유일한 내용은 억눌려왔다. 기술자였던 한 친구는 다음과 같이 말했다. "우리는 공장이 생산 제도로서 조직되는 방식을 연구해야만 한다. 우리는 자본주의 생산양식과 조직양식에 우리의 모든 관심을 쏟아야 하고, 당과 노동계급의 관심을 바로 이 주제에 집중시켜야만 한다." 인간 조직과 인류 역사, 노동계급 심리학에 관심을 갖고 있던 다른 친구는 다음과 같이 말했다. "우리는 노동대중에게 무슨 일이 일어나고 있는지를 연구해야 한다. 이탈리아에 소비에트와 비교될 만한, 소비에트의 특징 중 일부분을 공유하고 있는 노동계급 조직이 존재하는가? 소비에트는 러시아의 고유한 제도가 아니라 보편적인 형태라고 주장할 수 있다. 즉, 어디든 자립적으로 산업 자율성을 획득하고자 하는 프롤레타리아 투쟁이 벌어지는 곳이라면, 소비에트야말로 노동계급이 자유에 대한 충동의 표현으로서 채택하는 형태다. 소비에트는 노동 대중의 자치 형태다. 이탈리아에, 토리노에, 모호한 희망이나 맹아, 미약한 발걸음 이외에 소비에트류의 자치정부 형태를 향한 흐름이 있는가?" 일전에 폴란드 동지의 노골적인 질문 —— "이탈리아에는 왜 내부위원회 대회가 한번도 없었는가?" —— 에 충격을 받았던 이 친구는 자신의 질문에 대해 우리 모임에서 다음과 같이 답변했다. "물론, 이탈리아에는, 토리노에는, 노동자 정부의 맹아가, 소비에트의 맹아가 있다. 그것은 내부위원회(inner committee)다. 이 노동계급의 제도에 대해 몇 가지 조사를 하고 연구해 보자. 또 자본주의 공장에 대해서도 연구하되, 분명 우리가 알지 못하는 전문지식이 필요할 테니, 물질적 생산 구조 이외의 측면에서 연구해 보자. 노동계급의 필연적 형식으로서 자본주의 공장을, 정치적 유기체로서, 노동자 자치의 '국가 영토'로서 자본주의 공장을 연구해 보자." 이러한 주장은 새로운 주목을 끌었다. 그리고 다름 아닌 타스카(Tasca) 동지에 의해 거부당했다.

타스카 동지가 원했던 것은 무엇이었나? 그는 우리가 노동 대중 한가운데로 선전해 들어가는 것을 반대했다. 그는 조합 및 연맹 사무총장과의 협조를 원했다. 그는 공식적 행동 계획을 기획하기 위해 사무총장과 만날 것을 원했다. 이런 식으로 <오르디네 누오보> 그룹을 '마부 파리'[34]같이 오만방자하고 무책임한 파벌집단의 지위로까지 축소시키려 했다. 그래서 <오르디네 누오보> 창간호의 계획(programme)은 무엇이었나? 그 계획이란 것은 구체적 계획의 부재에 지나지 않았고, 단지 구체적 문제를 다루고 싶다는 애매하고 어찌할 도리 없는 포부였을 뿐이다. <오르디네 누오보> 창간호의 이념은 무엇이었나? 활자화된 기시의 이면에는 어떤 중심적 이념도, 숨겨진 합리성도 없었다. 타스카가 '문화'라는 표현으로 의미했던 바는 무엇인가? 필자의 방식으로 바꿔 말하자면, 그가 추상적이지 않은 현실적 언어로 의미했던 바는 무엇인가? 그가 의미하는 바는 '생각하기'보다는 '일깨우기'였다. 그리고 그는 우리에게 노동계급 사상 중 가장 낡아빠지고 너덜해진 잔해들을 일깨웠다. 그가 의미하는 바는 —— 그토록 후진적이고, 그토록 난폭하고 무식한 —— 이탈리아 노동계급의 자질 있는 부분에게 노동이 어떻게 조직되어야 하는지에 대한 루이 블랑(Louis Blanc)[35]의 생각과 그 생각이 실제로 경험되었던

---

34) p. 121 각주 28을 보라.
35) [역주] 1848년 프랑스 2월 혁명 당시 노동자 대표 중 한 사람.

바를 '일깨움'으로써 깨우치게 하자는 것이었다. 그들에게 유제니오 푸르니에(Eugenio Fournière)가 갓 구워 김이 모락모락 나는(또는 허옇게 김이 서릴 정도로 신선한) 사회주의 국가 모델을 요리한 조심스러운 학술적 저서들을 만들어 냈다는 것을 '일깨우는' 것이다. 그들에게 파리코뮌을 일깨우되, 미슐레(Michelet)36)(혹은 덕망 있는 루이 몰리나리(Louis Molinari))의 정식에 입각해 '일깨우는' 것이다. 러시아 공산주의자들이 맑스의 발자취를 따라 소비에트의, 소비에트 체제의 기원을 거침없이 파리코뮌에서 찾고 있다는 언질은 전혀 없이 말이다. 일단 공산당이 집권당이 된 이상, 러시아 공산주의자들이 소비에트의 본질을 이해하기 위해, 소비에트라는 '이념'을 정교화하고 자기들 정당의 행동 노선을 정확히 세우기 위해, 파리코뮌의 '산업적' 특성에 대한 맑스의 관찰을 이용하고 있다는 언질은 전혀 없이 말이다.

<오르디네 누오보> 창간호는 무엇이었던가? 그것은 문집, 단순한 문집이었을 뿐이다. 즉 나폴리(Naples)나 칼타니세타(Caltanisetta) 혹은 브린디시(Brindisi)로부터도 나올 수 있었던 그런 잡지였다. 그것은 잘 그린 목판화나 괴기 소설에 상당히 경도된 추상적 정보 잡지, 추상적 문화 잡지였다. <오르디네 누오보> 창간호가 당신들을 위해 준비한 것은 두서없는 혼동, 이류 지성의 산물, 장님 코끼리 더듬듯 자신의 행동을 끼워 맞출 목표와 방향을 찾아 헤매는 것 등등이었다. 이것이 바로 우리가 1919년 4월의 모임 이후 창간한 <오르디네 누오보>였다. 당시 모임의 의사록은 매우 신중하게 작성되었으며, 이 모임에서 타스카 동지는 이탈리아 노동계급으로부터 소비에트의 전통을 '발굴하고', 이탈리아의 진정한── 노동자 인터내셔널의 보편 정신에 일치한다는 의미에서, 실제 역사적 상황의 산물이라는 의미에서, 노동계급 자신의 창조적 노력의 결과라는 의미에서, 진정한── 혁명 정신이 숨겨진 솔기를 찾아내는 데 헌신적으로 활동하자는 우리의 제안을 거부했다.

톨리아티와 나는 편집 쿠데타를 계획했다. 이 잡지 7호에서 내부위원회의 문제를 명확히 제기했다. 이 사설을 집필하기 며칠 전에 나는 테라치니(Terracini) 동지에게 논의의 전반적 윤곽을 제시했고, 테라치니 동지는 이론적·실천적 측면 모두에서 완전한 동의를 표시했다. 톨리아티와 공동집필하고 테라치니의 승인을 얻은 이 사설을 게재하자 우리가 예상했던 결과들이 뒤따랐다. 나와 톨리아티와 테라치니는 학습모임과 공장

---

36) [역주] 줄 미슐레(Jules Michelet)는 프랑스의 역사가로 역사에서 지리적 환경의 영향을 중시하고 민중적 입장에서 반동세력에 저항했다. 이탈리아 르네상스를 16세기 유럽 사회의 '세계와 인간의 발견 시대'라고 넓혀 해석했다.

집회에서 강연해 달라는 요청을 받았다. 우리는 내부위원회 간부와 재정 총무들(dues collectors)의 토론에 초청받았다. 우리는 계속 밀고 나갔다. 내부위원회의 문제는 중요한 문제로 제기되었고, <오르디네 누오보>의 이념이 되었다. 그것은 노동자 혁명의 근본적 문제로 생각되었다. 그것은 프롤레타리아 '자유'의 문제였다. 우리와 우리를 따르는 동료들에게, <오르디네 누오보>는 '공장평의회 기관지'가 되었다.

노동자들은 <오르디네 누오보>에 애정을 가졌다(그리고 우리는 이를 진심으로 자랑스럽게 단언할 수 있다). 그런데 왜 노동자들이 <오르디네 누오보>에 애정을 가졌을까? 그것은 노동자들이 이 잡지의 기사들 속에서 그들 내부에 존재하는 뭔가 중요한 것, 그들의 가장 자랑스러운 면모를 발견했기 때문이다. 그것은 그들이 자신들을 충만하게 채우고 있는 내적 정신과 똑같은 정신 — '어떻게 하면 자유로워질 수 있을까?' '어떻게 하면 진정한 자아를 회복할 수 있을까?' — 을 <오르디네 누오보>의 기사들에서 찾을 수 있다고 느꼈기 때문이었다. 그리고 그것은 <오르디네 누오보>의 기사들이 지식인들의 민숭민숭한 작품이 아니라 최고의 노동자들과 벌인 토론에서 솟아난 것이기 때문이었다. 이는 토리노 노동계급의 실제 느낌과 열정, 욕구라는 토대 위에서 축조되었다. 이는 우리가 동질감을 느끼고 스스로를 고무한 그 정서였다. 또한 그것은 <오르디네 누오보>의 기사들이 거의 실제 사건의 '기록'에 가까웠으며, 노동계급의 자기 표현이자 내적 해방의 계기로 보이기 때문이었다. 이것이 바로 노동자들이 왜 <오르디네 누오보>에 애정을 갖는가 하는 이유였으며, <오르디네 누오보>의 이념이 어떻게 생겨났는가에 대한 설명이었다. 타스카 동지는 이 창조와 발전의 과정에 아무런 기여도 하지 않았다. <오르디네 누오보>는 혁명에 대한 타스카 동지의 '기여'와 의도와는 전혀 무관하게 자신의 이념을 발전시켰다. 내가 보기에 현재 그의 논쟁 '어조'와 태도를 설명하는 것은 바로 이 점이다. 그는 '자신의 개념'을 만들기 위해 실질적으로 아무런 작업도 하지 않았으며, 따라서 그의 개념이 실패로 드러난 것은 나에게 놀라운 일이 아닌데, 왜냐하면 아무도 거기에 애정을 가질 수 없었기 때문이다. 또한 그가 1년 전에 그토록 조심스럽게 의사록에 남기고 지지했던 '공식적' 특성을 우리 활동으로 복원시키고자 그 주제를 매우 꼴사납게 만들면서 자기원칙도 없이 마구잡이로 끼어들었다는 사실 역시 하나도 놀라운 일이 아니다.

II

전(前)호에서, 나는 <오르디네 누오보>의 계획 — 노동계급의 정신적·실천적 필요라는 우리의 실질적 경험의 결과로서 공장평의회라는 핵심 문제를 중심으로 구성되어 왔던 계획 — 에 대한 타스카 동지의 태도를 드러내 보이려 하였다. 타스카 동지는 이 실질적 경험을 함께 하려 하지 않았기 때문에 — 사실은 그가 이러한 생각에 매우 적대적이었기 때문에 — , 실제 역사적 언어로 공장평의회 문제를 파악할 수도 없었으며, 간혹 머뭇거리거나 간혹 이해할 만한 실수를 범하면서도 나와 톨리아티, 그리고 우리를 돕고자 하는 다른 동지들의 작업 속에서 점점 모습을 드러내고 있던 바로 그 문제에 대한 유기적 해석을 이해하지 못했다. 타스카에게 공장평의회 문제는 단지 수학적 의미, 즉 이탈리아 노동자·농민 계급 전부를 단번에 조직하는 방식의 문제일 뿐이었다. 타스카는 한 논설에서 공산당과 노조, 그리고 공장평의회를 동일선상에서 파악한다고 기술했다. 그는 다른 글에서도, 오늘날 유일한 비교대상이라고는 부르주아 국가밖에 없는 '역사적' 결사체 형태로 파악되는 공장평의회와 구별하기 위해 <오르디네 누오보>가 당과 노조에 붙인 '자발적'이라는 형용사의 의미를 이해하지 못했음을 드러내고 있다. <오르디네 누오보>가 발전시킨 개념 — 하나의 개념으로서, 필연적으로 하나의 이념, 즉 자유의 이념을 중심으로 (그리고 구체적으로, 실제 역사 창조의 지평에서 자율적인 혁명 활동을 수행하는 노동계급이라는 가설을 중심으로) 조직된 개념 — 에 의하면 당과 노조는 '사적인(private)' 특성을 갖는 제도인 데 반해 공장평의회는 '공적(public)' 특성을 갖는 제도이다.

공장평의회에, 노동자는 생산자로서 참여한다. 즉 의회민주주의 국가에서 시민이 참여하는 방식과 똑같은 방식으로 노동자는 그 자신의 보편적 특징의 결과로서, 사회 속에서 차지하는 그의 위치와 역할의 귀결로서 참여한다. 당과 노조에, 노동자는 언제라도 찢어 버릴 수 있는 '계약'인 서면 보증에 서명함으로써 '자발적으로' 참여한다. 당과 노조는 이 '자발성'과 '계약적' 본질 때문에, 대의제 기구이자, 산술적이 아니라 형태학적으로 발전해 온, 그리고 결국에는 자본주의가 이윤 획득을 목적으로 발전시켜 온 교환 및 생산기구에 프롤레타리아의 고유한 성격을 부여하는 것을 목표로 하는 평의회와는 결코 혼동될 수 없다.

<오르디네 누오보>가 평의회 조직의 최고 형태로의 발전을 설명하기 위해 계급분할 사회의 정치학 용어를 사용하지 않고, 대신에 산업 조직을 참조하는 것은 바로 이 때문이다. <오르디네 누오보>가 발전시킨 개념에 의하면 '연맹(federation)'이나 이와 유사한 단어로는 평의회 체제를 표현할 수 없다. 평의회는, 오직 공장 내의 한 직업군을 다른 직업군에, 한 부문을 다른 부문에 이어주는 복합적 산업 관계를 전체 산업 영역의 규모

로 전환시킬 때에만 표현 가능하다. 우리에게 토리노는 당장 손에 잡히는 예였으며, 그런 이유로 한 기사를 통해 토리노를 이탈리아 공산주의 혁명의 역사적 용광로로 그렸었다.

공장 내의 노동자들은, 제조될 대상을 준비하는 과정에서 서로 협력한다는 의미에서, 생산되는 가치의 점유양식으로부터 (어떤 의미에서는) 독립적으로 사용되는 바로 그 산업 기술에 의해 결정되는 방식으로 배치된다는 의미에서, 생산자다. 자동차 공장의 노동자는 그들이 금속노동자이건, 차체노동자이건, 전기공이건, 조립공이건 간에 생산자의 역할을 떠맡고 있으며, 그 속에서 이들은 자동차 제작에 필수불가결한 존재이고, 어느 누구 하나 없어서는 안 되는 존재이며, 그 자체 산업적으로 조직화되어 있고, 절대적으로 분리불가능한 전체를 역사적으로 형성하고 있는 것이다.

토리노는 다음과 같은 방식으로 하나의 도시로서 발전했다. 피렌체, 그리고 로마로까지 자본이 이전된다는 것과, 이탈리아 국가가 처음에는 피에몬테 국가의 확장이라는 형태를 취했다는 사실은 새로운 이탈리아 국가기구에 인적 재원이 되어 왔던 쁘띠부르주아 계급이 토리노에서 빠져나갔다는 것을 의미한다. 하지만 근대 도시를 특징짓는 요소를 급작스럽게 잃어버렸다는 점과 자본이 이전되었다는 점이 이 도시에 몰락을 가져오지는 않았다. 반대로, 토리노는 재건·발전했으며, 새로운 발전은 기계공학 산업의 성장 및 피아트 공장 체제와 더불어 유기적으로 발생했다. 토리노는 쁘띠부르주아 지식인계급을 국가에 넘겨주었다. 그리고 자본주의 경제가 이탈리아 소규모 산업과 장인 경제를 폐허로 만들면서 발전함에 따라 수많은 프롤레타리아 대중이 토리노에 모여들었고, 이것이 아마도 유럽 전체를 통틀어 가장 비정상적인 지금의 특징을 이 도시에 새겨 놓았다. 이 도시는 과거에, 그리고 지금도 여전히 도시 운동 전체를 '통제'하고 판도를 규제하는 단 하나의 산업을 중심으로 자연스럽게 구성되어 있다. 경제적으로 베르첼리 지역이 쌀로, 코카서스가 석유로, 남부 웨일즈가 석탄으로 특징지어지는 것과 마찬가지로 이 도시는 자동차로 특징지어진다. 공장 안에서와 마찬가지로 노동자들은 특정 제품의 생산에 따라 일정 패턴을 구성하고, 그것이 금속노동자, 목공노동자, 건축노동자, 전기노동자 등을 통합시킨다. 따라서 이 도시에서 프롤레타리아 계급은 지배적 산업에 의해 결정되는 일정 패턴을 수용하고, 그 존재 자체가 도시 전체 복합체를 배열하고 지배한다. 전국적 수준에서도, 마찬가지로, 국민은 국가의 수출과 그 국가가 세계 경제생활에서 실제로 기여하는 바에 의해 결정되는 일정 패턴을 수용한다.

<오르디네 누오보>를 건성으로 읽은 타스카 동지는, 혁명적 생디칼리즘 조직인

IWW37)의 미국인 이론가 다니엘 드 레온(Daniel De Leon)의 이념과 함께 <오르디네 누오보>에서도 몇 차례 게재했었던 몇몇 저술을 통해 레닌 동지가 발전시킨 이념을 이탈리아의 역사적 상황에 맞게 번역한 것에 지나지 않는 이 이론적 주장의 함의를 파악하지 못했다. 대신에 어떤 구절에서 타스카 동지는 '쌀', '목재', '황' 등의 용어로 표현된 경제적 생산 복합체에 대한 설명을 순전히 '상업적'이고 재정적 의미로 해석하고 있다. 다른 구절에서 그는 평의회가 어떻게 서로를 관련지을 수 있을지 자문하고 있다. 글의 1/3 가량에 걸쳐, 그는 <오르디네 누오보>가 발전시킨 이 이념의 근원으로, 정부를 파괴하는 공장이라는 프루동의 이념을 들고 있다. 사실 그의 글이 실린 6월 5일자에는 '공장평의회'와 노동회관 대회에 대한 논평이 함께 실려 있으며, 이 두 개의 글은 맑스가 공산주의 생산자사회의 산업적 특징에 대해 명백히 언급하고 있는 파리코뮌에 대한 저작에서 많은 부분을 인용하고 있다. 드 레온과 레닌이 자신들의 이념에 대한 영감의 원천을 발견한 것이 바로 이 저작에서였다. <오르디네 누오보>의 기사가 작성되고 다듬어진 것도 바로 이러한 요소들을 토대로 한 것이었다. 타스카 동지는 역사적·지적 알맹이에 대해서는 전혀 이해하지 못한 채 문제의 기사를 수박 겉핥기 식으로 읽었음을 또 한번 — 여기서 우리는 정확히 이 논쟁을 불러일으킨 바로 그 호(號)에 대해 이야기하고 있는 것이다 — 보여준 것이다.

이 논쟁의 독자들을 위해서, 공장평의회에서 처음으로 현실화되고 있는 노동자 자유라는 이념을 발전시키기 위하여 이미 제시된 바 있는 모든 논쟁을 되풀이하고 싶지는 않다. 내가 이 지면을 통해 하고픈 것은 타스카 동지가 어떻게 <오르디네 누오보>의 내적 발전 논리를 파악하지 못했는지를 증명하기 위해 단지 몇 가지 근본적인 테마들을 지적하는 것이다. 이 두 편의 짧은 논설 뒤에 이어지는 부록에서 나는 타스카가 자신의 논지를 설명하면서 제시한 몇 가지 논점을, 그것을 분명하게 하고 그것의 비일관성을 드러내 보이는 선에서 분석할 것이다. 그렇다 하더라도, 여기서 당장 짚고 넘어갈 문제

---

37) 세계 산업 노동자(Industrial Workers of the World)는 미국 노동연맹[AFL]에 불만을 품고 분리해 나온 이들에 의해 1905년 창건된 좌파 조직이며, 미숙련노동자들의 조직화를 목표로 삼았다. [역주 - IWW는 우블리즈(Wobblies)라고도 불리며, 1905년 미국 시카고에서 사회주의 노동당의 다니엘 드 레온, 서부 광산노동자연합의 윌리엄 헤이워드, 사회당의 유진 뎁스 등이 주도하여 7개 단체 5만여 명이 참가하여 결성되었다. 전 노동자의 산업별 조직화("One Big Union!")와 자본주의 제도 폐지를 목적으로 하는 혁명적 조합운동의 확립을 목표로 삼았고, 정치투쟁과 노동자의 생산수단 통제력 획득에 주력했다. 1930년 이후 사실상 소멸했지만, 미숙련노동자나 흑인노동자의 조직화를 시도하고 산업별 조합주의를 모입하는 등 미국 노동조합 운동 발전에 큰 영향을 끼쳤다.]

가 한 가지 있다. 타스카가 금융자본에 대해 언급하면서 자본이 '훌쩍 날아가' 생산에서 이탈하고 부유한다고 서술한 점이다. 지폐가 '훌쩍 날아가' '부유'한다는(!) 이 모든 미신 숭배는 공장평의회 이론의 정교화와는 전혀 아무런 상관도 없는 것이다. 우리는 자본가의 인격체가 생산에서 분리되고 있다는 점을 힘써 주장해 왔다. 하지만 금융자본이든 아니든 자본 그 자체가 그런 것은 아니다. 우리는 공장을 돌리는 것은 더 이상 소유주 개인이 아니며, 시민이 공공행정에 아무런 관심이 없는 것과 마찬가지로 생산에 아무런 관심도 없는 산업 관료들에 의해 은행이 공장을 운영하고 있다고 힘써 주장해 왔다. 이러한 주장은 공장 내에서 점차 자리를 잡아가고 있는 새로운 위계적 관계에 대한 역사적 분석의 출발점을 제공했다. 게다가 그 덕분에, 노동계급의 공장 내부 조직이 생산 감독능력을 체현해 가고 있으며 그것이 바로 노동계급의 산업 자율성을 위해 가장 중요한 역사적 조건의 출현임을 정확히 포착하게 되었다. '날아다님'과 '부유'에 대한 말장난은 타스카 동지로서는 차라리 불운한 몽상이라고 해야 할 것이다. 우연치않게도 그는 최근 <코리에레>에 기고한, 자본주의를 다룬 라브리올라(Labriola)의 책에 대한 자신의 서평을 언급하면서 자기가 금융자본 문제에 대해 '연구'해 왔다고 밝혔는데(라브리올라가 후에 볼셰비키가 받아들인 힐퍼딩의 이론과 정반대의 이론을 지지했다는 점은 주목돼야 한다), 그러면서 사실은 이 문제에 대해 전혀 아무 것도 이해하지 못하고 있으며 단지 내용 없는 회고담과 공허한 말들의 사상누각만을 짓고 있음을 스스로 폭로했던 것이다.

필자가 타스카의 논문에 대해 제기한 지적들이 전반적으로 올바르다는 것을 보여준다는 점에서 논쟁은 유익한 것이었다. 타스카는 평의회 문제에 대해 단지 수박 겉핥기식의 지식만을 지니고 있으며, 사기만의 이론이라는 것을 만들어 보겠다는 불굴의 갈망으로 자기만의 개인적 활동에 착수하고 노동조합 운동의 새로운 시대란 것을 열어제꼈다.

노동조합 대회에 대한, 그리고 집행부의 입장에 맞춰 표를 뒤흔들어 놓으려는 의도를 담은 타스카의 개입에 대한 우리의 논평은 우리 잡지의 계획을 흠 없이 지켜 내려는 결의에 따른 것이다. 공장평의회는 자체의 고유한 법칙을 지니고 있다. 즉, 공장평의회는, 근본적 수준에서 개량만을 그 직접적 목적으로 하고 있는 바로 그 노동조합 기관에 의한 입법화를 받아들일 수도 없고 그래서도 안 된다. 이와 유사하게, 공장평의회 운동은, 노동자 대표들이 대중으로부터 직접 배출되어야 하며 또한 엄중한 위임의 자세로 대중들에 결박되어 있어야 한다는 점을 견지한다. 타스카 동지가 어느 누구로부터의 어떠한 위임도 없이 훈수꾼(rapporteur)으로 노동자 대회에 참석하여, 노동 대중의 삶 전반과 관련되고 그 최종 결의가 대중에게 직결되는 문제에 대해 개입하는 것은 <오르디네 누오보>의 정신 전반에 어긋난다. 따라서, 위와 같이 험악한 우리의 논평은 전적으로 정당하며 절대적으로 필요한 것이다.

<오르디네 누오보>, 1920년 8월 14일과 28일

공산당

I

소렐(Sorel)[38] 이후, 현대 프롤레타리아 운동을 고찰하면서 원시기독교 사회에 대해 언급하는 것은 상투적인 것이 되었다. 칼 맑스가 자칭 '맑스주의자'들의 터무니없는 이데올로기적 주장에 책임이 없는 것처럼, 소렐도 그의 이탈리아 추종자들의 나약하고 조잡한 정신에 아무런 책임도 갖지 않는다고 말해야 한다. 소렐은 역사연구 분야에서 '발명가'다. 즉, 그를 모방하는 것은 불가능하다. 또한 그는 자신의 야심찬 제자들에게, 언제 어디에서 어느 누구나 적용하여 그 결과 지적 발견을 이룰 수 있는 방법을 제공하지도 않는다. 소렐에게 기독교 교리는, 맑스주의의 경우도 그러한 것처럼, 그 발전의 성숙기에 있어서 하나의 혁명 —— 갈 수 있는 데까지 나아간, 도덕적, 법률적, 철학적, 예술적 관계의 새롭고 독창적인 체제의 창조로까지 나아간 그런 혁명 —— 을 의미한다. 그러나 이러한 성과들을 모든 혁명의 이데올로기적 도식으로 간주하는 것, 여기에 소렐의 역사직 직관의 소아하고 우둔한 결함이 있다. 프롤레타리아 혁명이 현대 산업사회에 내재해 있다는 것이 사실이라면(소렐에게도 이는 물론이지만), 그리고 이 프롤레타리아 혁명으로부터 혁명적 계급에 특유한 독창적인 생활규범과 절대적으로 새로운 [사회]

---

[38] [역주] 조르쥬 소렐(George Sorel, 1843~1922)은 맑스주의자 중 가장 전형적인 인물로 묘사되는가 하면, 좌익보다는 우익의 사상가로 논평되기도 한다. 초기에 소렐은 맑스주의를 하나의 과학으로, 자본주의의 '예정된' 발전법칙을 발견했다고 믿었으나, 1896년부터는 창조적 해석을 발전시켜 맑스주의를 우선 윤리학적 이론으로 간주하여, 부르주아 사회의 도덕적 파국에 대응하는 노동계급, 노동조합의 도덕성을 교육시키고자 하였다. 1902년 이후 생디칼리즘의 주요 이론가가 되어, 결정론적인 맑스주의 해석에 반하여, 저서 『폭력론』에서 계급투쟁을 사회주의의 '알파와 오메가'로 받아들이고 총파업의 '신화'를 주창했다. 특히 그람시는 생산 영역이 새로운 문명사회를 위한 토대를 제공할 수 있다는 소렐의 사상에 인상을 받았다.

관계의 체제가 나타나는 것이 사실이라면, 소렐의 역사적 직관이 낳아야 할 것은 우리가 마땅히 간파할 수 있어야 할 프롤레타리아 문화의 '맹아'에 대한 일련의 역사적 연구다. 그러나 그가, 초기 기독교도와는 달리 노동자는 청순지도 근엄하지도 못하며, 생활양식에 있어서 독창적이지도 못하다고 단정하는 것은 어떠한 의미를 갖는가? 한 측면만을 일반화시켜 경솔하게 이야기하기 좋아하는 사람들의 설명에 의하면, '토리노의 금속노동자'는 매일 닭을 먹고 매일 밤 선술집에서 술을 마셔 알콜에 찌들어 있으며 가족을 사랑하지도 않고 영화나 부르주아의 관습을 원숭이처럼 흉내냄으로써 미와 도덕의 이상을 추구하는 야만적인 무리라지만, 이와 같이 한 측면을 일반화시키는 미숙하고 경박한 설명은 별도의 문제로 친다 하더라도, 이미 서술한 바와 같은 소렐의 단정도 역사적 판단의 전제가 될 수는 없다. 현대의 기독교인들이 닭을 먹고 매춘행위를 하며 술에 취하고 위증을 하며 간통도 저지르고 있기 때문에, 고행자, 순교자, 성인이 출현했다는 것은 단지 전설일 뿐이라고 단정하는 것은 불합리할 것이다. 달리 말하면, 모든 역사적 현상은 당대 현실이라는 맥락 안에서 그 고유한 특성을 중심으로, (비유적인 것이 아니라면) 과거의 역사적 현상의 목적, 제도, 형태와 절대 혼동되거나 비교될 수 없는 목적, 제도, 형태를 스스로 드러내는 자유의 발전과정으로서 연구되어야만 한다.

기독교와 공산주의 같은 모든 혁명은 대다수 인민 대중의 가장 심오하고 광범위한 운동을 통해서만 출현 가능한 것이자 실제로 그래 왔으며, 사회조직의 모든 기존 체제를 분쇄하고 파괴할 수밖에 없는 것이다. 오늘날 의지도 권력도 박탈당한 정처 없는 유목민들이 마침내 이러한 파괴와 역사창조의 분야에 등장할 경우, 그 결과를 누가 상상하고 예견할 수 있겠는가? 이들은 '의지'도, '권력'도 가져 본 경험이 전혀 없었기 때문에, 새로 획득한 의지와 권력을 각각의 공적·사적 행위 속에 드러낼 것을 바랄 것이다. 이들은 현존하는 모든 것이 자신에게 적대적임을 발견할 것이며, 그것들을 뿌리부터 파괴하길 원할 것이다. 그러나 혁명은 매우 광범위한 것이고, 예견할 수 없는 성격과 무제한적으로 자유로운 성격을 지닌 것이기 때문에, 작열하는 용광로 속에서 형성되는 감정, 정열, 이니셔티브와 도덕에 대해 어느 하나 결정적인 가설을 수립할 수 있을 만큼 위태로운 모험을 감행할 수 있는 사람은 아마 없을 것이다. 오늘날 존재하는 모든 것, 오늘날 우리 자신의 의지와 성격의 힘을 넘어서 존재하는 것, 이들 중 변화를 견뎌낼 수 있는 것이 무엇인가? 이 정도의 충실성을 지닌 하루하루의 삶이라면, 이미 하나의 혁명이 아닌가? 개인의 의식에서 발생하는 변화, 그것이 인민 대중 전반에 걸쳐 동시적으로 발생하는 한, 상상조차 할 수 없는 창조적인 결과를 만들어 낼 것이 아닌가?

현재의 상황에 대한 관찰에서부터 출발할 경우, 도덕과 감정의 분야에서 예견할 수 있는 것은 아무 것도 없다. 단지 하나의 유일한 감정 —— 이제 노동계급의 불변의 특징이 되어 버린 —— 만이 오늘날 검증될 수 있다. 그것은 바로 연대의 감정이다. 이 감정의 충실성과 세기는 역사를 예측하는 민중의 다소 부족한 능력조차도 얼마간 정확히 평가할 수 있는 그런 시기 동안만 저항하고 자기희생하는 의지를 유지하는 것으로 평가될 수 있다. 얼마나 더 저항과 희생이 요구되는지 알 수 없는 혁명적 창조와 새로운 사회 건설의 시기에도 이들이 역사적 의지를 유지하리라고 평가할 수는 없으며, 따라서 그에 의존할 수도 없다. 왜냐하면 그때 싸워서 극복해야 할 적은 더 이상 프롤레타리아트의 외부에, 즉 한계가 존재하며 통제할 수 있는 물리적이고 외적인 것으로 존재하는 것이 아니기 때문이다. 그 적은 프롤레타리아트 자신 안에, 즉 그 무지와 태만 속에, 뭔가를 이해하는 데 답답할 정도로 느려터진 태도 속에 있다. 계급투쟁의 변증법은 내면화되어야 하고, 새로이 창조된 인간은 개인의 모든 의식 속에 잠복해 있는 부르주아적인 것을 경계해야만 할 것이다. 이 때문에, 노동조합은, 그것이 비록 프롤레타리아적 연대를 실현하고 이것에 규율을 부여하는 조직체라 하더라도, 문명의 미래에 관한 모델과 그 토대는 될 수 없다. 노동조합은 자유의 발전을 고양시키는 요소를 결여하고 있다. 이는 일반적 발전의 결과를 통해 급진적인 변화를 겪어야 할 운명에 놓여 있다. 이는 결정되는 것이지, 결정하는 것이 아니다.

프롤레타리아 운동은 현 국면에서는 물질적 사물들과 물리적인 힘을 조직하는 그런 방식으로 하나의 혁명을 성공시키기 위해 분투하고 있다. 이 혁명의 특징은, 대중 속에 일반적으로 퍼져 있으며 대중의 의지를 유지시키는 그런 감정과 정열일 수 없다. 프롤레타리아 혁명의 특징은 노동계급의 당, 즉 국가를 형성하려는 의지, 현존하는 물질적 힘의 배열에 새로운 프롤레타리아적 질서를 부여하고자 하며 민중적 자유의 토대를 놓고자 하는 의지를 지닌 규율잡힌 조직으로서 존재하고 발전하는 공산당 속에서 찾을 수밖에 없다.

현재, 공산당은 원시기독교의 종교공동체에 비유할 만한 유일한 기구다. 당이 이미 국제적 규모로 존재하는 정도에 따라, 신의 도시(City of God)를 위한 투사와 인간의 도시(City of Man)를 위한 투사를 비교하고 우열의 판정을 내릴 수 있다. 공산주의자들은 카타콤베의 기독교도들에 비해 열등하지 않다. 오히려 그 반대다! 기독교가 그 옹호자들에게 약속한, 말로 표현할 수 없는 목표는 암시적이고 신비적인 형태를 띤, 영웅주의와 성인, 순교의 갈망에 대한 충분한 정당화이다. 그러나 천국에서의 보상과 영원한

축복을 믿는 자의 희생정신을 일깨우는 데는 성격과 의지의 전개라는 막대한 인간 자원까지는 필요하지 않다. [반면] 공산주의 노동자는 매주, 매달, 매년 어떠한 보상도 없이 8시간의 공장 노동 뒤에 당 혹은 노조 혹은 협동조합에서 다시 8시간을 일한다. 인간 역사의 관점에서 이 공산주의 노동자는 비밀 기도회에 참석하기 위해 모든 것을 걸었던 노예나 직인보다 더 위대하다. 마찬가지로 로자 룩셈부르크와 칼 리프크네히트는 기독교의 가장 위대한 성인들보다도 더 위대하다. 그들의 투쟁 목적이 구체적이고 인간적이며 명시적이라는 이유 때문에, 노동계급 전사들은 신의 전사들보다도 더욱 위대한 것이다. 이들의 의지가 지탱하는 도덕적 힘이 무한할 수록(infinite) 이들의 의지가 지향하는 목적은 더욱 분명해진다(finite).

하루 8시간 동안 기계에 등을 구부리고 염주 돌리는 소리 마냥 단조롭게 의례적인 직업적 동작을 반복하는 노동자가 '주인'이 되고 모든 사회적 가치의 척도가 된다면, 그의 감정에는 얼마나 엄청난 확장이 일어나겠는가? 노동자가 자신이 무엇을 하고 있는지 그 이유도 방법도 이해하지 못한 채 일하도록 강제되면서도 여전히 그럭저럭 사고할 수 있다는 것은 차라리 기적이 아닌가? 자신의 내적 삶을 기계화하고 결국은 질식시키는 경향이 있는 직무의 단조로움에 대항해, 자신의 허약함과 권태에 대항해 투쟁하면서, 이러한 노동자의 기적은 사상의 영역에서 나날이 영적 자율성과 창조의 자유를 더해 간다. 그리고, 이 기적은 공산당으로, 즉 공산당 내에 표현되어 있는 투쟁의 의지와 혁명적 창조성으로 조직되고 있다.

공장 안의 노동자들은 단지 주어진 과업들을 실행하는 데 불과하다. 그는 작업과 생산의 전체적 과정을 총괄하지 않는다. 그는 선을 창조해 가는 그런 점이 아니다. 그게 아니라, 그는 특정한 장소에 붙박힌 핀에 불과하고, 선은 자체의 목표를 지닌 소외된 힘에 의해 배열된 핀들의 연속으로 만들어진다. 노동자는 이런 존재방식을 삶의 모든 장으로 확장하는 경향이 있다. 즉 그는 모든 영역에서 단순한 세속적 집행자, 자신으로부터 소외된 의지에 의해 이끌려지는 '대중'이라는 존재를 기꺼이 받아들인다. 그는 지적으로 게으로고, 자신의 즉자적 지평 너머를 바라볼 수도 없고 그것을 바라지도 않으며, 따라서 자신의 지도자를 고르는 데 어떤 믿을 만한 기준도 갖고 있지 못하고, 헛된 약속들에 쉽게 넘어간다. 그는 자신이 원하는 것을 스스로의 어떠한 노고도 없이, 숙고도 없이 얻을 수 있다고 믿으려 한다. 공산당은 노동자가 집행자에서 선도자(initiator)로, 대중에서 지도자이며 안내자로, 순전한 완력의 행사자에서 두뇌와 의지의 소유자로 변용될 내적 해방 과정의 도구이며 역사적 형태다. 공산당의 창당은 노동자 국가가 그에 필요한 토대를 마련해 줄 경우 한껏 싹트고 자라날 자유의 씨앗을 흘깃 보여준다. 고전 세계의 노예나 장인은 기독교 공동체에 가담하면서, 만인이 한 분 아버지의 자식이기 때문에 스스로 평등하다고 형제의 일원이라고 느낌으로써, 자기 자신에 대해 '알게 되고' 자기해방을 실현했다. 이는 공산당에 입당한 노동자에게도 똑같다. 당 안에서 그는 새로운 생활방식을 '발견'하고 '발명'하는 데 힘을 함께 하며, '의식적으로' 세상의 활동에 협력한다. 즉, 당 안에서 그는 생각하고 미래를 내다보며 책임을 느낀다. 당 안에서 그는 단순히 조직되기보다는 스스로 조직하고, 자신이 전 인민 대중을 당으로 끌어들여 전진시키는 전위의 일부라고 느낀다.

공산당은 순전히 조직적 맥락에서조차 자신이 프롤레타리아 혁명의 독특한 형태임을 입증해 보였다. 이전의 어떠한 혁명에도 정당은 존재하지 않았다. 정당은 부르주아혁명 이후 탄생했으며, 의회민주주의의 지형 안에서 쇠락하기 시작했다. 다른 경우와 마찬가지로 여기서도, 자본주의는 자신이 결코 통제할 수 없는 힘을 낳는다는 맑스주의 사상이 확인된다. 민주 정당들은 유능한 정치인들을 선보이는 데 복무했고, 투표에서 이들의 성공을 보장했다. 오늘날 권좌의 인물들은 은행, 거대 신문사, 산업총연맹에 의해 임명되고, 정당들은 다수의 개인적 도당들로 파편화된다. 사회주의 정당들의 잿더미로부터 등장한 공산당은 그 [부르주아]민주적, 의회적 뿌리를 부정하고 있으며, 역사상 완전히 새로운 자신의 본질적 특성을 드러내고 있다. 러시아혁명은 공산당으로 조직된 사람들, 즉 당 안에서 자신을 새로운 인격으로 벼리고 새로운 감정을 발전시키며 만인의 보편적 의식, 궁극적 목표가 될 운명인 도덕적 삶을 실현시킨 사람들이 일으킨 혁명인 것이다.

II

모든 정당들은 사회계급의 반영이자 그 명명이다. 정당들은, 투쟁하는 사회계급의 다양한 층들이 참다운 역사적 의의를 지닌 변화를 겪는 과정에서, 이들이 자기 자신과 자신의 이해에 대해 새롭고 보다 분명한 자각을 획득하는 과정에서, 출현하고 발전하다가 쇠락하고 다시 혁신된다. 일국적·국제적 생산 및 교환 기구들의 구조를 심각하게 변화시킨 제국주의 전쟁의 결과로 현재의 역사적 시기를 특징짓게 된 것은, 자유민주주의의 지형에서 출현한 전통적 의회 정당들이 드디어 산산조각나고 새로운 정치조직이 그에 동반해 등장하는 과정이 참으로 빠르게 이뤄지고 있다는 점이다. 이러한 전반적 과정은 자체의 무자비한 논리에 의해 지배되며, 이는 국가의 영토 전체에 걸쳐, 그리고 종종 자본주의 세계 전체에 걸쳐 낡은 계급과 집단들이 해체되고 전 계층의 지위가 맹렬하고 급속하게 변동하는 과정을 통해 분명히 드러나고 있다.

농민계급 같이 자신의 존재를 명확히 하는 데 가장 태만하고 지지부진한 그런 사회계급조차도 사회체를 해체하는 시약(試藥)의 화학작용으로부터 벗어나지 못했다. 반대로, 과거에 태만하고 지지부진했을수록 이제는 더욱 맹렬하게 계급투쟁의 변증법상의 궁극적 결과—내전과 경제관계의 위반—를 향해 치닫는다. 이탈리아에서 우리는 강력한 농촌계급 정당인 인민당이 불과 2년 만에 허공으로부터 출현하는 것을 목도했다. 이 당은 창당하면서, 라티폰디(latifondi)39)를 소유한 대귀족으로부터 중간 규모 지주까지, 소지주로부터 차지 소농까지, 물납 소작농으로부터 무일푼의 빈농까지 이탈리아 농촌의 모든 상이한 계층들의 경제적 이해와 정치적 열망을 대변한다고 주장했다. 우리는 인민당이 원내에서 백여 석을 장악하고, 이 의석이 대귀족, 대삼림 소유자, 중·대규모 부동산 소유자들—농촌 인구의 극소수—의 대변인들에 의해 완전히 지배되는 것을 목도했다. 우리는 인민당 내의 경향들 사이에 내적 투쟁이 벌어져 거의 순식간에 당을 풍비박산내고 풍토병 증세에 빠져들게 하는 것을 목도했으며, 이는 본래의 선거체[인민당]에 발생한 분화 과정의 반영이었다. 엄청난 수의 소지주 및 농민 대중은, 더 이상 중·대규모 지주들이 자신들의 이해를 보장받을 수 있도록 만들어 주는 수동적 사병 역할을 하는 데 만족하지 않았다. 이들의 정력적인 압박 아래, 인민당은 우파, 좌파, 중도파로 분열되었고, 우리는 인민당의 극좌파가 빈농층의 압력 아래 혁명적 입장을 수용하고, 그 역시 다수 농민 대중의 대변인이 되어 있었던 사회당과 경쟁 관계에 돌입하는 것을 목도했다. 또한 우리는 인민당이 붕괴되고 이 당의 의원단과 중앙위원회가 자신들의 유권자 대중이나 백색 노조40)로 조직된 세력들의 새로이 획득된 자의식과 이해를 더 이상 대변하지 못하는 것을 목격하고 있다. 이들 대중은 이제 극단주의자들에 의해 대변되고 있으며, 이들 극단주의자들은 대중에 대한 통제를 상실하길 원치 않으나 이들을 원내의 합법적 활동으로 현혹시킬 수 없기 때문에 폭력적 투쟁에 호소하지 않을 수 없고 정부로 하여금 새로운 정치 제도를 모색하도록 만들지 않을 수 없다.

이와 같은 급속한 조직화와, 이보다 더 급속한 그 해체 과정은 농민의 이해를 대변한

---

39) [영역자주] 남부 이탈리아에 특징적인, 대체로 듬성하게 경작되는 대규모 사유지.
40) [영역자주] 사회주의('적색')노조에 반대하는 가톨릭 노조

다는 또다른 정치 경향, 즉 참전용 사회에서도 분명히 나타난다. 이는, 이탈리아 농촌 전체를 긴장시키고 있으며 중부와 북부의 대규모 파업을 통해, 아풀리아(Apulia)의 대규모 라티폰디 점거와 재분배를 통해, 시칠리아의 읍들에서 등장한 수백, 수천의 무장 농민들을 통해 자신을 드러낸 엄청난 내적 위기의 반영이다.

이러한 농민계급의 심각한 동요는 의회민주제 국가의 골간을 그 토대에서부터 뒤흔들어 놓고 있다. 하나의 정치적 세력으로서 자본주의는 공장 소유자들의 조합적(corporate) 결사체로 전락하고 있다. 이는, 그 정치적 이데올로기가 도시와 농촌의 쁘띠부르주아 계층으로까지 확장됨으로써 광범한 토대를 지닌 합법적 상태의 지속을 보장하는 그런 정당을 더 이상 소유하고 있지 못하다. 실제로 자본주의는 그 정치적 대변자로서 주요 신문사(40만 부 발행, 즉 [겨우] 천 명의 유권자로 이뤄진)와 상원에 의존할 정도로 전락해 버렸다. 주요 신문사나 상원은 거대한 인민 대중의 행동과 반응으로부터 면역된 기구이며, 이 나라에서는 권위와 위신 또한 결여하고 있다. 이 때문에, 자본주의의 정치 권력은 군대 상층부 — 모두들 이탈리아의 코르닐로프나 보나파르트가 되길 갈망하는, 왕실근위대와 정전(停戰) 이후 등장한 모험가 패거리들 — 와 보다 긴밀히 제휴하려는 경향이 있다. 오늘날 자본주의의 정치 권력은 군사 쿠데타 속에서만, 이탈리아 대중을 야만화시켜 이웃 나라를 무력으로 약탈함으로써 경제를 살리려는 혹독한 전국적 독재를 펼치려는 시도 속에서만 자신을 표현할 수 있다.

부르주아지가 지배계급으로서 지치고 소진하면서, 자본주의가 생산·교환 양식으로서 소진하면서, 농민계급이 하나의 국가를 벼릴 만한 통일된 정치 세력을 제시하는 데 실패하면서, 노동계급은 역사에 의해 불가피하게 지배계급의 책임을 떠맡으라는 부름을 받고 있다. 오직 프롤레타리아트만이 존경받을 만한 강력한 국가를 창조할 수 있는데, 왜냐하면 프롤레타리아트는 공산주의를 통해 경제 재건 계획(programme)을 지니며, 이 계획은 1914~8년의 제국주의 전쟁을 통해 자본주의가 도달한 발전 국면 속에서 그 전제와 조건을 발견하기 때문이다. 오직 프롤레타리아트만이 새로운 공적 권위의 기관, 소비에트 체제를 창조함으로써 유동적이고 작렬하는 노동자 대중에게 역동적 표현을 제공하고 생산력의 전반적 격변 속에서 질서를 재구축할 수 있다. 공산주의 정당 — 자신의 역사적 사명에 대해 정확한 의식을 지니며, 새로운 사회 질서를 수립할 것이고, 전대미문의 새로운 역사 단계의 선도자(initiator)이면서 주역인 프롤레타리아 전위를 대변하는 당 — 의 창당이라는 문제가 부상해야만 하는 것은 바로 이와 같은 시기여야만 한다는 것은 당연한 일이며, 역사적으로도 정당하다.

이탈리아 노동계급의 전통적 정당인 사회당조차도 모든 형태의 결사체들이 해체되어 가는 과정, 우리가 살아 나가고 있는 시대에 특징적인 이 과정으로부터 벗어나지 못했다. 이는 세계대전 발발부터 지금까지 우리의 결사체 기관들을 통제하는 역할을 맡아 왔던 자들의 거대한 역사적 오류였다. 즉, 이들은 당의 낡은 구조가 내부로부터 갈가리 찢어지던 그때에 이를 보존할 수 있으리라 믿었던 것이다. 사실 이탈리아 사회당의 전통, 이 당을 낳은 다양한 경향들의 역사적 기원, 노동총동맹과의 암묵적 혹은 명시적 계약(이 계약의 결과, 당의 모든 대회, 평의회, 총회에서 노조 관료가 부당한 권력과 영향력을 부여받게 됐다), 의원단에게 허용된 무제한의 자율성(그 결과, 의원들도 노조 관료와 마찬가지로 부당하게 대회, 평의회, 고위급 토론에서 권력과 영향력을 부여받았다) 등을 돌이켜 볼 때, 이탈리아 사회당은 영국 노동당과 전혀 다르지 않다. 당은 강령에 담긴 일반적 문구에 한해서만 혁명적이었다. 당은 사실 여러 정당들의 뭉텅이(conglomeration)에 불과했으며, 따라서 어떤 행동이 필요할 때 나태하고 완만하게 움직일 수밖에 없었다. 당은 성실성과 정치적 능력을 갖고 있지 못한 모험가들, 출세주의자들, 야심가들의 먹이가 될 항구적인 위기에 처해 있다. 내부에 이질적 성격이 존재하고, 당 기구 안에 계속해서 고장이 발생하며, 세르베-파드로네(serve-padrone)41) 같은 자들의 교란과 태업에 시달리는 가운데, 당은 끊임없는 상황의 압박으로부터 요구되는 혁명적 이니셔티브와 행동을 책임진다는 짐을 떠맡기 힘들게 됐다. 이는, 이탈리아에서는 대중이 노동계급의 당을 추동하고 '교육'하지, 당이 대중을 인도하고 교육하지 않는다는 역사적 역설을 설명해 준다.

사회당은 자신이 맑스주의 교의의 옹호자라고 주장한다. 그게 사실이라면 당은 마땅히 그 교의를 통해 혼란스러운 현실에 대해 방향을 잡아 줄 나침반을 가질 것이고, 맑스주의 변증법의 지적 추종자들의 특징인 역사적 선견지명을 지닐 것이다. 또한 당은 마땅히 이러한 역사적 선견지명에 기반하여 전반적인 행동 계획을 가질 것이고, 투쟁에 참여하는 노동계급에게 분명하고 정확한 명령을 내릴 입장에 서 있을 것이다. 그러나, 이와는 반대로, 이탈리아에서 맑스주의의 옹호자라는 사회당은 —— 이탈리아 국민 중 가장 후진적인 계급들을 대변하는 인민당처럼 —— 대중의 모든 압력에 노출되어, 대중의 변동과 변화에 따라 자신의 입장을 옮기고 바꾼다. 대중의 인도자이며 교육자라고

---

41) [영역자주] Serva-padrona는 실제로는 주부이면서 아가씨인 척하는 이탈리아 희극 오페라의 인물이다. serve-padrone는 이의 남성형.

자임하는 이 사회당은 실제로는 대중이 자신들의 임의에 따라 움직이는 경로를 기록할 뿐인 가련한 사무원에 불과하다. 노동계급의 선두에 서 있다고 자임하는 이 불쌍한 사회당은 프롤레타리아 군대의 쓰레기차에 불과하다.

만약 사회당의 이러한 기이한 행태나 당내 노동계급이 마주하는 이 이상야릇한 상태가 아직은 어떤 파국으로 치닫지 않고 있다면, 이는 자신의 역사적 역할을 자각하고 정력적이고 지혜롭게 행동하며 주위의 프롤레타리아 대중을 인도하고 교육할 자질을 갖춘 활기 넘치는 공산주의 그룹들이 당내 노동계급 안에 ─ 당의 도시 지부 안에, 노조 안에, 공장 안에, 거주지 안에 ─ 존재하기 때문이다. 이는 사회당의 핵심에 이미, 명시적 조직 ─ 신속히 발전하고 노동계급 당원들을 인수·갱신하며 노동총동맹과 협동조합 운동에 새로운 방향을 부여할 수 있도록 하기 위한 집중화, 자체적인 규율화 ─ 만 갖추면 될 그런 잠재적 공산당이 존재하기 때문이다.

지금 시기 ─ 금속노동자 투쟁이 끝나고, 당이 공산주의 인터내셔널에 대해 진지하고 정확한 태도를 수용하지 않을 수 없게 될 당 대회를 앞선 시점 ─ 의 즉각적인 문제는 바로, 이미 존재하며 활동하는 이들 공산주의 세력을 어떻게 조직하고 집중화할 것인가 하는 것이다. 사회당은 매우 빠른 속도로 파편화되고 있으며, 사건 사건마다 나락에 빠져들고 있다. 빠른 시간 안에, 당내 경향들은 완벽히 재배열됐다. 당이 공산주의 인터내셔널에 가입하면서 받아들인 역사적 행동의 책무와 임무에 직면하여, 당내 개인들과 그룹들은 혼란에 빠져들었고, 자신의 기반을 변동시켰다. 중도주의적·기회주의적 얼버무림이 당 지도부를 사로잡으면서 혼돈과 의심이 당 조직들로 확장되었다. 자각, 충성, 의지가 약화되고 저속, 비열, 패배주의의 폭풍우가 몰아치고 있는 지금, 공산주의자의 임무는 정연한 그룹들을 이루고, 다가올 명령에 대비해 준비하는 것이다. 성실히고 헌신적인 공산주의자는 제3인터내셔널 제2차 대회에서 승인된 테제를 기초로 해서, 국제 노동운동의 최고의 권위에 대한 규율을 기반으로 하여, 가능한 한 단기간에 건설될 필요가 있는 이탈리아 사회당 내의 공산주의 프랙션(fraction)를 만드는 활동을 수행해야 한다. 이 분파는 피렌체 당 대회를 거친 뒤, 이탈리아 프롤레타리아트의 영광된 이름으로, 명목상으로나 실제적으로나 제3공산주의 인터내셔널의 지부인 이탈리아 공산당이 되어야만 할 것이다. 공산주의 분파는 유기적이고 강력하게 집중된 지도 기구를 지녀야 한다. 이는 프롤레타리아트가 일하고 모여 회의하며 투쟁하는 모든 곳에 자체의 규율잡힌 분회들(branches)을 지니며 감독, 행동, 선전 전반을 책임지는 기관들을 갖추고 활동을 벌여야 한다. 이를 통해 공산주의 분파는 처음부터 바로 하나의 실질적 정당의 역할을 하고 발전할 수 있게 될 것이다.
   금속노동자의 파업 과정에서 정력적인 활동과 이니셔티브의 정신을 통해 노동계급을 파멸로부터 구한 공산주의자들은 이제 자신의 논리적 결론에 입각한 태도와 행동을 추구해야 한다. 이들은 노동계급 정당의 근본 구성을 (재건을 통해) 구해 내야 한다. 이들은 이탈리아 프롤레타리아트에게, 노동자 국가와 공산주의 사회 출현의 필요 조건을 조직할 능력을 지닌 그런 공산당을 제공해야만 한다.

<오르디네 누오보>, 1920년 9월 4일, 10월 9일

붉은 일요일[42]

　부르주아 계급 작가들은 자신들이, 점거된 공장 내의 노동계급 활동을 기록해야만 한다는 것을 확인하고 화를 내며 얼굴을 찡그리고 있다. 노동계급의 활동, 즉 생산이라는 장(場)에서의 이니셔티브, 공장 내의 질서, 노동계급에 의한 군사적 방어 말이다! 사회적 위계질서는 붕괴하고, 역사적 가치는 전도된다. '수행하는' 계급, '도구로서의' 계급은 '경영하는' 계급이 되고, 자기 자신의 사장이 되며, 자신의 대오 — 통치하는 권한을 부여받은 사람들, 나아가 원시적이고 기계적인 집합을 유기적인 총체, 살아 있는 문화로 바꿔내는 과제를 온통 떠안을 수 있는 사람들 — 안에서 그 대표자들을 발견한다. 이 모든 것이 부르주아 작가들을, 즉 결정과 역사적 이니셔티브의 권한은 신이 부르주아 계급에게 부여한 것이라고 믿고 있는 자들로 하여금 화를 내며 얼굴을 찡그리도록 만든 것이다!

　노동자가 수행한 것에는 거대한 역사적 의미가 있으며, 노동계급은 이것을 충분히 이해해야만 한다. 이제 노동자들은 양심을 시험하고, 발생한 사서늘을 토론하고 점검하는 데 전념하고 있다. 이러한 기회는 노동자에게는 10년의 일상적 활동과 맞먹는 것이다. 즉, 10년의 일상적 선전, 일상적인 속도로 10년간 혁명적 관념과 사상을 흡수하는 것과 맞먹는 것이다.

　지난 며칠 동안 무슨 일이 벌어졌는가? 금속노동자연맹은 임금인상을 꾀하기 위해

---

42) [영역자주] 이 글은 1920년 9월의 공장 점거가 있고 나서 첫 번째 일요일에 공간되었다. [역주 - 임금인상을 요구하는 선동 속에서 금속산업 노동자들은 1920년 8월 19일부터 이탈리아 전역에 걸쳐 총파업을 벌일 것을 결정했다. 이에 대해 기업주들은 9월 1일 공장폐쇄를 선언했다. 그러나 노동자는 굴복을 거부하고 약 500여 개의 공장을 점거했다. 이 운동은 1개월 후 지올리티 수상의 중재로 합의에 도달함으로써 끝났다.]

노동조합 투쟁을 시작했다. 산업가들은 노동자들의 요구에 존재하는 어떠한 현실적 가치도 인정하지 않았다. 연맹 간부들은, 비록 공산주의자는 아니고 볼셰비키식 프롤레타리아트 해방에 반대한다는 선언문에 서명하기도 했지만, 그럼에도 불구하고 실제 상황을 검토한 뒤 자신들이 투쟁의 새로운 차원 —— 폭력이 즉각적으로 필요한 것은 아니었지만 지체 없이 폭력을 계획하고 조직하기 시작할 필요가 있었던 차원 —— 으로 옮아가야 함을 인식했다. 그러한 상황에서 이런 새로운 투쟁 방법으로부터 즉각 새로운 사실이 출현했다. 노동자들이 자신들의 경제적 조건을 향상시키기 위해 파업 활동을 통해 투쟁하는 동안, 투쟁 속에서 이들의 역할은 먼 곳에 떨어져 있는 지도자들을 신뢰하고 바로 이러한 일반적인 신뢰감에 기반해서 연대와 저항의 미덕을 발전시키는 것뿐이었다. 그러나, 투쟁의 와중에 노동자들이 생산을 지속시키려는 의도로 공장을 점거할 때, 대중의 도덕적 입장은 즉각 새로운 면모와 새로운 가치를 띠게 된다. 노동조합 지도자는 더 이상 지도적 위치에 있지 못하다. 그들은 이 거대한 무대로부터 사라지고, 대중이 스스로 바로 자신들의 자원과 사람들을 갖고 문제를 해결해야만 한다.

  자본가의 수중에 있는 공장은 전제 군주가 지배하는 축소판 국가였다. 지배자는 단독 투표권을 갖고서 —— 투표권을 지닌 단 한 명의 사람으로서 —— 노동자, 직원, 전문 간부를 뽑고, 이들을 현장, 사무실, 실험실에 배치하는 과정에서 이 특권을 사용했다. 공장은 모든 권력이 유산계급이나 그의 대변자 수중에 있는 전제(專制)적으로 조직된 국가였다. 다양한 공장들로 구성된 다수의 국가들은 부르주아 국가로 집결되며, 이 국가는 무산계급에게 권력과 주권 비슷한 무엇을 제공함으로써, 매 5년 혹은 7년마다 하원의원과 지방의회 의원을 지명하기 위해 소집함으로써 이들의 규율과 복종을 보장했다. 오늘날 노동자들의 점거를 통해 공장의 전제 권력은 파괴되어 버렸고, 보통선거권은 확장되었으며, 이와 동시에 산업 집행부를 선출할 권리는 노동계급의 손아귀로 옮겨졌다. 각각의 공장은 비합법적 국가, 매일매일 살아 숨쉬는 프롤레타리아 공화국이 되어 새로운 사건의 도래를 기다리고 있다. 그러나, 상당한 불확실성이 여전히 이들 프롤레타리아 공화국의 미래에 드리워져 있다 하더라도, 적대 세력들이 아직 자신을 드러내지 않고 그들의 실제 의도에 대해 어떠한 암시도 하지 않고 있다 하더라도, 이들 공화국이 —— '살아' 있으며 —— 현존한다는 단순한 사실은 측량할 길 없는 중요성과 역사적 가치를 지닌다. 삶은 어떤 논리, 개인들의 의지와 변덕을 초월하는 어떤 내적 원리를 지니고 있다. 이제 이들 프롤레타리아 공화국이 살아 숨쉬고 있으므로, 이들은 제한된 영토에 대해 주권을 행사하는 자율적이고 자주적인 권력이 맞부딪힐 수밖에 없는 문제들과 대결해야 하는 상황이다.

공장-국가의 시민들이 마주한 첫 번째 문제, 근본적이고 회피할 수 없는 문제는 군사적 방어에 관한 것이다. 이는 유례없는 방식으로 우리 앞에 직면해 있다. 부르주아 국가는 세 사회 계층, 즉 부르주아지, 쁘띠부르주아지, 그리고 노동 인민에 기반해 자신의 군대를 건설한다. 인민은 사병들을, 대부르주아지와 귀족은 고급 장교를 제공하며, 쁘띠부르주아지는 하급지휘관을 담당한다. 자본주의 군대는 자본주의 공장과 같은 방식으로 조직되어, 여기서도 유산계급(혹은 금융적 이해를 통해 이들에 흡수된 자들)이 전제적 지휘권을 가지며, 프롤레타리아트는 수동적인 보병 사병이고, 쁘띠부르주아지는 하급지휘관 보직을 채운다.

공장 공화국에는 오직 한 계급, 프롤레타리아트, 즉 산업과 군대에 수동적 보병 대중을 제공하곤 한 그 계급만이 존재한다. 이제 이 계급은 바로 자신의 군대, 적대 세력들과 투쟁할 수 있고 이들을 격퇴할 수 있는 짜임새 있고 잘 조직되었으며 규율이 잡힌 그런 군대를 창조해야만 한다. 노동자들은 방어를, 모두가 분담하는 의무로 생각하는 경향이 있으며, 이는 분명 올바른 사고방식이다. 그러나, 이로부터, 이 의무가 모든 사람들에 의해 무차별적으로 수행되어야 한다는 결론을 이끌어 내는 것은 분명 오류다. 군사적 방어는 자체의 지휘 체계와 기능을 지닌 특별한 군대로 조직될 필요가 있다. 물론 '오직 한 계급만 존재하기' 때문에 위계제라는 개념은 더 이상 이 대오에 적용될 수 없겠지만 말이다. 이들 대오는 그 수가 제한되어선 안 되는데, 왜냐하면 방어는 언제라도 공격과 군사적 이니셔티브로 전환될 수 있기 때문이다.

이 군사적 방어라는 문제는 다른 문제와 연결돼 있다. 노동자들에 의해 점거·통제되고 있는 공장들로 구성된 나수의 프롤레타리아 공화국들이 그 내적인 역사 발전의 변증법에 따라 필연적으로 서로 결합하여 통합 총연맹(a united confederation)을 이루고 부르주아 국가의 중앙 권력에 대항해 자신들의 중앙 권력을 내세우게 되는 일이 벌어지지는 않을까? 오늘날 노동계급은 도시 차원의 소비에트를 건설한다는 구체적인 과제를 마주하고 있다. 만약 이러한 소비에트가 창조된다면, 이는 자신의 명령에 따라 움직이는 무장 세력을 필요로 하게 될 것이다. 그리고 이는 정규적으로 조직되고 명령계통이 잡힌 공장 무장대로부터 제공될 수 있고 또 그래야만 하며, 지휘권의 중계를 통해 도시 민병대로 병합될 수 있다. 그러나, 공장 내의 군사적 핵의 창조는 역으로 다시 소비에트의 문제를 제기하는데, 왜냐하면 방어에는 한계가 없고 자체의 논리에 따라 앞으로 나아가야 하기 때문이다.

이러한 문제들이 오늘날 공장 안에서, 프롤레타리아 공장-공화국의 권력 및 주권 기관인 일반 총회들에서 토론되어야 한다. 노동자 대의원들(deputies)을 지명하기 위한 준비 및 선전 작업이 지금 수행되어야만 하며, 그 결과, 사건들의 행진이 전대미문의 새로운 것이 등장할 수 있는 지점으로 역사를 몰고 가 버린 현 국면에서 해방 투쟁 와중에 등장한 프롤레타리아트의 새 기관은 각각의 공장으로부터, 혹은 공장 집단으로부터 도약할 준비를 갖추게 될 것이다. 또한 위에 언급한 바, 무장 세력과 관련된 여타의 혁명적 창조에도 동일한 고려가 적용된다.

부르주아 국가에서 최고 지휘 기능(정부)은 금융적 이해를 통해 소유경영자와 연결된 상층 사회계급이나 자본가의 손아귀에 있다. 하위 지위 —— 국회의원으로서의 지위 —— 는 쁘띠부르주아지의 수중에 있으며, 이를 통해 이들은 자본가들의 경제적·도덕적 지배를 받아들인다. 근로 인민 대중은 소유경영자들의 물질적 이해와 쁘띠부르주아지의 이데올로기적 야심을 충족시키도록 정치적으로 조작된다. 이러한 계급 위계질서를 그대로 유지하기 위해서 헌법은 의원이 유권자에게 직접적으로 책임을 지는 것이 불법이라고 규정한다. 부르주아지는 부패한 의원들 —— 심지어 노동자 의원들 —— 이 유권자들의 구속으로부터 벗어나 있는 한 이들의 개인적 야심을 충족시켜 준다는 유혹적인 가능성들과 정치 환경의 압력에 의존한다.

프롤레타리아 중앙 권력의 헌정(憲政)하에서, 이 모든 조건들은 **변화한다**. 오직 한 계급만이 존재하는데, 이 계급은 바로 자신의 대오로부터 (대)의원을 뽑고, 그 선거구는 공장이며, 모든 선출자들은 유권자들에게 구속된다. 이는 낡은 위계질서가 파괴되고 노동자 권력이 순전히 산업적이고 행정적인 토대 위에서 구축된다는 것을 의미한다. 무정부주의자들은 다른 누구보다 먼저 권력 조직의 등장을 환영해야 하는데, 왜냐하면 이들의 사상은 이제야 구체적인 표현물을 갖게 되기 때문이다.

금속노동자들의 붉은 일요일인 오늘, 자연 현상의 저항할 수 없는 힘을 갖고 전반적인 사태로부터 발생한 프롤레타리아 혁명의 첫 번째 세포가 노동자 자신에 의해 건설돼야만 한다.

<오르디네 누오보>, 1920년 9월 5일

3부
사회주의와 파시즘

러시아와 인터내셔널

소비에트 러시아는 전 세계 노동계급의 공감을 얻어내었고 이는 지속적으로 늘어나고 있다. 참으로 당연한 일이다. 러시아 프롤레타리아 혁명은 세계를 두 개의 진영으로 나누었다. 한편으로는, 혁명을 지지하며 혁명이 발전하여 전 세계에 걸쳐 승리하는 것을 보고 싶어하는 이들이 있고, 반대편에는, 혁명에 반대하며 혁명적 러시아 프롤레타리아트의 피를 짓뭉개고 혁명을 질식사시켜 결국에는 혁명이 세계에 보편적으로 퍼지는 것을 분쇄하려는 이들이 있다. 한편에는 모든 나라의 산업 노동계급과 반(半)프롤레타리아 계급들(즉, 농촌 빈민)이 있다. 그 반대편에는 자본가들과 은행가들, 대지주들, 전 세계의 공론가들이 있다.

소비에트 러시아가 국제 프롤레타리아트 사이에서 자신을 위해 얻어낸 공감이 너무 큰 나머지 러시아에 대한 경제 봉쇄를 조직하고 있는 자본주의 정부들마저도 더 이상 감히 공개적으로 소비에트 정부에 대항해 투쟁하지는 못한 채 소비에트 정부를 인정하도록 강요당하고 있으며, 소비에트 정부와의 상업적 연계를 마련하고 있다.

특히 강조되어야 할 또다른 중요한 사실이 있다. 그 어떠한 노동자 정당이나 노동자 조직도 — 심지어는 기회주의와 개량주의를 실천하는 당, 조직들조차도 — 비록 실질적으로는 그들 고유의 국민적 맥락에서 부르주아지의 권력을 지탱해 주고 있더라도 오늘날 감히 공개적으로 소비에트 러시아에 대항한다고 선언하지는 못하고 있다.

왜 개량주의, 기회주의 정당들과 조직들은 이런 식의 위선적인 우정의 쇼를 통해 소비에트 러시아에 대해 그들이 실제로 느끼고 있는 뿌리깊은 적대를 감추도록 강요당하고 있는 것일까? 만일 그렇게 하지 않는다면 그들은 매우 급속히 노동 대중의 지지를 잃게 될 것이기 때문이다. 즉 일종의 공리주의적 동기가 그들 스스로 러시아를 지지한다고 선언하도록 만드는 것이다. 중도주의자들과 반(半)개량주의자들도 바로 똑같은 꼴로 행동하고 있다. 공산주의 인터내셔널과 그 원칙들, 전술들, 집중화된 조직에 대해 반대한다고 주장하면서도 그들은 아직 자신들이 러시아 프롤레타리아 혁명의 방어자인 체 하고 있다. 만약에 그들이 그렇게 하지 않는다면 그들은 패퇴당하고 대중은 그들을 버리게 될 것이다. 그들은 혼란을 가중시키는 자신들의 작업을 계속하고 프롤레타리아 혁명을 지연시킬 수 있도록 러시아에 대한 공감과 우호를 표하는 위선적 정책을 추구하고 있는 것이다.

이는 모든 나라에 적용되는 것이지만, 이탈리아는 특히 더하다. 이제는 모든 의식 있는 노동자들이 자신들의 정치활동에 대해 무엇을 생각해야 하는지를 잘 알고 있으므로 개량주의자들은 문제삼지 말자. 개량주의자들은 비록 러시아 프롤레타리아 혁명에 반대한다고 감히 솔직히 천명하지는 못하고 있지만 자신들이 러시아 프롤레타리아 혁명의 적임을 알고 있다.

대신 중도주의자들과 반(半)개량주의자들, 즉 자신들의 배신을 당 통합의 욕구로 위장하고 스스로를 통합 공산주의자(unitarian-communists)라고 칭하는 자들에 대해 말해 보자. 이들은 소비에트 러시아와 공산주의 인터내셔널 양자에 대해 공개적인 전쟁을 선포한 뒤에 소비에트 러시아에 대한 열렬한 지지와 공산주의 인터내셔널에 대한 굳건한 충성을 나불댔다! 왜 세라티(Serrati) 동지와 그의 지지자들은 러시아와 그들 사이의 연대에 대해 그토록 시끄럽게 떠들어대고 있는가? 왜냐하면 러시아와 그 혁명, 그 원칙들, 그리고 그 투쟁방법들이 이탈리아 프롤레타리아트 대중 사이에서 엄청난 인기를 누리고 있기 때문이다. 또한 소비에트 러시아에 대한 이탈리아 프롤레타리아트의 태도가 일종의 존경심과 환호이기 때문이며, 이탈리아 프롤레타리아트가 결국 소비에트 러시아와 연대감을 느끼고 있기 때문이고, 그들에게 주어진 모든 수단을 동원해서라도 끝까지 소비에트 러시아를 지지하기로 결심했기 때문이다. 바로 이러한 이유로 인해 세라티 동지와 통합 공산주의자들이 프롤레타리아트에 대한 자신들의 영향력을 잃지 않기 위해 [현재의] 환경에 적응하고 있는 것이다.

더구나 그들은 단순히 러시아와 러시아혁명에 대해서만 우정과 연대의 쇼를 벌이고 있는 게 아니라 공산주의 인터내셔널에 대해서도 그렇게 하고 있다. 그리고 실제로 이탈리아 프롤레타리아트의 의식 속에서 러시아혁명은 공산주의 인터내셔널과 뗄래야 뗄 수 없게 연관되어 있다. 이탈리아 프롤레타리아트는 그들의 프롤레타리아적 의식과 본능에 이끌려 러시아혁명과 공산주의 인터내셔널 사이에 아무런 차이를 두지 않는다. 오히려 그들이 실제 삶에서 그런 것처럼 함께 결합되어 있는 것으로 보고 있다. 따라서 세라티 동지와 그의 지지자들은, 여기서 또, 역사의 바람을 거스르는 그들의 항해를 유지하기 위해 프롤레타리아트의 기분에 맞춰 항로를 추스리도록 강제되는 것이다. 그들은 자신들이 인터내셔널이 확정한 21개조의 조건들에, 그것에 담긴 식민지 문제와 민족주의 문제에 대한 사상에, 그것에 담긴 농업 문제에 대한 사상에, 심지어는 공산주의 인터내셔널이 기반을 두고 있는 바로 저 집중제의 원칙에 대해 반대하고 있으며 이것은 인터내셔널 그 자체에 대해 반대하는 것을 의미하는 것임을 솔직하고 공개적으로 말할 용기가 없다.[1]

이쯤 되면 결국 공산주의 인터내셔널에 대해 반대한다고 솔직히 말할 수 있는 용기를 지닌 개량주의자들, 기회주의자들과, 그것을 감히 발설하지 못하고 있지만 그 가장 핵심적인 결의안들을 거부하고 그것에 반대하여 작업하는 중도주의자들과 반(半)개량주의자들, 이들 두 그룹 모두 실천적으로는 소비에트 러시아와 러시아 프롤레타리아 혁명의 적들일 뿐임이 만천하에 드러나게 된다. 왜냐하면 의뭉스럽게 돌려 말하든 공개적으로 주장하든 자신들은 국제 공산주의 노동자 조직을 거부한다고 천명하는 것은 러시아와 러시아혁명의 적임을 뜻하는 것이기 때문이다.

참으로 공산주의 인터내셔널이란 무엇인가? 그것은 국제적 무대에서의 러시아혁명의 원칙들과 수단들의 구현체다.

러시아 프롤레타리아 혁명은 지구상에서 가장 큰 자본주의 국가에서의 프롤레타리아트의 권력 장악과 프롤레타리아 독재의 수립—역사상 그 전례가 없는—을 통해 성공적으로 매듭지어진 최초의 위대한 프롤레타리아 혁명이다. 러시아의 혁명적 계급의 역사적 경험은 전체 국제 프롤레타리아트와, 해방을 위한 그들의 투쟁에 대해 엄청난 중요성을 지닌다. 게다가, 러시아혁명은 단순히 그 나라에만 한정된 특수한 조건들의 산물만은 아니다. 차라리, 그것은 제국주의 세계 전쟁의 산물이었다. 오늘날, 모든 자본주의 나라들에서, 경제적 위기들, 실업, 인플레이션, 그리고 화폐 가치하락은 도처에 1917년 이전의 러시아와 비슷한 상황들을 초래하고 있는 공통적인 현상이다. 하지만 러시아혁명의 우발적 폭발이라는 점뿐만 아니라 그것의 지속적인 발전 역시도 세계가 겪고 있는 경제적 위기—날이 갈수록 넓고 깊어만 가는 위기—와 연관되어 있고

---

[1] 제3인터내셔널의 2차 대회(1920년 7월 19~8월 7일)는 사회주의 정당이 코민테른에 가입하기 위한 (21개조로 알려진) 몇 가지 조건을 확정했다. 세라티와 그의 '최대강령주의' 그룹은 보르디가와 그람시 주변에 모인 공산주의자들처럼 그 조건들을 받아들였지만 투라티의 개량주의파 같이 이에 동의하지 않는 그룹을 축출하는 데는 반대했다. 그런 이유로 그람시가 격분한 것이다.

그것에 의존해 있다. 세계 혁명을 위한 조건은 급속히 성숙되어 가고 있고, 보편적 혁명의 승리만이 러시아혁명의 확실한 승리를 보장할 수 있다.

현재 공산주의 인터내셔널이 하고 있는 일은 보편적 혁명을 준비하기 위해 러시아혁명의 엄청나고 압도적인 경험에 기초하여 국제 프롤레타리아트를 조직하는 것에 다름 아니다.

러시아혁명을 분쇄한다는 것은, 곧 세계 혁명을 분쇄하는 것을 의미한다. 이것이야말로 자본주의 정부가 너무도 잘 알고 있는 사실이며, 그들이 소비에트 러시아와 끝까지 싸우려는 이유다. 그러나 이는 또한 국제 프롤레타리아트가 점점 더 잘 이해해 가고 있는 사실이기도 하며, 프롤레타리아트는 러시아혁명에 대한 지지가 공산주의 인터내셔널에 대한 충성과 결코 분리될 수 없다는 것에 대해 확신하고 있다.

공개적으로든 남몰래 숨어서든 공산주의 인터내셔널에 대항해 싸우는 자들은 실제로는 소비에트 러시아에 대항해 싸우고 있는 것이다. 그들은 러시아의 적이며, 더구나 그들이 바로 노동계급의 구성원들 내부에서 투쟁하고 있다는 점에서 더욱 위험스러운 적이다. 부르주아지들이 그들의 영향력 아래서 아직도 그럭저럭 노동자들의 운명을 쥐고 있다면 그에 대해 비난받아야 할 것은 바로 저들2)이다.

이탈리아 공산주의자들의 최고의 임무는 중도주의자들의 이러한 위험스러운 정책을 발가벗기고 이에 대항해 투쟁하는 것이다. "네 가면을 걷어치워!"라고 외치며 우리는 러시아와 인터내셔널의 거짓 친구들의 면전에서 "너희들은 인터내셔널에 반대하고 있어, 너희들은 자신들을 인터내셔널에 대항해 몰아세우고 있고, 이건 너희들이 최초의 위대한 프롤레타리아 혁명의 적들임을 의미해. 이탈리아 프롤레타리아가 이 진실을 이해하게 될 때면 너희들이 하고 있는 짓을 비난하지 않을 수 없을 걸"이라고 쏘아주어야 한다.

<오르디네 누오보>, 1921년 1월 9일

---

2) [역주] 노동계급 내부의 반(反)코민테른주의자들.

리보르노 당 대회[3]

　리보르노 대회는 이 시대 이탈리아인들의 삶에서 가장 중요한 역사적 사건들 중 하나가 되도록 운명지어졌다. 리보르노에서, 이탈리아 노동계급이 자신의 구성원들로부터 자주적인 계급 정당을 형성할 능력을 지니고 있는가 하는 문제가 최종적으로 결정될 것이다. 또한, 4년간의 제국주의 전쟁과 전 세계에 걸친 지난 2년간의 생산력의 비극을 통해 과연 이탈리아 노동계급이 자신들의 역사적 사명을 자각하게 되었는가 하는 문제가 밝혀지게 될 것이다.

　노동계급은 국민적인 계급이면서 또한 국제적인 계급이다. 노동계급은 자기 자신을 일국적 수준, 국제적 수준 모두에서 산업 및 금융 자본주의의 멍에로부터 자신을 해방시키려는 노동 대중 투쟁의 선두에 세워야 한다. 노동계급의 국민적 과제는 이탈리아 자본주의와, 이탈리아 자본주의의 공식적 표현인 부르주아 국가 양자의 발전에 의해 결정된다. 이탈리아 자본주의는 다음과 같은 발전의 노선을 좇음으로써 권력을 획득했다. 이탈리아 자본주의는 농촌을 산업 도시에 예속시키고 중부와 남부 이탈리아를 북부에 예속시켰다. 이탈리아 부르주아 국가에서, 도시와 농촌 사이의 관계라는 문제는 대산업 도시와, 같은 지역 내에서 그 도시를 감싸고 있는 농촌 사이의 관계 문제만은 아니다. 그것은 국경 안의 한 지역과, 이와는 너무도 동떨어져 즉각 구별될 수 있는 모습을 띠고 있는 다른 지역 사이의 문제이다. 자본주의는 다음의 두 가지 방법을 통해 그 지배와 착취를 수행한다. 공장에서는 직접적으로 노동자들에 대해. 또한 국가 수준에서는 간접적으로 빈민화된 농민들과 반(半)프롤레타리아들로 구성된 이탈리아 노동 대중의

---

3) 이 문헌은 1921년 1월 15일과 21일 사이에 리보르노에서 개최된 이탈리아 사회당 제17차 당 대회 전야에 제출되었다. 공산주의 분파가 이탈리아 공산당(PCd'I)을 건설하기 위해 최대강령주의자들 및 개량주의자들에게서 분리해 나간 것이 바로 이 회의에서였다.

더 넓은 층들에 대해. 논쟁의 여지도 없을 정도로 분명한 것은 단지 산업 노동계급만이 자본가들과 은행가들의 손아귀에서 정치적, 경제적 권력을 탈취함으로써 이탈리아의 국민적 삶의 중심 문제, 즉 남부문제를 해결할 수 있다는 것이다. 단지 산업 노동계급만이 리소르지멘토와 함께 시작된, 길고 험한 통일의 작업을 성공적으로 마무리지을 수 있다. 부르주아지들은 이탈리아 민중을 영토적으로 통일했다. 노동계급은 부르주아지의 작업을 마무리짓고 이탈리아 민중을 경제적, 정신적 차원에서 통일시키는 과제를 지니고 있다. 이는 단지 국가의 다른 생산력 부분에 대한 산업 및 금융 자본주의의 위계적 지배에 의존하고 있는 현존 부르주아 국가기구의 분쇄를 통해서만 실현될 수 있다. 이러한 국가 전복은 자본주의에 직접적으로 예속된 산업 노동계급의 혁명적 투쟁을 통해서만 도래할 수 있다. 이는 단지 밀라노, 토리노, 볼로냐 등에서만 가능한데, 이들 거대 도시에서는 나라의 다른 생산력 부분에 대한 산업 및 금융 자본주의의 지배의 그물망을 구성하는 수만의 실타래들이 생겨난다. 이탈리아에서는, 나라의 경제적, 정치적 구조의 독특한 조형의 결과로, 산업 노동계급이 자기 자신을 해방시킴으로써 다른 모든 피억압계급, 피착취계급을 해방시킨다는 것이 진실 그 이상이다. 이러한 여타의 계급들의 경우 어떠한 격심한 고난이나 잔인한 시련이 있더라도 산업 노동계급과 긴밀하게 동맹하고 이 동맹을 유지하지 않는다면 결코 자기해방을 성취할 수 없으리란 것이 너무나 분명하다.

 리보르노에서 있을 공산주의자들과 개량주의자들 사이의 단절이 특히 중요한 이유가 여기에 있다. 즉 혁명적 산업 노동계급은 국가 기생주의로 전락한 이러한 타락한 사회주의 경향들과 절연할 것이다. 프롤레타리아 귀족주의를 창조하기 위해 남부에 대한 북부의 지배로부터 이득을 취하려는 이러한 경향들, 이탈리아 노동 대중의 다수를 희생시켜 노동계급을 해방시킬 수 있을 것이라고 믿으며 부르주아 보호무역주의의 관세 체계(이것은 국가의 다른 생산력 부분들에 대한 산업 및 금융 자본주의의 지배의 합법적 표현이었다)와 나란히 협동조합적 보호무역주의를 수립했던 경향들로부터 우린 절연할 것이다.

 개량주의자들은 레지오 에밀리아(Reggio Emilia)의 사회주의4)를 '모범'이라고 말한다. 그들은 우리로 하여금 이탈리아 전체와 전 세계가 하나의 거대한 레지오 에밀리아가 될 수 있다고 믿도록 만들 것이다. 혁명적 노동계급은 이런 류의 어떠한 기만적 사회

---

4) [역주] 레지오 에밀리아 지방에서는 19세기 말부터 사민주의적 노동자 보호주의 체제가 성립되어 왔다.

주의 형태도 거부한다. 노동계급의 해방은 특권의 확보를 통해서는, 프롤레타리아 귀족주의를 통해서는, 의회적 타협과 행정적 협박을 통해서는 보장될 수 없다. 노동자들의 해방은 오직 북부의 산업 노동자들과 남부의 빈민화된 농민 사이의 연합을 통해서만 보장될 수 있다. 이 연합은 부르주아 국가기구를 분쇄할 것이며, 노동자와 농민의 국가를 건설할 것이고, 농업의 요구에 기여하며 이탈리아의 후진적 농업을 산업화함으로써 노동 대중의 이익을 위해 국가 생산 수준을 끌어올리는 데 기여할 산업 생산의 새로운 기구를 건설할 것이다.

이탈리아 노동자들의 혁명과, 세계적 사건들에 대한 이탈리아 노동 대중의 참여는 단지 세계 혁명의 맥락에서만 실현될 수 있다. 전 지구적 노동자 정부의 씨앗은 [코민테른] 2차 대회에서 수립된 공산주의 인터내셔널 집행위원회 내에 이미 존재한다. 리보르노에서, 이탈리아 노동계급의 전위인, 사회당의 공산주의 분파는 노동계급의 첫 번째 세계 정부에 대한 규율잡힌 충성심이 필수적이며 회피될 수 없다는 사실을 강조할 것이다. 진정 이 문제는 반드시 당 대회에서 첫 번째 의제가 될 것이다. 이탈리아 노동계급은 다른 모든 나라의 노동계급이 최대한의 규율을 받아들이고 지키길 바라므로 그들 스스로도 최대한의 규율을 받아들인다.

이탈리아 노동계급은 같은 목표를 향해 결집한, 전 세계에 걸친 혁명적 세력의 체계가 존재하지 않는다면 그 자신도, 자본주의에 의해 억압받고 착취당하는 다른 계급들도 해방시킬 수 없음을 알고 있다. 이탈리아 노동계급은 다른 나라 노동계급이 해방을 향해 노력하는 것을 돕기 위해 준비되어 있다. 그러나 이탈리아 노동계급은 이들 다른 나라 노동계급이 역으로 자신들을 도와줄 것이라는 어떤 보장을 원한다. 이러한 보장은 단지 강력하게 집중화된 국제적 권력의 존재를 통해서만 가능하다. 이러한 집중화된 국제적 권력은 그 모든 구성원들의 충만하고 건실한 확신을 반긴다. 그리고 이는 자본주의의 세계적 권력이 그들 고유의 목적을 위해, 그리고 부르주아지의 이익을 위해 그 세력을 동원할 수 있는 것과 같은 속도와 정확성을 갖고 자신의 세력을 동원하는 위치에 있다.

따라서, 최근 사회당을 괴롭히고 있고 이제 리보르노 당 대회에서 결정될 주제들이 단순히 당내 문제나 개인들 사이의 갈등만은 아니라는 것을 분명히 해야 한다. 리보르노에서 토론될 것은 이탈리아 노동 대중의 운명이다. 이탈리아 민중의 새로운 시대가 거기에서 시작될 것이다.

<오르디네 누오보>, 1921년 1월 13일

사회주의자들과 파시스트들

파시즘의 정치적 입지는 다음의 기본적 환경들에 의해 결정된다:
(1) 여섯 달 동안의 군사 행동 기간 동안 파시스트들은 극히 무거운 범죄 행위라는 부담을 짊어지게 되었다. 처벌을 피하려면 파시스트 조직이 계속 강하고 위협적이어야만 한다.
(2) 파시스트들의 활동은 오직 국가 내 수만의 공무원들, 특히 공안세력 부분(경찰, 왕립 경호대, 카라비니에리[carabinieri, 헌병대])와 하급 사법 부분의 국가 공무원들이 파시스트들의 도덕적이고 물질적인 공범이 되었던 덕분에 가능했다. 이 국가 공무원들은 자신들의 부패와 과거 경력들이 파시스트 조직의 행보와 밀접하게 연결되어 있음을 알고 있고, 정치적 입장을 통합하려는 시도들을 통해 파시즘을 지지하는 데 대해 흥미를 보여 왔다.
(3) 파시스트들은 이탈리아 영토의 전 영역에 걸쳐 적어도 50만 규모의 군대를 만들기에 충분한 양의 무기와 화약을 비축하고 있다.
(4) 파시스트들은 총사령부에 그것의 자연스럽고 유기적인 정점이 존재하는, 군사적 모델에 따른 위계 체계를 조직했다.

파시스트들이 감옥에 가길 원하지 않으리란 것은, 그리고 그 대신 처벌을 피하기 위해, 모든 정치적 운동의 궁극적 목적을 성취하기 위해, 즉 정권을 잡기 위해 모든 권능 ─ 그들에게 주어진 모든 권능 ─ 을 활용할 것이란 사실은 너무도 당연한 일이다.

사회주의자들과 총동맹의 지도자들은 이탈리아 민중이 총사령부와 대지주들, 은행가들의 독재에 예속되는 것을 막기 위해 무엇을 하려 하고 있는가? 그들은 계획을 수립했는가? 그들은 강령을 가지고 있는가? 그런 것 같아 보이지는 않는다. 그럼 사회주의자들과 연맹 지도자들은 혹시 어떤 '비합법적' 계획이라도 확정했단 말인가? 그러나 이러한 비합법 행동은 효과적이지 않다. 왜냐하면 오직 거대한 대중의 봉기만이 반동적 대중 쿠데타(*coup de force*)를 물리칠 수 있으며, 대중 봉기를 위해서는, 비합법적 준비가 요구되긴 하지만, 민중에게 방향을 제시하고 대중의 영혼을 인도하며 그들의 의식을 준비시키기 위해 합법적이고 공개적인 정치선전도 필요하기 때문이다.

사회주의자들은 결코 진지하게 쿠데타의 가능성을 직시하거나, 그들 스스로를 방어하고 공격으로 전화하기 위해 자신들이 어떤 준비를 취해야 하는지 자문해 본 적이 없다. 몇 개의 하찮은 유사-맑스주의적 공식들을 멍청하게 물고 늘어지는 데 익숙한 사회주의자들은 '자발주의적' 혁명의 이념, '기적의 기대' 등등을 거부한다. 그러나 대중적 수준에서 프롤레타리아의 반란이 그러한 '맑스주의적' 망설임을 지니지 않은 반동들의 의지에 따라 주어지게 된다면 그때 사회당은 어떻게 행동할 것인가? 사회당은 어떠한 저항도 취해 보지 않고 반동 세력에게 승리를 허용할 것인가? 만약 저항이 성공적이었다면, 만약 프롤레타리아가 무장봉기하여 반동 세력들을 격퇴하는 데 성공한다면, 그때 당은 어떤 메시지를 선사할 것인가? 무기를 내려놓기, 아니면 투쟁을 끝까지 수행하기?

우리는 현재 국면에서 이러한 질문들이 현학적이고 추상적인 것이 결코 아니라고 믿는다. 물론 파시스트들 — 무엇보다도 이탈리아인들이며 이탈리아 쁘띠부르주아지의 우유부단하고 허약한 특성을 모두 지닌 — 은 공장 점거 기간 동안 사회주의자들에 의해 채택된 전술들을 따라할지도 모른다. 즉 그들은 주춤거리게 될 것이고, 범죄행위들을 저지르거나 부추긴 그 추종자들의 일부를, 법질서를 회복하라고 위임받은 정부의 합당한 처벌행위에 내던져 버릴 수도 있다. 이것이 앞으로 일어날 일일지도 모른다. 그러나 어떤 사람이 자신의 적이 실수할 것이라고 굳게 믿고 있다면, 그리고 그 적들을 무능하고 어리석은 자들로 상상한다면, 이는 고약한 전술이다. 힘을 지닌 누구라도 그 힘을 사용한다. 감옥에 보내질 위험에 처한 누구라도 그 자유에 집착하여 시옥의 끓는 물이라도 두려워하지 않을 것이다. 파시스트 쿠데타는, 파시스트 총사령부와 대지주들, 은행가들 자신에 의해 쿠데타라고 언명된 바, 그 초기부터 대의제에 대해 그늘을 드리워 온 위협적인 유령이다. [이에 대해] 공산당은 자신의 노선을 지니고 있다. 즉 봉기의 구호들을 퍼뜨리기 시작하고 무장한 대중을 노동자 국가에 의해 보장되는 자유로 인도하기. [그러나] 사회당의 구호는 무엇인가? 그 유일한 정치적 행위란 게 나직한 신음소리로 제한되고 고작해야 당 하원의원이 의회에서 행하는 '장엄한' 연설에나 진정으로 관심을 기울이는 당을 대중이 어찌 신뢰할 수 있겠는가?

<오르디네 누오보>, 1921년 6월 11일

왜 부르주아지들은
더 이상 나라를 다스릴 수 없는가?

생산력을 관리한다는 과제가 자본주의 지도자들의 통제와 어긋나게 될수록 부르주아 계급의 희망은 더욱 더 순수 신앙의 영역, 모호함과 초자연성의 영역으로 끌려들어간다.

혁명이 불가능하게 되었다는 인식이 퍼지게 되면서 이제 공공의 여론은 어떤 종류의 성스러운 계시를 기다리고 있을 뿐이다. 우연히 나타나서 수수께끼를 풀고 스핑크스를 죽여 줄 '미지의 지도자'를 대망하고 있는 것이다. 그러나 이 '미지의 지도자'는 무엇을 할 수 있는가? 그는 자신의 정부를 과연 어떤 현실적 세력 — 생산의 경제적 삶에 대해 현실적인 중요성을 지닌 세력 — 을 기반으로 하여 세울 것인가? 그 '미지의 지도자'는 의회에서 다수를 얻는 데 성공할 수도 있으며 정부를 구성하기 위한 주도권을 쥐는 데 의회의 지지를 확보할 수도 있을 것이다. 그러나 의사당 바깥에서는 과연 누가 이러한 주도권으로부터 나온 구체적 기획들을 실제로 실천할 것인가? 어떤 계급이 이 나라가 곤두박질쳐 내려간 그 비극적 현실을 정정하기 위해 스스로 나설 것인가?

이것은 모든 자본주의 나라들이 직면한 해결할 수 없는 문제다. 이것이 전체 중서부 유럽을 슬그머니 기어지나가 전 세계를 관통하고 있는, 행정부와 권위의 위기의 존재 이유다.

의회 정당들은 본질적으로 하층, 중층 부르주아지들의 다양한 계층 — 비록 여전히 수적 중요성과 민주적 중요성을 지니고 있지만 더 이상 생산에 대해 중요한 역할을 지니지 못하는 계급 — 에 뿌리박고 있다.

투라티(Turati)의 명령은 농업노동자연맹(the agrarian worker's leagues)의 지도

부, 협동조합 기구의 행정 상담자들, 작업장의 작업주임들에게 영향력을 미칠 수 있다. 그러나 그의 명령은 노동 대중에게까지 미치지는 않는다. 토지의 경작을 위한 단 한번의 괭이질조차 더하게 할 수 없으며, 생산의 리듬을 고양시킬 수도 없고, 산업 현장을 창조의 기쁨으로 흥분시킬 수도 없다.

무솔리니의 명령은 파시스트 패거리로 하여금 짐마차에 뛰어올라 [지역] 노동회관 같은 곳을 폭파하러 가거나 과일, 야채 시장에 가서 물건값을 깎도록 강요하게 설득할 수는 있다. 그러나 그들은 파시즘 진영에 넘어간 연맹에서 농민들로 하여금 농토를 개량하거나 습지에 물을 빼도록 납득시키지 못할 것이다. 또 그들은 단 한 명의 원예농장 농장주도 새로운 작물을 접붙이도록 설득하지 못할 것이며, 소지주들이 그들의 과일들을 도시에 내놓기보다는 오히려 자기 동물들의 사료로 쓰고 그래서 파시스트들의 희롱에 자신들을 노출시키고 마는 것도 막지 못할 것이다.

토비니(Tovini)5)의 명령은 이탈리아 전역의 교구 신부들로 하여금 수천 번에 수천 번을 거듭하는 강론을 통해 평화, 노동, 조화, 생산 등의 문제에 대하여 정부를 이끌 '미지의 지도자'에 관해 말하도록 설득할 수 있다. 그러나 교회를 나서는 군중은 그들의 일상적 삶으로 돌아갈 것이다. 전과 마찬가지로 탐욕스럽고 이기적이며 자기들의 동료 인간들을 희생시켜 부자가 되려 열망하는 그런 삶으로.

분명히, 농업노동자연맹의 지도부, 협동조합 상담자들, 작업주임들, 사제들, 그리고 파시스트 지도자들 같은 대중적 영향력의 확실한 수단들을 지니고 있음이 분명한 자들은 선거과정에서 투라티, 무솔리니, 토비니의 친구들이 득표상의 승리를 확실히 하는 데에는 성공할 수 있다. 그들은 노동자들, 농민들, 화이트칼라 노동자들의 거대한 대중으로 하여금 투라티, 무솔리니, 도비니의 친구들에게 투표하도록 납득시키거나 강요할 수 있다. 그러나 생산의 영역에서 기차들과 배들, 마차들을 움직이게 하는 활동, 산업적 생산물들을 만들어지게 하는 활동 속에서 이 모든 일들은 쓸모가 없다. 그들에게는 지배의 권력이 부재하며 설득의 능력도 없다.

최근 정치적인 영향력을 확보한 이들 무리는 경제적으로는 지배력이 없으며 앞으로도 결코 그렇지 못할 것이다. 그들은 단결할 수 없다. 그들은 서로 갈기갈기 찢어져 서로를 중상모략하며 불신하도록 운명지어졌다. 그들은 단지 말할 뿐 자신들의 말을 실천에

---

5) [역주] 지우세페 토비니(Giussepe Tovini)는 19세기 말엽 활동했던 평신도(layman)로, 가톨릭 사회운동 및 교육운동에 개입한 인물이다.

옮기지 않는다. 그들은 명령하지만 아무도 그들에게 복종하지 않는다. 그들은 자신들에게 복종하길 거부하는 현실에 복수하기 위해 명령을 내리고 파괴를 완수한다. 이것이 전(全) 자본주의 세계를 조난시키고 있는, 행정부와 권위의 위기이다. 생산의 영역에서는 케사르의 시대가 종말을 맞이하고 있다. 대중은 더 이상 수동적으로 일해 나가는 것에 동의하지 않는다. 그들은 자본주의의 신성 로마제국을 옹호하기 위해 한 줌의 소금을 좇아 지상의 길을 걸어나가는 것에 염증을 느끼고 있다. 그들은 자기 자신들을 위한 집, 자기 자신들의 가정을 갖길 원한다. 그들은 자기 자식들의 삶과 자유를 보장할 미래의 전통을 건설하길 원한다. 자본주의 신성 로마제국은 산산이 부서져 무너지고 있다. 백인대장들은 케사르의 자리를 차지하기 위해 아우성치고 있다. [반면] 우리는 여전히, 새로운 세력들이 출현하여 새 질서를 세우고 대중에게 자신들을 스스로 다스릴 권력을 주며 노동에의 새로운 신뢰와 부의 창조에 대한 새로운 기쁨을 사회에 불어넣길 대망한다. 황제로 자처하는 백인대장들의 아이러니는 다음과 같은 냉혹한 현실에 의해 심판받고 있다. 통치불가능성, 현존 사회 질서 내에서 변화를 이끌어 내려는 모든 노력의 무용성, 초자연성과 미지의 영역에서 안식처를 얻도록 강요받는 계급의 정치적 능력의 퇴락, 구원의 모든 희망을 마술적인 '미지의 지도자'의 모험에 거는 짓.

<오르디네 누오보>, 1921년 7월 2일

<라 스탐파>와 파시스트들

<라 스탐파>는 어제, "부주의하게도 타인에 대한 폭력을 조장함으로써 발생한 사건들에 대하여 본지는 유감을 표명하며, 이 사건들과 이를 조장하는 분위기를 만들어 낸 것에 대해 기본적인 책임감을 느껴야 하는 자들은 그 눈을 열어 놓아야 한다"고 천명하기로 결정했다. <라 스탐파>에 대해 제기되는 질문은 이렇다. "파시즘이 대규모로 조직되어 우리가 최초로 총, 폭탄, 칼 등의 부끄러운 과시와 [좌파에 대한 파시스트 돌격대의] 징벌 원정을 목도하게 되었을 때 이탈리아 국가의 수장은 누구였던가? 파시스트들이 사회주의자들의 지방 자치 행정부를 폭력적으로 접수하기 시작했을 때 이탈리아 국가의 수장은 누구였던가? 파시스트 신문이 — 공개적으로, 그리고 아무 처벌도 받지 않고 — 최초로 살인선고와 계획적인 방화와 약탈, 박해의 선포를 실었을 때 이탈리아 국가의 수장은 누구였던가? 그 당시 이탈리아 국가의 수장은 지오반니 지올리티로, <라 스탐파>가 떠받든 정치가이자 이 신문이 이탈리아를 정치·경제적으로, 도덕적으로 회복시킨다는 명목으로 지지했던 그 사람이었다. 지오반니 지올리티는 날로 증대되어 가는, 파시스트들의 일련의 징벌 원정을 허용했고, 파시스트들로 하여금 무기고와 탄약고를 세우도록 허용했다(단지 이 하나만이라도 생각해 보라. 토리노에서조차도, 어느 일요일에든, 포르타 누오바(Porta Nuova) 역 근처의 거리를 걷는 행인이라면 파시스트들이 차분히, 마음놓고 짐마차로부터 총과 수류탄 등을 내리는 것을 볼 수 있다). 그는 방화를 허용했으며, 약탈을 허용했고, 납치를 허용했으며, 폭행을 허용했고, 협박을 허용했다. 그는 파시스트들이 자신들에게 가장 잘 어울리는 일들을 해치우도록 내버려두었고, 그들 스스로 무엇이든 해치워 버릴 수 있다고 생각하기까지 방치했다. 그는 모든 상황이, 파시스트들이 공공 치안력의 권고를 무시하고 사르자나(Sarzana)6)를 침탈하기로 한 게 너무나 당연하고 자발적인 것으로 보여질 정도에 이르도록 내버려두었

다. 지오반니 지올리티야말로 파시즘에 의해 저질러진 범죄들에 대해 책임을 지니고 있는 장본인인 것이다. 실제로 그는 국가의 법이 완전한 면책특권의 발 아래 짓밟힌 데 대해, 전 국민이 무장 깡패들에 의해 테러당하고 학살당하고 고문당한 데 대해, 사유재산들이 약탈과 방화에 의해 파괴된 데 대해, 대역죄를 지고 있다. 그리고 <라 스탐파>는 볼셰비키의 폭력 행위들이라느니 하는 류의 민중선동적 헛소리를 지껄이려고 애쓸 필요가 없다. 1920년에 2,500명의 '볼셰비키들'이, 볼셰비키들의 '폭력 행위'에 대한 투쟁, 그리고 그 '폭력 행위'에 대한 발포를 위임받은 공공 치안력에 의해 거리와 광장에서 살해당했다. 볼셰비키의 폭력에 대한 그 어떠한 면책도, 관용도 존재한 적이 없다. 군중은 수도 없이 살육당했으며, 혁명가들은 무자비하게 체포되고 유죄를 선고받았다. 그리고 또한, <라 스탐파>는 공장 점거를 고발하기 위해 애쓸 필요가 없다. 공장 점거는 자발적인 대중 운동이었으며, 그랬기 때문에 정부도 상대적 중립을 취하지 않을 수 없었던 것이다. 파시즘은 사법상의 면책과 언론의 갈채에 대한 확신을 얻게 되면서 가속되어 지속적으로 발전했다. 파시즘은 지오반니 지올리티의 정신적인 자식이다. 그것은 지올리티주의의 가장 순수하고 가장 거짓 없는 형태다.

그리고 <라 스탐파>여, 언제 <라 스탐파>가 파시즘의 확산에 대한 반대를 천명한 적이 있었던가? 당신들이 해야 할 일은, 노동회관을 습격한 파시스트들의 위대한 업적에 대해 <라 스탐파>가 헌정한 그 서사적이면서 또한 서정적이기도 한 묘사를 기억하는 것이다. <라 스탐파>는 그 날의 영웅들 중의 한 사람과의 대담을 실었고 싸구려 소설에나 어울릴 어투로 마라모티(Marramotti) — 마라모티, 그는 사저에 침입해 불을 놓고 그 합법적 거주자를 교살하려 시도하다가 죽었다 — 의 영웅주의에 바람을 불어 넣었다.7) 우리는 손치니(Sonzini)와 쉬물라(Scimula)의 살해 이후 <라 스탐파>가 공중에 선보인 불쾌한 이야기들을 모두 기억할 수 있는 것과 마찬가지로 파시스트 캄필리오(Campiglio)의 살해에 대해 이 신문이 꾸며댄 다른 싸구려 소설도 모두 기억해 낼 수 있다. 얼마나 많은 노동자들이, <라 스탐파> 필자들이 그토록 차가운 예수회적 타산으로 꾸며낸 이런 허구들에 의해 병적 홍분이 고양된 결과로 살해당해 왔던가?

그리고 <라 스탐파>는 [그 이후] 변한 적이 없다. 이 신문은 여태까지 파시스트들을

---

6) 사르자나에서, 600명 가량의 파시스트 무장 세력이 폭력 혐의로 투옥된 그들의 동료를 구하기 위해 나섰다. [그러나] 그들의 요구는 처음으로 당국에 의해 거절되었다. 11명의 지방 경찰력이 그들에게 발포하여 그 중 3명을 사살하고 성공적으로 이들 군중을 해산시켰다.
7) 마라모티는 토리노의 노동회관을 불태우던 도중 죽은 파시스트다.

지지하고 있으며 심지어는 지금도 그렇다. 의회에서 있었던 무솔리니의 협박조 연설에 대한 <라 스탐파>의 기사를 읽어 보라. <라 스탐파>는 이 연설의 일부를 인쇄했다.

(무솔리니는) 어떤 희생이 있더라도 언어적 모욕을 당하는 통탄스러운 체계가 있어서는 안 되며, 그리고 무엇보다도, 정부의 변화하는 태도가 파시즘의 정치적, 군사적 세력들을 굴복시킬 수 있을거라고는 생각할 수조차 없다고 논평했다.

아무도, 참으로 아무도 무솔리니의 위협의 중요성과 심각성을 흘려 버릴 수 없다. 보노미(Bonomi) 내각에 한 묶음의 장·차관들을 배출했던 저 인민당의 신문 <모멘토(Momento)>도, 적어도 [정당의] 반(半)공식적 신문이고 따라서 그러한 반란의 순간, 감정들이 그토록 고양된 순간에 말들을 주위에 가벼이 던질 신문은 아닌 그 <모멘토>조차도 무솔리니의 매우 분명한 위협에 대해 아래와 같은 류의 분명한 언급을 내놓는 게 필요하다고 생각했던 것이다.

무솔리니 의원은, 투라티 의원이 특정한 입장에 따라 그의 흥미로운 연설을 통해 파시스트들은 의사당의 다른 부분에서 색다른 언어를 구사하고 있다고 언명한 데 대해 유감을 표시했다. 그러나, 진실로, 누군가 그토록 깜짝 놀랄 만한 뻔뻔스러움을 갖고 특정 정파의 재량 하에 놓인 '정치적이고 군사적인 세력들'이 존재하고 있다고 말하기 시작할 때, 그 정파가 그 자신을 국가 안의 — 아니, 차라리 국가 밖의 — 한 국가로 천명하고 있는 것이란 점은 분명하다. 그러니 어떻게 이해의 가능성이 있을 수 있겠는가? 그러나 무솔리니 의원의 언명은 정부 전반에 의해, 그리고 특히 국방부장관에 의해 문제시되어야 할 한 의문을 제기했다. 파시스트들의 지도사가 언급하고 있는 이들 '세력들'은 어디에서 충원되고 있는가? 그들은 정규 군사력으로부터 충원되고 있는 것인가? 누구라도 문제를 이런 질문들 안에 자리매김하여 그 막중한 중요성과 그것이 지체 없이 해결되어야 할 필요성을 깨달아야만 할 것이다. 군은 국가에 복종해야 하며, 정당의 도구가 될 수 없다. 만약에 누구든 군복을 입고서 조국과 그 합법적 정부에 봉사할 마음을 느끼지 않는 자가 있다면 그는 즉각적으로 군에서 추방되어야 한다.

따라서 결국 <라 스탐파>는 무솔리니 의원의 협박조 표현을 완전히 은폐했던 것이다. <라 스탐파>에서, "파시즘의 정치적이고 군사적인 세력들"은 단순한 "파시즘의 세력들"로 축소되었다.

무솔리니 의원의 연설은 가위질당했다. <라 스탐파>의 독자들은 국가 정부 안에서 행해진, 파시스트 운동의 공식적 지도자의 적나라한 협박에 대해 무지해야만 한다. 그들은, 지올리티 의원, 저 정치적 질서, 경세적 질서, 도덕적 질서의 회복자에 의해 창조된, 이탈리아 상황의 심각함에 대해 어떤 판단을 내리도록 허용되어선 안 된다. <라 스탐파>의 이러한 전술은 지올리티 의원의, 파시즘에 대한 묵계를 확인해 주는 것이다. 수천 수만의 프롤레타리아트의 삶은 이러한 정치와 언론의 도적놈들에 의해 단축되어 왔다. 왜냐하면 정부가 범죄를 방조할 때 이는 차라리 범죄의 선동자가 되는 것이며, <라 스탐파>와 같은 신문이 이제까지 해 온 그런 방식으로 써댈 때 이는 차라리 공공 안전에 대한 진짜 위협, 잔학 행위와 범죄에 대한 자극이 되는 것이기 때문이다.

<오르디네 누오보>, 1921년 7월 24일

도덕적 문제들과 계급투쟁

파시스트들과 사회주의자들 사이의 평화 조약에 노동총동맹(CGL)도 서명했다.[8] 노조 운동의 최상급 기관의 한 부분에서의 이러한 행위는 이탈리아 노동 지도자들[9]이 수년간 따라왔던 전략과 완전히 조응하는 것인데, 그들은 계급과 직능에 따른 의회 대표제의 원리와 모든 경제적 활동들의 국가-노조 관료제 내로의 집중에 근거한, '민주적' 국가라는 정치적 이상을 추구해 왔던 것이다. 이 노선의 획기적 사건들로는, 전시하 산업적 동원에의 참여, 대위원회(the Grand Commission)[10]에 대한 집착, 전쟁 직후에 제출된 제헌의회 제안, 노동의회(a Labour Parliament) 계획 및 직능 대표제에 의한 상원의 변형에 대한 계획, 노동회관 위상의 격하, 노동총동맹(CGL) 서기국에서의 노동당주의적 집중제(the Labourite centralism), 산업의 국가-노조 통제와 길드제(the gilde) 모델에 따른 노조의 변형, 암스테르담 인터내셔널(the Amsterdam International)[11]에 잔류하기로 한 결정, 이에 따른 국제연맹 산하 국제노동기구(the International Labour

---

8) 1921년 8월 3일에 PSI 의원단은 파시스트 하원의원들과 함께 '평화조약(patto di pacificazione)'에 서명하고 각각의 지지자들에 의한 모든 폭력을 종식시키기로 했다. 파시스트들의 습격이 감퇴되지 않음으로써 이 조약은 실패임이 증명되었다.
9) [영역자주] '노동 지도자들(labour leaders)'이라는 말은 [이탈리아어판] 원문에 영어로 표기되어 있다.
10) 잘 알려진 것처럼, 대위원회(the Commissionissima)는 1918년 8월에 종전 직후 사회당의 즉각적 요구들을 심의하기 위해 소집되었다.
11) [역주] 1차 대전 직후 노동자에게 국제적 노동조합 조직을 만들 필요성은 절대적이었고, 먼저 1919년 7월, 14개국의 조합대표들이 암스테르담에 모여 우파 및 중앙파 노동조합 회의를 열었다. 여기서 국제노동조합연맹(IFTU)이 재건되었고, 때문에 암스테르담 인터내셔널이라고 불린다. 한편 1921년 7월, 전 세계 220개 노동조합 대표자들이 모스크바에 모여 적색노동조합인터내셔널(프로핀테른)을 결성하게 된다. 프로핀테른은 ILO와 IFTU에 대한 반대를 천명했다.

Office, ILO)에의 협력 등등이 있었다. 국가의 공식적인 개입과 함께 열려진 평화 합의는, 비록 그것이 사회당의 소수 최대강령주의자들에게는 일종의 희생 — 아마도 심히 고통스러운 것이리라 — 이라 할지라도, 이런 바넘(Barnum)12)의 막간 쇼에서 줄을 당긴 노동총동맹(CGL)의 노동당주의 지도자들에게는 하나의 승리인 것이다.

이탈리아 사회당은 자신으로부터 결코 그 원초적 죄악 — 그 민주적13)·의회적·쁘띠부르주아적 성격 — 을 씻어 낼 수 없었고, 우리의 지배계급에게 결코 어떤 대단한 현실적인 위협도 선사해 본 적이 없다. 전쟁 및 러시아혁명을 통해, 유럽 전역의 계급투쟁은 부르주아 권력을 전복하고 프롤레타리아 독재를 수립하려는 전면적 시도라는 치열한 성격을 띠어 왔다. 이러한 격렬한 상황은 정확히, 선의의 사람들이라면 회피하고 싶어할 결과들을 야기했다. 악의 없는 멍청함은 역사적 운명에 직면하여 더욱 더 무력해져 갔다.

그 결과는 세계 사회주의 내의 분열이었다. 이탈리아에서는, 그 이후로 계속해서, 점점 심각해져만 가는 견해 차이들이 존재해 왔으며, 이것이 노동당주의자들이 지배하는 노조와 사회당 사이의 관계에 대해 참으로 심각한 논쟁들을 초래하고 또한 공산주의자들의 사회당으로부터의 이탈을 야기하고 만 것이 목도되었다. 분열은 '최대강령주의'의 정치적 사망을 부각시키는 것이었으며 이 분열로 인해 이탈리아 사회당(PSI)은 노동총동맹(CGL) 지도자들의 손아귀에 놀아나게 되었다. 혁명의 표식은 순전히 참주선동의 목적으로 유지되었다.

이러한 사건들은 계급투쟁의 발전 과정에서 예견될 수 있는 것으로서, 계급투쟁의 발전은 협조주의적 노동당주의와 혁명적 계급정당인 공산당 사이의 양극화를 초래하는 경향이 있다.

노조의 역할을 놓고 벌어지는 혁명가들과 개량주의자들 사이의 의견 차이는 근본적으로는 노조 관료주의 — 노동자 조직의 정치적 기능을 자신들에게 부당 전가한 — 와 조직된 대중 사이의 불일치에서 비롯된다. 이는 왜 파시즘이 본질적으로 반(反)노조 노선을 따라 발전해야 했는지를 설명한다. 비록 파시즘의 의회 지도자들은 사회주의의 의회 지도자들을 달래기 위해 노동자들의 조직에 대한 자신들의 존경심을 강변했지만 말이다(현재 그들은 사회주의자들과 함께 그들의 평화란 것을 만들었다. 그들은 결코

---

12) [역주] 바넘(1810~91)은 쇼맨이자 서커스 기획자로 1871년 "지상최대의 쇼"를 창안했으며 이 쇼는 1891년 "바넘과 베일리 서커스" 쇼로 통합되었다.
13) [역주] 부르주아 민주주의 지향적.

사회주의자들과 반목한 적이 없지만). 개량주의적 생디칼리스트들의 성채는 백색 반동들에 의해 단숨에, 하나씩 하나씩 무너져 버렸다. 노동회관들은 한번에 수십 개씩 불타 버렸고, 조직들은 해산당하거나 기능을 정지당했으며, 지도자들은 체포되거나 추방당했고— 때로는 살해되기까지 했다—[노동계급의] 중요한 성과들은 짓밟혔다. 그러나 개량주의자들의 전술은 변한 적이 없다. 그들은 계속해서 국가만이 법의 힘을 통해 노조 활동에 정상성을 회복시켜 줄 유일한 수단이라고 여기고 있으며, 게다가 그것을 유일한 사회적 현실로 간주하고 있다. 이에 따라 결국, 오늘날, 노동총동맹(CGL)의 개량주의 지도자들은 파시스트들과의 평화 조약에 서명하면서 일말의 양심의 가책도 느끼지 못하고 있는 것이다.

반면에, 그들은 국가 대의제의 존재를 적극적으로 요구했으며, 언제나 그랬듯이 이러한 요구는 최대강령주의자들에 의해서도 순순히 수용되었다. 노동총동맹(CGL)의 노동당주의자들은 자신들이 평화 조약에 서명함으로써 협조주의적 행동, 반(反)계급적이고 반(反)혁명적인 행동을 수행하고 있음을— 여전히 자신들의 진로를 방해하고 있는 비타협적 최대강령주의의 최후의 잔존물들을 제거해 버림으로써, 법과 국가의 권위 회복에 기여하고 자신들의 손을 '권력'에 담글 날을 앞당기고 있음을— 잘 알고서 그렇게 한 것이다.

<아반티!>는 로마 '협약'에 대해 논평하면서 이를, 전술상의 이유로 취해진 에누리 없는 '휴전'으로, 그리고 같은 견지에서, 전투 행위의 하나로 묘사했다. 왜냐하면 '계급투쟁의 중지란 있을 수 없'지만 환경에 의해 강요된, 단순한 투쟁 형태상의 변화는 가능하기 때문이란다. 그러나 <아반티!>는 최대강령주의의 기관— 즉, 바넘의 막간 쇼의 무대— 이다. [현재이] 사건들에 대한 보다 정확한 관점을 얻는다는 측면에서는 사실 줄을 당기는 자들14)의 생각을 이해하는 게 훨씬 더 유용하다.

지노 발데시(Gino Baldesi)는, 노동총동맹(CGL)의 기관인 노동조합투쟁회관(*Battaglie sindacali*)에서 조인된 조약에 대해 논평하면서 <아반티!>가 말하는 바와 정확히 반대되는 것을 말한다.

이는 서로 투쟁하는 두 군대 사이에서 체결된 평화 같은 것은 아니다. 로마 '협약'은 일종의 '도덕적' 협약으로서, 사회 생활에 스며들어 바로 우리의 존재를 위협하고 있는

---

14) [역주] 배후에서 모든 것을 책동하는 자들, 즉 사회당이 아닌 CGL의 지도자들을 말한다.

저 모든 부패한 요소들을 쓸어버려 사회 생활을 정화하려는 것이다.

노조 지도자들은, <아반티!>와 마찬가지로, 조약이 효과를 발휘힐지 안 할지에 대해 걱정조차 하지 않는다.

조약 서명자들의 동료들, 제휴자들, 지지자들이 조약에 따를지 안 따를지 하는 것은 부차적 중요성만을 지니고 있다. 파시스트들의 영향이 가장 심각하게 미치고 있는 지역에서 그들에 의해 승인된 의제들에 대해 평가해 본다면, 참으로 우리는, 파시스트 지도자들이 그 추종자들의 결연한 정반대의 의지에 대항해 자신들의 선한 의지를 내세우는 데 있어 너무나 소심하다는 사실 때문에 상심하게 될 것이다.

노동당주의자들은 언제나 자신들의 대답을 지니고 있는데, 그것은 바로 국가다. 만약 조약이 실행되지 않는다면 그들은 필요할 경우 정부에 직접 찾아가서 이를 보장받을 것이다. "법이 존재하며, 이는 모두에게 적용되어야 한다. 누구든 조약에 존경심을 표하지 않는다면 법에 대고 [자신의 이유를] 답변해야만 할 것이다."

따라서, 비록 <아반티!>는 조약을 일종의 계급 행동으로 간주하고 있다 하더라도, 득점 수를 알고 있는 우리의 스텐테렐로(Stenterello)[15]는 이를 아무런 실천적 가치도 지니지 못한 것, 단지, 폭력에 대한 비난, 법과 국가, 그리고 [계급]협조의 '건강한' 원칙에 대한 가치부여인 것으로 볼 뿐이다.

발데시는 '도덕적 문제들'에 대해 생각하고 있다. 스텐테렐로에게는 파시즘도 일종의 도덕적 문제인 것이다. G. M. 세라티는 그에게 자신의 초보자용 싸구려 정치 팜플렛을 보내 계급투쟁에서 유일한 '도덕적' 문제는 프롤레타리아의 승리임을 가르쳐 주어야 할 것이다.

<오르디네 누오보>, 1921년 8월 7일

---

[15] 스텐테렐로는 이탈리아 희극 상연장의 전통적인 가면극에 등장하는 키가 크고 깡마르면서 또한 꼴사납고 어리석은 배역이다. <아반티!>의 초기 기고문(1917년 3월 10일자)에서 그람시는 다음과 같이 주장했다. "스텐테렐로는 수다스럽고, 허영심 강하며, 실속 없는 이탈리아 부르주아의 원형이다." [역주 - 여기서는 CGL의 노조 지도자들을 의미.]

두 개의 파시즘

　파시즘의 위기의 원인과 이유에 대해서는 지금도 수많은 글들이 쓰여지고 있는데, 만약 우리가 파시스트 운동의 실제 발전과정에 대해 진지하게 살펴본다면 이는 쉽게 설명될 수 있다.
　전투적 파쇼(*Fasci di combattimento*)는 전쟁 직후에 출현했으며, 그 시기에 등장한 다양한 참전 용사 단체들과 동일한 쁘띠부르주아적 성격을 지니고 있었다. 사회주의 운동에 대한 그 결연한 적대 ─ 부분적으로는, 전쟁 기간 동안 사회당과 참전주의 단체들 사이의 갈등의 유산 ─ 로 인해 파쇼(*Fasci*)는 자본가들과 정부 당국의 지지를 얻었다. 그들의 출현이, 성장하는 노동자 조직의 세력과 싸우기 위해 백색 테러단을 구성하려던 지주 측의 요구와 우연히도 일치했다는 사실로 인해 대지주들에 의해 창조되고 무기를 지급받은 무장 패거리들의 체계가 똑같은 파쇼(*Fasci*)의 이름을 얻을 수 있었다. 그리고, 이들 패거리가 발전해 감에 따라 그 이름은 프롤레타리아 계급 기관에 대항해 싸우도록 길들여진, 자본주의 백색 테러단으로서의 그들의 정체성과 결합되어 갔다.
　파시즘은 그 성격상 이러한 애초의 결점을 결코 탈각해 본 적이 없다. 최근까지, 현저히 의회적이고 협조주의적인 도시의 쁘띠부르주아 중핵들과, 주로 농민들과 농민 조직들에 대한 투쟁에 관심 있는 대·중지주와 농장주 자신들에 의해서 조직된 농촌 중핵들 사이의 균열은 무장 공세의 열정을 통해 그 악화가 억제되어 왔다. 특히 후자는 완고하게 반(反)노조적이고, 성격상 반동적이며, 국가의 권위와 의회주의의 효능보다는 직접적인 무장력에 더 신뢰를 보내는 경향이 있다.
　파시즘은 농업지역들(에밀리아, 토스카나, 베네토, 움브리아)에서 거대한 발전을 이루었으며, 자본가들의 재정적 지원과 국가의 민간 및 군사 기관들의 보호를 통해 무제한의 권력을 확보했다. 그러나, 한편으로는, 프롤레타리아 계급 기관들에 대한 그 난폭한 공격행위들이 자본가들 — 그들은, 1년의 과정을 통해, 사회주의 노조의 전체 투쟁 기구들이 산산히 부서지고 주변화되는 것을 목격했다 — 에게 이득을 주어 왔지만, 그럼에도 불구하고 더욱 극악해져 가는 폭력이 사회의 중간층 및 민중 사이에서 파시즘에 대한 광범한 혐오감을 유발시켜 결국 종식되고 만 것을 부인할 수 없다.

사르자나(Sarzana), 트레비소(Treviso), 비테르보(Viterbo), 로카스트라다(Roccastrada)의 사건들은 무솔리니에 의해 상징되는 도시 파시스트 중핵들에게 깊은 충격을 주었고, 그들은 농촌 지역들에서 파쇼(Fasci)에 의해 추구되는 명백히 부정적인 전략들에서 위험성을 발견하기 시작했다.16) 하지만, 다른 한편으로, 이러한 전술을 통해 파시스트들은 사회당을 농촌과 의회에서 그들과 기꺼이, 그리고 유연하게 협력하려는 입장으로 끌어냈으므로 이는 이미 훌륭한 결실을 맺기 시작한 셈이었다.

이 국면에서부터, 잠재했던 균열은 참으로 심각하게 그 모습을 드러내기 시작했다. 도시의 협조주의적 중핵들은 자신들이 설정했던 목적을 성취한 것으로 평가했다. 사회당이 계급적 비타협의 입장을 포기하도록 만드는 것. 그들은 자신들의 승리를 평화 조약으로 문서화하길 열망했다. 반면에, 농업 자본가들은 파업과 노동조직으로부터의 어떠한 교란도 없이 농민 계급들을 자유롭게 착취할 수 있도록 보장해 주는 그 유일한 전술을 단념할 수 없었다. 파시스트 진영을 휘저어 놓으며 평화 조약의 지지자들과 반대자들 사이에서 벌어진 총체적 논쟁은 그 뿌리가 이러한 기본적 불일치로까지 거슬러 올라가는 것이다. 이러한 불일치의 원인은 바로 파시스트 운동의 기원에서 찾아야 한다.

자신들의 노련한 타협 기술을 통해 파시스트 운동 내에 분열을 조장했던 것이라는 이탈리아 사회주의자들의 주장은 그들이 참주선동을 하고 있다는 심원한 증거에 다름 아니다. 실제로, 파시스트의 위기는 전혀 새로운 것이 아니며, 언제나 존재해 왔던 것이다. 반(反)프롤레타리아적 층들을 결집시켰던 우발적 요인들이 일단 작동을 멈추자, 필연적으로 당내의 균열이 보다 분명하게 돌출되었다. 따라서, 위기는 이전부터 존재했던 실제 상황을 명백히 한 것 이외에 아무 것도 더 보탠 게 없다.

파시즘은 둘로 분열되어 이 상황에서 벗어날 것이다. 중간 계급들(화이트칼라 노동자들, 소상점주들, 소공장주들)의 지지에 의존하고 있는, 무솔리니 영도하의 당내 의회

---

16) 여기에 언급된 내용은 1921년 7월 동안 노동계급 구역들에서 사회주의, 공산주의 조직들에 대항해 벌어진 파시스트들의 일련의 난동행위에 대한 것이다. 이 난동의 결과 파시스트들은 공공의 지지를 상당 부분 상실했다.

부분은 자신들의 지지자들을 정치적으로 조직화할 것이며, 필연적으로 사회당원 및 인민당원들과 협조하는 방향으로 기울어지게 될 것이다. 농업 자본가의 이해들에 대한 직접적 무장 방어의 욕구를 대변하는 당내 비타협주의 부분은 그들의 특징인 반(反)프롤레타리아 행동을 계속할 것이다. 후자의 경우에 —— 노동계급이 연관되어 있어서 가장 중요한 부분인데 —— 사회주의자들이 스스로 하나의 승리라고 자랑스러워하는 '평화합의'는 궁극적으로 아무런 가치도 지니지 못한다. '위기'의 유일한 현실적 성과는, 파시즘을 전반적인 정치적 '당' 프로그램을 통해 정당화하려고 헛되이 시도했던 쁘띠부르주아 지지자들의 분파가 파쇼(Fasci)로부터 떠나는 정도에 그칠 것이다.

그러나 파시즘은, 에밀리아, 토스카나, 베네토의 농민들과 노동자들이 지난 2년간의 백색 테러의 고통스러운 경험을 통해 아는 바와 같은 진정한 파시즘은 그 이름을 바꾸는 한이 있더라도 계속될 것이다.

파시스트 패거리들 내부의 논쟁은 상대적인 평온의 시기를 초래했다. 혁명적 노동자와 농민의 과제는, 이때를 활용하여, 억압받는 무방비상태의 대중에게 계급투쟁의 현실 상황에 대한 명철한 의식과 자본주의의 오만한 반동적 운동을 격퇴하는 데 필요한 수단들을 제시하는 것이다.

<오르디네 누오보>, 1921년 8월 25일

합법성

합법성의 경계는 과연 어디까지인가? 어느 때에야 우린 이 경계가 더 이상 존중되지 않는다고 말할 수 있는가? 합법성 개념이 극도로 탄력적임을 감안한다면, 어떤 종류든 분명한 경계를 확정짓기는 쉽지 않다. 어떤 정부든 반정부 활동의 영역에서 발생하는 모든 것을 합법성의 경계를 넘어서는 것으로 볼 것이다. 그리고 어떤 사회에서나 합법성은 권력을 쥔 계급의 이해에 따라 결정된다고 논증될 수 있다. 자본주의 사회에서 합법성은 부르주아 계급의 이해에 따라 대변된다. 어떤 방식의 행동이든 사유 재산이나 그로부터 연유하는 이익에 영향을 끼친다면 그 행동은 즉각 비합법적인 것으로 간주될 것이다. 이것이 현재 상황의 본질이다. [그러나] 형식 문제가 관련되는 한, 합법성은 전혀 다른 모양으로 자신을 드러낸다. 부르주아지는 권력을 획득하는 과정에서 사장들이나 피고용자들 모두에게 동등한 투표권을 허용했기 때문에, 외관상 합법성은 공동체의 모든 분파들에 의해 자유롭게 인정된 규범들의 집합인 것처럼 여겨지게 되었다. 그래서 어떤 사람들은 합법성의 본질을 그 형식과 혼동했고, 이로써 자유민주주의 이데올로기가 탄생하게 되었다. 부르주아 국가는 특히(par excellence) 자유주의 국가다. 이 국가에서는 누구나 투표라는 수단을 통해 자유롭게 자신의 의견을 표현할 수 있다. 그것이 부르주아 국가에서의 형식적 합법성이 실제로 도달한 의미이다. 즉 투표권의 행사. 순진한 자유민주주의 이데올로그들의 눈에는 인민 대중의 투표권 획득이란 인간성의 사회적 진보에 있어서 결정적인 승리인 것으로 여겨졌다. 합법성에 두 가지 측면이 있다는 것은 결코 인식되지 않았다. 내적으로는 그 본질적 측면이 존재하지만, 외적으로는 순전히 형식적인 측면이 존재한다는 것이.

합법성의 이 두 가지 얼굴에 대한 혼동 덕분에 자유민주주의 이데올로그들은, 인민 대중에게, 투표권이 결국에는 그들을 묶고 있는 모든 사슬들로부터 그들을 해방시킬 것이라고 확신시킴으로써 특정한 시기에 그들을 그럭저럭 속여 왔다. 불행하게도, 이러한 환상에 속아넘어간 것은 자유민주주의의 근시안적 대변자들만이 아니었다. 자신들을 맑스주의자라고 여겼고 아직도 그렇게 생각하는 많은 사람들도 그러한 위대한 승리, 보통선거권의 주권 행사를 통해 프롤레타리아 계급의 해방이 실현될 것이라고 믿었다. 몇몇 무분별한 영혼들은 자신들의 믿음을 정당화하기 위해 엥겔스의 이름까지 이용했다. 그러나 현실은 이 모든 환상들을 파괴시켜 버렸다. 합법성에는 다만 하나의 진실한 얼굴만이 존재하며 합법성은 다만 지배계급의 이해 — 자본주의 사회에서 이는 소유계급의 이익을 의미한다 — 에 따라 설정된 경계 안에서만 존재한다는 것을 현실은 너무도 분명히 보여주었다. 실제로 이와 관련하여 우리가 겪은 경험들, 특히 최근에 얻은 경험들은 많은 중요한 교훈들을 담고 있다.

노동계급은 투표권의 행사를 통해 다수의 코뮌(communes)17)과 주(州)의 통제를 확보했다. 계급을 대표하는 기구들은 구성원 면에서 인상적인 성장을 이루었고 노동자들에게 이득이 되는 합의들을 밀고나가는 데 성공했다. 그러나 투표권과 단결권이 사장들에 대한 공격의 수단이 되자 후자는 형식적 합법성에 대한 모든 허울을 벗어던지고 다름 아닌 그 진정한 법 — 그 고유한 이익의 법, 그 이익을 보존하기 위한 법 — 에 복종하기 시작했다. 코뮌들로부터 노동계급은 폭력적으로 축출되었다. 산업 노동계급과 농민들은 사적 소유의 존재에 심각한 위협이 되었다는 이유로 그들의 일터로부터 쫓겨났다. 그리고 그 다음에 우린 파시즘의 탄생, 그리고 그것이 성장하여 비합법성을 합법적인 유일한 것으로 만드는 운동으로 확립되는 것을 목격했다. 파시즘을 제외하곤 어떠한 조직도 존재하지 않게 되었으며, 파시즘의 소농 및 산업 대의원들에게 투표할 권리 외에는 어떠한 투표권도 존재하지 않게 되었다. 이것이 부르주아지가 합법성의 다른 형식적 측면을 포기하도록 강제될 경우에 인정할 준비가 되어 있는 그런 류의 합법성인 것이다. 따라서, 이러한 최근 시기의 경험들에는, 순전히 부르주아 자유주의 국가가 제공하는 합법적 보장들의 효능에만 신뢰를 걸곤 했던 이들을 위한 교훈이 담겨 있기도 하다.

부르주아지가 그들 스스로 창조했던 바들을 부정할 수밖에 없는 상황에 처하게 되면 역사에는 일종의 결절점(a point)이 도래한다. 이탈리아에서는 이러한 결절점에 이미

---

17) [역주] 흔히 '자치시'로 번역되는 코뮤네(commune), 즉 코뮌은 중세부터 이어져온 이탈리아의 기초 지방자치 단위이다.

도달했다. 이러한 경험으로부터 교훈들을 배우길 거부하는 것은 어떤 가혹한 처벌이라도 받아야 할 무엇, 즉 천진난만함의 극치이거나 가차없이 처벌받아야 할 무엇, 즉 그릇된 신념일 것이다. 실제로, 현재 예를 들어 우익의 베네두체(Beneduce) 의원이 노동협약들이 존중되도록 보장하는 데 성공하지 못한 것을 두고 놀라움을 표시하고 있는 사회당 [기층] 조직가들이 이러한 경우에 해당될 것이다. 아직도 자신을 계급투쟁이라는 장의 행위자로 생각하고자 하는 이들에게 이는 믿기 힘든 사실이다. 계급투쟁의 원칙들을 단념하길 거부했다고 주장하는 조직가들이 사장들이 노동 합의들을 무시하지 않도록 막기 위해 자신들이 쓸 수 있을 수단들을 장관에게 요구하고나 있다는 게 올바른 일인가? 이런 종류의 요구들은 단지 노동계급 내에 의심과 불확실성만을 낳을 뿐이다. 노동부 장관이 토지소유자들(agrarians)과 기업가들의 도구가 되길 거부하면서 제공해 줄 수 있는 수단들이 존재하지 않는다는 것은 너무나 당연한 일이다. 사회당 조직가들이 노동부 장관에게 사장들로 하여금 합의들을 존중하도록 만들라고 요구하는 것 외에 더 나은 아무 것도 제시하지 못하는 동안, 노동계급은 자신들을 위한 방어를 조직화할 수조차 없이 자신들의 권리에 대한 모든 종류의 침해를 계속 견뎌나가야만 할 것이다.

기업가들은 여타 중재 위원회(the arbitration committees)로부터 철수하고 있다. 이 또한 상황의 논리적 귀결이다. 현재 기업가들은 그들의 권력을 모조리 환수하길 원한다. 그들은 자신들의 자유의지에 대한 이런 식의 제한을 받아들이길 더 이상 원치 않는다. 그들은 대중의 혁명적 충동이 그들의 존재를 위협하는 한에서만 중재 위원회들을 받아들였다. 그러나 이제 상황이 어떠한 종류의 반동적 전략에도 우세한 것으로 보이게 되자, 사장들은 순간적인 양심의 가책을 유지하느라 애쓸 필요조차 없게 되었다. 그들은 노동 대중들에 대한 권력을 완전히, 그리고 전제적으로 회복하는 길을 공공연히 밟아나갔다. 그렇다면 지배계급 쪽에서의 이러한 경향들을 직면한 사회당 조직가들은 무엇을 제시하고 있는가? 활동 가능한 모든 조직가들은 사장들이 합의를 무시하고 있는 것과, 노동부 장관의 무능을 공개적으로 비난하고 있다. 그러나 그 동안 노동계급은 사장들의 태도와 자신들의 지도부의 동요, 둘 모두의 악영향으로 말미암아 고통받고 있다. 조직가들이 노동부 장관에게 질문들을 제기하는 동안, 더욱 더 많은 민중이 굶주려가고 있으며, 고난은 증대하고 있고, 반동 세력은 힘을 얻어가고 있다. 전시에는 동원 위원회(the mobilization committees)에 출석해 장군들의 피묻은 손과 악수하곤 했던 저들 사회당 조직가들이 이제는 노동부 장관의 원조와 개입을 요구하고 있는 것이다. 그후에 그들은 전쟁을 야기한 살인자들과 한통속이 되었으며, 중재 위원회의 결정을 통해 대중의 혁명적 충동을 제어했다. 지금 그들이 노동계급을 아무런 방어막도 없이 방치하고 있는 동안, 사장들은 도처에서 합의들을 무시하고 있으며 자의로 그것들을 위반하고 있다.

단지 공산주의 노조 위원회(the Communist Union Committee)만이 자본가들의 기습에 대항할 노동자들의 방어를 조직화할 방도를 제공한다. 단지 노동계급의 모든 세력들을 엄격히 조직화된 군대로 단결시키는 것만이 자신들의 질서에 따라 전체 노동계급을 노예 상태로 환원시키려고 의도하는 자본가들에 대한 효과적인 저항을 제시할 수 있다. 그러나 우리의 존경하는 사회당 조직가들이 관련된 곳에서는 단지 합의들에 대한 존경심을 요구하는 것조차 현재 너무 혁명적인 것으로 여겨지고 있다.

<오르디네 누오보>, 1921년 8월 28일

1920년 4월과 9월

공장 점거 기념일을 맞이하여, 토리노의 공산주의자들에 관한 진부하고 낡은 험담이 다시 유포되었다. 어떤 이들은 그 운동이 더 이상 확대되지 못한 것이 공산주의자들의 책임이라고 한다. 부오치(Buozzi)[18] 의원은 밀라노 금속 노동자들의 내부위원회들 앞에서 행한 연설에서 이러한 책임문제를 언급했다. 또다른 언급은 무정부주의자 신문 <우마니타 노바(Umanitá nova, 새로운 인간성)>의 한 토리노발 기사에 수록되어 있다. 그 '소문'은 심지어는 국경을 넘어서까지 흘러나가, 자크 메닐(Jacques Mesnil)은 이를 샤를르 라파포르(Charles Rappaport)의 <레뷔 코뮈니스테(Revue communiste, 공산주의 평론)>에 수록된 이탈리아 사회주의에 관한 기사에 채록해 놓았다.

정말 마지막으로 한번만 더 진실을 밝혀 보자. 1920년 9월, 노동총동맹(CGL)의 간부들이 금속노조(FIOM) 중앙위원회의 주창에 의해 고조된 강력한 혁명적 봉기에 맞닥뜨리게 되었을 때, 그들은 상황을 땜질하는 과제에 절망적으로 빠져들었고, 자신들의 맹목성, 통찰력 부족, 준비 부족, 어리석음에 대한 책임을 대신 져줄 누군가를 고대했다. 그들은 수천, 수만의 노동자들을 비합법적인 무장 봉기의 전쟁터로 출진시켰지만 한 가지 매우 간단한 사실을 잊고 있었다. 노동자들을 위해 무기들을 손에 넣고 노동계급으로 하여금 피의 투쟁을 견뎌내도록 준비시킬 필요성. 운동의 본부가 위치하고 있었던 밀라노에서, 그들은 공장에서 쓰일 수 있을 무기와 탄약을 점검하고 적절히 수집하기 위해 고민조차 해본 적이 없다. 레코(Lecco)에서는, 점거 후 7일이 지났는데도 여전히 경찰들이 몇몇 공장 창고에 남겨진 60,000개의 작은 폭탄들을 압수할 수 있었다. 60,000개의

---

[18] [역주] 당시 FIOM의 지도자였던 부오치(Bruno Buozzi)는 점거를 확산시키기보다는 경영주와의 타협을 옹호했다.

폭탄들이라면 밀라노의 노동자들에게는 꽤 훌륭한 무기가 될 수 있었을 것이다.

[그 이후] 갑자기, 조합 간부들은 자신들이 노동자들의 공세를 옹호하는 척 했다. 실제로, 그들은 실제로, 토리노에서 시작된 공세를, 그리고 토리노가 봉기 운동을 지도하는 것을 반겼을지도 모른다. 그러나 1920년 9월은 1920년 4월과 너무나 가까웠다. 1920년 4월에 토리노의 프롤레타리아트는 앞서 3월 7일에 밀라노에서 개최된 이탈리아산업총연맹(the Confederation of Italian Industry) 회의에서 그들이 떠맡게 된 특수한 임무의 결과로서 기업가들과의 절망적 투쟁에 떠밀려 들어갔고, 노동총동맹(CGL)에 의해 완전히 궁지에 빠져 버렸다. 그 4월에, 토리노인들은 이탈리아의 나머지 부분으로부터 고립되어 버렸다. 이탈리아의 나머지 부분에 의해, 무정부주의자들, 성급한 놈들, 규율 없는 광란자들로 낙인찍힌 채. 그 4월에, 이러한 매도는 자동차 한 대를 임대하기에도 충분할, 토리노인들의 '[파업]기금'의 재원에 대한 억측들이 조작되는 수준에까지 이르렀다. 9월에 토리노인들에게 봉기 운동의 시동을 걸라고 요구한 이들이, 앞서 4월에 활용가능한 모든 수단들과 모든 더러운 속임수들을 이용해서 자신들의 이름을 더럽힌 이들과 똑같은 사람들이었다면, 어찌 그들의 동기를 의심치 않을 수 있었겠는가? 어떻게 토리노인들이 이 제안을, 토리노에 어마어마한 병력을 집중시킨 경찰에 의해 토리노의 혁명적 운동을 결정적으로 분쇄시키려는 교활한 함정으로 간주하지 않을 수 있었겠는가?

이것이 실제의 상황이었다. 토리노의 공산주의자들은 운동을 확대시킬 필요성에 동의했으며, 스키아벨로(Schiavello)와 부로(Burro)에 의해 제안된 의제를 지지했다. 그러나 그들은 그들 스스로 선도성의 책임을 떠맡는 것은 — 전적으로 정당하게 — 거절했다. 토리노에서는 만약 전국적 투쟁이라는 배경이 함께 하기만 했다면 정부 세력의 자극을 건녀내고 승리의 좋은 기회를 얻어내는 게 가능했을지도 모른다. 그러나 이탈리아의 나머지 부분들이 결합한다는 보장 없이는, 노동총동맹(CGL)이 4월에 그랬던 것처럼 예의 그 속임수를 써먹지도 않을 것이고 국가 권력의 군사력이 토리노에 집중되도록 허용하지도 않을 것이라는 보장 없이는, 무장 투쟁의 책임을 떠맡는다는 것은 있을 수 없었다. 다른 경우와 마찬가지로 이 경우에도 토리노의 공산주의자들은 현명하게 행동했으며, 개량주의와 기회주의의 노(老)거장들에 의해 비난받는 그 무모한 모험 정신이라는 혐의로부터도 상당히 벗어나 있다는 것과 냉정히 숙고할 수 있는 능력을 갖추었다는 것을 보여주었다. 그들은 그들의 임무를 완수했으며, 실현가능성과는 거리가 멀었음에도 불구하고 그들에게 주어진 제한된 힘과 그들에게 활용가능한 제한된 지역적 자원들을 활용해 모든 일들을 계획했다. 그러나 그들은 자신들을 노동총동맹(CGL) 관료주의(mandarinism)의 대표자들이 쳐 놓은 덫에 내주지는 않았다. 이들 조합 관료들은 노동 대중을 무장 투쟁의 전쟁터로 출진시켜 놓고는 그들에게 무기를 제공해 주어야 한다는 것을 망각했던 것이다. 같은 무리들이 레코에서 멍청하게도 60,000개의 폭탄이 압수되도록 허용했던 것이고, 그러고 나서는 혼란과 히스테리와 광적인 공포 속에서 '밀라노를 무장시킬 약간의 기관총'을 요구했던 것도 이 자들인 것이다.

<오르디네 누오보>, 1921년 9월 7일

국가의 대들보

좋았던 옛날, 즉 민중이 아직 리소르지멘토를 기억하고 이탈리아 인구의 대다수에게 헌법 제정의 위대한 성취가 여전히 중요한 무엇인가를 의미했던 무렵에, 자유주의자들과 공화주의자들 사이에서는 의회에서 모든 하원의원들이 국왕에 대해 충성 서약을 맹세해야 하는 것의 본질과 의미에 대해 홍미로운 논쟁이 있었다. 자유주의자들은 이렇게 말했다: 하원의원들이 서약을 맹세하길 거부한다면, 그들이 이를 폐지하는 데 성공한다면, 그때 국가 그 자체는 자신이 의존하고 있는 지지의 대부분을 잃게 될 것이다. 헌법은 민중과 주권자(the sovereign) 사이의 충성의 상호 협약이다. 만약에 민중이 그들의 대표자들을 통해 그들의 충성의 의무를 철회한다면, 만약 민중이 서약을 폐지함으로써 헌법에 대항해 행동할 수 있는 자유를 요구한다면, 그때는 주권자 역시 합법적으로 그의 의무들로부터 면제될 것이고, 그 자신의 이득을 위해 자유로이 쿠데타를 조직, 지휘하여 헌법을 전복하게 될 것이다.

정부는 국회 안에서 주권자를 대신한다. 물론, 정부는 국회 앞에서, 그리고 민중 앞에서 주권에 대한 책임을 진다. 만약 정부가 헌법이 면책특권에 의해 위반되도록 허용한다면, 만약 정부가 나라 안에서 무장 패거리가 형성되는 것을 허용한다면, 만약 정부가 사적인 단체들이 각종 무기고를 건설하는 것을 허용한다면, 그리고 만약 정부가 수만의 사적인 시민들이 철모를 쓰고 총을 든 채 무장하여 군대식으로 열을 맞춰 온 나라를 아무 방해도 받지 않고 행진하도록, 수도에 침입해 공개적으로 그들의 '권력'을 뽐내도록 허용한다면, 이는 주권에 대해 책임을 지닌 정부가 헌법에 대한 그 충성 서약을 저버렸다는 것 외에 다른 무엇을 의미할 수 있겠는가? 행정 권력 주변에 형성되어 있는 저들 국가 기관에 의해 쿠데타가 계획되고 있다는 것 외에 무엇을 의미할 수 있겠는가? 이탈리아에서 우리는 이미, 자동적으로 쿠데타를 발생시킬 그런 종류의 분위기에서 살고 있다는 것 외에 무엇을 의미할 수 있겠는가?

그러므로 민중과 주권자 사이의 협약은 이미, 주권을 대신하는 국가 권력에 의해 폐기되어 버린 것이다. 따라서 자동적으로, 모든 충성 서약은 폐기되었다. 지금 어떤 고리들이 국가 고용원들을 정부와 결합시키고 있는가? [현재 진행 중인] 사건들의 논리는 대중을 두 개의 진영으로 나누고 있다. 반동적 쿠데타를 지지하는 이들과 그것에 반대하는 이들, 아니 차라리 반동적 쿠데타를 지지하는 이들과 반동적 쿠데타를 진압할 수 있을 대중 봉기를 지지하는 이들. 그 가능성은 헌법 자체 안에 예시되어 있다. 헌법은, 국가 권력이 헌법 자체를 침해할 때 민중이 무장 봉기를 일으킬 권리를 인정하고 있다. 그리고 참으로, 협약이 당연히 쌍무적인 것이어야 함에도 불구하고 왜 한 쪽 편에 의해 협약의 조항들이 침해당했을 때 그것은 언제나 다른 한편에게는 효력을 지닌 것으로 남아 있어야 하는가? 왜 국가 고용원들이나 장교들은 더 이상 존재하지도 않는 법에 대해 충성을 유지해야 하는가? 국가 기밀을 지킨다는 것이 쿠데타 —— 형식적 수준의, 실정법(the statutory law)과 자유조차 폐지하는 것을 의미하는 —— 를 지지하는 것을 의미하게 될 때 이런 기밀들을 혁명적 정당들에게 퍼뜨리는 것이 대중적 자유의 구제에 공헌하고 그가 맹세한 서약의 정신에 대한 신념을 지키는 것을 의미함에도 불구하고, 왜 그는 그 기밀들을 유지해야만 하고 이를 혁명적 정당들에 전달해선 안 되는 것인가?

부르주아 국가는 자신의 생존을 상당 부분 수만의 공무원들과 병사들의 작업과 희생에 의존하며, 이들은 임무를 수행함에 있어 진정한 열정으로 임할 때가 많고, 명예에 대해 예민한 감각을 지니고 있으며, 국가 사무를 관장하기 위해 맹세해야 했던 서약을 진지하게 받아들여 왔다. 만약에 이러한 결정적 중핵(nucleus)의 충실성과 충성스럽게 헌신하는 사람들이 존재하지 않는다면, 부르주아 국가는 사상누각처럼 순식간에 무너지고 말 것이다. 분명히, 여타의 무리들, 즉 국가의 뇌물강탈자들, 거짓말장이들, 바보들, 기생충들이 아니라 이들이야말로 국가의 실제적인 유일한 대들보인 것이다. 그럼 과연, 쿠데타로부터 이득을 얻을 자들은 누구인가? 이득을 볼 자들은 다만 이 여타의 무리들, 뇌물강탈자들, 거짓말쟁이들, 바보들, 기생충들이다. 쿠데타는 매우 자주 —— 사실, 거의 언제나 —— 국가기구의 쓰레기들이 자신들을 위해서 획득했던 그 위치, 결국 사회의 커다란 손실일 그 위치를 지키기 위한 노력의 수단에 다름 아니다. 이 자들은 양심의 가책이 전혀 없다. 그들은 서약에도 명예에도 절대 신경쓰지 않는다. 그들은 전반적으로 노동자들을 증오하며 특히 그들과 같은 사무실에서 일하는 이들을 더욱 미워한다. 그들은 그들 특유의 불성실성과 기생성의 살아 있는 치욕이다.

오늘날, 역사적 상황은 다음과 같다. 오직 하나의 거대한 사회적 계급만이 뒤죽박죽 상태의 자유에 대한 고삐 풀린 반동 세력의 도전에 대해 현실적인 저항세력이 될 수 있다. 노동계급, 프롤레타리아트만이. 현재 이 계급의 역할은 리소르지멘토 과정에서 자유주의자들이 맡았던 역할과 같다. 이 계급은 자신의 고유한 당을 지니고 있다. 공산당. 이 당은 굴복, 사멸해 가길 거부하는 과거의 어두운 세력들의 모든 공격에 대항해 대중의 자유를 지키는 관리자로서의 역할에 대한 신념을 지키길 바라는, 이탈리아 국가 내의 모든 충실하고 사욕 없는 요소들의 협력을 얻고 있다.

<오르디네 누오보>, 1921년 11월 13일

위기의 본질

들리는 바에 따르면, 보노미(Bonomi)의 몰락은 권력의 회랑에서 꾸며진 어떤 어두운 음모에 의해 야기된 것이라고 한다(전(全) 사업계에서 암흑에 의해 은폐되지 않은 유일한 것은 정치꾼 무리의 야심뿐이다). 이는 틀린 말이 아니다. 국가가 관련된 한, 전체 의회는 출구 없는, 일종의 어두운 회랑이다. 그곳의 사람들은 사건들을 다루는 다른 방식을 생각해 낼 수 없기에, 어떠한 난해하고 방대한 사건들과 갈등들이라도 그곳에서는 이런 식의 수상한 방식으로 다루어질 수밖에 없다. 그러나 이런 형식의 심층에 더욱 심각한 고려를 요구하는 실체가 존재하지 않는다는 것이 언제나 옳은 이야기는 아니다. 지금도 그러한가?

이미 우리는 기회 있을 때마다, 지난 몇 달 동안의 정치적 사건들이 이탈리아에서 일어나고 있는 일련의 매우 본질적인 이행을 알려주고 있음을 강조해 왔다. 이러한 이행의 근저에는, 이탈리아 국가에 대한 도시와 농촌 노동 대중의 중요한 층들의 충성을 확보하고 이를 통해 국가를 그것이 당면한 고통으로부터 구제하려는 시도가 존재해 왔다. 이러한 행동의 도구는 전형적으로 '사회-민주적인' 두 개의 정당들이었다. 인민당과 사회당. 하지만 이 두 정당들 사이에는 흥미로운 분업이 존재해 왔다. 어떤 영역에서는, 그리고 어떤 이슈에 대해서는 그들은 서로 다투어 왔다. 그러나 다른 경우에는 서로 협력해 왔으며, 또다른 어떤 경우에는 그들의 역할과 영향력의 범위를 분담하여 전유했다. 그러나 전체적으로, 인민당원들과 사회당원들은 공통의 한 과제를 수행해 왔고 지금도 그러고 있다. 미래의 이탈리아 사회-민주주의 국가를 위한 기반을 준비하는 과제. 자신들의 목표에 도달하기 위해 두 그룹 모두 사용하고 있는 수단은 참주선동과 거짓말, 위선적인 기회주의다. 이는 어떤 지역, 특히 농촌 지역과 작은 지방들에서는 노동 인구의 하층 부분의 모든 계층이 두 정당들을 더 이상 구별하지 않을 정도로까지 진전되었다. 협력은 이미 진행되고 있으며, 위로부터, 상급 기관으로부터 발생한다기보다는 차라리 아래로부터 발생하고 있다는 사실은, 도래하고 있는 새로운 상황, 고려되어야만 하는 그 새로운 상황에 대해 이러한 협력이 조응하는 방식의 전형적 사례다.

그러나 이것이 하나의 현실이라면, 숙고되어야만 할 다른 현실은 이탈리아 국가의 전통적 구조다. 그것은 대중의 이익과 직접적으로 반대되는 이해를 지니고 있고 대중에 대한 자신들의 지배(domination)를 유지하기 위해 폭력과 기만을 이용할 준비가 되어 있는 지배계급의 지배력(dominance)으로부터 연유한다. 현재 인민당원들은 어떻게 하면 지배계급과의 타협에 이를 것인가 하는 문제에 잠시 직면해 있다. 그들은 거대한 조직 대중과 제휴하고 있는, 조직 대중들을 대변하는 당이라는 성격을 잃지 않으면서 그 문제를 푸는 데 성공하기까지 했다. 의회와 시골에서의, 지금까지의 그들의 행동을 통해 인민당원들은 사회민주주의가 어떤 내용에 가까워질지를 이미 예증해 주었다. 즉, 새로운 체제는 우리의 전통적인 부패한 정치 파벌들과 사회-민주주의 국가의 새로운 성격들 —— 절개 없고, 비양심적으로 민중주의적이며, 위선적이고, 부패했으며, 더욱 부패해 가는 —— 을 결합하는 방식이 될 것이다. 이런 관점에서 본다면 보노미는 아마도 진정한 선구자일 것이다.

하지만, 이러한 결론에 이르기 전에, 시기에 따른 설명을 거치는 게 필수적이다. 이들 중의 한 시기는 파시스트들의 폭력으로 표현되었다. 오늘날에는 파시스트 당 안에서조차 사회-민주주의적인 병폐의 분명한 징후가 존재한다. 은행 문제에 대해 파시스트 당이 취하는 태도가 하나의 예가 될 것이다. 게다가 국가의 합법적 틀 바깥에 조직화된 폭력은 전후 시기에 조형된 모든 외관상 '민주적인' 체제들의 한 특성이다.

이러한 시기 구분의 다른 국면은 의회에서의 위기로 표현된다. 신, 구 지배 파벌들 내의 주도적 요소들은 함께 융합되어져야만 하는 상태이다. 그래서 어떤 자들은 제거되어야만 하고, 또다른 어떤 자들은 격려되어야만 하는 상태이다. 획득된 어떤 권리들은 인정되어야만 하는 상태인가 하면, 신참자들의 열망은 제어되어야만 하는 상태이다. 이는 종국적으로 지배자들의 새로운 카스트들을 출현시켜야 하는 고된 과정이다.

분명히, 이런 식으로 문제에 접근함으로써 우리는 공식적인 의회의 차별점들, 즉 우익 정부 혹은 좌익 정부, '이행'의 중간 정부 등에 대해 말하는 것을 부정하는 것이다. 만약 이것이 모두 공허한 헛소리에 불과하다면 정당의 선언들도 다 아무런 중요성을 지니지 못한 것이며 정치가들 자신 역시 마찬가지다. 모든 이들이 다소간 동의하는 기본적 신조들은 간파하기 어렵지 않다. [하지만 가장 중요한 것들은 이러한 신조들의 내용이 아니라 오히려 이탈리아 국가가 그 핵심적 특성의 변혁 없이 자신을 강화하고 새로운 평온기를 즐기려는 희망 아래 그 기반을 이동하는 전반적 과정이다.

사람들은 이러한 모든 과정에서 가장 획기적인 요소는 사회당원들의 태도라고들 한다. 그러나 이는 진실이 아니다. 사회당원들은 이러한 전반적 과정을 충실히 뒤쫓았으며, 이미 위에서 인민당원들의 행동과 사회당원들의 그것 사이의 유사성을 이야기했으므로 이에 대해 잠시라도 더 설명한다는 것은 불필요한 일일 것이다. 유일한 차이점은 사회당원들의 경우 정부 안에 자리를 차지하지 않고 있다는 사실에 있으며, 이로써 그들은 다른 이들보다도 더 위선적이고 불성실하다고, 그들의 실제 얼굴을 위장하기 위해 단지 두 개의 가면만이 아니라 세 개 혹은 네 개의 다른 가면들을 지니고 있다고 비난받을 만하다. 현재 사회당원들은 단지 국가를 재건하고 재강화한다는 공통의 과제에 대해 그들의 작은 역할을 수행할 수 있게 되는 것만을 요구하고 있을 뿐이다. 그들이 어떻게 말하든 — 스텐테렐로[19]처럼 부끄럼 없이 떠들어대든 아니면 투라티의 낡은 잡동사니들을 다시 끄집어내든, 비타협성이라는 깃발을 게양하든 아니면 <아반티!>의 앵무새처럼 꽥꽥거리든 — 그들의 말과 태도 하나하나는 다 부르주아지와 국가에 봉사한다. 왜냐하면, 그것은 대중이 그들 주위에서 진행되는 사건의 홍수들 속에서 명확한 관점을 획득하는 것을 막는 데, 그리고 자유, 개혁, 긍정적 전진의 새로운 설교자들이 그들의 주먹을 불끈 쥘 준비가 되어 있다는 걸 눈치채지 못하게 하는 데 일조하기 때문이다.

따라서 우리의 경우 이는 현재 상황에 대한 중요한 결절점이다. 사회-민주주의적 정당들 — 사회당과 인민당 — 의 참주선동에 대한 어떠한 지지도 오랜 세월 자신들로부터 자유와 복지를 앗아가고 예속과 고통과 죽음을 안겨주어 왔던 유기체의 재건에 기여하는 것이라는 점이 이탈리아의 노동자, 농민 대중에게 분명히 인식되어야만 한다. 사회민주주의에 대한 투쟁, 배신적인 사회당에 대한 투쟁은 모두 이탈리아 프롤레타리아를 예속의 어떠한 형태로부터도 해방시키는 투쟁의 일부이다.

<오르디네 누오보>, 1922년 2월 5일

---

19) [역주] p. 272 각주 15를 보라.

이탈리아 미래주의에 대해
트로츠키에게 보내는 편지

여기 당신이 이탈리아 미래주의 운동에 대해 제게 던진 질문들의 답이 있습니다. 전쟁 이래 이탈리아에서의 미래주의 운동은 그 독특한 면모들을 잃어버렸습니다. 마리네티(Marinetti)는 그 운동을 위해 거의 아무 것도 하지 않고 있습니다. 그는 결혼했고 그후 자신의 모든 정력을 그의 아내에게 쏟아붓길 즐기고 있습니다. 현 국면에서 이 운동 참가자들 중에는 왕정주의자들, 공산주의자들, 공화주의자들, 그리고 파시스트들이 포함되어 있습니다. <일 프린치페(Il Principe, 원칙)>라고 불리는 정치 주간지가 최근 밀라노에서 창간되었는데, 이 잡지는 마키아벨리가 16세기 이탈리아를 위해 제창했던 것과 똑같은 해결책 ― 즉, 국가를 혼돈상태로 몰아넣는 지역적 정당들 사이의 투쟁은 자신을 교전하는 모든 당들의 영수로 세우는 절대 군주, 새로운 체자레 보르지아(Cesare Borgia)[20]에 의해 일소되어야 한다는 해결책 ― 을 설명하고, 혹은 설명하려고 노력하고 있습니다. 편집인은 두 미래주의자, 브루노 코라(Bruno Corra)와 엔리코 세티멜리(Enrico Settimelli)입니다. 그리고 1920년 애국주의적 시위 과정에서 국왕에 반대하는 과격한 연설을 한 혐의로 체포되었던 마리네티는 현재 이 잡지에 기고하고 있습니다.

전쟁 이전의 미래주의의 가장 중요한 주창자들은, 가톨릭으로 전향하여 『그리스도 이야기(Story of Christ)』란 것을 쓴 지우세페 파피니(Giuseppe Papini)를 제외하고는,

---

[20] [역주] 체자레 보르지아(1476~1507)는 발렌시아의 대주교를 거쳐 추기경에 올랐으나, 이 직위를 사임하고 교회의 총사령관이 되어 교황청의 헤게모니 아래 이탈리아를 통일하는 운동을 펼쳤다. 그는 교황 알렉산더 6세가 사망한 후 투옥되고 스페인으로 추방되어 그 곳에서 죽었다.

현재 파시스트들이 되어 있습니다. 전쟁 동안 미래주의자들은 '갈 데까지 가는 전쟁'과 제국주의의 가장 굳센 지지자들이었습니다. 단지 한 명의 미래주의자, 알도 팔라체시(Aldo Palazzeschi)만이 전쟁에 반대했습니다. 그는 그 운동과 절연하였고, 가장 흥미로운 작가들 중 한 명임에도 불구하고 결국에는 글쓰기를 완전히 포기했습니다. 항상 전쟁의 시구들을 노래하던 마리네티는 전쟁만이 세계가 자신의 체제를 청소할 수 있는 유일한 길임을 주장하는 선언서를 출판했습니다. 그는 장갑차 대대의 대위로서 전쟁에 참가했고, 그의 최근작 『강철 침실(L'alcova di acciaio)』은 전쟁 중의 장갑차에 대한 열정적인 찬가입니다. 마리네티는 『공산주의 바깥에서(In disparte dal comunismo)』라는 팜플렛을 썼는데, 여기서 그는 자신의 정치적 독트린 — 만일 이 언제나 재치 있고 항상 진기한 사내의 공상들이 독트린이라고 불릴 수 있다면 — 을 발전시키고 있습니다. 제가 이탈리아를 떠날 때 프롤레트쿨트(Proletkult)의 토리노 지부는 마리네티에게 조직의 성원인 노동자들이 그린 회화의 전시회에서 이런 종류의 예술의 중요성에 대해 연설해달라고 부탁했었습니다. 마리네티는 매우 기쁘게 이 초대에 응했습니다. 그는 노동자들과 나란히 전시회를 방문했고, 노동자들이 미래주의에 대해 부르주아지보다 훨씬 더 풍부한 감성을 지니고 있다는 걸 깨닫고는 만족감을 표시했습니다. 전쟁 전에 미래주의자들은 노동자들 사이에서 매우 인기 있었습니다. 한번 발행될 때마다 이천 부씩 찍어냈던 잡지 〈라체르바(Lacerba)〉는 그 4/5 정도가 노동자들 사이에서 유통되었습니다. 이탈리아의 대도시 극장들에서의 미래주의자들의 예술 공연에서, 미래주의자들에 반대하는 상층 계급이나 부르주아 젊은이들에 반대하여 노동자들이 미래주의를 옹호하리란 것이 자주 사실로 입증되었습니다.

마리네티의 미래주의 그룹은 더 이상 존재하지 않습니다. 마리네티의 옛 잡지 〈포에지아(Poesia, 시)〉는 현재 아무런 지적, 조직적 재능도 갖추지 못한 마리오 데시(Mario Dessi)같은 사람에 의해 편집되고 있습니다. 남부, 특히 시칠리아에는 마리네티가 기고하곤 하는 많은 미래주의 소식지들이 있습니다. 그러나 이러한 작은 소식지들은 미래주의를 이탈리아어 문법에 대한 무지와 혼동하는 학생들에 의해 발행되고 있습니다. 미래주의자들 사이에서 가장 강인한 집단은 화가들입니다. 로마에는 안토니오 줄리오 브라갈리아(Antonio Giulio Bragaglia)같은 실패한 사진작가들, 영화나 화가를 위한 대행업자들 등에 의해 조직되어 온 미래주의 회화의 지속적 전시회가 있습니다. 미래주의 화가들 중에는 지아코모 발라(Giacomo Balla)가 가장 잘 알려져 있습니다.

다눈치오(D'Annunzio)는 미래주의에 대해 공개적으로 어떤 입장을 취한 적이 결코 없습니다. 미래주의가 처음 출현했을 때 그것이 명시적으로 반(反)다눈치오주의적 성격을 취했다는 것이 언급되어야만 할 것입니다. 마리네티의 첫 번째 책들 중 하나는 『신은 떠났고, 다눈치오는 남았네(Les dieux s'en vont, D'Annunzio reste)』라고 불렸습니다. 그리고 비록 전쟁 동안 마리네티와 다눈치오의 정치 강령이 많은 점에서 서로 일치했지만, 미래주의자들은 아직도 반(反)다눈치오주의자들로 남아 있습니다. 그들은 피우메 회복운동(movimento fiumano)[21]에 거의 아무런 주의도 기울이지 않았습니다. 비록 그들 역시 이후에 그 시위에 참여했지만 말입니다.

[1차 대전] 강화 이후 미래주의자들은 그들의 특성을 모두 상실했고 전쟁의 결과로 등장한 다양한 경향들로 분해되었다고 할 수 있습니다. 젊은 지식인들은 전반적으로 극히 반동적입니다. 미래주의에서 옛 이탈리아 문화 — 현학적이고 메말랐으며 민중으로부터 소외된 — 에 반대하는 투쟁의 요소들을 보았던 노동자들은 현재 자유를 위한 무장 투쟁의 와중에 있으며, 예전의 논쟁들에 대해서는 별로 흥미를 갖고 있지 않습니다. 주요 산업 도시들에서는, 노동자들의 문학적이고 예술적인 창조력을 깨우려고 의도된 프롤레트쿨트 강령이 여전히 이런 종류의 일을 걱정할 시간과 취향을 지닌 이들의 에너지를 흡수하고 있습니다.

모스크바에서, 1922년 9월 8일

---

21) 1919년 가을에 다눈치오는 민족주의자들, 아나코 생디칼리스트들, 퇴역 군인들, 그리고 잡다한 모험가들로 이루어진 이천 명 가량의 '재향 군인들'의 군사 원정대를 이끌고 그 해 초반 이탈리아 정부가 베르사이유 강화 회담에서 반환을 요구했다가 실패한, 크로아티아 해안의 이전 헝가리 항구 피우메(Fiume, Rijeka)를 점령했다. 1920년 크리스마스날 이탈리아 해군에 의해 추방될 때까지 거기서 그는 이탈리아 파시스트 체제의 보다 바로크적인(기괴한) 면모의 원형을 보여주는 희극적 체제의 주인 역할을 했다.

4부
이탈리아 공산당의 건설

우리의 노조 정책

니콜라 베치[1] 동지는 <신다카토 로소(*Sindacato rosso*, 붉은 노조)>[2] 9월 15일자에서 그의 낡은 베치주의적(vecchia) 테제를 되풀이하고 있다. "우리는 전국적 계급 노조 조직을 건설해야 하며, 이는 모든 당으로부터 자율적이고 독립적이며 당분간 모든 인터내셔널로부터 독립적일 것이다."

이러한 제안에 대한 우리의 태도는 어떠해야 할 것인가? 대중들 가운데에서 베치 동지의 테제에 동조하는 가능한 모든 의견의 흐름을 저지하기 위하여 우리 공산주의자들은 어떻게 우리의 선전을 가장 잘 운용할 수 있을 것인가? 구체적인 시기, 즉 현재 상황에서 우리의 노조 정책은 무엇인가, 결국 우리는 어떻게 거대한 프롤레타리아 대중과 접촉을 유지하고, 그들의 요구를 해석하며, 그들의 욕망을 배우고 그들로 하여금 그러한 욕망들에 집중하도록 제안하며, 해방을 향한 전진 ── 가증스러운 파시스트 폭압의 모든 억압과 폭력들에도 불구하고 중단되지 않을 전진에서 프롤레타리아를 지원할 수 있을 것인가?

우리는 원칙적으로, 새로운 노조의 건설에 반대한다. 모든 자본주의 국가에서 노동조합 운동은 독특한 경로로, 즉 프롤레타리아 대중 다수의 역사, 전통, 그리고 습관과 사고방식으로부터 성장해 나온 독특한 종류의 거대 조직을 탄생시키고 발전시켜 왔다. 혁명적 생디칼리즘의 요소를 별도로 조직하려 했던 모든 시도는 그 자체로 실패했으며 거대 노조 조직 내의 개량주의자들의 헤게모니적 지위만을 강화해 주었을 뿐이었다. 이탈리아에서 생디칼리스트 연합(Unione Sindacale, USI)을 건설함으로써 생디칼리스트들이

---

[1] Unione Sindacale 내의 아나코-생디칼리스트 분파의 대표자로 공산주의자 및 코민테른과의 긴밀한 연계를 주장하였다.
[2] 노동총동맹 내의 공산주의 세력의 저널.

얻은 이익은 무엇이었던가? 그들은 산업 노동자 대중 — 즉, 노동인구의 가장 혁명적인 계급에게는 겨우 부분적이고 간헐적인 영향을 미쳤을 뿐이다. 움베르토 1세의 암살에서 리비아 전쟁에 이르는 기간3) 동안, 그들은 포 계곡과 풀리아(Puglia)의 거대한 소농(agrarian) 대중에 대한 통제력을 획득했을 따름이다. 그리고 이것이 가져온 유일한 결과는 당시 막 계급투쟁의 전장에 들어섰던(사실 이 시기는 농업 노동자(farm-labourers)가 55퍼센트까지 증대하는 농업문화의 변형기였다) 이들 대중들이 공업 프롤레타리아트의 이데올로기로부터 멀어지고, 리비아 전쟁까지(즉 프롤레타리아트가 더욱 급진적으로 되던 시기에) 아나코-생디칼리스트였던 이들이 이후 개량주의자들이 되었다는 것이다. 결국, 휴전부터 공장 점거에 이르기까지 그들은 개량주의 지도자들이 매 번의 결정적인 경우마다 혁명적 전위를 방해하는 데 이용하곤 하는 수동적 사병 집단을 구성했던 것이다.

미국의 사례는 이탈리아보다 더욱 전형적이고 시사적이기까지 하다. 영락과 반혁명적 굴종의 수준에 있어 곰퍼스의 조직4)만큼 타락한 조직도 없을 것이다. 이는 미국 노동자들이 부르주아지의 영락한 하인이라는 것을 의미하는가? 천만의 말씀이다. 하지만 그들은 아직 전통적 조직에 유착되어 있다. IWW(혁명적 생디칼리스트들)5)는 곰퍼스의 영향력 하에 있는 대중을 외부로부터 획득하려 했으나 실패했다. 그들은 자신들을 이들 대중들로부터 절연시켰고 결국 백위대(white guards)에 의해 살육당하게 되었다. 반면에 미국 노조연합 내부에서 포스터6) 동지에 의해 주도된 운동은 실제적이고 현재

---

3) [역주] 움베르토 1세의 집권 기간(1878~1900)에 이탈리아는 아프리카로의 식민지 침략을 시작했고, 프랑스 대신 독일을 전략적 파트너로 선택하여 삼국동맹 체제를 구축했다. 또한 이 시기에 산업화가 본격화되면서 노동 문제 등이 대두하여 민중운동이 격화되었고, 가톨릭과의 관계 또한 원만하지 못했다. 사회개혁 요구의 부분적 수용을 통해 사회주의자들의 지지기반을 잠식하고자 한 지올리티의 보수적 개량주의 정책은 우파의 반대에 직면하게 되었다. 이러한 반발을 무마함과 동시에 산업자본의 이해를 도모하기 위해 지올리티는 1911년 오스만 투르크에 선전포고하고 리비아를 침공했다. 1년여에 걸친 전투 끝에 리비아를 장악하는 데 성공하지만, 전쟁 기간 내내 유격전에 휘말려 압도적인 승리를 거두지 못했고 지올리티 또한 소기의 목적이던 우파의 지지 확보에도 실패하는 등 전체적으로 이탈리아 국가의 취약함을 드러낸 전쟁이었다.
4) 사무엘 곰퍼스(Samuel Gompers)가 주도한 개량주의적인 미국 노조연합[AFL].
5) p. 234 각주 37을 보라.
6) [역주] 윌리엄 Z. 포스터(William Z. Foster). 20세기 초 미국에서 활약한 급진적 노동운동가이자 아일랜드계 급진주의자. 포스터는 AFL의 개량주의적, 백인 토박이노동자 중심주의적 경향에 반대하며 운동의 새로운 돌파구를 찾고자 했지만, 전투적 노조운동이 자연스레 정치적 급진주의로 성숙하리라는 생디칼리즘적 믿음을 견지함으로써 결과적으로 미국 사회주의 운동의 정치적 성숙을 이

적인 상황과 미국 노동자들의 뿌리깊은 정서를 반영하는 슬로건들을 사용함으로써 하나둘씩 노조를 장악하게 되었으며 곰퍼스의 관료제 권력이 실제로는 얼마나 취약하고 불안정한 것인가를 뚜렷이 보여주었다.

따라서 우리는 원칙적으로, 새로운 노조들의 건설에 반대한다. 혁명적 인자들은 그들이 대중의 일부로 남아서 대중의 오류, 환상과 각성을 공유하는 한에서만 전체로서, 그리고 계급의식의 가장 발전한 부위로서 노동계급을 대표할 수 있는 것이다. 만약 어떤 개량주의 권력자의 지배가 혁명주의자들에게 노동총동맹을 떠나서 그들 자신을 별도로 조직할 것을 강요하게 된다면(이는 절대 배제할 수 없는 가능성인데), 그럴 때라면 새로운 조직은 전체로서의 계급과 그것의 가장 의식적인 전위 사이의 오랜 통일성을 회복함으로써 운동의 재통합이라는 유일한 목표를 향해 헌신하고 매진할 것을 선언해야만 할 것이다.

대체로 노동총동맹은 여전히 이탈리아 노동계급을 대표하고 있다. 그러나 현재 노동계급과 연맹간의 관계의 체계는 어떠한가? 나는 이 문제에 대한 정확한 답변을 제출하는 것이, 우리의 노조 활동이 의지하고 있는 실제적 기반을 발견하고 우리의 역할 및 대중과 우리와의 관계를 획정함을 의미한다고 생각한다.

하나의 노조 조직으로서 노동총동맹은 최저 수준에까지 축소되었다── 세력을 수치로 따지자면 아마도 1920년의 1/10 정도일 것이다. 그러나 연맹을 장악하고 있는 개량주의 분파는 그들의 조직적 기간요원을 거의 그대로 유지하고 있으며 그들의 가장 활동적인 투사를 각각의 요소에 배치해 놓고 있다── 그들의 지식인들이 우리의 동지들에 비해 우월한 불굴의 의지와 인내를 갖고 일하는 능력을 가진 유능한 사람들이라는 것을 숨김히 인정해야 할 것이다.

지난 몇 해 동안 조직적이고 지도적인 능력을 획득하고 체계적 사업에 익숙해진 혁명적 인자의 다수── 사실상 거의 전부── 는 학살되거나 국외로 빠져나가거나 아니면 흩어져 버렸다.

노동계급은 갑자기 그들의 모든 초급장교(junior officers)를 잃어 버린 대군과 같다. 이러한 군대가 참모진(general staff)의 존재만으로 규율, 구조, 투쟁 정신, 그리고 통일적 방향성을 유지하는 것은 거의 불가능하다. 모든 조직은 대중과 지도자들 간의 적절한 수치적 [균형] 관계가 존재할 때에만 비로소 제대로 작동하는 복합적 전체이다. 우리

루어 내는 데 성공하지는 못했다.

는 다수 대중에 고루 우리의 영향력을 확장하고 이를 강화하여 혁명 투쟁의 유력한 도구로 바꾸어 내는 데 필수적인 기간요원, 연결망, 시설들을 갖고 있지 못하다. 이러한 측면에서 개량주의자들은 비할 수 없을 만큼 유리한 위치에 있으며 이러한 상황을 능숙하게 활용하고 있다.

공장은 여전히 존재하며 자연스럽게 노동자들을 집합시키고 서로 접촉하게 함으로써 그들을 조직한다. 생산 과정은 1919~20년의 수준을 따라잡았는데, 이는 자본주의에 더욱 더 장애물로 작용하는 특징을 지니며 따라서 노동자들에게도 더욱 결정적인 중요성을 갖게 된다. 50만의 파시스트 패거리를 항상적으로 동원할 필요성에 의해 초래된 물가 상승은 자본주의가 산업의 활력을 회복했다는 두드러진 증거 중 하나일 뿐이다. 이제 노동자는 공장 내에서 집중되고 조직되어, 공장 내에서는 자연스럽게 강력해진다. 그러나 대조적으로 공장 밖에서는, 고립되어 유약하며 사지가 묶여 있는 형편이다.

제국주의 전쟁 이전의 시기에는 상황이 반대였다. 노동자들은 공장 내에서 고립되어 있었고 그 외부에서 서로 연합했다. 즉 보다 개선된 노동입법을 획득하기 위하여, 노동시간 단축과 산업적 자유를 얻기 위하여 외부로부터 압력을 가했던 것이다.

오늘날 프롤레타리아의 공장은 내부위원회(internal commission)로 대표된다. 당장 의문이 제기된다. 노조를 파괴한 자본가들과 파시스트들은 무엇 때문에 내부위원회는 파괴하지 않는가? 조직적 관점에서 볼 때, 노조가 반동적 운동들의 압력으로 기반을 상실해 오는 동안 반대로 내부위원회는 어떻게 영향 범위를 실질적으로 확대하게 되었는가? 거의 모든 이탈리아 공장에서 실제로, 하나의 내부위원회가 존재하며 모든 노동자들 ─ 단지 조직된 노동자들뿐만 아니라 ─ 이 내부위원회에 투표하고 있는 게 사실이다. 결국 노동계급 전체가 이제는 내부위원회들로 조직되어 있으며, 이들은 그들의 협소한 조합주의적(corporatist) 성격을 확실히 탈각했다. 객관적으로 이는 매우 큰 함의를 갖는 거대한 성공이다. 이는 노동계급이 모든 어려움에도 불구하고, 그 모든 고통에도 불구하고, 파시스트 용병의 강철군화에 짓밟히면서 조차 ─ 단지 가장 하위의 미시적 수준에서일지라도 ─ 단결을 향해, 보다 거대한 조직적 단일성(homogeneity)을 향해 발전해 가고 있음을 의미하는 것이다.

왜 자본가들과 파시스트들은 이러한 상황이 초래되도록 허용했는가? 그들은 왜 이것이 계속되도록 허용하고 있는가? 자본주의와 파시즘에게는 노동계급이 인구의 다른 피억압계급들(특히 남부와 도서의 농부들, 도시와 농촌의 쁘띠부르주아지)의 지도자로서 갖는 역사적 역할을 박탈하는 것이 필수적이다. 환언하면, 국민적 수준에서 조직되며, 피억압자들에게 혁명적 영향력을 행사하고 정부의 민주적 권력의 기반을 탈취하는 공장 외부의 노동계급 조직의 체계들(노조와 정당들)을 파괴하는 것이 필수적이다. 그러나 자본가들은 산업적인 이유들로 인해, 모든 형태의 조직이 파괴되는 것을 원할 수는 없다. 말하자면 공장 내에서, 적어도 최소한의 합법성, 노동자측으로부터의 최소한의 동의가 없다면 규율을 유지하고 생산이 원활하게 지속되도록 하는 것이 불가능하다는 것이다.

무솔리니 같은 가장 지적인 파시스트들은 '계급분할 위에(above class division)' 서 있는 그들의 이데올로기가, 생산과 아무런 관련을 맺지 않고 따라서 아무런 사회적 긴장의 의식도 갖지 않는 쁘띠부르주아지의 층위를 넘어 확장되기란 불가능하다는 것을 최초로 깨달은 이들이다. 무솔리니는 노동계급은 결코 그들의 혁명적 의식을 잃지 않을 것이라고 확신하고, 최소한의 조직을 허용하는 것이 필수적이라고 생각하는 것이다. 테러 사용으로 노조 조직들을 엄격한 한계 내에 가두어 놓는 것은 개량주의자들이 연맹의 통제력을 장악할 수 있도록 보장하는 방법이다. 연맹을 미숙한(embryonic) 형식으로, 내부위원회의 파편적인 체계와 함께 존재하도록 하여 개량주의자들이 전체 노동계급을 통제하고 대변하도록 하는 것이 파시스트의 구미에 들어맞는 일이다.

이것이 이탈리아의 현 상황이다. 이것이 오늘날 이탈리아에서 프롤레타리아 계급과 그 조직들 간에 존재하는 관계의 체계이다. 우리가 얻는 전술적 함의는 명백하다.

(1) 우리는 내부위원회들에 대한 통제력을 획득할 혁명적 그룹들을 공장 내에 건설하기 위해 노력하며, 내부위원회의 활동 영역을 더욱 확장하도록 압력을 가해야 한다.

(2) 공장 조직들의 자연스러운 발전 경로에 조응하여 우리는 공장간의 연결망을 형성하고 상황이 새로운 방향으로, 내부위원회로부터 공장평의회로 발전하도록 활동해야 한다.

이는 우리가 대지에 발을 붙이고 다수 대중과 긴밀한 접촉을 유지할 수 있는 유일한 방법이다. 이는 고된 노동의 실제 세계 속에서, 노동계급 일상의 펄펄 끓는 도가니 속에서 활동해 나감으로써, 우리의 조직적 기간요원들을 재구축하고 다수 대중으로부터 형성되기 시작하는, 생산 세계 내에서의 그들 자신의 가치와 거역할 수 없는 중요성을 인식함으로써 혁명적 열정으로 가득 찬 새롭고 유능한 의식적 인자들을 발견하는 유일한 방법이다.

<라 스타토 오페라이오(*La Stato Operaio*, 노동자 국가)>, 1923년 10월 18일

비관주의에 반대하여

우리 이탈리아 혁명가들이 어느 때보다 스스로 활동적이며 통합적인 일부로서 느끼고 있는 위대한 세계적 결사, 공산주의 인터내셔널의 5주년 기념일을 축하하는 데에는, 우리의 의식과 우리가 이룬 아주 소소한 것, 그리고 우리 앞에 놓여 있는 거대한 과업을 자기검토하는 것보다 더 좋은 일도 없을 것이다. 이는 우리의 상황을 명확히 인식하는 방법이자, 특히 지금 가장 유능하고 책임 있는 투사들에게조차 드리워져 있는 정치적 수동성, 지적 마비 및 그러한 정서가 유도하는 미래에 대한 회의주의로 인한 큰 위험 — 아마도 우리가 현재 직면하고 있는 가장 심각한 위험 — 을 대표하는 비관주의의 어둡고 두터운 구름을 날려보내는 길일 것이다.

이러한 비관주의는 우리 나라의 총체적 상황과 긴밀히 연관되어 있다. 물론 상황은 그것의 [한] 설명일 뿐, 정당화가 될 수는 없다. 우리가 모든 것이 상승하고 있을 때, 상황이 우호적일 때, 노동자 대중이 폭발적인 충동을 가지고 자발적으로 앞으로 나아가고 프롤레타리아 정당은 자신이 마차를 밀고 있다고 생각하는 라 퐁텐느(La Fontaine)의 파리[7]의 빛나는 자리에 올라앉을 수 있을 때에만 낙관주의적으로 활동하고 행동할 수 있다면, 우리와 사회당, 또는 우리의 의지와 그러한 [개량주의] 정당의 전통간에 도대체 어떤 차이가 있을 것인가? 만약 우리가 숙명주의에 몸을 내맡긴다면 — 설령 그것이 상이한 이유들과 사물에 대한 상이한 관점 탓이더라도, 혹은 우리가 보다 넓은 의미의 책임 의식을 가지고 있는데, 이것은 어떤 돌발사건에 대한 적절한 조직적·물질적 힘을 준비하기 위한 우리의 활동적 관심이 유지되는 경우에 한해서라는 점을 보여주더라도 — 우리와 사회당 사이에는 어떤 차이가 있을 것인가? 만약 우리가 사건들은

---

7) p. 121 각주 28을 보라.

정해진 발전 경로 — 우리가 이를 예측할 수 있는 경로 — 를 따라 전개되어, 반드시 우리가 지도에 그린 수로와 운하의 망을 통하여 정확한 길을 따라 흘러내려 그 결과 생겨나는 형식과 역사적 권력을 획득할 것이라는 편안한 환상으로 우리 자신을 달래려 한다면, 그들과 우리 사이에는 도대체 어떤 차이가 있을 것인가? 수동성이란 것은 바깥에서는 활기찬 행동으로 보이며 [정해진] 발전의 경로로 나타나는 탓에, 이는 너무나 복잡하게 얽혀 있는 문제의 매듭의 중심이며 노동자들은 이 묶인 고리를 풀어내는 수고를 감내해야 한다.

공산주의 인터내셔널은 1919년 5월 5일에 창건되었지만, 규약과 21개 조가 승인된 1920년 7~8월의 2차 대회에 와서야 이데올로기적, 유기적 구성을 갖추게 되었다. 이탈리아에서 사회당의 재조직화를 위하여 캠페인이 시작된 것 — 말하자면 전국적 범위에서 시작된 것, 왜냐하면 이미 그 이전인 3월에 토리노 분파에 의해, 토리노에서 개최되기로 예정되어 있던 당의 다음 전국대회를 위해 기초된 결의안[8]으로부터 개시되었기 때문이다 — 은 2차 대회 이후였다. 그러나 2차 대회 이전까지는 캠페인이 그다지 큰 반향을 얻지 못했다(2차 세계대회 이전 7월에 개최되었던 기권주의 분파의 피렌체 대회는, 분파가 현실적으로 모든 존재 이유를 상실한 기권주의적 전제조건 없이 공산주의 분파로 전환함으로써 보다 넓은 기반을 획득해야 한다는 <오르디네 누오보> 대표의 제안[9]을 기각했다).

리보르노 대회와 여기서 발생한 분리는 2차 대회 및 [코민테른의] 21개 조와 연관되는 것으로, 2차 대회의 '형식적' 과정의 불가피한 결과로 받아들여졌다. 이는 오류였고 현재 우리는 그것의 결과를 충분히 검토할 시점에 도달해 있다. 실제로 2차 세계대회의 과정은 이탈리아와 세계 전체의 상황에 대한 살아 있는(living) 응답이었다. 그러나 우리는 여러 가지 이유들로 인해, 이탈리아에서 일어나고 있는 사건들로부터 우리의 행동을 결정하지 않았다. 이탈리아의 사건들은 2차 대회가 옳았다는 것을 증명했고, 2차 대회에서의 결정과 조직적 대책 뒤에 놓여진 정치적 실제의 일부, 아니 가장 중요한 부분은 결국 이 사건들이었는데도 말이다. 그 대신, 우리는 단지 형식적 물음들, 순수 논리의 물음들, 순수한 일관성에 엄격하려고만 했고, 우리는 패배했다. 왜냐하면 우리가 인터내

---

8) [역주] 「사회당의 혁신을 위하여」, pp. 208~13을 보라. 원래 토리노에서 예정되어 있던 사회당 전국대회는 토리노의 총파업으로 인해 밀라노로 장소를 옮겨 1920년 4월 18~22일에 개최되었다.
9) [역주] 실은 이 제안은 1920년 5월 8~9일의 기권주의자 대회에 '참관인'으로 개입했던 그람시에 의해 제출되었다.

셔널이 우리편에 보내 주고 있는 거대한 권위와 위신을 갖고 있었고 이에 의지했지만, 정치적으로 조직된 프롤레타리아트의 다수는 우리에게 동의하지 않았고 우리를 따르기를 거부했기 때문이었다. 우리는 사회당의 모든 구성 요소에 이르기까지 이를 반성하게 할 수 있는 종류의 체계적인 캠페인을 전개할 수 없었다. 우리는 1919년과 1920년의 사건을 모든 이탈리아인에게 이탈리아 노동자와 농부들이 이해할 수 있는 언어로 통역해 줄 수 없었던 것이다. 우리는 리보르노 이후, 왜 대회가 그와 같은 결과를 만들었느냐는 질문과 대결할 수 없었다. 우리는 그 질문에 실제적으로, 해결책을 찾는 방식으로, 우리의 특정한 임무를 계속하고 그리하여 이탈리아 민중의 다수를 획득하는 방식으로 대결할 수 없었다. 우리는 — 이것은 짚고 넘어가야만 하는데 — 상황(events)에 따라 휩쓸려다녔다. 우리는 그러기를 원치 않았지만, 이는 모든 전통과 역사적 구조와 지배적 사상이 녹아내려 때때로 아무 것도 남지 않게 되는 일종의 작열하는 도가니가 되어버린 이탈리아 사회의 총체적 용해의 한 측면이었다. 우리는 한 가지 위안, 집요하게 고수할 수 있는 위안을 가지고 있었다 — 우리는 모두 이 속에 함께 있었으나, 모두들 환상이 주는 최고의 행복과 미망 속에서 허우적거릴 때 우리는 이 격변을 수학적 정확성으로 예측하였다고 주장할 수 있었다는 것이다.

리보르노의 분리 이후 우리는 필요에 의해 행동하는 상황으로 접어들었다. 이는 리보르노의 분리 이후 우리의 태도와 행동에 대한 유일한 정당화이다. 즉 우리는 그 가장 노골적이고 적극적인 형식 — 삶과 죽음 간의 선택 — 의 필요에 직면했다는 것이다. 우리는 내전의 불꽃 가운데에서 우리 자신을 당으로 조직해야 했고, 우리의 부문들을 가장 헌신적인 투사들의 피로 서로 이어붙여야 했다. 우리는 우리의 그룹을, 신병을 소집하고 훈련시키듯이 게릴라 분견대 — 노동계급이 싸워 나가야 할 가장 잔혹하고 어려운 게릴라 전투의 분견대로 변화시켜야 했다. 그리고 우리는 성공했다. 당은 마지막까지 건설되고 또 건설되었다. 그것은 철의 방진(phalanx)이며, 적군에 대항하여 싸움에 돌입하기에는 확실히 너무 작지만, 보다 넓은 범위의 구성을 위한 골격이 되기에는 충분히 컸다. 말하자면 — 이탈리아 역사의 용어를 빌자면 — 카포레토의 패주 이후 피아베(Piave) 전투를 예비할 군대를 확실히 준비했던 것이다.10)

이는 오늘날 우리가 냉혹하게 직면하고 있는 문제이다. 리보르노 이래로 파시즘이

---

10) [역주] 카포레토는 이탈리아가 1917년 10월, 오스트로-헝가리 군대에게 대패한 곳이다. 반면에 전쟁의 막바지 단계인 1918년에 이탈리아는 피아베와 비토리오 베네토(Vittorio Veneto)에서 승리를 거두었다.

가한 그토록 폭압적인 공격에 맞서 주저함이나 물러섬 없이 저항할 수 있음을 스스로 보여주었던 그러한 힘들의 기반 위에서, 다가오는 전투를 위한 대군을 어떻게 만들어나 갈 것인가. 2차 대회 이후 공산주의 인터내셔널의 발전은 이를 위한 길을 닦아 놓았다. 게다가 1922년 2월과 6월 그리고 1923년 6월의 확대총회가 추가된 3, 4차 대회의 과정에서, 인터내셔널은 이탈리아의 상황 및 그것에서 비롯되는 요청에 응답을 주었다. 우리가 당으로서 이러한 방향을 향해 이미 몇 걸음을 내딛은 것은 사실이다. 우리에게 남아 있는 것은 이러한 발걸음을 명확히 하고 대담하게 나아가는 것이다.

사회당 중심부에서 발생한 사건들, 첫째 개량주의자들로부터의 분리, 둘째 <파지네 로세(*Pagine rosse*, 붉은 페이지)>[11] 편집진의 제명, 끝으로 전체 제3인터내셔널주의 분파의 추방 시도 등의 중요성은 무엇인가? 이 사건들의 구체적 의미는 다음과 같다. 우리 당이 이탈리아 지부로서 그 활동을 파시즘에 대한 방어를 위한 물리적 투쟁과 원래 구조의 보존에 제한할 수밖에 없는 동안에도 인터내셔널의 당으로서 활동 — 활동을 계속 수행 — 하여 미래를 향한 새로운 길을 열었으며, 정치적 영향력의 공간을 확장함으로써 [현실에서] 비껴서서 무관심과 주저함을 보이던 대중들을 중립성으로부터 끌어내었던 것이다. 한동안 인터내셔널의 활동은 우리 당이 폭넓은 대중과 유효한 접촉을 유지하고 논쟁의 열정과 노동계급의 중요한 층위에서 운동의 최초의 고양을 보장했던 유일한 활동이었다 — 이는 이 상황에서 다른 식으로는 도저히 성취할 수 없는 것이었다. 우리가 사회당 일파로부터 몇몇 블록들을 분리시켜낸 것, 그리고 상황이 최악이라고 여겨지던 시기에 무정형의 사회주의 젤리[상태]로부터, 모든 것들에도 불구하고 세계혁명에 대한 믿음을 갖고 있다고 선언하며 또한 그들이 1920~21~22년간에 오류를 범했다고 — 밀로는 아니더라도 행동으로(사실 행동보다 말이 훨씬 고통스러운 것일 수 있다) — 인정한 몇몇 동지의 중핵을 창출해 냈다는 것은 의심할 바 없이 대단한 성공이었다. 이는 파시즘과 반동세력에게는 하나의 패배이다. 우리가 이에 대해 진지하고자 한다면, 이는 이탈리아 역사에서 최근 3년 동안 파시즘과 반동이 겪은 유일한 물리적·이데올로기적 패배였다.

우리 당내의 어떤 그룹들 — 가장 책임감 있고 유능한 몇몇 동지들을 포함하는 그룹들의 비관주의에 대하여 단호히 대응하는 것은 필수적이다. 비관주의는 현 시점에서,

---

11) 1923년 5월 29일에 창간되어 세라티가 편집을 맡은 저널. 이 그룹이 공산주의자들과 연합하게 되는 1924년 8월에 발간 금지되었다.

우리 나라에서 나타나고 있으며 최초의 파시스트 입법부에서 재가되고 명확해질 새로운 **상황**에서 가장 심각한 위험을 대표한다. 대중적인 투쟁이, 아마도 지난 몇 년보다 **훨씬** 잔인하고 어려운 싸움이 전망되고 있다. 우리의 지도자들로부터 가능한 최대의 에너지가, 당원 대중의 가능한 최고 수준의 조직이, 지도성의 위대한 정신과 결정에 있어서의 최대의 신속성이 요구된다. 비관주의는 대체로 후렴을 달고 다닌다. 우리는 리보르노 이전의 상황으로 돌아가고 있고, 우리는 다시 리보르노 이전에 했던 것과 똑같은 일을 하게 될 것이며, 우리가 생각했던 것은 제한적이었다는 것이다.

우리는 이러한 관점이 정치적으로나 이론적인 견지에서 얼마나 잘못된 것인가를 모든 동지들에게 확신시켜야만 한다. 확실히, 격렬한 투쟁을 지속하는 것이 필수적일 것이다. 확실히, 리보르노에서 형성된 우리 당의 기본 중핵의 임무는 아직 끝나지 않았고 당분간 끝나지도 않을 것이다(이는 혁명의 승리 이후에조차도 여전히 중요하고 지속되는 과업일 것이다). 하지만 우리 자신들이 리보르노 이전의 상황으로 돌아가 있는 것을 발견할 리는 만무한데, 왜냐하면 1924년의 이탈리아와 세계의 상황이 1920년의 그것과 다르고, 우리 자신이 1920년과 같지 않으며 결코 다시 그 상태로 돌아가는 것을 원하지도 않을 것이기 때문이다. 왜냐하면 이탈리아 노동계급은 엄청나게 변화했으며, 최대강령파 장사판의 천박한 참주선동으로 귀를 멀게 하고 피를 끓어오르게 하여 연동대포로 다시 한번 공장을 점거하도록 한다는 것12)은 더 이상 결코 쉬운 일이 아니기 때문이다. 왜냐하면 지금 우리 당은 존재하고 있고 —— 결국 이것이 중요한 것이며, 또한 중요하다고 증명된 것이다 —— 우리는 이에 대해 이탈리아 프롤레타리아트의 최상의, 가장 건강하고 가장 명예로운 부문으로서의 믿음을 갖고 있기 때문이다.

<오르디네 누오보>, 1924년 5월 15일

---

12) [역주] 최대강령파의 오직 혁명적 언사뿐인 선동(실제의 물리력이 아닌 '연통' 대포)은 더 이상 노동계급을 추동할 수 없다는 것.

메조지오르노와 파시즘

근래 이탈리아 정치투쟁에서 중요한 사건 중의 하나는 국가/정부와 이탈리아 남부간의 관계문제를 해결하려는 국민 파시스트당의 시도이다.

메조지오르노(Mezzogiorno)[13]는 입헌적 반대파의 저수지가 되었다. 메조지오르노는 다시 한번 국가의 나머지 부분과의 '지역적' 차이와 아울러, 낡은 억압과 착취의 강화를 의미할 뿐인, 과도하게 확장된 통일체로의 불가항력적인 편입에 대한 거부의 결의를 보여주었다. 메조지오르노는 일련의 입헌적이고 의회주의적인 형식 민주주의의 입장으로 자신을 둘러쌌는데, 설령 국민당이 그러한 양보의 필요성을 느낀 것이 단지 오를란도나 데 니콜라와 같은 우두머리들, 지도자들의 운동을 허용하지 않기 위한 것이라 하더라도, 이는 확실히 일정한 가치와 중요성을 갖는 일이다. 여기서 무솔리니는 이전의 다른 어떤 상황보다 더욱 어렵고 복잡한 새로운 상황에서 지올리티-스타일의 전술들을 적용했을 뿐인데, 이 상황은 적어도 부분적으로 다시 활기를 띠고 공공생활에 참여하기 시작하는 인구가 존재하며 이민의 감소와 함께, 자본주의의 이해를 관장하는 정부가 그러하듯, 자본주의가 이 지역으로부터 거리를 둠으로써 계급문제들이 보다 더욱 폭력적인 성격을 띠게 되고 '지방적인' 문제들이 되는 시기인 것이다.

많은 동지들은 북부 이탈리아의 두 개의 거대 신문인 <코리에레 델라 세라>와 <라 스탐파>가 왜 파시즘에 반대하는지 곧잘 놀라움에 차서 자문하곤 한다. 파시즘은 이들 두 신문이 보고 싶어하던 바로 그 상황을 창출한 것이 아니었던가? 이들 두 신문이야말로 1920~21년간의 파시즘의 승리에 지대한 기여를 하지 않았던가? 지금 이들은 왜 혼란을 유포하고 쁘띠부르주아 대중에게 '자유의 이상'을 제시함으로써 반대의 방향으로,

---

[13] 이탈리아 남부.

[즉] 파시즘으로부터 그들의 대중적 기반을 빼앗고 그들이 딛고 있는 지반을 허물기 위해 노력하는가?

<코리에레 델라 세라>와 <라 스탐파>가 대중의 정서에 적절한 주제들을 고수함으로써 단지 구독자들과 독자들의 외연을 유지하고 확대하려 하는 '순수' 신문들이 아님은 분명하다. 만약 그러했다면 이들 두 신문은 진작에 파시스트의 강철과 기름 그리고 새로운 주인에 충성하는 편집자들에 의한 '점거'(occupation)를 겪었을 것이다. <코리에레>와 <라 스탐파>는 점거되지도, 점거당하도록 허용하지도 않았는데, 왜냐하면 점거되거나 스스로 점거당하도록 허용하지 않았던 세 가지 범주의 국가적 '제도들'(institutions)이 존재하기 때문이다. 그것은 군대의 참모진(general staff), 은행들(또는 the Bank — 즉 무소불위의 독점을 행사하는 상업은행[the Banca Commerciale]), 그리고 산업총연맹이다.

<라 스탐파>와 <코리에레>는 전통적으로 이러한 '제도들'의 대변자이며 이들 국가적 제도들의 두 정당이다. 보다 '좌익'에 해당하는 <라 스탐파>는 파시즘의 가능한 계승자로서 급진적-사회주의 정부의 [집권] 가능성을 지금 공공연하게 떠벌리고 있으며, 이탈리아에서의 맥도널드-스타일[14]의 실험조차 반대하지 않을 정도이다. <라 스탐파>는 남부의 문제를 인정하며, 노동자들의 핵심(cream)을 피에몬테와 북부의 지배 헤게모니로 끌어들이는 것이 해결책이라고 보고 있다. 이는 전국적 수준에서 남부의 혁명적 세력들을 참수하고, 결코 혼자서는 자본주의를 전복할 수 없는 남부의 농민대중과, 착취자들과의 타협과 치욕적인 제휴에 속박되어 있는 북부 노동계급간의 동맹의 모든 가능성을 효과적으로 제거하는 것을 의미한다.

<코리에레 델라 세라>는 상황에 대하여 보다 '통일적'(unitary)이고 이른바 보다 '이탈리아적'인 — 결국 공업적이라기보다는 상업적인 쪽이 강한— 관점을 갖고 있다. <코리에레>는 두 사람의 최초의 남부인 정부 수반인 살란드라와 니티를 지지했다(시칠리아인 수반[15]은 남부가 아니라 시칠리아를 대표하는데, 왜냐하면 시칠리아의 문제는 메조지오르노의 문제와 유별나게 다르기 때문이다). <라 스탐파>와 마찬가지로, <코리에레>는 독일보다는 연합국을 편들었다. <라 스탐파>와 마찬가지로, <코리에레>

---

14) [역주] 1924년 집권한 영국 노동당의 맥도널드 내각을 말함.
15) [역주] 시칠리아 출신으로 1887~96년 사이에 세 차례 내각을 이끌었던 크리스피(Francesco Crispi) 수상을 말한다. 그는 급진적 좌파의 진전을 저지하고 교황청과의 협조를 모색하는 데 주된 관심을 기울였다.

는 자유무역에 대하여 지올리티 정부의 선거 시기뿐만 아니라 일관된 지지자였다. <라 스탐파>가 그랬듯이, <코리에레>는 전쟁 기간 동안 국가기구가 지올리티의 프리메이슨적인(masonic) 관료의 손으로부터 살란드라의 '풀리아인(Puglian) 동포들'의 손으로 넘어가는 것을 우려하지 않았다. <코리에레>는 보수주의에 보다 유착하고 있다. 이는 개량주의자들과의 연합을 지지할 수 있지만, 그것은 개량주의자들이 서커스에서 고리를 넘듯 하라는 대로 기꺼이 따를 때뿐이다. <코리에레>는 '아멘돌라' 정부를 원한다 — 말하자면, 남부의 쁘띠부르주아지와 북부 공장노동자의 핵심이 아닌 부위가 실제 권력체계에 공식적으로 편입되기를 원한다. <코리에레>는 바돌리오(Badoglio)16)보다는, <라 스탐파>가 선호하듯, 카도르나(Cadorna)17)를 군사적 지도자로 하고, 이탈리아적 브리앙18) 같은 이보다는 이탈리아적 포앵카레19)를 그들의 정치적 지도자로 하는 이탈리아에서의 농촌 민주주의(rural democracy)를 원한다. <코리에레>는 <라 스탐파>와 달리 1890년대와 같은 시기 — 남부 농민들의 봉기가 공업도시들에서의 노동자 봉기와 자연스럽게 결합되던 시기 — 가 또 한번 도래하는 것을 두려워하지 않는다; 시칠리아 파쇼단(Fasci Siciliai)은 98년의 밀라노 폭동에서 그들의 메아리를 발견했던 것이다. <코리에레>는 '자연적 세력'과 바바 베카리스(Bava-Beccaris)20)의 대포에 대

---

16) [역주] 피에트로 바돌리오(Pietro Badoglio, 1871~1956). 군인이자 정치인으로, 1917년 카포레토 전투에 참전했고 1919~21년에는 참모총장을 역임했다. 로마 행진때는 무솔리니에 냉담했으나 이내 협력하여 외교 업무를 맡았다. 하지만 2차 대전에 대한 입장은 무솔리니와 갈려서, 연합군과의 휴전 협정을 주도하는가 하면 1943년 연합군의 시칠리아 상륙 직후 무솔리니를 실각시키고 수립된 군사독재정부의 수반을 지내기도 했다.
17) [역주] 루이지 카도르나(Luigi Cadorna, 1850~1928) 1917년 카포레토에서의 패전에 대한 책임을 지고 사임한 이달리아군 총사령관. 당시의 패배는, 전쟁이 전반적으로 지지를 받지 못하던 상황에서 야기된 병사들의 불만이 그 주요인이었다. 『옥중수고』에서 그람시는 카도르나를, 자신이 지도하는 이들의 '동의'를 획득하기 위한 노력을 조금도 하지 않는 권위주의적 지도자의 상징으로 간주했다.
18) [역주] 아리스티드 브리앙(Aristide Briand, 1862~1932). 클레망소 내각의 직위를 받아들여 1906년 프랑스 사회당에서 축출되었으며, 1915~7년에 전시연합내각의 지도적 인물이었다.
19) [역주] 레이몽 포엥카레(Raymond Poincaré). 가톨릭 공화주의자. 1924년 프랑스에서 수립된 좌파연합 정부(cartel des gauches)는 군부 및 왕당파의 영향력을 축소하기 위한 일련의 법률들을 통과시켰다. 그러나 이러한 조치는 곧바로 우파의 반발을 불러일으켜, 프랑스는 1926년 심각한 정치적 위기를 맞이하게 된다. 이 위기를 거친 후 집권한 세력이 신성동맹(Union Sacrée)이다. 이들은 극단적으로 반유태주의적이며 군주제로의 회귀를 주장하던 <악시옹 프랑세즈>와 거리를 두면서 가톨릭 공화주의 노선을 통해 바티칸과 대중의 지지를 확보했다. 포엥카레는 바로 이 신성동맹의 지도자였다.

한 믿음을 갖고 있다. <라 스탐파>는 농민들의 반란을 잠재우고 점거된 공장을 청소하는 데는 대포보다 투라티-다라고나-모딜리아니[21]가 더 믿음직한 무기라고 생각하고 있다.

<코리에레>와 <라 스탐파>의 정확하고 유기적인 지적에 파시즘은 순전히 기계적이고 우스꽝스럽게 죽을 맞추는 말과 행동으로 답해 왔을 뿐이다.

'레지오 협동조합주의(Reggio co-operatism)', '프람폴리니식 복음주의(Prampolian evangelism)'[22] 등으로 알려진 노동자 보호주의 체계의 파괴는 파시즘의 책임이다. 파시즘은 공업적 세력에 대한 농민 대중의 증오를 고무하는 싸움에서 '민주주의자들'(democrats)로부터 그들의 가장 강력한 무기를 빼앗았으며, 이제 증오는 자본가들로 향하려 하고 있다. '적색 기생주의'(red-parasitism)는 더 이상 존재하지 않지만, 그러나 이는 메조지오르노에 아무런 조건의 향상도 가져오지 않았다. '적색 기생주의'는 '민족주의적 기생주의'로 대체되었다. 남부 농민들이 파시즘에서, 그들을 억압하고 착취했던 모든 이들의 응축을 발견하는 것을 어떻게 막을 수 있을 것인가? 에밀리아-로마냐(Emilia-Romagnan)의 카드로 만든 집이 무너지자, 반노동자적 감정의 술기운이 떨어진 친위대는 해산되어야 했다.

산업가들은 무솔리니를 돕는 중요한 일을 했다. 1923년 6월, 산업총연맹 회의는 이러한 견지에서 그 의장인 베니(Benni) 나리께서 대변인을 통해 이야기했다, "메조지오르노를 위해 우리가 제시한 또다른 길고도 복잡한 계획은 성공적인 결과로 완수될 것이다. 우리는 몇 가지 실제적 행동들을 통하여 우리의 기여가, 건강한 경제적 부흥의 최초 징후들이 이미 나타나기 시작하고 있는 남부와 도서의 재생으로 이어질 수 있기를 희망한다. 그것은 단순한 과업이 아니지만, 산업가들이 하나의 계급으로서 헌신해야만 하는

---

20) [역주] 1880년대 아프리카에서의 식민지 침략 전쟁의 상황이 불리해지고 막대한 전비가 지출되면서, 이탈리아에서는 경제위기가 발생했다. 특히 식료품 가격의 폭등은 곳곳에서 소요로 이어졌는데, 이에 대해 지배계급 내의 반동적 분파는 강압정치로 대응했다. 바바 베카리스 장군은 그 분파의 대표적 인물로서, 1898년에 물가앙등과 식량부족에 대한 항의 시위를 벌인 밀라노의 노동자들을 유혈진압했다.

21) [역주] 당과 노동운동 진영의 개량주의적 지도자들. 투라티와 모딜리아니는 사회당 내 개량주의, 최소강령주의 분파의 지도자였으며, 다라고나는 개량주의적 노조 지도자였다.

22) [역주] 카밀로 프람폴리니(Camillo Prampolini, 1859~1930)는 레지오 에밀리아에서 이탈리아 사회민주주의의 최초의 기반을 다진 인물이다. 그는 개혁사회주의당(the reformist socialist party)의 지도자 중 하나였으며, 당의 기관지인 <라 지우스티지아>의 편집자였다. 이 신문은 1925년에 발행이 금지되었다.

과업인데, 왜냐하면 이는 경제적 이해의 기반 위에서 국가 구조가 보다 통일적이 되도록 하는 모든 이들의 이해 관계가 걸린 문제이기 때문이다." 산업가들은 그들의 미사여구로 무솔리니를 도왔지만, 이 휘황한 말들에는 이내 보다 노골적인 행동이 뒤따랐다. 살레르노 지역의 목화생산자들은 탈취당했고 고철로 위장된 모든 기계들은 롬바르드의 섬유공단으로 옮겨졌다.

남부문제는 부르주아지에 의해 해결될 수 없으며, 그것[부르주아적 해결방식]은 부패와 총칼을 사용함으로써 순간적이고 임시변통적인 방법으로일 뿐이다. 파시즘은 상황을 악화시켰고 또한 그만큼 이 문제를 명시적으로 드러냈다. 그 모든 함축들과 모든 가능한 정치적 중요성들에도 불구하고 이 문제가 명료하게 제기되지 못해 왔다는 사실은, 노동계급의 행동의 장애물이 되었고 1919~20년간의 혁명의 실패에 큰 영향을 미쳤다.

오늘날, 이 문제는 그 당시보다 더욱 복잡하고 어려워졌지만, 그러나 이 나라에서의 모든 혁명이 — 살아남기를 원하는 모든 혁명이 — 직면하는 중심적인 문제로 여전히 남아 있으며 따라서 용기와 결의를 가지고 맞닥뜨려야만 한다. 프롤레타리아 세력이 잠시 동안 침체를 보이고 있는 현재의 상황에서 남부의 농민대중은 혁명적 전장에서 막대한 중요성을 갖는다. 프롤레타리아트는, 자신의 정치정당을 통하여 메조지오르노에서 동맹들의 네트워크를 창출하는 데 성공하지 않으면 농민대중은 그들 자신의 지역에서 정치 지도자를 찾게 될 것이다 — 다시 말해 그들은 아멘돌라주의적 쁘띠부르주아지의 손아귀에 스스로를 내맡겨 반혁명의 보급창고가 될 것이며, 북부에서의 순전히 공업적인 혁명[공업 노동자들만의 혁명]이 발생할 경우 분리주의에 의지하거나 외국 군대에 의탁하려 할 것이다. 따라서 노동자와 농민의 정부라는 시고 방향은 메조지오르노에 특별한 중요성을 가져야만 한다. 남부 농민들의 문제는 자본주의 체제에 유기적으로 종속되는 경제적 전체 내에서의 도시와 농촌 지역 간의 관계라는 보다 일반적인 문제와 혼동되어서는 안 된다. 남부문제는 또한 지방적인 문제이며, 노동자 농민의 정부라는 강령이 수립될 경우 그 강령이 대중으로부터 광범위한 지지를 획득할 것이라고 사고될 필요가 있는 것은 바로 이러한 견지에서이다.

<오르디네 누오보>, 1924년 3월 15일

당 학교

당 학교의 첫 번째 과정이 시작되는 순간, 우리는 이미 우리가 이탈리아 노동자운동 속에서 보아 왔던 수많은 교육적 시도들, 그리고 특히 그들이 겪었던 독특한 운명들을 돌이켜 생각해 보지 않을 수 없다. 우리와 다른 방향에서 취해졌던 시도들 — 당 색깔을 배제한 프롤레타리아 '대학' 등의 방향은 제쳐두기로 하자. 이들은 기껏해야 아무런 응집과 통일의 내부적 원칙도 갖추지 못한 수사적 아카데미에 지나지 않았으며, 곧잘 노동계급에 영향을 미치고자 하는 반프롤레타리아 세력과 이데올로기들의 매개물이기도 했다. 그들은 응분의 운명을 만났다. 즉 그들은 하나 둘씩, 때때로 교차하면서 아무런 흔적도 남기지 못하고 소멸했던 것이다.

그러나 우리 자신의 영역과 우리의 질서 위에서 행해진 그러한 시도에 대해서도 덧붙일 말들이 그리 많지는 않다. 왜냐하면 우선, 그것은 성격상 언제나 단편적이었고, 다음으로 결코 만족스러운 결과를 낳지도 않았다. 예컨대 1919~20년 사이에 <오르디네 누오보>의 주도로 행해진 것을 상기해 보자. 당시 토리노에서 거대한 열광의 물결과 매우 우호적인 조건 가운데서 설립된 학교는 애초에 계획되었던 프로그램을 다 마치지 못할 만큼 단명했다. 이는 분명 학교의 후원자들과 학생들이 희망했던 바는 아니지만, 그럼에도 이는 우리의 운동에 매우 긍정적인 영향을 미쳤다. 우리가 아는 한에서는, 다른 어떤 시도도 이와 같은 정도의 성공과 영향을 달성하지 못했다. 누구도 제한된 그룹, 폐쇄적인 써클, 몇몇 고립된 개인들의 노력을 넘어서는 것이 가능함을 입증하지 못했다. 누구도 소규모 부르주아 '문화'운동을 특징짓는 무미건조함과 불모성을 싸워 이길 수 있음을 증명하지 못했다.

이러한 실패들의 근본 원인은 계획되고 추진되는 '학교들'과 실제의 객관적인 운동간의 연계의 부재에 있다. 이러한 연계가 존재했던 유일한 사례가 위에서 언급했던 <오르

디네 누오보>의 학교였다. 그러나 이 경우에 문제가 되는 객관적인 운동 —— 토리노의 공장과 당 운동 —— 은 매우 거대한 것이어서 그 진행 과정 자체가 투사들의 이론적 역량을 갈고 닦기 위한 학교의 설립 시도를 강화하고 생기를 불어넣었다. 이 운동의 중요성을 반영할 만큼 충분히 큰 학교는 단지 몇몇 개인의 활동보다는 전체 당에 의한 체계적이고 질서 있는 노력을 필요로 했던 것이다.

이러한 견지에서 보면(즉, 그 근본적 대의와 관련시켜 생각해 보면), 프롤레타리아트의 투사들을 위한 학교를 창출하려 했던 이제까지의 모든 노력들이 겪은 불행한 운명은 해악이라기보다는 노동자운동의 견고성(impregnability) —— 그들이 실제 적이 될 것과 직면했을 때의 견고성 —— 의 상징인 것으로 나타난다. 만약 노동자운동이 거만하고 솜씨 없는 교육학자들의 사냥터나 연습장이 되거나 그 열정적인 전투성이라는 특질을 객관적 학습과 공평무사한 '문화' 따위와 맞바꾸게 된다면, 이는 실로 해악적일 것이기 때문이다. 우리의 대열에 '객관적 학습' 또는 '공평무사한 문화'가 발붙일 곳은 없다 —— 이는 휴머니즘적이고 부르주아적인 교육 관념에서 교수(teaching)의 정상적 목표로 간주되는 것과는 아무런 유사점이 없음을 의미한다.

우리는 전투적 조직이며, 우리의 대열에서 학습의 목표는 개인과 전체 조직 양자의 투쟁 능력을 향상시키고 갈고 닦으며, 우리의 적의 위치와 우리 자신의 위치를 보다 풍부히 이해하여 우리의 매일의 활동이 이러한 위치에 명확하게 부합하도록 하는 것이다. 우리에게 교육과 문화는 우리의 당면한 그리고 장기간의 목표에 대한 이론적인 의식이자, 그것을 실천으로 전화시킬 수 있는 방법일 뿐이다.

오늘날 과연 어느 정도로 우리 당내에 그러한 종류의 의식이 존재하고 있는가? 이는 얼마나 당외 각 층위(ranks) 전체에 퍼져 있으며, 지도적 역할을 맡고 있는 동지들 및 당의 언어를 일상의 수준에서 대중들에게 전달하고 당의 명령이 효과를 발휘하게 당의 방향성이 실천으로 성취되도록 하는 것을 그 임무로 하는 평범한 투사들 모두에게 주입(infuse)되어 있는가? 우리가 보기에, 이것은 아직 우리의 작업이 프롤레타리아에게 안내로서 온전히 작용할 수 있을 정도로 충분하지는 못하다. 이것은 아직 현 상황이 우리에게 제공하고 있는 우리의 성원, 조직적 자원 그리고 정치적 가능성의 증대를 따라갈 수 있을 정도로 충분하지도 못하다. 당 학교는 그렇지 못한 것과 그래야만 하는 것 사이의 심연을 메우는 것을 과제로 삼아야 한다. 따라서 학교는 이탈리아 노동계급이 생산해 낼 수 있었던 것 중 가장 훌륭한 것을 대변한다고 자연스레 여길 수 있는 세력의 운동과 긴밀히 결합하고 있다. 그 세력은 프롤레타리아의 전위이며, 이들은 기간요원을 편성하고 교육하며 보다 향상된 —— 이론적 의식과 혁명적 교의의 —— 무기를 포대(battery)에 제공함으로써 이들을 기다리고 있는 적들과의 전투에 대비하기 위해 모이고 있다. 이러한 무기 없이는 당은 존재하지 않는다. 그리고 당 없이는 승리의 가능성도 없다.

<오르디네 누오보>, 1925년 4월 1일

당은 반레닌주의적 편향과의 투쟁을 통해 강화된다[23]

여기 전략과 조직의 문제에 대하여 우리 당과 인터내셔널에 새롭고 '독창적'인, 이탈리아적 해법을 제공하며, 레닌주의를 대체하여 채택될 가치가 있다고 주장되는 '좌파로부터의 의견(Points)'을 냉정하고 차분히 검토해 보자.

이탈리아의 상황

'의견'에서 이탈리아의 상황에 대해 명시적으로 언급하는 구절은 찾아볼 수 없다. 그러나 세포 문제를 상술한 구절로부터 이탈리아 상황에 대한 견해를 추론해 볼 수는 있다 — 그리고 이 견해가 어떤 독창성을 갖고 있음은 부인할 수 없다. 여기서 전개되는 견해는 다음과 같다: 지금의 이탈리아 상황은 1905년에서 1917년 사이의 러시아의 그것이 아니다. 말하자면, 혁명적 상황은 존재하지 않는다. 러시아에서는 짜르주의의 테러가 있었으나 반면에 이탈리아에서는, 물론 우리는 어떤 종류의 테러도 경험하고 있지 않다. 러시아에서는 대규모 대중조직들(노조 등)이 존재하지 않았으나, 반면에 이탈리아에는, 물론 높은 수준의 조직의 자유가 존재한다 — 대중들은 한데 모여 그들과 관련된 이슈를 자유로이 토론하고 시위 계획을 세운다. 러시아에서는 평화적 수단으로 진보를 이루는 가능성은 존재하지 않았다. 한편, 이탈리아에서 대중들은 매일같이 새로운 걸음으로

---

23) <우니타>의 같은 페이지에 게재되었던 「Comitato d'intesa[협의회(Committee of Agreement)] 강령」에 대한 답변. 이 그룹은 1925년에 형성되었으며, (그람시가 옹호했던) 반파시즘 연합이라는 코민테른 정책에 반대한 좌익 보르디가 지지자들로 구성되어 있었다. 그들은 단지 10퍼센트의 득표에 그친 1926년 1월의 리용대회에서 결정적으로 패배하였다. Comitato d'intesa라는 이름은 분파가 금지된 당내에서 그룹을 공개적으로 분파와 동일시하는 것을 피하기 위한 조어로 등장했다.

나아가고 있다.

밀라노의, 토리노의, 트리에스테와 비리와 볼로냐의 노동자 동지들 — 이탈리아의 상황에 대한 ['협의회'의] '독창적인' 시각에 당신은 충격받지 않았는지? 너무도 독창적인 나머지 당신은 이런 식으로 생각해 볼 수도 없었겠지만, 이제 당신의 눈에서 베일이 걷어지고 당신들은 당 중앙위원회와 평화적 수단으로 진보가 가능하다고 주장하는 이 '협의회' 사이에서 공정하게 평가할 수 있는 위치에 서게 되었다. 극단주의가 평화적 진보를 추구하는 분파로서 스스로를 내세운다는 것 — 이는 당신에게 정말로 독창적인 부분이 될 것이다.

당

레닌주의적 교리에 따르면, 공산당은 프롤레타리아트의 전위, 말하자면 특정한 계급의 그리고 단지 그 계급만의 가장 선진적인 부분이다. 당연히 다른 사회적 요소들(지식인들과 농부들) 역시 당에 들어갈 수 있지만, 그것은 공산당이 프롤레타리아트의 유기적 일부라는 사실을 변화시키지는 못한다.

'협의회'에 따르면, 당은 한 계급의 일부가 아니라 프롤레타리아트, 농부들, 부르주아 계급으로부터 버림받은 이들 그리고 '다른 사람들(others)'(이러한 점들은 '등등(etc)'의 극도로 신비스러운 용법이 특색이다)의 '종합'이다. 따라서 '협상위원회'에게 당은 계급 간 조직이며, 실제로는 도저히 종합될 수 없는 이해의 종합이다. 당연히 이러한 매우 '독창적인' 사상의 뒤범벅(hotchpotch)은 맑스주의와 일치할 수 없다. 맑스주의에 따르면 자본주의의 발전으로부터 객관적으로 생성되는 프롤레타리아 운동은 자본주의가 발전하면서 제기하지만 자본주의는 풀지 못한 — 그리고 풀 수 없는 — 문제를 해결할 수 있는 유일한 계급으로 노동계급이 자신을 인식할 때 혁명적으로 된다 — 즉, 이때 프롤레타리아는 스스로 정치 권력을 획득하는 문제를 고려하기 시작하게 된다. 노동계급은 어떻게 이러한 의식을 획득하는가? 생디칼리즘과는 대조적으로, 맑스주의는 이것이 자생적으로 발생하는 것이 아니라, 정치과학과 산업기술의 대변자들 — 그들 계급이 차지하고 있는 독특한 위치 때문에 이와 관련한 지위를 갖고 있는 이들(지식인은 부르주아에 봉사하는 계급이지만 부르주아의 일부는 아니다) — 이 현존하는 부르주아 정치과학의 기반 위에서 프롤레타리아 정치과학을 건설하기 때문임을 확증하고 논증한다. 자본주의 체제 아래에서 발전해 온 기술을 연구하면서 그들은, 프롤레타리아가 권력을 장악하고 스스로를 지배계급으로 전화시켜 사회 전체에 특정한 계급의 특징들을 각인하지 않는 한 더 이상의 발전은 불가능하다는 결론에 도달한다. 따라서 지식인은 사회주의 건설에 필수적이다. 그들은 정치과학과 기술의 대변자로서, 프롤레타리아트에게 역사적 임무라는 의식을 제공했다. 그러나 이는 개인들이었으며, 계급적 현상은 아니었다 — 하나의 계급으로서, 권력의 장악 이전에 혁명이고 사회주의적으로 되며 자본주의에 대항해 투쟁하는 것은 오직 프롤레타리아트뿐이다. 게다가 일단 사회주의 이론이 형성되고 과학적으로 발전되면, 노동자들은 이를 기꺼이 받아들이고 보다 발전시켜 낸다. 정확히 공산당은 사회주의 이론을 엄호하고 이를 계속해서 확산시켜 나가는 프롤레타리아트의 일부이다. 운동의 초기에 그러한 임무는 개인적 지식인들(맑스와 엥겔스와 같은)에 의해 수행되지만, 오늘날에는 공산당과 인터내셔널의 결합된 활동으로, 과학적 능력을 가진 노동자들(독일 노동자 디츠겐[24]과 같은)에 의해서 역시 수행되고 있다.

'협의회'에 따르면 우리는 당을 운동의 초기에 가졌던 생각 그대로, 즉 대중운동이 아닌 개인적 요소들의 '종합'으로만 인식해야 한다. 왜 그래야 하는가? 이러한 관념에는 노동자의 능력에 대한 강력한 비관주의의 기운이 존재한다. 단지 지식인들만이 '진정한' 공산주의 혁명가가 될 수 있다는 것, 단지 지식인만이 '정치가'가 될 수 있다는 것, 노동자는 노동자이며 그들은 자본주의에 의해 억압받는 한[지금 상태] 그대로일 수밖에 없는 운명이라는 것이다. 자본주의의 억압 아래서 노동자는 충분히 발전할 수 없고, 자신의 역할에 대해 눈가리개를 한 말 같은 협소한 시야를 벗어날 수 없다는 것이다. 그렇다면 당을 만드는 것은 무엇인가? 당은 단지 대중 — 심지어는 당내의 대중의 이해와 특유한 열망을 '반영'하고 '종합'하는 지도자들의 작은 그룹(이 경우에는 '협의회')일 뿐이다.

레닌주의 교리는 당에 대한 이러한 관념이 잘못된 것이며 극히 위험스러운 것이라는 점을 강조하고 예증한다. 이는 다른 무엇보다도 노조 '관료주의'라는 현상 — 말하자면 반혁명을 초래했던 것이다.

레닌주의의 교의에 따르면, 전체로서 노동계급이 권력 장악 이전에 완전히 공산주의자가 되는 것은 불가능하지만, 그럼에도 불구하고 노동계급의 전위는 혁명 이전에도 이러한 상태를 달성할 수 있다는 것은 사실이다. 노동자들은 단지 그들의 노동자로서의

---

24) [역주] 요제프 디츠겐(Joseph Dietzgen, 1828~88). 칸트, 포이에르바흐 등의 영향을 받아 맑스, 엥겔스와는 독립적으로 철학적 세계관을 완성한 독일의 피혁노동자이다. 맑스는 1868년 자신에게 보내진 디츠겐의 편지를 엥겔스에게 보내 주면서, 디츠겐이 스스로 변증법적 유물론의 원리를 발견했다고 말했다.

능력(금속노동자, 목수, 건설노동자 등)만을 지니고 공산당에 들어가는 것이 아니다. 그들은 공산주의적 노동자 — 정치활동가로서, 즉 단지 태생적인 반항인으로서가 아니라 사회주의의 이론가로서 당에 들어가는 것이다. 그리고 당내에서, 토론을 통해 독서를 통해 그리고 당 학교를 통해 그들은 끊임없이 발전하며 지도자가 된다. 노동자들이 특정한 이론에 헌신하는 정치활동가로서라기보다 단지 노동자로서의 능력만을 지니고 들어가는 것은 노조에서만 그럴 뿐이다.

그들이 잘못된 길(혹은, '협의회'는 '독창적인' 길이라고 이야기할 테지만)을 결정했을 때 이 문제가 얼마나 중요하며 그 결과가 얼마나 심대한지 하는 것은, 당이 낡은 부문이나 낡은 지역적 모임들이 아니라 그 기초로 채택하고자 하는 세포의 문제를 살펴보면 알 수 있다. '협의회'는 세포에 반대한다. 왜인가? 이유는 명확하다. 현장 세포는 노동자들에 의해서만 구성되며 반드시 그렇게 되는 경향이 있다. 그러나 노동자들은 혁명가가 될 수 없다 — 지역적 모임에서는 그가 혁명가임에도 불구하고, 왜냐하면 이러한 모임에는 변호사, 교사 등도 존재하기 때문이다.

당 조직 체계에 관한 위원회의 강령의 모든 구절은 오류투성이에다 넌센스의 발언들이다. 예컨대 영국 노동당이 언제 세포의 기초 위에서 조직된 적이 있었던가? 언제 노조가 세포들로 조직된 적이 있었던가? 그리고 왜 노조는 필연적으로 반혁명적인가? 노조는 그 자체로 혁명적이지 않지만 그렇다고 반혁명적이지도 않으며, 노조 지도자는 혁명적일 수도 반혁명적일 수도 있다. 노동당은 세포의 기초 위에 조직되지 않았다. 이는 노조와 정치정당들의 연합체이다.

만약 현실이 '협상위원회'가 주장하는 바와 같다면, 러시아의 볼셰비키당은 왜 짜리즘이 타도된 이후에도 세포 조직을 유지하고 확장시켰는가? 노동계급이 권력을 장악하고 노조들('협의회'의 책에서는 반혁명적인)이 조직과 회합의 완전한 자유를 누리고 있는 지금에도 이들은 왜 세포들로 조직되고 있는가? 그리고 왜 세포 조직은 연방주의적인 것으로 표상되는 반면 지역적 모임은 그렇지 아니한가? 우리 모두는 연방주의가 무엇인지 알고 있다. 그것은 예를 들면, 모든 제헌적 조직들이 각각 얼마나 많은 성원을 대표하든 동등한 권력을 갖는 것이다. 프랑스 노조운동에서는 조합원의 수에 기반해서가 아니라 조합의 기반 위에서 투표가 행해졌으며, 따라서 소읍의 미용사 연합이 생-에티엔느의 금속노동자 조합과 마찬가지의 비중을 가졌다(이 체계는 이탈리아 생디칼리스트 연합[USI]에 적용된 적이 있다). 연방주의는 대표자들이 위임을 받아 의회로 가는 것을 의미한다. [아벤티네] 반대파[25]의 위원회는, 소규모의 사르디니아 행동당이 '거대한' 최대강령파의 당과 동등한 권력을 갖는다는 점에서 연방주의자들이다.

세포에 대한 이 모든 구절들은 상식을 완전히 결여하고 어떠한 역사적 식견도 보여주지 못하는 쓰레기더미이다. 사실 공산당에 대한 '협의회'의 관념은 초기 자본주의 시대에 속하는 퇴행적인 관념이며, 반면 레닌의 관념은 세포의 유기적 체계라는 생각에 반영되듯이 자본주의의 제국주의적 국면 — 즉 혁명이 조직되는 국면에 조응하는 것이다. 파리코뮌 시기까지는, "당은 계급투쟁이 개인들과 그룹들에 불러일으킨 동력들을 종합하고 통합하는 기관"이라고 이야기될 수 있었다. 환언하면 당의 임무는 단지 노동계급의 전진을 승인(register)하고 이데올로기 선전을 수행하는 것이었다. 그러나 지금 우리는 1848년에 있는 것이 아니다. 오늘날에는 광범위하고 심원한 영향력을 갖는 대중적 혁명운동이 존재하며, 당은 대중을 인도하고 계급투쟁을 지도하는 것이지 단지 공증인의 역할만을 수행하는 것이 아니다. 여전히, 그러한 구시대적이고 반동적인 입장은 너무나 '독창적'인 것이자, 좌익주의로서 예나 지금이나 종식되어야 하는 존재이다.

협잡(charlatanism)과 참주선동

우리 당의 지난 행동들에 대한 구절들은 불신과 협잡, 참주선동으로 리버럴하게 양념된 진부한 상투어의 뒤범벅일 뿐이다. 이들은 당 중앙위원회가 단지 주변파 및 좌파의 단호한(!) 압력에 의해 우경화 쪽으로 후진했다고 뻔뻔스럽게 주장하고 있다. 정확히 그 반대가 진실이다. 주변파는 우리 의회그룹의 반대파 위원회 탈퇴 결정에 단호히 반대했으며 우리의 의회 복귀에는 더욱 단호히 반대하기까지 했다. 의회그룹 내에서 의회로의 복귀 제안을 열정적으로 지지한 유일한 동지들은 그람시와 마피(Maffi) 동지뿐이었다. 극좌파 중에서 이 제안에 대해 지지를 선언한 이는 보린(Borin) 동지뿐이었다. 포르티체리(Fortichiari) 동지는, 출석하기는 했지만 아무 말도 하지 않았다. 다멘(Damen)과 레포시(Repossi)는 제안에 대해 단호히 — 아니, '격렬하게' — 반대한다고 선언했고 논쟁에서 주변파의 정서와 시각을 대변한다고 주장했다.

'협의회'의 주장이 잘못된 것이라는 점은 이러한 사실로부터 알 수 있다. 중앙위원회는 다른 문제들에서와 마찬가지로 여기서도 아무런 주저도 보이지 않았다 — 심지어

---

25) 1924년 6월 10일, 마테오티가 파시스트에게 암살당한 직후 의회 내 모든 반대파 분파는 철수(소위 아벤티네 계열)하여 로마의 다른 구역에서 별도의 회합을 가졌다. PCI는 아벤티네 그룹이 무력하다고 판단하고 1924년 11월 12일 의회에 복귀했다.

9월 직후부터 중앙위원회는 극단주의가 약간의 추종자들을 갖고 있던 두 중심인 나폴리와 밀라노의 지방대회(federal congress)에서, 만약 반대파 위원회가 우리의 반의회 제안(the proposal for an anti-Parliament)을 거부한다면 의회그룹은 의회로 복귀할 것이라고 발표하기까지 했다. 나폴리에서 보르디가 동지는 의회로의 복귀 문제에 대하여 중앙위원회에 동의한다고 선언하고 반의회 제안을 거부했으나, 다른 누구도 이 문제에 대해 발언하지 않았다. 극단주의자 피오레(Fiore) 동지가 예외였는데 그는 복귀에 반대한다고 선언했다 —— 그러나 그 역시 주변파가 이해하지 못했다고 주장했다. 밀라노에서는 단 한 명의 동지, 극단주의자 베르나르디(Bernardi)만이 이 문제에 대하여 발언했는데, 그는 복귀에 반대한다고 선언했다. 이는 오늘날까지 와서 주변파와 '좌파'가 중앙위원회에 압력을 가했다고 이야기하는 곡해와 협잡의 징표가 아닌가? 진실은 자신의 정치라고는 갖고 있지 못했던 지금의 극단주의자들이 당시에는 더욱 후진적인 대중에 이리저리 이끌려 다녔다는 것이다. 결국 그들은 우파의 경향을 '종합하고 통합'했으며 반대파 정당들 간의 공동전선을 옹호했던 것이다. 이러한 흐름에 분연히 반대하고 대중의 수동성에 저항했던 것이 당 중앙위원회였다. 그리고 이러한 정치적 행동을 통해 중앙위원회는 혁명적 프롤레타리아의 독립성을 부르주아로부터 지켜 내었고, 프롤레타리아를 그 상황에서 자율적이고 결정적인 요소로 만들어 내는 데 성공했다.

그러나 이는 다른 맥락에서 보다 깊이 있게 다루어질 필요가 있는 문제이다. 잠시만 하나의 비교를 —— 이 기간 중의 중앙위원회의 전술과 1921~2년간에 당을 책임졌던 집행부의 전술간의 비교를 해 보았으면 한다(우리가 이 문제를 건드리는 것은 오로지 '협의회'의 참주선동과 불신 때문이다). 최근 들어 당이 발전하고 영향력을 확장하게 된 것은 중앙위원회가 구체적인 현재의 상황으로부터 작업하여 어떻게 사태가 발전할 것인가를 예견할 능력을 스스로 보여준 덕분이었다. 1921~2년에 집행부는 (당을 조직하는 작업을 제쳐둔다면) 발전을 예견하는 데 무능함을 드러냈다. 집행부는 파시스트 쿠데타의 가능성을 선험적으로 배제했으며, 이탈리아에서 계급투쟁이 초래하는 행동과 반응들의 복합적 국면에서 어떠한 태도를 취할 것인가에 대해 아무런 생각을 갖지 못했고, 결정적인 사건들을 전혀 인식하지 못했다. 우리는 스스로 참주선동에 발을 들이고 싶은 마음이 없지만, 지난해의 상황에 관한 한 여기서는 우리가 '협의회'보다 훨씬 용이한 입장이다. 예컨대 "신문의 용어는 상황에 보다 적합해야만 한다"고 주장하는 것은 참주선동의 극치가 아닌가? '협의회'에게는 몰수와 공적 협박은 그다지 중요한 문제도 아닌 모양이다, 또는 지난 12월과 1월의 <우니타>의 정간은 …26)

레닌주의에 반(反)하여, 공산주의 인터내셔널에 반(反)하여

여기서 우리는, '협의회'의 기본 '헌장'이자 위원회가 주도권을 장악할 경우 당과 인터내셔널의 '헌장'이 될 이 문서에 대하여 취해야 할 간략한 답변을 개괄해 보았다. 이 문서에 새롭고 독창적인 무엇은 없다. 이는 제대로 소화되지도 않은 낡은 오류의 덩어리이자 맑스주의로부터의 낡은 이탈이며, 노동자운동의 역사에 무지한 이들에게나 '독창성' 따위로 이해될 것이다. 이 문서에서 충격적인 것은 그것의 정치적 오류라기보다는 이를 간행한 이들의 지적 데카당스이다. 이 문제는 이와 대조적으로, 러시아에서 코르닐로프적 파시즘의 권력 장악을 저지하고 대신에 프롤레타리아트를 혁명적 승리로 인도한 레닌주의 교의의 정열과 지적 활력 그리고 심오한 역사적 정당성을 보다 생생히 보이기 위해 간단히 검토되고 논의되어야겠다.

이러한 문서가 '좌파'의 입장을 '종합'했다는 것을 선험적으로 배제할 수는 없다. [하지만 실제로는] 그와 반대로 이 문서는 우익적 편향의 가장 위험스러운 종류로, 프롤레타리아와 그 정치적 능력에 대한 순수하게 반동적인 관념만을 생각할 수밖에 없는 입장으로 귀결될 듯하다. 이런 견지에서 보면, 중앙위원회와 극단주의자들 간의 현재의 논쟁은 어떤 계급적 내용을 갖는다고 말할 수 있겠다.

중앙위원회는 권력을 행사할 능력이 있는 계급이 되고자 하는 의식을 가진 혁명적 프롤레타리아트의 이데올로기를 대변한다. '협의회'는 여전히 노동자를 불신하는 쁘띠부르주아에 젖어들어서, 그들을 자본의 모든 억압자들을 해방시키는 위대한 임무의 주인공으로 보지 못하고 스스로의 노력으로 자신을 해방시킬 수 없는 열등한 존재로 간주하는, 혁명적 지식인의 타락한 그룹들 일부의 마지막 시도를 대변한다. 또한 이 투쟁은 싸워보기노 선에 이미 '역사적'으로 승리하고 있는 것이다.

<우니타>, 1925년 7월 5일

---

26) [역주] 1924년 마테오티 위기 때부터 1926년경까지 당내 좌익인 보르디가주의자들은 '부르주아의 반혁명은 우리에게 있어 혁명의 불가피성에 대한 증거에 지나지 않'으며 파시즘과 프롤레타리아 독재 사이에는 어떠한 형태의 이행 국면도 있을 수 없다는 주장을 펴며, 파시즘의 위험을 과소평가하는 경향이 있었다. 이러한 극좌적 관점과, 당분간 공산주의자들의 목표는 반파시즘 투쟁과 부르주아 민주주의 회복에 국한되어야 한다는 우익적 관점 모두를 비판한 그람시는, 파시즘 붕괴 후의 '불안정한 이행적 국면'에 대한 준비의 필요성을 역설했다.

세포 조직과 세계대회

보르디가 동지는 공산당의 성격에 대한 자신의 글에서 다음과 같이 이야기하고 있다.

레닌이 인터내셔널의 기초를 세운 2차 대회에서, 러시아에서의 세포의 경험이 이미 도입(drawn on)되도 불구하고, (오늘날 기초적이면서 불가결한 것으로 제시되고 있는) 이 조직적 규준(criterion)에 대하여 인터내셔널 규약, 가입을 위한 21개 조항, 당의 임무에 대한 테제, 그리고 인터내셔널의 임무에 대한 테제 등과 같은 이들 고전적인 문서들 어디에서도 아무런 언급도 이루어지지 않았다. 우리가 여기서 논의하고 있는 것은 훨씬 이후에 이루어진 '발견'이며, 이것이 인터내셔널의 발전 내에서 점하는 위치는 적절한 경로로(in due course) 검토될 것이다.

보르디가 동지의 단정은 잘못된 것이다. 「공산주의 인터내셔널 2차 대회의 근본적 임무에 대한 테제」, 보다 정확히 이야기하자면 그 2장 "프롤레타리아 독재를 위한 긴급하고 일반적인 준비가 근거해야 할 것"에서 레닌은 다음과 같이 적고 있다.

프롤레타리아 독재는 모든 노동자들과 모든 피착취자들 —— 자본가계급에 의해 종속당하고 짓밟히고 억압받고 위협받으며 분산되어 있고 배신당한 —— 이 자본주의의 역사가 그러한 지도력을 준비한 유일한 계급의 온전한 지도 아래로 들어감을 의미한다. 따라서 우리는 모든 곳에서 긴급하게, 다음의 방식을 따라 프롤레타리아 독재를 위한 길을 준비하기 시작해야 한다. 공산주의자들의 세포 그룹들은 모든 조직들, 연합체와 협회들에 예외 없이, 처음에는 프롤레타리아 조직들에 그리고 또한 노동하고 착취당하는 (정치, 노조, 군사, 협동조합, 문화, 스포츠 등) 대중들의 비프롤레타리아 조직들에도 창출되어야만 한다. 이러한 세포들은 우선은 공개적으로 건설될 것이나, 부르주아 측에서의 억압 또는 그들 성원의 체포 및 추방 등의 이유가 예상되는 곳에서는 은밀한 세포들 역시 중요하게 존재할 것이다. 서로 그리고 당 중앙에 긴밀히 연결될 이러한 세포들은 그들의 경험을 축적하고 선동, 선전과 조직화의 임무를 수행하며, 공적 생활의 모든 영역에 그리고 노동 대중의 모든 종류와 범주에 자신을 완전히 적응시켜야만 한다. 또한, 이러한 모든 전선에서 활동함으로써 그들은 자기 자신을, 당을, 계급과 대중들을 체계적으로 교육시켜야만 한다.27)

「인터내셔널 가입을 위한 21개 조항」(9째 구절)에서는 다음과 같이 말하고 있다.

공산주의 인터내셔널의 일부가 되고자 하는 모든 당은 노조, 노동자평의회, 공장평의회, 협동조합들과 다른 모든 노동자들의 조직에서 체계적이고 불요불굴의 공산주의적 활동을 수행해야만 한다. 이들 조직들 내에 공산주의자의 세포가 조직되어, 그들의 지속적이고 지칠 줄 모르는 작업을 통하여 노조 등을 공산주의의 대의로 획득해 내야만 한다. 모든 곳에서, 그들의 매일의 작업 속에서 사회애국주의의 변절과 중앙파의 동요를 폭로해 내는 것은 이러한 세포들의 임무이다. 공산주의자의 세포들은 당에 완전히 종속되어야만 한다.28)

「프롤레타리아 혁명에 있어서 공산당의 임무에 대한 테제」(18번째 구절)에서는 다음과 같이 말하고 있다.

어디서나 공산당의 전체 조직 활동의 기반은 공산주의자 세포의 창출이어야만 한다. 이는 프롤레타리아와 반(半)프롤레타리아의 수가 매우 적은 곳에서도 그러하다. 모든 소비에트, 모든 노조, 모든 소비조합, 모든 상사(商社), 모든 주거연합에서, 공산주의를 위해 활동하는 누군가가 있는 곳 — 그것이 단지 두세 명뿐이라도 — 이라면 어디에서든 공산주의자의 세포가 즉각적으로 건설되어야 한다. 이것이 노동계급의 전위로 하여금 전체 노동계급을 이끌게 할 수 있는 유일한 종류의 공산주의적 연대이다. 당 외 조직들에서 작업하고 있는 모든 공산당의 세포들은 그 당이 그 시기에 합법적으로 또는 불법적으로 활동하는가에 상관없이, 당 조직에 완전히 종속된다. 다양한 형태의 공산주의자 세포들은 가능한 가장 정확한 체계를 따르는, 극도로 엄격한 위계적 질서에 차례

---

27) 이 구절이 참조된 텍스트로는 Lenin, *Collected Works*(London: Lawrence and Wishart, 1966), Vol. 31, pp. 191~2를 보라.
28) *Collected Works*, Vol. 31, p. 209.

로 종속되어야만 한다.

2차 대회는 공산당의 세포로의 조직화라는 문제를 제기했다. 유럽의 당들은 문제가 제기된 방식이 불분명하다는 것을 발견했다. 당의 기반으로서의 세포 조직과 노조, 소비조합 등에서의 공산주의자 분파의 조직간에 혼동이 존재했던 것이다. 그리고 이러한 두 가지 조직적 형식이 위에서 인용한 문구들에서 명료하게 구별되지 않는 것은 사실이지만, 그렇다고 하더라도 「당의 임무에 대한 테제」의 마지막 요약에서는 이 구분이 분명하게 나타나고 있다. 요약문의 4항(point)은 "단지 여남은 명의 프롤레타리아 또는 반프롤레타리아라도 존재하는 곳이라면 공산당은 조직된 세포를 가져야만 한다"라고 이야기하고 있으며, 5항은 "당 외의 모든 제도들에는 당에 엄격히 종속되는 공산당의 세포가 존재해야만 한다"고 이야기한다. 이들 두 항에서 당의 조직적 기반으로서의 세포와 대중 협의체들 내에서의 작업과 투쟁의 당 기관으로서의 분파간의 구별이 이루어지고 있음이 분명하다.

이는 레닌이 1915년 짐머발트[29]의 좌익을 위해 — 즉, 1919년의 공산주의 인터내셔널을 구성하게 되는 혁명적 중핵을 위해 — 쓴 테제에서도 드러나는 바이다. 또한 이는 레닌이 3차 대회에서 공산당의 조직과 구조를 위한 특별분과에서 행한 연설에서도 나타난다. 레닌은 스스로에게 묻고 있다. "왜 러시아 공산당만이 세포로 조직되어 있는가? 왜 공산당들을 위한 올바른 체계로서 세포 체계를 제시한 2차 대회의 지령들은 효력을 발휘하지 못했는가?" 그리고 레닌은 이러한 질문들에 대한 답변에서, 2차 대회의 테제에서 사용된 용어가 너무 러시아적이었고 충분히 '유럽적'이지 못했다는 점에서 그에 대한 책임은 러시아의 동지들과 그 자신에게 있다고 확인하고 있다. 환언하면, 러시아의 경험들은 그것이 [유럽의 동지들에게] 알려져 있고 이해되었다는 것을 전제로 한 탓에 새로 갱신하거나 설명하려는 시도 없이 언급되었다는 것이다. 결국 레닌이 직접 저술했거나 그의 감독 하에 쓰여진, 공산당의 구조에 대한 3차 대회의 테제들은 보르디가 동지가 주장한 것과 같은 '발견'이 아니라, 2차 대회의 테제들에 포함되어 있는 빠르

---

29) [역주] 1차 대전 발발 직후 독일 사민당 등 유럽의 주요 사회주의 정당들이 자국의 전쟁에 협력한다는 결정을 내린 것에 반대한 좌파들은, 그 충격에서 어느 정도 벗어난 후 제국주의 전쟁에 대한 대응책을 모색하기 위해 1915년 스위스 짐머발트에서 반전회의를 개최했다. 이들은 이 회의에서 '제국주의 전쟁 반대' 및 '그 전쟁의 사회주의 혁명으로의 전화'를 결의했으며, 이 테제는 1917년 러시아혁명으로 실현되었다.

고 암시적인 언급들을 '유럽인'들에게 이해될 수 있는 언어로 번역한 것이다.

그러나 보르디가 동지가 인터내셔널의 역사 속에서 2차 대회와 이후의 세 번의 대회를 구분하고자 하는 이유는 무엇인가? 보르디가 동지는 '트로츠키 문제'에 관한 글에서 인터내셔널의 역사는 두 부분으로, 레닌의 사망까지와 레닌의 사망 이후로 나뉠 수 있다고 이야기하고 있다. 반면에, 당의 성격에 관한 그의 글에서는 두 번째 국면이 3차 대회로부터 — 즉, 레닌이 살아 있고 그의 지적·정치적 힘이 최고조에 달해 있던 시기로부터 시작하고 있다. 논의의 과정에서 다음 지점이 명확히 드러날 것이다(그리고 이는 당 논쟁에서 근본적인 것이다). 그것은 보르디가 동지에게 있어 이탈리아의 혁명적 모멘트는 2차 대회와 리보르노 [대회] 사이와 유사한 국면에 — 말하자면, 우리 자신이 분리의 문제에 직면하고 있는 것을 발견할지도 모르기 때문에 (또는 오히려 이미 우리가 직면하고 있기 때문에) 분파들이 조직되어야만 하는 국면에 — 다시금 도달해 있다는 것이다. '좌파로부터의 의견(points)'[30]이라는 당의 성격에 관한 글에서 보르디가 동지가 <오르디네 누오보> 그룹에게 준 암시들 — 차이들을 완화하기보다는 악화시키고 이를 도저히 극복할 수 없는 것으로 만들고자 하는 악의적이고 감정적이며 적대적인 암시들을 달리 어떻게 설명할 수 있을 것인가? 하지만 다른 모든 것을 제쳐두더라도, 보르디가 동지는 한 가지 '사소한 지점(minor point)'을 잊었다. 설령 2차 대회가 우리 당의 현 상황을 이해하는 시금석이 된다 하더라도, <오르디네 누오보> 그룹이 이탈리아 공산주의 운동의 지적 형성에서 항상 수행해 왔던 역할은 결코 축소될 수 없음이 분명하다는 점이다. 2차 대회에서 레닌 동지는 1920년 4월 사회당의 전국대회에서 <오르디네 누오보> 그룹이 제출한 테제들을 수용할 것이며 대회가 다음 [의견]을 보여주기 위하여 노력해 주기를 원한다고 신인했다. 1) <오르디네 누오보>의 테세는 3차 인터내셔널의 모든 근본원칙에 부합한다 2) <오르디네 누오보> 그룹의 테제는 사회당의 대회에서 검토되어야만 한다. 어떤 '극단주의자'도 레닌 동지의 판단과 보르디가 동지의 판단 사이에서, 우리가 보르디가 동지보다 레닌 동지의 것이 보다 중요할 뿐만 아니라 보다 심오하고 건강한 맑스주의 정신에 의해 규정된 것이라고 간주한다는 점을 부인하지는 않을 것이다.

<우니타>, 1925년 7월 28일

---

30) [역주] 이 책에 실린 「당은 반레닌주의적 편향과의 투쟁을 통해 강화된다」(pp. 313~9)를 참조.

당의 조직적 기반[31]

망가노(Mangano) 동지가 언급하고 있는, 세포에 관한 나의 이전 기사에서 나는 대회의 논쟁에 진지하게 참여하기를 원하는 동지 — 즉, 단지 문제를 혼란스럽게 하려는 것이 아니라 진지하게 당의 교육에 기여하고자 하는 누구든 — 라면 누구든 항상 염두에 두고 있어야 할 아주 간단한 것을 독자들에게 상기시키고 싶었을 뿐이다. 나는 독자들에게 세포에 의한 조직화 모델이 레닌주의의 교의와 긴밀히 결합되어 있으며, 인터내셔널의 공간에서 레닌 동지가 1915년 이래로, 짐머발트 좌파의 시기 이래로 이러한 조직 형식을 지지했음을 상기시키고자 했다.

레닌주의의 가장 놀라운 특징 중 하나는 그것의 엄청난 응집성과 일관성이다. 레닌주의는 사상과 실천 행동의 통일적 체계이며, 여기서 세계에 대한 일반적 관점에서부터 가장 세세한 조직의 문제에 이르기까지 모든 것은 서로 연결되어 있고 모든 것은 다른 모든 것들의 지반을 확고하게 해 준다. 정치적 행동에 관한 한, 레닌주의의 근본적 중핵은 프롤레타리아의 독재이며 레닌주의의 모든 전술적·조직적 문제는 어떻게 프롤레타리아 독재를 가장 잘 준비하고 조직할 것인가의 문제와 연관되어 있다. 만약 보르디가 동지가 주장한 것이 옳다면 — 즉, 당의 기반으로서의 세포 조직이 3차 대회의 '발견'이라면 — 레닌주의와 인터내셔널 내에 극도로 심각한 비일관성이 노출되었을 것이며, 우리는 3차 대회에서 우파와 사민주의로의 동요 — 혁명적 행동의 영역으로부터, 말하자면, 프롤레타리아 독재를 향한 길을 닦는 것과 아무런 관련도 갖지 않는 순순한 조직

---

31) 이 글은 로메오 망가노(Romeo Mangano)가 그람시의 기사 「세포 조직과 세계대회」에 대하여, 그 기사가 발표된 직후 "세포에 반대하여(Contro le cellule)"라는 제목으로 발표한 논평에 대한 답변이다. 망가노는 세포를 당의 권위를 침식하는 것으로, 그리고 그람시가 1919~20년에 옹호했던 <오르디네 누오보> 모델로 복귀한 것으로 간주했다.

적 행동의 영역으로의 이동 —— 가 존재했는지를 자문해야 할 것이다.

이는 실제로 극단주의 동지들의 논쟁적인 전제이기도 하다. 그들은 세포 조직이 2차 대회 이후의 '발견'이라고 주장함으로써 세포에 기반한 당의 조직이 레닌주의의 본질적인 부분이 아님을 '보여주고자' 한다. 그리하여 그들은 3차 대회에서 인터내셔널이 방향을 전환했으며, 3차 대회 때부터 공산당이 지속적으로 행동의 과업보다는 기본적이고 본질적으로 조직적인 과업들에 몰두하게 되었음을 보여 줄 수도 있다. 극단주의자들에 따르면, 이는 행동을 위한 적절한 기회가 주어졌을 때 많은 당들이 자신들의 역사적 임무 수행(무장봉기를 일으키고 권력을 장악하는 것)에 실패한 이유를 설명해 준다. 그 당들은 내부 조직 [문제] 또는 광범한 대중의 조직화라는 이차적 과업(세포의 문제, 통일전선과 노동자정부의 전술, 프롤레타리아의 통일성을 위한 투쟁 등) 때문에 빗나가게 되었다는 것이다.

망가노가 언급한 나의 이전 기사에서 나는 극단주의자들의 논쟁적인 전제가 기반하고 있는 주장들 중 하나가 전혀 근거 없다는 것을 '보여주었다'. 다른 것들 역시 일관성이 없다는 것을 보여주는 것 또한 어렵지 않을 것이다.

세포 문제는 확실히, 어떤 수준에서는, 당의 일반적 조직에 관한 기술적 문제이지만, 그러나 그것은 최우선적인 정치적 문제이다. 세포의 문제는 어떻게 대중을 지도할 것인가의 문제, 환언하면 어떻게 프롤레타리아 독재로의 길을 닦을 것인가의 문제이다. 세포라는 모델은 우리 시대의 근본 문제에 대하여 유용한 가장 기술적인 조직적 해법이다.

이제까지 논쟁에서 제출되었던, 세포를 지지하는 그리고 반대하는 주장들(가두에서 조직하는 것과 공장에 기반해서 조직하는 것 중 어느 것이 더 안전한지, 하나의 계급으로서의 지식인들이 세포 조직과 지역 분회(regional assembly) 체계 중 어느 것에서 프롤레타리아의 길을 잃게 하고 그들을 자신들의 이데올로기로 오염시키는 경향이 있는지를 발견할 수 있을지에 관한)은 세부적인 지점에 관한 이차적 이슈이며, 세포 또는 지역 회합에 기반한 조직적 구조의 수용에 부차적 영향력을 가질 뿐이다.

근본적 문제는 어떻게 대중을 지도할 것인가의 문제이며, 이 문제는 나 자신이 중앙위원회 이전에 다음과 같은 방식으로 상술한 적이 있다(cf. <우니타> 7월 3일자). 이에 대해 극단주의자들은 한 마디도 이야기하지 않는다.

어떤 점에서, 서유럽의 혁명정당들은 자신들이 볼셰비키가 그들의 당을 처음 구성한 직후의 조건에 처해 있다는 것을 이제야 발견하고 있다. 전전(戰前)의 러시아에는 전전유럽에서의 제2인터내셔널 시기 전체를 특징지었던 거대한 노동자 조직들 같은 것이 존재하지 않았다. 러시아에서는, 당이 노동계급의 모든 결정적 이해들의 표현이어야 한다는 것은 단지 일반적인 이론적 요구사항(desideratum)이 아니라 조직과 투쟁의 실제적 정언명령이었다. 공장과 가두의 세포들은 보다 나은 노동조건을 위한 노조의 투쟁에서 그리고 짜리즘의 타도를 위한 정치투쟁 모두에서 대중들을 이끌었다.

반면 서유럽에서는, 노동계급의 노조조직과 정치조직 간의 분할이 더욱 심화되었다. 노조 진영에서는 개량주의자들과 평화주의적 경향이 급속도로 힘을 얻고 있었다 — 또는, 환언하면 프롤레타리아트에 대한 부르주아의 영향이 점차 증대하였다. 마찬가지의 이유로 인해, 정치정당들의 활동은 더욱 더 의회적 영역으로 — 말하자면 부르주아 민주주의의 형식들과 전혀 구별되지 않는 형식을 향해 옮겨가고 있었다. 전쟁 기간 동안 그리고 전후 공산주의 인터내셔널이 창립되고 사회주의 진영이 분리하여 우리의 당을 구성하기 직전까지, 생디칼리스트-개량주의적 경향은 노조를 통제하는 조직으로서 스스로를 공고히 하고 있었다. 이 모든 것은, 우리가 말하고 있는 것처럼, 서유럽의 공산당들이 전전의 러시아 볼셰비키당과 동일한 위치에 있는 것과 같은 상황을 초래했다.

이탈리아에서 일어난 일을 관찰해 보자. 파시즘의 억압적 행동의 결과로 우리 나라에서 노조들은, 수적으로나 투쟁할 수 있는 힘으로나 무능력에 빠졌다. 이러한 상황을 이용하여 개량주의자들은 노조의 중앙기구를 완전히 장악하고, 어떤 소수파든 스스로 일어서서 스스로 조직하여 지도력을 행사할 수 있는 다수파가 되지 못하도록 온갖 수단과 방책을 고안하기 시작했다. 그러나 다수 대중은 — 아주 적절하게 — 통일성을 원했고 이러한 통일적 정서는 전통적인 이탈리아 노조조직인 노동총동맹에 반영되어 있다. 대중은 투쟁을 원하고 스스로를 조직하지만, 그들은 노동총동맹의 대열에서 투쟁하고 자신을 노동총동맹 내에 조직하고자 한다. 개량주의자들은 대중들의 조직에 반대한다. 최근의 동맹 대회에서 있었던, 동맹은 백만 명 이상의 성원으로 구성되어서는 안 된다고 이야기한 다라고나의 연설만 상기해 보더라도 그렇다. 만약 동맹 스스로가 모든 이탈리아 노동자 — 즉, 공업 및 농업 노동자들뿐만 아니라 농민들까지 — 를 대표하는 유일한 조직이고자 하며 이탈리아에는 조직될 수 있는 노동자가 적어도 천오백만 명이 있음을 생각한다면, 동맹의 프로그램은 이탈리아 노동자의 15분의 1 혹은 7.5퍼센트를 포함하는 것이다. 반면 우리는 노동자들의 100퍼센트가 노조와 농민 조직들로 조직되는 것을 보고자 한다.

그러나 만약 동맹이 내부의 정치적 이유들로 인해 — 말하자면, 그 지도력이 개량주의자들의 손에 남아 있는 것을 보장하기 위하여 — 이탈리아 노동자의 단지 7.5퍼센트만이 조직되기를 원한다 하더라도 동맹은 또한 — 이 경우에는 보다 일반적인 정치적 이유들로 인해, 즉 개량주의 정당이 부르주아 민주주의적 정부와 효과적으로 협력하기 위하여 — 전체적으로 공업 노동자 중에서 미조직화된 대중에 대하여 어떤 영향력을 행사하고 싶어하며, 농민들을 조직하려는 어떠한 시도도 예방함으로써 그것이 협력하고자 하는 정당들을 위한 영속적인 사회적 기반을 확고하게 하고자 한다. 따라서 동맹은 조직노동자와 미조직 노동자 대중 전체에 의해 선출되는 내부위원회의 영역에서 주로 전략을 펼치고 있다. 동맹은 조직 노동자들이 — 적어도 개량주의적 경향 바깥의 이들은 — 내부위원회에 후보명단을 제출하지 못하도록 하기를 바라며, 공산주의자들이 지역 노조 조직과 개별 작업장 내의 조직 노동자들 가운데에서 다수를 점하는 곳에서조차 공산주의자들이 규율의 문제에 따라 개량주의 소수파의 명단에 투표하는 것을 보고자 하는 것이다. 우리가 이러한 개량주의의 조직 프로그램을 수용하게 된다면, 우리 당은 개량주의 정당에 효과적으로 흡수되고 우리에게 유일하게 남아 있는 활동은 의회에서의 활동일 뿐이게 될 것이다.

반면에 우리가 결코 원하지 않는 결과인 분리를 단행하지 않으면서 우리는 어떻게 그러한 프로그램의 적용과 실행에 맞서 투쟁할 수 있을 것인가? 그 유일한 출구는 우리가 세포들을 조직하고 전전의 러시아에서 했던 것과 동일한 방식으로 그들을 발전시키는 것이다. 하나의 노조 분파로서 개량주의자들은 규율이라는 피스톨을 우리 머리에 들이대고는, 노조 투쟁이나 정치투쟁이 관련된 곳에서 우리가 혁명적 힘들을 집중하지 못하도록 막고 있다.

그렇다면 우리의 세포들이 공장 내부에서 직접적으로 작업하여 당 주변으로 대중들을 집중시키고, 그들로 하여금 내부위원회가 존재하는 곳에서는 그들을 강제하도록, 그리고 내부위원회가 존재하지 않거나 그들의 역할을 수행하지 못하고 있는 공장들에서는 선동위원회를 창출하도록 추동해야만 하는 것은 당연하다. 그들로 하여금 공장 제도들의 집중화를 위해 작업하도록 할 뿐만 아니라, 아울러 대중 기관들이 노조 활동에 국한하지 말고 자본주의와 그 정치 체제에 대한 전체 투쟁의 일부를 형성할 수 있도록 추동해야 한다. 확실히 우리 자신이 처해 있는 상황은 러시아 볼셰비키가 직면했던 것보다 훨씬 어려운데, 왜냐하면 우리는 파시스트 국가의 반동적 세력뿐만 아니라 노조 내의 개량주의자들의 반동적 세력과도 전투를 벌여야 하기 때문이다. 그리고 상황이 확실히 훨씬 어렵기 때문에 우리의 세포들은 조직적으로나 이데올로기적 측면에서나 더욱 강고해져야 할 것이다. 어느 경우에든 조직적 의미에서 '볼셰비키화'(Bolshevization)는 회피될 수 없는 중요성을 갖는다. 그리고 아무도 당 조직에 관한 레닌주의적 규준(criterioa)이 러시아 상황에 특수한 것이며 이들을 서유럽에 적용하는 것은 순전히 기계적인 접근이라고 이야기하지 못하게 만들자. 당의 세포로의 조직에 반대하는 것은 여전히 낡은 사민주의적 사고에 의탁하고 있음을 드러내는 것일 뿐이다. 더 내려가면, 이는 우익에 속해 있다는 것 — 즉, 사민주의와 투쟁하기를 원치 않는 입장에 있다는 것을 의미한다.

만약 문제가 이러한 식으로 다루어진다면, 마땅히 그래야 하지만, 세포 조직에 반대하여 제기될 수 있는 두 번째 주장은 그 무게를 상당히 상실하게 된다. 어떤 조직적 형식도 완전히 완벽할 수는 없다. 결정적인 것은 완전히 이상적인 형식을 찾아나서는 것이 아니라, 상황과 프롤레타리아 투쟁의 필요에 가장 잘 조응하는 조직 형식을 수립하는 것이다.

망가노 동지는 자신들의 당의 구조에 대한 '유럽' 공산당들의 '놀랄 만한 무지'에 대한 레닌 동지의 3차 대회에서의 연설을 떠올리면서 그것이 그 자신의 발견이라고 생각한다. [하지만] 문제는 망가노 동지가 추측하거나 추측할 수 있는 정도보다 훨씬 복잡하다. 그가 그 자신의 '놀랄 만한 무지'의 발언을 고수하며 다른 국가들과 여기 이탈리아의 프롤레타리아의 경험들로부터 얻을 수 있는 어떤 교훈도 그것을 '중앙파'적이거나 '기회주의'적인 것으로 간주하고 경멸적으로 기각하려고 하는 것을 감안한다면 말이다.

나는 1920년의 '사소한' 에피소드 하나를 떠올린다. 1920년 6월 제노아에서 열린 FIOM 전국대회에서는 다가오는 9월에 공장 점거를 이끌게 될 금속노동자의 선동을 위한 캠페인 계획을 결정하게 되었다. 좌초한 <오르디네 누오보>의 승무원인 우리들, '중앙파', '기회주의자'들 등, 언제나 노동계급의 일의 실제 진행에 자신을 연루시키는 한심한 버릇을 가지고 있던 이들은 제노아 대회에서 공장 점거를 위한 전투 계획이 결정되었다는 것을 알게 되었고, 테라치니 동지로 하여금 사회당 지도부와 함께 당이 선동에 개입할 것인가의 문제를 제기하도록 했으며 우리들은 공장 내에 당 자체의 조직적 기반으로 세포를 창출할 것을 제안했다. 이 제안은 당시의 극단주의자 바라토노(Baratono)의 연설에 뒤이어 기각되었는데, 그는 세포의 창출은 [노조와의] 동맹 계약을 파기함을 의미하며, 당은 세포를 구성함으로써 노조들(또는, 결국 개량주의자들)의 대중에 대한 지도력을 찬탈하게 될 것이라고 생각했다. 우리가 당 지도력 앞에서 패배했을 때, <오르디네 누오보> 그룹 중 한 명 — 정확히 말하자면 필자 — 은 7월에 피렌체에서 열린 기권주의 분파의 전국대회에 토리노 사회주의 부문의 대표 자격으로 참석해서, 공산주의 인터내셔널의 조직적·정치적 원칙에 기반하여 공산주의 분파(세포들, 공장평의회들)를 구성할 것을 제안했다. 여기에서도 제안은 기각되었는데, 왜냐하면

'순전히 조직적 형식'은 대중을 이끄는 데 무용하다고들(반면, 의회주의적 기권주의의 발언들은 아주 충분하다고) 간주되었기 때문이었다. 그리고 이런 식으로, 노동계급은 어떠한 종류의 혁명적인 정치적 지도도 부재한 채 공장을 접거하게 되었고 개량주의자들에게는 대중이 투쟁을 포기하도록 하는 방법도 명확했던 것이다.

이 이탈리아의 에피소드는, 2차 대회 이후의 '유럽적' 경험 전체와 마찬가지로, 낡은 사회주의 정당이 프롤레타리아트의 독재가 구체적으로 무엇을 의미하는지 이해하는 것이 얼마나 힘든지를 보여 줄 뿐이다. 이는 또한 단지 스스로 독재를 선언하고 이를 위해 일한다고 생각하는 것이 실제로 그것을 위하고 실제로 그러한 결과를 낳을 수 있도록 활동한다는 것을 의미하지는 않는다는 것을 보여준다.

망가노 동지의 말대로라면, 우리가 이를 이해하는 데 긴 시간이 필요했다는 사실은 우리가 잃어 버린 시간을 벌충하기 위하여 서둘러야 한다는 것이 아니라 이를 이해하고 행동하려는 모든 시도를 포기해야만 한다는 것을 의미한다는 것이다.

<우니타>, 1925년 8월 15일

이탈리아 상황에 대한 연구

I

이탈리아의 정치상황에 대하여 연구되어야 할 세 가지 요소가 존재한다.

1. 긍정적인 혁명적 요소, 즉 통일전선 전술에 의해 성취된 전진. 프롤레타리아 단결위원회들(Committees of Proletarian Unity)의 조직에서의 현 상황과 이 위원회들에서의 공산주의 분파의 임무.32)

2. 파시스트 부르주아 - 소농 블록의 해체로 대표되는 정치적 요소 집권 여당의 내부 상황과 그들이 겪고 있는 위기의 중요성.

3. 공화당을 축으로 하는 좌익 민주주의 블록을 건설하려는 경향으로 대표되는 정치적 요소, 공화주의적 입장이 이러한 민주적 연합의 기반을 제공하는 것으로 보여진다는 점에서.

통일전선 전술

첫 번째 지점이 연구되어야 하는 이유 중 하나는 3차 대회에서 결정된 정치노선의 올바름을 검증하기 위해서이다. 우리 당의 3차 대회의 핵심적 특징은 이 대회가, 노동계

---

32) 1924년 가을, PCd'I는 노동자 농민위원회 정책을 개시했다. 이들은 1919~20년의 공장평의회와 관련되어 있으며 대중 가운데에서 아래로부터의 통일전선을 조직하려는 시도였다. 타스카 및 노조와 가까운 다른 이들은 <오르디네 누오보>주의의 계획을 비난했으며 기존의 노동자 조직들을 방어하고 이를 통해 활동하기를 원했다. 그들의 견해는 1926년 3월 리옹 대회의 '노조위원회'로부터, 그리고 다른 부분으로는 보르디가와 코민테른 대표로부터 지지를 받았다.

급 내에서 공산당의 지도적 역할과 이탈리아 노동인구 내에서 노동계급의 지도적 역할을 수립할 필요성의 문제를 일반적인 차원에서 제기했을 뿐만 아니라, 이러한 지도적 역할을 수립할 수 있는 수단이 되는 정치적 요소들을 실천적으로 구체화하고자 했다는 것이었다. 환언하면, 대회는 부르주아 및 쁘띠부르주아지가 노동계급에게 영향력을 행사하는 수단으로 작용하며 그리고 그 방향을 근본적으로 바꾸어 그들의 계급적 가치들을 전복시키는 잠재력을 지닌 정당과 연합들을 감정(鑑定)하고자 했다. 따라서 이제 우리가 결과적으로, 통일전선 전술에 의한 행동에 포함된 세력들의 즉각적 재결집에 가장 적합한 조직 영역으로서 선동위원회(agitation committee)를 상정한 당의 결정이 옳았는지를 검증해 보아야 하겠다.

긍정적인 측면에서, 우리는 우리 당이 노동자 대중 사이에서 정치적 지도력의 명확한 위상을 확보하는 데 성공했다고 이야기할 수 있을 것이다. 최근 시기 동안, 이탈리아 민중을 통제하는 정당들의 모든 언론 기관들은 우리 당이 이룬 전진들에 대한 논박을 가득 쏟아내었다. 이들 정당 모두는 우리의 행동들에 대하여 방어적인 입장에 있다. 사실상 그들은 간접적으로 우리에게 끌려다니고 있는데, 왜냐하면 그들 활동의 거의 60%가 우리의 공격에 대응하는 데 할애되거나 우리의 영향력으로부터 멀어지게 하기 위한 미끼로서 자신들의 대중적 지지기반에 일정한 만족을 제공하는 데 투여되고 있기 때문이다.

파시스트 정치로 대표되는 억압과 통제의 상황에서 우리의 전술의 결과가 다수 대중 수준에서 통계적으로 측정될 수 없다는 것은 명백하다. 그렇다 하더라도, 민주주의 또는 사민주의 정당들 내의 특정한 요소들이 공산주의자에 의해 구획된 전술 영역으로, 단지 아주 조금이라도, 이동했을 때 이러한 이동이 우연한 운으로 격하되거나 난지 개인적 의미만을 갖는 것으로 무시되어서는 안 된다. 실제적 차원에서 이 문제는 다음과 같이 정리될 수 있다. 모든 정당에는, 특히 조직적 구조가 매우 느슨한 민주주의 또는 사민주의 정당들에는 세 가지 층위가 존재한다. 수적으로 가장 제한되어 있는 상위층, 이들은 일반적으로 의회의원과 지식인들로 구성되며 종종 지배계급과 긴밀히 연계한다. 노동자와 농민 그리고 도시 쁘띠부르주아지의 성원들로 구성되는 하위층, 이들은 정당 구성원의 대중 또는 정당에 의해 영향받는 대중을 공급한다. 그리고 현재와 같은 상황에서는 평상시의 환경에서보다 훨씬 중요하기까지 한 매개적 층위, 왜냐하면 [이들은] 종종 이러한 정당들에서 유일하게 활동적이고 정치적으로 '살아 있는' 층위를 대표하기 때문이다. 꼭대기의 지도그룹과 성원 대중 및 동조자들 간의 연결을 유지하는 것이 이 매개적 층위이다. 당 지도자들이 많은 정당들의 미래의 혁신과 폭넓은 기반 위에서의 재건을 위해 기대하는 것도 이들 중간 층위의 견고성이다.

따라서 통일전선에 우호적인 운동의 영향이 감지되는 것도 다양한 대중정당의 이러한 중간 층위들의 주요한 부문에서인 것이 분명하다. 우리가 낡은 이데올로기들의 정치적 강령들이 해체되는 미세한(capillary) 현상과 통일전선 영역에서의 새로운 정치적 형성의 최초 움직임을 보게 되는 것도 바로 이러한 중간 층위 내에서이다. 특정한 공장들이나 도시의 주민들에 광범한 영향력을 행사하는 구래의 개량주의 또는 최대강령주의 노동자들. 마을과 작은 소읍들에서 시골 세계의 가장 선진적 인물을 대표하는 농민적 요소들 — 소읍과 마을의 농민들이 상담이나 실제적 조언을 구하는 사람들. 좌파 가톨릭 운동의 대표자들로서, 그들의 볼품없는 외양을 기준으로 평가될 수도 없고 평가되어서도 안 되며 대신에 도시 바깥에서 농민들이 따르는 데 익숙해져 있는 당의 경향으로 나타난다는 사실에 의해 평가되어야 마땅한 도시의 비주류(minor) 지식인들. 이들이 우리 당이 영향력을 증대시켜가고 있는 요소들이 바로 이들이며, 이들의 정치적 대변자는 이들의 개별적 이동에서 드러나는 것보다 종종 훨씬 급진적인 풀뿌리 수준에서의 운동의 확실한 지표이다.

통일전선을 위한 활동에서 우리의 청년 조직이 수행하는 역할에는 특별한 관심이 기울여져야 한다. 따라서 청년조직의 행동들에는 당에 허용되는 것 보다 훨씬 더 큰 유연성이 허용되어야만 한다는 것을 명심할 필요가 있다. 당이 통일전선의 기반 위에서 다른 정치그룹들과 융합하거나 새로운 성원을 충원할 수 없다는 것은 명백하다. 통일전선의 목적은 노동계급 부분에서의 행동의 통일과 노동자와 농민간의 동맹을 강화하는 것이지, 그것이 당 구성의 기반일 수는 없다. 한편, 청년 공산주의자에게 이는 다소 다른 문제이다. 그들의 성격 자체로 인해 청년 공산주의자들은 당 구성의 기초 단계를 대표한다. '청년운동'에 참여한다는 것, 이는 말의 완전한 의미에서 이미 공산주의자라는 것을 요구하는 것이 아니라 단지 투쟁하려는 그리고 공산주의자가 되고자 하는 욕망을 가지고 있다는 것이다. 이러한 요소는 청년 공산주의자들에게 적합한 전술을 보다 명료하게 규정해 내기 위한 일반적 참조점으로 고려되어야만 한다.

엄청난 역사적 중요성을 가지고 있으며, 따라서 주의깊은 관심이 요구되는 요소는 다음과 같다. 어떤 최대강령주의자, 개량주의자, 공화주의자, 인민당의 당원, 사르디니아운동의 성원 또는 남부 민주주의자가 프롤레타리아 통일전선의 강령과 노동자와 농민의 동맹을 지지한다는 것은 확실히 중요하다. 그러나 가톨릭 행동주의(Catholic

Action)33)의 한 성원이 그러한 프로그램을 공공연하게 지지한다는 것은 더욱 중요하다. 사실 반대파 당들은, 부적절하고 거친 방식이기는 하지만, 인민 대중과 파시즘 간의 거리를 만들어 내고 유지하려는 경향이 있다. 반면에 가톨릭 행동주의는 오늘날 파시즘의 통합적 부분을 대표하고 있다. 즉, 파시즘에 대한 넓은 대중적 지지를 획득하기 위하여 종교적 이데올로기를 사용하려 한다. 어떤 의미에서는, 실제로 파시스트당 내부의 매우 강력한 경향(페데르조니, 로코 등)은 파시스트당 자체를 그 기능에 있어서 대중정당으로 그리고 대중에 대한 정치적 통제를 위한 유기체로 대체하고자 하는 생각을 가지고 있다. 따라서 가톨릭 행동주의의 장(場)에서의 우리 당의 모든 성공은, 그것이 아무리 제한적이더라도, 우리가 프롤레타리아의 지도력에 완전히 폐쇄되어 있는 듯하던 장에서 파시스트 정치를 어떻게든 파괴해 냈음을 의미한다.

이러한 지점에서 결론짓는다면, 우리는 3차 대회의 정치노선은 올바른 것으로 확인되었고 통일전선을 위한 우리의 행동의 대차대조표는 매우 긍정적이라고 단정할 수 있을 것이다.

노조 활동에 대해서는 특별한 지점이 포함될 필요가 있는데, 이는 우리가 오늘날 계급 노조 내에서 점하고 있는 위치라는 의미에서뿐만 아니라 수행되어야 할 실제 노조 활동에서의 의미, 그리고 회사(corporations)에 대한 우리의 위치라는 의미 모두에서 이해되어야 한다.

파시즘 내의 두 경향

두 번째 지점에 관한 한, 파시스트 부르주아 - 소농 블록과 엄밀히 말하면 파시스트 조직의 내부 상황을 정확히 규정하는 것이 필수적이다.

한편으로, 페데르조니, 로코, 볼피 등의 경향은 로마 행진 이후의 이러한 시기 전체로부터 결론을 이끌어 내고 싶어한다. 이 경향은 정치적 유기체로서의 파시스트당을 청산하고, 파시즘이 다른 모든 당들에 대한 투쟁에서 창출한 부르주아적 세력 위치를 국가

---

33) [역주] '가톨릭 운동'이라고도 하며 좁은 뜻으로는 교회 당국의 지도나 위임에 따라 성직자의 사도직을 평신도가 돕는 일을 말한다. 남자신도회, 청년회, 부인회, 대학의 가톨릭 학생회 등의 활동이 그것인데, 각기 지도신부를 두고, 교구 주교의 감독 아래 교구가 중심이 되어 총괄한다. 오늘날의 가톨릭 행동주의는 이탈리아의 G. B. 가소니가 창설하였으며, 이탈리아의 가톨릭 교회 자유옹호단(1866)이 그 조직체의 시초였다. 본문에서는 특히 1905년경부터 시작된 가톨릭 교도들의 정치, 사회 참여운동의 흐름을 의미하며, 결과적으로 가톨릭 세력의 정치적 다원화를 낳았다.

기구로 흡수하고 싶어한다. 이러한 경향은 왕권(Crown) 및 참모단(general staff)과 협력하고 있다. 이 경향은 한편으로는 가톨릭 행동주의, 즉 바티칸을 국가의 중심 세력으로 통합시켜, 사보이 왕가(House of Savoy)와 바티칸 사이의 불화를 실질적으로 그리고 가능한 한 공식적으로 종식시키고자 한다.34) 그리고 다른 한편으로는 이전의 아벤티네 반대파 중에서 보다 온건한 요소들 또한 국가의 중심 세력으로 통합시키고자 한다. 낡은 이탈리아 민족주의의 과거와 전통을 감안할 때, 민족주의적 측면에서 파시즘은 가톨릭 행동주의에 영향을 미치고 있는 반면 사보이 왕가는 디 체자로와 아멘돌라 그룹의 성원들을 정부의 영역으로 끌어들이기 위하여 다시 한번 그 전통을 활용하려 하고 있다.

또 하나의 경향은 공식적으로 파리나치(Farinazzi)에 의해 대변된다. 객관적으로 이는 파시즘 내의 두 가지 모순을 대표한다. 1) 특히 관세에 관하여 이해가 충돌하는 토지 소유자와 자본가들 간의 모순. 현재의 파시즘이 국가 내에서 금융자본 ― 국가의 모든 생산력을 종속시키고자 하는 자본 ― 의 명백한 지배적 위치를 전형적으로 대변한다는 것은 분명하다. 2) 두 번째, 더욱 중요한 모순은 쁘띠부르주아지와 자본주의간의 모순이다. 파시스트 쁘띠부르주아지는 당을 자신들의 방어수단으로, 의회로, 그리고 민주주의로 간주한다. 이들은 당을 통해 정부에 압력을 가함으로써 자신들이 자본주의에 분쇄되지 않도록 하고자 한다.

반드시 염두에 두어야 할 한 가지 요소는 파시스트 정부에 의해 이탈리아가 처하게 된, 미국으로의 총체적 노예화의 상태이다. 미국과 영국에 대한 전쟁부채의 청산에서 파시스트 정부는 이탈리아 채무[증서]의 유통성(negotiability) 보장에 아무런 신경을 쓰지 않았다. 이탈리아 주식시장과 국고는 계속적으로 미국과 영국 정부의 정치적 갈취

---

34) [역주] 1870년 피에몬테의 로마 점령 이후 사보이 왕가와 바티칸 사이에는 전반적으로 불편한 관계가 지속되었다. 1922년 정권을 장악한 무솔리니는 전체주의적 목표에 가톨릭을 완전히 굴복시킬 수 없음을 인식하고 가톨릭과 우호적인 관계를 맺기 위한 협상을 시작했다. 바티칸 역시 세속권력과의 분쟁을 피하고자 하여, 바티칸 직속의 전국가톨릭농맹(Federazione Italiana di Unione Cattolici)은 가톨릭 정당인 인민당의 해체를 요구하기까지 했다. 1926년부터 시작된 협상은 1929년 '라테란 협정'의 체결로 이어졌다. 교황청과 이탈리아 국가의 상호승인과 바티칸에 대한 교황의 배타적 지배권 확인, 통일 이후 몰수했던 교회 재산 보상, 교회와 국가간의 정교협약으로 이루어진 이 협정을 통해 무솔리니는 가톨릭 대중의 지지 기반을 강화하고 이탈리아 국가의 대외적 위신을 고양시키고자 했다. 다른 한편, 이 협정은 중세 이후 지속되어 온 교황청의 역사적 위상 변천을 매듭짓는 것이기도 했다.

에 노출되었고 언제든지 이탈리아 통화의 방대한 양이 국제시장으로 방출될 수 있다. 더욱이 모건(Morgan) 부채는 훨씬 나쁜 조건으로 빚지게 되었다.35) 이 1억 달러의 대부 중 정부는 단지 3천3백만 달러만을 마음대로 처분할 수 있었다. 나머지 6천7백만 달러는 모건의 관대한 개인적 동의가 있어야만 이탈리아 정부가 사용할 수 있었던 것이다── 이는 모건이 이탈리아 정부의 실제 수반이었음을 의미한다. 이러한 요소들은 파시스트당을 통해 자신의 이해를 방어하려는 쁘띠부르주아의 민족주의적 목소리에 힘을 실어 줄 수 있었다. 즉 이 민족주의적 목소리는 소수의 재력가 집단의 이익을 위해 국민주권과 나라의 정치적 독립성을 희생시켰던 낡은 민족주의 및 현재의 당 지도부에 반대하는 것이었다. 이와 관련하여 볼 때, 우리 당이 해야 할 한 가지는 파시스트 일반 대중 사이에서 정치적 지도력을 확보하는 수단으로서 유럽 소비에트 연방의 슬로건을 특별히 강조하는 일이다.

일반적으로, 파시스트당에서 파리나치 경향은 통일성, 조직 및 일반적인 원칙이 결여되어 있다고 이야기할 수 있다. 이는 엄밀히 말해서 하나의 경향이라기보다는 오히려 광범위한 정서 상태이며 정부가 그 구성적 중핵을 파괴하는 것은 그다지 어렵지 않을 것이다. 우리의 관점에서 중요한 것은 이러한 위기가, 그것이 부르주아 - 소농 연합으로부터 쁘띠부르주아의 이탈을 대표하는 것인 한, 파시즘의 군사적 자원의 약화에 다름 아니라는 것이다.

전반적인 경제적 위기는 정치적 위기의 근본 요인이다. 이러한 위기를 구성하는 요소들을 연구하는 것이 필요한데, 왜냐하면 이들 중 어떤 것은 전반적인 이탈리아의 상황에 내재적이며 프롤레타리아 독재의 시기에도 역시 부정적 효과를 가질 것이기 때문이다. 이러한 근본적 요소들은 다음과 같이 정리될 수 있다. 이탈리아의 무역수지에서 전통적으로 수익을 구성해 왔던 세 가지 요소 중 두 가지── 이민자로부터의 송금과 관광산업── 가 붕괴했다. 세 번째 요소인 수출은 위기를 겪고 있다. 이들 두 가지 부정적 요소들(이민자로부터의 송금과 관광산업)과 세 번째의, 부분적으로 부정적인 요소(수출)에 흉작으로 인한 다량의 곡물수입의 필요성이 보태진다면, 다가오는 몇 개월의 전망이 파멸일 것임은 명약관화해진다.

정부와 지배계급의 무능을 이해하는 데는 이러한 네 가지 요소들을 전제하는 것이 필수적이다. 확실히, 이민자로부터의 송금을 증대시키고(재무장관 볼피의 후계자로 예

---

35) 모건(J. P. Morgan)은 1926년 초반에 이탈리아에 1억 달러 이상을 대여해 주었다.

상되는 자우세페 주콜리 씨가 제안한 계획을 생각해 볼 것) 관광산업을 부양하기 위하여 정부가 할 수 있는 것은 거의 아무 것도 없지만 수출을 증대시키기 위해 할 수 있는 일은 있다. 여하튼 주요한 정책 계획은 이러한 영역에서 가능하며, 이는 상처를 치유하지는 못하더라도 적어도 피를 멎게 하는 데 도움이 될 수는 있을 것이다. 어떤 이들은 인플레이션 정책에 기반한 노동정책의 관점에서 생각하고 있다. 당연히 이러한 가능성이 전적으로 배제될 수는 없지만, 그러나 1) 그것이 시행될지라도 경제적 영역에서의 결과는 상대적으로 아주 미미할 것이며, 2) 반면 정치적 영역에서는 그 결과가 파멸적일 것이다.

실제로, 다음의 요소들을 염두에 두는 것이 필수적이다. 1) 수출은 이탈리아의 무역수지에서 대변(貸邊) 부분만을 나타낼 뿐이다. 2) 적자를 해소하기 위해서는 현존하는 생산 기반으로부터 최대의 수확을 획득해야 할 뿐만 아니라 해외에서 새 기계를 구입함으로써 생산기반 자체를 확장하는 것이 필수적인데, 이는 무역적자를 훨씬 증가시키기만 할 것이다. 3) 이탈리아 산업을 위한 원료들은 해외로부터 수입되며 경화로 지불되어야 한다. 대규모의 생산 증대는 원료 구매를 위하여 막대한 양의 유동 자본이 요구됨을 의미할 것이다. 4) 전반적 현상으로서의 파시즘은 이탈리아 노동계급의 임금과 봉급을 최소 수준으로 삭감해 왔다는 것을 염두에 두어야만 한다. 고임금 국가에서 인플레이션은 파시즘에 대한 하나의 대안으로서의 의미를 가질 수 있다. 즉 노동계급의 생활수준을 떨어뜨림으로써 부르주아지에게 운신의 자유를 다시 부여해 준다. 노동계급의 생활수준이 이미 최소생계비 수준에 있는 이탈리아에서 인플레이션은 아무런 의미도 가질 수 없다.

경제적 위기의 요소들 가운데에서: [의결권]우선주(preferential voting) 제도를 채택하는 합자회사의 새로운 조직, 이는 쁘띠부르주아지와 자본주의간의 균열의 원천 중 하나이다; 또한 점점 더 소수의 손아귀에 집중되고 있는 합자회사들의 총자본(the gross capital)과 총 국민저축 간에 최근에 나타난 불균형. 이러한 불균형은 현재의 수입이 더 이상 필요를 충족시킬 수 없는 탓에 저축의 원천이 소진되고 있음을 보여준다.

민주연합(The Democratic Coalition)

세 번째의 정치적 요소에 대하여. 민주주의 진영 내에서 우리가 과거에 보았던 것보다 훨씬 급진적인 모종의 재결집이 일어나고 있다는 것은 분명하다. 공화주의 이데올로기는, 우리가 통일전선에 대해 살펴볼 때 이미 관찰했던 것과 동일한 방식으로, 점점 더 강해지고 있다. 다시 말해, 민주주의 정당들의 중간 층위(또한 이 경우에는, 상위 층위에서 역시 상당한 정도로) 내에서.

예전 아벤티네의 나이 든 지도자들은 군주제와의 접촉을 재개하라는 유혹을 거부했다. 아멘돌라 자신마저 말년의 몇 해 동안 공화주의에 완전히 몰두하여 이러한 노선에 따라 개인적 선전을 수행했다고 한다. 인민당원들(*popolari*) 또한 공화주의적 경향 등을 뚜렷하게 발전시켰다. 공화주의 영역에서 신민주주의적 재결집을 불러일으키기 위하여 막대한 노력이 투여되었다는 것은 확실하다. 이 재결집은 파시즘이 붕괴하자마자 권력을 장악하여 반동적 우파와 공산주의적 좌파 양자에 반대하는 독재를 수립하기 위한 것이다. 이러한 공화주의적 민주주의의 재각성은 폴란드에서의 필수드스키의 모험과 프랑스 좌파연합 정부의 격렬한 반응 같은 유럽에서의 최근 사건들에 힘입은 것이었다.36) 우리 당은 국내 정치의 광범한 전망의 일반적 문제와 대면해야만 한다.

우리는 여기서 주요 요인들을 다음과 같이 규정할 수 있다. 정치적으로, 프롤레타리아 독재가 파시즘의 계승자가 될 수 있다는 것이 사실이기는 하지만(왜냐하면 어떠한 중간적 정당이나 연합도, 현존하는 관계들이 파괴되는 그 순간 격렬하게 정치적 무대로 뛰어들 노동계급의 경제적 요구를 최소한으로도 만족시킬 수 없기 때문에), 파시즘에서 프롤레타리아트 독재로 곧바로 이행할 것인지는 전혀 확실하지 않다 — 사실상 그렇지 않을 듯하기까지 하다. 현존하는 군대는, 그 구성을 감안한다면 즉각적으로 격퇴할 수 없으며, 그들이 상황의 결정적 요인이 될 것이라는 점을 염두에 두어야만 한다.

---

36) [역주] 1926년 5월, 왕년의 사회주의자이자 짜리즘에 맞선 테러리스트였던 필수드스키는 군사봉기를 일으켜 부르주아 정부를 전복했다. 이는 폴란드 우익정당들의 격렬한 반대를 불러일으켰지만, 폴란드 공산주의자들의 반응은 그와 달랐다. 1925년 지노비에프의 지도 아래 주창된 형태로 '통일전선' 정책을 이해했던 이들은 그것을, 부르주아 대오의 모순을 이용하여 필수드스키와 공동투쟁하는 것으로 해석했다. 이들은 필수드스키의 쿠데타가 혁명으로 나아가는 과정의 시발점이 될 것이라고 기대했던 것이다. 그러나 그후 필수드스키는 파시즘과 매우 유사한 체제를 구축했고, 자신을 위해 싸운 공산주의자들을 감옥으로 보내버렸다.
한편 1차 대전 후 프랑스의 외교정책의 주요 목표는 독일과 러시아 양자에 맞서, 중동부유럽 소국들과의 동맹체제를 확립하는 것이었다. 그에 따라 프랑스는 1925년 로카르노 협정(Locarno Pact)을 통해 폴란드 및 체코슬로바키아와 군사동맹을 체결했고, 루마니아(1927) 및 유고슬라비아(1928)와도 조약을 체결했다. 이러한 상황에서 발생한 필수드스키의 군사쿠데타에 프랑스는 격한 반응을 보였지만, 이 쿠데타로 인해 프랑스와의 관계가 결정적으로 악화되지는 않았다. 프랑스의 동맹 체계를 궁극적으로 파괴한 것은 1930년대 독일 나치즘의 발흥이었다.

증대하는 가능성의 순서로 가설들을 나열해 볼 수는 있다. 우리가 현재의 정부에서 연합정부로 넘어가는 것은 가능하며, 여기서 지올리티, 오를란도37), 디 체자로38) 그리고 데 가스페리(De Gasperri)39)와 같은 인물들이 보다 큰 직접적 유연성을 제공할 것이다. 프랑스 의회에서 일어난 최근의 사건들은, 혁명적 위기를 지연시키고 적을 격퇴하며 그들을 지치게 하여 해체시키기 위해 부르주아 정책이 취할 수 있는 유연성을 여실히 보여주었다. 돌연하고 갑작스러운 경제적 위기 — 이탈리아의 현재 상황에서 가능성이 없지도 않은 — 는 민주 공화주의자 연합에게 권력을 가져다 줄 수도 있는데, 왜냐하면 이들은 군대의 장교들에게, 파시스트 민병대의 일부에게, 그리고 국가 공무원 일반에게, 스스로를 혁명을 저지할 능력이 있는 세력으로서 제시할 수 있을 것이기 때문이다.

이러한 가설들은 우리에게 단지 전반적 조망을 제공해 줄 뿐이다. 이로써 다음과 같은 점들을 확정해 낼 수 있다. 1) 오늘부터 당장 우리는 (위기가 발생했을 때 인구의 열정적이고 활동적인 요소들이 우리의 진영에 있는 한) 파시즘의 혁명적 붕괴 가능성을 증가시키기 위하여 좌파연합을 구성할 수 있는 당들의 영향력과 조직을 최소한도로 줄여야 한다. 2) 어떤 경우에든, 우리는 지금 이 순간부터 우리에게 가능한 한 유리한 조건들을 만들기 시작함으로써 민주주의의 막간(interlude)을 가능한 한 단축하기 위해 분투해야 한다.

우리는 이러한 지점들로부터 당면한 실제적 행동을 위한 지침을 도출해야만 한다. 통일전선의 전체 활동의 강화와 점점 더 많은 수의 선동위원회의 조직화는 적어도 지역적·지방적 수준에서 집중되어야만 한다. 위원회 내에서 우리의 분파는 무엇보다도 먼저 다양한 좌파 정치조류들에 대한 대표성을 최대한 확보하고자 해야 하며, 모든 당

---

37) [역주] 비토리오 에마누엘레 오를란도(Vittorio Emanuele Orlando). 남부 출신의 부르주아 민주주의적 정치가. 1917년 카포레토에서의 패전으로 살란드라가 실각한 후 내각 수반이 되었다. 전쟁에 대한 중립주의적 입장을 취하지 않았음에도 불구하고, 지올리티 및 사회주의자들에 대한 유화정책으로 인해 주전파들의 지지를 얻지는 못했다.

38) [역주] 지오반니 안토니오 콜로나 디 체자로(Giovanni Antonio Colonna di Cesarò). 소농총의 일부를 대지주 산하에 동원했던 민주사회당이라는 시칠리아 정당의 귀족주의적 지도자였다. 무솔리니가 이끌던 연정의 수상이었지만, 1924년 6월 마테오티가 살해된 후 반파시즘 진영으로 선회했다.

39) [역주] 알치데 데 가스페리(Alceide de Gasperri). 2차 대전 이전부터 인민당에서 활동했으며, 종전 이후에는 인민당의 후신인 기독민주당을 이끌면서 7차례에 걸쳐 내각을 조직했다. 그는 집권 기간 동안 전반적으로 사회당과 공산당을 배제하고 남부에서의 부분적 토지개혁, 세제개혁, 남부 개발기금설립 등의 보수적 개혁을 통해 의뢰-후견 관계라는 전후 이탈리아 정치의 틀을 구축했다.

종파주의를 체계적으로 피해야 한다. 문제들은 우리 분파에 의해 목적의식적 방법으로, 노동계급과 농민의 이해의 표현으로서 제출되어야 한다.

최대강령과 당에 대한 전술에 관하여. 남부문제를 보다 정력적으로 제기하는 것이 필요하다. 우리 당이 남부에서 진지하게 활동을 시작하지 않는다면, 남부는 좌파연합에게 가장 강력한 기반이 될 것이다.

사르디니아 행동당에 대한 전술에 관하여, 그것의 다음 대회와 관련하여. 남부 이탈리아와 도서에 대해서는, 이탈리아 나머지 부분에서의 지역 활동 그룹들의 창출.

II

국제적 상황에 관한 한, 가장 중요한 이슈는 영국 총파업[40]과 이로부터 도출되는 결론들에 관한 것인 듯하다. 영국의 파업은 우리 운동에 두 가지 근본적 문제를 제기했다.

첫 번째로 일반적 전망의 문제. 즉, 자본주의 질서가 현재 경과하고 있는 국면에 대한 정확한 평가의 문제. 이른바 안정기는 이제 끝났는가? 부르주아 체제의 저항능력에 관하여 우리가 착목해야 할 지점은 어디인가? 확실히, 자본주의의 위기가 도달한 지점을 정확히 규정하는 것은 이론적이고 과학적인 경지에서뿐만 아니라 실제적이고 즉각적인 관점에서 흥미롭고도 필수적이다. 그러나 이러한 평가가 완전히 새로운 정치적·조직적 방향들로 즉각적으로 반영되지 않는다면, 자본주의 위기의 정확한 정도에 대한 새로운 평가가 기반하는 어떠한 새로운 정치적 징향도 역시 무의미해질 것이라는 것 역시 분명하다.

우리가 물어야 할 질문은 다음과 같은 것이라는 생각이다. 국제적 범위에서 — 그리고 이는 실제로는 두 가지를 의미한다: 1) 부르주아 체제의 쐐기돌(keystone)인 자본주의 국가 그룹의 범위에서, 그리고 2) 이른바 자본주의 세계의 주변부를 대표하는 국가들의 범위에서 — 우리는 프롤레타리아 세력의 정치적 조직의 국면에서 혁명의 기술적 조직의 국면으로 옮겨가고 있는 중인가? 또는 다른 한편으로, 우리는 [앞에서] 언급된 국면 중 정치적 조직의 국면으로부터 기술적 조직의 특정한 형식이 대중들의 정치적 조직을 가속화하고 그리하여 권력 장악의 국면으로 귀결되는 길을 가속화하는, 매개적

---

[40] 1926년 5월 4~13일의 파업.

국면으로 이동하려 하고 있는 것인가? 내 생각으로는 이러한 문제들이 논의되어야 한다. 하지만 이에 대하여 순전히 이론적 수준에서 해법이 발견될 수 없으리라는 것은 명백하다. 이러한 문제들은 혁명적 세력과 부르주아 세력 양자의 실제적 영향력에 관한 구체적인 정보에 기반해야만 해결될 수 있다.

이러한 연구는 특정한 관찰과 규준들에 기반해야만 한다. 1) 지배계급이, 예컨대 러시아에서는 갖지 못했던 정치적·조직적 자원을 보유하고 있는 선진 자본주의 국가들에 대한 관찰. 이는 가장 심각한 경제적 위기조차 정치 영역에 즉각적인 반향을 불러일으키지는 않는다는 것을 의미한다. 정치는 언제나 경제에 한 걸음 — 또는 여러 걸음 — 뒤쳐진다. 국가기구는 [사람들이] 생각하는 것보다 훨씬 저항력이 있으며, 더욱이 위기의 순간에는 체제에 충성하는 세력을 조직하는 데 있어서 위기의 깊이가 예상케 하는 것보다 훨씬 더 큰 능력을 발휘한다. 이는 특히 대부분의 주요한 자본주의 국가에 해당된다.

이탈리아, 폴란드, 스페인 또는 포르투갈과 같은 전형적인 주변부 국가에서는 국가의 힘이 덜 효과적이다. 그러나 이러한 나라들에서는 가장 면밀한 주의를 요구하는 현상을 발견할 수 있다. 내가 보기에 이는 이러한 현상을 구성하는 것이다. 이러한 나라들에서는 프롤레타리아와 자본주의 사이에 중간계급의 넓은 띠가 존재하며, 이들은 종종 프롤레타리아의 광범한 층위에 영향을 끼치지만 특히 농민 대중에 특별한 장악력을 갖는 이데올로기를 가지고 자신만의 정치를 이끌어나가고자 한다(그리고 어떤 의미에서는, 이끌어나가는 데 성공한다). 자본주의 국가의 수위 집단에서 주도적 위치를 점하고 있는 프랑스조차, 주변부 국가의 상황에 근접하는 이러한 특징들을 가지고 있다.

내가 보기에 자본주의 위기의 현재 국면을 특징짓는 것은, 1920~22년과는 달리, 오늘날 중간계급들의 정치적·군사적 구성들은 성격상 급진적이고 좌익이며, 또는 적어도 대중에게 자신을 급진적 좌파 쪽인 것으로 나타낸다는 사실에 있는 듯하다. 그 특수한 특징들을 감안한다면, 이탈리아 상황의 발전은, 어떤 의미에서는, 다른 국가들이 겪어 온 다양한 국면들에 대한 모델을 제공한다고 생각된다. 1919년과 1920년에 중간계급의 군사적·정치적 구성들은 이탈리아에서는 초기 파시즘과 다눈치오[41]에 의해 대표되었다. 이 몇 년간 파시스트 운동과 다눈치오의 운동이, 이탈리아를 노예화하려는 미국 자본주의의 명령의 매개자로 나타났던 니티 정부를 무너뜨리기 위하여 심지어 프롤

---

41) [역주] p. 291 각주 21을 보라.

레타리아 혁명 세력과도 기꺼이 연합했다는 것은 주지의 사실이다(니티는 유럽의 도우즈(Dawes)[42]의 선구자였던 셈이다).

파시즘의 두 번째 국면 — 1921년과 1922년 — 은 명백히 반동적이었다. 1923년부터, 중간계급 내의 가장 활동적인 인자들이 반동적인 파시스트 진영에서 아벤티네 반대파 진영으로 넘어오는 과정에서 미세한 진전이 시작되었다. 이러한 진전은 마테오티 위기의 시기에 파시즘에게는 치명적인 것으로 입증될 수도 있었던 방식으로 이루어졌다. [그러나] 우리 운동의 약점 — 그 자체로 중요한 약점 — 때문에 이 현상은 파시즘에 의해 차단되었고 중간계급은 정치적 파편화라는 새로운 상황으로 내던져졌다. 오늘날 이 미세한 현상이, 포스트-1923년 운동에서 보다 훨씬 큰 규모로 다시 시작되고 있다. 또한 여기에는 혁명적 세력들의 우리 당 주변으로의 재결집을 수반하고 있으며, 이는 마테오티 사건과 같은 새로운 위기가 새로운 1월 3일[43]로 끝나지 않을 것임을 의미한다.

내가 고전적이고 예시적인 것이라 부르고자 하는 방식으로 이탈리아가 겪어 온 이러한 국면들을, 우리는 이른바 주변부 자본주의 국가들 모두에서 발견할 수 있다. 이탈리아의 현재 국면 — 중간계급들의 좌파로의 재결집 — 을 우리는 스페인, 포르투갈, 폴란드, 그리고 발칸의 나라들에서 발견할 수 있다. 단지 체코슬로바키아와 프랑스, 두 나라에서만 좌파 블록의 존재적 연속성을 발견할 수 있을 뿐이다 — 이는 특별히 면밀한 연구를 요구하는 사실이라고 생각된다.

이러한 관찰들 — 당연히 개선되고 체계적인 방식으로 구성되어야 할 필요가 있는 — 로부터 이끌어 낼 수 있는 결론은 다음과 같을 것이다. 실제로 우리는 자본주의 위기의 전개에서 새로운 국면에 진입하고 있다. 이 국면은 자본주의 주변부의 국가들과 발전한 자본주의 국가들에서 상이한 형식을 취한다. 체코슬로바키아와 프랑스는 이러한 두 계열의 국가들 사이에 연결점을 제공한다. 주변부 나라들에는 내가 매개적이라고 부른, 혁명의 정치적 준비의 국면과 기술적 준비의 국면 사이에 놓여 있는 국면의 문제가 존재한다. 프랑스와 체코슬로바키아를 포함하는 다른 나라들에서는, 내가 보기에 문제는 여전히 정치적 준비의 문제인 듯하다. 모든 자본주의 국가들에 대하여 한 가지

---

[42] [역주] 도즈(Charles Gates Dawes)는 미국의 금융가이자 실업가로, 제1차 세계대전 후의 독일 배상문제를 결정한 '도즈안(案)'의 입안자이며, 도즈전문위원회의 위원장이 되었다. 1925년 노벨 평화상을 수상했다.

[43] [역주] 1월 3일의 무솔리니의 연설은 마테오티 위기를 종결시켰다.

근본적인 문제가 존재한다. 일반적 의미에서 이해되는 통일전선 전술로부터, 국민생활의 구체적인 문제들을 다루고 역사적으로 결정된 민중적 세력들의 기반 위에서 작용하는 특정한 전술로 어떻게 이행할 것인가 하는 문제.

기술적 관점에서, 문제는 조직에 적합한 슬로건과 형식들에 관한 것이다. 내가 <오르디네 누오보>주의라고 비난받는 것을 꺼릴 게 없다면, 나는 오늘날 우리가 직면한 가장 중요한 문제 중 하나가, 특히 주요 자본주의 국가들에서는, 노조관료에 대항하여 보다 효과적으로 투쟁하게 하고 프랑스에서뿐만 아니라 독일과 영국에서도 역시 노조로 조직되지 않은 노동자의 광범한 대중을 우리의 운동으로 흡수해 낼 수 있는, 프롤레타리아 계급의 새로운 재결집의 기반으로서 공장평의회와 노동자통제의 문제라고 이야기하고 싶다.

어쨌든 영국에 관한 한 프롤레타리아 대중의 재결집의 문제가 노조주의 자체의 영역에서 저지되기까지 하는 듯하다. 우리의 영국 [공산]당은 노조를 민주적 노선에 따라 재조직하기 위한 프로그램을 가져야 한다. 이는 영국의 지역 노조 지부들이 우리의 노동회관과 같은 방식으로 그들의 활동을 조정해 내기 시작하고 이러한 노동회관에 적절한 권력을 부여할 때만 가능해질 수 있다. 1) 영국 노동자들을 노조 관료의 영향으로부터 해방시킬 것. 2) 노동당 내에서, 현재 정치적 파편화의 조건 속에서 정확히 지방의 집중화 세력으로서 기능하고 있는 맥도널드 일당(ILP, 독립 노동당)이 행사하는 영향력을 축소시킬 것. 3) 우리 당내의 조직된 인자들이 영국 노동자대중에게 직접적 영향력을 행사할 수 있는 영역을 창출할 것. 우리 당[영국 공산당]이 추동하는, 노조의 이러한 종류의 재조직은 진정한 소비에트의 발아과정이라는 의미와 중요성을 지닐 것이라 생각한다. 더욱이 이는 차티즘으로부터 1919년의 행동위원회에 이르기까지의 영국 노동계급의 역사적 전통과 같은 노선일 것이다.

영국 총파업이 제기하는 두 번째의 근본적 질문은 앵글로-러시안 위원회[44)에 대한 것이다. 나는 우유부단함과 취약성 그리고, 괜찮다면, 총파업 동안의 영국 좌파의 배반에도 불구하고 앵글로-러시안 위원회는 유지되어야 한다고 생각한다. 이는 영국의 노

---

44) [역주] 앵글로-러시안 노조단결위원회는 국제적인 노조의 단결과 반자본주의 투쟁을 천명하며 1925년 5월에 공식적으로 만들어졌다. 영국 총파업이 실패로 끝난 후 위원회에 계속 참여할 것인가의 문제는 스탈린과 부하린의 다수파와 연합반대파의 주요 투쟁 지점이 되었다. 그러나 위원회는, 영국 노조지도자들이 러시아인들이 '내부문제'에 간섭한다는 이유로 철수하는 1927년까지 사실상 지속되었다.

조 세계뿐만 아니라 암스테르담의 노조들45)을 혁명화하는 최선의 영역이기 때문이다. 공산주의자들과 영국 좌파 사이에 절연이 생길 수 있는 유일한 사태가 존재한다면, 그것은 영국이 프롤레타리아 혁명 전야이고 우리 당이 자유로이 봉기를 지도할 정도로 충분히 강력한 경우일 뿐이다.

주 : 이 노트는 운영위원회의 활동을 준비하기 위하여 단독으로 작성한 것이다. 이는 결코 최종적인 것이 아니며 단지 최초의 토론을 위한 초고에 해당할 뿐이다.46)

---

45) [역주] p. 269 각주 11을 보라.
46) 그람시는 이 문서를 먼저 그의 동료들이 사전에 검토하게 한 후, 1926년 8월 2~3일의 회합에서 PCd'I 집행부에 제출했다.

공산주의로 가고 있는 소비에트 연방

지난 한 주 동안 부르주아 신문들은 엄청난 수의 기사를 러시아의 상황에 할애했다. 발데시(Baldesi) 선생은 <라 스탐파>, <라 트리뷰나(*La Tribuna*, 호민관)>, <일 몬도(*Il Mondo*, 세계)>의 보도범위의 일반적 경향을 <일 몬도>의 한 기사에서 종합하면서, 러시아에서의 공산주의는 실패로 판명되었고 자본주의의 재구축이 문턱에 와 있다고 주장했다. 훌륭한 사회민주주의자로서 발데시 선생은 1917년 10월 볼셰비키가 사회주의 혁명을 수행한 것에 대하여 처음부터 매우 불쾌하게 여겼는데, 왜냐하면 그에 따르면 짜리즘의 전복 이후에 요구되는 것은 민주주의적 부르주아 정부 — 모든 나라의 프롤레타리아들이 그토록 기꺼워하는 체제 — 였기 때문이다. 사실 그가 농업 개혁에 찬성하는 듯 했다는 사실에도 불구하고, 그 불쾌감이 너무 컸던 탓에, 농민들에게 토지를 준 것은 프롤레타리아 혁명뿐이었다는 것은 그의 머리 속에 들어올 수 없었다. 말하자면, 1917년 2월과 10월 사이에 러시아에서 연이어 집권했던 제국주의 부르주아 정부들은 민주주의자들과 개량주의자들이 그토록 염원해 마지않은 농업 개혁을 결코 입법하지 않았다는 것은 그의 머리를 비껴갔던 것이다.

러시아의 경제 기초에 대규모의 변혁을 일으킨 것은 노동자와 농민의 동맹 그리고 볼셰비키 혁명뿐이었다. 어떤 민주주의 체제도, 전후의 기간에조차 그러한 일을 하지 않았다. 서유럽에서 이는 상상조차 되지 않은 일이다. 루마니아와 폴란드에서의 머뭇거리는 시도는 미참하게 실패하고 있다. 러시아의 현재 경제적 조건들을 검토하면서 발데시 선생은, 그의 모든 동료들처럼, 무엇보다도 전전(戰前)의 조건들을 고려에 넣지 못하고 있다. 우리는 뉴욕 은행가 트러스트에서 출간한 하비 피셔의 책, 『결합 부채(*I debiti interalleati* [The Allied Debt])』에서 전전의 여러 나라들에서의 인구, 세금 및 국민소득에 관한 통계를 볼 수 있다. 일인당 국민소득은 미국이 351달러, 영국이 226달러, 프랑스가 182달러, 그리고 러시아는 단지 43달러였다. 국민소득으로 보자면 러시아는 그리스, 터키, 불가리아 그리고 세르비아보다도 낮았다. 게다가 전쟁, 혁명에 뒤이은 내전이 있었다.

러시아를 유린하고 이를 불탄 폐허로 뒤덮인 광대한 영역으로 만들어 놓은 것은 모스크바와 레닌그라드에서 그리고 전 국토에 걸쳐 며칠 동안 일어났던 혁명이 아니었다. 오히려 그것은 백군을 지원하는 거대 권력들 —— <일 몬도>의 심장에 충성하는 자유주의, 민주주의 체제들 그리고 발데시 선생 —— 의 개입이었다. 만약 농민이 토지 경작을 중단했고 철도가 파괴되었으며 공장이 버려지고 도시가 약탈당했다면, 그것은 프랑스와 영국의 백(白) —— 부르주아, 자유주의, 민주주의 —— 군의 과실이었다. 그리고, 모든 것에도 불구하고 소비에트 체제가 승리했다면, 그 자체가 이 체제가 러시아 민중의 광범한 다수의 동의를 확보했음을 나타낸다. 유럽의 어떤 나라의 다른 어떠한 체제도 소비에트 체제가 맞부딪친 도전을 겪지 못했다.

따라서 혁명이 시작된 조건에 대하여 생각해 본 이들이라면, 러시아 노동자들이 실제로 호의호식하지 못했다고 해서 공산주의에 비난을 퍼붓는 것은 우습고 지각없는 짓이라는 것을 이해할 것이다. 반대로, 이제까지 달성된 결과들은 기적에 가까운 것으로 간주되어야 한다. 실제로 공업 및 농업 생산은 전전의 수준을 회복했고 노동자들의 조건은 향상되어 왔다. 위에서 언급된 위기 즉 현재의 위기는 주로, 더 이상 지대와 세금 그리고 지주로부터 억압받지 않는 농민들이 이제 전전보다 많은 곡물을 섭취하고 동시에 그들 자신의 소비를 위한 더 많은 공업 생산물들을 얻을 수 있다는 사실에서 기인한 것이기 때문이다. 진진의 기간에 러시아의 토지소유자는 방대한 양의 곡물을 수출했지만, 그 동안 이를 생산하는 수백만의 농민들은 영구적 기아 상태에 빠져 있었나. 오늘날 이들 농부의 생활수준은 전전의 생산수준을 회복한 전국적 공업이 그들의 요구를 충족시키지 못할 정도로까지 향상되었다.

그러나 우리의 적수들의 근본적인 주장은 신경제정책과 그것의 미래의 효과에 대한 것이다. 그럼에도 불구하고 그들은, 러시아 경제의 부흥에 있어 사적 자본이 성장했더라도 집합적 자본은 더욱 큰 중요성을 갖게 되었다는 것을 고려하지 않고 있다. 모든 집산화된 기간 산업, 모든 공장들 —— 철강, 금속산업, 방직공장 등 —— 은 국가의 자산이며 국가에 의해 운영되고 있다. 게다가 그들은 러시아 노동자의 95퍼센트를 고용하고 있다. 그러나 우리의 적수들은 이에는 관심이 없다. 그들은 러시아 마을에 수천의 상점과 작업장 및 대장간이 존재하며 소규모 공장들까지 생겨나기 시작하고 있다는(이들은 기계화된 경우 15인까지, 그렇지 않을 경우 50인까지 허용된다) 것에 주목한다. 그리고 마침내, 그들은 러시아 산업에서 자본주의가 승리하고 있다고 주장한다. 그들은 모든 수출 거래가, 이 역시 모두 집산적 기관인 은행들을 통해 국가에 의해 독점된다는 사실을 모른 척한다. 그들은 국가의 모든 노력이 생산에서 사회주의적 요소들을 발전시키는 데로 향한다는 사실, 그리고 유용한 것으로 인정되었고 어떤 과감한 조치로 당장 억압할 수 없다는 것이 분명한 그러한 자본주의적 요소들은, 그럼에도 엄격히 통제되고 있다는 사실을 모르는 척 가장하려 한다.

그리고 농업 문제가 있다. 이미 우리는 볼셰비키 혁명만이 농민들에게 토지를 제공할 힘을 가질 수 있었다는 것을 확인했다. 어떤 부르주아 체제도 ─ 심지어 발데시 선생이 수상인 체제도 ─ 농촌의 대중들에게 토지를 소유할 기회를 주지 않을 것이다. 부르주아지에게 중간 규모의 혹은 거대한 부동산이 형성되고 부의 집중 과정 ─ 그 과정의 궁극적 결과는 불가피하게 … 그렇다, 라티폰도(*latifondo*) ─ 이 발생하는 것은 역사적 필연이다(그리고 발데시 선생 또한, 사회민주주의자로서 같은 의견이다). 결국 몇 세기가 지나면 또다른 농민 혁명이 일어날 것이다. 문제는 이 밖에도 여럿이다.

우리는 만약 국가의 힘과 집산화된 산업과 재정의 힘이 이를 저지한다면 이 과정은 불가피한 것이 아니라고 생각한다. 이와는 다른 과정이 러시아에서는 일어났다. 그것은 서로 협동하는 소규모 소유(small-holdings)의 발전이다. 러시아 농민들이 농업자본이 다시 확립되는 위험을 피하고 대신 협동적 구조가 더욱 중요하게 되는 경제를 건설하게 될 것은 협동 ─ 생산, 판매, 신용, 구매, 생산 향상 등에서의 협동 ─ 을 통해서이다.

어떤 공산주의자도 노동자들에게 하룻밤 사이에 젖과 꿀이 흐르는 땅을 만들어 줄 수 있다고 약속하지 않았다. 어떤 공산주의자도 공산주의 체제가 6개월 만에 실현될 수 있다고 믿지 않았다. 노예제에서 봉건제로 그리고 봉건제에서 자본제로의 이행에는 무한히 긴 시간에 걸쳐 막대한 인간의 노력이 소요되었다. 오늘날에조차 가장 번영하는 자본주의 체제에서도 여전히 봉건적 경제의 흔적들이 남아 있다. 공산주의가 마술지팡이의 움직임으로 만들어질 수 있을 것이라고 생각할 이유는 추호도 없다.

러시아와, 민주주의 혹은 개량주의 진영의 다양한 발데시들의 마음에 들 만한 체제를 가진 나라들의 근본적 차이는 다음과 같다. 러시아에서는 국가의 모든 힘과 모든 의지가 공산주의를 생성시키는 것으로 향하고 있지만, 반면 다른 나라들에서는 국가의 모든 세력과 의지가 자본주의를 보존하고 공산주의를 저지하는 데 바쳐지고 있다. 이는 개량주의자들이 권력을 장악하고 있는 나라에서도 마찬가지이다. 예컨대 저 유명한 벨기에에서는 반데르벨데(Vandervelde)47) 선생이 관료의 노예이자 … 민주주의의 하인이며 경제적 위기의 짐은 쁘띠부르주아지와 노동자들에게 이전되고 있다. 마치 포앵카레와 같이 혹은 그보다 더 나쁘게.

이러한 것들이 부르주아지에게는 입맛 없는 기본적 진실들이라는 것을 이해할 수 있다. 반면, 우리가 여전히 이탈리아 및 다른 곳에서의 사회민주주의자들의 신심의 존재를 믿을 수 있다면, 러시아에서의 공산주의의 실패 — 결국, 맑스주의 이론과 프롤레타리아트의 능력을 최초로 시험해 본 유일한 혁명의 실패 — 로 제시되는 것이 그들에게 주는 즐거움을 이해하기는 쉽지 않다. 그들의 몸 속에 아직도 사회주의자의 뼈가 들어 있기나 한 것일까? 그들은 만약 어떤 새로운 위기가 새로운 프롤레타리아 사회를 초래한다면, 그 명예와 함께 노동자들의 이상을 실현할 과제를 짊어지게 될 이들이 자신들이 아니라는 것을 충분히 잘 알고 있다. 이제 그들이 계속 존재하기 위한 유일한 기회는 많은 부르주아지에게 그들의 출중한 능력을 옹호할 수 있는, 만약 그러한 방어의 필요성이 느껴진다면, 공헌을 확실히 하는 것뿐이다.

따라서 <일 몬도>에서(즉, 마테오티의 암살에 뒤이은 위기에서 우리의 패배에 책임을 갖고 있는 이들 민주주의자들, 혹은 혁명적 프롤레타리아적 부흥보다는 패배를 선택한 민주주의자들의 기관에서) 발데시 선생이 공산주의의 실패를 떠벌리는 것은 아주 자연스러운 일이다. 바로 이 발데시가 로마 행진의 날에, 의사당에 모인 모든 들러리들에게 무솔리니 선생이 진정으로 요구한다면 개인적 희생을 무릅쓰고 장관직을 맡을 준비가 되어 있다고 이야기하고 돌아다님으로써 사회주의 의원이자 노동총동맹의 지도자로서의 임무를 수행했던 사람이었던 것이다. 결국, 마테오티의 순교의 사슬을 끊어 버리기 위하여 모든 것을 행할 만한 훌륭한 대표자가 운명의 잔인한 족쇄에 매여 버린 것이다.

<우니타>, 1926년 9월 7일

---

47) [역주] 에밀 반데르벨데(Émile Vandervelde, 1866~1938)는 벨기에 사회당의 지도자로, 법무장관과 외무장관을 역임했으며 제2인터내셔널에서 지도적 역할을 수행했다. 그후 개량적인 사회주의 인터내셔널(SI)의 초대 의장을 역임했다.

소련 공산당 중앙위원회에 보내는 편지[48]

(1926년 10월 14일, 로마)

친애하는 동지들,

이탈리아 공산주의자들과 우리 나라의 모든 의식적 노동자들은 언제나 당신들의 논쟁을 지대한 관심을 가지고 지켜보았습니다. 러시아 공산당의 모든 대회와 회합의 전야에 우리는, 논쟁의 치열함에도 불구하고 러시아 당의 단결은 위험하지 않다고 확신했습니다. 반대로 우리는 그러한 논쟁을 통하여 보다 큰 이데올로기적·조직적 동질성을 확보하고 난 다음에는, 당이 노동자의 국가에서 권력을 운영하는 것과 관련된 많은 어려움들에 대해 보다 잘 준비하고 내용을 갖추어 극복할 수 있을 것이라는 믿음을 가졌습니다. 지금, 당신들의 15차 대회의 전야에 우리는 더 이상 과거와 같은 확신을 가질 수 없습니다. 우리는 근심을 떨쳐 버릴 수 없으며, 반대파 블록에 대한 현재의 태도와 소련 공산당 내의 논박의 과열은 형제당들로 하여금 [그에 대한] 개입을 임무로 느끼게끔 하고 있습니다. 우리가 이 편지를 보내도록 추동한 것은 정확히 이러한 믿음입니다. 우리 당에 강제되고 있는 고립이 소련 공산당의 내부 상황에 관한 지금까지의 위험들을 과장하게 했을지도 모릅니다. 그러나 어느 경우에도 이러한 상황에 대한 국제적 반향들

---

48) 그람시의 편지는 러시아 공산당 내에서 1926년 하반기에 다수파인 스탈린-부하린 분파와 트로츠키-지노비에프-카메네프의 소수 반대파 사이에 벌어졌던 투쟁에 대한 회신이다. 톨리아티는 1926년 10월 18일 모스크바에서 보낸 편지에서, 그람시가 [러시아 공산당 내의] 분열이 다른 공산당들에 미치는 효과를 과장하고 다수파 분파가 설정한 올바른 노선을 따르는 일의 중요성을 과소평가했다고 생각하며 따라서 이 편지가 부적절하다고 판단한다고 쓰고 있다. 1926년 10월 26일의 답신에서 그람시는 단결의 중요성을 강조하면서 그의 입장을 재확인하고, 톨리아티에게 그의 서신을 제출할 것을 재촉했다.

에 대한 우리의 평가는 확실히 과장이 아니며 국제주의자로서 우리는 우리의 임무를 다하고자 합니다.

소련의 우리의 형제당의 내부 상황은 예전의 논의에서 나타난 상황과 다르며 훨씬 심각한 것으로서 우리를 놀라게 하는데, 왜냐하면 지금 우리는 언제나 당과 인터내셔널을 이끄는 중핵이었던 레닌주의적 중앙 그룹 내부에서 계속 증대하는 분열을 발견하기 때문입니다. 대회에서의 투표의 수치적 결과와는 전혀 별개로, 이러한 종류의 분열은 심대한 반향을 불러일으킬 수 있습니다 — 소수 반대파가 혁명 정당의 규율의 근본 원칙에 대한 궁극적 충성을 받아들이지 않게 될 때뿐만 아니라, 투쟁의 과정에서 그것이 형식적인 민주적 규준의 어떤 한계를 넘어설 때 역시 그렇습니다.

레닌의 가장 귀중한 교훈 중 하나는 우리 계급의 적의 의견에 많은 관심을 기울여야 한다는 것입니다. 그렇다면 친애하는 동지들, 당신들은 국제적 부르주아지의 가장 강력한 신문 기관과 정치인들이 CPSU[소련 공산당 중앙위원회]의 핵심부에서 벌어지고 있는 현재의 투쟁의 근본적 성격에 엄청나게 주목하고 있다는 것을 잘 알고 있을 것입니다. 그들은 우리 형제당 내부의 분열을 기대하고 있으며, 이러한 분열이 프롤레타리아 독재의 해체와 완만한 단말마의 사망으로 귀결될 수 있을 것이라고, 이것이 백군의 공격과 반란이 할 수 없었던 혁명의 몰락을 초래할 수 있으리라고 확신하고 있습니다. 부르주아 신문이 지금 러시아의 사건들을 분석하는 데 보여주고 있는 냉정함과 용의주도함 — 그들이 지금은, 과거에 특징적이었던 도발적 참주선동을 피하려 하고 있다는 사실 — 은, 러시아 동지들이 반성하고 스스로의 책임감을 보다 명확히 깨달아야 할 이유가 되는 징후인 것입니다.

국제적 부르주아지가 소련 공산당 내의 가능한 분열이나 내부적 위기의 악화를 기대하는 데는 그만한 또다른 이유가 있습니다. 러시아에서는 9년 동안 [아직] 노동자 국가가 존재하지 않고 있습니다. 다른 나라에서는 노동계급뿐만 아니라 공산당들 가운데에서도 아주 소수만이, 혁명의 발전을 그 전체로서 재구성하고, 소비에트 연방에서의 일상의 소소한 부분에서까지 사회주의 건설의 일반적 전망으로 인도하는 붉은 실마리의 연속성을 추적할 수 있는 능력을 가질 뿐이라는 것이 현실입니다. 그리고 이는 이탈리아에서처럼(이곳에서 법원은 트로츠키, 레닌, 스탈린, 지노비예프의 책들과 가장 최근에는 『공산당 선언』을 압수하고 출판을 불법화했습니다) 결사의 자유가 더 이상 존재하지 않고 출판의 자유가 완전히 억압받거나 전례 없이 제한받는 나라들에서뿐만 아니라, 우리 [형제]당들이 자유로이 성원을 유지하고 일반적으로 적절한 정보를 대중에게 알리는 곳에서도 마찬가지입니다.

이들 나라에서 다수 대중은 소련 공산당에서 일어나고 있는 논쟁을 이해할 수 없으며, 특히 현재와 같이 격렬하게 진행되고 소소한 문제들이 아니라 전체로서의 당의 정치 노선과 관련되어 있을 때는 더욱 그러합니다. 노동계급 전체뿐만 아니라 우리 당내의 대중들 자체도 소련과 권력을 장악하고 있는 당을 사회주의의 일반적 전망 속에서 작업하는 단일한 전투단위로 간주하고 있으며 그 역할을 계속하는 것을 보고자 합니다. CPSU가 인터내셔널의 지도 정당이 되어야 하는 것은 서구 유럽 대중이 러시아와 러시아 당을 이러한 견지에서 사고하고 역사적 필요성으로서 자유롭게 받아들이기 때문일 뿐입니다. 소련과 CPSU가 혁명적 조직의 거대한 요소가 되고 거대한 추진력이 되는 것은 바로 이 때문일 뿐입니다.

부르주아와 사민주의 정당들도 같은 이유에서 CPSU 내에 존재하는 내부적 논의와 투쟁들을 이용하고 있습니다. 그들은 러시아혁명의 이러한 영향력과 싸우고자 하며, 전 세계에 걸쳐 CPSU 주위에 형성되고 있는 혁명적 단결에 대항해 싸우고자 합니다. 친애하는 동지들, 이탈리아와 같은 나라 — 파시스트 국가와 당 조직이 노동자와 농민 대중의 자율성의 어떠한 주요한 징후도 질식시켜 버리고 있는 곳 — 에서 파시스트 신문들, 특히 지방 신문들이, 선전 목적으로 깔끔하게 구성되고 참주선동은 최소한으로 사용하며 욕지거리도 놀랄 만큼 줄여서 객관성을 분명한 목적으로 하여 입증하려 하는 기사로 가득 차 있다는 것은 엄청나게 중요합니다. 이들은 CPSU 내의 반대파의 가장 저명한 지도자들이 스스로, 소비에트의 국가는 지금 분명히 순수한 자본주의 국가로 가는 길로 회귀하고 있으며, 그리하여 파시즘과 볼셰비즘의 세계적 대결에서 파시즘이 승리할 것이라고 이야기하는 것을 인용하고 있습니다. 이러한 캠페인은 한편으로는 소비에트 연방이 이탈리아 민중 다수 — 어떤 지역에서는 6년 동안 겨우 당의 불법 선전물 조각밖에 받아 보지 못한 — 에게 여전히 무한한 공감을 얻고 있다는 것을 보여주는 것이지만, 반면 이탈리아 내의 실제 상황을 너무나 잘 알고 있는 파시즘이 무솔리니 정부에 대한 이탈리아 노동자들의 비타협적 공세를 하나하나 분쇄하고 파시즘이 그 잔혹성과 이에 수반하는 여타 해악들에도 불구하고 불가항력적인 역사적 필연으로, 설령 그 이상이 아니더라도, 자리매김되는 정서 상태를 고무하기 위하여 연합 반대파(the Joint Opposition)[49]의 정치적 입장을 이용하고 있음을 보여주는 것이기도 합니다.

---

49) [역주] 트로츠키, 지노비예프, 카메네프의 분파.

우리는 전체 인터내셔널에서 우리 당이 CPSU 내에 존재하는 엄중한 상황의 반향을 가장 민감하게 느끼고 있다고 생각합니다. 그리고 이는 이른바 외재적인 문제인, 위에서 개략적으로 언급한 이유들뿐만 아니라 우리 사회에서의 혁명적 발전의 일반적 조건들과 관련되어 있습니다. 당신들은 인터내셔널의 모든 정당들이 낡은 사민주의뿐만 아니라, 다양한 나라들에 존재하는 차별적인 민족적 전통들(아나키즘, 생디칼리즘 등) 및 모든 일탈을 발생시킬 수 있는 지반이 되는, 우파와 좌파 모두의 여러 편견들과 이데올로기적 특징들을 물려받았다는 사실을 알고 있습니다. 이는 많은 고통스러운 경험과 많은 고통스럽고, 필사적인 위기를 요하지만 그러나 이러한 지난 몇 년간, 그 중에서도 특히 5차 세계대회 이후 고통스러운 경험과 견디기 힘들고 지치게 만드는 위기들을 겪으면서 우리 당은 확고한 레닌주의적 안정을 이루기 시작했으며, 점차 볼세비키적 정당으로 변화해 나가고 있습니다. 새로운 프롤레타리아 기간요원들이 아래로부터, 작업장으로부터 창출되고 있으며, 반면 지식인의 요소는 엄격한 선별과정 및 그들의 실제적 작업과 행동의 영역에 기반한 엄밀하고 비타협적인 평가에 종속되어 있습니다. 이러한 재구성은 통일적 전체로서 CPSU 및 CPSU의 모든 위대한 지도자들의 인도 하에 이루어진 일입니다.

지금, 현재 위기의 심각함과 공개적이고 잠재적인 분열의 위협은 우리 당들에서의 이러한 발전과 재구성의 과정을 정지시키고 있고, 우파와 좌파의 동요를 낳으며 노동자의 세계 정당이 유기적 통일성을 성취하는 순간을 다시금 지연시키고 있습니다. 우리가 CPSU의 가장 책임있는 동지들에게 주의를 요청하는 것이 국제주의자로서의 우리의 임무라고 생각하는 것은 특히 이러한 요인들에서입니다. 동지들, 세계사의 지난 9년 동안 당신들은 모든 국가에서의 혁명적 세력의 배후에서 조직하고 추동하는 요소였습니다. 당신들이 수행한 역할은 인류 전 역사에서 범위에서나 깊이에서 전례 없는 것이었습니다. 그러나 당신들은 오늘날 당신들의 작업을 파괴하고 있습니다. 당신들은 퇴보하여 CPSU가 레닌의 기여를 통하여 스스로 획득했던 지도적 역할을 상실할 위험을 겪고 있습니다. 우리가 보기에 러시아 내부 사정으로 촉발된 격렬한 열정들이 당신들로 하여금 러시아 내부사정 자체의 국제적 함의에 대해 눈멀게 만든 듯 합니다. 당신들은 러시아의 투사로서의 당신들의 임무는 국제 프롤레타리아트의 이해의 전체 체계 속에서 수행되어야 한다는 — 그리고 수행될 수 있을 뿐이라는 — 것을 잊고 있습니다.

이탈리아 공산당의 정치국에서는 CPSU 내에서 지금 논의되고 있는 모든 문제들을 우리가 할 수 있는 한 완전하고 주의깊게 검토했습니다. 당신들이 오늘 직면하고 있는 문제들은 우리 당이 내일 직면할 수 있는 것들입니다. 우리 나라 역시 농촌 대중이 노동인구의 다수를 구성하고 있습니다. 게다가 프롤레타리아 헤게모니에 내재하는 모든 문제들은 러시아보다 이탈리아에서 훨씬 복잡하고 미묘한 형식으로 나타날 것인데, 왜냐하면 이탈리아의 농촌인구의 밀도는 [러시아보다] 훨씬 더 크고, 우리의 농민들은 매우 풍부한 조직 전통을 갖고 있으며 국민적 정치 생활에서 자신들의 특별한 대중적 중요성이 첨예하게 느껴지도록 만드는 데 성공해 왔으며, 이탈리아에서 교회의 조직적 기구는 2천년의 전통을 갖고 있을 뿐만 아니라 다른 어떤 나라도 견줄 수 없는 방식으로 농민에 대하여 조직하고 선전하는 데 능통해 있기 때문입니다. 우리 나라에서 공업이 [농업보다] 더 발전되어 있고 프롤레타리아트가 상당한 물질적 기반을 갖추고 있는 것이 사실이더라도, 이 공업이 원료를 수입해야 하고 따라서 보다 더 위기에 노출되어 있다는 것 또한 사실입니다. 따라서 프롤레타리아의 희생 정신을 풍부히 할 때만, 그리고 모든 개량주의 또는 생디칼리즘적 조합주의의 자취들을 완전히 탈각할 때만 지도적 기능을 수행할 수 있습니다.

이탈리아 공산당 정치국이 당신들의 논쟁을 검토한 것은 이러한 실제적인 그리고, 우리가 생각하기에, 레닌주의적 관점에서였습니다. 이제까지 우리는 분파의 엄격하게 규율적인 문제에 대해서만 당의 견해를 피력해 왔는데, 그것은 14차 대회 이후 러시아의 논쟁이 인터내셔널의 다른 부문[지부]들로 옮겨가지 않기를 원하는 당신들의 요청을 존중했기 때문이었습니다. 이제 CPSU 중앙위원회 다수파의 정치노선이 기본적으로 옳다고 생각한다는 것을 이야기해야겠습니다. 그리고 이탈리아 당의 다수파는 만약 전체 문제에 대한 논의가 필요해진다면 분명히 같은 입장을 취할 것입니다. 우리는 당신들 또는 연합 반대파의 동지들에게 선동하거나 직접적 선전을 하고자 하는 것이 아닙니다 ― 그것은 부질없는 일입니다. 따라서 우리는 모든 특정한 문제에 대한 우리의 의견을 여백에 적어넣은 목록을 만들지는 않을 것입니다. 우리는 반대파의 태도가 중앙위원회의 전체 정치노선에 관련되는 것이며, 레닌주의 교의의 핵심 자체 및 우리의 소비에트 당의 정치활동까지 이르고 있다는 사실에 놀랐음을 다시 밝힙니다. 프롤레타리아트 헤게모니의 원칙과 실천이 의문에 붙여졌고, 노동자와 농민의 동맹의 근본적 관계 ― 즉, 노동자 국가와 혁명의 지주가 교란되고 위협받고 있습니다.

동지들, 이전 역사에서 지배계급이, 그 전체로서, 피지배계급과 종속계급의 특정한 요소나 충위보다 더 열악한 생활조건을 경험해야 했던 적은 없습니다. 역사는 이러한 전례 없는 모순을 프롤레타리아트의 운명으로 제공해 주었습니다. 프롤레타리아 독재의 가장 큰 위험은, 특히 자본주의가 충분히 발전하거나 프롤레타리아의 세력들을 통합하지 못한 나라들에서는, 바로 이 모순에 있습니다. 더욱이, 프롤레타리아트가 사회에서 유력한 지위를 객관적으로 획득한 자본주의 나라들에서는 이미 이러한 모순들로부터 특정한 형식들이 나타나고 있는데, 개량주의와 생디칼리즘이 태어났고 조합적 정신과 노동귀족의 층위가 나타났습니다.

그러나 프롤레타리아트가 자신의 조합적 이해를 희생함으로써 이러한 모순을 극복하지 않는다면 지배계급이 될 수 없습니다. 일단 지배계급이 되었다 하더라도, 계급의 일반적이고 영구적인 이해를 위해 이러한 직접적인 이해들을 희생하지 않는다면 그 헤게모니와 독재는 유지될 수 없습니다. 확실히, 이 모순의 부정적 측면을 강조함으로써 이 주제에 대하여 참주선동을 하는 것은 쉬운 일입니다. "거친 옷을 입고 제대로 못 먹는 농민, 당신들이 지배자들인가? 혹은 모피를 걸치고 세상의 모든 장려금을 즐기는 게 네프맨(Nepman)인가?" 그리하여 개량주의자들은, 대중의 응집성과 규율을 강화시켰던 혁명적 충격이 지나가고 개별 노동자들을 더욱 궁핍하게 할 만큼 시간이 흐른 후에 이야기하고 있습니다. "투쟁을 해서 당신에게 좋은 게 무엇인가? 당신은 피폐해지고 굶주리게 되었다!" 이 주제에 대해 참주선동을 하는 것은 손쉬운 일입니다. 사실상, 문제가 레닌주의적 관점에서가 아니라 조합적(corporate) 정신의 관점에서 제기될 경우에는 그럴 수밖에 없습니다. 레닌주의적 관점, 즉 프롤레타리아 헤게모니라는 교의의 관점은 특정한 주어진 위치에서 자신을 발견할 수 있을 뿐입니다.

우리가 보기에는 이것이 당신들의 논쟁의 본질적 요소입니다. 이것이 연합 반대파의 오류의 뿌리이며 그러한 활동들에 내재한 잠재적 위험성의 기원입니다. 연합 반대파의 이데올로기와 실천에서 우리는 이제까지 서구 프롤레타리아트가 스스로를 지배계급으로 조직하는 것을 막았던 사민주의와 생디칼리즘의 전체 전통이 부활하는 것을 봅니다.

노동자 국가를 통치하는 당내의 강고한 단결과 규율만이 신경제정책 체제 아래의 ― 말하자면 우리가 언급했던 모순의 완전한 발전 가운데에서의 ― 프롤레타리아 헤게모니를 보증할 수 있습니다. 그러나 이 경우에 단결과 규율은 기계적이거나 강제되어서는 안 됩니다. 그것은 진지해야 하며 확신으로부터 비롯되어야만 합니다. 그것은 갇히거나 포위되어 단지 탈출하거나 기습돌파를 감행하려는 생각으로 가득 찬 적군 부대에 기대할 수 있는 종류의 단결과 규율일 수는 없습니다.

친애하는 동지들, 이것이 형제와 친구의 마음으로, 심지어는 손아래 형제의 마음으로 당신들에게 이야기하고자 하는 바입니다. 지노비에프, 트로츠키, 그리고 카메네프 동지는 혁명을 위해 우리를 교육하는 데 매우 중요한 부분을 담당했습니다. 그들은 때때로 대단한 열의와 엄격성을 가지고 우리를 교정해 주었으며 우리의 스승이었습니다. 우리가 우리의 의사를 전달하고자 하는 것은 특히, 현재의 상황에 주된 책임을 갖고 있는 이들[다수파]에게입니다. 왜냐하면 우리는 CPSU 중앙위원회의 다수파가 투쟁에서 궤멸을 통한 승리를 얻고자 하는 것이 아니며 과도한 수단을 피하려 한다고 믿고 싶기 때문입니다. 러시아의 우리의 형제당의 단결은 세계 혁명세력의 발전과 승리에 필수적입니다. 모든 공산주의자들과 국제주의자들은 이러한 필요성 앞에서 기꺼이 막대한 희생을 준비해야만 합니다. 통일된 당의 오류에 의한 피해는 쉽게 치유될 수 있습니다. [그러나] 분열에 의한 또는 분열이 임박한 기간의 장기화에 의한 피해는 돌이킬 수 없고 치명적일 수 있습니다.

공산주의자의 동지애로,
PCI 정치국 (1926년 10월 14일)

남부문제의 몇 가지 측면

이 노트를 쓰게 된 것은 <일 쿠아르토 스타토(*Il quarto stato*, 제 4의 국가)> 12월 18일자에 'Ulenspiegel'[50]이라는 이름으로, 저널 편집자의 다소 우스꽝스러운 해설의 서문과 함께 실린 남부문제에 대한 기사 때문이다. 그의 글에서 'Ulenspiegel'은 기도 도르소(Guido Dorso)의 근작(『남부의 혁명[*La rivoluzione meridionale*, pub. Piero Gobetti, Turin, 1925]』)을 소개하면서 남부문제에 관한 우리 당의 입장에 대한 도르소의 논평을 언급하고 있다. 그들의 표현에 따르면, <일 쿠아르토 스타토>의 편집자들 ── 자신들을 '총괄적인 범위에 걸쳐 남부문제에 아주 정통해 있는 젊은이들'[sic]이라고 주장하는── 은 공산당이 어떤 '점수'를 따고 있다는 사실에 대하여 집단적 반대를 표하고 있다. 하긴 그도 그럴 것이, <쿠아르토 스타토>의 젊은이들은 이제까지 참을성 많은 신문들에 대하여 훨씬 가혹한 의견과 반대도 피력해 왔기 때문이다. 그러나 이제 이들 '젊은이들'은 이렇게까지 말한다(그리고 나는 인용한다), "우리는 토리노 공산주의자들의 요술공식을 잊지 않고 있다. 대토지를 농촌 프롤레타리아에게 분배하는 것. 이 공식은 남부문제에 대하여 지각있는, 현실적인 시각을 완전히 상실한 것이다." 이 지점에서 우리는 오해를 바로잡아야만 하겠는데, 왜냐하면 여기서 '요술'적인 것은 오직 <쿠아르토 스타토>에 기고하는 '젊은이들'의 무책임성과 얄팍한 딜레탕티즘일 뿐이기 때문이다.

'요술공식'은 전적으로 꾸며낸 것이다. 그리고 그렇게 몰염치한 뻔뻔스러움으로 진실을 왜곡하려 한다면, 이는 <일 쿠아르토 스타토>의 '젊은이들'이 그들의 아주 명민한

---

[50] 피에로 고베티의 <라 리볼루지오네 리베랄레(*La Rivoluzione liberale*, 자유주의 혁명)>에 기고하던 토마소 피오레(Tommaso Fiore)의 필명.

독자들을 존중하지 않는다는 애기가 될 것이다. 실제로 토리노 공산주의자들의 관점이 요약된 <오르디네 누오보>(1920년 1월, 제3호)의 일부를 여기 전재한다.

북부 부르주아지는 이탈리아 남부와 도서를 종속시키고 이들을 착취당하는 식민지의 지위로 격하시켰다. 자본주의의 노예 상태에서 자신을 해방시키고 있는 북부 프롤레타리아트는 북부의 은행과 기생적 산업주의에 노예화되어 있는 남부 농민 대중을 해방시킬 것이다. 농민들의 경제적·정치적 재생은 미경작지나 황무지의 분배에서가 아니라 산업 프롤레타리아트와의 연대 속에서 찾아져야만 한다. 역으로 프롤레타리아트는 농민의 연대에 의존하며, 자본주의가 토지 자산으로부터 부활하지 않고 남부 이탈리아와 도서가 자본주의적 반혁명의 군사적 기반이 되지 않을 것을 명확히 하려는 '이해'를 갖는다. 공업에 노동자 통제를 도입함으로써, 프롤레타리아트는 공업을 농민을 위한 농기계, 농민을 위한 의복과 신발, 농민을 위한 전력의 생산으로 정향시키게 될 것이며, 공업과 은행이 농민에 대한 더 이상의 착취를 수행할 수 없도록, 농민들을 그들 금고의 노예로 묶어둘 수 없도록 만들 것이다. 공장 전제주의와 억압기구를 분쇄함으로써, 자본가들을 유용노동의 법칙에 굴복케 할 노동자 국가를 건설함으로써, 노동자들은 가난과 절망의 모든 굴레의 사슬을 부수게 될 것이다. 노동자독재를 수립하고 공업과 은행을 접수함으로써, 프롤레타리아트는 농민들의 지주들에 대항한, 폭풍우와 가난에 대항한 투쟁에서 국가 관료기구의 육중한 추를 움직여 그들을 뒷받침하게 될 것이다. 농민들에게 신용대부를 제공하고, 협동조합을 설립하며, 약탈에 대한 생명재산보험을 갖추게 될 것이다. 개간과 관개의 공공사업을 수행할 것이다. 이 모든 것은 농업 생산을 증대시키며 농민 대중의 연대를 획득하고 유지한다는 명분 하에 수행될 것이다. 도시와 시골 간의, 북부와 남부간의 평화와 우애라는 유용한 목적으로 공업 생산을 정향시킨다는 이해에서 이루어질 것이다.

이상은 1920년 1월에 씌여진 것이다. 7년이 흘렀고 우리 역시 정치적으로 7년의 나이를 먹었다. 여기에는 오늘날이라면 더 잘 표현될 수 있을 개념들도 포함되어 있다. 산업에 대한 단순한 노동자들의 통제라는 특징을 지니는 국가 권력의 장악 직후와 그 이후 시기간에는 더 뚜렷한 구별이 가능하고 또 이루어져야만 할 것이다. 그러나 여기서 중요한 것은, 토리노 공산주의자들의 기본 개념은 대토지를 분배하는 '요술공식'이라기보다는 부르주아지를 국가 권력에서 몰아내기 위한 북부 노동자와 남부 농민들 간의 정치적 동맹이라는 것이다. 더욱이, 대토지의 기계적 분배를 하나의 '요술 해법'으로 생각하는 환상을 경고한 것은 다름 아닌 토리노 공산주의자들이었다(물론 그들이 두 계급간의 연대행동의 부수적 조치로서 토지 분배를 지지하기는 했지만). 1월 3일의 같은 기사에는 다음과 같은 구절이 있다.

> 피폐한 농민이 미경작지 또는 황폐한 토지를 점유하는 것이 어떤 이득을 가질까? 기계도 없이, 작업 숙소도 없이, 그를 추수기까지 버티게 할 신용 대부도 없이, (만약 그가 먼저 그의 황무지의 튼튼한 관목이나 적어도 말라빠진 무화과나무에 목매기 전에 가까스로 추수 시기까지 버텼다고 하더라도) 그로부터 수확물을 구매하고 고리대금업자의 마수로부터 그를 지켜 줄 조합기구도 없이 — 이 모든 것이 하나도 없다면 한 농민이 토지를 점유해서 무엇을 할 수 있을까?

그러나 이러함에도 불구하고, 여전히 우리는 농민에게 토지를 준다는 가장 실제적이고 결코 '요술'적이지 않은 공식을 지지한다. 그러나 우리는 이 분배가 두 동맹계급 부분의 전체적인 혁명적 행동의 맥락 속에서, 공업 프롤레타리아트의 지도 아래서 이루어지기를 희망한다. <쿠아르토 스타토>의 기고자들은 그들이 토리노 공산주의자의 것으로 몰아붙인 '요술공식'을 허공으로부터 만들어 냈다. 이렇게 하여, 그들이 보여준 저널리즘적 진지함의 결여와 양심의 결핍은 시골 구멍가게 철학자에게나 어울릴 만한 것이다. 또한 이러한 것들은 일정한 중요성과 영향력을 갖는 정치적 요소이기도 하다.

프롤레타리아 진영 내에서, 토리노 공산주의자들은 부인할 수 없는 '점수'를 획득했다. 즉, 남부문제를 노동계급 전위의 관심영역으로 끌어들였고 이를 혁명적 프롤레타리아트의 국민적 정책의 핵심 문제의 하나로 제시하였다. 이런 의미에서 그들은 남부문제를 모호한 지식인적 국면 — 소위 '구체주의'의 국면[51] — 으로부터 새로운 국면으로 이동시키는 데 실제적인 역할을 했다. 토리노와 밀라노의 혁명적 노동자들은 남부문제의 주역이 되어, (<쿠아르토 스타토>의 '젊은이들'의 정신적 지도자들의 이름만 들더라도) 지우스티노 포르투나토, 가에타노 살베미니, 유제니오 아치몬티(Eugenio Azimonti), 그리고 아르투로 라브리올라(Arturo Labriola)와 같은 인물들을 대체하게 되었다.

토리노 공산주의자들은 '프롤레타리아트 헤게모니'의 문제를, 말하자면 프롤레타리아 독재의 사회적 기반과 노동자 국가의 문제를 구체적인 용어로 제기했다. 프롤레타리아트가 지배하는(ruling) 계급, 지배적인(dominant) 계급이 되기 위해서는 노동인구 다

---

51) [역주] 살베미니는 사회당을 떠날 때 자신의 입장을 '구체주의(concretism)'라고 정의했다.

수를 자본주의와 부르주아 국가에 대항하여 동원할 수 있는 계급연합의 체계를 창출하는데 성공해야만 한다. 이탈리아에서, 여기에 현존하는 실제 계급관계 내에서, 이는 광범한 농민 대중의 동의를 얻어낸다는 것을 의미한다. 하지만 이탈리아의 농민 문제는 역사적으로 결정된 것이어서, 그것은 '농민과 농업문제 일반'과는 다르다. 이탈리아에서는, 이탈리아 전통의 특수한 성격과 이탈리아 역사의 특수한 경로의 결과로, 농민 문제는 두 가지 특징적이고 특정한 형식을 갖게 되었는데, 그것은 남부문제와 바티칸 문제이다. 결국, 이탈리아 프롤레타리아트가 농민 대중 다수를 획득한다는 것은, 이러한 두 가지 문제를 수용하여 사회적 관점에서 그들이 대변하는 계급을 이해하고, 이러한 요구를 자신의 혁명적 이행 프로그램에 흡수하며, 이들을 투쟁의 목표들 가운데 배치시키는 것을 의미한다.

    토리노 공산주의자들이 해결해야 했던 최초의 문제는 전반적인 국가생활 구조 내에 존재하며, 부르주아 교육, 부르주아 언론, 부르주아 전통의 세례에 무의식적으로 종속되어 있는 하나의 국민적 요소로서 프롤레타리아 자신의 정치적 입장과 일반적 이데올로기를 어떻게 개조해 낼 것인가 하는 것이었다. 부르주아 선전가들에 의해 북부의 대중 사이에 방대한 규모로 퍼뜨려지는 이데올로기가 어떠한 것인가는 잘 알려져 있다. 남부는 이탈리아의 사회적 발전을 저지하는 거추장스러운 족쇄라는 것. 남부인들은 생물학적으로 열등한 종이며, 본성상 반(半)야만인이거나 야만인과 다름없다는 것. 만약 남부가 후진적이라면 그 잘못은 자본주의 체제나 어떤 다른 역사적 이유 때문이 아니라, 남부인들을 게으르고 어리석고 사악하고 야만적이게 만든 본성 때문이라는 것 — 몇몇의 위대한 천재들의 순전히 개인적인 파열이 이러한 잔인한 운명을 완화하는 유일한 것이지만, 이들은 메마른 불모의 사막에 고독하게 서 있는 야자나무와 같다는 것. 사회당은 북부 프롤레타리아트 사이에서 이러한 부르주아 이데올로기의 견인차 역할을 상당한 정도로 수행했다. 사회당은 소위 실증주의 학파를 구성하는 문필가 일당 — 페리(Ferri), 세르지(Sergi), 니체포로(Niceforo), 오라노(Orano) 및 이들의 소수 추종자들 같은 사람들이며, 이들은 기사, 촌극, 단편소설, 장편소설, 인상기, 회상기 할 것 없이 똑같은 후렴구를 다른 형식으로 반복한다 — 의 모든 '남부주의' 문학에 찬사를 보냈다. 그러나 다시 한번, '과학'은 영락하고 착취당하는 이들을 깔아뭉개는 데 사용되었는데, 이번에는 사회주의로 회칠하고 프롤레타리아 과학이라고 자기주장하는 과학이었던 것이다.

    토리노 공산주의자들은 이러한 이데올로기에 열성적으로 저항했다. 특히 토리노는 남부와 도서의 '도적질'에 대한 참전 재향군인들의 설명과 묘사가 대중적 전통과 대중 정서에 커다란 영향을 미치고 있는 곳이었다. [이러한 영향에 대해] 공산주의자들은 열성적으로 저항하고 정치적 행동을 취했으며, 역사적으로 큰 중요성을 갖는 결과를 얻는 데 성공했다. 그들은, 특히 토리노에서, 남부문제의 해결책이라는 것을 입증하게 될 맹아를 창출해 냈던 것이다.

사실상 전전(戰前)에도 토리노에서는 전후 시기에 공산주의자들에 의해 발전될 모든 행동과 선전을 이미 잠재적으로 함축하고 있는 에피소드가 있었다. 1914년, 필라데 게이(Pilade Gay)의 사망으로 시의 제 4선거구가 비게 되어 누가 새 후보가 되어야 할 것인가 하는 문제가 발생했을 때, 미래의 <오르디네 누오보>의 편집자들을 포함하는 사회주의 분파의 한 집단으로부터 가에타노 살베미니를 후보로 지명하는 가능성이 제기되었다. 살베미니는 당시에 남부 농민대중의 가장 급진적인 대변인이었다. 그는 사회당 바깥에 있었고, 실제로 사회당에 반대하는 대단히 열정적인 캠페인을 이끌고 있었다 — 이는 물론 대단히 위험스러운 것이기도 했는데, 왜냐하면 그의 주장과 비난들은 남부 노동 대중 사이에서 투라티, 트레베스, 다라고나와 같은 인물에 대해서뿐만 아니라 공업 프롤레타리아트 전체에 대한 증오를 불러일으키고 있었기 때문이었다(1919, 20, 21, 22년에 친위대가 노동자들에게 발사했던 많은 탄환의 납은 살베미니의 기사를 인쇄하는 활자에 쓰이는 것과 다르지 않은 것이었다). 그럼에도, 이 토리노의 그룹은 그들의 입장을 세우는 데 살베미니의 이름을 이용하고자 했으며, 이는 [후보]지명에 대한 그의 동의를 얻기 위해 피렌체로 갔던 오타비오 파스토레(Ottavio Pastore) 동지가 살베미니 자신에게 확인한 바였다. "토리노의 노동자들은 아풀리아의 농민들을 위한 의원을 선출하고 싶어한다. 토리노 노동자들은 1913년의 총선에서 몰페타(Molfetta)와 보톤토(Botonto) 농민의 압도적 다수가 살베미니를 지지했으나 지올리티 정부의 행정적 압력과 청부폭력배 및 경찰이 아풀리아 농민들이 그들 자신을 표현하지 못하도록 했다는 것을 알고 있다. 토리노의 노동자들은 살베미니에게 어떠한 종류의 충성도 요구하지 않는다. 당에 대해서도, 강령에 대해서도, 사회주의자 의회 그룹에 대해서도, 일단 그가 선출되면, 살베미니는 토리노의 노동자들이 아닌 아풀리아의 농민들을 책임지게 될 것이다. 토리노의 노동자들은 자신들의 원칙에 따라 선거운동을 전개할 것이며, 어떤 방식으로도 살베미니의 정치활동을 간섭하지 않을 것이다."

살베미니는 지명을 받아들이지 않을 것을 결정했지만, 그는 제안에 동요했고 감명받기까지 했다(당시에 공산주의적 '배반'에 대해서는 한 마디도 없었고 우리는 서로 정중

하고 우호적으로 행동했다. 그는 무솔리니를 후보로 제안했고 선거투쟁에서 사회당을 지원하기 위하여 토리노에 올 것을 약속했다. 그리고 실제로, 그는 노동회관과 스타투토 광장에서 두 차례 대규모 유세를 가졌는데, 여기 모인 대중은 그에게서 북부 프롤레타리아트보다 훨씬 더 지긋지긋하고 흉포하게 억압받고 착취당하는 남부 농민들의 대표자를 발견하고는 갈채를 보냈던 것이다.

이 에피소드에서 잠재적으로 보여진, 그리고 당시에는 순전히 살베미니의 결정 때문에 그 이상의 결과를 낳을 수 없었던 이 접근은 전후 시기에 공산주의자들에 의해 재개되고 유의미한 결과를 낳게 된다. 가장 두드러지면서도 상징적인 사건들을 상기해 보자.

1919년, 이후 사르디니아 행동당(Sardinian Action Party)이 될 첫 전조로서 '청년 사르디니아(Young Sardinia)' 연합이 창설되었다. '청년 사르디니아'는, 섬과 본토의 모든 사르디니아인들을, 정부가 전쟁 기간 중에 군인들에게 행한 약속을 이행하도록 효과적인 압력을 가할 수 있는 지역 블록으로 단결시키려 했다. 본토쪽의 '청년 사르디니아'의 조직가는 피에트로 누라(Pietro Nurra) 교수라는 사회주의자였는데, 그는 아마도 매주 <쿠아르토 스타토>의 지면에서 새로운 지평을 발견하는 지금의 '젊은이들' 그룹의 일원일 것이 분명하다. 변호사, 교사, 공무원들이 훈장, 직함, 메달을 낚을 모든 새로운 기회를 찾아 열광적으로 운동에 모여들었다. 피에몬테에 거주하는 사르디니아인들을 위하여 토리노에서 개최된 선거구민 회합은 참석한 이들의 엄청난 숫자가 인상적이었다. 다수는 특별한 자격증이 없는 이들, 미숙련 공장노동자들, 어렵게 사는 연금생활자들, 현재는 온갖 소규모 사업에 참가하고 있는 전직 헌병, 간수, 하급 공무원들과 같은 평범한 사람들이었다. 모두들 시골의 동료들 사이로 돌아가 있는 자신들을 발견하고, 가족과 친구의, 기억들의, 고난과 희망 — 그들의 고향으로, 그러나 보다 번영하고 부유한 고향으로 돌아가서 비록 소박하더라도 삶을 꾸릴 수 있으리라는 희망 — 의 무한한 유대로 그들을 여전히 묶고 있는 자신들의 고향에 관한 연설을 듣고 열광했다.

정확히 8명의 사르디니아인 공산주의자들은 이 회합에 참석해서 의장에게 그들의 결의를 전달하고 반대연설의 기회를 요청했다. 온갖 점잔으로 윤색하고 지방적 수사로 꾸며진 공식 발언자의 고무적이고 웅변적인 연설에 뒤이어, 참석자들이 과거의 슬픔들과 사르디니아 연대가 전투에서 뿌린 피를 회상하며 눈물을 흘리고 모두들 사르디니아의 마음씨 착한 자식들에 의해 구성된 단일한 블록이라는 생각에 격정적으로 사로잡히고 난 후에, 곧바로 반대 행동을 '감행'한다는 것은 무척이나 어려운 일이었다. 가장 낙관적인 예상은, 만약 실제 린치를 당하지 않는다면, '군중의 고귀한 분노'에서 구출되어 최소한 경찰서에 잠시 신세를 지는 것 정도였다. 그러나 [공산주의자들의 연설에 대한] 응답은, 그것이 엄청난 놀람을 불러일으켰음에도, 주의 깊은 경청이었으며, 일단 말문이 빠르게 그러나 논리정연하게 열리기 시작하자 혁명적인 결과를 가져왔다. 딜레마—"가련한 당신들은 진정으로 사르디니아 귀족들과, 당신을 파멸시켰고 자본가들의 착취의 지방 감독관이었던 저들과 블록을 구성하기를 원합니까? 아니면 본토의 혁명적 노동자들과, 모든 형태의 착취를 폐절하고 모든 피억압자들을 해방하고자 하는 이들과 블록을 구성하기를 원합니까?" — 이 딜레마가 참석했던 이들의 가슴을 파고들었던 것이다. 투표는 회합을 양분했으며, 그것은 엄청난 성공이었다. 한편에는 휘황하게 차려입은 신사들, 중절모를 쓴 공무원들, 전문가들의 작은 집단이 분노와 공포로 얼굴이 흙빛이 된 채 40여명의 경찰을 동의의 장식물로 달고 모였고, 다른 한편에는 비참한 이들이, 소박하게 단장한 아낙네들과 함께 조그만 공산주의자 세포를 둘러싸고 모여들었다. 한 시간 뒤 노동회관에서 사르디니아 사회주의 교육클럽이 256명의 성원으로 창설되었다. '청년 사르디니아'의 구성은 무기한 연기되었고, 결코 성사되지 않았다.

이는 사사리 여단(Sassari Brigade), 즉, 거의 사르디니아인들로만 구성된 여단의 병사들 사이에서 이루어진 행동의 정치적 기반이 되었다. 사사리 여단은 1917년 8월 토리노에서 일어난 봉기운동의 진압에 참가하게 되었으며 이들은 분명 결코 노동자들과는 가까워질 수 없다고 믿어졌다. 왜냐하면 군중들에게는 억압 행위가 남겨 놓은 증오의 기억 — 그들이 단지 억압의 물질적 도구일 뿐이었다 하더라도 — 이, 그리고 [병사들의] 대오 사이에는 폭도들의 주먹에 깔렸던 기억이 존재했기 때문이었다. 여단은 신사 숙녀의 대열로부터 꽃과 담배, 과일로 환영받았다. 군인들의 심리상태는, 초기 선전활동에 참가했던 사사리 출신의 피혁노동자가 전하는 다음의 일화에서 살 드러난다.

나는 X 광장의 숙영지(처음 며칠 동안 사르디니아 군인들은 마치 점령 도시에서처럼 광장에서 야영을 하고 있었다)로 다가가서 한 젊은 농민과 이야기를 시작했다. 내가 그와 같은 사사리 출신이었기 때문에 그는 나에게 따뜻하게 인사했다.
"토리노에는 무엇을 하러 왔소?"
"파업을 하고 있는 나리들에게 한 방 먹이러 왔지요."
"하지만 파업을 하고 있는 것은 나리들이 아닌 걸요. 그건 노동자들 — 가난한 사람들이지요."
"여기서 그들은 모두 나리들이지요. 그들은 칼라 붙은 옷에 타이를 매고 하루에 30리라를 번다구요. 누가 가난뱅이인지 나에게 얘기할 필요는 없어요— 나는 가난뱅이들을 알고, 그들이 어떻게 차려입고 다니는지도 압니다. 그럼요, 사사리에는 가난뱅이들이 있지요. 우리 '농투성이'들은 모두 가난하고 하루에 1 1/2리라를 법니다."
"그렇지만 나도 노동자이고 가난뱅이인데."
"그건 당신이 사르디니아인이기 때문이지."
"하지만 내가 다른 사람들과 함께 파업을 벌인다면, 댁은 나에게 총을 쏠 건가요?"
병사는 잠시 생각하고는 그의 손을 내 어깨에 얹고 말했다, "이봐요, 당신이 딴 놈들과 파업을 벌일 요량이면, 당신은 집안에 처박혀 있으라구요."

이것이 노동자들은 아주 소수— 일레시아스(Iglesias) 평원에서 온 광부들— 만이 포함되어 있던, 여단의 대다수의 태도였다. 그러나 몇 달이 지난 후 7월 20~21일의 총파업 전야에 여단은 토리노를 떠나오게 되었으며, 나이든 병사들은 해고되고 부대는 세 개로 나뉘어 1/3은 아오스타(Aosta)로, 1/3은 트리에스테(Trieste)로, 1/3은 로마로 보내지게 되었다. 여단은 아무런 예고도 없이 야간에 이동해 떠나갔다. [이때는] 역전에서 그들을 환호하는 품위 있는 군중도, 노래도 없었다. 그들이 부르는 군가조차, 그들이 도착했을 때 불렀던 것과는 다른 것이었다.

이러한 사건들이 아무런 결과도 낳지 못했는가? 오히려, 이 사건들은 오늘날에도 여전히 느껴지고 있고 인민 대중의 가슴과 마음속에 계속 작용하게 되었다. 일례로 이들은 결코 그런 식으로 생각해 본 적이 없는 두뇌를 각성시켰고, 이 경험은 흔적으로 각인되었으며 근본적으로 변화했다. 우리의 문서 자료들은 흩어졌고 검거와 박해를 피하기 위해 우리 스스로가 많은 서류를 파기했지만, 그러나 우리는 사르디니아로부터 <아반티!> 편집국에 배달된 수천 통의 편지를 기억하고 있다. 이 편지들은 종종 집단 명의로, 사르디니아의 특정 마을의 사사리 여단 퇴역군인의 전원서명으로 되어 있었다. 우리가 지지했던 정치적 입장은 억제되지 않는— 그리고 억제할 수 없는— 길을 따라 확산되었다. 사르디니아 행동당의 구성은 기층단위의 수준에서 이에 영향받은 것이며, 이러한 측면에서 풍부한 함의와 중요성을 갖는 에피소드들을 인용할 수 있겠다.

이러한 행동의 가장 최근의 특기할 만한 반향은 1922년, 칼리아리 부대(legion)의 300명의 헌병대가 사사리 여단과 동일한 목적으로 토리노에 보내졌을 때 일어났다. <오르디네 누오보> 편집국에서 우리는 이들 헌병대의 대다수가 서명한 성명서(statement of principle)를 받았다. 이 편지는 모든 점에서 남부문제에 대한 우리 자신의 입장을 반영하고 있었다. 이는 우리의 접근이 옳았다는 결정적인 증거였다.

이러한 접근이 정치적으로 유효하기 위해서는 프롤레타리아가 이를 그 자신의 것으로 만들어야 한다는 것은 두말할 나위도 없다. 대중 스스로가 자신들이 추구하고자 하는 목적과 적용할 수단에 대하여 확신하지 못한다면 어떠한 대중행동도 불가능하다. 프롤레타리아트가 하나의 계급으로서 지도하고자 한다면 모든 조합주의적(corporatist) 자취와 생디칼리즘적 선입견과 껍데기를 벗어버려야 한다. 이는 무엇을 의미하는가? 농민과 도시 반(半)프롤레타리아의 일정한 범주의 신뢰와 지지를 획득하기 위해서는 한 직종과 다른 직종간에 존재하는 구별들이 극복되어야 할 뿐만 아니라, 직종 특수주의가 사라진 후에조차 노동계급 내에 지속되고 있는 특정한 선입견들을 극복하고 특정한 종류의 이기심을 극복해야만 한다는 것이다. 금속공, 가구공, 건축공 등은 금속공, 가구공, 건축공으로서가 아니라 프롤레타리아들로서 생각하기 시작해야 할 뿐만 아니라, 여기서 한 걸음 더 나아가야만 한다. 그들은 농민과 지식인들을 지도하고자 하는 계급, 이들 다른 사회 층위들의 다수가 조력하고 따를 때 비로소 사회주의를 획득하고 건설할 수 있을 뿐인 하나의 계급의 성원인 노동자들로서 생각해야만 한다. 이것이 성취되지 않는다면, 프롤레타리아트는 지도계급이 되지 못할 것이며 이들 층위(이탈리아에서는 인구의 다수를 대표하는)는 여전히 부르주아의 통제하에 놓여 국가가 프롤레타리아 공격에 저항하고 이를 소진시킬 수 있게 할 것이다.

자, 남부문제의 영역에서 일어났던 일들은 프롤레타리아트가 이러한 견지에서 자신의 임무를 이해했다는 것을 보여준다. 두 가지 사건이 인용되어야겠는데, 하나는 토리노에서, 다른 하나는 레지오 에밀리아에서 — 말하자면, 개량주의와 계급 조합주의의 거점, '남부주의자'들이 남부 농민들 사이의 선전에서 언제나 인용하는 일종의 노동계급 보호주의의 거점에서 — 일어난 일이다.

공장 점거 이후에 피아트의 경영주는 노동자들에게 하나의 조합으로 회사 운영을 맡을 것을 제안했다. 너무도 당연하게 개량주의자들은 이 제안에 찬동했다. 산업 위기가 희미하게 나타나기 시작했고, 실업의 망령이 노동계급의 가족을 괴롭히고 있었다. 피아트가 하나의 조합이 된다면, 숙련노동자들과 특히 정치적으로 활동적인 노동자들 대부분에게는 일정한 수준의 직무안정성이 보장될 것이며, 그들은 해고의 사정거리에서 벗어날 것이라고 생각했다. 공산주의자들이 주도하던 사회당 분파는 이 논쟁에 정열적으로 개입했다. 그들은 노동자들에게 이야기했다.

• 만약 노동자들이 지금 이탈리아를 지배하고 있는 부르주아 정치 세력의 체계로 편입되기로 결정한다면, 피아트와 같은 대규모 기업은 노동자들의 조합으로서만 고려될 수 있을 것이다. 피아트 경영주의 제안은 전적으로 지올리티 정치 계획의 일부이다. 이 계획이란 무엇인가? 부르주아지는, 전전에도, 더 이상 평화적으로 지배할 수 없었다. 1894년의 시칠리아 농민의 반란52)과 1894년의 밀라노 봉기53)는 이탈리아 부르주아지의 급소의 실험대(experimentum crucis)였다. 1890~1900년의 피의 10년이 지나자 부르주아지는 지나치게 배제적이고, 폭력적이며 직접적인 독재를 포기해야만 했다. 남부의 농민과 북부의 노동자들은, 비록 조화로운 방식은 아니었지만, 동시에 이에 대항하여 일어났다.

• 세기가 바뀌면서 지배계급은 계급동맹, 계급적 정치 블록이라는 — 말하자면 부르주아 민주주의라는 — 새로운 정책을 도입했다. 그들은 선택해야만 했다. 남부 농민들과의 동맹, 자유무역, 보통선거권, 행정적 탈집중화와 공산품의 가격인하를 의미하는 농촌 민주주의든지, 아니면 보통선거권의 불인정, 관세 장벽, 고도로 집중화된 국가의 유지, 임금과 노조의 자유에 대한 개량주의적 정책을 의미하는 자본가-노동자 공업블록이든지 간에. 그들은 후자의 해결책을 — 우연만은 아니게 — 선택했다. 지올리티는 부르주아 지배를 인격화했고 사회당은 지올리티 정책의 도구가 되었다.

• 자세히 살펴보면, 사회주의 운동과 노동자 운동에서 가장 근본적인 위기들이 발생한 것은 대중들이 그들의 개량주의 지도자들로부터 자생적으로 이반하게 된 1900년에서 1910년까지의 10년간이었다. 생디칼리즘이 생겨났으며, 이는 노동자들이 부르주아지와의 블록에 반대하면서 농민들과의, 무엇보다 먼저 남부 농민들과의 블록을 지지하는 저항의 본능적이고, 기초적인 — 원시적이지만, 그러나 건강한 — 표현이었다. 확실히 생디칼리즘은, 실제로 어떤 의미에서는, 가장 선진적 지식인들로 대표되는 남부 농민 부분이 프롤레타리아를 지도하려는 약한 시도이다. 이탈리아 생디칼리즘의 지도적 중핵을 구성하고 있는 것은 누구인가? 그리고 그 이데올로기적 핵심은 무엇인가? 생디칼리즘의 지도적 중핵은 거의 모두가 남부인들이다. 라브리올라, 레오네(Leone), 롱고바르디(Longobardi), 오랑코(Oranco)를 생각해 보라. 생디칼리즘의 이데올로기적 핵심은 전통적인 종류들보다 더 열정적이고, 더 공격적이며, 더 호전적인 새로운 종류의 자유주

---

52) [역주] 이 책의 부록으로 실린 「리옹테제」 중 '시칠리아단(*Sicilian Fasci*)'에 대한 주석(p. 387 각주 6)을 참조.

53) [역주] 「메조지오르노와 파시즘」 중 '바바 베카리스'에 관한 주석(p. 307 각주 20)을 참조.

의이다. 자세히 살펴보면, 생디칼리즘의 모든 연속적인 위기와 생디칼리즘 지도자들의 부르주아 진영으로의 점진적 월경에는 두 가지 기본적 문제가 깔려 있는데, 그것은 이민과 자유무역으로 모두 남부주의와 긴밀히 연관되어 있는 것이다. 이민 현상은 엔리코 코라디니(Enrico Corradini)54)의 '프롤레타리아 국가'라는 사상을 일으켰다. 전체 지식인 층위에게 리비아 전쟁은 자본주의와 금권정치 세계에 대한 '위대한 프롤레타리아트'의 공격의 시작으로 인식되었다. 생디칼리스트 그룹 전체가 민족주의로 넘어가게 되었다—실제로, 국민당(Nationalist Party)은 이전의 생디칼리즘으로부터 분기해 나온 (ex-syndicalist) 지식인들(모니첼리, 포르제-다반자티, 마라빌리아)에 의해 창건되었다. 라브리올라의 『10년사(*History of a Decade* [1900년부터 1910년까지의 10년])』는 이러한 반-지올리티적이고 남부주의적인 신자유주의의 가장 전형적이고 특징적인 표현이다.

- 이 문제의 10년 동안 자본주의는 강화되고 발전했으며, 그 활동의 일부는 포 계곡의 농업을 향했다. 이 10년간의 가장 특징적인 모습은 포 계곡 농업 노동자들의 대중파업이었다. 북부 농민들 사이에서는 심대한 격변이 발생했다. 계급 분화가 구석구석까지 진행되었으며(1911년의 센서스 수치에 따르면, 브라치안티[braccianti, 일용노동자]의 수는 50퍼센트까지 증가했다) 이에 조응하는 정치적 조류들과 정서적 태도가 생겨났다. 기독교 민주주의와 무솔리니주의는 이 시기의 가장 두드러진 두 산물이었다. 로마냐는 이들 두 가지 새로운 움직임의 지방적 용해로였으며, 브라치안티들(bracciante)이 정치투쟁의 사회적 주역이 된 듯했다. 사민주의의 좌익 기관(체세나 [Cesena]의 <아치오 (*L'Azione*)>와 같은)과 무솔리니주의는 금방 '남부주의'의 손아귀로 들어갔다. 체세나의 <아치오네>는 가에타노 살베미니의 <우니타>의 지역판이었다. 무솔리니의 편집권 하에 있던 <아반티!>는 조금씩 그러나 분명히 생디칼리스트와 남부주의 필자들의 연단으로 변화해 갔다. 판첼로(Fancello), 란질로(Lanzillo), 파눈지오(Panunzio)와 같은 이들이 단골 기고자가 되었다. 살베미니 자신은, 심지어 프레졸리니의 <라 보체>의 연인(darling)이 되기까지 무솔리니에 대한 호감을 숨기지 않았다. 실제로 무솔리니가 생

---

54) [역주] 엔리코 코라디니(1865~1931)는 다눈치오와 함께, 전전의 이탈리아 민족주의 운동의 유력한 인물이었다. 그는 미국, 남미, 북아프리카를 방문하면서 이탈리아 이민에 대한 독창적인 연구를 수행했고, 이탈리아인이 싸구려 노동자로서가 아니라 정복자로서 해외로 나갈 수 있도록 아프리카로의 식민지 확장을 지지했다. 그는 영국이나 프랑스와 같은 금권정치 사이에서 '프롤레타리아 국가'로서의 이탈리아라는 생각을 발전시켰다.

디칼리스트와 남부주의자 일단에 둘러싸여 <아반티!>와 사회당을 떠나던 모습을 모두들 기억한다.

- 이 시기에 혁명 진영에서의 가장 주목할 만한 반향은 1914년 6월의 피의 주간(Red Week)55)이었으며, 진앙은 로마냐와 마르셰였다. 부르주아 정치활동의 영역에서 가장 두드러진 반향은 젠틸로니 협정56)이었다. 포 계곡의 소농운동의 결과로 사회당은 1910년 이후 비타협 전술로 복귀했기 때문에, 지올리티가 지지하고 대표하는 공업 블록은 그 유효성을 상실했다. 결국 지올리티는 총을 다른 편 어깨로 옮겼다. 그는 부르주아지와 노동자의 동맹을 부르주아지와 가톨릭 간의 동맹으로 대체했다. 당시 가톨릭은 북부와 중부 이탈리아의 농민 대중을 대표하고 있었다. 이 동맹으로 인해, 손니노의 보수당은 남부 이탈리아에 안토니오 살란드라 주변의 작은 세포만을 남긴 채 완전히 파괴되고 말았다.

- 전쟁 기간과 전후의 시기에 부르주아 계급 내에서는 일련의 무척 중요한 미세한 과정이 진행되었다. 살란드라와 니티 두 사람은 최초의 (물론, 19세기 전체에 걸쳐 부르주아 독재의 가장 정력적인 대표자였던 크리스피와 같은 시칠리아인을 제외하면) 남부인 정부 수반이었다. 그들은 공업 부르주아지-남부 지주 계획을 실현하고자 시도했다 ─ 살란드라는 보수적 기반에서 그리고 니티는 민주적 기반에서(이들 정부 수반은 모두 <코리에레 델라 세라>로부터, 말하자면 롬바르디아의 섬유산업으로부터 실질적 도움을 받고 있었다). 살란드라는 전쟁 기간 중에 이미 국가조직의 기술적 세력을 남부인들로 ─ 말하자면, 지올리티의 정부인원을 새로운 부르주아 정치경력을 가지고 있는 새로운 인원들로 대체하려고 시도했다. 특히 1917~18년에 지올리티주의자들과 사회주의자들의 긴밀한 협력을 위해 <라 스탐파>가 주도한, 국가의 '아풀리아화(Apulianization)'57)를 막기 위하여 전개한 캠페인을 기억할 수 있을 것이다. <라 스탐파>에서 이 캠페인은 프란체스코 치쿠티(Francesco Ciccotti)가 지도했다 ─ 환언하면, 사실상 이

---

55) [역주] 1914년 6월 7일, 안코나(Ancona)에서 말라테스타(Malatesta)와 넨니(Nenni)에 의해 조직된 반군국주의 시위에서 경찰의 발포로 세 명의 사망자가 발생했다. PSI는 총파업을 지시했고, 전국에 걸쳐 봉기가 확산되었다. 안코나는 열흘 동안 봉기자들에 의해 장악되었고, 이를 진압하는 데 만 명이 동원되었다.

56) [역주] 가톨릭과 온건파 자유당간의 지방의회 의석 확보를 위한 합의. p. 388 각주 8을 보라.

57) [역주] 1914~5년, 그리고 1915~6년에 수상을 역임했던 안토니오 살란드라는 이탈리아의 남부 지방인 아풀리아의 포지아(Foggia) 출신이었다. 아풀리아화는, 자신과 같은 지역 출신들을 국가 기구에 적극적으로 기용한 살란드라의 정책을 그의 고향을 빗대어 비유적으로 표현한 것이다.

는 지올리티와 개량주의자들 간의 의견일치의 표현이었다. 이 문제는 결코 사소한 것이 아니었으며 지올리티주의자들은, 그들의 격렬한 방어적 완고함에 있어서, 상층 부르주아의 정당에 허용된 한도를 넘어설 정도였다. 그들은 우리의 기억에도 생생한 반(反)애국주의와 패배주의를 보여주기에 이르렀다.

• 오늘날, 지올리티는 다시 한번 권력을 장악하고 있고, 대중운동의 추동에 겁먹은 상층 부르주아지는 다시 한번 자신들을 그의 손에 의탁하고 있다. 지올리티는 토리노의 노동자들을 길들이고 싶어한다. 그는 이들을 두 차례, 지난 4월의 파업과 공장 점거 때 노동총동맹의 —— 결국, 조합주의적 개량주의자들의 도움을 받아 분쇄했었다. 그는 이제 노동자들을 부르주아 국가의 체계로 포섭할 수 있다고 믿고 있다. 실제로, 만약 피아트의 숙련노동세력이 경영주의 제안을 받아들인다면 무슨 일이 일어날까? 지금의 산업적 지분은 채무(debenture)가 될 것이다. 말하자면, 조합은 사업 상태가 어떠하든간에 채권자들에게 고정된 분담금을 지불해야 할 것이다. 피아트사는 노동자들을 마음대로 주무르고자 하는 부르주아지의 손아귀에 남아 있는 신용제도에 의해 모든 수혈을 차단당하게 될 것이다. 노동세력은 노동계급 의원들의 활동을 통해 —— 노동계급 정치정당을 정부 정책으로 종속시키는 것을 통해 —— '노동계급을 도우러 올' 국가에 자신을 속박하게 될 것이다. 이것이 지올리티의 계획이 가져올 자연스러운 결론이다. 토리노의 프롤레타리아트는 더 이상 독립적 계급으로 존재하지 않으며, 단지 부르주아 국가의 부속품이 될 뿐일 것이다. 계급 조합주의는 승리를 거두겠지만, 그러나 프롤레타리아트는 지도자와 안내자로서의 자신의 지위와 역할을 상실할 것이다. 더 빈곤한 노동자 대중은 이를 특권으로 바라볼 것이며, 농민 대중은 이들을 부르주아와 같은 수준에 있는 착취자로 인식할 것이다. 왜냐하면 부르주아지는 —— 그들이 언제나 그래왔듯이 —— 농민 대중에게 그들의 고통과 비참한 빈곤의 유일한 원인으로서 노동계급의 특권적 중핵을 제시할 것이기 때문이다.

피아트의 숙련노동 세력은 우리의 관점을 거의 만장일치로 수용했고 경영주의 제안은 거부되었다. 그러나 이 경험은 그 자체로는 충분치 않았다. 행동의 과정 전체에서 토리노 프롤레타리아트는 상당한 수준의 성숙함과 정치적 능력에 도달했음을 스스로에게 보여주었다. 1919년에 공장에서 기술직과 감독직급 및 화이트칼라 노동자들은 그들이 노동자들에 의해 지지받는다는 이유만으로 자신들의 조건을 향상시킬 수 있었다. 상위 직급의 전투성을 분쇄하기 위하여, 경영주들은 노동자들에게 그들이 선거를 통하여 직접 새로운 작업조(squad)와 직장(職長)을 지명할 수 있도록 할 것을 제안했다. 노동자들은, 사장을 위해 항상 억압과 박해의 도구로 행동해 왔던 감독 직급들과 투쟁할 충분한 이유가 있었음에도, 이 제안을 거부했다. 그러나 신문들은 때로는 한 달에 7,000리라까지 달하는 이들의 매우 높은 봉급을 부각시키면서, 이들 직급들을 고립시키기 위한 맹렬한 캠페인을 전개했다. 숙련노동자들 역시, 그들 없이는 자신들의 요구를 획득할 수 없는 손노동자들의 선동에 지지를 보냈다. 모든 특권과 보다 숙련된 범주에 의한 보다 덜 숙련된 이들의 착취의 모든 형태는, 공장 내에서 소멸되어 버렸다. 이러한 행동들에 의하여 프롤레타리아 전위는 전위로서의 사회적 지위를 획득했다. 이것이 토리노에서의 공산당 발전의 기반이었다. 그러나 토리노 밖에서는? 자, 우리는 의도적으로 토리노 밖의 사례를, 보다 정확하게 말하자면, 개량주의와 계급 조합주의가 가장 집중되어 있던 레지오 에밀리아를 언급하고자 한다.

레지오 에밀리아는 언제나 '남부주의자'들의 표적이 되어 왔다. 카밀로 프람폴리니의 구절, [즉] "이탈리아는 북부인과 더러운 남부인들로 나뉜다(L'Italia si divide in nordici e sudici)"58)라는 말은 북부의 노동자들에 대해 남부인들 사이에 확산되어 있는 공격적인 증오의 가장 전형적인 표현으로 간주될 수 있었다. 레지오 에밀리아에서 피아트에서와 유사한 문제가 발생했다. 거대회사가 조합 기업으로서 노동자들의 손에 양도되었다. 레지오의 개량주의자들은 이 계획에 대한 열광으로 부풀었고 자신들의 신문과 집회에서 이를 칭송해 마지않았다. 한 토리노 공산주의자59)가 레지오로 가서 공장집회에서 발언권을 얻어 남부-북부의 문제를 자세히 설명했다. 그러자 기적이 일어났다. 노동자들은 압도적 다수로 개량주의적, 조합주의적 입장을 거부했던 것이다. 개량주의자들은 레지오 노동자들의 진정한 정신을 대변하지 않았음이 드러났다. 그들은 단지 이들의 수동성과 다른 소극적 측면들을 대변했을 뿐이다. 그들은 확실히 천부적인 재능을 지닌 조직가와 선전가들의 대오에 고도로 집중한 덕분에 정치적 독점을 확보할 수 있었고, 이러한 방식으로 혁명적 흐름이 발전되고 조직되는 것을 저지했던 것이다. 그러나 그들을 패퇴시키고, 레지오 노동자는 용맹한 투사이지 정부의 사료로 키워지는 돼지떼가 아님을 드러내는 데는 한 명의 숙련된 혁명가로 충분했다.

---

58) [역주] 이탈리아어 원문 "nordici e sudici"는 사실 번역이 불가능한 말장난이다. 'nordici'는 '북부인'을 의미하는 데 반해, 'sud'는 '남쪽(south)'이지만 'sudici'는 '남부인(southerners)'이 아니라 '더러운(filthy)'의 의미이다.

59) [역주] 움베르토 테라치니.

1921년 4월이 되자, 5천 명의 혁명적 노동자들이 피아트에서 해고되었고, 공장평의회는 폐지되었으며 실질임금이 삭감되었다. 이와 거의 유사한 일이 레지오 에밀리아에서 일어났다. 다시 말해, 노동자들은 패배했다. 그러나 이것이 그들의 희생이 헛되었음을 의미하는 것인가? 우리는 그렇게 생각하지 않는다. 오히려, 우리는 그것이 헛되지 않았다고 확신한다 — 그럼에도, 이러한 행동들의 직접적이고 전광석화 같은 유효성을 증명할 일련의 대규모의 대중적 사건을 찾아보기는 쉽지 않을 것이다. 다른 무엇보다도 농민의 경우에는, 그러한 증거는 항상, 불가능하지는 않더라도 찾기 어려우며 남부의 농민대중에 관한 한 더욱 그렇다.

남부는 극도의 사회적 분열 지역으로 규정될 수 있다. 인구의 대다수를 구성하는 농민들은 그들 사이에 아무런 응집력도 가지고 있지 않다(물론 아풀리아, 사르디니아, 시칠리아와 같이 남부의 구조라는 거대한 무대 내에서 두드러진 특징들을 가지고 있는 지역은 예외로 해야 한다). 남부 사회는 세 개의 사회적 층위로 구성된 거대한 농업 블록이다. 그것은 각각, 무정형적이며 흩어져 있는 거대한 영세농민 대중과, 농촌 부르주아지의 하위와 중간 층위의 지식인들, 그리고 대토지소유자와 주류 지식인들이다. 남부의 농민들은 영속적인 흥분 상태에 있지만, 그러나 하나의 덩어리로서 그들은 자신들의 열망과 요구를 통일적으로 표현할 능력이 없다. 중간층위의 지식인들은 그 정치적·이데올로기적 활동의 동력(impulses)을 농민적 기반으로부터 제공받는다. 정치적 영역의 대토지소유자들과 이데올로기 영역의 위대한 지식인들은 서로 유착하며, 이러한 현상 전체를 최종적으로 지배하게 된다. 결국 지우스티노 포르투나토와 베네데토 크로체는 전체 남부 체계의 두 쐐기돌(keystone)을 대표하며, 어떤 의미에서 그들은 남부 반동의 두 주요 인물들이다.

남부의 지식인들은 이탈리아 국민 생활에서 가장 흥미롭고 중요한 사회적 층위 중 하나이다. 그 이유는 국가관료의 3/5 이상이 남부인들로 구성되어 있다는 것만 생각해 보아도 쉽게 알 수 있을 것이다. 남부 지식인들의 독특한 정서를 이해하기 위해서는 여기서 몇 가지 특별한 요소를 염두에 두어야만 한다.

1. 모든 나라에서 지식인의 층위는 자본주의의 발전에 의해 근본적으로 변화되어 왔다. 지식인의 예전의 모델은 주로 농민적이고 장인적인 기반을 지닌 한 사회에서 조직적 요소였다. 국가를 조직하고 상업을 조직하기 위해서 지배계급은 특정한 유형의 지식인을 만들어 냈다. 공업은 기술적 조직가와 응용과학의 전문가라는, 지식인의 새로운

모델을 도입했다. 경제적 세력들이 국민생활의 대부분을 흡수할 정도로 자본주의적 방향으로 발전한 나라들에서 지배적이게 된 것은 주로, 질서와 지적 기율의 모든 특징을 갖는 지식인의 두 번째 모델이다. 이와 대조적으로, 농업이 주요한 또는 심지어 지배적인 역할을 계속하고 있는 나라들에서는 예전의 모델이 우세한 것으로 남아 있다. 그들은 국가 인사의 많은 부분을 충원하고 있고, 지방적으로도 마을과 지방 소도시에서 농민과 행정부 일반 사이에서 매개 역할을 하고 있다. 남부 이탈리아에서는 이러한 모델이 지배적이며 그것의 모든 전형적 특징들을 갖고 있다. 농민들 앞에서는 민주적이면서 거대 대토지소유자와 정부 앞에서는 반동적이 되어, 정치적 음모와 부패와 불신으로 이어지는 것이다. 이러한 사회적 계층의 특징들을 고려하지 않는다면 남부의 정치정당들의 전통적 배역(cast)을 이해하는 것은 불가능하다.

2. 남부 지식인들은 여전히 남부에서 매우 강력한 한 계급으로부터 나온다. 그것은 농촌 부르주아지이다. 이들은 농민이 아니라 땅을 경작하지 않는 소지주 혹은 대지주로서 스스로 자신의 땅을 일구는 것을 부끄러이 여기면서도, 그들의 작은 땅에서 각자의 생계에 충분하며, 그의 아들을 대학이나 신학교에 보내고, 장교나 국가공무원에게 시집 갈 딸에게 지참금을 줄 수 있을 정도를 추출—토지를 임대하거나 단지 수확에서 일정한 몫을 나누어 받음으로써—하고자 한다. 이러한 계급적 배경으로부터 지식인들은 노동하는 농민들에 대한 맹렬한 혐오감을 갖게 되며, 농민들을 초과 노동인구 탓에 고혈을 짜는 노동 이후에 갈아치울 수 있는 노동기계로 간주한다. 또한 그들은 자신의 계급으로부터 농민과 그들의 파괴적 폭력에 대한 격세유전적이고 본능적인 맹목적 공포감을 이끌어 내어, 이로부터 역으로 정련된 위선의 습관과 농민 대중을 속이고 누그러뜨리는 극도로 정련된 기술을 이끌어 낸다.

3. 성직자는 지식인이라는 사회적 집단에 속하기 때문에, 남부의 성직자가 전체적으로 북부 성직자와 다른 특질들도 주목할 필요가 있다. 북부의 신부는 대체로 장인이나 농부의 아들이다. 그는 민주주의적 정서를 가지고 있고, [남부의 신부보다] 농민대중과 더 결합되어 있다. 도덕적으로 그는 종종 다소 공공연하게 여성과 동거하기도 하는 남부의 신부들보다 훨씬 고결하다. 그래서 그는 사회적으로 보다 깊숙한 정신적 직책을 행사하며, 가족의 전체 생활을 지도한다. 북부에서는 교회와 국가의 분리 및 교회 재산의 몰수가 남부보다 훨씬 급진적이며, 남부에서는 교구와 수도원이 막대한 고정자산이나 유동자산을 유지하거나 다시 비축하고 있다. 남부에서는 신부를 1) 농민이 지대의 문제에서 다투게 되는 토지관리인(bailiff)으로, 2) 턱없이 높은 이자율을 요구하면서 그

의 지대와 이자의 수취를 확실히 하기 위하여 종교적 요소를 사용하는 고리대금업자로, 3) 모든 세속적 열정(여자와 돈)에 종속되어 있으며 따라서, 정신적 측면에서 사리분별이나 공평무사함의 신뢰를 주지 않는 사람이라고 생각한다. 결국 고해성사는 최소한의 지도 역할을 가질 뿐이며 농민들은, 종종 이교도적 미신을 갖고 있다 하더라도, 성직자에게는 거의 시간을 투여하지 않는다. 이 모든 것이 인민당이 남부에서 (시칠리아의 몇 지역을 제외하고는) 결코 지도적 역할을 하지 못했으며 제도와 대중 조직들의 네트워크를 가질 수 없었던 이유를 설명해 준다. 성직자에 대한 농민의 태도는 다음의 경구로 요약된다. "신부는 그가 제단에 있을 때나 신부일 뿐, 다른 곳에서는 다른 이들과 똑같은 사람이다."

남부의 농민들은 지식인의 매개를 통해 대지주들과 연결된다. 농민운동은, 형식적 의미에서조차 자율적이거나 독립적인 대중조직(즉 농민 출신의 농민 기간요원을 선출하고 운동에서 발생하는 차이와 진전들을 반영할 수 있는 조직들)의 형식을 취하지 않는다는 점에서, 항상 국가기구들의 평범한 단위들 —— 지역 및 지방 평의회와 하원의회(Chamber of Deputies) —— 내에서 자신의 자리를 발견하는 것으로 종결되었다. 이러한 과정은 지방 정당들의 구성과 해체를 통해 발생하는데, 그 인원들은 지식인으로 구성되어 있으나 유력한 지주들과 그들의 대행인 —— 살란드라, 오를란도, 디 체자로와 같은 이들—— 의 영향력 하에 있다.

전쟁은 이러한 조직 유형에 참전용사 운동이라는 새로운 요소를 도입한 것처럼 보였는데, 여기서 농민-군인들과 장교-지식인들은 보다 통일적인 블록을 구성하여 상당히 성노로 대지주들에 저항하고자 했다. 이는 오래 지속되시 않았다. 아멘돌라가 착상했던 국민연합(National Union)은 그 마지막 자취이며, 그 반파시즘 덕분에 존재의 약간의 희미한 빛을 유지하고 있다. 그러나, 남부에서 민주적 지식인들 부분에서의 뚜렷한 조직의 전통이 전혀 부재하다는 것을 감안한다면, 이러한 집단과 같은 것들에조차 응분의 관심과 주의가 기울여져야만 하는데, 왜냐하면 이는 전반적인 정치환경의 변화에 따라 작은 물방울에서 범람하는 황토 격류로 발전할 수도 있기 때문이다.

참전용사운동이 보다 확실한 윤곽을 가지고 보다 견고한 자신의 사회구조를 창출하는 데 성공한 유일한 지역은 사르디니아였다. 그리고 이는 이해할 만한 것인데, 그 이유는 특히 사르디니아에서는 대지주 계급이 매우 적었고 어떠한 역할도 수행하지 않았으며 본토 남부의 매우 고대적인 문화적·정치적 전통을 가지고 있지 않았다는 데서 찾을 수 있다. 농민대중과 양치기들에 의해 아래로부터 행사되는 압력은 사회적 상층인 대지주의 압박으로 상쇄되지 않았고, 따라서 지도적 지식인들은 그 힘의 압력을 느끼고는 국민연합보다 더욱 주목할 만한 행보를 보이고 있다.

시칠리아의 상황은 사르디니아나 본토의 상황과 매우 다른 특질들을 뚜렷이 보여주고 있다. 대지주들은 본토에서보다 더욱 응집적이며 단호하다. 더욱이, 시칠리아에는 어느 정도 발전된 공업과 상업이 존재한다(시칠리아는 이탈리아 남부에서 가장 부유한 지역이며 이탈리아 전체에서도 가장 부유한 곳에 속한다). 상위 계급들은 국민생활 내에서 그들의 중요성을 냉철하게 깨닫고 있으며 그들의 비중이 느껴지도록 활동하고 있다. 시칠리아와 피에몬테는 이탈리아 국가에 가장 많은 수의 정치지도자를 공급하는 두 지역이다. 이들은 1870년 이래 지배적인 역할을 해 온 두 지역이다. 시칠리아의 인민대중은 남부의 여타 지역에 비해 훨씬 앞서 있으나, 그들의 진보는 전형적으로 시칠리아적 형식을 띠고 있다. 시칠리아에 존재하는 대중 사회주의는 그 자신의 고유한 전통을 지니고 진전하고 있다. 1922년 의회에서는 도서에서 선출된 52명 중 약 20명이 이곳 출신이었다.

우리는 남부의 농민들이 지식인의 매개를 통해서 거대 지주들과 연결된다고 이야기했다. 이러한 조직 모델은 본토 남부와 시칠리아 전체에 걸쳐 가장 일반적인 것이다. 이는, 하나의 전체로서 북부 자본주의와 대 은행들의 매개자이자 감독관으로 봉사하는 거대한 소농 블록을 만들어 냈다. 그 유일한 목적은 현 상태(status quo)를 유지하는 것이다. 이 블록 내에는 개선이나 진보를 향한 어떠한 지적 식견(light)도, 어떠한 프로그램도, 어떠한 추동력도) 존재하지 않는다. 어떤 생각이나 계획이 제출되었다면, 이는 언제나 남부의 바깥에서 남부 소농 블록의 보수주의자들과 의회에서 연합하고 있는 보수적 소농 정치그룹들(특히 토스카나의 그것)에서 나온 것이다. 손니노와 프란체티는 남부문제를 국민적 문제로 보고, 이를 해결하기 위한 정부 계획을 작성한 극히 드문 지적인 부르주아 사상가들에 속한다.60)

---

60) 시드네이 손니노(Sidney Sonnino)와 레오폴도 프란체티(Leopoldo Franchetti)는 토스카나 출신의 유력한 보수주의 정치인이다. 1876년에 그들은 남부의 사회경제적, 정치적, 행정적 문제들에 대한 개인적 조사를 수행했으며, 이는 최초로 공적인 관심을 불러일으켰다. 그들은 1877년에 자신들의 연구결과를 『시칠리아 연구(Inchiesta in Sicilia)』라는 두 권짜리 연구서로 출간했다. 손니노의 책은 "농민들(I contadini)"이라는 부제를, 프란체티는 "시칠리아의 정치적, 행정적 조건들(Le condizioni politiche e amminstrative della Sicilia)"이라는 부제를 달고 있다.

손니노와 프란체티의 관점은 무엇인가? 그것은 이탈리아 남부에 경제적으로 독립적인 중간 계층을 창출하여, 한편으로는 지주들의 잔인하고 자의적인 행위를 제한하고, 다른 한편으로는 피폐한 농민들의 반란행동을 잠재울 (그들의 표현을 따르자면) '여론'의 역할을 수행하도록 해야 한다는 것이었다. 손니노와 프란체티는 제1인터내셔널의 바쿠닌주의[61] 사상이 이탈리아 남부에서 성취한 대중성에 겁을 집어먹었다. 그들의 공포는 때로는 그로테스크한 실수를 저지르게 하기도 했다. 예컨대 그들의 책에서 (우리가 기억하기에) 그들은 칼라브리아의 소읍에 있는 한 여인숙 또는 싸구려 식당이 '파업자들'[scioperanti]의 이름을 따서 지어져 있다는 사실을, 국제주의의 사상이 얼마나 널리 퍼져 있고 깊숙이 뿌리박혀 있는지에 대한 증거로 인용하고 있다. 이 사실은, 만약 그게 사실이라면(그리고 저자들의 지적 성실성을 고려한다면 틀림없이 그럴 것인데), 남부에 얼마나 많은 알바니아인의 집단거류지(colony)가 있으며 스키페라티[skiperati, '알바니아인들']라는 단어가 다양한 방언들 속에서 어떻게 이상하고 가장 기괴한 변형을 거쳤는지를(베네치아 공화국의 문서에서도 시오페타[S'ciopeta]로 구성된 군사적 조직에 대한 언급이 발견될 정도로) 생각해 본다면 훨씬 간단히 설명될 수 있는 것이다.[62] 결국 이는 바쿠닌의 이론이 남부에 널리 알려져 있었다기보다는 상황 자체가 그에게 바쿠닌의 이론을 떠오르게 할 정도였던 것이다. 확실히, 남부의 피폐한 농민들은 바쿠닌의 두뇌가 '풍비박산(pan-destruction)'을 꿈꾸기 훨씬 전에 '모든 것을 때려부수는' 것을 생각했던 것이다.

손니노와 프란체티의 정부 계획은 결코 착수되지도 못했다. 사실 그럴 수도 없었다. 국민경제와 국가의 조직에서 남부와 북부 사이의 구조적 관계 때문에, 경제적 의미에서 광범한 중간계급의 출현(또는, 말하자면 광범한 자본주의적 부르주아지의 출현)은 거의 불가능하다. 재정 및 관세 체계로 인해, 그리고 주식을 보유하고 있는 자본가들이 그 이윤을 현지의 새로운 자본으로 변화시키지 않는다는 사실로 인해 그 지역[남부]의 어

---

61) [역주] 미하일 바쿠닌(Mikhail Bakunin, 1814~76)은 러시아 귀족 출신으로 유럽에서 아나키즘을 창시한 인물이다. 러시아를 떠나 스위스, 프랑스, 이탈리아에서 망명생활을 했던 그는 제1인터내셔널에서 맑스와 대립했고, 이탈리아에서는 마치니의 쁘띠부르주아적 공화주의에 반대하면서 아나키즘 운동을 조직하여 남부 이탈리아의 소농층에서 지지를 확보했다.
62) [역주] 그람시 자신의 증조부가 1821년 이후 Epirus로부터 이주한 그리스-알바니아인이었다. "내 자신은 인종이 없다. 나의 아버지는 가까운 과거의 알바니아 기원을 갖고 있다"(*Lettere dal Carcere*, Turin, 1965, p. 506). 그람시라는 이름 자체가 원래 알바니아의 것이다. 오늘날 알바니아 남동부에는 Gramshi라는 마을이 있다.

떠한 자본 축적도, 어떠한 저축의 축적도 불가능하게 된다. 왜냐하면, 그들은 남부 출신이 아니기 때문이다. 20세기에 와서 이민이 거대한 비율에 달하게 되고 미국으로부터 최초의 송금이 밀려들기 시작하자, 자유주의 경제학자들은 신이 나서 외쳐댔다. "손니노의 꿈이 실현되고 있다. 남부에서 천천히 그러나 분명하게 일어나고 있는 조용한 혁명은 국가의 전체 사회적·경제적 구조를 변화시킬 것이다." 그러나 국가가 개입했고, 조용한 혁명은 태어나자마자 숨이 막혀 버렸다. 정부는 고정 이자율로 국채를 발행했고, 이민자들과 그 가족들은 조용한 혁명의 대행자에서 북부의 기생적 공업에 국가보조금을 충당하는 대행자로 바뀌었다. 프란체스코 니티는 형식적으로 남부의 농업 블록 외부에 서 있는 민주주의자로서, 손니노의 계획을 유효하게 할 수 있는 유일한 인물인 것처럼 보였다. 그러나 실상 그는 남부의 저축의 마지막 원천을 긁어모으는, 북부 자본주의의 가장 효과적인 대행자였다. 할인은행(Banca di sconto)은 거의 전부가 남부로부터 온 수십 억을 삼켜 버렸는데, 이탈리아 할인은행의 40만 예금주들의 다수는 남부의 저축자들이었다.

    농업 블록에 대해 남부에서 활동하는 지식인 블록도 존재했는데, 이들은 지금까지 실질적으로 농업 블록의 균열이 위태로워지거나 [위험] 사태를 일으키는 것을 예방하는 데 봉사해 왔다. 지우스티노 포르투나토와 베네데토 크로체는 이러한 지식인 블록의 대표자들이며 따라서 이들은 반도 전체에서 가장 활동적인 반동으로 간주될 수 있다.

    우리는 남부 이탈리아가 극도의 사회적 분열 지역이라고 이야기했다. 이러한 규정은 농민들에게뿐만 아니라 지식인들에게도 적용될 수 있다. 광대한 토지 자산과 더불어, 남부에 언제나 개인들이나 거대 지식인들의 소그룹들에 막대한 문화와 지성의 축적이 존재해 왔던 반면에, 낮은 수준의 문화 조직들조차 존재하지 않는다는 것은 놀라운 사실이다. 남부는 라테르자(Laterza) 출판사와 <라 크리티카>를 가지고 있다. 남부는 가장 위대한 학식을 가진 학술 단위와 문화 단위를 가지고 있다. 그러나 남부에는 소규모 또는 중규모의 평론지도, 남부 지식인의 중간 수준의 그룹들이 구성하는 출판사들도 존재하지 않는다. 농업 블록으로부터 벗어나서 남부문제에 급진적 방식으로 접근하려 했던 남부인들은 남부 외부에서 출판되는 평론지에서 환영받음을 발견하고 스스로 이들 평론지들 주변에 모여들었다. 심지어는 금세기에 중부와 북부 이탈리아에서 일어난 중간 층위 지식인들의 모든 문화적 이니셔티브들은 남부주의라는 특징을 지닌다고까지 말할 수 있는데, 왜냐하면 그들은 남부 출신의 지식인들로부터 강한 영향을 받았기 때문이다. 피렌체 지식인 집단의 모든 평론지들(<라 보체>, <우니타>), 기독교 민주주의자들의 평론지들(체제나의 <아치오네>), G. 보나렐리에 의해 출판된 젊은 에밀리아와 밀라노의 자유주의자들의 평론지들(볼로냐의 <라 파트리아(*La Patria*)> 또는 밀라노의 <아치오네>), 그리고 끝으로 고베티의 <리볼루지오네 리베랄레>.

  물론, 이러한 모든 운동들의 최고의 정치적·지적 중재자는 지우스티노 포르투나토와 베네데토 크로체였다. 농업 블록의 협소한 범위보다 훨씬 넓은 경계 내에서, 그들은 남부문제에 접근하는 방식이 절대 일정한 선을 넘지 않도록, 혁명적인 것이 되지 않도록 만들려고 했다. 남부의 전통적 지역에서 성장했으나 유럽과, 따라서 세계문화와 연결됨으로써 최고 수준의 문화와 지적 능력을 지닌 사람들로서 그들은 남부의 교육받은 젊은이들의 가장 진지한 대표자들의 지적 요구를 만족시키고, 현존하는 조건들에 반항하고자 하는 이들의 불안한 충동을 잠재우며 또한 이들을 사고와 행동에 있어 계급적 평정(serenity)의 중도(中道)로 나아가게 하기 위해 필요한 모든 재능을 갖추고 있었다. 소위 네오-프로테스탄트 또는 캘빈주의자들은 근대 문명의 조건으로 인해 이탈리아에서 대중적 종교개혁은 불가능하며, 역사적으로 유일하게 가능한 개혁은 베네데토 크로체의 철학과 함께 이미 일어났다는 것을 이해하지 못했다. 사고의 방향과 방식이 변화했으며, 가톨릭 및 신화에 기반한 여타의 모든 형식의 종교를 초월하여 새로운 세계관이 구축되었다. 이러한 의미에서 베네데토 크로체는 무한히 중요한 '국민적(national)' 기능을 완수했다. 그는 남부의 급진적 지식인들을 농민 대중으로부터 분리시켜 그들을 국민적이고 유럽적인 문화에 참여하도록 만들었다. 이러한 문화를 통해서 그는 이들 지식인들이 민족 부르주아지에, 따라서 결국 농업 블록에 흡수되도록 보증했다.

  <오르디네 누오보>와 토리노 공산주의자들은, 그들이 어떤 의미에서는 이미 언급했던 지적 구성과 연결될 수 있다고 하더라도—그들 역시 지우스티노 포르투나토와 베네데토 크로체의 영향을 느꼈다고 하더라도—, 그럼에도 동시에 그들은 그러한 전통과의 완전한 단절과 새로운 발전의 시작을 대표하며, 이는 이미 열매를 맺었고 또한 앞으로도 계속될 것이다. 이미 지적되었듯이, 토리노 공산주의자들은 도시 프롤레타리아트를 이탈리아 역사의, 그리하여 또한 남부문제의 현대적 주인공으로 자리매김했다. 프롤레타리아트와 좌익 지식인들의 특정 층위간의 매개자로 기능하면서 그들은 후자의 정서적 시야를—완전하게는 아니더라도 확실히 상당한 정도로 개조하는 데 성공했다.

  이에 대해 주의 깊게 생각해 본다면, 이것은 피에로 고베티 같은 인물의 주요한 특질이다. 고베티는 공산주의자가 아니었으며 결코 그렇게 되고자 하지도 않았다. 그러나

그는 프롤레타리아트의 사회적·정치적 위치를 이해했으며, 이러한 요소를 배제하고서는 그의 사고가 더 이상 진척될 수 없었다. 신문에서 함께 작업하면서, 우리는 고베티로 하여금 이전에는 그가 단지 책 속의 공식으로만 알고 있던 생생한 세계와 접촉하게 할 수 있었다. 그리고 지적 정직성과 함께 어떠한 소아적 허영이나 협소함도 전혀 갖고 있지 않다는 것이 그의 가장 두드러진 특징이었던 탓에, 그는 프롤레타리아트에 대해 이해하고 사고하던 전통적 방식의 체계 전체가 오류이며 부당하다고 스스로 결론짓지 않을 수 없었다.

프롤레타리아 세계와의 이러한 접촉이 고베티에게 갖는 중요성은 무엇이었던가? 그것들은 우리가 여기서 언급하고 싶지 않은 새로운 개념을 위한 원천이자 자극이었다. 즉, 그것은 많은 부분 생디칼리즘과 지식인 생디칼리스트들의 사고방식으로 되돌아가는 개념이었다. 이러한 세계관에서는, 자유주의의 원칙들이 개인적 현상의 수준으로부터 대중적 현상의 수준으로 투사된다. 개인들의 생활에서의 최고의 질과 위신은, 흡사 집합적 개인들과 다름없는 것으로 간주되는 계급들에게로 이전된다. 이러한 시각은 이를 공유하는 지식인들 사이에서 대체로 순전한 불평이나 장점 및 단점의 보증(registration)으로, 경쟁의 심판이나 상벌의 수여자로서의 밉살스럽고 어리석은 입장으로 귀결된다. 실천적으로, 고베티는 이러한 운명을 피했다. 그는 스스로가 매우 재능 있는 문화적 조직가임을 보여주었고 최근 시기에 노동자들에 의해 무시되거나 경시될 수 없는 역할을 수행했다. 그는 1919~21년에 프롤레타리아트가 부르주아지보다 더 우월한 지배계급이 될 것이라고 생각했던 정직하고 진지한 지식인 그룹들이 후퇴할 수 없도록 참호를 구축했다. 어떤 사람들은 선의와 정직함에서, 또 어떤 이들은 악의와 부정직에서, 고베티는 위장한 공산주의자에 불과하다고, 공산당의 앞잡이는 아니더라도 적어도 <오르디네 누오보>의 공산주의자 그룹의 앞잡이라고 이야기하곤 했다. 그런 바보 같은 소문은 부인할 필요조차 없다. 고베티라는 인물과 그가 대표한 운동은 이탈리아의 새로운 역사적 환경의 자생적 산물이었다. 이들의 의의와 중요성은 바로 이것이다. 때때로 우리는 우리 당의 동지들로부터 <리볼루지오네 리베랄레>의 사상적 조류에 맞서 투쟁하지 않는다고 비난받곤 했다. 사실 이러한 투쟁의 부재는 유기적 연계의, 우리와 고베티간의 (사람들이 말하길) 마키아벨리적 성격의 유착의 증거로 간주되었다. 우리가 고베티와 싸울 수 없었던 것은 그가, 적어도 그 주요 원칙에 관한 한, 우리가 대항해서 투쟁할 수 없는 운동을 발전시키고 대변했기 때문이었다.

이것을 이해할 수 없다는 것은 지식인 및 그들이 계급투쟁에서 수행하는 기능의 문제를 이해할 수 없다는 것을 의미한다. 고베티는 실천적으로 1) 자본주의적 기술의 영역에서 성장하여 좌파의 입장을 채택하고, 1919~20년에 프롤레타리아 독재를 옹호했던 지식인들과의, 2) 남부문제에 전통적 방식과는 다른 방식으로, 훨씬 복잡한 관계들을 통해 접근하여 북부 프롤레타리아트를 동등하게 수용했던 일련의 남부 지식인들(이러한 지식인들 가운데 기도 도르소는 가장 중요하고 흥미로운 인물이다)과의 연계를 제공했다. 왜 우리가 <리볼루지오네 리베랄레> 운동에 맞서 투쟁해야 했겠는가? 우리의 강령과 교의를 A부터 Z까지 받아들인 이들이 순수한 공산주의자들로 구성되지 않았기 때문에? 이것을 그들에게 요구한다는 것은 정치적으로 그리고 역사적으로 패러독스이며, 따라서 요구될 수도 없는 것이었다.

지식인들은 그들의 본성 자체와 역사적 기능 때문에 느리게, 다른 사회 집단들에 비해 훨씬 느리게 발전한다. 그들은 민중의 문화적 전통 전체를 대변한다. 그들은 민중의 역사 전체를 표현하고 종합하고자 한다. 이는 특히 농민의 땅에서 태어난 옛날 유형의 지식인에게 해당한다. 그러한 지식인들이, 하나의 전체로서(en masse), 과거와 완전히 절연하고 새로운 이데올로기의 영역으로 자신들을 온전히 이식할 수 있으리라고 생각하는 것은 불합리하다. 집단으로서의 지식인에 관한 한 그것은 불합리하며, 개인으로서 지식인 역시, 상당히 많은 진지한 노력들이 이루어졌고 또 요망된다고 하더라도, 절대 다수의 지식인에 관한 한 그것은 불합리할 것이다.

그런데, 우리는 개인뿐만 아니라 지식인 대중(mass)에 관심을 갖는다. 분명 프롤레타리아트에게 한 명 또는 그 이상의 지식인들이, 개인으로서 그들의 강령과 교의를 지지한다는 것, 프롤레타리아와 융합하여 그들과 하나가 되며 자신들을 그것의 통합적 일부로 느끼는 것은 중요하며 또한 유의미한 일이나. 하나의 계급으로서 프롤레타리아트는 조직적 요소가 부족하다. 프롤레타리아트는 자신만의 지식인 층위를 가지고 있지 않으며, 단지 아주 느리고 힘들게, 국가 권력을 장악한 후에야 비로소 그러한 층위를 형성할 수 있을 뿐이다. 그러나 지식인 대중 내에서 절연이, 역사적으로 특징지워지는 유기적 성격의 절연이 발생한다는 것 역시 중요하고도 유용한 일이다. 여기서 하나의 대중적 구성으로서, 현대적 의미에서 좌파적 경향—— 결국 혁명적 프롤레타리아트로 정향되는 경향이 구성된다는 것은 중요한 일이다.

우리가 프롤레타리아트와 농민 대중간의 동맹, 특히 프롤레타리아트와 남부의 농민 대중간의 동맹을 목도하고자 한다면 이러한 지식인의 구성이 요구된다. 프롤레타리아트가 남부의 농업 블록을 파괴하는 것은 그 중요성이 점점 증대하는 피폐한 농민 대중을, 당의 노력을 통해 자율적이며 독립적인 구성으로 조직하는 데 성공하느냐에 달려 있다. 하지만 이러한 불가결한 과업에서 그 성공 정도는, 농업 블록에 유연하지만 아주 견고한 철갑을 제공하는 지식인 블록을 해체시킬 수 있는 능력에 달려 있기도 하다. 이러한 과업의 달성에 있어 프롤레타리아트는 피에로 고베티의 도움을 받았으며, 우리는 망자(亡者)의 친구들이 그가 수행하던 작업을 그의 지도 없이도 계속할 수 있으리라고 생각한다. 오직 두 개의 사회적 세력, 즉 프롤레타리아와 농민만이 본질적으로 국민적이며 미래의 담지자라는 것을 깨달은 북부와 남부의 지식인 부위(그리고 이러한 이들은, 일반적으로 믿어지는 것보다 훨씬 많이 존재한다)에게 있어 이는 방대하고도 어려운, 그러나 어떠한 희생도 (고베티의 경우와 같이 심지어는 목숨까지) 감수해야 하는 과업이다. …

(1926년 9월에서 11월 사이에 쓰여짐)

□ 부록

이탈리아의 상황과 PCI의 과제 (리옹테제)[1]

그람시와 톨리아티 (1926년 1월, 리옹)

1. 노동계급의 전위가 결집되어 있는 공산당을 볼셰비키적 당으로 변형시키는 것은 현 시기 공산주의 인터내셔널의 근본 과업으로 간주될 수 있다. 이 과제는 국제 노동자운동의 역사적 발전과, 특히 이 내부에서 맑스주의와 혁명적 계급투쟁의 이론 및 실천으로부터의 이탈을 반영하는 조류들 간에 발생한 투쟁과 연결되어야만 한다.

이탈리아에서 볼셰비키적 당을 창출하는 과제는, 노동자운동의 그 기원 이래의 변천들과, 그 과정에서 스스로 드러냈던 근본적 결함들을 염두에 둘 때에만 온전히 달성될 수 있을 것이다.

2. 노동계급 운동은 모든 나라에서 상이한 형식을 가지고 탄생했다. 모든 곳에서 공통적인 것은 자본주의에 맞서는 프롤레타리아트의 자생적 반란이었다. 그러나 이 반란

---

* <부록>으로 실린 리옹테제는 퀸틴 호어(Quintin Hoare)가 편집한 Antonio Gramsci, *Selections from Political Writings 1921~6* (Lawrence & Wishart, London, 1978) 중 "The Italian situation and the tasks of the PCI('Lyons Theses') - Gramsci; Togliatti", pp. 340~75를 대본으로 삼았다. 원문 앞부분에는 이 테제에 관한 회의록이 함께 실려 있다. 앞의 글들과 중복되는 주석은 생략했다.

1) 1925년 10월과 11월 사이에 다섯 개 시리즈의 테제가 PCI 지도부 다수파에 의해 작성되었고 <우니타>에 발표되었다. 1) 국제적 상황에 관하여, 2) 국내적 문제 및 식민지의 문제에 관하여, 3) 소농문제에 관하여, 4) 이탈리아 상황과 PCI의 볼셰비키화에 관하여, 5) 노동조합에 관하여. 여기서 가장 중요한 것은 단연 여기 번역된 네 번째의 것이다. 이 테제는 리옹대회에서 ─ 다수파가 90.8%로 좌파 9.2%에 승리하여 ─ 승인받은 뒤 여기에 붙인 새로운 제목으로 팜플렛의 형태로 재출간되었다.

은 각국에서 특수한 형식을 갖게 되었으며, 이는 거대한 산업 프롤레타리아트를 구성하는 데 일정한 몫을 한 쁘띠부르주아지와 농민으로부터 기원한 요소들의 특수한 민족적 성격의 반영이자 결과였다.

맑스주의는 민족적 성격과 기원을 갖는 다양한 경향들의 특수주의보다 우월한 의식적, 과학적 요소를 대변했으며, 이론적 영역에서 그리고 조직적 영역에서 이들에 대항하여 투쟁을 전개했다. 제1인터내셔널의 형성 과정 전체가 이러한 투쟁을 둘러싸고 진행되었으며, 이는 인터내셔널에서 바쿠닌주의의 추방으로 종결되었다. 제1인터내셔널이 그 생명을 다할 때, 맑스주의는 이미 노동계급 운동에서 승리를 거두었다. 실제로 제2인터내셔널은 스스로를 모두 맑스주의자라고 칭하며 맑스주의를 모든 핵심적 문제들에 대한 전술의 기반으로 삼는 정당들로 구성되었던 것이다.

맑스주의의 승리 이후, 맑스주의가 패퇴시켰던 민족적 성격의 경향들은 다른 방식으로, 즉 맑스주의 내에서 수정주의(revisionism)라는 형식으로 다시 그 모습을 드러내려 했다. 이러한 과정은 자본주의의 제국주의 국면의 발전에 의해 고무되었다. 다음의 세 가지 사실은 이러한 현상과 긴밀히 연관되어 있다: 맑스주의 교의의 한 가지 핵심적 요소인 국가에 대한 비판이 노동계급 운동의 대열에서 소멸되고, 이것이 민주주의적 유토피아들로 대체된 것; 노동귀족의 형성; 쁘띠부르주아지와 농민들이 노동계급으로 새롭게 대규모로 이동하여, 프롤레타리아 내에 맑스주의와 대립하는 민족적 성격의 이데올로기적 조류들이 새롭게 유포된 것. 제2인터내셔널의 타락 과정은 결국 맑스주의 자체 내에서 전개된 맑스주의에 대한 투쟁의 형식을 띠었다. 이는 전쟁이 야기한 붕괴에서 정점에 이르게 되었다.

타락을 피한 한 정당인 볼셰비키당은, 자신의 나라에서 노동자운동의 지도력을 유지할 수 있었고, 그 대열에서 반맑스주의적 경향들을 축출하였으며, 세 번의 혁명 경험을 통해 독점자본주의, 제국주의 전쟁 및 프롤레타리아 혁명 시기의 맑스주의인 레닌주의를 발전시켰다. 따라서, 제3인터내셔널의 창설에서 그리고 그 선두에서 볼셰비키당이 갖는 위치는 역사적으로 결정되었으며, 모든 나라에서 볼셰비키적 정당을 구성하는 문제가 논의되게 되었다. 이는 프롤레타리아 전위를 혁명적 맑스주의의 교의와 실천으로 다시 일깨우며, 모든 반맑스주의적 조류들을 극복하고 철저히 청산하는 문제이다.

3. 이탈리아에서 노동자운동의 기원과 변천을 살펴보면, 전쟁 이전까지는 약간의 영속적이거나 지속적인 성격을 갖는 맑스주의 좌파 조류도 결코 존재하지 않았다. 이탈리아 노동계급 운동의 기원적 성격은 매우 잡다한 것이었다. 여기에는 마치니적 관념론에

서부터 협동조합주의자와 상호부조의 제안자들의 특유한 인간주의에 이르기까지, 그리고 이탈리아에는—자본주의의 발전 이전에도—사회주의로 즉각적으로 이행할 수 있는 조건들이 존재한다고 주장한 바쿠닌주의에 이르기까지 다양한 경향들이 섞여 있었다. 공업의 늦은 시작과 취약성은 강력한 프롤레타리아트의 존재가 제공하는 [정치적] 명확화의 요소가 사라졌다는 것을 의미했다. 사회주의자들로부터의 아나키스트의 분리조차 20년이나 지연되어(1892년의 제노아 대회) 일어났다는 것은 그 한 결과이다.

제노아 대회에서 시작할 당시 이탈리아 사회당 내에는 두 가지 주요 흐름이 존재했다. 한편에는, 국가의 민주적 개혁을 지향하는 경향을 대변할 뿐인 지식인들의 집단이 존재했다(투라티, 비솔라티 등). 그들의 맑스주의는 프롤레타리아트 세력을 민주주의를 확립하는 데 기여하게 하도록 분기시키고 조직하는 목적 이상이 아니었다. 다른 한편에는 노동계급의 경향을 대변하는, 프롤레타리아 운동에 보다 직접적으로 결합하고 있는 집단이 존재했다(라짜리 Lazzari). 그러나 그들은 어떠한 적절한 이론적 의식도 결여하고 있었다. 1900년까지 당은 민주주의적 성격의 목적 이상을 설정하지 않았다. 1900년 이후, 조직의 자유가 획득되고 민주주의적 국면이 시작되자, [사회당이] 프롤레타리아트의 맑스주의 정당이라는 인상을 갖게 했던 모든 집단들의 무능이 뚜렷해지게 되었다.

실제로 지적 인자들은 노동계급으로부터 점점 더 거리를 두었다. 게다가, 생디칼리즘의 형태로 맑스주의 좌파를 창출하려는 지식인과 쁘띠부르주아지들의 다른 층위의 시도는 아무 결과도 가져오지 못했다. 이러한 시도에 대한 반동으로, 당은 통합주의(integralist) 분파에 의해 장악되었다. 공허한 타협주의적 어구를 지닌 이 경향은 이탈리아 노동계급 운동의 근본적 특징의 표현이었다—또한 공업주의(industrialsim)의 취약성과 프롤레타리아트의 비판의식의 결여로 설명될 수 있는 것이다. 전쟁 이전의 몇 해 동안 혁명주의는 이러한 특징들을 고스란히 유지하고 있었으며, 태생적 민중주의의 한계를 넘어서지도, 노동계급의 당을 건설하고 계급투쟁의 방법론을 채택하지도 못했던 것이다.

전전에도, 이러한 혁명적 흐름 내부에서 '극좌' 그룹은 스스로를 분기하기 시작했는데, 이 그룹은 혁명적 맑스주의의 테제들을 고수했지만, 그 방식은 경련적인(spasmodic) 것이었으며 노동자 운동의 발전에 아무런 실제적 영향력을 행사하지도 못했다.

이는 전쟁에 대한 사회당의 반대가 취하는 소극적이고 모호한 태도를 설명해 준다. 이는 또한 전후 사회당이 어떻게 임박한 혁명적 상황에 직면해서, 프롤레타리아트의 정치조직이 그 과제를 완수하기 위하여 해결해야만 하는 근본적 문제들을 해결하지도,

제기하지도 못했는지를 설명해 준다: 무엇보다도, '계급의 선택'과 이에 적합한 조직적 형식의 문제; 그리고 당 강령과 이데올로기의 문제; 그리고 끝으로 전략과 전술의 문제. 이들이 해결되었다면 프롤레타리아트는 국가에 대한 투쟁에서 그 본성상 동맹군인 세력들을 주위에 결집시키고 그리하여 권력의 장악으로 나아갈 수 있었을 것이다.

이탈리아에서 이러한 문제들의 해결에 적극적 방식으로 기여할 수 있을 경험의 체계적 축적은 전쟁 이후에야 겨우 시작되었다. 프롤레타리아트의 계급정당의 구성적 기반은 리보르노 대회에서 놓여졌을 뿐이며, 이 당이 볼셰비키적 당이 되어 그 기능을 최대한도로 수행하고자 한다면, 전통적으로 노동계급 운동을 특징지었던 모든 반맑스주의적 경향들을 청산해야만 한다.

이탈리아 사회구조에 대한 분석

4. 자본주의는 이탈리아 사회에서 가장 지배적인 요소이며 그 발전을 결정하는 확실한 힘이다. 이러한 기본적 사실은 이탈리아에서는 사회주의 혁명이 아닌 혁명의 가능성은 존재하지 않음을 의미한다. 자본주의 국가에서, 실질적이고 심층적인 사회 변혁을 달성할 수 있는 유일한 계급은 노동계급이다. 우리 나라의 에너지들이 완전한 자유와 발전의 가능성을 갖고자 한다면, 이에 필수적인 경제적·정치적 성격의 변화를 행동으로 전환시켜 낼 수 있는 것은 오직 노동계급뿐이다. 이러한 혁명적 역할을 완수하는 방식은 이탈리아에서의 자본주의의 발전 정도와 이에 조응하는 사회구조와 연관되어 있다.

5. 자본주의의 본질적 부분인 공업은, 이탈리아에서는 매우 취약하다. 그 발전가능성은 지리적 상황과 원료의 부족으로 제한되어 있다. 따라서 공업은 이탈리아 인구의 다수를 흡수하지 못하고 있다(4백만의 공업 노동자가 3백50만의 농업 노동자 및 4백만의 농민과 함께 존재하고 있다). 공업의 반대편에는 농업이 자연스럽게 국가경제의 기반으로 위치하고 있다. 그렇지만 극도로 다양한 지형조건과 이에 따른 경작과 소작체계의 차이들은 농촌 계층 사이에 높은 이질성을 유발하며 빈곤계층이 다수를 점하게 되는데, 이들은 프롤레타리아의 조건에 보다 가까우며 프롤레타리아트의 영향을 받고 지도를 수용하는 경향이 있다. 공업계급과 농업계급 사이에는 아주 광범한 도시 쁘띠부르주아 지가 존재하며 이들은 매우 큰 중요성을 갖는다. 이들은 주로 장인, 전문직종사자 국가피고용인으로 구성되어 있다.

6. 자본주의의 내재적 취약성은 공업계급으로 하여금 국가경제에 대한 통제력을 보장하기 위한 방편을 채택하도록 만든다. 이러한 방편들은 기본적으로 산업가들 일부와 농업계급들의 일부, 특히 대지주들 간의 경제적 타협 체계에 불과하다. 따라서 여기[이탈리아]에서 산업가와 지주들 간에는 전통적인 경제적 투쟁도, 또는 다른 나라에서는 이것[경제적 투쟁]이 유발하는 지배계급들의 교체도 찾아볼 수 없다. 어쨌든 산업가들은 농촌에서 공장으로의 노동의 끊임없는 유입을 보장하는 경제정책을 지주에 대항하여 방어할 필요가 없다. 왜냐하면, 이러한 흐름은 이탈리아에 특징적인 풍부한 빈곤 농촌인구에 의해 보장되기 때문이다. 공업-농업 협정은, 생산과 노동하는 다수의 전체적 이해를 희생하는 특정한 특권그룹들의 이해의 연대에 기반하고 있다. 이 협정은 인구의 전체 범위와 국토의 전체 지역에 대한 체계적 약탈의 결과로 대 산업가들의 손아귀에 부를 축적시킨다. 이러한 경제정책의 결과는 실제로, 재정적자를 초래했고, 전 지역에서의 경제발전을 정지시켰고(남부, 도서), 나라의 구조와 자원에 보다 적합한 경제가 출현하고 발전하는 것을 막았으며, 끊임없는 이민의 물결로 인구통계적 빈곤[인구 감소]을 가져왔다.

7. 산업계급은 당연히 전체 경제를 통제하지 못하는 것과 마찬가지로, 전체 사회와 국가를 단독으로 조직하지도 못한다. 국민국가의 건설은 국제정책의 요소들을 이용함으로써만 가능할 수 있다(소위 리소르지멘토). 이것을 강화하고 방어하는 것은 공업이 제한적 헤게모니를 행사하는 계급들, 특히 지주와 쁘띠부르주아지와의 협상을 필요로 한다. 이것의 표현으로 전체 사회구조와 국가의 이질성과 취약성이 도출된다.

7. 다음으로(bis.) 전전의 군대에서 사회구조의 취약성의 하나의 전형적 반영을 볼 수 있다. 지도자의 위신을 결여하고 있는 제한된 장교집단(오래된 농촌 지배계급들, 새로운 공업계급들)은 그 아래에 초급장교의 관료화된 카스트(쁘띠부르주아지)를 가지지만, 이들은 규율을 지키지 않고 제멋대로인 사병 대중들과의 연계고리로서 봉사할 능력이 없다. 전쟁 기간 동안, 군대는 상층 대열을 제거하고 초급장교라는 새로운 범주의 출현에 조응하는 조직구조의 변형을 겪은 이후, 아래로부터 위로 재조직화되지 않을 수 없었다. 이러한 현상은 파시즘이 국가에 대하여 훨씬 넓은 규모에서 달성하게 되는 유사한 격변을 예고하는 것이었다.

8. 한 나라의 경제적 생활과 그 정치적 상부구조의 결정에 본질적인 공업과 농업의 관계는, 이탈리아에서는 지역적 기반을 갖는다. 북부에서는 농업생산과 농촌인구는 몇 개의 거대 중심지에 집중되어 있다. 이 결과로서, 지방의 사회구조에 내재한 모든 갈등

들은 그 내부에 국가의 통일성에 영향을 주고 이를 위험에 빠뜨리는 요소를 포함한다. 이 문제의 해결은 부르주아와 농업 지배그룹들 간의 협상에서 찾아진다. 이들 그룹 중 어느 쪽도 통일적 성격이나 통일적 기능을 갖고 있지 않다. 게다가 통일성이 유지되는 협상은 상황을 더욱 심각하게 만들 것이다. 남부의 고단한 대중들은 식민지 인구와 유사한 지위에 처하게 된다. 북부의 거대공업은 그들에 대하여 자본주의 메트로폴리스와 같은 기능을 수행한다. 남부의 대지주와 심지어 중간 부르주아지에 대해 말하자면, 그들은 메트로폴리스와 동맹하여 식민지에서 노동 대중의 종속을 지속시키는 범주의 역할을 맡는다. 경제적 착취와 정치적 억압이 더불어서 결국 남부의 노동 대중이 국가에 대항하여 끊임없이 동원되는 세력으로 만드는 것이다.

9. 이탈리아에서 프롤레타리아트는 다른 유럽 나라들에서보다, 심지어는 보다 발전한 자본주의적 성격의 나라들에서보다 훨씬 큰 중요성을 갖는다. 이는 혁명 전 러시아의 그것과 비교될 수 있을 뿐이다. 이는 무엇보다도, 원료의 부족으로 인하여 공업이 전문화된 숙련노동자층에 기반하고 있다는 사실과 연관된다. 이는 또한 지배계급들을 약화시키는 이질성 및 이해의 충돌과 연관되어 있다. 이러한 이질성에 직면하여, 프롤레타리아트는 그 본성상 사회 전체를 조정할 수 있는 통일적 기능을 갖는 유일한 요소로 나타나게 된다. 프롤레타리아트의 계급 강령은 유일한 '통일적' 강령이다. 말하자면, 그 실행이 경제와 사회의 다양한 요소들 간의 갈등을 심화하거나, 국가의 통일성을 깨뜨리지 않는 유일한 것이다. 또한 공업 프롤레타리아트와 함께, 특히 포 계곡에 집중되어 있는 농촌 프롤레타리아트 대중이 존재한다. 이들은 공업 노동자들에 의해 쉽게 영향받으며 따라서 자본주의와 국가에 대한 투쟁에 쉽게 동원된다.

이탈리아는, 프롤레타리아 혁명을 위한 가장 유리한 조건이 반드시 고도의 발전에 도달한 자본주의와 공업을 가진 나라에서 발생하는 것이 아니며, 대신에 자본주의 체제의 조직이 그 구조적 취약성으로 인해 혁명적 계급과 그 동맹군들의 공격에 가장 저항력이 부족한 곳에서 생겨날 수 있다는 테제를 확증하는 사례이다.

이탈리아 부르주아지의 정책

10. 통일국가의 탄생 이래 계속하여 이탈리아 지배계급이 스스로에게 부과해 온 목표는 노동 대중 다수의 종속상태를 유지하여, 이들이 — 공업 및 농촌 프롤레타리아트 주위로 조직됨으로써 — 완전한 사회적·정치적 변혁을 성취하고 프롤레타리아의 국

가를 탄생시킬 수 있는 혁명적 세력이 되는 것을 예방하는 것이었다. 그러나 자본주의의 내재적 취약성은 부르주아 국가의 경제적 성격을 비동질적 그룹들 간의 협상에 의한 통일체(unity)에 기반하도록 만들었다. 넓은 역사적 조망에서 보자면 이러한 체계는 그 목적에 제대로 부합하지 않는다. 이탈리아 사회를 지배하는 상이한 그룹들 간의 협상의 모든 형식은 사실상 국가 경제의 한 부분 혹은 다른 부분의 발전에 장애물이 된다. 결국 새로운 다툼이 생겨나고 인구 다수로부터 새로운 반역이 발생함으로써, 대중에 대한 억압을 강화해야 하게 되며, 이는 점점 더 국가에 대한 반항에 그들이 동원되는 결정적 경향을 낳게 된다.

11. 이탈리아의 국가적 삶에서 첫 번째 시기(1870~90)는 그러한 거대한 취약성의 시기였다. 지배계급을 구성하는 두 요소, 한편으로는 부르주아 지식인들과 다른 한편으로 자본가들은 통일성의 유지라는 목적에서 단결했지만, 통일국가에 주어진 형식에 대해서는 의견이 엇갈렸다. 그들 간에는 어떠한 명확한 동질성도 존재하지 않았다. 국가가 건드린 문제는 제한적인 것들이었다. 이는 부르주아지의 정치적 지배의 내용보다는 형식에 관한 것들이었다. 모든 것은 재정의 균형이라는 문제에 지배되었는데, 이는 순전히 유지의 문제이다. 국가를 지배하는 계급의 기반을 확장할 필요성에 대한 자각은 '변형주의(transoformism)'의 시작과 함께 비로소 나타났다.

이 시기의 국가의 가장 큰 취약성은 그 외부에서, 바티칸이 지주와 후진적 농민 대중으로 구성된, 부유한 토호와 성직자들에 의해 통제되고 지도받는 반동적이고 반국가적인 블록을 결집시켰다는 사실에 있었다. 바티칸의 계획은 두 가지 요소를 갖고 있었다. 바티칸은 통일적인, '자유주의적' 부르주아 국가에 대항하여 투쟁하고자 했으며, 동시에 농민들을 농업의 발전에 지극빈은 사회주의적 프롤레타리아트의 전진에 대항하는 예비군으로 형성하는 것을 목표로 삼았다. 국가는 내용과 목표에서 반교권적인 모든 입법조항으로써, 희생을 무릅쓰고 바티칸의 사보타지에 대응했다.2)

---

2) [역주] 리소르지멘토 과정을 주도한 피에몬테의 재상 카부르는 '자유로운 정부 안에서의 자유로운 교회(libera chiesa in libero stato)'라는 원칙 아래 정교분리주의를 내걸고 교황의 세속적 지배권을 박탈하고자 했으나, 교회의 거부로 실현되지 못했다. 하지만, 이탈리아 국가의 통치자들은 정교분리 원칙을 실제로는 잘 지키지 않으면서 교회의 행정에 지속적으로 관여했다. 수도원 해산, 종교단체 재산의 국유화, 성직자 재산의 몰수와 매각에 관한 1866년 7월의 법률은 그러한 관여 정책의 소산이었다. 교황은 이에 대해 근대적 자유주의를 맹렬히 비난하면서 정부와의 협력을 거부하고, 1870년 이탈리아군의 로마 입성 후에는 정부와의 모든 교섭을 거절했다. 교황청의 요구의 핵심은 이탈리아의 국가적 교회가 아닌 보편적인 가톨릭 교회 및 영토적 군주권의 보장이었다. 로마 입성

12. 1890년에서 1900년의 기간에, 부르주아지는 자신의 독재를 조직하는 문제를 대담하게 건드렸고, 이를 이탈리아의 이후 역사를 결정하게 될 일련의 정치적·경제적 조치들로 해결했다.

무엇보다도 우선, 지식인 부르주아지와 산업가들 간의 갈등이 해결되었다. 크리스피의 권력 장악은 이것을 상징한다.3) 부르주아지는 외국 관계의 문제를 해결했으며(삼각동맹) 따라서 강화되었고, 식민지 시장에 대한 국제경쟁의 장으로 뛰어들기 위한 필수적 보장을 확보했다.4) 국내에서, 부르주아 독재는 투표권을 제한함으로써 정치적으로 기반을 확립했으며, 따라서 유권자는 3천만의 인구 중 백만이 넘지 않도록 축소되었다. 경제적 영역에서는, 공업-농업 보호주의의 도입이 모든 국부에 대한 통제를 획득하려는 자본주의의 목표에 조응했다. 이를 통해 산업가들과 지주들 간의 동맹이 형성되었다. 이 동맹은 바티칸으로부터 그 주변에 집결했던 세력의, 특히 남부의 지주들 가운데, 일부를 빼앗았고 이들을 부르주아 국가 체계로 편입시켰다. 게다가 바티칸 자체는 노동계급 운동에 대처하는 것에 관한 반동적 강령 부분을 더욱 강조할 필요를 느꼈으며 『레룸 노바룸(Rerum Novarum)』5)에서 사회주의에 반대하는 입장을 취했다. 그러나 지배계급들은 바티칸이 국가를 계속 대표하게 되는 위험에 대하여, 프리메이슨주의라는 형식으로 반교권주의 강령을 가지고 스스로 통일적 조직으로 형성하여 이에 대응하였다.

노동계급 운동의 최초의 실질적 진전은 사실상 이 시기에 일어났다. 공업-농업 독재의 확립은 실제적 의미에서 혁명의 문제를 제기했으며, 그 역사적 조건들을 결정했다. 북부에서는 공업 및 농촌 프롤레타리아트가 나타났으며, 반면 남부에서는 농촌 인구들

후 이탈리아 정부는 교황의 영토적 군주권 불인정, 이탈리아 국가의 테두리 내에서 교황의 법적 지위 보장, 일반법률에 대한 교회의 예속을 주요 내용으로 하는 교황보장법(1871년 5월)을 통과시키지만, 교황청은 이를 수락하지 않았고 국가-교회의 갈등은 이후에도 지속되었다. 이 교황보장법은 1929년 라테란 협정이 체결될 때까지 이탈리아 국가의 교회에 대한 정책의 기초가 되었다.

3) 프란체스코 크리스피(1818~1901)는 1865년 군주제와 경쟁하던 의회좌파 및 마치니와 절연했다. 그는 1876년에서 1896년 사이에 여러 차례 내무장관과 수상을 역임했고, 이탈리아 식민팽창의 가장 일관된 옹호자였다.

4) 이탈리아, 독일, 오스트로-헝가리 간의 삼각동맹은 1882년에 체결되었으며, 주로 프랑스에 대항한 성격의 것이었다.

5) '노동계급의 상태'에 관한 『레룸 노바룸』은 1891년 3월에 발간되었다. 사실상 이는 어느 정도는 예전의 반사회주의 회람들의 변용이었으며, 고해주의(confessional) 노조와 고용인 피고용인의 혼합조합을 옹호했다. 자유방임 자본주의를 비난하고 항상적 계급협조를 요청했다. 이는 현대의 기독교 민주주의가 된 것의 기반이 되었다.

이 착취의 '식민지적' 체계에 종속되어 점점 더 강력해지는 정치적 억압에 놓이게 되었다. '남부문제'라는 용어는 정확히 이 시기에 제기되었다. 그리고 자생적으로 — 어떠한 의식적 요소의 개입도 없이, 이러한 사실로부터 사회당이 노동계급의 당으로서 그 전략을 위한 어떠한 필요한 조치를 이끌어 내는 시도조차 없이 — 이 시기에 처음으로, 북부 프롤레타리아트의 반역적 시도와 남부 농민들의 반란의 합일이 발생했다(시칠리아단 Sicilian Fasci).6)

13. 일단 프롤레타리아트와 농민들에 의해 국가에 대항하여 일어나는 최초의 시도들이 발생하자, 강화된 이탈리아 부르주아지는 노동계급 운동의 전진을 방해하기 위하여 민주주의의 외재적 방법을 채택할 수 있었다. 부르주아지는 또한 노동 대중의 가장 발전한 부분의 정치적 타락(노동귀족)을 이용하여, 이들을 반동적 독재의 공범으로 만들고 계속 활용하여, 이들이 국가에 대항하는 대중 봉기의 중심이 되지 못하도록 했다(지올리티주의). 그럼에도 불구하고 1900년과 1910년 사이에는 공업적·농업적 집중[변형]의 국면이 존재했다. 예속농(tied labourers)과 물납(物納)노동자(share-croppers) 그리고 소작농들의 범주가 사라지는 대신 농촌 프롤레타리아트는 50퍼센트까지 증대했다.

그 결과는 농민 선동의 물결과 농민의 새로운 정향이었으며 이는 바티칸 스스로에게, 가톨릭 행동주의의 창설과 함께 가장 발전한 형식에서 실제로는 종교적 개혁(모더니즘)7)의 외관을 갖는 하나의 '사회적' 운동으로 대응하도록 강제했다. 대중들에 대한 장악력을 유지하는 것을 목표로 한 바티칸 측의 이러한 대응은 가톨릭과 지배계급들 간의 타협을 수반했으며 국가에 보다 강력한 기반을 제공하였다(non expedit의 폐지, 젠틸로니 협정).8) 다시 한번 이러한 세 번째 시기의 막바지에 이르러(1914), 프롤레타리아트와

---

6) 사회주의자들의 주도로 1892~3년에 시칠리아 전역에 퍼졌던 Fasci del lavoratori('노동자' 동맹). 이들은 기본적으로 농민 조직이었고, 그들의 주요 목표는 대 부동산 자산을 분쇄하고 토지를 분배하는 것이었다. 이들은 1893년에 농민과 지주간의 개선된 협상을 보장하는 데 성공했다. 1892~3년에, 그 해의 경제적 위기의 영향 아래서 농민들은 섬 전체에서 일어났으며 크리스피에 의해 잔인하게 진압되었다.

7) 모더니즘 운동은 19세기 말에서 20세기 초까지 가톨릭 지식인들 사이에서 발전했다. 그 선언적 목표는 교회를 현대 세계의 문화와 사회 — 특히 과학과 사회학적 사고의 새로운 발전 — 와 조화를 이루도록 만드는 것이었다. 따라서 이는 19세기 말 가톨릭의 사고를 지배했던 교황의 1864년의 "Syllabus of Erros"의 '반(反)진보적' 입장과 날카롭게 대립했다. 모더니즘은 교황령 Lamentabili와 1907년의 회람 Pascendi에 의해 비난받았다. 하지만 로몰로 무리(Romolo Murri)의 유명한 저작을 통해 모더니즘은 현대 기독교 민주주의의 중요한 이데올로기적 선조가 되었다.

8) 1871년에 바티칸은 가톨릭이 의회 선거에서 투표하는 것은 "적절치 않다고 not expendient"(non

농민들의 다양한 부분적 운동들이 상이한 대중의 반국가세력들을 반동적 국가에 대항하는 반란으로 결집시키는 새로운 무의식적 시도로서 정점에 이르렀다. 이러한 시도는 이미 전후 완전한 차원에서 나타나게 될 문제를 선명하게 제기하고 있었다. 즉, 프롤레타리아트가 스스로의 내부에서 계급정당을 조직하고 자신을 반란의 선두에 위치시키며 지도력을 부여할 수 있는 능력의 필요성에 관한 문제이다.

14. 공업 영역에서 가장 큰 경제적 집중은 전후 시기에 일어났다. 프롤레타리아트는 조직의 최고 수준에 도달했고, 이는 지배계급들과 국가의 최고도의 분열에 조응했다. 전쟁과 그것의 직접적 결과로 심지어 가장 후진적인 대중들의 정치적 생활에 새로운 각성이 일어났고, 이탈리아의 사회적 유기체에 내재한 모든 모순들이 극도의 폭력성과 함께 표면에 드러나게 되었다. 여느 때와 같이, 공업 및 농업 노동자들의 전진은 남부와 여타 지역 모두에서 농민 대중들의 대중적 선동을 수반했다. 대규모 파업과 공장 점거가 토지 점거와 동시적으로 발생했다.

반동세력들의 저항이 다시 한번 전통적인 경로를 따라 작동했다. 바티칸은 가톨릭 행동주의와 함께, 경제적 구원과 정치적 민주주의에 대한 농민대중의 열망을 가시적으로 만족시킴으로써 부르주아 국가의 체계에 이들을 통합시키는 것을 목표로 하는 실제 정당을 구성하도록 허용했다.[9] 지배계급들은 자신들의 차례를 맞아, 노동귀족이 정부에 참여하여, 국가 문제에 대한 '개혁주의적' 해결 시도를 할 수도 있다는 미끼를 기회주의적 지도자들의 눈앞에서 흔들어서, 노동계급 운동을 타락시키고 이를 내부로부터 파괴하기 위한 광범한 계획을 시행했다. 그러나 이탈리아와 같은 빈곤하고 분열된 나라에

---

expedit) 선언했다(이 공고는 1877년의 non licet —— "이는 적법하지 않다 it is not lawful" ——에 의해 강화되었다). non expedit는 1904년에 완화되었으며 1909년에 더욱, 그리고 마침내 1919년에 폐지되었다. 젠틸로니 협정은 1913년에, 지올리티와 가톨릭 선거연합의 의장이었던 젠틸로니 백작 사이에서 체결되었다. 이는 가톨릭 유권자로 하여금 그 해의 선거에서, 사회주의자들의 전진을 저지하기 위하여 정부 후보들을 지지하도록 했다.

[9] 인민당은 1919년 1월 루이지 스투르조(Luigi Sturzo) 등에 의해 창건되었고 처음부터 교황에 의해 격려받았다(모더니즘과 같은 교회 자체의 개혁을 위한 것이라기보다는, 하나의 정치운동으로서 계속해서). 인민당은 특히 북부와 중부 이탈리아의 농업 지역에서 급속히 성장했으며, 여기서 설립한 '백색' 노조들은 소규모 농민들 사이에서 종종 그들의 '적색' 라이벌들 보다 강력해지기도 했다. 1919년의 총선에서 인민당(Popolari)은 100석을 얻었으며, 1921년에는 108석을 얻었다. 1921년에서 1925년 사이에 파시즘에 대한 태도에서 동요를 보인 후 (스투르조는 교황의 화해에 대한 압력에 저항했다), 인민당은 다른 당들과 마찬가지로 1926년 10월에 함께 금지되었다(하지만 스투르조는 사실상 1924년 이래로 추방된 상태였다).

서, 국가의 문제에 대한 '개혁주의적' 해법의 출현은 불가피하게 국가와 사회의 응집성을 해체시키게 된다. 왜냐하면 이 해법은 지배계급 자신과 중간 계급들이 산재해 있는 다양한 그룹들의 충격을 지탱할 수 없기 때문이다. 각각의 그룹은 자신의 경제적 보호와 정치적 자율의 요구를 가지고 있다. 그리고 나라 전체에서 노동과 생산의 규율을 ─ 자신의 독재를 통해 ─ 부여하며, 자본가들과 지주 착취자들을 패퇴시키고 제거할 수 있는 능력을 가진 단일한 계급 중핵이 부재한 속에서, 통치는 불가능해지고 권력은 항상적으로 위기상태에 놓이게 된다.

이 결정적 시기에서 혁명적 프롤레타리아트의 패배는 노동자 정당의 정치적, 조직적, 전술적, 그리고 전략적 결함 때문이었다. 이러한 결함들의 결과로, 프롤레타리아트는 인구 대다수의 봉기의 선두에 자신을 위치시키고 이를 노동자 국가의 창출로 밀고나갈 수 없었으며, 대신에 [역으로] 스스로 다른 사회계급들의 영향을 받았고 이는 그 활동을 마비시켰던 것이다. 따라서 1922년의 파시즘의 승리는 혁명에 대하여 거둔 승리가 아니라, 혁명세력들이 자신들의 내재적 취약성으로 인해 겪었던 패배의 결과로 간주되어야만 한다.

파시즘과 그 정책

15. 노동자들을 파편화하고 조직을 해체하여 움직일 수 없게 하는 것을 과제로 삼는 무장한 반동의 운동으로서 파시즘은, 전통적인 이탈리아 지배계급의 정책들 및 노동계급에 대한 자본주의의 투쟁과 잘 들어맞았다. 그래서 이는 그 기원에 있어서, 그 조직과 발전에 있어서 예외 없이 모든 낡은 지배계급으로부터 ─ 하지만 특히 농촌 민중으로의 압력에 가장 커다란 위협을 느끼고 있던 지주들로부터 ─ 지지받았다. 그러나 사회적으로 파시즘은 도시의 쁘띠부르주아지에서, 그리고 특정 지역에서 농촌의 자산을 이동시킴으로써 상승한 새로운 농촌 부르주아지에서 그 기반을 발견했다(에밀리아의 농업 자본주의 현상, 농촌의 중간상인(middleman) 범주의 기원, '토지 양도'(land grants), 점유(holding)의 새로운 분할).

이러한 상황 ─ 파시즘이 전시의 전통을 되살리는(arditismo), 그리고 노동자들에 대한 게릴라적 행동을 용이하게 하는 군사적 형식에서 이데올로기적·조직적 통일성을 발견했다는 사실과 더불어 ─ 은 파시즘으로 하여금 낡은 지배 계층에 대항하여, 국가를 장악한다는 계획을 인식하고 수행하도록 허용했다. 이를 혁명이라고 칭하는 것은 불합리한 일일 것이다. 그렇지만, 파시즘 주위에 재결집한 새로운 집단들은 그들의 기원으로부터 '유약한(nascent) 자본주의'라는 동질성과 공통 정서를 끌어냈다. 이는 그들이 어떻게 과거의 정치인들에 대항하여 싸울 수 있었고, 어떻게 그들이 전통적인 국가 이론 및 그것의 시민과의 관계와 투쟁하는 이데올로기적 구성물로 이를 정당화할 수 있었는지를 설명해 준다. 실제로, 파시즘은 반동적 세력들의 통일 과정을 인식하는 다양한 방식을 통해, 언제나 이탈리아 정치를 지배해 왔던 보수와 반동의 강령을 변용한 것에 불과하다. 파시즘은 협상과 타협의 전술을, 하나의 중심의 통제 아래 하나의 정치적 유기체 내에서 모든 부르주아지 세력들의 유기적 통일을 달성하는 기획으로 대체하며, 이는 동시에 당과 정부 그리고 국가를 지도하게 될 것이다. 이 기획은 모든 혁명적 공격에 대항하여 최후까지 저항하려는 결의에 조응한다. 결국 이는 파시즘으로 하여금 공업 부르주아지와 지주들의 가장 결정적으로 반동적인 부분들의 지지를 획득하게 하는 것이다.

16. 질서, 재산과 국가를 수호하는 파시스트의 방법은, 타협과 좌파 정치의 전통적 체계보다 훨씬 더, 이에 수반되는 사회적 응집성과 정치적 상부구조를 뒤흔드는 경향이 있다. 이것이 초래하는 반응들은 경제적·정치적 영역 모두에의 적용이라는 관계에서 검토되어야 한다.

우선 정치적 영역에서, 파시즘 내에서의 부르주아지의 유기적 통일성은 권력의 장악 직후에 성취되는 것이 아니다. 체제(regime)에 대한 부르주아적 반대의 중심은 파시즘 외부에 남아 있다. 한편으로, 국가 문제에 대한 지올리티적 해법을 여전히 신봉하는 그룹이 아직 흡수되지 못하고 있다. 이 그룹은 공업 부르주아지 부문과 연계되어 있으며, '노동당주의적' 개량주의의 강령을 가지고 노동자와 쁘띠부르주아지의 층위에 영향력을 행사하고 있다. 다른 한편, 국가를 남부의 농촌 민주주의와 북부 산업의 '건강한' 부분 위에 놓으려는 강령(<코리에레 델라 세라>, 자유무역주의자들, 니티)은 남부에 대중적 기반을 갖는 파시즘에 대한 반대파의 정치조직(국민연합, National Union)10)의 강령이 되었다.

---

10) 1924년 11월에 자유주의 지도자 아멘돌라에 의해 출범한 자유주의와 민주주의 세력을 위한 반파시스트 국민연합은 중간계급들을 파시즘으로부터 부르주아 민주주의로, 노동계급의 선의와 함께, 다시 획득해 내는 것을 목표로 했다. 국민연합은 1925년 6월에 단 한번 대회를 개최했는데, 그러나 당시 아멘돌라 자신은 무솔리니의 1925년 1월 3일의 연설이 전해의 마테오티 위기를 종결시킨 이후 파시스트 체제의 안정화를 보고는 이에 대해 거의 희망을 품지 않고 있었다.

파시즘은 이러한 잔존 그룹들에 대하여 아주 맹렬히 투쟁하게 되며, 국가를 지지하는 모든 전통적 세력들의 조직적 구심으로 적절하게 간주되는 프리메이슨에 대해서조차 더욱 맹렬히 투쟁할 수밖에 없게 된다. 이 투쟁은 보수와 반(反)프롤레타리아 세력들의 블록 내의 균열의 징후이며, 그 의도가 무엇이든간에, 특정한 조건에서는 정치상황의 제 3의 그리고 결정적인 요소로서 프롤레타리아트의 발전과 자기확신을 고무하게 된다.

경제적 영역에서, 파시즘은 공업-농업 과두제의 도구로 행동하며, 나라의 모든 부를 자본주의의 손아귀의 통제에 집중시킨다. 이는 파시즘의 도래와 함께 자신들이 지배할 시간이 왔다고 생각하는 쁘띠부르주아지의 불만을 유발할 수밖에 없다.

새로운 산업적 집중을 장려하기 위하여 일련의 조치들이 파시즘에 의해 채택되고 있으며(상속세의 폐지, 금융 및 재정정책, 보호주의의 강화), 여기에 지주들을 옹호하고 중소 농민들에 반대되는 여타의 조치들(조세, 곡물세, '곡물전쟁')이 조응하여 덧붙여지고 있다. 이러한 조치들이 달성하는 축적은 국민적 부의 증대가 아니라 한 계급의 다른 계급에 대한, 말하자면 금권정을 위한 노동계급들과 중간계급들에 대한 약탈이다. 금권정을 옹호하려는 의도는 새로운 상법에서 우선주 체제(preference share system)를 법제화하려는 계획에서 노골적으로 드러나고 있다. 이러한 방식으로 한줌의 금융가들은 중간계급 및 쁘띠부르주아지로부터 발생한 방대한 저축을 제한 없이 처분할 수 있게 되며, 후자의 집단들은 자신의 부를 처분할 권리마저 박탈당하게 될 것이다.

같은 수준에서, 그러나 훨씬 큰 정치적 중요성을 가지고, 발권은행(issuing bank)을 통합하는 계획이 이해되어야 하는데, 이는 실질적으로 두 개의 대형 남부은행을 제거하는 것이다. 이들 두 은행은 오늘날 남부의 저축과 이민자들의 송금(6억)을 흡수하는 기능을 하고 있다. 다른 말로 하면, 이는 과거에는 국채의 발행을 통해 국가에 의해, 그리고 북부의 거대 공업 부분의 이해 내에서 할인은행(Banca di Sconto)에 의해 이루어졌던 기능이다. 이제까지 남부 은행들은 남부 자체의 지배계급들에 의해 통제되어 왔으며, 이들은 이러한 통제에서 그들의 정치적 지배의 실질적 기반을 찾았던 것이다. 발권은행으로서의 남부 은행의 제거는 이 기능을, 상업은행(Banca Commerciale)를 통해 이탈리아의 은행을 통제하는 북부 거대 공업으로 이전시키게 될 것이다. 결국 우리는 '식민지적' 경제 착취와 남부의 피폐화가 증대하고 남부의 쁘띠부르주아지가 국가로부터 점진적으로 이반되는 과정이 가속화되는 것을 보게 될 것이다.

파시즘의 경제 정책은 리라화의 가치를 절상시키고, 무역수지의 균형을 확보하고, 전쟁부채를 갚고 이탈리아에 대한 앵글로-아메리카 자본의 개입을 고무하는 것을 목적으로 하는 조치들로 완수된다. 이러한 모든 영역에서, 파시즘은 금권정(니티)과 공업적·지주적 소수의 강령을 수행하고 있으며, 그것은 생활조건이 점차로 악화되어 가고 있는 인구의 대다수를 희생하여 이루어지는 과정이다.

파시즘의 모든 이데올로기적 선전과 정치적·경제적 활동은 '제국주의' 경향으로 마지막 장식을 하게 된다. 이 경향은 이탈리아의 공업적·지주적 지배계급들이 국가적 영역 바깥에서 이탈리아 사회의 위기를 해결할 수 있는 요소를 찾을 필요성을 느낀 것을 표현한 것이다. 이는 겉으로 보기에는 이탈리아의 팽창을 위해 싸우는 것으로 보이는 전쟁의 싹을 포함하고 있지만, 여기서 파시스트 이탈리아는 실제로는 세계 지배를 놓고 다투는 제국주의 그룹 중 하나의 손아귀에 있는 도구일 것이다.

17. 파시즘의 정책의 결과로서, 대중들 사이에서 심각한 반응이 발생한다. 가장 심각한 현상은 남부와 도서의 농촌 인구들이 국가를 지배하는 세력체계로부터 더욱 더 극심하게 이반하는 것이다. 예전의 지방적 지배계급(오를란도, 디 체자로, 데 니콜라 등)은 더 이상 국가와의 연결고리로서 체계적인 방식으로 그 기능을 수행하지 못한다. 따라서 쁘띠부르주아지는 보다 농민 가까이로 이끌려가는 경향이 있다. 남부 대중들에 대한 착취와 억압의 체계는 파시즘에 의해 극한에까지 이르고 있다. 이는 또한 매개적 집단들의 급진화를 촉진하며, 남부문제를 그 진정한 의미에서, 프롤레타리아트와 동맹한 농민들의 봉기에 의해서만, 자본가와 지주 모두에 대항한 투쟁 속에서만 해결될 수 있는 문제로 제기한다.

이탈리아의 다른 지역의 중농과 빈농들 역시, 비록 더 느리기는 하지만 혁명적 기능을 갖게 된다. 바티칸—자신의 반동적 기능이 파시즘으로 넘어간—은 더 이상 신부들, 가톨릭 행동주의, 그리고 인민당을 통해 농촌 인구를 완전히 통제할 수 없다. 자신의 이해를 방어하는 투쟁에서, 정확히는 교회당국에 의해 승인되고 지도되는 조직에 의하여 새로 각성한 농민들의 부분이 존재한다. 파시즘의 경제적·정치적 억압 아래에서, 지금 이러한 요소는 자신의 계급 정향을 강화하고 자신의 운명이 노동계급의 그것과 분리될 수 없음을 자각하기 시작하고 있다. 밀리오리(Miglioli)[11] 현상은 이러한 경향의

---

11) [역주] 기도 밀리오리(Guido Migliori)는 남부 롬바르디아의 낙농장들에서 조직된 가톨릭 노조의 지도자였다. 가톨릭 좌파 의원(deputy)이었던 그는, 1921년 5월 선거운동기간 중에 공산주의자 연사와 연단에 함께 선 후 파시스트들에게 공격받아 심하게 다쳤다. 가톨릭 노조들을 타격하는 파시스트의 캠페인이 진행 중이던 1922년 6월에, 그는 또다시 파시스트들의 공격대상이 되었고 크레모나에 있는 그의 집은 불태워졌다. 파시스트들의 이 캠페인 결과 팍타(Facta) 정부는 붕괴되

하나의 상징이다. 백색 조직들 —— 가톨릭 행동주의의 일부이기 때문에 바티칸에 의해 직접 통제되는 —— 이 적색 농민 동맹들과의 노조연합 위원회(inter-union committees)에 참여해야만 했다는 사실 또한 이의 매우 흥미로운 징후 중 하나이다. 이는 가톨릭이 1870년 이래 계속해서 지적해 왔던 프롤레타리아의 시기가 이탈리아 사회에서 임박했다는 하나의 표현이다.

프롤레타리아트에 대해서는, 그 세력을 분쇄하기 위한 활동은 혁명적 전위의 적극적 저항에서, 그리고 광범한 대중의 수동적 저항에서 한계를 발견하고 있다. 대중들은 근본적으로 계급의식을 유지하고 있으며, 파시즘의 물리적 압력이 완화되고 계급 이해에 대한 자극을 스스로 더욱 강하게 느끼게 되자마자 다시 움직이기 시작할 것이라는 징후를 보여주고 있는 것이다. 파시스트 노조를 통해 그들의 대오를 분열하고자 하는 시도는 실패했다고 간주될 수 있다. 계획을 바꾼 파시스트 노조는 이제 국가에 봉사하는 반동적 억압의 직접적 기구가 되고 있다.

18. 파시즘은 그 정책에 의해 유발된 위험스러운 변화와 세력의 새로운 충원에 대응하여, 사회 전체를 군사적 힘과 억압적 체계의 중압에 종속시키며 인구를 기계적인 생산 현실에 강제로 붙들어 매고 있다 —— 여기에는 자신의 생활을 가질, 자신의 의지를 표현할, 또는 자신의 이해를 방어하기 위해 조직할 아무런 가능성도 존재하지 않는다.

이른바 파시스트 법률은 이러한 체계를 공고화하고 영구화하는 것이 목적일 뿐이다. 정치 부분에서의 새로운 선거법, 농촌 공동체로의 포데스타(podesta, 중세 이탈리아의 행정장관. [민선시장 제도를 폐지하고] 파시스트 정권이 임명한 시장) 제도 도입과 같은 행정구조의 부분적 변경) 등은 지방의 정치적·행정적 생활에 대한 대중의 모든 참여를 종식시킴을 나타내기 위해 고안된 것이다. 결사체 조직(association)에 대한 통제는 대중의 조직에 대한 어떠한 영속적 '합법성'도 허용치 않는다. 새로운 노조 정책은 노동총동맹과 계급 노조들에게 모든 협상의 가능성을 박탈하며, 이들을 그 주위에 조직되어 있던 대중들과 접촉할 수 없도록 한다. 프롤레타리아 언론은 금지되었다. 프롤레타리아트의 계급정당은 완전히 불법적 존재로 내몰렸다. 물리적 폭력과 경찰의 박해가, 무엇보다도 농촌지방에서, 공포를 불러일으키고 비상 상황을 유지하기 위하여 체계적으로 활용되고 있다.

었고, 노동동맹(Allenaza del Lavoro)은 '합법적'(legalitarian) 총파업으로 이에 맞섰다. 하지만 이 파업은 성과 없이 실패했고, 그후 파시즘의 공세는 더 거세지게 된다. 인민당 좌파의 지도자이던 밀리오리는 1925년 6월에 축출되었다.

이러한 반동과 억압의 복합적인 행동의 결과는 사회 세력의 실제 관계와 조직된 세력의 관계간의 불균형이며, 따라서 모순의 심화에 실제로 조응하는 정상성과 안정성으로의 뚜렷한 복귀가 언제든 새로운 방식으로 순식간에 일어날 준비가 되어 있다.

18. 다음으로(bis). 마테오티 암살에 뒤이은 위기는 파시스트 체제의 명백한 안정성도 부지불식간에 첨예하게 자라난 경제적·정치적 충돌의 갑작스러운 발발로 인해, 아래로부터 흔들릴 수 있다는 가능성의 한 사례를 제공했다. 동시에 이는 현재의 역사적 시기에서 쁘띠부르주아지는 공업적·지주적 반동에 대항한 투쟁에서 어떠한 결과를 만들어 내도록 투쟁을 지도할 능력도 갖고 있지 않다는 증거를 제공했다.

혁명의 추동력들과 전망

우리의 분석에서 명백해졌듯이, 이탈리아 혁명의 원동력은 다음의 순서대로 중요성을 갖는다.

1) 노동계급과 농촌 프롤레타리아트
2) 남부와 도서의 농민, 그리고 이탈리아의 여타 지역들의 농민

혁명과정의 발전과 속도는 주체적 요소에 대한 평가 없이는 예측될 수 없다. 즉, 노동계급이 어느 정도로 자신의 정치적 입지와, 정확한 계급의식 그리고 다른 모든 계급들로부터의 독립성을 얻어낼 것인가, 어느 정도로 자신의 세력을 조직할 수 있을 것인가, 즉 실제로 다른 요소들에 대하여 영향력을 행사하며 그리고 무엇보다도 농민과의 동맹을 정치적으로 구체화할 수 있을 것인가 하는 것이다.

혹자는 이탈리아의 경험에 보다 더 근거하여, 북부의 공업 및 농촌 프롤레타리아트가 높은 수준의 조직과 전투성을 — 객관적 상황의 발전 덕분에, 그리고 일련의 특별하고 즉각적인 투쟁을 통하여 — 다시 획득할 수 있다면 혁명적 준비의 시기로부터 '즉각적' 혁명의 시기로 넘어갈 것이라고 단언할지도 모른다.

농민에 대해 말하자면, 남부와 도서의 그들은 공업적·지주적 독재에 대항한 봉기가 의지해야만 하는 세력 가운데 첫 줄에 포함되어야만 하지만, 그럼에도 불구하고 그들이 프롤레타리아와 동맹하지 않는다면 그러한 결정적 중요성을 부여해서는 안 된다. 이들 간의 동맹은 이탈리아 국가의 과거의 모든 경험에 의해 고무된, 자연스럽고 심층적인

역사적 과정의 결과이다. 이탈리아의 다른 지역 농민들의 경우에는, 프롤레타리아트와의 동맹으로의 정향 과정은 더 느릴 것이며 자신의 역할에 대한 프롤레타리아 정당의 주의 깊은 정치적 행동을 통해 고무되어야 할 것이다. 더욱이, 이러한 영역에서 이탈리아에서 이미 거두어진 성공들은 반동적 세력과 농민의 동맹을 분쇄하는 문제는, 다른 서유럽 국가들에서와 마찬가지로 상당한 정도로, 농촌 대중에 대한 가톨릭 조직들의 영향력을 파괴하는 문제로 제기되어야만 함을 알려주고 있다.

20. 혁명의 발전에 대한 장애물은 단지 파시스트의 억압으로부터만 오는 것이 아니라, 부르주아지가 분할되어 있는 다양한 그룹들과도 연관되어 있다. 이들 그룹은 각각 노동 대중의 한 부분에 영향력을 행사하고, 프롤레타리아트의 영향력이 확장되는 것을 저지하려고 노력하거나 또는 프롤레타리아트 자체가 혁명적 계급으로서의 자신의 위상과 자율성을 상실하도록 만들려고 한다. 이러한 방식으로 반동적 세력들의 연쇄적 고리가 창출되는데, 이는 파시즘으로부터 시작하여 다음의 그룹들을 포함한다: 광범한 대중적 기반을 갖지 못한 반파시스트 그룹들(자유주의자들), 농민과 쁘띠부르주아지 가운데 기반을 갖고 있는 이들(민주주의자들, 참전용사들, 인민당, 공화주의자들) 그리고 부분적으로는 노동자들 사이에서도 기반을 갖는 이들(개량주의 정당), 그리고 프롤레타리아적 기반을 갖고 있으면서, 노동계급 대중을 수동성의 조건 속에 머무르게 하고 그들이 다른 계급의 정책을 따르도록 유도하는 이들(최대강령주의 정당). 노동총동맹을 지도하는 그룹 역시 이러한 관점에서, 즉 여타 계급들의 분열적 영향력을 노동자들에게 공급하는 이들로 간주될 수 있다. 우리가 언급한 각각의 그룹들은 이탈리아의 노동 인구의 일부를 [사내] 손아귀에 넣고 있다. 이러한 정세 상태의 변경은 공산당으로 조직된 프롤레타리아 전위의 체계적이고 쉼없는 정치적 활동의 결과로서만 사고될 수 있다.

남부와 도서의 농업 인구 사이에 대중적 기반을 갖고 있는 —— 또는 민주적이거나 지역적인 정당으로 자신을 창출하고자 하는 —— 그룹들과 정당들에는 특별히 주의를 기울일 필요가 있다(국민연합, 사르디니아 행동당, 몰리세와 이르피니아의 행동당들 등).[12] 이들 정당들은 프롤레타리아트에게는 어떠한 직접적 영향력도 행사하지 않지만, 노동자와 농민간의 동맹을 실현하는 데에는 장애물이 된다. 남부의 농업 계급들을 농촌민주주의로 그리고 지방적인 민주적 해법들로 정향시킴으로써, 이들은 이탈리아 노동인민의 해방 과정에서의 단결을 깨뜨리고, 부르주아지와 지주들의 경제적·정치적 착취에

---

12) [역주] 몰리세(Molise)와 이르피니아(Irpinia)는 이탈리아 남부의 지명들.

대항하는 농민들의 투쟁이 성과를 얻지 못하게 하며, 이들이 반동의 백위대로 전환될 수 있도록 준비한다. 이러한 영역에서 노동계급의 정치적 성공 역시 프롤레타리아 정당의 정치적 행동에 달려 있다.

21. 소위 민주적 반파시스트 그룹들의 행동이 파시스트 체제를 전복시킬 수 있는 가능성은 이러한 그룹들이 프롤레타리아트의 행동을 중립화시키고, 후자의 발전에 제동을 걸 수 있게 할 대중운동을 제어하는 데 성공할 때만 존재할 수 있다. 민주적 부르주아 반대파의 기능은 오히려, 노동계급의 재조직화와 그들의 계급 강령의 실현을 막는 데 있어서 파시즘과 제휴하는 것이다. 이러한 의미에서, 파시즘과 부르주아 반대파 사이의 타협은 모든 준비가 끝난 상태이며, 아벤티네의 폐허로부터 출현한 모든 '중도파'(centre) 조직의 정책을 고취하게 될 것이다. 반대파는 파시스트의 억압이 더 이상 스스로 계급투쟁의 분출을 저지하지 못하게 되고 농민전쟁과 결합된 프롤레타리아 봉기의 위험이 심각하고 임박한 것으로 나타날 때, 다시 한번 자본주의 체제를 방어하는 행동의 주인공이 될 수 있을 뿐이다. 결국 부르주아지와 파시즘 자체가 '좌파정부'라는 외양으로 은폐된 반동의 체계에 의지하게 될 가능성은, 우리의 조망 속에 항구적으로 존재한다(파시즘과 민주주의간의 기능의 분할,「5차 세계대회의 테제」).

22. 혁명의 요소와 그 전망을 이렇게 분석함으로써 공산당의 과제는 도출될 수 있다. 당의 조직적·정치적 행동의 규준은 이러한 분석과 연관되어야만 하며, 이로부터 그 강령의 기본 좌표가 도출되게 된다.

공산당의 근본적 과제들

23. 자신을 집어삼키려 했던 반동의 물결에 성공적으로 저항하고(1923년), 스스로의 행동으로 노동계급 세력의 분산 과정에 최초로 저지선을 그어 내었으며(1924년 선거), 정치적 생활에서 쁘띠부르주아지의 지배력을 안착화하려는 시도에 반대하여 프롤레타리아의 전위를 재조직해 내는 데 마테오티 위기를 대단히 성공적으로 활용함으로써(아벤티네), 그리고 이탈리아 프롤레타리아트의 진정한 농민정책의 기반을 놓음으로써 — 현재 당은 혁명의 정치적 준비 국면에 있는 자신을 발견하고 있다.

그 근본적 과제는 다음의 세 가지 지점으로 규정될 수 있다.

1) 혁명을 위해 공업 및 농업 프롤레타리아트를 조직하고 단결시키는 것

2) 혁명의 승리와 노동자 국가의 수립을 위하여 필수적인 모든 세력들을 프롤레타리아트 주위로 조직하고 동원하는 것

3) 프롤레타리아트와 그 동맹군 앞에 부르주아 국가에 대항한 봉기와 프롤레타리아 독재를 위한 투쟁의 문제를 제기하며, 일련의 부분적 투쟁들을 통해 그들을 이 문제들의 해결을 향한 [프롤레타리아 봉기를 위한 전체적 투쟁이라는] 방향으로 정치적으로 그리고 물질적으로 인도하는 것

공산당의 '볼셰비키'적 당으로의 건설

24. 공산당에서 프롤레타리아 전위의 조직은 우리의 조직적 활동에서 핵심 지점이다. 이탈리아 노동자들은 그들의 경험(1919~20)으로부터, 노동계급의 정당으로서 그리고 혁명의 정당으로서 건설된 공산당의 지도가 부재한 곳에서는 자본주의 질서를 전복하기 위한 투쟁이 불가능하다는 것을 배웠다. 진정으로 노동계급의 당이자 혁명의 당인 공산당의 건설 — 결국, 그것이 '볼셰비키적' 당이다 — 은 다음의 기본적 사항들과 직접적으로 관련된다.

1) 당의 이데올로기
2) 조직 형식과 응집성의 정도
3) 대중과 접촉하여 활동하는 능력
4) 전략적·전술적 능력

이들 각 사항들은 서로 긴밀히 연결되어 있으며, 서로 논리적으로 분리될 수 없다. 사실상 이들 각각의 사항은 그 해결이 서로 상호연관되어 있고 중첩되는 일련의 문제들을 제기하고 포함한다. 이를 분리하여 고찰하는 것은 머리 속에서나 유용할 수 있을 뿐이며, 이들이 모두 동시에 다루어지고 해결에 이르지 못한다면 어느 것 하나 풀릴 수 없다.

당의 이데올로기

25. 공산당이 모든 순간에서 노동계급의 지도자로서의 역할을 완수할 수 있으려면 완전한 이데올로기적 통일성을 필요로 한다. 이데올로기적 통일성은 당의 힘과 정치적

능력의 한 요소이다. 이는 볼셰비키적 당으로 만들기 위해서는 필수불가결한 것이다. 이데올로기적 통일성의 기반은 맑스주의와 레닌주의의 교의이며, 후자의 것은 제국주의 시기와 프롤레타리아 혁명의 시작의 문제들에 적용된 맑스주의 교의로서 이해된다 (1925년 4월 확대집행위원회의 「볼셰비키화에 대한 테제」 4항과 6항)

이탈리아의 공산당은 사회민주주의(개량주의자들)와의, 그리고 최대강령파 당에 의해 대표되는 정치적 중도주의와의 투쟁에서 그 이데올로기를 형성했다. 하지만, 공산당은 이탈리아 노동자운동의 역사 속에서 환기할 수 있는 맑스주의 사상의 활력 있는 또는 연속적인 흐름을 발견하지 못했다. 더욱이 대오 내에는 맑스주의와 레닌주의 이론에 대한 깊이 있거나 보편적인 지식도 존재하지 않았다. 결국 편향들은 존재 가능하다. 당의 이데올로기적 수준을 높이는 문제는 모든 성원이 혁명 운동의 당면 목표에 대해 완전히 자각하고, 상황을 맑스주의적으로 분석하는 특정한 능력 및, 이에 조응하는 정치적 방향설정(orientation)의 능력(당 학교)을 갖추게 하기 위한 체계적인 내부활동에 의해서 달성되어야만 한다. 이데올로기를 구성하는 혁명적 의식과 자각의 요소들이, 당을 구성하는 광범한 수의 개인들에게서 실현되지 않고 당내에서 실현될 수 있다고 주장하는 어떠한 관념도 거부되어야 한다.

26. 노동자운동을 타락시키는 우파와 중도파에 대한 투쟁이 시작되었음에도 불구하고, 이탈리아 공산당 내에는 우편향의 위험이 현존한다. 이론적 영역에서, 이 위험은 맑스주의 교의의 몇몇 기본개념에 대한 '과학적' 정련(refinement)이라는 외피를 쓰고서 나타나는, 그라지아데이(Graziadei) 동지의 맑스주의에 대한 수정 시도에서 드러난다.13) 그라지아데이의 시도들은 당의 이데올로기적 통일성과 응집성을 위험에 빠뜨리는 하나의 조류 또는 하나의 분파를 만들 수 없음이 분명하다. 그렇지만, 이들은 우경적 조류와 정치적 편향에 대한 지지를 함축한다. 어쨌든 이들은 당이 맑스주의에 대한 심도 있는 학습을 수행하고 보다 높고 견고한 이론적 의식을 획득하는 것이 필요함을 지적해 준다.

---

13) 안토니오 그라지아데이 백작(1873~1953)은 리보르노에서 PCI에 합류했으며, 1922년 로마대회에 농민문제에 관한 테제를 제출하고, 대회 이후 우파의 주요 지도자 중 한 사람이 되었다. [인터내셔널] 4차 세계대회에서 그는 이탈리아당 소수파의 중요한 발언자였고, 통일전선 정책의 완전한 수용을 주장했다. 1923년 초 공산주의 지도자들의 검거 물결 이후 중앙위원회(CC)에 선임된 그는, 5차 세계대회에서 그의 맑스주의 수정 — 그의 『자본주의 경제에서 가치와 잉여가치-맑스의 가치이론 비판(Prezzo e sopraprezzo nell'economia capitalistica, Milan, 1923)』으로 인해 지노비에프의 격렬한 비판을 받았다. 그라지아데이는 1928년 당에서 축출당했다.

우익적 경향이 만들어질 수 있는 위험은 이 나라의 전반적 상황과 관련되어 있다. 파시즘이 가하는 억압 자체가, 프롤레타리아트가 체제를 즉시 전복시킬 수는 없기 때문에, 파시즘의 제헌적 제거를 위한 실질적인 부르주아-프롤레타리아 블록은 아니라 하더라도 적어도 당면한 정치투쟁에서 혁명적 전위의 수동성과 공산당의 불개입을 목표로 하는 것이 최선의 전술이라는 시각을 조장하고 있는데, 이는 결국 부르주아지가 프롤레타리아트를 파시즘에 대항한 선거부대로 이용하도록 허용하는 것이다. 이 계획은 공산당은 파시스트 체제를 붕괴시키기 위해 협력하는 모든 세력으로 이루어진 반대파의 '좌익'이어야만 한다는 정식으로 표현되고 있다. 이는 노동계급의 혁명적 능력에 관한 심대한 비관주의의 표현이다.

이와 동일한 비관주의와 편향들이 현 시기 사회민주주의 정당들의 성격과 역사적 기능에 대한 부정확한 해석을 낳는다. 이 해석은 사회민주주의가, 여전히 그 사회적 기반을 상당한 정도로 프롤레타리아트 내에 유지하고 있음에도 불구하고, 그들의 이데올로기와 수행하는 정치적 기능에 관한 한 이는 노동계급 운동의 우익이 아니라 부르주아지의 좌익으로 간주되어야 하며, 따라서 대중들의 눈앞에서 그 가면이 벗겨져야만 하는 종류의 것이라는 것을 망각하게 만든다.

우익의 위험은 이데올로기적 선전에 의해서, 노동계급과 그 당의 혁명적 강령을 우익의 강령과 대비시킴으로써, 그리고 필요성이 제기될 때는 언제든 정상적 규율의 수단을 통해서 격퇴되어야만 한다.

27. 한편으로는 당의 기원 및 이 나라의 일반적 상황과, 다른 한편으로는 맑스주의와 레닌주의 이데올로기로부터의 괴편향의 위험 사이에도 이와 유사한 연관이 존재한다. 이는 보르디가 동지가 이끄는 극좌주의 경향에 의해 대표된다. 이 경향은 특정한 분열의 상황 속에서 그리고, 종전부터 리보르노 대회에 이르기까지 이탈리아 사회당 자신이 발견한 강령적, 조직적, 전략적 그리고 전술적 무능력 속에서 형성되었다. 더욱이 이 경향의 탄생과 운명은, 노동계급은 이탈리아 노동인구에서 소수이기 때문에, 그 당은 다른 계급들로부터의, 특히 쁘띠부르주아지로부터의 침윤으로 타락할 것이라는 항상적 위험이 존재한다는 사실과 연관되어 있다. 극좌주의 경향은 노동계급의 이러한 조건과 이탈리아 사회당이 가지고 있는 특정한 이데올로기, 즉 당의 성격과 그 기능 및 전술에 대하여 맑스주의와 레닌주의의 그것과 상충하는 관념에 대한 반응이었던 것이다.

1) 당의 사회적 내용을 무시하거나 과소평가하는 극좌주의는 당을, 이질적 요소들의 종합을 통해 구성되는 노동계급의 '기관'(organ)으로 규정한다. 사실상 당을 규정할 때

는 무엇보다도 그것이 노동계급의 '일부'(part)라는 것을 강조하는 것이 필수적이다. 당을 규정하는 데 있어서의 오류는 조직적 문제와 전술의 문제에 대한 부적절한 접근을 낳는다.

2) 극좌주의에게 있어서 당의 기능은 모든 순간에서, 객관적 상황의 모든 변화 속에서도 계급과 접촉을 유지하기 위하여 분투하여 계급을 지도하는 것이 아니라, 상황의 발전이 대중을 당으로 모이게 하고 당이 제시한 강령과 원칙들을 받아들이게 만들 때 대중을 이끌 수 있는 간부요원을 형성하고 준비하는 것이다.

3) 전술에 관해서 극좌주의는, 이는 객관적 상황과 대중의 조건에 기반하여, 언제나 실제와 같은 선상에 있으면서 노동인구의 가장 넓은 층위들과 항상적 접촉을 유지하는 방식으로 결정되어서는 안 되며, 대신에 형식주의적 관점에 기반해서 결정되어야 한다고 주장한다. 초좌익주의는 공산주의 정치의 원칙으로부터의 편향들은, 대중을 동원하고 혁명의 승리를 준비하는 데 요구되는 정치적 행동들을 편향 없이 수행할 능력을 지닌 '볼셰비키적' 당의 건설로 회피될 수 없으며, 당의 전술에 외재적 종류의 엄격한 형식적 제한들을 부과함으로써만 예방될 수 있다는 생각으로 특징지워진다. (조직적 영역에서: '개별적 충원', 즉 '융합[fusions]'의 거부 — 실제로 이는, 항상 적절한 조건들이 주어진다면, 당의 영향력을 확장하는 가장 효과적인 수단이 될 수 있다. 정치적 영역에서: 다수를 획득하는 문제에서 그 조건에 대한 잘못된 설명; 노조 통일전선은 인정하되 정치적 통일전선은 불인정; 민주주의와의 투쟁에서 반혁명적 민주주의 조직들에 대한 대중의 지지 정도나 반혁명의 위험의 임박성이나 비중과 무관하게 대응하는 태도; 노동자 농민의 정부 슬로건에 대한 거부) 결과적으로, 대중운동의 상태는 형식주의적이고 종파적인 관심의 기반에서 추론된 노선을 점검하기 위하여 검토될 뿐이다. 결국 당의 정책을 결정함에 있어서, 특수한 요소는 언제나 사상되며, 우리의 정치적 탐구방법을 특징짓는 통일성과 완전함(변증법)은 깨어지고, 당의 활동과 슬로건은 그 효과와 가치를 읽고 단지 선전 활동과 선전 슬로건으로 남게 된다.

이러한 입장의 결과로 당의 정치적 수동성은 불가피하다. '기권주의'는 과거에 이것의 한 양상이었다. 이는 초좌익주의를 최대강령주의 및 우편향들과 연관시킬 수 있게 한다. 게다가 이는 우익적 경향과 마찬가지로, 노동계급 대중이 그들 내부에서, 광범한 대중을 지도하고 동시에 이들을 항상 결속시키기 위해 분투하는 계급정당을 조직할 수 있는 가능성에 대한 회의주의의 표현이다. 초좌익주의에 대한 이데올로기 투쟁은 대중정당으로서의 프롤레타리아 정당이라는 맑스주의적 레닌주의적 개념을 이에 대립시키는 것을 통해 전개되어야 한다. 그리고 이들[편향들]을 교정하기 위하여, 대중들과의 접촉을 상실하기 위해서가 아니라 영향력의 새로운 영역을 계속적으로 확보하기 위해서, 후자가 그 전술을 상황에 적용할 필요성을 보여주는 것을 통해 전개되어야 한다.

초좌익주의는 이탈리아 당의 최초의 존재기간에는 공식 이데올로기였다. 이는 당의 창건자들 사이에서 그리고 리보르노 이후 당의 건설에 지대한 공헌을 했던 동지들에 의해 옹호되고 있다. 결국 이는 이러한 개념이 오랜 시간 동안 동지들 다수에 깊이 뿌리박고 있었던 이유를 설명하는 요인들이다. 이들은 이를 발본적인 방식으로 비판적으로 평가했다기보다는, 그것은 하나의 널리 퍼진 정서 상태의 결과였다. 따라서 좌익주의의 위험은 임박한 실체로서 이해되어야 함이 분명하다. 이는 이데올로기적 통일과 정련에 대해서뿐만 아니라 당의 정치적 발전과 그 행동의 영향력에 대해서도 장애물이다. 이는 단지 선전을 통해서가 아니라, 정치적 행동을 통해서, 필요하다면 조직적 조치들을 통해서 맞서 싸워져야 한다.

28. 당의 이데올로기의 한 가지 요소는 그 대오를 관류하는 국제주의적 정신의 정도이다. 우리 사이에서 이는 국제주의적 연대의 정신으로서는 매우 강력하지만, 세계당에 속한다는 인식에 있어서는 그렇게 강고하지 못하다. 이러한 취약성에 일조하는 것이 극좌파의 개념을 민족적 개념('이탈리아 좌파'의 위상의 '독창성'과 '역사적' 가치)으로 제시하는 경향인데, 이는 공산주의 인터내셔널의 맑스주의적·레닌주의적 개념에 대립하면서 이를 대체하려 한다. 여기서 세계조직으로 통합되기를 주저하고, 그러한 조직에 걸맞은 원칙들을 따르려 하지 않는(책임성의 거부, 국제적 분파 투쟁 등), 일종의 '당 애국주의(party patriotism)'의 기원이 생긴다. 국제주의적 정신의 이러한 취약성은 부르주아지가 공산주의 인터내셔널에 대하여, 이를 러시아 국가의 기관으로 묘사하며 전개하는 [반동적] 캠페인이 당내에서 되울릴 여지를 제공한다. 이 문제에 관한 극좌파의 테제 중 일부는 반혁명적 정당들의 상투적인 테제와 일치한다. 이들에 대해서는 최대의 열정으로, 그리고 러시아 당이 어떻게 역사적으로 공산주의 인터내셔널의 건설에서 독보적이고 지도적인 기능을 수행했는가를 보여주며, 또한 국제적 노동자운동의 견지에서 러시아 노동자 국가의 위상이 무엇인지 —— 권력을 위한 투쟁에서 노동계급의 최초의 그리고 유일한 실제적 정복 —— 를 보여주기 위한 선전으로 맞서 싸워야만 한다(인터내셔널의 상황에 대한 테제).

당 조직의 기반

29. 조직에 대한 모든 문제는 정치적 문제이다. 이의 해결은 당으로 하여금 프롤레타리아트가 완전한 정치적 독립성을 획득하도록 보장하는 근본적 과제를 수행할 수 있게 하여야 한다. 특징(physiognomy), 개성 그리고 정확한 혁명의식을 주어야 하며, 자본주의에 반대하는 이해를 갖고 있다 하더라도 궁극적으로 이에 대한 투쟁에 참여하고자 하지 않는 계급들과 요소들의 침투 또는 분열적 영향력을 모두 막아내야만 한다.

무엇보다도 우선, 정치적 문제 즉 조직의 기반에 대한 문제가 있다. 당 조직은 생산의 따라서 작업장(세포)의 기반 위에서 구축되어야만 한다. 이 원칙은 '볼셰비키적' 당을 창출하는 데 핵심적이다. 이는 당은 생산의 과정에 조응하여 자본주의의 발전에 의해 자연스럽게 통일되는 노동계급의 대중운동을 지도할 수 있도록 준비해야 한다는 사실에 기인한다. 당의 기반을 생산의 장소에 위치시킴으로써, 당은 그 자체가 기반하는 계급의 선택행위를 수행한다. 당은 그것이 계급정당이며 단일한 계급, 노동계급의 당임을 선언한다.

당 조직을 생산에 기반한다는 원칙에 대한 모든 반대는 프롤레타리아트로부터 소외된 계급들과 관련된 관념들로부터 출현한다. 이것은 스스로를 '극좌파'라고 칭하는 동지들과 그룹들에 의해 제기되더라도 마찬가지이다. 이들은 노동자와 공산주의자 노동자의 혁명적 능력에 대한 비관주의적 견해에 기반하고 있으며, 자신들이 세상의 소금이며 노동자들은 혁명의 의식적이고 지적인 주인공이라기보다는 사회변혁의 물리적 수단이라고 생각하는 쁘띠부르주아 지식인들의 반-프롤레타리아적 정신의 표현이다.

세포와 관련하여 이탈리아 당에서는 논쟁과 충돌들이 재생산되고 있는데, 이는 러시아에서는 계급선택에 대한 똑같은 문제에 관하여 볼셰비키와 멘셰비키간의 분리를 초래한 것이었다. 그것은 당의 계급적 성격과 비프롤레타리아적 요소들이 당에 참여하는 방식에 대한 문제였다. 게다가 이러한 문제는 이탈리아의 상황과 관련해서는 아주 큰 중요성을 갖는다. 이탈리아에서 이질적인 요소들의 '종합'의 기반 위에서 당을 건설하는 것이 다른 어떤 곳에서보다 더욱 심각한 위험 — 즉, 이렇게 하여 여타 계급들을 마비시키는 영향력을 위한 길을 여는 위험 — 을 만드는 요소가 되게 하는 것은 바로 그 사회구조 자체 및 정치투쟁의 조건들과 전통들이기 때문이다. 더욱이 이러한 위험은 쁘띠부르주아지 계층 전체를 혁명의 영역으로 끌어 낼 파시즘의 정책에 의하여 분명 더욱 심각해질 것이다.

공산당이 유일하게 노동자들의 당일 수 있다는 것은 확실하다. 노동계급과 그 당은 지식인 없이 활동을 수행할 수도 없으며, 어떤 식으로든 자본주의에 반항하게 된 모든 요소들을 그들 주위에 결집시키고 지도를 부여하는 문제를 무시할 수도 없다. 따라서 공산당은 농민들에게 문을 닫아걸어선 안 된다. 실제로 공산당은 농민들을 포함해야 하며 프롤레타리아트와 농촌 계급들 간의 정치적 유대를 강화하는 데 그들을 활용해야만 한다. 그러나 당을 이질적 요소들의 '종합'으로 만드는 모든 관념들에 대해서는, 그것을 반혁명적으로 간주하고 열정적으로 거부해야만 한다. 대신에 당은, 이러한 종류의 어떠한 양보도 허용하지 않고, 프롤레타리아트의 일부로 선언되어야 하며, 프롤레타리아트는 당이 그 자신의 조직이라는 각인을 새겨야만 하며, 프롤레타리아트는 당 자체 내에서 지도적 역할을 보증받아야만 한다.

30. 생산(세포)에 기반하는 조직에 대한 실제적 반대, 즉 이러한 조직적 구조가 노동자의 상이한 범주들 간의 경쟁을 초월하지 못하게 하며 당을 기능주의(functionarism)에 좌우되게 할 것이라는 주장에는 아무런 일관성도 존재하지 않는다. 공장운동(1919~20)의 실천은 생산의 장소와 체계에 적용된 조직만이 노동자대중의 상층과 하층(숙련노동자, 미숙련노동자 및 손노동자(labourers))14) 간의 접촉을 가능하게 하며, '노동귀족'이라는 현상의 기반을 배제하는 연대의 고리를 창출할 수 있음을 보여주었다.

세포에 의한 조직은 당내에서 지도적 기간요원들(세포 서기, 세포위원회의 성원 등)의 매우 넓은 층위를 형성하게 만든다. 이들은 대중의 일부이며 지도적 기능을 행사하면서도 — 노동자대중과 분리되는 요소일 수밖에 없는 지역지부(territorial branches)의 서기들과는 달리 — 대중 속에 남아 있다. 당은 이러한 동지들의 교육에 각별한 주의를 기울여야만 한다. 이들은 조직의 연결 조직을 형성하며 당을 대중과 결속시키는 수단이다. 어떠한 관점에서 사고되든지 간에, 생산의 기반 위에서 구조를 변형하는 것은 현 시기 당의 근본적 과제로, 그리고 문제들을 해결하는 가장 중요한 수단으로 남아 있다. 우리는 이를 단호히 주장해야만 하며, 이에 관한 모든 이데올로기적·실천적 활동을 강화해야만 한다.

---

14) [역주] 원래 이 단어는 숙련직종과 거리가 먼 직종에 종사하는 이들로서 장인 전통 등과도 거리가 멀던 막노동자 일반을 지칭하다가, 숙련장인층이 해체되고 자본주의 대공장제에 공통적으로 포괄됨에 따라 동직(trade)조합이 노조 일반으로 확장되면서 노조 등에도 가입할 수 있게 되었으며 그 후 노동자 일반을 가리키는 용어로도 확장되었다. 따라서 여기서는 노동자들 내에서도 미숙련에도 못 끼는 하층 인부 내지 고된 육체노동에 종사하는 이들을 지칭하는 말이다(E. P. 톰슨, 『영국노동계급의 형성』, 창작과비평사 용어해설 참고).

당 조직의 견고성(solidity), 분파주의

31. 볼셰비키적 당의 조직은 당 생활의 모든 계기에서, 단지 말이 아니라 실제 행동에서 중앙위원회에 의해 지도되는 집중화된 조직이어야 한다. 철의 프롤레타리아 규율이 그 대오 사이에 자리잡아야만 한다. 이것이 당이 상층부로부터 귀족적 방법으로 지배되어야 함을 의미하지는 않는다. 중앙위원회와 하부 지도부는 모두 선거에 기반하여, 그리고 사업의 검증과 운동의 경험을 통하여 이루어지는 유능한 인자의 선별에 기반하여 구성된다. 이 두 번째 요소[하부 지도부]가 지방 지도그룹들과 중앙 지도그룹의 구성에 대한 규준이 기계적이고 외재적이며 '의회적'인 것이 아니라, 대중과 연계된 단일한 프롤레타리아 전위 형성의 실제 과정에 조응하는 것임을 보증한다.

지도부 선출 과정의 원칙 — 내부 민주주의 — 은 절대적인 것이 아니라, 정치투쟁의 조건에 따라 상대적인 것이다. 그것이 제한될 때조차도 중앙 및 지방 기관들은 항상 그들의 권력이 위에서 부과되는 것이 아니라 당의 의지로부터 생겨나는 것이라고 숙고해야 하며, 그들의 프롤레타리아적 성격을 강화하고 동지들 및 노동계급 대중과의 연계를 증가시키기 위하여 분투해야만 한다. 후자의 필요성은 반동이 내부민주주의에 엄격한 제한을 가했고 또 계속 가하고 있는 이탈리아에서는 특히 절실한 것이다.

내부 민주주의는 또한 지방 지도부 및 지방에서 활동하는 개별 동지들이 소유한 정치적 능력의 정도에 관련된다. 이러한 능력을 배가하기 위하여 중앙이 수행하는 활동은 '민주적' 방법들의 확장과, '새 회원 선출(cooptation)'의 체계 및 지방조직적인 물음들을 추려내기 위한 위로부터의 개입의 점차적 축소를 가능하게 한다.

32. 당의 집중화와 응집성은 그 내부에 분파의 성격을 갖는 조직화된 그룹들이 존재하지 않을 것을 요구한다. 볼셰비키적 당은 이러한 측면에서, 매우 다양한 그룹들을 포함하고 분파 투쟁이 정치적 방향을 결정하고 지도그룹을 선별하는 정상적 방법이 되는 사민주의 정당들과 확연히 구별된다. 공산당들과 인터내셔널은 제2인터내셔널 내부에서 전개된 분파투쟁 이후에 생겨났다. 스스로를 프롤레타리아트의 당과 세계조직으로 세워내면서, 그들은 분파투쟁 대신 지도부에의 참여를 통한 모든 경향들의 유기적 협력을 내부 생활과 발전의 규범으로 선택했다.

분파의 존재와 그 사이의 투쟁은 사실상 프롤레타리아 정당의 본질과 양립되지 않는다. 이는 당의 통일성을 깨뜨리고 다른 계급들의 영향력을 위한 길을 열어 놓기 때문이다. 이것이 당내에서 경향들이 발생할 수 없다거나 이러한 경향들이 때때로 스스로를 분파로 조직할 수 있음을 부인하는 것은 아니다. 이는 후자와 같은 결과를 예방하기 위하여 치열한 투쟁이 수행되어야 하며, 그러기 위해서는 경향의 충돌을 줄이고, 이론적 논의와 지도부의 선별을 공산당에 적절한 형식으로, 즉 논쟁이나 투쟁의 '의회주의적' 방식이 아니라 실질적이고 통일적인(변증법적) 발전의 과정으로 만들어야 함을 의미한다.

33. 노동계급 운동을 실패하게 했던 PSI의 무능은 분파 투쟁과, 당과 독립적으로 자신들의 정치를 수행하는 각 분파가 결국 다른 분파들의 활동을 마비시키고 그리하여 당 전체의 활동마저 무력화시킨 사실에서 비롯했다. 이 경험은 볼셰비키적 당을 특징짓는 응집성과 집중을 창출하고 유지해야만 하는 훌륭한 사례를 제공해 준다.

이탈리아 공산당의 기원이 되는 다양한 그룹들 가운데에는 맑스주의와 레닌주의 공동의 이데올로기가 더 깊이 뿌리내리면서 사라져야 할 몇 가지 파생물들이 존속하고 있다. 그들 중 극좌파의 반맑스주의 이데올로기의 추종자들만이 응집성과 오래 유지되어 온 분파적 종류의 연대를 가지고 있다. 실제로, 은폐된 분파주의에서 공공연한 분파 투쟁으로 전환하려는 시도가, 소위 협의회(Comitato d'Intesa)15)를 구성함으로써 이루어졌다. 당의 세력을 분할하려는 이러한 정신나간 시도에 대한 당의 격렬한 대응은 우리를 사민주의적 습관으로 되돌리려는 이러한 영역에서의 어떤 시도도 아무런 응답을 얻지 못할 것임을 확증하는 것이다.

분파주의의 위험 중 일정 정도는, 사회당으로부터 제3인터내셔널주의자들이 합류한 결과 생겨났다. 제3인터내셔널주의자들은 공통적 이데올로기는 갖고 있지 않지만, 그들 사이에는 PSI 내부에서 분파로서 존재했던 2년 동안 생겨난 본질적으로 조합적 성격의 연계가 존재한다. 이러한 연계는 점차 약화되어 왔고, 완전히 제거하는 것이 어렵지 않을 것이다.

분파주의에 대한 투쟁은 무엇보다도 정확한 조직적 원칙에 대한 선전을 필요로 한다. 그러나 이는 이탈리아 당이 자신의 현재적 문제와 인터내셔널의 문제들에 대한 토론을 정상적인 것으로 간주하며 그 경향들을 이러한 문제와의 연관 속에서 정향시킬 수 있을 때 비로소 성공할 수 있을 것이다.

당 조직의 기능

---

15) [역주] 이 책의 「당은 반레닌주의적 편향과의 투쟁을 통해 강화된다」, p. 313~9 참고.

34. 볼셰비키적 당은 어떠한 조건에서도 대중들과 접촉하여 역할할 수 있는 방식으로 조직되어야만 한다. 이는 현실의 세력 관계가 조직된 세력의 관계로 전화하는 것을 막기 위하여 파시즘이 행사하는 억압의 존재 때문에, 우리 사이에서는 가장 중요한 원칙이 된다. 최대한 집중적으로, 강도 높게 수행되는 당 활동만이 이러한 부정적 요소를 적어도 부분적으로 중화시키고, 그것이 혁명적 과정을 결정적으로 방해하지 못하게 만들 수 있다. 따라서 다음 사안들을 고려하는 것이 필수적이다.

1) 성원의 수와 그들의 정치적 능력: 이들은 우리의 영향력을 지속적으로 확장할 수 있을 정도가 되어야 한다. 성원을 인위적으로 제한하려는 경향에 대하여 투쟁할 필요가 있다. 이 경향은 수동성과 쇠약함을 초래한다. 그러나 모든 성원은 당의 영향력을 확산시키고 당의 지도를 일상적 기반 위에서의 활동으로 전환시키며 노동자 대중의 일부를 이끌 수 있는, 정치적으로 활동적인 요소여야 한다.

2) 실제적 작업에서 모든 동지들의 활용.

3) 당 전체가 대중 사이의 활동 부위로 접합되는 위원회라는 수단에 의한, 다양한 종류의 활동의 통일적 협동.

4) 동질적이고 응집적인 '볼셰비키적' 지도그룹의 창설을 위한 조건이 되는, 당 중앙 기관들의 동료적(collegiate) 기능.

5) 동지들이 대중들 사이에서 작업하고, 그들 가운데에 항상적으로 존재하고, 모든 투쟁의 제 1선에 서 있으며, 모든 경우에 프롤레타리아트의 전위에 걸맞은 위치를 장악하고 유지할 수 있는 능력. 은밀하게 일해야 할 필요성 및 '극좌파'의 그릇된 이데올로기로 인해 대중들 사이에서 그리고 그들과 함께 일해야 할 우리의 능력이 제한되는 결과가 발생했기 때문에 이 점은 강조될 필요가 있다.

6) 지방 조직들과 개별 동지들이 예기치 못한 상황에 직면했을 때 지도부위로부터 지시가 도착하기 전이라도 적절한 입장을 취할 수 있는 능력. 단지 '위로부터의 명령을 기다릴' 수 있는 것으로만 이루어지는 수동성 — 다시 한번, 극좌주의의 잘못된 조직 개념의 잔재인 — 과 투쟁하는 것이 필수적이다. 당은 기층으로부터의 '이니셔티브'에 의해 특징지워져야만 한다. 말하자면, 기층 기관들은 모든 예기치 못한 그리고 예고되지 않은 상황에 즉각적으로 대응할 수 있어야 한다.

7) 모든 종류의 반동으로부터, 대중과의 접촉을 상실하지 않고 '지하'(비합법) 활동을 수행하며 당을 지킬 수 있는 능력 — 실제로 노동계급의 최대한 넓은 층위와 접촉하는 것이야말로 방어를 보장해 준다. 현재의 상황에서 당과 그 기구의 방어를, 단지 '내부

조직화' 활동으로만 수행하는 것으로 국한하려 하는 것은 혁명적 대의의 방기로 간주되어야만 한다.

이러한 각각의 지점들은 주의 깊게 고려되어야만 한다. 이들은 당의 취약성과 함께 달성해야 할 과정을 동시에 지적하고 있기 때문이다. 반동의 철권이 중앙과 지방 조직들을 연결하는 기구들을, 이를 보존하려는 노력이 아무리 막대하더라도, 더욱 약화시킬 것으로 예상되는 한 이러한 지점들은 더욱 중요하다.

당의 전략과 전술

35. 당의 전략적·전술적 능력은 프롤레타리아 전위와 노동계급 주위에 혁명적 승리에 필수적인 모든 세력들을 조직하고 결집시키는, 그리고 이들을 객관적 상황과, 노동대중에서 그리고 노동계급의 적 가운데에서도 발생하는 세력균형의 변동을 이용하여 실제로 혁명으로 인도하는 능력이다. 전략과 전술을 사용하여, 당은 주요한 역사적 운동에서와 마찬가지로 나날의 투쟁에서 '노동계급을 지도'한다. 지도의 한 형식은 다른 것들과 연계되며 그것에 의해 조건지워진다.

36. 당이 노동계급을 지도하는 원칙은 기계적 방식으로 해석되어서는 안 된다. 당이 권위의 외재적 부과를 통해서 노동계급을 지도한다고 생각할 필요는 없다. 이는 권력 장악에 선행하는 시기에서도, 그 이후의 시기에서도 사실이 아니다. 이 원칙에 대한 기계적 해석의 오류는, 이탈리아 당내에서 극좌파의 이데올로기적 편향의 가능한 결과로서 맞서 싸워져야만 한다. 이러한 편향들은 계급의 지도자로서의 기능에 관한 한, 당에 대한 자외적이고, 형식적인 과대평가를 초래하기 때문이다. 계급을 지도하는 능력은 당이 스스로를 혁명적 기관이라고 '선언'한다는 사실이 아니라, 노동계급의 일부로서 이 계급의 모든 부문과 연계하고 대중들에게 객관적 조건이 요구하고 고무하는 방향으로 운동에 영향력을 행사하는 데 '실제로' 성공한다는 사실과 관련되는 것이 분명하다. 대중들 사이에서의 활동의 결과로서만 당은 이들로부터 '그들의' 당으로 인정받을 수 있을 것이며(다수의 획득), 이러한 조건이 실현되었을 때만 당은 노동계급을 자신들 뒤로 이끌 수 있다고 상상할 수 있을 것이다. 대중들 사이에서의 이러한 활동의 필요성은 어떠한 당 '애국주의'보다도 더 막중하다.

37. 당은 노동자대중이 결집하는 모든 조직을 관통하여, 그 내부에서 그리고 그를 통해서, 계급투쟁의 강령에 일치하는 동력들의 체계적 동원화와 다수를 공산주의적 방

향으로 획득하기 위한 활동에 의해 계급을 지도한다.

당이 작업하는 공간이며 또한 그 성격상 노동자대중 전체가 결합하게 되기 마련인 조직들은 결코 혁명가들의 정치적 조직, 말하자면 프롤레타리아트의 전위인 공산당을 대체할 수 없다. 이는 대중조직들과 당 사이의 어떠한 종속 또는 '평등'의 관계16)도 배제한다(슈트트가르트 노조 협약. 이탈리아 사회당과 노동총동맹이 동맹을 맺은 협약). 노조와 당의 관계는 공산주의자들이 노조 내에서 수행하는 활동을 통해 실현되는, 지도의 특수한 관계이다. 공산주의자들은 노조 내에서 그리고 모든 대중 조직들 내에서 스스로를 프랙션(fractions)으로 조직하며, 이 조직들의 일상과 그들이 전개하는 투쟁의 최일선에 참여하여 그곳에서 당의 강령과 슬로건들을 지지하게 된다. 노동자대중들과의 접촉을 가능하게 하는 이러한 조직들의 생활로부터, 그것이 무엇이든간에, 스스로를 분리하는 모든 경향은 비관주의를 나타내고 수동성을 생산하는 위험스러운 편향으로서 맞서 싸워져야만 한다.

38. 자본주의 나라들에서 노조는 노동자대중을 결집하는 특수한 기관이다. 노조 내에서의 활동은 당의 목적을 달성하는 데 핵심적인 것으로 사고되어야 한다. 노조 내에서 영향력을 행사하기 위한, 그리하여 그들의 다수를 획득하기 위한 투쟁을 포기하는 당은, 사실상 노동자 대중을 획득하기를 포기하는 것이며, 권력을 위한 혁명적 투쟁을 포기하는 것이다.

노조 내에서의 활동은 이탈리아에서 특별한 중요성을 갖는다. 그러한 활동이 공업 및 농업 프롤레타리아트를 여타 사회계급들에 대해 우세한 지위로 회복시켜야 할 재조직화에서 보다 집중적이고 보다 생산적인 작업을 가능하게 하기 때문이다. 그러나, 파시스트의 억압과 특히 파시스트의 새로운 노조 정책은 사태의 특수한 상태를 창출하고 있다. 노동총동맹과 계급 노조들은 전통적 형식에서는 조직화와 경제적 방어 활동을 수행할 모든 가능성을 박탈당한 상태이다. 이들은 단순한 [파시즘의] 선전 사무소로 전락하고 있다. 그러나 이와 함께, 노동계급은 자신의 세력들을 새로운 형식의 조직의 기

---

16) 슈트트가르트에서 열린 제2인터내셔널의 1907년 대회에서, 사회주의 정당과 노조 사이의 적절한 관계에 관한 합의안이 통과되었다. 이 결의안은 노조에 사회주의 정신을 침투시키되, 그 통일성을 위태롭게 하지 않는 정도까지라는 것에 강조점을 두었다. 결의안은 경제적 영역에서 노조의 자율성과, 당과 노조의 긴밀한 관계를 옹호하지만, 이들 사이의 유기적 연관에 대해서는 아무런 입장을 갖지 않음을 천명하였다. 1918년 9월에 PSI와 CGL 사이에 '동맹협약'이 체결되었는데, 여기에는 각각의 '영역'에서 그 권위를 상호인정하는 부분이 포함되었다.

반 위에 재구축해야 하는 객관적 상황의 압력에 직면하고 있다. 따라서 당은 계급노조를 방어하고 이들의 자유를 요구하는 활동을 수행해 나가야 한다. 그리고 동시에 당은 생산체계에 적용할 수 있는 대의제적 대중기관을 창출하는 경향을 고무하고 자극해야만 한다. 계급노조의 활동이 마비됨에 따라, 노동자들의 직접적 이해의 방어는 저항과 투쟁의 파편들을 통해 — 공장 단위로, 부문(category) 단위로, 작업장 단위로 등 — 이루어지는 경향이 있다. 공산당은 이 모든 투쟁들을 따르고 이들에 실제적 지도력을 행사할 수 있어야 한다. 그리하여 이들 내부에서 계급 투쟁의 통일적이고 혁명적인 성격이 상실되지 않도록 만들고, 이들을 전체 프롤레타리아트의 동원화와 투쟁전선에 따른 조직화에 이용할 수 있어야만 한다(노동조합 테제).

39. 당은 부분적 성격의 모든 투쟁에 참여함으로써, 그리고 노동계급의 직접적 이해 요구에 관련한 강령들을 제기하고 선동함으로써 노동계급을 지도하고 단결시킨다. 부분적이고 제한적인 행동들은 노동계급의 모든 세력의 점진적 동원과 단결을 달성하는 데 있어서 필수적 단계로 간주된다.

당은 부분적 행동들을 지지하거나 그에 참여하는 것을 꺼리는 관념과 투쟁한다. 왜냐하면 노동계급이 이해와 관련된 문제들은 자본주의 질서의 전복을 통해서 그리고 모든 반자본주의 세력들의 총체적 행동을 통해서만 해결될 수 있기 때문이다. 이러한 관념은 제국주의 시대와 자본주의 질서가 전복되기 전에는, 노동자들의 조건이 실질적으로 또는 지속적인 방식으로 향상될 수 없다는 것에 대한 인식이다. 그러나 직접적 요구의 강령을 둘러싼 선동과 부분적 투쟁에 대한 지지는 광범한 대중들에게 접근하고 이들이 자본주의에 맞서도록 동원하기 위한 유일한 수단이다. 게다가 직접적 요구의 영역에서 수행된 선동이나 노동자들의 특정 부분들이 거둔 승리는 자본주의의 위기를 더욱 첨예하게 하며, 오늘날 그 권력이 기반하고 있는 불안정한 경제적 균형을 뒤흔들게 된다면, 그 추락을 주관적으로도 가속화하게 된다.

공산당은 모든 직접적 요구를 혁명적 목적과 연결시킨다. 즉, 대중들에게 총체적 행동과 자본의 반동적 지배에 대항한 봉기의 필요성을 일깨우기 위하여 모든 부분적 투쟁을 활용하며, 제한적 성격의 모든 투쟁이 프롤레타리아 세력들을 분산이 아닌 동원화와 단결로 이끌 수 있는 방식으로 준비되고 지도될 수 있게 하고자 한다. 공산당은 정치정당들에 맞서 부분적 운동을 이끄는 대중조직들 내부의 이러한 관점을 지원한다. 아니면 대중조직들 내부에서 혹은 다른 정당들에게 직접 부분적 행동들을 제안하여 추동해 낸다(통일전선 전술). 어느 경우에든, 당은 주요한 운동 및 자신의 제안의 결과들에 대한 경험을 활용하여 ─당의 행동강령이 대중들의 이해와 객관적 상황에 조응하는 유일한 것임을 보여줌으로써─ 영향력을 확대하며, 노동계급의 후진적 부문을 보다 선진적 위치로 전이시킨다.

공산당이 부분적 행동들을 직접 추동하게 되는 경우는 당이 대중기관들을 통해서 노동계급의 주요한 부분을 통제할 때, 또는 그 직접적 슬로건 중 하나가 마찬가지로 노동계급의 주요한 부분에 의해 지지되는 것이 확실할 때이다. 그러나 당은 ─ 객관적 상황에 따라서 ─ 그것이 세력균형을 유리한 방향으로 전환시키고 계급의 단결과 동원화가 혁명적 지형으로 한 걸음 더 나아가는 것이 아니라면, 이를 주도하려 하지 않을 것이다.

만약 당이 그들과 긴밀히 연계되어 있지 않다면, 개인이나 그룹들의 격렬한 행동은 노동계급 대중의 수동성을 탈각시키지 못한다. 특히 무장집단의 행동은, 파시스트의 물리적 폭력에 대한 대응으로서조차도, 그것이 대중들의 대응과 연계되어 있거나 이를 유발하고 준비하는 데 성공하는 한에서 가치를 가질 뿐이다. 이렇게 될 때 그것[무장행동]은, 그들의 계급 이해를 방어하는 데 있어서 파업과 특정한 경제투쟁들이 노동자들의 동력을 총체적으로 동원함으로써 갖는 것과 동일한 가치를 물질적 세력의 동원 영역에서 획득할 수 있게 된다.

39. 또 하나(bis). 직접적 요구들과 부분적 행동들이 순전히 경제적 성격을 갖는다고 생각하는 것은 오류이다. 자본주의의 위기가 심화됨에 따라, 자본가와 토지소유 지배계급들은 그들의 권력을 유지하기 위하여 프롤레타리아트의 조직적·정치적 자유를 제한하고 억압하지 않을 수 없게 된다. 그 결과, 이러한 자유들에 대한 요구는 노동인구의 광범한 층위를 동원할 수 있는 선동과 부분적 투쟁을 위한 훌륭한 지형을 제공한다. 이탈리아에서 파시스트가 노동계급의 가장 기본적인 자유조차도 억압하는 데 이용하는 모든 입법은, 따라서 공산당이 대중들 사이에서 선동하고 이들을 동원하기 위한 주제들이 된다. 이러한 영역에서 제출한 각각의 슬로건들을 행동의 일반적 방향으로 연결시키는 것은 공산당의 과제가 될 것이다. 특히 필시 내전으로 정점에 이르게 될 파시즘에 대한 대중투쟁의 분출 없이는, 파시즘이 수립한 체제에 대한 '자유주의적'이고 '민주적'인 방향으로의 급격한 제한조치들과 변혁이 불가능함을 실질적으로 보여주는 것과 [슬로건들을] 연결시켜야 할 것이다.) 이러한 확신이 대중들 사이에 퍼지는 만큼 우리는 정치적 성격의 부분적 요구들을 경제적 성격의 것들과 연계시킴으로써 '혁명적 민주주의적' 운동들을 노동계급의, 사회주의의 혁명적 운동으로 전화시키는 데 성공하게 될

것이다.

이는 특히 군주제에 대항한 선동의 견지에서도 이루어져야 한다. 군주제는 파시스트 체제의 버팀목 중 하나이며, 이탈리아 파시스트 국가의 형식이다. 공산당은 이탈리아 인구대중의 반군주제적 동원을 자신의 목표의 하나로 설정해야 한다. 이는 아벤티네에서 연합했던 소위 반파시스트 그룹들 중 몇몇의 가면을 벗기는 데 효과적으로 작용할 것이다. 하지만 이는 항상 파시스트 체제의 또다른 중심기둥인 공업 부호들과 지주들에 대한 선동과 투쟁을 동반해야만 한다. 더욱이 반군주제 선동에서 국가 형식의 문제는 언제나, 공산주의자들이 국가에 부여하고자 하는 계급적 내용의 문제와 긴밀히 연관되어 공산당에 의해 제기될 것이다. 최근에(1925년 6월), 당은 이러한 문제들의 연관성을 "노동자와 농민위원회에 기반한 공화주의 의회(Republican Assembly) 건설, 공업에 대한 노동자통제, 토지를 농민에게"라는 슬로건에 기반한 정치적 행동으로 성취할 수 있었다.

40. 프롤레타리아트와 모든 노동계급의 세력들을 투쟁의 영역에서 단결시키는 과제는 통일전선 전술의 '적극적' 부분이다. 이탈리아에서, 그리고 현재의 상황에서, 이는 당의 근본적 과제이다. 자본주의가 프롤레타리아트를 영구적으로 파편화하고 모든 혁명적 투쟁을 불가능하게 하려는 계획을 시행하지 못하게 하기 위해서는, 공산주의자들은 노동계급의 단결을 달성되어야 할 하나의 구체적이고 실제적인 목표로 이해해야 한다. 그들은 이러한 목적을 달성하기 위해 모든 방법을 활용하여 활동할 수 있어야 한다. 무엇보다도 그들은 다른 당들의 노동자들과 당을 갖지 않은 노동자들에게, 부당한 적대감과 몰이해를 극복하고 가까이 다가가서, 모든 경우에 있어 방어와 해방을 위한 투쟁에서 계급의 단결의 옹호자로서 자신들을 제시할 수 있는 능력이 있어야만 한다.

공산주의자들이 창출하고자 노력하는 반파시스트적이고 반자본주의적인 투쟁의 '통일전선'은 조직된 통일전선을, 즉 대중들이 전체로서 그 주위에 재결집하여 형식을 갖추게 되는 조직체들에 기반하는 것을 목표로 해야 한다. 이들은 노조가 정상적으로 역할을 수행할 가능성이 제한되기 시작했기 때문에, 오늘날 대중들이 공장으로부터 그리고 일상투쟁의 사건들에서 스스로 창출하는 경향이 있는 대의적 조직체들이다. 공산주의자들은 대중들 사이의 이러한 경향을 고려해야만 하며, 이를 고무하여 그것이 포함하는 적극적 요소를 발전시키며 그것이 유발할 수도 있는 특수주의적 편향들과 투쟁할 수 있어야 한다. 이 문제는 조직의 특수한 형식을 물신화시키지 않고, 우리의 근본 목적은 세력들의 동원을 증진시키고 유기적 통일성을 확보하는 것이라는 것을 염두에 두고 이해되어야만 한다. 이러한 목적을 성취하기 위해서는, 현실이 제공하는 모든 지형에 우리 자신을 적응시킬 수 있어야 한다. 모든 선동주제를 활용하며, 무엇이 요구되고 각각의 발전 가능성이 어떠한가에 따라 한 조직 또는 다른 조직에 중점을 두는 것이 필수적이다(노동조합 테제: 내부위원회, 선동위원회, 공장협의회에 관한 장들).

41. 노동자와 농민위원회라는 슬로건은, 그것이 노동계급의 조직된 통일전선을 창출할 것을 제안하는 한, 모든 당 활동의 종합적 정식(定式)으로 사고되어야 한다. 노동자와 농민위원회는 그것이 직접적 성격의 투쟁을 위해 동원되든 또는 보다 넓은 조망을 지닌 정치적 행동을 위해 동원되든간에, 노동세급의 단결의 기관이다. 노동자와 농민위원회의 창출을 요구하는 슬로건은 결국 당이 활동을 통해 노동계급의 폭넓은(한 공장 또는 지방의 한 부분 이상의) 부분을 동원하는 데 성공한 곳에서는 어디에서나 즉각적으로 시행되어야 하는 슬로건이다. 그러나 동시에 이는 당이 존속하고 활동하는 전 시기에 부합하는 정치적 해법이자 하나의 선동 슬로건이기도 하다. 이는 노동자들이 정치적 상황에서 결정적이고 우세한 요소가 되기 위해서는 자신의 세력을 조직하고 부르주아적 기원과 성격을 갖는 모든 그룹들과 실천적으로 대적하는 것이 필요함을 명확하고 구체적이게 만든다.

42. 대중적 기반을 갖고 있는 이른바 프롤레타리아적이고 혁명적인 정당들과 그룹들의 가면을 벗기기 위하여 도입되는 정치적 행동(manoeuvre)으로서의 통일전선 전술은, 어떻게 공산당이 대중을 지도하며 어떻게 다수를 획득할 것인가의 문제와 긴밀히 연결되어 있다. 세계대회에서 정의된 형식에서 이는, 우리가 맞서 투쟁하는 그룹들에 대한 대중의 지지 때문에, 그들에 대한 정면공격이 우리에게 신속하고 효과적인 결과를 가져다주기 어려운 모든 경우에 적용가능한 것이다.[17] 이 전술의 성공 여부는, 당이 통일전선 전술 이전에 또는 그에 수반하여 아래로부터의 행동을 통해 대중의 단결과 동원을 효과적으로 이루어 내는 정도와 연관된다.

이탈리아에서 통일전선 전술은 공산당이 여전히 노동계급과 노동인구의 다수에 결정적인 영향력을 전혀 획득하지 못하고 있는 한, 당은 통일전선 전술을 지속적으로 활용해야 한다. 이탈리아의 특수한 조건들로 인해, 모호함에 기반하며 대중 다수의 수동성을 등에 업은 중도(intermediate) 정치조직은 중요성을 갖게 된다(최대강령파, 공화주의자들, 통일사회주의자들). 아벤티네의 붕괴 이후 아마도 출현하게 될 중도파 그룹

---

17) SPN [국역: 안토니오 그람시, 이상훈 옮김, 『옥중수고』 I · II, 거름], pp. 229~39 등에서 진지전과 기동전에 관한 구절들을 보라.

은 이러한 종류의 조직이 될 것이다. 통일전선 전술을 통하지 않고는 이러한 조직들이 대표하는 위험들에 대해 충분히 투쟁하는 것은 불가능하다. 그러나 동시에 대중들의 수동성을 탈각시키는 작업에 기반하지 않고 이것이 달성되기를 기대해서는 안 된다.

42. 또 하나(bis.), 최대강령파 정당의 문제는 프롤레타리아트의 혁명적 준비와 (상황에 따른) 통일전선 전술의 채택에 대한 장애물로서 공산당이 맞서 싸우는 여타의 모든 중도 조직 문제의 맥락에서 사고되어야 한다. 어떤 지역에서는 다수를 획득하는 문제가 특히 PSI와 그 신문의 영향력을 파괴하는 문제와 연계되어 있음이 분명하다. 더욱이 사회당의 지도자들은 자본주의 질서를 수호하기 위하여 생동하는(미국 자본의 개입을 위한 캠페인, 개량주의적 노조지도자들과의 실제적 연대) 반혁명 세력 가운데 더욱 뚜렷이 자신을 위치짓고 있다. 그들이 개량주의자들과 제휴하여, 결과적으로 그들과 융합할 가능성도 전적으로 배제할 수 없다. 공산당은 이러한 가능성을 염두에 두고—이것이 발생하는 경우에는—여전히 최대강령파에 의해 통제되고 있지만 그럼에도 불구하고 계급적 시야를 보존하고 있는 대중들을 그들로부터 결정적으로 분리시키고, 이들을 공산주의적 전위 주위에 결집한 대중들에게 가능한 한 가까이 연결시키는 것을 확실한 목적으로 설정해야만 한다. 5차 대회에서 결정된 제3인터내셔널주의자 분파의 합류에 의해 성취된 긍정적 결과는 주어진 조건에서 어떻게 이탈리아 당이 빈틈없는 정책을 가지고, 선전과 조직의 정상적 활동으로는 얻을 수 없는 결과를 성취했는가를 가르쳐 주었다.

43. 직접적 계급 요구의 강령을 전진시키고 노동계급 세력의 동원과 단결을 성취하는 데 활동을 집중하면서도, 당은—자신의 활동의 발전을 촉진하기 위해서—일반적인 정치적 문제들에 대한 당의 해법을 제기하고, 이러한 해법들을 여전히 반혁명적 정당들과 조직들을 지지하는 대중들 사이에 제출할 수 있다. 이러한 중도적 해법—당 고유의 슬로건도, 우리가 맞서 싸우고자 하는 그룹들의 무기력과 수동성의 강령도 전혀 포함하지 않은—의 제기와 이에 대한 선동은 보다 광범한 세력을 당의 배후로 집결시키고, 반혁명적 대중정당의 지도자들의 언사를 그들의 실제 의도와 대립시키며, 대중들을 혁명적 해법으로 나아가게 하고, 우리의 영향력을 확장시킬 수 있게 한다(예: '반-의회'). 이러한 중도적 해법들을 모두 예견할 수는 없는데, 왜냐하면 이들은 어떤 경우에라도 현실에 적용되어야 하기 때문이다. 그러나 이들은 당의 슬로건으로 이어지는 다리를 놓을 수 있는 것이어야 하며, 만약 이들이 실현된다면 이는 혁명적 과정의 가속화와 보다 넓은 투쟁의 시작으로 인도될 것이라는 것이 대중들에게 항상 명확한 것이어야만 한다.

그러한 중도적 해법의 제기와 이를 위한 투쟁은 이른바 민주적 정당—이들은 실제로는 기우뚱거리는 자본주의 질서의 가장 강력한 지주 가운데 하나이며, 그만큼 권력에서 반동적 그룹들과 대안적 관계이다— 들에 대항하여 사용되어져야만 하는 투쟁의 특수한 형식이다. 그것은 또한 이른바 민주적 정당들이 노동인구의 거대하고 결정적인 층위와 연결되어 있을 때(이탈리아에서, 마테오티 위기의 처음 한 달 동안과 같이), 그리고 심각한 반동적 위험이 임박해 있을 때(코르닐로프의 쿠데타 시기 동안 케렌스키에 대해 볼셰비키가 채택했던 전술) 사용되어야 한다. 그러한 경우에 있어, 상황이 요구하는 모든 수단을 사용하여 민주주의를 위한 끈질긴 투쟁을 전개하는 실제적 능력을 갖고 있다면, 공산당은 이른바 민주적 정당들의 것인 실질적 해법들을 밀어붙임으로써 최선의 결과를 획득할 것이다. 따라서 행동의 검증을 거치게 된 이러한 정당들은 대중들 앞에서 가면이 벗겨지고 그들에 대한 영향력을 상실하게 될 것이다.

44. 당이 지도하는 모든 특정한 투쟁들과, 노동계급 세력을 동원하고 단결시키기 위하여 모든 전선에서 이루어지는 행동들은 대중들이 쉽게 이해할 수 있고 이들에 대한 가능한 가장 큰 선동적 가치를 갖는 정치적 정식으로 수렴되고 종합되어야만 한다. 이 정식은 '노동자와 농민의 정부'이다. 이는 가장 후진적인 대중들에게조차 그들이 이해관계를 갖는 중요한 문제들을 해결하기 위해서는 권력의 장악이 필요함을 가르쳐 주며, 이들이 보다 선진적인 프롤레타리아 전위의 영역으로 전화할 수 있는 수단을 제공한다(프롤레타리아트 독재를 위한 투쟁). 이러한 의미에서, 이는 선동 슬로건이지만, 전(前) 절에서 언급한 중도적 해법들과 같은 의미에서 역사적 발전의 실제 국면에 유일하게 조응하는 슬로건이다. 당은 직접적 혁명투쟁, 즉 농민을 동맹군으로 한 프롤레타리아트에 의해 권력 장악을 목적으로 전개되는 내전의 시작이 아니라면 이러한 슬로건의 실현을 생각해 낼 수 없다. 노동자와 농민의 정부를 권력을 위한 투쟁의 발전의 실제 국면에 조응하는 것으로 해석한다면, 다시 말해 이 슬로건이 국가의 문제가 프롤레타리아트의 독재가 아닌 다른 형식으로 노동계급의 이해에 기반하여 해결될 수 있는 가능성을 제시하는 것이라고 이해한다면, 당은 혁명의 지도자로서의 과제로부터 심각한 편향으로 이끌릴 수도 있다는 것이다.

1926년 1월, 리용에서

역자 후기

이 선집을 소개하기 가장 적절한 방법은 제목 그대로, "『옥중수고』 이전"의 저작들이라고 이야기하는 것일 듯하다. 그람시의 사상적 여정에서 어떤 '인식론적 단절'을 찾아내는 것은 그리 생산적이지 못한 일이지만, 그의 저작과 활동은 확실히 1926년의 투옥 이전과 이후로 명확히 나누어지기 때문이다. 무엇보다 자유인에서 수인(囚人)으로의 변화는 정보의 취득과 집필 작업에 심대한 지장을 초래했고, 여러 그람시 연구자들이 지적하듯 이 검열과 장애들은 『옥중수고』 도처에 흔적을 남겼다.

그러나 투옥 이전과 이후, 양 시기 저술활동의 보다 큰 차이는 당면의 정치활동과의 관계에 있다. 사회주의 운동에 처음 투신하고 문화연합을 만들던 시절이나, 공장평의회 운동의 중요한 목격자이자 조직가로서 참여하던 시절, 또는 공산당의 지도부가 되어 파시즘의 격랑을 헤쳐나가던 시절 어느 때라도 그는 구체적인 국면과 지점에 개입하고 효과를 발휘하고자 펜을 들었다. 때로는 신문과 잡지의 기사와 에세이로, 때로는 당의 공식 문건이나 서한으로 이 저작들은 작성되었던 것이다. 때문에 우리는 이 투옥 이전의 저작들에서 공산주의 투사이자 저널리스트로서의 살아 있는 그람시를 접하게 된다. 『옥중수고』의 회고적인 시각과 산만한 체계, 다소 침잠한 문투와는 사뭇 다른 '정치 저작'들을 말이다.

여기에 묶인 저술들은 이제까지 국내에서 지배적이었던 『옥중수고』 편향의 그람시 이해에 일정하게 반대쪽 무게추를 더해 줄 것이라 생각된다. '패배한 혁명'의 이론이나 서구혁명의 이론가, 혹은 상부구조의 이론가로서 그람시의 사상이 알려졌던 이유도 실은 『옥중수고』 중심의 이해에 기인한 바가 컸던 탓이다. 이는 최장집 선생이나 임영일

선생 등, 80년대 중반 이 땅에 처음 그람시를 소개했던 이들부터가 진작에 지적했던 문제이다. 그런 점에서 우리는 먼저 이 선집에서 『옥중수고』만으로는 포착하기 어려운 그람시의 사상적 면모나 요소들이 우선 눈에 띄리라 생각한다.

그것은 예컨대 자본주의 체제하에서 노동조합이 갖는 근원적 한계와 평의회 운동이 갖는 함의, 리소르지멘토와 사회주의, 도시의 역사적 역할, 국제적 프롤레타리아 운동에 대한 시각, 인간의 의지와 윤리에 대한 독특한 해석, 그리고 파시즘 분석을 비롯한 구체적 정세분석 방법론 등이다.

물론 『옥중수고』의 테제들에 친숙한 이들은 『수고』로 이어지는 개념과 아이디어들을 이 초기 저작들에서도 반가이 발견할 것이다. 나중에 '현대의 군주'로 강조되는 당의 기능과 지식인의 중요성, 부르주아 국가의 정당성 기제에 대한 관심과 수동혁명 개념, 때때로 그람시에 씌워지는 혐의인 '생산주의'적 생각들이 이곳 저곳에서 읽힌다. 특히 유명한 「남부문제의 몇 가지 측면」 같은 저술은 이후 『옥중수고』에서 본격적으로 개진되는 다양한 문제의식을 듬뿍 담고 있다. 그렇다면 어쩌면 『수고』야말로 이 투옥 이전의 단편적 저술들에 대한 방대한 후주가 아닐까 하는 생각이 드는 것이다.

한편 『옥중수고』와 이 시기의 저작들에서 변화된 개념들 또는 변화된 생각들을 비교하는 것은 보다 흥미로운 일이다. 『수고』에서 레닌에 곧잘 긍정적으로 대입되는 '자코뱅주의'나 마키아벨리의 사례들은 이 시기 저술들에서는 꽤 부정적으로 사용된다. 소비에트 연방 내에서 격화되던 분파 투쟁에서도 그람시는 이때까지는 스탈린 다수파에 손을 들어주고 있음을 알 수 있다. 평의회와 노조, 정당의 관계에 대한 언급들도 『옥중수고』에서뿐만 아니라 이 시기 몇 년 사이에도 조금씩 변하고 있음이 엿보인다.

결국 『수고』 이전의 정치저작들은 『수고』의 해석을 도울 뿐만 아니라, 그 자체로 무한한 함축을 담고 있는 읽을거리가 아닐 수 없다. 또한 우리는 이 저술들을 통해 그람시라는 인물의 정치적 면모를, 그리고 세계사의 유례없는 격동기였던 20세기 초반 십 수년과 사회주의 운동의 굴곡을 함께 읽어 낼 수 있을 것이다.

그람시의 저작은 그의 생전에 단행본으로 출간된 적이 없으며 그가 그러한 목적으로 연구나 저술활동을 한 적도 없다. 그의 저작은 신문기사와 논설, 성명서와 논의 문건, 그리고 옥중의 노트들로 이곳 저곳 흩어져 있는 것들이다. 따라서 그의 저작에 관한 한, 자료를 분류하고 정리하는 편집자가 원저자인 그람시 못지 않게 중요한 비중을 갖는다. 우리가 『옥중수고』라고 알고 있는 *Quaderni del carcere* 역시 그람시가 옥중에서 남긴 33권의 연구노트를 2차 대전 이후 정리한 것이며, 이 역시 몇 개의 편집판이 존재한다. 이 중 한국에 '정치편'과 '철학 역사 문화편'으로 나뉘어 소개된 두 권짜리 『옥중수고』(이상훈 역, 거름)는 저명한 그람시 연구자 퀸틴 호어(Quintin Hoare)와 조프리 노웰 스미스(Geoffrey Nowell Smith)가 1970년대에 펴낸 영어판 *Selections from the Prison Notebooks of Antonio Gramsci*(International Publishers)를 번역한 것이었다. 최근에는 가장 포괄적이고 충실한 편집판으로 평가되는, 일명 '제라타나(Gerratana)판'으로 불리는 네 권짜리 이탈리아어판 『수고』가 속속 영역되고 있다.

그람시의 투옥 이전 저작들은 퀸틴 호어가 편집하고 영역하여 Lowrence and Wishart에서 1978년 출간한 *Selections from Political Writings : 1919~1920 및 1921~1926*이 널리 알려져 있으나, 본 선집의 번역 대본으로 삼은 것은 최근 리처드 벨라미가 편집한 *Antonio Gramsci : Pre-Prison Writings*(Cambridge University Press, 1994)이다. *Selections*의 경우 글의 내용이 다소 중복되고 들쭉날쭉하여 고민이 되던 차에, 이 리처드 벨라미의 편집판은 *Selections*의 중요한 글들을 대부분 담고 있을 뿐만 아니라 호어판이 포함하지 않은 1919년 이전의 몇몇 중요한 저술을 담고 있었기 때문에 주저 없이 대본으로 결정하게 되었다. 다만 노동자 정당의 조직과 통일전선 및 프롤레타리아 독재에 대한 중요한 논의를 담고 있는 문건인 「리용 테제」는 벨라미판에는 빠져있어, 호어판을 대본으로 책의 "부록"으로 포함시켰다. 또 두 편집판에 모두 실린 글은 양쪽을 다 참조하였고 본문에 달린 주석 중 다수는 호어판의 도움을 받았음을 밝힌다.

이 선집의 번역이 준비된 것은 제법 오래 되었다. 그람시 투옥 이전 저작들이 그 의미에도 불구하고 제대로 소개되지 않는 것을 답답히 여기던 역자들은 지난 1997년, 벨라미판을 접하게 되었고 그때부터 본격적인 번역에 들어갔으나, 이에 비하면 시간이 많이 걸린 셈이다. 1980년대 중반의 그람시 연구나 90년대 초반의 그람시 르네상스를 생각하면, 초기 저작이 여지껏 직접 소개되지 않은 것은 차라리 의외로운 일이다. 결국 목마른 사람이 투박하게 샘을 판 격인데, 그러나 우리로선 이 샘이 우리만 목을 축일 게 아니라, 두루 흘러나가 냇물이 되고 강물이 되어 여러 사람들이 자유로이 몸을 담글 수 있게 되기를 바람은 물론이다.

번역 작업에는 대표 역자로 이름을 올린 김현우, 장석준 외에도 같이 공부한 홍원표, 추선영, 김덕련이 함께 했다. 이들은 97년부터 두 해 남짓 활동한 "카피레프트모임(http://copyle.jinbo.net)"의 성원들이며 번역작업 역시 많은 부분, 이 모임에서 이루어졌다.

『수고』이전 그람시의 정치활동 시기 저작들을 최초로 여과 없이 소개한다는 목적에는 대체로 부합하겠지만, 이 선집 역시 투옥 이전 저작들 중 선별한 저술들을 다시 선별한 것이어서 아쉬움이 없지 않다. 또한 역자의 역량 부족으로 이탈리아어를 영어로, 그리고 다시 한국어로 옮긴 터라, 오해나 무지에 기인한 오역들 못지않게 논지와 표현의 왜곡이 있을까 염려스럽기도 하다. 중역(重譯)임을 고려하고 또 고전적 맑스주의의 원전임을 감안하여 가급적 직역을 택했다. 물론 여기서 발생한 잘못들과 한계는 온전히 역자의 몫이다.

이 책을 준비하고 있는 새천년 문턱의 한국 사회에서도 그람시의 사상과 관점은 여전히, 그리고 더욱 적실한 의미를 갖는 듯하다. 아무런 내용도 적극적 지도력도 갖지 못하는 보수 정당들이 의원을 꿔 주고 이합집산하는 '변형주의(transformism)' 정치가 기승을 부리지만, 대안적 '군주'는 아직 걸음마 단계를 넘지 못하고 있다. 그람시가 남부 문제로 주목했던 바와 같은 지역분할이 남북통일의 구체적 국면 진전과 겹치면서, 또 한번의 수동혁명과 역사적 대항 헤게모니 블록 형성의 갈림길이 눈앞에 다가와 있다. 세계적 신자유주의 공세와 같은 국제적이고 유기적인 '위기'를 우리 모두 목도하고 있다. 80년대 이후 왜소할 대로 왜소해진 진보적 '지식인'들의 군상에도 그람시의 이 시기 활동과 주장들은 영감의 원천이자 교훈이 될 것이다.

『옥중수고』에 이어 문화 관련 저작, 서한집이 우리말로 선을 보인 이래 이 선집이 출간됨으로써 일단 그람시의 저작들이 그럭저럭 모두 선을 보인 셈이다. 대개 선별한 편집판들이라는 아쉬움이 있고, 특히 『수고』는 제라타나판의 번역 작업이 요망스러운 일이지만, 이제는 이러한 작업들을 토대로 이 땅에서 '그람시 연구'가 아닌 '그람시주의 연구' 작업이, 나아가 '그람시주의 운동' 진척될 수 있기를 바라는 마음 간절하다.

2001년 2월
김현우 · 장석준

찾아보기

ㄱ

가톨릭 행동주의 332~334, 387, 388, 392, 393
개량주의 13, 15, 19, 21, 23, 25, 35, 41, 45, 46, 48, 49, 53, 56, 58, 65, 104, 108, 177, 179, 184, 188, 195, 198, 210, 213, 253~255, 258, 270, 271, 281, 295~299, 303, 307, 326~329, 332, 344, 346, 352, 353, 363, 364, 367, 395, 398
계몽 71, 72, 75
고베티, 피에로 52, 375~378
곰퍼스, 사무엘 296, 297
『공산당 선언』 103, 112, 349
공산주의 35, 53, 160, 161, 163, 164, 169, 185, 209, 211, 217, 245, 254~256, 259, 300, 301, 303, 319, 321, 322, 326, 328, 379, 401
공장점거 20, 35, 261, 266, 280, 296, 328, 363, 367, 388
공장평의회 18~20, 32, 35, 57, 173, 174, 212, 214, 216, 217, 219, 222, 224, 225, 231, 232, 234, 235, 299, 321, 328, 342, 369, 416
공화주의 87, 283, 289, 330, 332, 336~338, 395, 411, 413
관념론 12, 15, 17, 50, 51, 59, 100, 110, 112, 119, 137, 138, 381
관료제 171, 175, 188, 211, 216, 269, 297
국민당 84, 305, 365
국민연합 48, 371, 372, 390, 395
국제주의 54, 349, 351, 354, 373, 401
금권정 391, 392
기권주의 21, 35, 49, 301, 328, 329, 400
기독교 민주주의 365, 374, 387
기회주의 177, 182, 195, 198, 210, 211, 213, 225, 245, 253, 255, 281, 286, 328, 388

ㄴ

나폴레옹 72, 122
나폴리 42, 50, 59, 69, 141, 230, 318
남부문제 12, 27, 42, 51, 112, 258, 309, 339, 355, 357~359, 362, 363, 372, 374, 375, 377, 387, 392, 417, 419
내부위원회 18, 156, 229~231, 280, 298, 299, 327, 412
노동당 41, 203, 244, 269, 270~272, 316, 342
노동자 통제 20, 22, 32, 226, 356
노동조합 42, 43, 77, 157, 161, 165, 166, 171~185, 200, 209, 210, 214, 215, 217, 235, 239, 248, 271, 295, 409, 412, 417
노동회관 44, 45, 172, 212, 234, 263, 266, 269, 271, 342, 360, 361
농업문제 358
니티, 프란체스코 54, 197, 199, 200, 306, 340, 341, 366, 374, 390

ㄷ

다눈치오, 가브리엘레 50, 290, 291, 340
다라고나, 루도비코 185, 326, 308, 359
당 학교 26, 310, 311, 316
데 가스페리, 알치데 141, 143
데 상티스, 프란체스코 17, 72
도덕생활 클럽 17, 35, 111
도데, 레옹 135, 136, 138, 139
도르소, 기도 355, 377
독일 15, 21, 53~55, 64, 69, 72, 81~84, 97, 100, 110, 168, 170, 177, 178, 211, 212, 220, 306, 315, 342
두마 92, 196
드 레온, 다니엘 234

디 체자로 334, 338, 371, 392
디츠젠 315

ㄹ
<라 보체> 12~14, 17, 18, 53, 55, 365, 374
<라 스탐파> 46, 119, 120, 125~127, 187, 188, 199, 200~203, 205, 265~268, 305~308, 344, 366
라브리올라, 아르투로 42, 235, 364, 365
라브리올라, 안토니오 357
<라테르자> 50, 374
라티폰디 242, 243
러시아 공산당 227, 322, 348
러시아혁명 11, 15, 18, 19, 53, 91~93, 108, 150, 154, 180, 185, 241, 254~256, 270, 350
레닌 19, 22, 23, 26, 27, 33, 35, 40, 53, 56, 105, 106, 151, 152, 212, 234, 313~315, 317, 319, 320, 322~325, 327, 328, 345, 349, 351~353, 380, 398, 399, 401, 405, 417
레닌주의 313~315, 319, 324, 325, 327, 349, 351~353, 380, 398, 399, 401, 405
레오네 42, 69, 364
레지오, 에밀리아 193, 258, 308, 363, 368, 369
로마 25, 36, 41, 44, 49, 51, 54, 66, 105, 130, 141, 142, 193, 233, 264, 271, 290, 333, 347, 348, 362, 365, 366
로코, 알프레도 76, 333
루마니아 181, 344
루소, 장-자크 80
룩셈부르크, 로자 22, 240
리보르노[PSI 당 대회] 25, 36, 45, 48, 257~259, 301, 302, 304, 323, 382, 399, 401
리비아 49, 67, 199, 296, 365
리소르지멘토 20, 27, 41, 42, 190, 206, 258, 283, 285, 383, 417
리프크네히트, 칼 240

ㅁ
마리네티, 필리포 투라티 53, 289, 290, 291
마키아벨리, 니콜로 27, 28, 289, 376, 417
마테오티, 지아코모 26, 37, 54, 341, 347, 394, 396, 414
맑스, 칼 15, 16, 19, 51~53, 61, 99, 100, 102~106, 110, 114, 115, 117, 118, 137, 162, 194, 200, 205, 230, 234, 237, 315, 373, 398
맑스주의 10, 11, 13~16, 22, 24, 32, 53, 100, 108, 110, 114, 117, 119, 125, 127, 148, 151, 159, 165~167, 187, 190, 194, 200, 209, 227, 237, 241, 244, 261, 277, 314, 319, 323, 347, 379, 380, 381, 398, 399, 401, 405, 419
망가노, 로메오 324, 325, 328, 329
맥도널드, 제임스 램제이 306, 342
메조지오르노(남부) 51, 141, 142, 305, 306, 308, 309
멘셰비키 19, 188, 402
모건, J. P. 335
모라, 샤를 135, 136, 139
모스크바 26, 36, 37, 38, 176, 291, 345
무솔리니, 베니토 14, 25, 36, 39, 43~46, 49~51, 53, 54, 56, 58, 66, 67, 263, 267, 268, 274, 299, 305, 308, 309, 347, 350, 360, 365
무정부주의 42, 161, 162, 194, 205, 210, 211, 224, 250, 280, 281
문화연합 95, 96, 97, 416
미누니, 이탈로 140, 142, 143
미슐레, 쥴 230
민족주의 11, 13, 39, 42, 45, 50~53, 55, 56, 76, 87, 112, 135, 137, 255, 308, 334, 335, 365
민주주의 11, 18, 21, 20, 24, 35, 155~157, 168, 176, 180, 181, 198, 202, 203, 205, 210, 213~215, 221, 224, 225, 305, 307, 326, 327, 330~332, 334, 336~338, 344~347, 364, 365, 370, 374, 380, 381, 387, 388, 390, 396, 400, 404, 411, 414,
민중대학 95, 136, 139
밀라노 23, 44, 45, 58, 72, 190~193, 258, 280~282, 289, 307, 314, 318, 357, 364, 375

ㅂ

바우어, 부루노 103~105
바치, 크리스티나 44, 135, 138, 139
바쿠닌, 미하일 373
반데르벨데 347
발데시, 지노 48, 271, 272, 344~347
베비오네, 자우세페 199
변증법 15, 64, 108, 110, 126, 160, 161, 187, 188, 205, 221, 222, 239, 242, 244, 249
보노미, 이바노에 49, 267, 286, 287
보렐리, 토마소 140, 143
보르디가, 아마데오 21, 24, 25, 26, 35~38, 49, 50, 56, 57, 69, 318, 320, 322~324, 399
보호주의 13, 18, 24, 77, 83, 104, 128, 142, 143, 308, 363, 386, 391
볼로냐 130, 210, 258, 314
볼셰비키 19, 26, 27, 37, 41, 53, 99, 151, 152, 158, 195, 198, 212, 235, 248, 266, 316, 325~327, 344, 346, 351, 379, 380, 382, 397, 398, 400, 402, 404~406, 414
볼피, 지우세페 199, 333, 335
부다페스트 소비에트 180
부오치, 부르노 185, 280
불가리아 345
붉은 일요일 247, 250
블랑, 루이 229
비코, 지암바티스타 59, 69, 70, 106

ㅅ

사르디니아 11~13, 34, 57, 141, 201, 202, 316, 332, 339, 360, 361, 362, 369, 371, 372, 395
사르자나 265, 274
사보이 왕가 41, 334
사사리 361, 362
사회주의 인터내셔널 63, 97
산업총연맹 208, 241, 281, 306, 308
살란드라, 안토니오 143, 197, 199, 200, 306, 307, 366, 371
살베미니, 지우세페 13, 14, 18, 42, 47, 56, 104, 112, 140, 357, 359, 360, 365
생디칼리즘 21, 42, 43, 51, 166, 172, 178, 182, 185, 224, 233, 295, 314, 351~353, 363~365, 376, 381
선동위원회 327, 331, 338, 412
세라티, 지아친토 메노티 21, 41, 44, 56, 254, 255, 272
세포 316, 320, 322, 324, 325, 328
소농 242, 277, 296, 330, 333, 335, 366, 372
소렐, 조르쥬 33, 42, 77, 237, 238
소비에트 10, 17, 19, 26, 35, 36, 41, 49, 53, 152, 153, 158, 159, 168, 172, 176, 179, 180, 191, 193, 195, 198, 200, 212, 213, 220, 222, 225, 228~230, 243, 249, 253~256, 321, 335, 342, 344, 345, 349, 350, 352, 417
소크라테스 70
손니노 42, 51, 56, 366, 372~374
스위스 55, 211, 212
스탈린, 요제프 38, 58, 349, 417
스텐테렐로 272, 288
스페인 24, 58, 340, 341
스펜서, 허버트 51, 115, 173
신경제정책 345, 353
실증주의 13, 15, 16, 51, 100, 103, 115, 135~139, 358

ㅇ

아나코-생디칼리스트 47, 50, 161, 185, 291, 295, 296
아멘돌라, 지오반니 48, 199, 307, 309, 334, 337, 371, 390
<아반티!> 14, 34, 35, 36, 44, 51, 54, 56, 58, 66, 75, 95, 98, 102, 119, 132, 134, 144, 149, 189, 200, 201, 203, 210, 211, 271, 272, 288, 362, 365, 366
<아방구아르디아> 69
아벤티네 37, 46, 48, 316, 334, 337, 341, 396, 411, 413
아풀리아 50, 243, 359, 366, 369

<악시옹 프랑세즈> 135~139
알바니아 373
알베르티니 법령 195
암스테르담 211, 269, 343
앵글로-러시안 위원회 342
에르베 G. 64
에밀리아 로마냐 47, 193, 258, 273, 275, 308, 363, 368, 369, 375, 389
엥겔스, 프리드리히 103, 277, 315
역사유물론 14, 15, 99, 105, 138, 219, 222
오라노 358
<오르디네 누오보> 18~20, 22, 23, 25, 35~37, 49, 52, 57, 154, 158~160, 164, 170, 175, 181, 186, 193, 198, 207, 213, 218, 223, 227~234, 236, 246, 250, 256, 259, 261, 264, 268, 272, 275, 279, 282, 285
오를란도, 비토리오 에마누엘레 143, 305, 338, 371, 392
오스트리아 42, 66, 170, 191, 220
『옥중수고』 11, 22, 26, 28~31, 40, 58, 416~419
<우니타> 37, 47, 56, 104, 141, 318, 319, 323, 325, 329, 347, 365, 374
유로코뮤니즘 10
이민 305, 335, 365, 374, 383, 391
이탈리아 인민당 46
이탈리아 자유당 84
<일 그리도 델 포폴로> 34, 35, 58, 66, 68, 69, 73, 90, 94, 106, 109~112, 118, 126, 129, 139
<일 메조지오르노> 141, 142
<일 템포> 140, 141, 142

ㅈ
자유무역 13, 104, 128, 143, 162, 307, 364, 365, 390
자유방임 82, 109, 143
자유주의 11, 12, 14, 17, 22, 24, 25, 27, 28, 39, 41, 43, 45, 49, 50, 52~54, 81, 87, 109, 123, 124, 132, 137, 142, 160~162, 166, 168, 196,

197, 198, 202, 216, 276, 277, 283, 285, 345, 364, 365, 374~376, 385, 395, 410, 419
자코뱅[주의] 40, 87, 89, 91, 92, 166, 222, 417
제2인터내셔널 14, 97, 165, 166, 212, 326, 380, 404
제3인터내셔널 27, 41, 56, 176, 210~212, 245, 303, 380, 405, 413
젠틸레, 지오반니 17, 22, 50, 51, 59, 110
젠틸로니 협정 366, 387
조합주의 22, 39, 43, 46, 56, 139, 184, 298, 308, 352, 363, 367, 368, 381
주의주의 14, 16, 35, 103, 104, 117, 128
중간계급 24, 204, 340, 341, 373, 391
중앙파 321, 328
중재위원회 225
지노비에프, 그리고리 38, 349, 353
지식인 17, 18, 22, 26, 41, 50, 52, 69, 70, 71, 97, 98, 141, 198, 202, 209, 220, 231, 233, 291, 297, 314, 315, 319, 325, 331, 332, 351, 357, 363~365, 369~372, 374~378, 381, 385, 386, 402, 403, 417, 419
지오베르티, 빈첸조 27, 40, 52
지올리티, 지오반니 18, 20, 23, 24, 45~47, 49, 50, 52, 54, 56, 105, 119, 120, 123~125, 128, 129, 143, 192, 199, 202, 203, 265, 266, 268, 305, 307, 338, 339, 364~367, 387, 390
짐머발트 322, 324
집산주의 76, 102
짜리즘 151, 316, 326, 344

ㅊ
참전주의 14, 40, 47, 53, 54, 120, 123, 273
최대강령파 25, 99, 102, 304, 317, 398, 413
치코티, 프란체스코 12, 17, 54, 188, 366, 374

ㅋ
카메네프, 레프 38, 353
카우츠키, 칼 요한 109
칸트, 임마누엘레 93

칼리아리 12, 141, 142, 362
<코리에레 델라 세라> 45, 199, 235, 305~308, 366, 390
코민테른(공산주의 인터내셔널) 25~27, 35~37, 39, 49, 53, 56, 259, 301
콩트, 오귀스트 135
크레스피, 실비오 199
크로체, 베네데토 13, 17, 26, 27, 40, 50, 51, 55, 59, 112, 131, 369, 374, 375
클레망소, 조르쥬 177

E
타스카, 안젤로 13, 14, 18, 19, 35, 57, 58, 69, 229~235
테라치니, 움베르토 18, 35, 37, 57, 230, 328
토리노 13, 14, 18~20, 23, 29, 32, 34~36, 45, 46, 52, 57, 58, 77, 95, 96, 98, 107, 111, 113, 130, 140, 142, 143, 182~184, 190~192, 199, 205, 208, 209, 213, 225, 226, 229, 231, 233, 238, 258, 265, 280, 281, 290
톨리아티 팔미로 13, 18, 19, 26, 35~38, 57, 158, 230, 232, 379
통일전선 25, 26, 36, 37, 325, 330~333, 337, 338, 342, 400, 410~413, 418
투라티, 필리포 58, 104, 168, 194, 262, 263, 267, 288, 308, 359, 381
트레베스 35, 44, 58, 103~105, 211, 359
트로츠키, 레온 38, 289, 323, 349, 353

ㅍ
파리코뮌 19, 53, 230, 234, 317
파쇼 54, 273~275, 307
파시즘 11, 23~26, 39, 45, 47~55, 58, 251, 260, 263, 265~268, 270, 272~275, 277, 298, 302, 303, 305, 306, 308, 309, 319, 326, 333~338, 340, 341, 350, 371, 383
페리, 엔리코 44, 51, 194, 338, 358
페이비언 협회 97
포르투나토, 지우스티노 26, 42, 51, 369, 374, 375
포벨, 마시모 159
포스터 296
풀리아 88, 143, 296
프랑스혁명 71, 91, 92, 112, 136
프레졸리니, 지우세페 12, 13, 55, 122, 365
프롤레타리아 단결위원회 330
프롤레타리아 독재 21, 53, 151, 155, 163, 172, 173, 175, 176, 179, 181, 185, 190, 191, 193, 255, 270, 320, 324, 325, 335, 337, 349, 352, 357, 377, 397, 418
프롤레타리아 혁명 20, 91, 150, 151, 161, 163, 182, 185, 187, 211, 214, 221, 222, 237, 239, 241, 250, 253~256, 321, 341, 343, 344, 380, 384, 398
프롤레트쿨트 17, 36, 290, 291
프루동 234
피렌체 12, 14, 51, 56, 233, 245, 301, 328, 359, 374
피아트 22, 233, 363, 364, 367~369
피에몬테 20, 27, 35, 41, 52, 123, 143, 191, 192, 233, 306, 360, 372
필수드스키 337

ㅎ
헝가리 혁명 180
헤게모니 289, 295, 306, 352, 353, 357, 383, 419
헤겔, 게오르그 빌헬름 프리드리히 22, 110, 125, 127
현실주의 55, 125, 126, 148
협동조합 45, 76~78, 96, 200, 209, 210, 212, 240, 245, 258, 263, 308, 320, 321, 356, 381
협의회 37, 405